Thalamus Parvus: Le Petit Thalamus De Montpellier...

Anonymous

LE PETIT THALAMUS

DE MONTPELLIER.

THALAMUS PARVUS.

LE PETIT THALAMUS

DE MONTPELLIER,

PUBLIÉ POUR LA PREMIÈRE FOIS D'APRÈS LES MANUSCRITS ORIGINAUX

PAR

LA SOCIÉTÉ ARCHÉOLOGIQUE DE MONTPELLIER.

J. Miret y Sans

MONTPELLIER
JEAN MARTEL AINÉ, IMPRIMEUR, RUE DE LA PRÉFECTURE, 10.

M.DCCC.XL.

INTRODUCTION.

Le manuscrit dont nous commençons aujourd'hui la publication, est conservé depuis plusieurs siècles dans les archives de la commune de Montpellier. Il contient, outre une collection de monuments de l'ancienne législation de cette ville, une chronique qui commence à des temps très-reculés et ne s'arrête qu'au XVIIe siècle. La partie la plus ancienne du texte est écrite en roman du midi; celle qui se rapproche le plus des temps modernes est en français, quelques pages sont en latin. Les deux cent quatre-vingt-quatre feuillets de parchemin dont le manuscrit est composé, forment aujourd'hui un volume d'environ onze cents pages, et de dimensions à peu près égales à celles d'un in-4°. Mais les nombreux cahiers dont est formé ce volume n'appartiennent pas tous à la même époque; ils ont été rédigés en des temps différents, par des mains différentes, interrompus, repris, surchargés, enfin réunis on ne sait en quel temps. Ce fut sans doute à l'époque où cette réunion fut opérée, qu'une main inconnue écrivit sur l'une des premières feuilles du premier cahier, en caractères assez négligés, postérieurs à ceux du texte même, mais pourtant déjà fort anciens et maintenant presque effacés, les mots *Thalamus parvus*, qui servent encore aujourd'hui à nommer le manuscrit.

Mais pourquoi ce nom de *Thalamus*, que l'on rencontre quelquefois aussi écrit *Talamus*, a-t-il été donné, à Montpellier et dans d'autres villes, à d'anciens manuscrits de législation et d'histoire locales, presque toujours originairement conservés dans des dépôts publics?

Il y a sur cette question deux opinions. Les uns veulent que ce nom ne soit qu'une corruption de celui que donnent les juifs au livre qui contient la collection de leurs coutumes, de leurs lois, de leurs traditions, et enfin des opinions de leurs docteurs sur presque toutes les matières, depuis l'époque de la dispersion, le *Talmud*. Ils se fondent d'abord sur l'analogie de composition qu'il est facile d'établir entre ce recueil et les manuscrits dont il est ici question. Ils rappellent la célébrité dont jouit au moyen âge le livre des juifs, et les persécutions dont il fut l'objet de la part des rois et des papes; lesquelles, tout en amenant la destruction d'un nombre infini d'exemplaires du Talmud, ne firent que populariser partout son nom. Ils présentent comme points de comparaison les mots: *talamatium* (emblème), *talamasca* (sorcière, fantôme), *talamascus* (magique, occulte), dérivés par la latinité vulgaire du moyen âge, du nom bien connu du livre proscrit, que saint Louis dans ses ordonnances appelait le *Talémus*. Si cette opinion était universellement admise, l'étymologie, qui, dans nos langues de l'Europe méridionale toutes dérivées de langues plus anciennes, est la vraie raison de l'orthographe, l'étymologie voudrait que l'on écrivît *Talamus*.

Mais d'autres refusent d'admettre que le nom du livre des juifs, très-connu sans doute, mais méprisé et haï, ait pu être donné par des chrétiens des siècles les plus purement catholiques, à des manuscrits contenant des collections d'actes et de documents officiels, destinés à des usages publics. Le mot objet du débat n'est à leurs yeux que le mot latin *thalamus* (lit, couche), dont les anciens se servaient aussi pour indiquer la partie la plus secrète et la plus sainte de leurs temples, et que plus tard on employa souvent avec la signification de palais, maison, appartements intérieurs, laboratoire, officine. Usant d'une métaphore peut-être étrange, mais assez en rapport avec la tournure de leur esprit, les scribes du moyen âge auraient appelé *Thalamus* leurs collections, auparavant innommées, d'actes et de documents publics qu'ils étaient chargés et de coucher par écrit et de conserver dans les dépôts remis à leurs soins. Dans ce système, il faudrait incontestablement écrire *Thalamus*.

De ces deux opinions, la première est la plus probable; mais la démonstration complète en serait peut-être difficile, et l'intérêt serait minime. Lorsqu'elle a adopté l'orthographe *Thalamus*, la société archéologique a été déterminée surtout par cette circonstance, que cette orthographe est celle du titre que porte le manuscrit même qu'elle publie [1].

La partie du Petit Thalamus, qui se rapporte à l'ancienne législation de Montpellier, classe les documents qu'elle contient en deux catégories, les *Coutumes* et les *Etablissements*. La première livraison du Petit Thalamus sera tout entière consacrée aux *Coutumes*.

Comme tous les états indépendants qui se constituèrent, après le démembrement de la monarchie de Charlemagne, sur toute la face de son vaste empire, la seigneurie de Montpellier fut régie longtemps par une législation non écrite, dont il serait sans doute impossible de retracer aujourd'hui toutes les modifications successives. Mais par le milieu dans lequel la seigneurie de Montpellier était née et avait grandi, par les éléments qui avaient servi à sa constitution et à ses développements, on peut juger encore du caractère général que dut présenter sa législation coutumière en ses diverses phases.

Gallo-romaine par ses origines, née des débris de l'empire Wisigoth, puis, pendant la dissolution de l'empire Frank, rapidement élevée au premier rang entre les cités de la France méridionale, et par l'industrie de ses habitants et par les qualités chevaleresques de ses seigneurs, la cité des Guillem fut de bonne heure, tout à la fois une seigneurie guerrière et renommée, une commune riche et pleine de vie. Que pouvait être alors sa législation, sinon comme elle-même moitié germanique et moitié romaine, féodale et démocratique tout ensemble, offrant dans ses révolutions l'image fidèle de la lutte des intérêts tous les jours plus opposés de ses deux principes, appuyés, celui-ci sur les traditions du droit romain, celui-là sur la pratique du droit des fiefs? Longtemps, sans doute, ce dernier prévalut, laissant à peine à l'autre à régler les intérêts civils des hommes du seigneur. Mais lorsque l'équilibre eut commencé à s'établir entre les forces de la commune et celles de la seigneurie, la vieille constitution municipale s'efforça tous les jours de faire sa place plus grande. Des souvenirs d'affection mutuelle, entretenus par la médiation pacifique de l'église, arrêtèrent d'abord ou modérèrent du moins les effets de ce combat intérieur. Mais quand les affections premières se furent éteintes; quand l'église, en devenant intéressée, passionnée, persécutrice, eut vu diminuer son crédit parmi les populations; quand le respect du passé se fut effacé devant l'exigence des besoins nouveaux, il dut sembler un moment qu'il ne restait plus à tant de prétentions toutes contraires qu'à en appeler à la force.

Cependant, dès le XIIe siècle, les bulles des papes, les décisions des évêques, les chartes des seigneurs, les sentences de la curie, les réglemens des bayles, ceux du conseil de la commune,

---

[1] En partant de la racine hébraïque, « si l'on admet, a déjà dit M. Renouvier sur ce sujet, la corruption *Talamus*, on peut bien admettre celle *Thalamus*. » D'autant qu'au moyen âge on a quelquefois écrit le nom du livre des juifs *Thalmud*, d'où l'on avait fait aussi *Thalmussium*. (Ducange et Charpentier, *verbis cit.*)

enfin les enseignements du droit romain restauré par les écoles de Bologne et de Montpellier, auraient pu fournir tous les éléments d'une législation écrite complète. Mais l'harmonie manquait entre ces éléments d'origines diverses. Tous les principes, tous les temps, toutes les autorités, toutes les exigences de la force, toutes les nécessités de la faiblesse avaient formé peu à peu comme un chaos de précédents, où la commune et la seigneurie avaient fini par craindre également de voir porter la lumière et l'ordre: celle-ci, pour ne pas perdre le droit de revenir sur toutes ses concessions; celle-là, pour n'avoir pas à sacrifier celles de ses usurpations qui étaient encore trop récentes pour soutenir la discussion.

Une révolution, survenue dans la seigneurie au commencement du XIIIe siècle, fournit à la commune l'occasion de procéder elle-même à la rédaction de ses coutumes et à la révision de ses lois. L'histoire de ce qui se passa alors à Montpellier est à refaire; et, pour l'intelligence et l'appréciation de nos coutumes, il est indispensable qu'elle soit refaite.

Le dernier des Guillem de Montpellier mourut en 1202, laissant de son premier mariage avec Eudoxie Comnène une seule fille nommée Marie, et de plus de nombreux enfans issus d'un second mariage contracté par lui avec Agnès de Castille, du vivant même d'Eudoxie. Quoique ce second mariage eût été solennellement déclaré nul par le pape Innocent III, Guillem n'avait pas laissé d'instituer pour son héritier l'aîné de ces enfants. Il l'avait recommandé par son testament à ses amis, et surtout aux habitants de Montpellier, dont il avait cherché, sur ses derniers jours, à acheter le dévouement par des concessions sincères peut-être, mais venues trop tard. Le conseil de tutelle qu'il avait nommé pour gouverner au nom de son fils pendant sa minorité, avait été composé par lui de quinze bourgeois de Montpellier, investis des pouvoirs les plus étendus. « Je vous remets et vous « confie », leur disait Guillem dans son testament, « mes enfants, ma femme, « toute ma terre, toute ma puissance, « la baylie et l'administration de toutes « les choses qui m'appartiennent, de « mes revenus, de mes justices......... le « droit de nommer le bayle, de recevoir « ses comptes, de remplacer librement « ceux d'entre vous qui viendront à « mourir .... » Tout cela jusqu'à ce que son fils eût vingt-cinq ans [2].

Il mourut, et le fils d'Agnès lui succéda sans difficulté. Il occupait encore, du moins nominativement, la seigneurie en 1203, puisqu'en cette même année il prêta son serment de foi et hommage à l'évêque de Magalone, duquel relevait son fief. Mais une révolution soudaine l'emporta bientôt après. Agnès et ses enfants prirent la fuite; le conseil des quinze fut dissous; quatre de ses membres, trois du nom de Lambert ou Lamberti, collecteurs des cens pour le seigneur depuis 1201 [3], et le professeur ou juge (*magister*) Guido, avec eux un autre Lambert qui paraît être le même que celui qui était bayle au moment de la mort de Guillem, et quelques autres personnes encore, furent obligés de quitter la ville.

A la place du conseil institué par Guillem, on élut douze représentants de la commune, qui pendant quelque temps gouvernèrent seuls la cité. Tout cela se fit en dehors de toute intervention étrangère et dans un intérêt purement communal. L'évêque, le clergé, tous les seigneurs à qui Guillem avait recommandé son fils, ou n'osant prendre parti ou ne voulant point le faire, demeurèrent spectateurs impassibles du mouvement qu'ils n'auraient pu d'ailleurs empêcher; car la commune, qui ne se sentait ni assez forte ni assez unie pour se passer d'un seigneur, avait fait sa révolution au nom de la fille de Guillem et d'Eudoxie, Marie, qui, depuis la mort de son père, réclamait, comme seule enfant légitime, sa succession, et, pour mieux soutenir ses droits, négociait son mariage avec Pierre II, roi d'Arragon, l'un des plus puissants seigneurs

---

[2] *Mémorial des nobles*, f° 49-50

[3] *Ibid.*, f° 106-111.

du midi. Sans rien craindre de ses voisins, la commune put ainsi faire ses conditions avec ses nouveaux maîtres. Le contrat de mariage entre Pierre et Marie fut passé le 17 des kalendes de juillet 1204. Le 8, au moment même de l'arrivée du roi, Pierre et Marie, la main posée sur les évangiles et en présence du peuple, jurèrent d'observer et de faire observer toutes les coutumes et tous les usages de Montpellier; de ratifier tout ce que sept personnes déjà élues (*septem probi homines ad hoc electi*) jugeraient devoir y être changé ou ajouté; de laisser continuer la clôture de la ville, et enfin de ne pas permettre que les Lambert, Guido et les autres, dont l'expulsion dès-lors fut changée en exil, rentrassent jamais dans la seigneurie[4]. Peu après, et le jour de l'Assomption, on présenta aux nouveaux époux une charte en 123 articles, contenant tout un code de lois politiques et civiles, qu'on leur fit reconnaître comme étant les coutumes qu'ils avaient déjà juré de maintenir par l'acte du 8 des kalendes de juillet. Les individus exilés à la demande du peuple[5] furent, par le même acte, encore une fois déclarés à jamais exclus de la seigneurie. Il paraît cependant qu'ils ne tardèrent pas à revenir à Montpellier; car, parmi les noms des témoins des actes solennels dont j'aurai bientôt à parler, et qui suivirent de près la révolution de 1204, on voit apparaître déjà ceux de plusieurs d'entre eux. Mais si l'influence ou de leurs fortunes ou de leurs familles fut assez grande pour les racheter en peu de temps de la colère du peuple, elle fut du moins impuissante à les replacer jamais à la tête des affaires. Nos fastes consulaires attestent qu'aucun d'eux ne parvint jamais ni à la baylie ni au consulat. L'exclusion semble même avoir porté sur tous les membres du conseil des quinze, du nombre desquels trois seulement figurent dans la longue suite de nos consuls, et le premier de ces trois seulement en 1212. Tout cela a été étrangement défiguré par d'Aigrefeuille[6] et par tous ceux qui l'ont copié.

La charte approuvée le 15 août 1204 est le premier acte que l'on trouvera dans la collection des coutumes de Montpellier. Que, malgré son titre de *Coutumes*, elle n'ait apporté aux anciens usages quelques changements, c'est ce dont ne permet pas de douter son article 122, où il est dit que les dispositions qu'elle renferme n'auront d'effet pour les choses passées, qu'autant qu'elles seront elles-mêmes fondées sur d'anciens usages. Mais le caractère général de l'acte ne fut pas altéré par ces innovations, sans doute plus importantes que nombreuses. En dehors de ce qui concernait quelques institutions politiques, la baylie, la curie, le consulat, ce ne fut vraiment que la rédaction de ses coutumes que la commune prétendit faire sanctionner par ses nouveaux seigneurs. Et cela était sage; car, pour toutes les puissances en progrès, l'essentiel n'est pas d'avancer de quelques jours les conquêtes qui restent encore à faire, mais bien d'affermir celles qui sont déjà faites, de telle sorte qu'il ne soit plus possible de les remettre en question. N'était-ce pas assez pour la commune, qu'en l'absence de tout mandataire du seigneur, le choix à faire entre tant de précédents contraires, de ceux qui devaient être les lois de l'avenir, eût été abandonné à ses seuls représentants? De ce dernier point, j'en vais fournir la preuve.

Il existe dans les archives de la commune de Montpellier un manuscrit intitulé: *Liber instrumentorum memorabilium*, connu aujourd'hui sous le nom de *Mémorial des nobles*. Ce recueil d'actes officiels

---

4 *Nunquam patiemur quod B. Lambertus... in terra nostra redeant, immo eos omnes exules facimus* (Livre Noir, f° 18). L'expulsion avait donc bien précédé l'exil.

5 *Ad petitionem populi.* Voir ci-après l'acte du 15 août 1204, pag. 56, lign. 5.

6 D'Aigrefeuille, dans sa longue analyse du testament de Guillem fils de Matheus, a omis tout ce qui concerne le conseil des quinze, dont il est fait mention sept ou huit fois au moins dans cet acte; de plus, il n'a pas su trouver les noms des exilés dont parle l'acte du 15 août, et que l'acte du 22 juin aurait dû lui apprendre. Voir son *Histoire civile de Montpellier*, pag. 49 et 54.

de tout genre, contrats, testaments, traités, dénombrements, hommages, serments, tous intéressant la seigneurie, a été, comme l'annonce son préambule, et comme il est aisé de le voir par l'exacte ressemblance de l'écriture d'un bout à l'autre, exécuté tout d'un trait et par un seul homme. La rédaction en est postérieure à la mort du dernier Guillem, car on y trouve le procès-verbal de l'ouverture de son testament; mais elle est antérieure à la prise de possession de la seigneurie par Pierre et Marie, car bien que l'auteur, comme il l'a dit lui-même, se fût proposé de réunir tous les titres établissant les possessions des seigneurs de Montpellier jusqu'au moment où il écrivait (*usque hodie*), son recueil ne contient pas un seul acte qui ne soit passé avant l'année 1204, pas un où il soit même fait allusion aux prétentions élevées par Marie après la mort de son père; tandis que tous les actes relatifs à ses deux premiers mariages, et particulièrement le contrat de 1197, où elle avait expressément renoncé à la seigneurie de Montpellier, y sont couchés tout au long. Je ne parle pas des quelques additions d'époques postérieures à la rédaction première, qui couvrent les pages qu'on avait alors laissées en blanc, et qui sont toutes reconnaissables à première vue [7].

Or, au folio 94 du Mémorial des nobles, on lit sous le titre de *Carta de consuetudine dominorum Montispessulani*, d'abord les cinq premiers articles de la charte de 1204, puis trois serments que cette charte a réunis en un seul et qui forment son sixième article. Après un acte très-court relatif à certains notaires non assermentés, et sous le titre de *Instrumentum de moribus et consuetudinibus Montispessulani, et qualiter debent regi et conservari*, on voit ensuite recommencer le texte de la charte de 1204 jusqu'à son article XXVII, avec de très-légères différences, soit de rédaction, soit de classement des articles. Comme l'acte finit brusquement par ces mots: *Si quis homo vult*, il est évident que l'auteur du Mémorial n'a pas copié tout entier le titre qu'il avait sous les yeux. Mais ce titre, que pouvait-il être, sinon cette même collection de coutumes, dont la copie mutilée reproduit précisément les vingt-sept premiers articles? Sur le seul vu de cette pièce, et la date en étant connue, on ne saurait du moins contester qu'antérieurement à l'avénement de Pierre et de Marie, la rédaction des Coutumes, qu'ils ne firent que confirmer en 1204, ne fût déjà une œuvre fort avancée.

D'autres faits complètent ce que ces premières indications ont d'insuffisant. Par le serment que Pierre et Marie avaient fait le 8 des kalendes de juillet, ils s'étaient engagés à approuver tout ce que les sept élus chargés de réformer ou de compléter les Coutumes croiraient devoir faire dans ce but. Or, le travail de ces sept élus, terminé et promulgué en 1205, nous est connu; il forme la seconde partie des Coutumes; il est tout-à-fait distinct de la charte de 1204. Mais pour qu'au moment de la prise de possession de la seigneurie par Pierre et Marie, on sentît déjà le besoin de compléter et de réformer les Coutumes, il fallait bien que leur rédaction fût antérieure à cet événement.

Serait-ce au temps des Guillem qu'il faudrait la rapporter? Les preuves du contraire abondent. A l'imitation de ses trois prédécesseurs, le dernier Guillem dispose, dans son testament, qu'aucun juif ne pourra être bayle dans sa seigneurie; et ailleurs, que les moines de Cîteaux et leurs hommes y seront dispensés du droit de leude: dispositions que l'on retrouve dans la charte de 1204 (art. 7 et 48), et la première dans la copie du Mémorial. Mais s'il avait existé au temps de Guillem un corps de lois où ces dispositions fussent contenues, il ne les eût pas insérées dans son testament. Ce même acte statue encore, déclarant quant à ce déroger à la coutume jusqu'alors suivie à Montpellier, que la faculté d'aliéner ne sera acquise qu'à la majorité légale et non plus à l'âge de

7 Voir, pour plus de détails, la *Notice sur deux manuscrits des archives de la commune de Montpellier*, publiée par M. Renouvier, et plus tard insérée dans le bulletin de la société de l'histoire de France, du mois d'août 1835.

*

quatorze ans. En retrouvant cette innovation dans le texte de la charte de 1204 (art. 91), n'est-on pas encore amené à conclure que le code qu'elle confirme n'existait pas sous les Guillem? Ce qui lève au reste tous les doutes à cet égard, c'est qu'une collection officielle de lois n'aurait pu être faite sous les Guillem qu'avec leur autorisation; et si elle eût existé, cette autorisation, quelle qu'elle fût, en présentant son code de lois à Marie et à Pierre, la commune eût-elle négligé de s'en prévaloir?

La rédaction des Coutumes que l'on fit approuver en 1204 aux nouveaux seigneurs, doit donc être regardée comme l'œuvre de la révolution qui suivit la mort du dernier Guillem. La lecture de la charte de 1204, marquée au coin de l'esprit niveleur et défiant des communes du moyen âge, dirigée tout entière contre le seigneur [8], hostile à la noblesse [9], jalouse de l'étranger [10], complétera, pour tous les hommes habitués à l'étude des lois, la démonstration de ce que j'avance ici.

Le plan adopté pour la publication du Petit Thalamus m'interdit de m'étendre davantage; mais je dois éclaircir encore un point d'histoire que nos auteurs ont mal vu, et qu'il est nécessaire de connaître pour apprécier nos Coutumes.

La conquête la plus essentielle de la commune, celle qui donnait la vie à toutes les autres, c'était l'organisation du consulat. Dans le testament de Guillem, fils d'Ermengarde (1121), les représentants de la commune, sans le consentement desquels Guillem défend à son fils de se marier, ne sont désignés que sous le nom de *nobiles viri* et *nobiles probi homines*. L'histoire fait, pour la première fois, mention des consuls de Montpellier, en 1141. Cette année la ville s'était révoltée contre son seigneur Guillem, fils d'Ermessens; elle l'avait chassé et contraint de s'enfermer dans son château de Lates, où elle le menaçait encore. Mais Guillem reçut bientôt des secours de toutes parts. Pendant que le comte de Barcelone, après l'avoir délivré, l'aidait à faire le siége de sa ville, le pape Innocent II lançait les foudres de l'église contre les rebelles, et d'abord contre ceux qui, sous le nom de consuls (*qui consules appellantur*), s'étaient mis à leur tête. Après deux ans il fallut céder. Les monuments cessent dès-lors de parler des consuls de Montpellier. Dans le testament de Guillem, fils de Sybille (1172), on voit que la commune n'est encore représentée que par les *probi homines*. Une charte de 1196 parle des huit *probi homines* établis administrateurs de la communauté de Montpellier (*statuti administratores communitatis* [11]). Enfin, dans le testament du fils de Mathilde (1202), les membres du conseil des quinze, qui certainement était le conseil de la commune, ne sont encore appelés que du nom de *probi homines*. Il paraît, d'après cet acte, qu'ils étaient nommés par le seigneur et pour un temps illimité. La révolution de 1203 apporta à cet état de choses de grands changements. La charte du 15 août ne donne pas aux douze administrateurs de la commune le nom de consuls; elle reste fidèle aux vieux mots de *probi et legales viri*, mais pour désigner ceux qui exercent au moment de sa publication, elle dit: les douze hommes *déjà élus* (*jam electi*) pour conseiller la communauté......... Il est donc vrai que l'élection avait déjà pris possession, pendant l'interrègne, de la nomination des représentants de la commune. Et l'on peut d'autant moins douter que ce ne fût là une grande innovation, que les trois manuscrits où nous a été conservée la suite de tous nos consuls depuis l'année 1204, portent tous trois pour titre: *Aysso es lo comessamen del cossolat*. Cependant la charte de 1204 avait laissé incomplète l'organisation

8 Voy. art. 1, 2, 4, 5, 12, 61, 85, 89, 92, 95, 97, 106, 109 et suiv.

9 Art. 30, 33, 106.

10 Art. 4, 32, 100, 110. Il y a néanmoins aux art. 31, 94 et 107 des dispositions très-favorables aux étrangers; mais elles ont pour but évident de les déterminer à s'établir à Montpellier.

11 Grand Thalamus, f° 58. — Les lettres d'Innocent sont au Mémorial, 1re part.

du conseil de la commune. On verra, à l'art. 9 des Coutumes publiées en 1205, combien les réformateurs élus, dont Pierre et Marie avaient promis d'avance de ratifier le travail, surent ajouter de force à son principe, d'étendue à son action. Ce fut là surtout que portèrent leurs réformes; le reste de leur œuvre ne fut probablement que la rédaction de Coutumes véritables, omises dans la charte de 1204. Toutefois le titre de consuls ne reparut pas encore; les réformateurs ne se servirent que de celui de conseillers de la communauté (*consiliatores communitatis*). Le souvenir de la révolte de 1141 eût peut-être rendu suspect aux seigneurs l'autre nom, que la persistance du peuple ne tarda pas pourtant à faire passer de la langue usuelle dans le style officiel.

Car la confirmation des Coutumes en août 1204 ne fut pas le terme des concessions imposées par la commune à Pierre et à Marie. A la suite d'un emprunt qu'ils furent obligés de lui faire, on leur fit reconnaître aux douze conseillers de la commune, le droit d'établir et de réformer tout ce qu'ils jugeraient devoir être établi ou réformé dans l'intérêt de la cité; et cette disposition de l'acte du jour des kalendes de mars 1204 [12] (l'année commençait alors à Pâques) fut insérée dans les Coutumes promulguées le jour des ides de juin 1205 par les réformateurs élus. A l'occasion d'un autre emprunt, la commune se fit ensuite donner en gage la seigneurie; elle exigea de plus la destruction de la tour élevée contre Montpellier après le siége de 1143, ainsi que celle des fortifications du château seigneurial qui tenait à la ville. Pierre s'engagea même, le IV des nones de juillet 1206 [13], à ne pas revenir à Montpellier avant d'avoir payé la commune, et cette fois les élus de la cité furent appelés *consuls* par le seigneur. Mais enfin à bout de concessions, Pierre commença à parler en maître. Aussitôt on courut aux armes, et la guerre avait déjà commencé, quand le pape, en ce moment tout entier à l'affaire des Albigeois, s'interposa comme médiateur. Le célèbre légat d'Innocent, Pierre de Castelnau, né dans la seigneurie de Montpellier et probablement dans le village dont il portait le nom, termina le différend par une sentence arbitrale du 6 des kalendes de novembre 1206. Dans cet acte tout favorable au seigneur, on voit que le roi demanda au légat d'être relevé du serment qu'il avait fait de ne plus laisser rentrer à Montpellier les exilés; mais le légat voulut en référer au pape. Ce fait seul aurait dû avertir d'Aigrefeuille que les exilés étaient plutôt des ennemis de la commune que des ennemis de la seigneurie.

La sentence de 1206 maintint aux représentants de la commune le nom de consuls; mais elle ne statua rien sur leurs droits. Ils continuèrent donc à jouir de tous les priviléges que leur assuraient les Coutumes déjà publiées, et particulièrement de celui qu'ils tenaient d'ailleurs de l'acte des kalendes de mars 1204, de faire pour la commune de nouveaux statuts et de corriger et réformer les anciens. Des actes faits par eux depuis ce moment, en vertu de cette espèce de puissance législative, on a fait dans la suite deux catégories. Les uns qui n'avaient fait que reproduire, du moins en grande partie, d'anciens usages encore non écrits, ont été considérés avec raison par nos premiers compilateurs comme des Coutumes, et classés à la suite des actes de 1204 et 1205; ils sont au nombre de trois, et forment les 3e, 4e et 5e parties de la collection que j'ai été chargé de publier. Les autres actes des consuls, destinés ou à régler des intérêts nouvellement nés du développement de la civilisation, ou à donner à d'anciens intérêts transformés par elle une législation nouvelle, ont été classés sous le titre d'Etablissements (*Establimens*); ils formeront la seconde partie de la publication du Petit Thalamus.

On comprend que, quelque exacte que paraisse au premier abord cette distinction, elle ne pouvait être absolument rigoureuse. Aussi trouve-t-on dans la col-

---

[12] Livre Noir, f° 18. [13] *Ibid.*, f° 19.

lection manuscrite de nos Coutumes des actes que l'on trouve également dans les Etablissements : ce sont, en général, des modifications de quelques dispositions des Coutumes anciennes, que l'on a rangées sous les articles qu'elles abrogeaient ou étendaient. Après avoir fait disparaître ces doubles emplois de la première partie de notre législation, il reste cinq actes de 1204, 1205, 1212, 1221 et 1223, qui me paraissent à tous égards mériter d'être considérés comme contenant plutôt une simple rédaction ou compilation de Coutumes déjà anciennes qu'une législation nouvelle. Celui de 1212, par exemple, à qui ses auteurs donnèrent expressément le titre de Coutumes, ne règle que des matières omises dans les actes de 1204 et 1205, et qui certainement étaient déjà régies avant 1212 par des usages constants: les prescriptions et les droits de succession des religieux. Est-il possible aussi qu'avant l'acte de 1221, les appels, les cessions de biens, les concordats, les asiles n'eussent pas une législation coutumière? Et les premières lois écrites qui ont été faites sur ces matières, ont-elles pu s'écarter beaucoup des anciens usages? Quant à l'acte de 1223, l'examen de ses dispositions prouve qu'elles ne font réellement que reproduire, au moins en partie, des Coutumes antérieurement observées, quoique peut-être non écrites. Le premier article, par exemple, règle entre autres choses les délais et les formes des enquêtes, et dispose que, dans certains cas qu'il détermine, on aura neuf mois pour produire ses témoins. Or, l'art. 108 de la charte de 1204 parle précisément de ce délai de neuf mois, comme étant déjà observé, en matière d'enquêtes, en certains cas qu'il n'indique pas. C'est pour avoir mal apprécié l'acte de 1223, que d'Aigrefeuille, dans son commentaire sur la charte de 1204, s'est vu contraint d'avouer qu'il ne connaissait pas quels étaient les cas où pouvait avoir été accordé ce délai de neuf mois dont parlait l'article 108. Dans la disposition finale de l'acte de 1223, concernant les mesures que les marchands de Montpellier, voyageant à l'étranger, doivent prendre pour conserver les biens de ceux d'entre eux qui viennent à mourir, qui ne reconnaîtrait encore un de ces antiques usages que les lois écrites réglementent, copient, gâtent le plus souvent, mais qu'elles n'imaginent pas?

La collection complète des Coutumes de Montpellier n'a jamais été publiée. Quelques articles isolés sont rapportés dans le Traité contre le franc aleu de Galand, dans les Réglements d'Escorbiac, dans la Bibliothèque des coutumes, dans un petit Traité d'Edmond Serres sur ceux de ces articles qui étaient encore en vigueur de son temps, dans le Glossaire de Ducange et dans d'autres ouvrages. D'Aigrefeuille, à la suite de son histoire civile de Montpellier, a de plus publié la charte de 1204 tout entière et annotée; mais il n'a vu dans les actes postérieurs que des innovations sans importance, et ne les a pas fait connaître. Le traité d'E. Serres et les notes de d'Aigrefeuille sur la charte de 1204 sont aussi les seuls commentaires qui aient été publiés sur les Coutumes de Montpellier. Les jurisconsultes de notre école, Pacius, Boier, Philippy, Rebuffy, Ranchin, ont à la vérité souvent cité ces Coutumes dans leurs ouvrages, mais toujours sans suite et seulement par fragments. Au XVIIe siècle, Jean Solas professeur de droit, de Rignac conseiller à la cour des aides, et Gautheron avocat, tous trois de Montpellier, entreprirent cependant des traités spéciaux sur les coutumes de leur pays. Mais je n'ai pu retrouver, de ces trois ouvrages demeurés inédits, que la préface de celui de Gautheron, copiée en 1733 sur les manuscrits de l'auteur par le président Bouhier. On y voit que Gautheron avait le projet de publier sous le nom de *Coutumes* les cinq actes dont j'ai parlé, et en outre plusieurs autres contenant en tout quarante-sept articles, qui figureront à peu près tous dans la publication des Etablissements.

Les travaux faits jusqu'à ce jour sur nos Coutumes n'ont jamais eu pour objet que le texte latin. Gautheron croyait cependant que le texte roman était le texte primitif; mais cette opinion n'est pas soutenable. De quelque éclat poétique dont eût brillé la langue romane au XIIe siècle, elle n'était néanmoins devenue ni la langue de la science, ni celle des affaires publiques. Le latin était demeuré la langue savante, la langue officielle, celle des jurisconsultes et du clergé, les deux puissances intellectuelles de l'époque, les médiateurs obligés de toutes les affaires publiques. A Montpellier, tous nos manuscrits officiels les plus anciens, le Mémorial, le Livre Noir, le Grand Thalamus, nos plus vieux titres, sont tous en latin. Des actes nombreux qui furent passés entre la commune et ses seigneurs de 1204 à 1207, il ne nous en est parvenu que trois en langue romane: les Coutumes de 1204, celles de 1205, et un serment de Pierre et Marie de 1206. Encore ces textes ne nous ont-ils été conservés que sur des manuscrits dénués de toute authenticité, et d'une époque bien postérieure à celle à laquelle appartiennent les actes mêmes dont il est ici question. Au contraire, nous possédons les chartes de 1204 et 1205 écrites en latin sur deux feuilles de parchemin unies par un lien de peau, auquel est appendu le sceau en plomb de Pierre II, roi d'Arragon; signée par le notaire Bernard de la Porte, qui avait reçu l'acte de publication des Coutumes de 1205 [14]; la seconde feuille porte après cette signature la mention suivante: *Has cartas bullavit G. Raymundi mandato J. Luciani bajuli.* Or nous savons par nos fastes consulaires que J. Lucian occupait précisément en 1205 la baylie, qui était une charge annale. Ce titre doit donc être considéré et comme officiel et même comme original, et son texte par conséquent comme étant le texte primitif.

Quelques faits empruntés à l'histoire de ceux des états voisins de la seigneurie de Montpellier, qui par leurs origines, leurs intérêts, leurs mœurs, leurs alliances commerciales et politiques lui étaient le plus intimement unis, et où l'on parlait la même langue, suffiraient au reste pour établir que Montpellier, dans l'ordre des dates l'une des premières villes savantes de la France et sa première école de droit, dix ans à peine après la mort de Placentin, n'a pu écrire qu'en latin son code coutumier, où le droit romain, expressément déclaré obligatoire pour tous les cas non prévus par les Coutumes, n'est jamais appelé que *le droit, la loi, la raison* [15]. On sait, par exemple, que ce ne fut qu'en 1260 qu'Alphonse X fit traduire en langue vulgaire (*en romanç*) le code des lois de la Castille connu depuis lors sous le titre de *las Leyes de las partidas*. On sait encore que la traduction des lois de la Catalogne en langue vulgaire n'eut lieu qu'en 1413, par ordre de Ferrand Ier, sur la demande de la cour générale de Barcelone. *Com los usatges, constitutions de Cathalunya e capitols de cort,* disait cette demande, *sen stast ordenast en lati, e perço las personas legas han ignorentia de aquellas, e facilment fan e venen e poden venir contra aquells, de ques susciten question e plats en gran dan de la causa publica e dels singulars de aquella, perço la present cort suplica molt humilment a vos senyor, que los usatges, constitutions de Cathalunya e capitols de cort sen tornats de lati en romanç.* Ce fut alors que fut publiée la collection qui porte le nom de *la Nova compilatio*, l'un des monuments les plus remarquables de la science du droit au XVe siècle. En parcourant les douze manuscrits des archives de la commune de Narbonne, qui portent aussi le nom de *Thalamus*, j'ai encore recueilli un fait analogue, mais que je crois moins connu. Dans presque tous ces manuscrits, on trouve la charte de coutumes que la commune de Narbonne obtint en 1232 de son vicomte, de son archevêque et de l'abbé de Saint-Paul, ses

[14] Voir ci-après pag. 70.

[15] Voir ci-après I. 6, 67, 123. — I. 11, 12, 30, 75. V. 2, *et alias.* Comme preuve de la profonde connaissance que les rédacteurs de nos Coutumes avaient des lois romaines, on peut encore citer les art. 37, 57, 59, 66 de la charte de 1204 et surtout son art. 39.

trois seigneurs, et on la trouve tantôt en latin, tantôt en roman. Mais dans le 10e, qui porte le titre suivant: *Aquest libre son compilatz e translatatz de las costumas de la ciutat de Narbona e de Narbonez, anno* M.CC.LVI., on trouve au commencement du manuscrit le texte roman des Coutumes avec cette note: *En romanz et en cartas son en lati.* Il paraît, d'après l'intitulé du sixième Thalamus, que cette traduction avait été faite en 1255, par ordre des consuls.

Il est infiniment probable que la traduction des Coutumes de Montpellier du latin en roman eut aussi à son origine un caractère officiel. Sa fidélité, sa pureté attestent en outre qu'elle fut faite avec soin et intelligence. Il ne nous est d'ailleurs rien parvenu qui soit propre à faire connaître sa date précise. L'exemple de ce qui se passa à Narbonne peut faire penser qu'à Montpellier, les consuls, qui tirés de toutes les classes de la société n'entendaient pas tous le latin, durent de bonne heure désirer de pouvoir lire dans leur langue les lois de la cité. Mais, à dire vrai, l'exécution des lois contenues dans les Coutumes était plutôt l'affaire des bayles et des juges que celle des consuls. Parmi eux d'ailleurs, les hommes de loi étaient souvent en grand nombre, et presque toujours les maîtres des affaires. Sous leur direction et dans une ville toute pleine de science, le latin put donc résister encore long-temps, comme langue officielle, aux envahissements de la langue vulgaire. Les progrès de celle-ci ne purent se faire qu'insensiblement; elle s'empara d'abord des réglements de police (*cridas*) que la cour faisait publier par ses précons, et qu'il fallait bien rédiger en langue vulgaire pour que le vulgaire pût s'y conformer. Quelques-uns des réglements des consuls durent se trouver aussi sous la même loi. Ce qui était nécessité pour quelques-uns put devenir ainsi peu à peu un usage général; mais il fallut sans doute encore bien des années pour que cette révolution fût pleinement consommée. Nous avons dans le Livre Noir et dans le Grand Thalamus, des Etablissements des consuls écrits en latin, jusque sous la date de l'année 1268. Il est difficile de croire qu'à une époque où l'usage eût été de publier tous les statuts en roman, on eût pris la peine de traduire ceux-là en latin. Mais enfin on cessa, même pour les actes destinés à devenir les lois de la cité, de se servir de cette langue; et alors on dut éprouver le besoin de posséder en langue vulgaire toutes les lois anciennes encore en vigueur. Ces considérations amèneraient à penser que la traduction de nos Coutumes en roman n'a été faite que dans les dernières années du XIIIe siècle. L'examen des trois manuscrits qui nous font connaître cette traduction, confirme cette opinion.

Les cahiers du Petit Thalamus, où sont les Coutumes, sont écrits de la même main que ceux qui contiennent les premiers Etablissements, et tous les établissements écrits de cette main sont d'une date antérieure au XIVe siècle. Il n'y a de doute possible que pour un établissement qui porte la date de l'année 1310. Mais aucun doute semblable ne peut s'élever sur les deux autres manuscrits où se rencontre le texte roman de nos Coutumes; car ils ne présentent l'un et l'autre, sauf quelques additions bien postérieures et bien manifestes, qu'une seule écriture. De ces manuscrits, l'un est déposé à la bibliothèque de la Faculté de médecine de Montpellier, il appartenait autrefois au président Bouhier; l'autre est à la bibliothèque royale de Paris, il provient de la collection de M. de Joubert, ancien magistrat à Montpellier [16]. Outre les Coutumes et les Etablissements, ils contiennent tous deux les fastes consulaires et une chronique très-succincte. Mais le plus ancien des Etablissements qu'ils rapportent est de l'année 1288, et pour les fastes et la chronique ils s'arrêtent: le manuscrit Joubert à l'année 1273, le manuscrit Bouhier à l'année 1295. Ce ne peut être bien loin de ces dernières dates qu'ils ont été composés. Mais de

---

[16] Voir, sur ce manuscrit, une notice publiée par M. Thomassy, dans le bulletin de la société de l'Histoire de France, tom. II, no 8.

combien d'années la traduction des Coutumes avait-elle précédé la rédaction de nos manuscrits? Cela est impossible à déterminer. Comme néanmoins on ne remarque entre le style des Établissements de la fin du XIIIe siècle et celui des Coutumes que de très-légères différences [17], on est amené à penser que la rédaction de tous ces actes en roman dut se faire à la même époque, c'est-à-dire non loin de celle où nos manuscrits officiels cessent de nous donner des statuts consulaires en latin.

Le texte roman des coutumes est le même dans les trois manuscrits. Copiés sans doute sur le livre officiel aujourd'hui perdu, où un établissement de 1445 nous apprend que l'on transcrivait en forme authentique [18] tous les actes des consuls, les trois manuscrits ne diffèrent que par leur orthographe. Je vais signaler les différences principales, sans toutefois les donner comme absolues. On sait que le roman du Midi, pressé d'un côté par le latin qui le dominait de toute la hauteur de sa gloire passée, de l'autre par le français à qui les suites de la croisade albigeoise donnèrent pour toujours dans nos provinces l'ascendant d'un maître, ne put jamais se fixer. De même que ses formes et son accentuation, son orthographe demeura flottante et multiple. Capricieux comme ses poètes, ses scribes redoutaient l'uniformité. Il est rare que l'on rencontre dans le Petit Thalamus le même mot écrit deux fois de suite de la même manière, quand par sa nature il est susceptible de deux orthographes. Cependant, au travers de ces variations affectées, certaines formes reviennent avec beaucoup plus de fréquence dans l'un de nos trois manuscrits que dans les deux autres. Ainsi, l'on remarque que le Petit Thalamus emploie ordinairement l'*y* au lieu de l'*i*, le *ch* au lieu du *ss*, le *t* au lieu du *c*; on y trouve, par exemple: *aysso*, *enayssi*, *yschir*, *laychar*, *ischillar*, *creicher*, *action*, *eviction*, là où les manuscrits Joubert et Bouhier, très-semblables l'un à l'autre, présentent le plus souvent les mêmes mots écrits ainsi: *aisso*, *enaissi*, *issir*, *laissar*, *issillar*, *creixer*, *accion*, *eviccion*. — Le Petit Thalamus mouille ses *l* par des *h*, *filh*, *cosselh* *alhondre*; les autres manuscrits les redoublent à la manière espagnole, *fill*, *cossell*, *allondre*; — le *c* dur est plus fréquent dans le Petit Thalamus que dans les manuscrits Joubert et Bouhier: l'un écrit *cascun*, *can*, *calitat*; les autres *quascun*, *quant*, *qualitat*. Comme différences plus constantes encore, on remarque dans le Petit Thalamus: les participes passés terminés invariablement par les trois consonnes *stz*, dont les deux autres manuscrits suppriment la première; — la suppression presque absolue de l'initiale du verbe *haver* sous toutes ses formes, lettre que les deux autres manuscrits conservent presque toujours; — enfin, le mot *Montpeylier* que les deux autres manuscrits écrivent *Montpeslier*, orthographe qui paraît bien être la plus ancienne. Après avoir mûrement examiné les trois manuscrits dont il est ici question, si j'avais à les caractériser, je dirais que le manuscrit Joubert est le plus ancien, le manuscrit Bouhier le plus exact, le Thalamus le plus complet.

J'ai dû suivre ce dernier manuscrit, mais j'en ai moi-même collationné la copie que je destinais à l'impression avec les deux autres, et j'ai pu corriger ainsi les omissions et les erreurs trop nombreuses qu'il renferme. J'ai suivi pour cela le plus souvent le manuscrit Bouhier, quelquefois aussi l'autre, toujours en observant scrupuleusement l'orthographe des textes que je copiais. L'usage adopté par les maîtres m'a pourtant imposé une infraction à cette règle, l'admission des *j* et des *v*, lettres que l'on rencontre à la

---

17 En rapprochant le texte roman des Coutumes, de quelques textes romans qu'on trouve dans le Mémorial des nobles, et qui sont bien certainement du commencement du XIIIe siècle, j'ai cru y reconnaître, au contraire, des différences notables, et par exemple, beaucoup moins de synalèphes, beaucoup moins de prosthèses et d'élisions euphoniques.

18 *En letra de forma et en forma deguda.* Pet. Thal., f° 339.

vérité dans le manuscrit Bouhier, mais que n'emploient ni le Thalamus ni le manuscrit Joubert; aussi ne les ai-je admises qu'avec beaucoup de réserve, et seulement lorsque soit une étymologie évidente, soit une prononciation non équivoque en légitimaient exactement l'emploi. J'ai dû refaire encore la ponctuation, que tous les manuscrits présentent également ou insuffisante ou vicieuse.

Pour le texte latin, j'ai suivi, quant aux coutumes de 1204 et 1205, la charte originale dont j'ai parlé, après l'avoir collationnée avec les copies transcrites sur le Grand Thalamus et sur le Livre Noir. Je n'ai eu que les copies de ces deux manuscrits pour l'acte de 1212, et seulement celle du Livre Noir pour les coutumes de 1221 et 1223; mais heureusement, le texte de ce beau manuscrit, sur velin, grand in-folio, que je crois être du milieu du XIIIe siècle, est en général très-pur. Comme j'avais respecté l'orthographe des textes romans, j'ai respecté celle des textes latins. Le latin du moyen âge est, par rapport à la langue d'Horace et de Cicéron, comme un dialecte à part; il faut savoir se résigner à son orthographe, comme on se résigne à sa syntaxe et à sa terminologie.

Nos pères conservèrent long-temps un grand attachement pour leurs Coutumes. Ils en sollicitèrent, ils en achetèrent même des confirmations nombreuses de tous leurs maîtres, depuis Pierre II jusqu'à Louis XVI. Mais il ne faudrait pas voir dans tous ces actes confirmatifs, obtenus de règne en règne durant six siècles, la preuve d'une grande stabilité; il semble au contraire que chaque confirmation de nos coutumes en emportait pour ainsi dire un lambeau. De sorte qu'après que la seigneurie d'abord et la commune ensuite, absorbées dans la grande unité royale et nationale, eurent disparu du théâtre de l'histoire, de leur vieille législation la ville royale ne garda plus que quelques institutions décrépites, et dans le droit civil quelques exceptions bien humbles à la jurisprudence ordinaire du parlement de Toulouse. Quand la révolution souffla sur ces ruines, elles tombèrent sans bruit en poussière.

Si j'essaie aujourd'hui de les sauver de l'oubli qui les gagne, c'est que j'espère que leur mise en lumière ne sera pas sans quelque utilité pour la science. Les hommes, qui dans l'étude des langues aiment à rechercher les traces de leurs transformations successives, verront sans doute avec intérêt le texte roman de nos Coutumes, monument précieux de l'état de la langue des troubadours, à cette époque où déjà déchue des hautes libertés de l'inspiration et de la poésie, elle se conservait du moins sous les formes sévères de la prose et comme langue des intérêts, pure encore de toutes ces altérations que ne tardèrent pas à lui faire subir les envahissements progressifs de la langue des hommes du nord. L'histoire et la haute jurisprudence pourront aussi tirer d'utiles enseignements de la législation de celle des communes de la France méridionale, qui par sa conduite courageuse et surtout habile, mettant à profit tous les avantages de sa position, sut porter le plus haut et garder le plus long-temps son indépendance. Elles sauront y trouver une preuve nouvelle et plus claire peut-être, de la haute supériorité que la commune féodale, héritière directe de l'organisation des cités antiques, avait rapidement obtenue sur la municipalité romaine, telle que l'avaient trouvée les Barbares, rongée par l'esclavage, écrasée par le despotisme; mais elles y verront aussi combien ces petites associations du moyen âge, inquiètes, étroites, jalouses, toujours ou factieuses ou opprimées, étaient inférieures de tout point aux unités grandes et fortes, où les avantages de la vie commune ont assuré aux villes modernes tant de repos et de prospérité.

Astreint à me renfermer dans les limites de ce qu'il était absolument nécessaire de dire, pour que l'on pût comprendre et apprécier le document historique dont la publication m'avait été confiée, je dois borner ici cette introduction déjà bien longue.

S. P.

DES ÉTABLISSEMENTS.

L'étude la moins approfondie du Petit Thalamus revèle une vérité qui ne saurait être contestée : c'est que de toutes les parties qui composent ce manuscrit, celle connue sous le nom d'*Etablissements* présente tout à la fois, et le plus de difficulté sous le rapport du texte, et le plus d'intérêt quant aux documents historiques qu'il contient. A la différence des Coutumes, dont un double texte latin et roman facilitait l'intelligence, la plupart des Etablissements nous sont parvenus écrits seulement en langue romane, et les difficultés naturelles à cet idiome se sont augmentées encore de celles dont abondent les matières spéciales qui y sont traitées. D'un autre côté, il est à considérer que les Coutumes ne se composent en grande partie que de statuts généraux sur le gouvernement de la chose publique, ou de règles de droit civil dérivant soit du droit romain, soit de traditions locales plus ou moins anciennes; tandis que les Etablissements, créés pour des besoins actuels et plus particulièrement propres à l'association qu'ils étaient destinés à régir, renferment en bien plus grand nombre des dispositions ayant trait à l'administration intérieure de la cité, et forment, à vrai dire, le complément, la mise en action des principes posés dans les Coutumes.

Le caractère particulier à chacun de ces corps de lois, une fois déterminé, il ne faut pas s'attendre à trouver dans les Etablissements plus d'ordre et plus d'unité qu'on n'en a trouvé dans les Coutumes. C'est toujours, dans l'un comme dans l'autre recueil, le même assemblage incohérent de règles et de matières diverses. A côté d'une disposition sur les *élections*, se rencontre dans le même établissement une mesure relative au *commerce;* à suite d'une ordonnance sur la *conservation des bois*, un réglement sur le *tarif du pain*.

Une confusion aussi choquante en apparence nous a fait hésiter pour l'ordre à suivre dans notre publication. Devions-nous, adoptant le classement par ordre de matières, extraire de chaque réglement les dispositions qui nous paraissaient se lier entre elles, de manière à les offrir toutes réunies et comme ne formant qu'un seul corps? Ne valait-il pas mieux, au contraire, reproduire fidèlement l'état du manuscrit lui-même, en publiant chaque établissement dans son entier, et suivant le rang et la date qu'il occupe dans le texte?..... Ce dernier parti nous a paru préférable, et en voici les motifs.

L'étude d'une législation quelconque n'est pas une de ces études abstraites et purement spéculatives, dont les éléments peuvent sans inconvénient être présentés isolés. La connaissance des institutions d'un peuple a besoin de s'éclairer par la connaissance des temps et des faits auxquels ces institutions se rattachent; et telle disposition qui, considérée en elle-même et dégagée de toute autre influence, n'offrirait qu'un sens vague et indéfinissable, trouve son explication naturelle dans la date seule qui en fixe l'origine. Comment apprécier d'ailleurs les besoins, les intérêts dominants des époques diverses, si l'on ne peut embrasser d'un coup-d'œil, à chaque période, l'ensemble des tendances des préoccupations législatives qui la distinguent? Et sans sortir du sujet qui nous occupe, voyons si nous ne découvrirons pas dans cette confusion, dans ce défaut d'harmonie des matières réglées dans chaque établissement, une pensée éminemment progressive et dont l'utilité justifie ce désordre même.

L'organisation d'une société ne saurait s'accomplir d'un seul jet et en un seul jour. Mobile comme les intérêts qu'elle est destinée à satisfaire, la constitution d'un peuple doit se prêter à toutes les exigences, à tous les vœux légitimes qu'elle n'avait su prévoir d'abord; et c'est le propre d'un gouvernement sage de ne pas sacrifier aveuglément au respect des lois établies la nécessité de les modifier ou de les changer pour les rendre meilleures. Envisagée sous ce point de vue, on comprend ce que dut coûter de sollicitude l'organisation de la commune de Montpellier. A peine échappée à la domination de ses anciens maîtres, son premier soin fut de consigner dans un monument écrit ce qu'elle avait conservé jusqu'alors de *franchises* et de *libertés*, pour s'en faire une sorte de *déclaration de droits*, dont elle imposa la sanction à ses nouveaux seigneurs : ce fut là l'objet des Coutumes. Ces premiers éléments une fois admis, il restait à les développer, à en régler l'application et à compléter ainsi successivement les conditions de son existence politique. Ce travail, commencé par les seigneurs, mais bientôt abandonné par eux [19], devint presque exclusivement l'œuvre des magistrats consulaires. Les Etablissements sont le produit de cette suite de décrets rendus dans un intervalle d'environ quatre siècles, pour appliquer, modifier ou étendre les dispositions des Coutumes touchant l'administration de la cité. La divergence de sujets qui règne dans la plupart d'entre eux, trouve, comme on voit, son excuse dans le louable empressement mis à pourvoir en toute matière aux besoins d'amélioration qui se faisaient sentir [20].

L'ordre de cette publication ainsi fixé, jetons un coup-d'œil sur son ensemble et résumons ses points principaux.

Une observation première et qui domine toutes les autres, c'est que les Etablissements étaient essentiellement favorables à la cause du peuple. La forme dans laquelle ces décisions étaient rendues, le mode d'élection des magistrats qui y présidaient, suffiraient à défaut d'autres preuves pour justifier cette vérité.

Aucune délibération n'avait lieu, en effet, sans que les habitants ne fussent appelés au son de la cloche (*del sen gros*), à se rendre dans la maison consulaire pour y assister. Quoique le peuple n'intervînt dans ces conseils que d'une manière passive, ce simple concours y était considéré comme d'une telle importance, que non-seulement il en était fait mention expresse dans le préambule de chaque établissement, mais qu'on allait presque toujours jusqu'à constater le degré d'empressement mis par les citoyens à se rendre à cette assemblée : *Mot poble*, disent les Etablissements, *ajustat in lostal del consolat que tot lo porgue era ple*. Quelquefois même, et cette circonstance est plus significative encore, les habitants n'étaient pas seulement admis à être spectateurs de ces délibérations, mais y participaient presque par leur vote. C'est ainsi que nous lisons dans un établissement de 1415 (sur les Préséances), que le peuple assemblé dans la maison consulaire, *ayant été interpellé par les consuls pour savoir s'il lui plaisait et lui paraissait convenable que le décret proposé fût rendu, et ayant unanimement répondu que* oui, *les consuls, cette réponse entendue, avaient aussitôt pris une résolution conforme et porté le décret*.

Une autre preuve vient à l'appui de la précédente : elle s'induit du mode d'élection suivi pour la nomination des consuls. Exposons d'abord les principes généraux qui lui servaient de base.

Les habitants de Montpellier étaient, suivant leurs divers genres de profession, répartis en sept divisions appelées *échelles*. Ce classement, établi en raison des sept jours de la semaine dont chaque échelle portait le nom, avait pour premier objet la garde des portes de la ville. Un statut spécial (le premier dans l'ordre du Thalamus) assignait à chaque corps de métier un jour particulier pour ce ser-

---

19 Nous n'avons des seigneurs que huit ordonnances, dont la dernière remonte à l'année 1273. Il est à remarquer qu'en raison de leur petit nombre, et parce que ces ordonnances ne sont pour la plupart que la confirmation de statuts consulaires, nous avons cru devoir les comprendre sous la désignation générale d'*Etablissements*, quoique cette dénomination ne convienne, à vrai dire, qu'aux décrets des consuls. Nous n'avons fait que suivre en cela l'exemple des rédacteurs du manuscrit lui-même.

20 Parmi les établissements, les uns sont datés, les autres non datés. Les premiers commencent à l'année 1104 et ne s'arrêtent qu'en 1583; tout indique que les seconds sont compris dans l'intervalle du XIIIe siècle. Quant au texte, ceux du XVIe siècle seulement sont écrits en français, quelques-uns du XIVe le sont en latin, tous les autres sont en roman.

vice : c'était là, comme on voit, le premier essai d'une milice permanente prise dans le sein de la population. Mais cette répartition des citoyens en échelles n'avait pas pour unique cause la défense de la ville ; elle servait aussi de fondement à une foule d'opérations concernant la chose publique, et notamment l'élection des consuls et celle de la plupart des magistrats de la cité.

Il ne paraît pas que la nomination des consuls ait été de tout temps élective. Connus d'abord sous le nom de *bons hommes, prud'hommes,* désignation qu'on rencontre pour la première fois dans des actes du VIIe siècle [21], ces officiers furent, dans le principe, choisis par le seigneur en nombre et pour un temps indéterminé : leur autorité alors participait tout à la fois du pouvoir administratif et du pouvoir judiciaire. Ce ne fut que dans les premières années du XIIIe siècle et lorsque la commune eut été mise en possession de ses priviléges, qu'ils commencèrent à prendre le nom de *consuls.* Leur nombre et la durée de leur exercice furent, dès ce moment, limités, et c'est à eux-mêmes que fut dévolu le droit de se choisir des successeurs, en s'adjoignant néanmoins sept membres des échelles [22].

Ce principe d'élection, quelque arbitraire et timide qu'il fût d'abord, ne tarda pas à se fortifier et à s'étendre, et bientôt on put distinguer en lui un caractère et des formes populaires que nous allons essayer de préciser.

En matière d'élection de consuls, les citoyens étaient divisés en deux classes. Les uns, qu'on pourrait appeler électeurs du premier degré, étaient admis à nommer les électeurs du deuxième degré, et ces derniers, réunis aux consuls sortants, nommaient directement ceux parmi lesquels le sort désignait les consuls. Le droit d'être électeur du deuxième degré n'appartenait qu'à certains corps de métiers déterminés, et encore n'était-il permis de choisir dans chacun de ces corps qu'un nombre fixe d'électeurs, suivant les attributions réglées par un statut spécial, connu sous le nom d'établissement des *rutlons* [23].

Ce système d'élection à plusieurs degrés, qui se reproduit d'une manière plus ou moins analogue dans la nomination aux autres fonctions de la commune, reposait sur des bases essentiellement libérales, puisqu'il tendait à conférer aux diverses classes de la société un élément de représentation. Peut-être se croirait-on fondé à critiquer en lui l'extrême complication que son mécanisme présente ; mais un peu de réflexion suffit pour faire apercevoir dans ces combinaisons artificielles, dans cette idée de faire concourir les modes de choix les plus divers : la désignation par les anciens magistrats, l'élection par la population et celle par la voie du sort, le sage dessein d'atténuer l'empire des passions populaires en corrigeant et épurant de plus en plus le produit des premières nominations.

C'est ici le lieu de faire remarquer la différence profonde qui séparait le caractère des institutions municipales de la cité romaine sous l'empire, de celui des institutions communales des villes du moyen âge.

À l'époque de l'invasion des Barbares, la municipalité romaine résidait tout entière dans un sénat qu'on appelait *ordo* ou *curia*. A lui appartenait le pouvoir et l'administration de la cité, et ce n'était que dans un petit nombre de cas extraordinaires que la masse des habitants était appelée à prendre part aux affaires publiques.

Ce sénat se composait des membres de certaines familles notables, connues d'avance et inscrites sur un registre spécial appelé *album ordinis, album curiæ.* Le nombre de ces familles était fort restreint et le pouvoir municipal y était héréditaire. C'était pour toujours qu'on était admis au

[21] Raynouard, Hist. du droit municipal en France, tom. 1er *passim*.

[22] Art. 9 des Coutumes de 1205.

[23] On appelait *rutlon* une petite boule de cire renfermant le bulletin électoral. Dans l'usage, on désignait le nombre de votes ou de suffrages par le nombre de rutlons.

rang de ces corporations privilégiées ; et quand ces familles venaient à s'éteindre, c'est par elle-même que se recrutait la curie. La masse de la population n'avait aucune part à cette élection ; la curie seule, par des magistrats ses représentants, choisissait à son gré les familles assez riches, assez considérables pour être élevées jusqu'à elle, et ces familles, ainsi élues, étaient dès ce moment inscrites sur le livre d'or de la cité.

A ces traits les plus saillants de l'organisation municipale : la concentration et l'hérédité du pouvoir dans un petit nombre de personnes, et le recrutement de cet ordre de privilégiés opéré par lui-même, il est facile de reconnaître que le caractère dominant des institutions romaines à cette époque était un caractère essentiellement aristocratique.

Le régime municipal dans les communes du moyen âge, et particulièrement dans celle de Montpellier, reposait sur un principe tout-à-fait contraire. L'élection par le peuple, sous des formes et des moyens divers, y constituait le fond de l'organisation civique. Toutes les classes, tous les métiers étaient admis à partager en quelque sorte l'exercice de l'autorité publique, en concourant d'une manière plus ou moins directe à l'élection des mandataires de la commune. Les modes si minutieux et si variés de ces différentes élections ne témoignent que du désir de tempérer l'entraînement des masses, de ralentir, d'épurer son action, mais n'en révèlent pas moins et d'une manière sensible l'influence de l'esprit démocratique qui présidait à l'organisation de cette société.

Les fonctions des consuls, alors qu'ils étaient à la nomination du seigneur, n'avaient trait qu'à l'administration de la cité ; mais le principe électif ayant pénétré dans cette institution, le consulat vit sa puissance s'accroître et remplacer presque dans les derniers temps la puissance du seigneur lui-même. Ce n'étaient plus les intérêts purement municipaux que ces magistrats s'occupaient de régler : tous les droits, tous les priviléges personnels relevaient de leur juridiction, et leurs établissements, revêtus ou non de la sanction royale, finirent par devenir le code général des citoyens.

Le nombre des consuls, fixé d'abord à douze (jusqu'en 1389), fut pendant quelques années réduit à quatre, et porté plus tard à six. La durée de leur exercice ne dépassa jamais un an.

Parmi leurs attributions les plus importantes, l'on doit distinguer le droit de régler les dépenses et l'impôt de la communauté, et celui de concourir à l'élection de la plupart des officiers publics.

Au premier rang de ces officiers, nous placerons le chef de l'ordre judiciaire, le *bayle*. Ce magistrat, réuni au juge, au viguier et aux autres assesseurs qu'il avait droit de choisir lui-même, et qui composaient ce qu'on appelait sa *cour*, prononçait sur les contestations tant civiles que criminelles qui lui étaient soumises. L'appel de ces sentences, autorisé dans certains cas très-rares, était porté devant le gouverneur ou lieutenant du roi.

Dans le serment qu'il prêtait à son entrée en fonctions, le bayle promettait de juger d'après les *us* et *coutumes* de la cour, et en défaut suivant le *droit* (*segon drech*). Ce droit était alors le droit romain.

Il était permis au bayle, en cas d'insolvabilité d'un condamné, de convertir en une autre peine toute condamnation pécuniaire ; il pouvait même la remettre jusqu'à concurrence du cinquième, sans l'autorisation du roi ; mais défense expresse lui était faite d'accorder aucune autre commutation ou remise sans cette autorisation, et même en cas d'homicide ou autre cause grave, sans le consentement de la victime ou de ses héritiers. Cette restriction, en faveur des particuliers, du droit de grace appartenant au seigneur, quoiqu'elle semble accorder trop de satisfaction à des sentiments d'intérêt personnel, n'en est pas moins un hommage éclatant rendu aux droits privés des citoyens, une preuve du respect que ces droits s'étaient déjà acquis auprès de l'autorité souveraine d'alors.

Un réglement spécial est consacré aux formes à suivre pour l'élection du bayle :

il est trop important pour ne pas être reproduit.

Le bayle est nommé par le roi, seigneur de la ville, si le roi est présent à Montpellier à l'époque de cette élection. En cas d'absence, les consuls et le lieutenant du roi se réunissent dans l'église de Notre-Dame-des-Tables; et si les consuls parviennent à s'entendre sur le choix à faire, le gouverneur (ou lieutenant du roi) est obligé de reconnaître et d'élire pour bayle celui qui lui est désigné.

Les consuls n'étant pas d'accord sur le choix, le gouverneur présente un candidat; les consuls ont la faculté d'en présenter un ou plusieurs autres; et celui d'entre ces candidats qui réunit la majorité des suffrages des consuls est proclamé bayle par le gouverneur, lequel, en cas de partage, a droit de se joindre à la moitié qu'il veut choisir.

Si aucun des candidats présentés ne parvient à réunir la majorité, le gouverneur propose à l'instant quatre nouveaux candidats, parmi lesquels les consuls sont tenus, avant de sortir de l'église, d'en choisir un pour bayle. S'ils ne le peuvent ou ne le veulent, le gouverneur le choisit lui-même et l'institue sur-le-champ.

Toutes ces opérations, dit le réglement, doivent avoir lieu dans la même séance, sans désemparer et sans communiquer au-dehors.

La nomination faite, le nouveau bayle est appelé, et après avoir prêté entre les mains des consuls le serment accoutumé, il doit choisir à l'instant même le juge et les autres officiers de sa cour, sans pouvoir obtenir pour cela aucun délai ni changer plus tard ces nominations.

La simple lecture de ce réglement indique assez quel en était l'esprit. On voulait s'assurer le plus de garanties possibles, soit contre l'influence du gouverneur sur le vote des consuls, soit contre l'arbitraire du bayle nouvellement élu dans le choix de ses magistrats assesseurs.

Ce double but pouvait-il être complétement atteint par les diverses précautions que nous venons d'énumérer?...... C'est ce qu'il est difficile de croire. Reconnaissons, en effet, que si l'intervention du lieutenant du roi pouvait être, jusqu'à un certain point, contrebalancée par la faculté conférée aux consuls ou à la majorité d'entre eux, en s'accordant, de l'exclure de toute participation au vote, cet avantage ne se rencontre nullement dans le mode de nomination, par le bayle seul, des officiers destinés à concourir avec lui à rendre la justice. On voit bien dans l'obligation qui lui est imposée de procéder à cette nomination incontinent et comme à l'improviste, le dessein de proscrire d'avance toute préparation, toute connivence coupable, en refusant, pour ainsi dire, aux pensées mauvaises le temps de se faire jour; mais qui oserait nier que cette précaution ne fût presque toujours impuissante pour atteindre le résultat qu'on s'en promettait, qu'elle ne fût surtout illusoire et puérile en présence du grave danger qu'elle était destinée à prévenir!... N'est-il pas sensible, d'ailleurs, qu'une telle précipitation dans le choix de ces magistrats-assesseurs exposait nécessairement à un inconvénient d'un autre genre, et que toutes les chances qu'on enlevait à la corruption, on les donnait à l'incapacité ou à l'ignorance? Ce résultat n'était-il pas principalement à craindre, alors qu'aucune autre condition d'aptitude n'était requise pour les fonctions de bayle ou de ses assesseurs, que celle d'être né à Montpellier et d'y justifier d'un certain temps de stage?....

En suivant, d'après leur importance, l'ordre des officiers publics de la commune, nous trouvons les *consuls de métiers*.

L'organisation industrielle à laquelle ce consulat se rattache, peut être considérée comme l'une des institutions les plus intelligentes, les plus sagement combinées de l'époque, celle à qui la ville de Montpellier dut, sans contredit, et le plus d'avantages pour ses habitants et le plus de prospérité pour son commerce.

Chaque corps de métier, des plus élevés comme des plus inférieurs, choisissait lui-même dans son sein un consul ou magistrat particulier. Ses fonctions consistaient à veiller spécialement aux intérêts de la corporation dont il était membre. Il devait, par suite, dénoncer les abus ou les fraudes aux consuls majeurs, et leur conseiller toutes les mesures qu'il jugerait utiles au bien de chaque profession.

Les consuls de métiers avaient pour adjoints, dans leur service, des surveillants particuliers appelés *gardes des métiers*. Les membres de la plupart des professions se divisaient, en outre, en *maîtres* et *simples ouvriers* ou *compagnons*.

Des règles spéciales étaient tracées dans les Etablissements pour les formes et les conditions d'admission de l'ouvrier au grade de maître. C'est ainsi que pour être reçu maître coutelier et avoir droit de tenir *boctique ouverte*, il fallait avoir fait un *chef-d'œuvre:* lequel chef-d'œuvre consistait *en ung coutellas, ensemble un ganivet avec un paier de sizeauz d'estude, ou un paier de couteaulx soupples et desliés, ensemble ung pair de sizeaulx de tailleur au choix des jurés et gardes dudit mestier.*

Il suffirait de lire les considérants qui motivent les statuts relatifs aux métiers de *coutelier* et de *potier d'étain*, pour voir par combien de soins les représentants de la commune cherchaient à conserver à l'exercice des diverses professions la juste réputation qu'elles s'étaient déjà acquises. Mais le réglement le plus remarquable, à cet égard, est celui qui concerne les maîtres *cirurgiens* et *barbiers*. Nous ne pouvons nous empêcher d'en citer quelques dispositions:

Inhibition e defence est faite de part la cort a toute personne de quelque condition qu'il soit que ne soit si hardi de lever boutique de cirurgien ni de barbier, sinon que premierement soit examiné et aprouvé par ceulx qui sont ad ce ordonnes de par la court et depputez, et ce sur la paine que y pourrayent encourir envers le roy nostre sire.

Item plus, que celuy qui vouldra estre passé maistre aye a faire quatre lancettes bonnes et suffisantes au jugement desdits quatre maistres jurés; c'est assavoir que cely qui vouldra estre passé maistre demourera huict jours a la boutique de ung chacunq maistre juré pour faire une lancette et seignera, arrachera dens et fera barbes, et tout ce que le maistre luy dira touchant son examen et demurera ung moys en tous lesd. quatre maistres jurés.

Item plus, que tout barbier qui soustrait malade lung de l'autre, poyra vingt sols, moitié au roy nostre seigneur et l'autre moitié a la Caritat, si non qui fust de la volunté du maistre qui premier l'aura eu en cure ou qui ait fleur de sang et que bien tost le denuncia au premier maistre qui l'aura eu en cure.

Un troisième ordre de consuls était celui des *consuls de mer*.

L'origine de ce consulat doit être attribuée à l'extension toujours croissante que prit dès le VIIIe siècle le commerce maritime de Montpellier. Les habitants de Maguelone, chassés à cette époque de leur île, par suite de l'expulsion des Sarrazins auxquels cette île servait de retraite, se réfugièrent à Montpellier et y transportèrent l'esprit de commerce qui les avait distingués jusqu'alors. Leurs principales relations existant naturellement avec les peuples établis sur les côtes de la Méditerranée, ils choisirent le port de Lattes, comme leur offrant le plus de facilités pour faire arriver leurs marchandises de la ville à la mer, et créerent pour cet usage un grand chemin pavé, dont les vestiges se sont conservés jusqu'à nos jours.

Les consuls de mer, dont la nomination était encore le produit de la combinaison du sort et de l'élection directe par les consuls majeurs, avaient pour attribution de surveiller le recouvrement et l'emploi d'un droit de péage établi sur le chemin de Lattes. Ils promettaient, dans leur serment, de lever fidèlement les deniers ou *mailhes* imposés sur les voitures passant sur ce chemin; d'en employer le produit à son entretien ainsi qu'à celui du canal, jusqu'à la *golette de Lattes* [24]; de veiller

[24] *La golette de Lattes*, dont il est parlé en cet endroit et divers autres du *Thalamus*, n'était autre chose que la désignation de l'embouchure de la riviere du Lez au port de Lattes. Elle fut plus tard appelée *robine*, dans des lettres de Charles VII du 1er juin 1448, qui en font connaître l'utilité pour le commerce de la ville et le trésor du roi.

à la conservation des graux qui communiquent de la mer à l'étang, et de donner conseil et secours aux navigants.

Un tarif fort détaillé réglait le péage du chemin de Lattes, et des préposés particuliers étaient affectés sous le nom de *mealhiers* à cette perception.

Il n'est pas hors de propos de faire remarquer que dans la vue de rendre cet impôt le moins onéreux possible, des quotités nombreuses et fort variées de ce tarif tendaient à établir une juste proportion entre le chiffre du droit et la nature ou la valeur des objets transportés, et qu'en outre, des exemptions entières de péage étaient accordées, savoir : aux habitants de Lattes, pour le transport de leurs récoltes, marchandises ou autres choses à leur usage, et cela soit que ce transport eût lieu avec leurs propres charrettes, soit qu'il eût lieu à l'aide de charrettes empruntées (*manlevadas*); à tout homme de quelque pays qu'il fût, pour le blé qu'il ferait passer ; et enfin, à tout habitant de Montpellier, pour le transport des fourrages (*del fen*) qu'il achèterait à Lattes. (Etabl. de 1256.)

Les consuls de mer étaient aussi chargés de percevoir un droit de navigation sur toutes les embarcations qui traversaient l'étang ou la mer, à l'exception de celles appartenant aux Génois et aux Pisans, qu'un traité fait entre eux et la commune de Montpellier en avait affranchies.

Mais la mission des consuls de mer ne se bornait point à cette surveillance des droits de navigation et de péage ; elle s'étendait à tout ce qui pouvait intéresser le bien du commerce dans ses rapports avec l'étranger. C'est eux qui représentaient la commune dans cette foule de négociations et de traités intervenus entre elle et la plupart des puissances maritimes de l'époque : delà vint que leurs fonctions furent tenues en si grand honneur, et qu'ainsi que le remarque un auteur [27], sans pouvoir s'en rendre compte, les membres des familles *les plus notoirement nobles* briguèrent la faveur d'être nommés consuls de mer.

Une autre fonction qui jouissait d'une assez grande considération dans la cité et qui était devenue l'objet de l'ambition des classes inférieures, est celle des *ouvriers de la commune-clôture*. Nous avons vu, en parlant de l'établissement des *échelles*, que la garde des portes de la ville était confiée d'une manière générale aux divers corps de métiers, dont le service successif était réglé par cette ordonnance. Les ouvriers dits de la *commune-clôture* étaient plus spécialement chargés de l'ouverture et fermeture de ces portes. Ils juraient, avant d'entrer en fonction, « d'ouvrir et de fermer à heure due les portes de la ville, dont les clefs leur étaient remises par les consuls, de garder secrètement ces clefs dans leur maison, et de n'ouvrir de nuit à aucune personne, soit de la ville, soit étrangère, sans la permission du consul ou de son envoyé. »

Les ouvriers de la commune clôture étaient au nombre de quatorze, choisis, deux dans chaque échelle, par les consuls de métiers. Leur office durait un an. Un modique traitement en espèces leur était alloué sur les fonds de la communauté, en représentation, disent les Etablissements, des robes qu'ils ont la coutume de faire pour aller ouvrir et fermer les portes. Il leur était accordé de plus un certain nombre de cierges nécessaires au même usage [28].

La perception des revenus généraux de la commune et du seigneur s'exerçait par l'office du *clavaire* ou trésorier du consulat. Ce préposé, nommé par les consuls majeurs, avait aussi pour attribution de pourvoir sur ces fonds aux dépenses du consulat et de la communauté. Des règles

---

27 Daigrefeuille.

28 D'après un établissement du 13 mars 1411 qui, en considération de la détresse des habitants, fait subir une réduction au traitement de tous les fonctionnaires et employés de la commune, le traitement des ouvriers de la commune-clôture fut réduit à dix-huit livres, et le nombre des cierges à deux par an, à la charge même de *laisser pour le service de leurs successeurs ce qui n'aurait pas été consommé de ces cierges.*

sévères étaient tracées pour sa gestion et la reddition de ses comptes.

Une chose qui a droit de surprendre, c'est que les pouvoirs du clavaire allaient jusqu'à stipuler des emprunts au nom de la commune. Nous lisons, en effet, dans un établissement de 1445, la défense qui lui fut faite de continuer à prendre à intérêt de l'argent des particuliers, sans en avoir obtenu l'autorisation expresse des consuls, et cela à cause, y est-il-dit, de l'abus qui s'était introduit de prêter à la ville à trop gros intérêt.

Des clavaires, ou trésoriers particuliers, étaient affectés au *consulat de mer* pour recevoir le produit des péages dont nous avons parlé plus haut, et à l'*œuvre de la commune-clôture* pour percevoir de chaque habitant sa part contributive dans les dépenses des murs de la ville.

Des citoyens élus chaque année par les consuls, au nombre de 14 (2 dans chaque échelle), étaient chargés de faire la répartition de ces divers impôts entre les habitants. Ces répartiteurs étaient désignés sous le nom de *los* XIV *de la capella*, à cause sans doute du lieu où ils se réunissaient. Une disposition qui consacrait déjà la spécialité de l'impôt, était celle qui enjoignait aux répartiteurs, dans le cas où il y aurait lieu à imposer une taille pour le seigneur et une autre pour la ville, de bien distinguer dans leur distribution la quotité que devait supporter chaque habitant pour l'une et l'autre de ces contributions, afin, est-il dit, que chacun pût *voir clairement* la part à laquelle il était soumis pour chaque espèce d'impôt.

Du reste, les devoirs attachés à ces sortes de fonctions se trouvaient parfaitement résumés dans la formule de serment qui les concernait. Les citoyens nommés *per assetiar et devesir las talhas* juraient de procéder à ce travail sans haine ni affection pour personne, *gardant lo drech e la justicia tant per lo paure que per lo ric, en tal manieyra que cascun pague segon sas facultas e sos bens mobles et immobles, e segon son cabal e son industria, sans cargar o descargar alcun oultra lo dever, e sans esparnhar o avantagar alcun.*

L'ensemble de ces obligations auxquelles on ne trouverait rien à changer ou à ajouter de nos jours, doit être regardé comme un nouveau témoignage, et des moins équivoques, de l'esprit de justice et d'impartialité qui dirigeait l'administration de ce temps.

La nomenclature des principaux officiers de la commune, l'objet de leurs fonctions et leur mode particulier de nomination ainsi indiqués, disons un mot des conditions générales d'admission aux emplois publics.

Ces conditions ne sont point énumérées et réunies dans un même établissement, elles sont, au contraire, éparses et confondues dans le cours du recueil tout entier; mais leur reproduction fréquente donne à chacune d'elles un caractère de généralité auquel il n'est pas permis de se méprendre.

On a déjà vu écrite dans les Coutumes la défense pour tout citoyen de refuser aucune fonction publique: l'on comprend que sous l'empire de ce principe les conditions d'admissibilité aux emplois durent être sévèrement réglées, afin qu'il ne dépendît pas de la volonté seule de l'élu de le soustraire à cette investiture de la loi.

Tout fonctionnaire devait être natif de Montpellier, ou y avoir habité pendant un temps plus ou moins long. Cette première condition, qui révèlerait de nos jours un esprit de méfiance et d'égoïsme étroit chez le législateur, trouvait alors son excuse dans l'exemple de réciprocité donné par les autres communes, jalouses comme elle de leur personnalité, et aussi dans le désir de rendre plus populaires encore, plus favorables aux intérêts de la cité, des magistratures prises exclusivement dans son sein.

Les fonctions publiques étaient en général annuelles, et nul ne pouvait être réélu à la même fonction qu'après un intervalle de temps déterminé.

Des incompatibilités étaient établies pour l'exercice simultané des emplois chez les membres de la même famille.

La brigue, les sollicitations devenaient un obstacle à l'élection du candidat.

Aucun comptable de la commune dont les fonctions étaient expirées, ne pouvait être rappelé aux affaires s'il n'avait déjà rendu et fait approuver les comptes de sa gestion.

Quiconque refusait de payer ses *tailhes* ou était en instance avec le consulat, l'œuvre de la commune-clôture, le consulat de mer ou la baylie, ne pouvait, tant que ce refus ou ce procès durait, être élu à aucun office de la commune.

L'exclusion prononcée par les consuls contre un officier public, pour malversation ou pour toute autre cause, le rendait incapable pour toujours d'être nommé à aucune fonction. De cette disposition, la seule dans laquelle il soit fait mention d'une manière directe de l'exclusion des officiers publics, résulte la conséquence que toute fonction publique était essentiellement révocable, et qu'aux consuls seuls, jouissant pour eux-mêmes du privilége de l'inamovibilité, appartenait le droit de destitution.

Ce droit de destitution n'était, dans son exercice, soumis à aucune forme, à aucune condition déterminée: la loi s'en remettait uniquement à la décision du conseil de la commune, qui avait pouvoir de prononcer en dernier ressort.

A côté d'un tel arbitraire, et comme pour lui servir de contrepoids, se trouvait déposé le germe d'un principe éminemment conservateur, mais dont on a peut-être trop abusé dans la suite: le respect des droits acquis. Ce principe, quoique tracé d'une manière fugitive, nous avons cru le découvrir dans un établissement consulaire, non moins remarquable par la naïveté et la futilité apparente de ses dispositions que par leur importance réelle, et qu'à ce double titre nous n'hésitons pas à reproduire.

Ce document, à la date de 1413, est relatif aux *escudiers*: on appelait de ce nom des sortes d'huissiers ou sergents chargés du service du consulat.

« Attendu (porte cet établissement) que tous les escudiers ne savent pas lire et ne peuvent par conséquent servir la messe, par où il arrive que beaucoup de jours de l'année il ne se chante pas de messe à la chapelle du consulat, ne s'y trouvant aucun escudier capable de la servir; qu'il arrive souvent aussi que les consuls ayant besoin de mander et faire quérir certains habitants de la ville (*bos homes*) pour les consulter ou pour tout autre motif, remettent dans ce but aux escudiers une liste où sont inscrits les noms de ceux qu'on envoie prendre, et que les escudiers qui ne savent pas lire s'en vont dans les rues et les ateliers, montrant cette liste aux uns et aux autres, et disant: Lisez-moi quels sont ceux-là? (*Leges me quals sont aquest?*) ce qui fait que le public est mis au courant des affaires du consulat, le plus souvent au grand dommage de la commune; qu'enfin, lorsqu'on envoie un escudier par la ville et qu'il ne sait ni lire ni écrire, il est obligé de faire lire par autrui les notes (*la memoria*) qu'on lui aura données ou les lettres qu'on lui aura écrites, et que lorsqu'il y aura nécessité pour lui de répondre par écrit aux consuls qui l'auront envoyé, il faudra qu'il fasse écrire par d'autres, d'où résultera que les faits du consulat seront divulgués: pour obvier à tous ces inconvénients, il est établi qu'*après le décès, la démission ou la destitution pour cause légitime* de ceux des escudiers actuels qui ne savent ni lire ni écrire, ceux qui seront nommés à l'avenir devront savoir lire et écrire, et que ceux-là seront admis de préférence qui, remplissant cette condition, seront natifs de Montpellier. »

Deux observations principales ressortent de l'ensemble de cet établissement: la première, c'est que déjà, dans le commerce ordinaire de la vie, la nécessité de savoir lire et écrire se faisait vivement sentir, et que ces premiers éléments d'instruction devenaient, dès ce moment, une condition indispensable d'admission aux moindres emplois publics; la seconde, c'est que l'exécution immédiate de mesures d'utilité publique s'arrêtait devant les ménagements dus à des positions acquises, et la crainte de faire encourir aux prescriptions nouvelles le reproche de rétroactivité.

Cet exemple n'est pas le seul qu'on puisse citer parmi les monuments de cette époque, qui, sous une apparence frivole, cache une pensée sérieuse et d'une application utile [29]. Dans l'enfance des gouvernements comme dans celle des individus, les idées les plus frappantes de justesse et de raison ne se formulent pas tout d'abord d'une manière générale et abstraite. L'esprit procède par les faits avant de procéder par les théories : de là vient qu'on rencontre si rarement, dans la première législation d'un peuple, de ces maximes larges et fécondes qui servent de source à tout un ordre de dispositions. Ce n'est jamais que pour des cas particuliers, pour des spécialités restreintes que sont portées les premières règles : le temps seul finit par faire jaillir de leur ensemble la raison générale qui les a dictées toutes, et qui, dès ce moment, prend le nom de *principe*.

Si, après avoir examiné la constitution de la commune sous le rapport des officiers chargés de la régir, nous voulions pénétrer plus avant dans les détails de son administration intérieure, nous retrouverions appliquée aux diverses branches qui la composent cette sollicitude de bien public que nous avons vu présider jusqu'ici à l'organisation de ses magistrats.

S'agit-il d'art et de science, les établissements nous offriraient les réglements relatifs à la profession d'orfévre, drapier, teinturier, potier d'étain, coutelier.... les statuts touchant le *maistre des écoles*, ceux si curieux, et que nous n'avons fait qu'indiquer, concernant les *cirurgiens* et *barbiers*, les privilèges de leur corporation, leurs devoirs, leur mode de réception, etc.......

S'agit-il de salubrité et d'hygiène publique, nous verrions les prescriptions si sévères et si détaillées touchant le poids et la qualité du pain, l'exercice du métier de boulanger, meunier, boucher (*mazelier*), poissonnier, porteur d'eau ou *pozandier* [30].

Viendraient ensuite, pour la police et l'entretien des rues, l'institution des ouvriers *carrieriers* chargés spécialement de cette surveillance, l'obligation pour chaque habitant de réparer et entretenir à ses frais la partie de rue qui l'avoisine (*a que toqua*), la défense de faire des saillies, arceaux ou parabandes (*bescalmes*) devant les maisons, si ce n'est dans les rues de certaines largeurs.

Nous trouverions enfin pour garanties données aux citoyens dans les divers actes de la vie civile, l'institution, si bien appréciée déjà, des notaires, celle des peseurs, arpenteurs, priseurs publics, et les règles particulières à chacun de ces emplois.

Mais les bornes de ce travail, que nous avons dépassées peut-être, ne nous permettent pas d'entrer dans de plus longs développements à cet égard. Nous avons essayé de présenter le tableau des institutions municipales de la commune de Montpellier, de ses magistratures, de ses élections, de son gouvernement intérieur, en un mot, au temps où ont été rendus les documents législatifs que nous publions. Ce que nous en avons dit suffira pour préparer à la lecture de ces documents, et, en jetant quelque lumière sur l'état politique des communes au moyen âge, servira à justifier l'heureuse définition qu'en a donnée de nos jours un écrivain célèbre [31] : *Des républiques locales sous le patronage d'un seigneur.*

G.

---

29 Un de ces traits curieux de naïveté qui témoigne du zèle scrupuleux qu'on avait coutume d'apporter dans l'accomplissement de ses devoirs, est la mention contenue dans le préambule de divers établissements touchant la nature même de la maladie, qui motivait l'absence de certains consuls..... *Sen Palmier*, porte un établissement de 1413, *nostre concosol absent, attediat de la rauma* (atteint d'un rhume), *perque non es pogut venir.*

30 Ce nom seul indique qu'au commencement du XVe siècle, les fontaines n'existaient pas encore : il n'y avait que des puits publics. L'eau de bouche était portée en ville par des individus appelés *pozandiers*. Il leur était enjoint de porter cette eau dans des tonneaux (*botas*), d'une capacité déterminée et marquée du sceau du consulat.

31 M. Guizot, Histoire de la civilisation en France.

DES SERMENTS.

Les *Serments* terminent, en les complétant, les parties formant la première série des publications du PETIT THALAMUS.

Le *Serment* est dans l'ordre des intérêts civils et administratifs, tout comme dans celui des besoins physiques et matériels, le lien universel qui, sous la consécration de la foi religieuse, unit tous les citoyens dans une même pensée d'amour et de défense mutuelle, et de dévouement à la chose publique.

Nul n'est si haut ni si bas placé qu'il ne relève de cette imposante loi.

Qu'il parle au nom du roi comme son délégué dans l'administration de certaines parties du gouvernement [32], ou au nom du peuple comme porteur de ses doléances auprès du roi [33]; qu'il siège à la maison commune sous le titre glorieux de *consul majeur*, ou bien sous celui de *consul élu* [34]; qu'il occupe un des offices les plus relevés du consulat ou un des plus subalternes [35]; qu'il soit chef élu de la justice ou l'un de ses instruments d'exécution [36]; qu'il soit magistrat consulaire ou simple trafiquant-caboteur [37]; officier des gardiens des clôtures de la ville, ou simple *ouvrier* de cette honorable milice [38]; citoyen ou aspirant au droit de cité [39]; percepteur de deniers publics, répartiteur de l'impôt, contribuable [40]; consul de métiers ou garde de métiers [41]; magistrat de police [42] ou fabricant, à quelque degré qu'il appartienne de cette hiérarchie sociale qui donna au pays tant de sources exclusives de richesses [43]: tous, sans aucune exception, sont indispensablement soumis à cette impérieuse loi du serment. Et pour que dans l'âme d'aucun il n'y ait accès ni aux restrictions ni au doute, le serment est consacré sous le voile d'une formule dès long-temps arrêtée, rédigée par écrit et conservée dans le code municipal.

Le roi seul, pour l'exercice particulier de ses attributions, n'a point de serment à prêter; mais au moment de son accession à la couronne, le chef de la dynastie qui commence en 1204, a promis solennellement [44] de ne régner que pour et par les antiques lois et franchises du pays. Après lui, presque tous ses successeurs, sans interruption, confirment, par des lettres-patentes, dont les originaux sont conservés dans nos archives, ces antiques libertés et franchises. Ainsi, sous la foi de la perpétuité d'un auguste serment, a vécu et s'est perpétuée durant plus de quatre siècles une large organisation communale, dont la mise en pratique commence à Pierre II d'Aragon et se termine à Louis XIV.

Entre tous les établissements municipaux qui, dans le courant du XIIIe siècle, se constituent en France sous l'autorité

---

32 Le luoctenent del rey sobre la election del bayle.

33 Embayssadors ordenats per anar devers lo rey.

34 Eligidors de cossols; — cossols majors; — cossols novels.

35 Assessor de cossols; — los que intron en cosselh secret; — los que venon am armas al cosselh; — syndics; — notari del cossolat; — scrivans, sirvens, escudiers del cossolat.

36 Lo bayle de novel elegut; — li assessors; — lo notari.

37 Los cossols de mar; — cossols de mercadiers que van per mar.

38 Li elegidors dels obriers; — li obriers elegutz.

39 Li proshomes; — los que se meton en la comunaleza de Montpeylier.

40 Los que recebon las mealhas del camin de Latas; — los gardas dels avers; — los XIV. de la capela; — les auditurs et impugnaturs; — aquels que se alyvron al comun.

41 Los cossols; — los gardas de mestiers.

42 Aquels del pes del blat e de la farina; — los que adrechuron las mesuras; — los que adestron las possessions; — gardas de largentaria; — gardas de lorjaria, del mazel, de la peyssonaria, los que albergon los mercadiers, etc.

43 Aquels del teng de la grana; — los que fan las flessadas.

44 Serments de Pierre d'Aragon et de Marie, du 8 des kal. de juillet 1204, des 15 août et 5 des kal. de septembre suivants.

monarchique[45], l'établissement municipal de Montpellier est peut-être un de ceux qui généralisent le plus l'obligation du *serment*.

Sans doute, cette obligation, comme condition préalable de la prise de possession de quelques emplois, se trouve écrite dans certaines chartes du temps[46]; mais nulle part n'est poussé si loin l'amour de cette puissante garantie d'une bonne administration sociale; nulle part surtout, si ce n'est à Montpellier, ne se trouve rédigée et conservée, sous forme de corps de droit, une série complète de formules sacramentelles applicables à tous les citoyens.

Cependant, moins heureux que les divers corps de nos franchises municipales qui ont été reproduites plusieurs fois dans les auteurs, en totalité ou par larges fragments, le corps de nos *Serments* a à peine laissé trace dans les ouvrages où il est parlé de l'ancienne commune de Montpellier.

Ducange, qui donne la traduction d'un grand nombre d'expressions puisées dans nos *Coutumes*, n'explique aucune de celles particulières à nos *Serments*, où il eût trouvé certainement une ample moisson à cueillir, surtout dans la partie concernant les arts et métiers. Les historiens du Languedoc[47] analysent en quelques lignes la matière de nos Coutumes sans dire un mot des Serments, et Daigrefeuille[48] se borne à les appeler des réglements de police, sans faire d'ailleurs aucune mention de leur contenu.

Ainsi, la publication de cette partie du *Petit Thalamus de Montpellier* est de nature à rendre un grand service à la science historique, et à appeler un intérêt tout nouveau sur les travaux de notre société.

A la différence des *Coutumes*, dont la langue primitive fut la langue latine[49], et des *Etablissements*, dont un assez grand nombre est écrit en latin, les *Serments*, sans exception, s'expriment en langue romane. Cela se conçoit : les Serments, destinés à être prononcés en public, ne pouvaient être rédigés autrement qu'en langue vulgaire. — Le corps général des soixante-trois feuillets qui composent, en particulier, cette partie du manuscrit dont la description a été donnée ailleurs[50], est le travail d'une même main et d'une écriture du commencement du XIVe siècle. Quelques-uns s'y trouvent intercalés qui portent la trace d'une écriture des XVe et XVIe siècles. Toutefois, il ne faut pas comprendre dans le compte qui vient d'être présenté, un cahier d'écritures de plusieurs feuillets, contenant une série de douze serments répétés plus bas dans le corps du manuscrit, dont ils forment ainsi une partie parasite. Nous avons dû les supprimer, non sans reconnaître, par ce nouvel exemple, la vérité de ce qui a déjà été dit ailleurs[51], que le manuscrit, dit *Petit Thalamus de Montpellier*, a été formé de la réunion de divers cahiers écrits en différents temps, de mains différentes, et réunis on ne sait quand, mais dans un ordre tout-à-fait vicieux.

Après une introduction de deux pages, remplies de versets empruntés aux quatre Evangélistes, et qui donne à cette partie du manuscrit une couleur tout-à-fait locale[52], commence le recueil lui-même,

---

45 Raynouard, Histoire du droit municipal, tom. II, pag. 285.

46 Raynouard, *loc. cit.*, pag. 24. — Charte de Gréalou en Quercy, du 18 décembre 1293. (*Charte de commune en langue romane, pour la ville de Gréalou, etc., par M. Champollion-Figeac.* Paris 1829, in-8°, pag. 72 et suiv.) — Charte de Perpignan, du 7 des kal. de mars 1196. (*Essai sur les anciennes institutions municipales de Perpignan.* Perpignan 1833, in-8°, pag. 15 et suiv.)

47 Hist. génér. du Languedoc, t. III, p. 125.

48 Daigrefeuille, Hist. de Montpellier, t. I, pag. 648.

49 Introduction aux Coutumes, pag. XIII.

50 *Ibid., loc. cit.*, pag. XX.

51 *Ibid., loc. cit.*, pag. XIV.

52 Les serments se prêtaient à l'église, sur les évangiles et en présence du peuple appelé au son des cloches. (*Manuscrit des Serments, passim.*)

qui marche sans interruption et se poursuit jusqu'à la fin dans un désordre complet pour ce qui tient à l'arrangement des sujets, mais enrichi de toutes les corrections, annotations, additions, que des mains soucieuses des modifications survenues à la loi primitive dans le cours de plusieurs siècles, ont semées sur ses marges et dans ses interlignes. La comparaison de ce manuscrit avec les manuscrits Joubert et Bouhier [53], nous a fourni l'occasion de remarquer que, si les trois manuscrits sont à peu près identiques pour le contenu des matières, aucun ne ressemble à l'autre pour l'ordre dans lequel les sujets sont présentés. C'est dans tous une incohérence absolue qui ferait croire que toutes les parties s'y sont groupées sous l'influence pure du hasard ou d'un caprice aveugle. Cependant chacun paraît être le produit d'un travail suivi, fait avec soin par une même main et d'après une copie donnée.

Cette confusion et à la fois cette ressemblance communes aux trois manuscrits, nous ont laissé dans le doute sur l'ordre à suivre dans notre publication. Devions-nous avoir une préférence pour un des trois manuscrits, et sur lequel devait-elle tomber? ou bien, sans tenir aucun compte de ce qui était, devions-nous faire nous-même une nouvelle division des matières, en les soumettant à un arrangement systématique?

Il y avait péril des deux côtés : dans le dernier cas, crainte de mettre l'ordre systématique aux prises avec le peu qui apparaît de l'ordre chronologique; dans l'autre, crainte de ne pouvoir, faute d'un bon fil conducteur, la série des dates, rendre une raison légitime de notre préférence.

Nous avons cru devoir rechercher les bases de notre détermination en dehors de ces éléments. Il nous a paru que ce manuscrit était le meilleur qui serait le plus complet et se montrerait le plus authentique.

Dès ce moment la cause de notre manuscrit nous a paru justement gagnée, car c'est incontestablement celui qui réunit au plus haut degré l'accomplissement de ces deux conditions. Nous l'avons déjà prouvé en parlant de ces adjonctions dont sont semées, d'un bout à l'autre, ses marges et ses interlignes, circonstance absente dans les autres manuscrits, où les mêmes adjonctions, faisant allusion à des événements survenus dans le cours de plusieurs siècles, sont fondues dans le texte lui-même.

Par exemple, s'il s'y rencontre telle formule de serment rédigée d'abord selon l'expression ancienne: *Jeu hom jur à te* SENHOR DE MONTPEYLIER, qui représente en même temps en marge ou dans les interlignes, et de deux écritures de main et d'époques différentes, cette adjonction indiquée par un renvoi, *Rey de Malhorgas*, et cette autre *Rey de Fransa e de Navarra*, ne faut-il pas en conclure que le manuscrit portant des particularités de cette nature, remonte par sa date à des temps encore peu éloignés de la fin de la seigneurie, sur lequel a été tenu un enregistrement fidèle des changements politiques arrivés depuis ces temps jusqu'à la réunion à la couronne de France, c'est-à-dire pendant un espace de près de deux siècles [54]? Dans le fait, il n'y a pas de doute que si notre manuscrit n'est pas l'original lui-même, dont la minute et l'expédition étaient confiées aux soins du greffier du consulat [55], c'est du moins une très-ancienne copie, celle qui était conservée au greffe du consulat et servait aux besoins journaliers de l'administration.

Ainsi, sans rien déranger à l'ordre des matières de notre manuscrit, nous nous sommes décidé à en reproduire exactement le texte, en ayant soin de laisser dans les marges les additions dont il est augmenté. Plusieurs formules de serments

53 Voy. ce qui en a été dit : *Introduction aux Coutumes*, pag. XIV.

54 On sait que la réunion de la seigneurie de Montpellier a la couronne de France, eut lieu en 1349, par la vente qui en fut faite par Jacques III de Maiorque à Philippe de Valois.

55 ...... E las cartas que jeu faray que tocaran al cossolat metray en notas, e pueys las metray en gros en un libre del cossolat de pergamin. (*Serment du notaire du consulat*, pag. 253.)

qui étaient égarées dans d'autres parties du manuscrit, ont été remises ici à leur véritable place; un très-petit nombre de formules qui lui manquaient, a été emprunté aux manuscrits Joubert et Bouhier, sous la seule condition de porter en marge l'indication de son origine étrangère. Une table analytique des matières, placée à la fin du volume, en compagnie de celles déjà annoncées, satisfera ceux qui auraient préféré, dans la disposition du sujet, l'ordre logique à l'ordre matériel du manuscrit. Nous aurions pu grossir notre publication d'un certain nombre de serments que nous trouvions dans plusieurs des manuscrits conservés dans nos archives [56]; mais nous étant imposé la loi de n'admettre dans notre recueil que des formules de serments faites pour des généralités, et sans acception de personnes, nous avons dû mettre à l'écart tout ce qui se rapprochait de cette dernière catégorie.

Pour ce qui est de l'orthographe, nous avons dû nous astreindre à celle de notre manuscrit, sans nous inquiéter des formes bizarres et multiples qui caractérisaient alors la manière des scribes, et sans vouloir la soumettre aux exigences des règles de notre syntaxe.

Plus d'une fois nous aurions desiré que l'accentuation, et surtout la ponctuation, cette lumière du discours, nous vinssent en aide pour l'intelligence d'un grand nombre de passages obscurs, surtout dans la partie concernant les arts et métiers, où le texte est surchargé d'une foule d'expressions techniques dont on ne trouve la signification dans aucun dictionnaire. Mais on sait que dans tout le manuscrit la ponctuation est absente ou vicieuse. Nous avons donc eu à la faire ou à la corriger; et ici comme dans tout ce qui touche à la correction du texte, nos propres réflexions, aidées des conseils dont nous nous sommes plus d'une fois entouré [57], ont été nos guides. Si nous nous sommes trompé en plus d'un endroit, nous serons reconnaissant envers la critique de nous le faire connaître; nous considérerons comme un devoir de nous corriger nous-même dans les notes que nous tenons prêtes, et que nous donnerons à la fin de la publication générale, pour témoigner des efforts que nous avons faits dans le desir de rendre notre travail le moins imparfait qu'il était en nous.

Il ne nous reste plus maintenant qu'à jeter un coup-d'œil sur le côté historique de notre manuscrit, afin d'en faire ressortir les traits les plus saillants. Mais auparavant une question grave nous préoccupe, en présence de ce que nous avons déjà dit du défaut presque absolu de date du corps de nos serments. Y aurait-il possibilité de restituer à chacun sa date, et y aurait-il utilité à le faire?

L'utilité ne nous paraît pas contestable sous le point de vue de civilisation, s'agissant d'une matière qui représente en quelque sorte au naturel l'état de la société dans ces temps anciens. Quant à la possibilité, elle nous paraît devoir être la récompense d'un examen sérieux, basé sur des rapprochements nombreux à opérer entre notre sujet et certaines autres parties du Petit Thalamus, et des conclusions à déduire de considérations matérielles dérivant de l'aspect du manuscrit lui-même.

Lié aux coutumes de l'observation desquelles il est une puissante garantie, le serment, jusque-là sans doute vague et incertain, ne prend une forme arrêtée qu'au moment de cette grande insurrection populaire qui, chassant l'usurpation, remet la couronne sur la tête de l'héritière légitime des anciens seigneurs, et établit sur de larges bases la double consécration des droits du souverain et des droits du peuple. Le même jour qui vit s'effectuer la rédaction des libertés et

---

56 *Grand Thalamus*, f° 86, art. 235 et suiv.

57 Nous saisissons avec plaisir cette occasion de témoigner notre reconnaissance au zélé conservateur de nos archives, notre maître en paléographie, M. Desmazes, et au modeste auteur des *Loisirs d'un Languedocien*, M. Martin, qui a fait preuve dans son ouvrage d'un amour éclairé pour notre antique idiôme.

franchises, vit aussi s'effectuer celle des Serments; car l'un était une conséquence forcée de l'autre, en quelque sorte son complément et la condition préalable de sa mise en pratique. Que dis-je! le serment est lui-même en faveur du peuple le plus précieux privilége. C'est pourquoi, pour ne citer que cet exemple, le même droit qui lui assure le bienfait d'une justice et d'une administration civiles indépendantes et élues (*art.* 6, 121, 123 *des Coutumes*), place les services de ceux qui sont chargés de les dispenser sous la sauvegarde de leur serment (*mêmes articles*). Ainsi, pour les Coutumes comme pour les Serments, les événements de 1204 ne firent que confirmer l'état d'une ancienne possession.

Un second argument en faveur de l'antiquité des Serments s'évince du traité de paix conclu, le 4 des ides de décembre 1258 [58], entre Jacques, roi d'Aragon, et les consuls et le peuple de Montpellier, à propos d'une amnistie générale donnée par le souverain, et où l'on remarque une disposition touchant les Serments, dans laquelle celui-ci déclare qu'ayant reconnu que les consuls ont, « à la faveur des discordes civiles, introduit plusieurs serments qui ne se trouvent pas dans la catégorie des anciens, il veut qu'ils soient cassés en public par le parlement, maintenant de plus fort *les Serments*, dont un usage *antique* (*ab antic*) ordonne la prestation, parmi lesquels il entend comprendre particulièrement celui appelé de la *cloche des gens armés*, parce que l'effet de cet antique serment est de sauver de tous périls autant les intérêts du roi que ceux de la ville [59]. »

[58] Rapporté *suprà* aux Etablissements, p. 106 et suiv.

[59] Empero car aprez la discordia moguda, per auctoritat de cossols e del cosselh mostz sagramens fastz son *estiers los acostumastz* trastostz cassar et en public parlamen desfar comandam, *tengustz dels sagramens que* ACOSTUMASTZ AB ANTIC *son de far :* en losquals entendem aquel que es appellat *cloca darmats*, car aquel ab antic avem apres desser de far e tan los perils de nostra senhoria quan de la vila esquivar. *Ibid.*, pag. 108.

Concluons que le principe du serment est de beaucoup antérieur à 1204, et qu'il existait à cette dernière époque un grand nombre de serments auxquels les événements de ce temps ne firent que donner une formule consacrée.

Dès ce moment, le serment étant admis comme loi universelle, applicable à tous les degrés de la hiérarchie sociale, chaque intérêt, chaque office, chaque industrie qui se feront jour à partir de cette époque, seront mis à l'abri sous la condition de la prestation d'un serment soumis à une rédaction arrêtée.

Il en sera de la sorte pendant le premier siècle qui suivra la réunion à la couronne de France. A partir de cette époque, l'action communale s'efface peu à peu, et sans chercher à étendre ses conquêtes, ne met ses soins qu'à conserver celles qu'elle possède.

Ainsi peut se former, sous le rapport chronologique, une triple catégorie de serments : ceux antérieurs à 1204 ou antiques, ceux contemporains de la dynastie des rois d'Aragon; enfin, ceux d'une émission postérieure à la réunion à la couronne de France.

Peut-être serait-il raisonnable maintenant d'opérer la classification de nos matières entre ces trois catégories, sans égard à la nature des sujets; mais comme il en résulterait forcément entre eux un défaut absolu d'harmonie, nous réunirons sous un titre commun les serments appartenant à chaque ordre de ces mêmes sujets, sauf à attribuer à chacun la place chronologique qui lui appartient.

Justice. — Bayle, Assesseurs, Notaire.

Un autre a dit [60] l'histoire de la création du bayle et des officiers composant ce qu'on appelait sa cour, ses attributions, le temps de son service, etc. Nous ne nous occuperons que de la date à assigner à son serment.

On ne peut douter qu'il ne soit un des plus anciens parmi ceux dits *antiques*.

[60] *Introd. aux Etablissements*, pag. XX.

Rapporté par l'article 6 des Coutumes, il passa textuellement dans le corps de notre manuscrit; et l'article 123 en fait une loi, tant à ce magistrat qu'au sous-bayle, au juge, au viguier et au notaire ou greffier. Enfin, le traité de 1258, déjà cité, en déclarant consacrer l'antique forme de la nomination du bayle, prouve assez que l'adoption de cette forme est antérieure à la date de la rédaction des Coutumes.

Quant aux serments à prêter par le lieutenant du roi ou gouverneur, et par les consuls, au sujet de l'élection à faire du bayle, le traité de 1258 en fixe évidemment la date à l'entour des premiers temps de l'accession de la dynastie d'Aragon; car ce n'est qu'à partir de cette époque, qu'en l'absence du roi, l'élection du bayle s'opère par la combinaison du *vote* de ces deux ordres d'électeurs. Auparavant nul ne partageait avec le seigneur ou son délégué l'exercice de cette haute prérogative : les consuls n'avaient que simple droit de *conseil*.

Administration. – Consulat, Consuls majeurs et dépendances.

L'administration de la communauté s'exerce par douze consuls élus [61] qui relèvent de leurs sept électeurs; et après leur installation, ont pour auxiliaires dans l'exercice de leurs fonctions deux comités, un de conseil et l'autre de défense; ils ont de plus sous leurs ordres immédiats un certain nombre d'officiers supérieurs, et pour instruments d'exécution plusieurs subalternes, les uns et les autres à la nomination des mêmes consuls. Chacun a un serment particulier à prêter, lequel règle ses attributions et ses devoirs.

Il est inutile de parler de l'élection des consuls après ce qui en a déjà été dit plus haut [62].

Pour fixer avec exactitude la date de la rédaction de leur serment, il faut en diviser le contenu en deux parties. La première, relative à la conservation d'attributions consacrées par les Coutumes, comme la participation des consuls à la nomination du bayle (*art.* 121), touche, comme on l'a dit, aux temps antiques. La seconde, composée de promesses d'observances amenées par l'émission de divers statuts, rendus successivement et à certains intervalles sur la chose publique, et empruntant leur date soit des statuts eux-mêmes, soit de circonstances particulières déterminées, appartient évidemment à la seconde catégorie. Dans cette dernière classe, il faut placer le serment qui commande aux consuls de veiller, comme sur une semence précieuse, à la *conservation de la foi catholique*, serment qui, quoique non daté, ne peut être antérieur à la fin du XVIe siècle [63].

Le comité consultatif du consulat se compose des assesseurs, des conseillers admis à participer aux délibérations, et enfin des XXIV. tenant lieu de conseil-général [64].

Parmi les serments que prête chacun de ces fonctionnaires, un seul est nouveau, celui des membres composant le conseil-général; l'existence des autres, et aussi la règle de leur serment, se trouvent consacrées par les Coutumes.

La milice, à la fois guerrière et délibérante, dite de *la cloche des gens armés* [65], du nom sans doute de leur institution, qui en soumettait les membres à l'obligation, en cas de trouble et d'émeute signalé par le son de leur tocsin particulier, de se rendre en armes aussitôt, soit de jour soit de nuit, au sein du consulat, pour recevoir les ordres des consuls, cette institution remonte aux premiers temps de la commune. Le calme apaisé, ces soldats

---

61 Aquest sagramen fan li cossols els sept eligidors, pag. 248 et suiv.

62 *Introduct. aux Coutumes et aux Etablissements*, pag. X et XIX.

63 C'est en 1551 que se montrèrent à Montpellier les premiers prédicateurs de la réforme. *Hist. gén. du Languedoc*, tom. V, pag. 171.

64 Li assessor de cossols; – aquels que intron en cosselh secret; – los XXIV. tenens luoc de cosselh general, pag. 252, 253, 310.

65 Aquels que venon am armas al cosselh, pag. 277.

citoyens prenaient part comme conseillers officieux aux délibérations des consuls; aussi le serment qu'ils prêtaient au moment de leur installation (serment antique comme on l'a déjà vu), avait trait à ces deux natures d'attributions.

Parmi les officiers supérieurs du consulat, il faut mentionner surtout le clavaire, les syndics et le notaire ou greffier.

Les attributions du premier [66] et celles de ses contrôleurs naturels [67], sont déjà assez connues [68].

Le principe du serment du clavaire est consacré par les Coutumes; ainsi la rédaction de la formule de ce serment doit-elle être considérée comme contemporaine des premiers temps de la dynastie d'Aragon. Il faut en dire autant de celle concernant l'office des syndics [69] ou représentants officiels de la commune, dont les fonctions étaient une sorte de prélude à la magistrature suprême du consulat. Quant au serment du notaire ou greffier [70], il appartient évidemment à l'ordre des temps antiques. Le nom du notaire se présente souvent dans le courant des Coutumes, et quoique l'obligation du serment ne l'accompagne pas, on ne peut douter que la mission de tenir registre sur minute, et expédition des affaires du consulat, mission qui se trouve consacrée par les termes même de leur institution [71], ne fut livrée aux notaires, autrement que sous la garantie ordinaire du serment.

Enfin, le corps des officiers subalternes du consulat se compose des écrivains [72], des servants [73] et des écuyers ou sergents [74]. Le service de chacun d'eux est rigoureusement tracé par son serment.

Dans l'ordre hiérarchique, il faut placer après l'administration consulaire, trois autres corps d'administration, qui, bien que relevant des consuls, avaient pourtant une forte organisation particulière s'exerçant sur un domaine séparé; nous voulons parler du corps ou milice des consuls-ouvriers, de celui des consuls de mer, et enfin des consuls de Lattes.

La milice des consuls-ouvriers [75], dont les attributions ont déjà été définies [76], venait après les consuls, dont elle prétendit plus d'une fois avoir le droit de marcher l'égale. Il ne fallut rien moins que l'intervention de tous les corps constitués de la commune, exprimée par de solennelles délibérations [77], pour ranger cette turbulente milice à son devoir. Toutefois, l'*antiquité* de son existence fut reconnue et sa place hiérarchique (le débat s'était élevé à l'occasion des rangs à occuper à la procession de la Fête-Dieu), sa place lui fut irrévocablement assurée immédiatement après les consuls. Il faut conclure de tous ces faits que le serment des consuls-ouvriers était antique: la formule seule dut être rédigée dans les premiers temps de la dynastie nouvelle.

On doit en dire autant pour le serment à l'usage des consuls de mer [78], les membres de cette antique et forte magistrature, qui, à l'extérieur, faisait des traités de commerce avec les puissances maritimes étrangères, et à l'intérieur était la modératrice, l'arbitre et la protectrice des intérêts matériels du commerce local, aux besoins duquel elle pourvoyait à l'aide d'une des branches du revenu communal dont elle avait la perception. Il a déjà été assez question plus haut de ce qui concerne les consuls de mer [79]; mais il reste à faire connaître une magistrature inférieure dépendant de la première, rapprochée par sa position de la classe inférieure des

66 Lo clavari del cossolat, pag. 302.

67 Los XIV. de la capela, pag. 310.

68 *Introd. aux Etablissements*, pag. XXIV.

69 Li sindics de cossols, pag. 255.

70 Lo notari del cossolat, pag. 253.

71 *Ut suprà*, pag. XXIX aux notes.

72 Li escrivans de cossolat, pag. 304.

73 Li sirvens de cossolat, pag. 302.

74 Li escudiers de cossols, pag. 276.

75 Li eligidors dels obriers; — li obriers elegustz, pag. 260.

76 *Introd. aux Etablissements*, pag. XXIII.

77 Voir un établissement du 15 juin 1365, pag. 160, et un autre sans date pag. 196.

78 Los cossols de mar, prg. 260.

79 *Introd. aux Etablissements*, pag. XII.

trafiquants de mer, dont les intérêts lui étaient confiés, et qu'on appelait pour cela *consulat des trafiquants de mer* [80]. La mission des membres de cet office ne se bornait pas toujours à un stérile conseil; souvent, montant sur le vaisseau qui portait au loin les marchandises, ils éclairaient la marche de l'équipage; et si dans le cours de l'expédition le marchand venait à mourir, faire l'inventaire des marchandises, les vendre, en serrer le produit, et au retour le remettre, ou les marchandises elles-mêmes, aux héritiers légitimes du défunt, voilà quel était leur devoir.

Domaine public.

La partie la plus importante du domaine public réside dans le produit des revenus de la forêt de Valèue. Aussi, dès l'origine de la commune, une compagnie de forestiers est organisée, qui, sous la foi du serment à prêter aux consuls [81], est chargée de faire la police de la forêt. Malheureusement cette police ne fut pas toujours efficace. Un jour arriva que la forêt ne présentait plus que l'image de son ancienne richesse. C'était en 1407; on n'aurait pas seulement trouvé *six ou sept pieux pour établir la barrière nécessaire au moment des réparations à faire à la grande arche du pont de Castelnau* [82]; et malheureusement, les consuls, par leur exemple ou par l'effet d'une condescendance blâmable, n'avaient que trop encouragé ces dévastations.

A cette occasion, il y eut à la commune et devant tout le peuple assemblé, une réunion générale d'où sortit une résolution qui renouvelle, en les étendant, les anciennes défenses [83]. Il fut décrété en même temps que cette résolution, mise sous la sauvegarde des consuls, serait ajoutée à leur serment, et notre manuscrit qui représente la preuve matérielle de cette addition, tire de cette circonstance un nouvel élément de son authenticité.

Impôts.

Les éléments nous manquent pour établir l'histoire générale de l'impôt chez nos aïeux, mais une circonstance honorable que nous ne pouvons taire, c'est ce privilége tout-à-fait particulier, qui asseyait la première base de sa fixation, sur la déclaration faite sous serment [84] par le contribuable, de ses facultés personnelles. Il est raisonnable, ce semble, de classer ce serment parmi ceux des temps antiques. Des lois d'une pareille simplicité ne se trouvent qu'à l'enfance des sociétés.

Ce qu'on a déjà dit [85] de la création et des attributions commises, au sujet de la répartition de l'impôt, aux hommes appelés les XIV. de la chapelle, ne vient, dans l'ordre des dates, que bien après le premier mode de cotisation dont il vient d'être parlé. D'ailleurs, le style, l'orthographe et l'écriture, qui caractérisent la formule du serment de ces répartiteurs, appelle nécessairement pour date le commencement du XVIe siècle.

Droit et capacité politiques.

La capacité politique réside dans le fait de la possession du titre général de *prud'homme de Montpellier*. Il ne nous est pas donné de savoir d'une manière très-positive comment on l'acquérait; cependant nous avons lieu de croire que le premier degré pour y arriver, était la possession antérieure du titre de prud'homme-élu dans un corps de métier ou ailleurs. La réunion des citoyens de cette classe formait le corps des notables ou *prud'hommes de Montpellier* [86], qui seuls avaient droit de suffrage et de conseil dans les affaires générales de la commune. Un serment vague et déterminatif plutôt d'une capa-

---

80 Cossols de mercadiers que van per mar, pag. 274.

81 Los forestiers de Valena, pag. 296.

82 ..Lo qual (bosc) avem trobat si despolhat... que non si poyrian a penas trubar VI. o VII. pals per fayre far la cadena que depresent es necessaria a far adobar la mager pila del pont de Castelnou. (*Establiment fach touchant lo bosc de Valena*, suprà, pag. 171.)

83 Même établissement.

84 Los que se alyvron al comun, pag. 277.

85 *Introd. aux Etablissements*, pag. XXIV.

86 Li proshomes de Montpeylier, pag. 311.

cité que d'une perpétration quelconque d'aucune des affaires de la communauté, fait assez connaître que c'est à une pure expectative que se bornait leur rôle politique.

Droit de cité.

Le droit de cité s'acquérait par un serment particulier [87] de fidélité au roi, aux coutumes du pays, et d'amour, de secours et assistance envers les hommes de Montpellier; et afin qu'il restât mémoire de cette naturalisation, l'usage voulait que le nom des naturalisés, celui de leur ancienne patrie et la date de leur serment fussent inscrits au code municipal.

Notre manuscrit contient la preuve de la mise en pratique de cette sage mesure. On y trouve en marge de la formule même du serment dont il s'agit, une liste d'un assez grand nombre de noms admis à la naturalisation, dans un intervalle de 25 ans, de 1353 à 1375. Parmi ces noms, il en est qui indiquent pour ancienne patrie l'île de Chypre, d'autres Barcelonne, d'autres Toulouse, etc.

Ambassades.

Nous plaçons dans la catégorie des Serments qui se rattachent au droit public, celui que les consuls exigeaient des citoyens élus pour aller en députation [88], sous la foi de pouvoirs munis du sceau du greffe du consulat, porter aux pieds du roi l'expression des doléances populaires. Le serment que le député prêtait à cette occasion, est empreint d'un esprit de défiance contre les séductions du pouvoir, qu'il n'est pas hors de propos de signaler. Ainsi, le député tout entier à sa mission, qui était d'assurer le triomphe des doléances dont il était porteur, ne devait pas profiter de sa position pour impétrer des lettres en sa faveur, et ce qu'il ne devait pas faire pour lui, il ne devait pas le faire contre les autres; car, par identité de raison, il ne devait impétrer aucune lettre contre aucun de ses concitoyens; bien loin de là, il était, pour tous, un défenseur officieux obligé. C'est pourquoi s'il venait à trouver à la cour aucun libelle d'accusation, soit contre l'administration, soit contre aucun citoyen, il devait d'abord défendre l'inculpé honnêtement, le plus honnêtement possible (*lo plus honestament que poyray*), par manière d'excuse, et à la fin, s'il le fallait, sans ménagement et par tous les moyens permis, jusque-là que de remonter à la source de la délation, et de faire connaître sans crainte le motif cupide et purement malveillant qui, le plus souvent, l'aurait inspirée.

Le titre seul de ce serment suffit à en fixer la date. Il est évident qu'il appartient à la catégorie de ceux créés durant le règne de la dynastie d'Aragon.

Police.

L'éclat de notre civilisation actuelle nous permet de regarder, sans rougir, les établissements nombreux dont la sagesse de nos aïeux avait entouré la défense des intérêts matériels de leur société. Poids et mesures, arpentage, surveillance des marchandises à la sortie, ventes publiques, transports par terre et par eau, affrétements, marchés et subsistances, logements publics, essai et poinçonnage des métaux, principes de fabrication, etc., tout, jusqu'à l'eau qui se boit, tombe sous l'œil vigilant des premiers magistrats de la cité, grâce à l'institution de magistrats de police spéciaux, dont on a gagné la foi à l'aide d'un serment particulier à l'usage de chacun d'eux.

Celui-ci qui tient le bureau du poids du blé et de la farine [89] s'assurera, par un pesage et un examen exacts, du poids et de la qualité des céréales et des produits moutures qui entrent en ville. Celui-là sera chargé de contrôler les mesures en usage au marché au blé [90]; il s'assurera qu'elles ont la capacité voulue par l'*étalon*

87 Los que se meton en la comunaleza de Montpeylier, pag. 278.

88 Los embayssadors ordenastz per anar devers lo rey, pag. 306.

89 Sagramen daquels del pes del blat e de la farina, pag. 281.

90 Aquels que adrechuron las mezuras de la oriaria, pag. 290.

en cuivre déposé au consulat; il poinçonnera celles qui seront sincères et mettra en interdit les défectueuses, en les dénonçant aux consuls. Cet autre aura l'inspection des poids et mesures employés chez les détaillants [91], et s'assurera s'ils sont fidèles chacun dans la fraction qu'il représente.

Il en est qui, sous le titre d'*arpenteurs publics* [92], prêteront leur utile ministère à la justice ou aux particuliers qui le réclameront. D'autres auront la police des ventes publiques et encans [93], et seront les surveillants obligés de leurs instruments secondaires d'exécution [94], soumis eux-mêmes à un serment particulier.

Tels seront chargés d'empêcher le débit ou la vente à l'intérieur de toutes marchandises étrangères sans aucune distinction [95]; mais, en même temps aussi, tels autres [96] seront les contrôleurs inexorables des produits naturels ou manufacturés destinés à l'exportation : pour peu qu'ils soient vicieux ou altérés, le magistrat de police les frappera d'interdit; car ce qui importe, ce n'est pas tant la somme des exportations, que la conservation de la bonne renommée agricole et manufacturière du pays. On conçoit que ce n'est qu'à cette condition que pouvait se maintenir un système de commerce exclusif de toute réciprocité. Il vécut pourtant, et il prospéra, et il fut, pour nos aïeux, une source de gloire et de richesse.

Il existe une foule de serments qui attestent la sollicitude des premiers magistrats du pays, pour le succès de sa prospérité commerciale. Parmi eux, nous nous bornerons à citer celui des courtiers de navire [97], chargés de régler les conditions de l'affrétement entre le marchand et le capitaine préposé au transport de la marchandise, le tout sans considération de salaire, car le courtier doit le secours de son ministère *au pauvre aussi-bien qu'au riche*.

Un autre office commercial est celui des courtiers de transports par terre [98]. Ils étaient appelés courtiers de *transport de bêtes de somme*, pour conduire les marchandises *en France* et ailleurs. Cette double énonciation de leur titre nous fournit matière à deux réflexions : une première sur l'état des chemins de cette époque, une autre, sur la date de la rédaction du serment de ces courtiers. Quant aux chemins, puisque les transports s'y faisaient à dos de mulet, il est probable qu'ils n'étaient pas encore disposés pour recevoir des chars ou chariots. Pour le serment, l'énonciation de ce mot *France*, prouve assez que la rédaction en est antérieure à la réunion de la seigneurie à la monarchie française, avant que la seigneurie fût devenue partie intégrante du territoire français; conséquemment, la création de ce serment est contemporaine des premiers temps de la dynastie d'Aragon.

Quant à la matière du serment elle-même, elle règle, d'une manière satisfaisante, les devoirs du courtier et la mesure de son salaire. Pour un chargement avec destination *en France*, c'est six deniers par charge; pour un chargement à porter à une plus grande distance, *à Toulouse*, par exemple, ou en *Catalogne*, le salaire est fixé en proportion de l'éloignement et de l'espace de temps assigné au voyage.

Ce serait le cas de parler ici de la police des ventes et marchés de commerce; du marché concernant les drogues pour la teinture et le blanchiment des toiles [99], de ceux relatifs à la grosse toilerie [100], aux soieries teintes ou crues [101], aux peaux et

---

91 Aquels de las mesuras dels mestiers et dels peses, pag. 290.

92 Aquels que destron las possessions, p. 291.

93 Li encantador, p. 291. — Li escrivans dels encans, p. 292.

94 Li corratiers, las corratieyras, p. 292, 293.

95 Aquels que albergon mercadiers, p. 280.

96 Aquels que son gardas dels avers, p. 265.

97 Li regent de mercadiers, pag. 297.

98 Li corratiers de bestias, etc., pag. 293.

99 Los gardas de las herbas del mestier de la blanquaria, pag. 284.

100 Los gardas del mestier de la canabassaria, pag. 268.

101 Las gardas del mestier de la correjaria, pag. 266.

aux cuirs [102], etc., chacun de ces marchés étant placé sous la surveillance de deux gardes spéciaux à qui la police en est confiée : mais ce sujet nous mènerait trop loin, et nous avons hâte d'arriver à ce qui concerne la police des marchés aux subsistances.

Tout ce qui sert à la consommation et à la nourriture de l'homme, le blé [103], le vin [104], la viande [105], le poisson [106] et jusqu'à l'eau à boire [107], préoccupent le législateur d'une manière qui ne ferait peut-être pas déshonneur aujourd'hui aux ordonnances hygiéniques, fruit de notre civilisation avancée.

Pour n'en citer qu'un exemple, faut-il dire tout ce que fait le législateur pour assurer à l'homme le trésor du premier élément d'une bonne alimentation, le pain? Que le grain se présente sur nos parages, le législateur ne le perd pas de vue, depuis le moment où, débarqué dans l'un de nos ports, il descendra dans les marchés publics, jusqu'à celui où, ayant reçu chez le fournier le degré de cuisson convenable, il ne lui restera plus qu'à paraître sur la table du consommateur.

Un charretier recevra sur lettre de voiture le blé au port de *Marseillan ou de Mèze*. Arrivé au marché, le prud'homme s'assurera s'il n'est point vicié ou malicieusement mouillé; dans le doute, il demandera au charretier son serment comme il ne l'a point mouillé à dessein [108]. De-là, il sera conduit au poids public où l'attend le contrôle de l'officier qui y commande [109]. Enfin, il est porté au moulin public, au *Lez* ou à *la Mosson*. Ici une infinité de prescriptions seront observées pour obtenir la meilleure mouture possible [110]; il y veille un garde particulier qui est le surveillant du meunier et est destiné à empêcher toute fraude ou négligence coupable. Il suivra tous les détails de la trituration, et si la farine est mal façonnée, il la fera remettre dans la trémie; que si elle est mélangée de terre ou de corps étrangers, il notera le fait et le dénoncera, s'il y a lieu, aux consuls; que le meunier ou son garçon prennent garde surtout de se laisser aller au sommeil, car s'il les surprend il les dénoncera; qu'il garde aussi les jours de repos forcés, ce sera depuis *le samedi avant le coucher du soleil, jusqu'au dimanche après son coucher*, et pendant les fêtes chômées, c'est-à-dire, *le jour de Notre-Dame, des saints apôtres St.-Pierre et St.-Paul, de la Noël, la Toussaint, St.-Michel, St.-Antoine, St.-Firmin, Ste.-Lucie et le jour de la fête des Armés* (los armastz).

Reste une dernière opération, celle du fournier, et elle n'est pas entourée de moins de surveillance. Le fournier trouve la règle de ses devoirs minutieusement tracée dans son serment [111] : c'est à lui de ne pas s'en écarter, particulièrement qu'il ne charge pas sa fournée au-delà de la mesure que son four peut raisonnablement contenir.

Mais si la prévoyance des besoins de l'homme en santé préoccupe si vivement le législateur, ceux de l'homme malade n'excitent pas moins sa sollicitude. Faut-il s'étonner qu'il en soit ainsi, dans une ville surtout dont la brillante réputation médicale vient d'être scellée tout-à-l'heure par la création d'une école d'enseignement public de la médecine [112]? C'est à ces con-

[102] Los gardas de la coyrataria, pag. 286.

[103] Los gardas de lorjaria, p. 271.

[104] Sagramen del vin, gardas del vin, pag. 294, 295.

[105] Los gardas del mazel, pag. 287.

[106] Los gardas de la peyssonaria, pag. 288.

[107] Los gardas de las botas dels pozandiers, pag. 297.

[108] Serment du *garde de l'orgerie*, suprà.

[109] Serment des *gardiens du poids du blé et de la farine*, suprà.

[110] Aquest sagramen fan los gardas dels molins, li moliniers, els fariniers, els menadors de las bestias dels molins, pag. 281, 283.

[111] Aquest sagramen fan li forniers, p. 289.

[112] On sait que la création de l'école de médecine de Montpellier, instituée en 1180, par un réglement de Guillaume fils de Mathilde, fut confirmée en 1220, en vertu d'une bulle

sidérations qu'il faut rattacher la rédaction d'un serment fait pour la classe des préparateurs et débitants des drogues médicinales, appelés d'un titre peu pompeux, *épiciers* (*especiadors*) [113].

Le serment que prêtent les individus exerçant cette profession est fort étendu. C'est un mélange édifiant et curieux d'invocations au nom de Dieu, de préceptes de charité chrétienne et d'expressions empruntées à la langue de l'alchimie. Toutefois, au milieu de tout cela se montre la pensée prudente et conservatrice qui domine particulièrement le serment, c'est celle qui donne à l'*especiador*, homme de pure pratique, une juste défiance de lui-même, et lui commande de se conformer rigoureusement aux ordonnances reçues et aux règles du *dispensaire*, sans se permettre jamais d'y rien changer dans l'exécution, à moins d'avis favorable du consul du métier ou *de deux maîtres en physique*.

La date connue de la création de l'école de médecine, contemporaine des premiers temps de la dynastie d'Aragon, fixe pour nous celle du serment aux environs de la même époque.

Il ne nous reste plus maintenant pour terminer que de parler des serments exigés de la part des hommes adonnés à la pratique des arts et métiers. Ce sujet tout seul suffirait à produire un mémoire intéressant, dont les éléments réunis formeraient le tableau de la civilisation industrielle de nos premiers aïeux. Mais les développements dans lesquels nous sommes déjà entré, sur les premières parties de notre sujet, ne nous laissent que peu de place pour celle-ci. Nous serons court.

Entre les consuls majeurs, gardiens de toute l'organisation sociale, et les fabricants ou hommes de métier, se trouvent placés deux ordres de surveillants spéciaux, les consuls de métiers et les prud'hommes de métiers.

Les premiers [114], pris sans doute parmi les anciens fabricants, sont les conseillers obligés des consuls, pour toutes les affaires concernant la direction de la profession. Ils prêtent serment à ces derniers et reçoivent celui des fabricants eux-mêmes; ils ont de plus l'honneur de tenir la caisse de *charité* (*karitat*), au profit de l'œuvre de la profession. Les seconds, au nombre de soixante, élus par les consuls le jour même de leur installation [115], sont, parmi leurs pairs, les contrôleurs zélés de l'observance des bonnes pratiques. Quant aux fabricants, ils peuvent se diviser en trois catégories : les fabricants exerçant avec monopole, les fabricants exerçant sans monopole, et les gens de métier, chacun d'eux soumis à un serment particulier et distinct.

PREMIÈRE CLASSE.

Fabricants exerçant avec monopole.

Nous avons déjà fait connaître quelques-unes des idées exclusives qui dominaient le système commercial de la commune de Montpellier; le monopole était et devait être une conséquence pratique de ces mêmes idées. Sans doute, suivant notre manière de voir actuelle, un système de monopole ne devait pas être ami du progrès et de la civilisation, mais conduit avec sagesse, il pouvait amener la prospérité. Il en fut ainsi, et c'est au monopole que le pays a dû, jusqu'à des temps peu éloignés encore de nous, une des causes les plus vivaces de sa richesse commerciale.

Ce monopole s'exerçait sur deux choses principalement, les teintures sur toute sorte de toiles et tissus, et les vert-de-gris.

La pratique de la teinture et surtout de la teinture écarlate, qu'on obtenait au moyen du fruit d'un arbuste qui croît spontanément en grande quantité aux en-

donnée par le cardinal Conrad, légat du Saint-Siége. (Astruc, *Mém. pour servir à l'hist. de la Facult. de méd. de Montp.*, pag. 34.)

113 Li especiadors, pag. 270.

114 Li cossols de mestiers, pag. 254.

115 Establimen com se devon elegir cossols, pag. 100.

virons de Montpellier [116], et qu'on appelait de ce nom teinture en graine (*teng de la grana*), remonte aux temps les plus anciens.

Cette pratique est consacrée en faveur des habitants comme privilége par l'art. 110 des Coutumes, jurées par Pierre d'Aragon en 1204. En remontant plus haut, on trouve aux Etablissements [117] un acte de Guillaume, fils de Mathilde, du mois de janvier 1181, qui assure aux habitants ce privilége. Plus tard, deux autres établissements décrétés par les consuls en 1226 et 1251 [118], lui donnèrent une nouvelle extension.

Faut-il s'étonner si le serment que les fabricants [119] prêtaient à l'occasion de la mise en exercice de leur industrie (serment qui doit avoir sa place assurée parmi les serments *antiques*), est entouré de tant de détails sévères et propres à maintenir, d'une part, l'observance des règles d'une bonne fabrication, et d'autre part, la conservation d'un monopole précieux?

Il n'est pas dans notre plan d'entrer ici dans des détails techniques qui y seraient peu convenablement placés. Nous nous contenterons de faire connaître en peu de mots les mesures protectrices dont l'amour de ce monopole fut l'objet.

Il fut un temps, sans doute, où les prohibitions de l'art. 110 des Coutumes, qui interdisait absolument à tout étranger dans le pays l'exercice de la teinture, et le serment auquel le fabricant national était avant tout soumis, furent des barrières suffisantes et préservatrices contre le plagiat. Mais cet état de choses ne pouvait pas toujours durer; un jour vint où elles dûrent tomber, par suite des attaques que lui portaient sans cesse les entraînements de l'émulation et les calculs de la convoitise. Alors on comprit qu'il valait mieux essayer de modérer le mal par l'adoption de salutaires entraves, que de persister dans les empêchements illusoires d'un remède devenu impuissant. Les établissements de 1226 et de 1251, déjà cités, sont le fruit de cette sage résolution.

Suivant le premier, un étranger ne peut être admis à exercer la teinture à Montpellier, si ce n'est après une résidence honorable, publique, et continue de cinq années, lesquelles ne courront que du jour où le candidat aura prêté son serment de fidélité, et pris son service dans l'œuvre de la milice *de la clôture*, et deux ans après un mariage contracté *avec une femme du pays*. Suivant le second, qui adoucit assez sensiblement la rigueur du précédent établissement, il est reconnu que l'admission au droit d'exercice de la teinture pourra être accordé à l'étranger, pourvu de l'agrément des consuls et des gardiens de métier, après deux ans de résidence, mais sous la condition de verser au trésor de la commune *un cautionnement de trois cents livres melgoriennes*, et de prêter serment aux consuls, comme de dix ans il ne quittera point la résidence de Montpellier. Tel était l'état d'une législation commerciale dont le souvenir a porté ses fruits jusqu'à des temps encore peu éloignés.

Au reste, ces prohibitions rigoureuses qui avaient pour but principalement d'assurer au pays les profits du commerce des draps et des étoffes de laine, dont il se faisait un grand trafic avec le Levant, devaient s'appliquer, par identité de raison, à la teinture des étoffes de soie et à celle des toiles. Rien ne prouve qu'il en fut autrement pour ces deux industries. Au contraire, les serments particuliers imposés aux fabricants adonnés au tissage des soies et à la teinture des toiles [120], font preuve contre l'étranger du même esprit de défiance, en même temps que de l'amour de ces minutieuses règles pratiques, sur l'observance desquelles reposait la conservation d'une célèbre réputation manufacturière.

---

116 Le petit-houx (*ruscus aculeatus*). Voir ce que dit de cette industrie Daigrefeuille, *loc cit.*, pag. 700.

117 Etablissements, pag. 137.

118 *Ibid.*, pag. 138.

119 Aquels que fan teng de la grana. — Los gardas del teng de la grana, pag. 262 et 263.

120 Gardas del mestier de la correjaria. — Aquels que tenhon las telas, pag. 266 et 269.

Quant à cette autre non moins célèbre fabrication *du vert-de-gris*, le mot n'en est prononcé qu'une seule fois dans tout notre manuscrit, à propos du serment à prêter par les gardiens des portes de la ville [121], qu'il ne faut pas confondre avec les *ouvriers de la commune clôture*, dont il a déjà été parlé. Le serment en question impose aux portiers la loi de ne pas laisser sortir de la ville les grains et *vert-de-gris*, sans l'exhibition d'un bulletin délivré au poids public. Sa date, à en juger par le style de la rédaction et la main qui l'a écrite, doit appartenir à la fin du XVIe siècle. Du reste, on ne trouve dans le corps de notre manuscrit, aucun serment particulier aux fabricants de cette précieuse poudre: cela se conçoit. L'industrie qui la produisait, bien qu'ancienne, puisqu'elle avait force de privilége pour les habitants [122], ne se rapprochait pas assez des premiers temps de l'organisation communale pour s'être incarnée dans un serment.

Il faut placer aussi dans cette classe une industrie qui, bien que connue peut-être ailleurs, jouissait déjà à Montpellier, à cette époque reculée, d'un éclat tout particulier, et était assez avancée pour avoir des règles pratiques circonscrites dans la formule d'un serment à l'usage des fabricants; c'était celle des *fabricants des couvertures de laine* [123].

DEUXIÈME CLASSE.

Fabricants exerçant sans monopole.

Les justes bornes à imposer à ces réflexions, déjà trop longues, nous interdisent la faculté d'entrer dans des détails applicables à un grand nombre d'industries non favorisées du monopole, mais dont l'existence atteste, à un haut degré, la possession d'une riche situation industrielle et artistique; nous voulons parler des arts ayant pour objet la mise en œuvre des métaux précieux. Là, se trouvent les serments des *argentiers ouvrant l'or, l'argent et les pierres précieuses*, *des affineurs de métaux*, *des batteurs d'or*, *des poinçonneurs*, *des potiers d'étain*, *des fourreurs*, etc.

TROISIÈME CLASSE

Hommes de métier.

La classe des hommes de métier n'est pas moins nombreuse ni moins intéressante que les précédentes. Parmi celles-là, nous nous bornerons à en citer une, celle des *faiseurs d'arbalète*, dont l'industrie était dans le plus grand honneur au pays, et fournissait à un des divertissements populaires le plus aimés, *le noble jeu de l'arc ou du perroquet* [124]. Le serment imposé aux hommes de cette profession est très-curieux.

Nous avons raconté l'histoire de la première période de durée du serment, période de force et de puissance, où la parole est l'expression vivante de la conscience religieuse.

L'histoire de la seconde période est courte: elle commence à l'époque où, travaillé d'un côté par le relâchement du lien religieux, de l'autre, par les sourds envahissements de l'autorité souveraine qui a pris en haine cette vieille forme communale, le serment, devenu une vaine habitude de bouche, périt dans les cœurs bien avant que de tomber par la désuétude et le non-usage; tant qu'enfin, impuissant à exprimer une situation politique entièrement effacée, il va s'abîmer et se perdre à tout jamais dans le domaine de l'omnipotence royale qui, vienne le temps, aura son tour et se verra condamnée à compter de ses triomphes avec la puissance des idées populaires.

P.^n^ B.

---

121 Los gardas dels portals, pag. 305.

122 Voir ce que dit à cet égard Philippi. (*Responsa juris*, 48.)

123 Aquels que fan las flessadas, pag. 284.

124 On citera, à cette occasion, le volume conservé dans nos archives, intitulé: *Réglement du noble jeu de l'arc*, mss. in-fol. en parchemin, de 200 pages environ, qui contient les fastes historiques de ce divertissement, de 1411 à 1529.

DU CALENDRIER.

Le calendrier du Petit Thalamus de Montpellier a soulevé trois questions :

1° Quelles sont la nature et la forme de ce calendrier?

2° Quel est le premier jour de l'an dans le comput du Petit Thalamus?

3° Quel est l'âge du calendrier?

Ces trois questions feront l'objet de cette brièvе notice.

§ 1.er

Nature et forme du Calendrier.

Nous croyons inutile d'esquisser l'histoire du calendrier Julien, corrigé par ordre de l'empereur Auguste. Il suffit de dire que celui qui précède les chroniques du Petit Thalamus est le même calendrier Julien, adopté par l'église, depuis le concile de Nicée, célébré en l'an 325, jusqu'à la réformation du calendrier ancien sous le pontificat de Grégoire XIII, en 1582. On retrouve la même forme de calendrier dans les heures et livres de prières du moyen-âge : les différences qu'on peut y remarquer, dans l'indication des jours fériés et dans la nomenclature des saints, proviennent de l'époque et des diocèses où on en a fait usage.

Chaque page du calendrier que nous publions est composée de quatre colonnes :

1° *Le nombre d'or ou cycle lunaire*, révolution de dix-neuf ans. Il est presque superflu de rappeler que le nombre III de ce cycle répond aux calendes (1er) de janvier, parce que, dans le siècle du concile de Nicée, temps auquel l'église a commencé à se servir du cycle lunaire, la nouvelle lune arrivait au 1er de janvier dans les années qui avaient III pour nombre d'or.

2° *La lettre dominicale* (*la letra domergal*). On sait que l'usage de placer la lettre dominicale A à côté du 1er, du 8, du 15, etc., de janvier, a pris son origine à la même époque, et par une raison analogue à celle qui concerne le nombre d'or.

3° *Le quantième des calendes, des nones, des ides.* Notre intention n'est pas de répéter ce que tout le monde connaît bien : nous renvoyons donc tous les détails plus explicites sur les termes et l'usage de l'ancien calendrier aux ouvrages nombreux qui traitent de cette partie de la chronologie. Seulement, sans sortir des bornes que nous nous sommes prescrites, nous ferons observer que, selon l'antique usage de Rome, et suivant la coutume de la chancellerie papale, on entend par *calendes*, le premier jour de chaque mois; par *nones*, le sixième jour dans les mois de mars, mai, juillet et octobre, et le cinquième dans les huit autres; et par *ides*, le huitième jour après les nones; enfin, que le quantième des jours intermédiaires est désigné par leur distance à celle de ces trois époques qui les suit, et par une sorte de rétrogradation. Ainsi, le 1er de janvier répond aux calendes de ce mois; le 2, au quatrième jour avant les nones; le 3, au troisième jour avant les nones; le 4, à la veille (*la vigilia*) des nones; le 5, aux nones; le 6, au huitième jour avant les ides; le 13, aux ides; le 14, au dix-neuvième jour avant les calendes de février, etc.

Il ne faudrait pas toutefois en induire que les rédacteurs de nos chroniques aient constamment fait usage de cette manière de dater les faits; ils expriment, au contraire, le quantième des mois comme nous le faisons aujourd'hui: ils ajoutent quelquefois la désignation de la fête du saint du jour.

Au lieu d'écrire avec la chancellerie romaine: *lo* VIII *de las idas de dezembre*, ils mettent: *dimergue* (dimanche) *a* VI *de dezembre que fonc la festa de sant Nicholau*. De même, pour désigner le troisième jour des calendes d'avril, on lit: *lo dimars* (mardi) *de Pascha que era lo* XXX *de mars*.

Nous reviendrons sur cette dernière indication.

4° *Les principales fêtes (fixes) de l'église et celles des saints propres au diocèse de Maguelone* (Montpellier). On voit évidemment ici que le calendrier du Petit Thalamus est l'œuvre de plusieurs époques et de différentes mains. Des additions, des intercalations sont postérieures à la rédaction primitive, dont nous établirons plus bas l'époque; nous nous sommes fait un devoir de les signaler. Bornons-nous, quant à présent, à une citation qu'il importe de se rappeler : c'est le nom de saint Yves, canonisé en 1347, et qui a été écrit dans notre calendrier, plus tard que la plupart des noms de ses collègues. Nous pourrions dire la même chose de saint Roch, natif de Montpellier, et qu'on suppose avoir été canonisé en 1414 [125].

Outre ces additions et intercalations, il en est d'autres d'un intérêt nul pour nous et relatives aux places qu'ont occupées les jours de Pâques et d'autres fêtes mobiles dans quelques années des XVe et XVIe siècles : ce sont des applications tardives de l'usage de la table pascale, dont nous allons parler, et que l'on trouve à la suite du calendrier. Nous voyons annoté, par exemple, à côté du 16 des calendes de mai (16 d'avril) : *Hic fuit Pascha anno* M° IIII° XLI. Il n'était pas difficile à l'auteur ou aux auteurs de ces notes marginales, après avoir déterminé la place de la fête de Pâques, d'indiquer les jours d'autres fêtes mobiles : c'est ce qu'ils ont fait pour les *Cendres*, la *Passion*, l'*Ascension*, la *Pentecôte*, la *Fête-Dieu*, et pour les lettres dominicales d'autres années des mêmes siècles.

Parmi ces notes postposées, et, comme on voit, si peu dignes de conservation, nous en avons recueilli deux que nous reproduirons ici, non qu'elles nous paraissent plus intéressantes que les autres, mais parce que nous voulons prévenir les doutes qui pourraient s'élever dans l'esprit du lecteur, touchant la fidélité de notre copie.

V des ides (11) de mars. — *Die presente* XI 1439 *intravit indulgentia sancti Lazari.*

XII des calendes de juillet (20 juin). — *Isto die eligitur novus baiulus Montispessulani.*

La table qui suit le calendrier sert à trouver le jour de Pâques pour une année quelconque (mais antérieure à 1582), au moyen du nombre d'or et de la lettre dominicale. L'usage de cette espèce de table pythagoricienne est trop facile et trop développé dans le texte qui l'accompagne, pour que nous entrions dans d'autres explications. Nous devons avertir cependant que nous y avons suppléé les indications que le temps avait fait disparaître, en nous aidant d'anciennes tables de fêtes mobiles, qui nous ont également servi pour collationner la nôtre et pour y rectifier quelques erreurs échappées au scribe. Nous avons pris aussi la liberté de compléter l'explication textuelle de la même table, en ajoutant quelques lignes qui se faisaient désirer dans l'original [126]; toutefois nous avons cru devoir faire imprimer ces lignes complémentaires en caractères italiques.

Enfin, nous nous sommes astreint à

---

[125] On trouve néanmoins le nom de ce saint dans plusieurs calendriers du XIVe siècle.

Degrefeuille lui-même en convient :

« Dans un vieux livre en parchemin de la cour « du petit sceau de cette ville, qui contient les « anciennes ordonnances de nos rois sur la « jurisdiction, on voit à la tête un ancien calen« drier des jours fériés, où on lit, pour le « seizième du mois d'août, en grosses lettres « gothiques : *Sti Rochi confessoris*, et en plus « petit caractère et fort ancien, *oriundi de « Montepessulano.* Il est à observer que la der« nière ordonnance de nos rois, rapportée dans « ce livre, est du roi Charles VI, de l'année « 1412, et la 32e de son règne; d'où l'on peut « inférer que le calendrier qui est à la tête « devait avoir été mis auparavant, et par « conséquent être du XIVe siècle où saint Roch « était mort. » (*Hist. de Montpellier*, 2e part., pag. 227.)

[126] *V.* l'ouvrage de Clavius. — *Romani calendarii à Gregorio* XIII *P. M. restituti explicatio.* 1603.

conserver scrupuleusement l'orthographe du calendrier du Petit Thalamus, quelque envie que nous ayons eu parfois de modifier celle du nom de plusieurs saints. Mais nous avons cru préférable le mérite modeste de copier exactement, à celui d'altérer le texte en voulant le corriger.

Afin de donner une idée complète de ce texte, ajoutons que le monogramme du mot initial KL de chaque mois est peint en couleur bleue avec des ornements au trait en rouge. Le nom du mois, au commencement et au milieu de la page, les mots *nonas*, *idus*, KL (en texte courant), les nombres du cycle lunaire et ceux des nones, ides, calendes, sont peints en rouge. La première lettre de la désignation de chaque fête et des mots *san*, *santa* (*saint*, *sainte*), *verga* (*vierge*), *vigilia* (*veille*), sont aussi distingués par un trait en sautoir rouge.

Dans la table pascale, les lettres dominicales A, C, E, G sont rouges; B, D, F, sont bleues. Les nombres qui marquent les jours du mois de mars, qu'il faut compter depuis la fin de ce mois, et la lettre initiale de mars placée dans les mêmes carrés que ces nombres, sont également en bleu; tout le reste est peint en couleur rouge.

§ II.

Premier jour de l'an dans le comput du Petit Thalamus.

On peut fixer quatre époques où l'on commençait indifféremment l'année en France dans les XIe et XIIe siècles: Noël, Janvier, l'Incarnation ou l'Annonciation, et Pâques [127]. Les bulles papales ouvraient l'année, tantôt au 1er de janvier, et tantôt au 25 de mars, jour de l'Incarnation.

L'an qui commence le jour de Noël, fort accrédité dans le XIIe siècle, est distingué par la qualification de l'*an de grâce*, qui ne se rencontre nulle part dans notre Petit Thalamus.

La coutume d'unir le commencement de l'année au 1er de janvier, renouvelée des anciens Romains, est plus rare dans le royaume en ce siècle et les précédents.

Dans le XIIIe siècle et les suivants, la France faisait commencer l'année à Pâques (*more gallico*), c'est-à-dire dans les mois de mars ou d'avril; mais les mots *ante Pascha*, *post Pascha*, exprimaient si c'était avant ou après Pâques, si l'on était à la fin ou au commencement de l'année. Nous n'avons encore rien qui rappelle ces circonstances dans le Petit Thalamus. Cependant nous ne pouvons pas laisser passer sans remarque le passage suivant, qu'on lit dans le Thalamus déposé à la bibliothèque royale de Paris [128]:

« *En lan* 1229, *lo dernier jorn de decembre* « *so es a dire* LA VIGILIA DAN NUOU » (la veille de l'an nouveau) « *pres lo senhor en* « *Jacme d'Aragon Malhorgas am sas hostz.* »

On sait que, dans le XIIIe siècle, plusieurs parties de la France, entre autres la Picardie, nonobstant l'usage des autres provinces et d'autres pays, comptaient l'année du premier jour de janvier. L'auteur de ce passage, ou le scribe qui l'a transcrit, appartenait probablement à une des provinces où l'on avait conservé cette coutume, déjà pratiquée dans le douzième siècle.

On pourra vérifier qu'en effet ces mots *la vigilia dan nuou*, écrits dans le Thalamus de Paris, ne se trouvent pas dans le Petit Thalamus de Montpellier.

Innocent III part ordinairement dans ses bulles du jour de l'Incarnation, et tel était aussi l'usage du Languedoc en particulier. Cet usage de fixer le premier jour de l'an au 25 de mars, sans avoir égard à la fête de Pâques, fut depuis constamment suivi dans cette province, quoiqu'il ait beaucoup varié ailleurs durant les siècles suivants, et même dans les bulles

---

127 *Hist. de Lang.* II, 248-284. — Dom de Vaines, *Dict. raisonné de diplomatique*, I, 71.

128 *V.*, sur ce Thalamus, l'introduction du Petit Thalamus de Montpellier, pag. XIV.

des papes. Certes, si la fête de Pâques eût commencé l'année, nous ne lirions pas dans le Petit Thalamus : *lo dimars de Pascha que era lo* XXX *de mars ;* il n'est guère probable qu'on eût ainsi désigné le troisième jour de l'an.

Ces preuves seraient insuffisantes si d'ailleurs notre Petit Thalamus ne datait toutes les années, antérieures à 1564, de l'Incarnation : *Lan de lIncarnation de Nostre Senhor que hom comptava* M.CCC. etc.

Est-il besoin d'ajouter que les consuls de Montpellier entraient en charge le 25 de mars ?

Un examen attentif de la chronique nous a démontré qu'aucune des années du Petit Thalamus ne part du mois d'avril ; et le contraire arriverait infailliblement, dans la série des années qu'elle embrasse, si le premier jour de l'an eût été fixé à Pâques, dont la fête se célèbre tantôt dans le mois de mars, tantôt dans le mois d'avril [129].

Le passage suivant, que nous empruntons au président Philippy [130], complétera nos preuves :

« La fête de Pâques de cette année « (1573) fut le 22 mars, chose que « homme vivant n'avait jamais vue et ne « pourra voir que jusques en l'année 1663 « à venir. Ainsi à Montpellier, où les con- « suls ont accoutumé d'entrer en charge le « jour de Notre-Dame de mars, 25 du « mois, il advint une chose rare que les « consuls de l'année 1572 virent deux « Pâques dans leur année du consulat, et « ceux de 1573 n'en virent point. »

L'histoire, les faits matériels, les autorités, prouvent donc irrévocablement que les années de notre chronique, commencée dans le XIVe siècle comme on va le voir, doivent se compter du 25 de mars, jour fixe de l'Annonciation, et non de la fête mobile de Pâques [131].

Cet usage se maintint jusqu'au seizième siècle. En 1563, Charles IX régla, par son ordonnance de Roussillon, château et bourg du Dauphiné, que l'année commencerait en France au premier de janvier, en sorte que le 1er de janvier 1563 devint le premier jour de l'année 1564 [132]. Ce changement dans le commencement de l'année est constaté par ces mots de la *Chronique française :*

« Celle année (1564) fust faicte l'ordon- « nance du roi que doresanavant ny auroit « deux facons de compter les années c'est « a la Nativité et a l'Incarnation, pour « infinis doubtes qu'en sortaient; mays « une seulle a la Nativité prinse des pre- « miers jours du mois de janvier. »

---

129 Nous possédons un manuscrit autographe sur l'histoire de France du président Philippy, à qui l'on doit plusieurs Mémoires intéressants, dont quelques-uns ont été publiés. L'auteur reproduit dans cet ouvrage des extraits du *Petit Thalamus de la maison de ville de Montpellier.*

Il y dit positivement que, suivant la manière de marquer les époques dans le Petit Thalamus, l'année commençait au 25 de mars.

130 Nous conservons dans les archives de la préfecture de l'Hérault le manuscrit d'où ce passage est tiré : il a pour titre *Annales et mémoires de la ville de Montpellier.* Nous en connaissons des copies plus ou moins complètes dans quelques bibliothèques particulières. Ces chroniques, que nous devons à Pierre Serres, procureur à la cour des aides de Montpellier, auteur d'un abrégé de l'histoire de cette ville, contiennent aussi des extraits du Petit Thalamus de la maison consulaire et des *Mémoires* de Philippy : elles commencent en 1192 et finissent en 1692. L'auteur mentionne également le 25 de mars comme le premier jour de l'an. Il garde le silence sur l'ordonnance de Charles IX qui fixe le commencement de l'année au 1er de janvier ; mais, à l'année 1582, il s'exprime ainsi : « Cette même année, par le pape Gré- « goire XIII, fut changé le calendrier et le cours « de l'année, mois et fêtes (duquel on s'était « servi pendant tant de siècles), et *la nouvelle* « *forme depuis introduite* qui est aujourd'hui « en usage, et qui serait trop longue pour l'in- « sérer ici. »

131 L'usage de commencer l'année dans les bulles au 25 de mars fut constant depuis Grégoire XV jusqu'à Innocent XII.

132 Le pape Innocent XII reprit le calcul qui fixe le commencement de l'année aux calendes de janvier.

Après ces explications, il est aisé de faire concorder les dates du Petit Thalamus avec notre manière actuelle de compter. Il suffit de se rappeler que les dates antérieures à l'ordonnance de Charles IX, depuis le 1er de janvier jusqu'au 24 de mars inclusivement d'une année donnée, doivent s'entendre de l'année suivante. Les dates comprises entre le 25 de mars et le dernier jour de décembre, étant les mêmes dans les deux manières de supputer le temps, ne doivent subir aucun changement : ainsi, le vendredi 5 mars et le lundi 8 mars 1366 du Petit Thalamus sont pour nous le vendredi 5 mars et le lundi 8 mars 1367. On peut, dans ce cas, écrire le millésime suivant la méthode anglaise, en plaçant les deux derniers chiffres l'un sur l'autre, à la manière des fractions, $^{1366}_{\;\;\;\;\,7}$: le chiffre supérieur désigne l'année du Petit Thalamus, l'inférieur montre l'année du comput actuel.

Voilà tout le secret de la concordance qu'on nous a demandée entre le calendrier Julien en usage dans le manuscrit que nous publions, et le calendrier Grégorien adopté depuis 1582. Et pour donner un dernier exemple, qu'on a cité comme une espèce d'anachronisme : nous lisons dans la *Chronique romane* que le pape Urbain V entra à Montpellier *le samedi* 9 *janvier* 1366. Il est clair, d'après ce que nous venons d'exposer, qu'il faut lire *le samedi* 9 *janvier* $^{1366}_{\;\;\;\;\,7}$. En effet, le 9 janvier 1366 n'était pas un samedi, mais bien un vendredi, et nous savons[133] que le pape Urbain V fit son entrée à Montpellier le 9 de janvier 1367, qui était réellement un samedi.

§ III.

Age du Calendrier.

Cette question a paru plus difficile à résoudre que les deux précédentes. Le calendrier perpétuel du Petit Thalamus ne pouvait guère nous fixer sur son âge ; d'autres indications sont venues à notre secours. Déjà, dans leurs savantes introductions, nos collaborateurs avaient fait remarquer qu'une partie de ce manuscrit (selon nous la plus ancienne) est le travail d'une même main et d'une écriture du commencement du XIVe siècle. Leurs conjectures, probables alors qu'ils imprimaient les parties du manuscrit qui leur avaient été confiées, ont acquis, du moins pour nous, tous les caractères de la certitude. Il ne s'agit plus que de préciser, s'il est possible, l'année où le calendrier a été rédigé, et par suite l'époque à laquelle la première partie des chroniques romanes a été écrite ; car il n'entre pas dans nos vues d'examiner, en cette introduction, si le Petit Thalamus que nous possédons est un recueil original dont il a été fait différentes copies, ou, ce qui est probable, si c'est une copie d'un original plus ancien [134]. Nous nous bornerons à chercher l'an qui l'a vu naître.

Un rapide examen des chroniques suffit pour démontrer qu'elles ont été écrites par plusieurs mains, et si l'on nous passe l'expression, par *couches* successives. Avec un peu d'attention on voit aussi clairement que l'écriture du calendrier est au moins de la même époque, sinon de la même main, que celle du commencement de la *Chronique romane ;* et ce rapport,

[133] Gariel, *Series præsulum*, II, 78. – Orig. de l'église de Saint-Pierre, pag. 51. – Degrefeuille, *Hist. de Montpellier*, 2e *partie*, p. 119. – *Hist. de Languedoc*, IV, 333.

[134] Entre autres preuves qui concourent à établir notre opinion sur cette probabilité, nous devons citer quelques *lapsus calami* qu'on ne peut guère reprocher qu'à l'inhabileté d'un copiste. Le nombre d'or du VIII des ides (6) de février est XIII au lieu de XVI ; celui du II des ides (12) de juin est XVII au lieu de XVIII. Les nombres XIII et XVII sont bien dessinés et bien conservés dans le calendrier manuscrit. Un observateur s'apercevra encore qu'il y a omission et transposition d'autres nombres du même cycle. Ce n'est pas sans intention que nous n'avons pas voulu faire disparaître ces négligences, à peine perceptibles il est vrai, mais qui ne peuvent être attribuées à l'auteur même de ce calendrier. En les réparant, notre travail eût perdu de sa fidélité, et nous aurions peut-être fait errer l'attention sur la véritable origine du Petit Thalamus.

cette similitude, dans ces deux parties du Petit Thalamus manuscrit, jusqu'à une année que nous déterminerons bientôt, existe aussi pour l'écriture de l'explication qui accompagne la table pascale dont nous avons déjà parlé.

Nous devons donc admettre :

1° Que le calendrier, la table pascale, l'explication qui la suit, et la première partie de la *Chronique romane*, ont été écrits à la même époque; de plus, que le calendrier, la table pascale avec l'explication, ont été, suivant l'usage de tous les temps, le commencement de tout l'ouvrage. Rien, dans le manuscrit, ne nous engage à supposer le contraire.

2° Cela posé, on se souvient que le nom de saint Yves est intercalé (au 14 des calendes de juin, 19 mai) dans le calendrier du Petit Thalamus. Or, nous avons vu que la canonisation de ce saint ne date que de 1347 : son nom est écrit d'une autre main, d'une autre encre, avec d'autres caractères que ceux du calendrier primitif : toutes circonstances qui annoncent d'ailleurs le même siècle, mais une époque postérieure à la première rédaction de ce calendrier. Nous pouvons déduire de ce fait une seconde conséquence, à savoir : que le calendrier et le commencement de la chronique sont antérieurs de quelques années à l'année 1347.

3° Nous pourrions faire observer maintenant que la similitude que nous avons signalée entre l'écriture du calendrier, de l'explication de la table pascale et celle des chroniques, n'existe plus dès 1334 : et l'on aurait déjà l'année que nous cherchons en combinant cette troisième preuve avec la seconde; mais celle qui suit nous paraît plus positive et assez puissante pour écarter tous les doutes.

4° En expliquant l'usage de la table pascale et ce qu'il convient de faire pour trouver le jour de Pâques pour telle année qu'on voudra, le scribe, à qui nous devons cette explication, se propose de désigner le jour de cette fête en l'an de l'Incarnation $\frac{1333}{4}$, dont la lettre dominicale devait se changer (pour nous servir de ses propres mots *mudet se*) en B, et le nombre d'or en V. Si nous ne tenions qu'à établir une probabilité, nous nous contenterions de dire que le scribe a choisi, dans sa supposition, le changement le plus prochain survenu dans le nombre d'or et la lettre dominicale de l'année où il écrivait : et nous avouons qu'il n'a pas eu de raison d'agir différemment. Nous nous sommes assuré que le nombre d'or V et la lettre dominicale B de l'an $\frac{1333}{4}$ ne s'étaient rencontrés que 95 ans auparavant, en $\frac{1238}{9}$, alors que certainement celui qui a rédigé le calendrier, l'explication de la table pascale et les chroniques, n'existait pas; et aussi que la même lettre dominicale B et le nombre d'or V ne se sont représentés ensemble que 95 ans après, en $\frac{1428}{9}$, alors que probablement cet écrivain n'existait plus. Mais ses expressions nous paraissent trop claires pour nous faire craindre de nous y méprendre. Il n'y a, suivant l'ordre rétrograde des lettres dominicales, que la lettre C qui, au 1er janvier, puisse se changer (*muda se*) en B : de même il n'y a que le nombre d'or IIII qui puisse se changer en V. Or, la seule année qui, au 1er janvier, dans le XIVe siècle, a IIII pour nombre d'or et C pour lettre dominicale, est l'année 1333. Dernière conséquence que nous voulions tirer des faits posés dans cette introduction, et de laquelle il résulte que le calendrier du Petit Thalamus, la table pascale, l'explication qui la suit, les chroniques...... ont été écrits avant le 1er janvier $\frac{1333}{4}$ et après le 1er janvier $\frac{1332}{3}$.

E. T.

DE LA CHRONIQUE ROMANE.

I. La partie du manuscrit que nous livrons aujourd'hui à l'impression offre un caractère entièrement distinct de celui que présentaient les parties jusqu'à présent publiées : déjà les *Coutumes*, les *Etablissements* et les *Serments* ont fait connaître quelles étaient, depuis l'année 1204, les lois politiques et les franchises de Montpellier, l'administration municipale qu'il s'était donnée, les corporations qui s'étaient organisées dans son sein, les formes dans lesquelles ses magistrats élus étaient investis de leurs fonctions et les garanties qu'il exigeait d'eux ; en un mot, ses droits, ses institutions, sa vie publique. Aujourd'hui, et pour compléter ces recherches dont de savants légistes ont su quelque gré à notre Société archéologique, nous allons nous occuper des événements qui se sont succédés dans notre ville depuis le XIe siècle, des querelles de nos pères, de leurs passions, de leurs joies, de leurs malheurs, des gestes de leur souverain et de leurs consuls, de la fondation de leurs monuments religieux et scientifiques. Nous nous initierons, pour ainsi parler, à leur existence privée, en assistant aux faits qui se sont passés dans leurs murs, ou en écoutant le récit de ceux qui, pour s'être accomplis en dehors de leurs intérêts, n'en faisaient pas moins, à cause de leur importance, le sujet de leurs conversations au foyer domestique.

Mais, pour être la plus intéressante aux yeux du plus grand nombre des lecteurs, cette partie du *Thalamus* est aussi celle dont la publication présentait le plus de difficultés : presque toute, en effet, elle est renfermée dans le plus défectueux des différents manuscrits qui jusques ici se sont mutuellement servi de correctif, et c'est dans les souvenirs de nos études premières ou dans les vieux recueils de l'Histoire générale de la France et des pays voisins, qu'il a fallu chercher les rectifications que les nombreuses fautes des copistes rendaient à chaque instant nécessaires. Le Thalamus de la mairie, d'où nous avons extrait la presque totalité de la Chronique, est tenu avec la plus grande négligence, il est écrit contre toutes les règles même les plus vulgaires de l'orthographe ; c'est comme un premier jet fait à la hâte et avec l'intention de revenir et de corriger : mais cette révision et ces corrections ne sont jamais intervenues. Plusieurs écrivains s'étant même succédés, chacun a apporté ses négligences d'habitude, ses fautes, et vingt fois peut-être il a fallu recommencer ce travail d'observation philologique, que nécessite une seule fois d'ordinaire toute exploration d'ancien manuscrit. Il y a plus, et ces scribes ayant eu eux aussi, comme les savants copistes du moyen-âge, leur coquetterie d'écriture, et s'étant en quelque sorte imposé la loi de ne jamais répéter le même mót de la même manière, on ne saurait croire à combien d'erreurs les a exposés cet usage, dont pour eux l'érudition ne corrigeait pas les abus : les noms des personnages et des villes sont notamment quelquefois défigurés à un tel point, qu'il a fallu, pour que le lecteur ait pu s'y reconnaître, se livrer à une véritable traduction et changer arbitrairement leur orthographe. Dans les premières années, soit que les scribes fussent alors plus ignorants, soit que, des copies fautives succédant à des copies fautives, le texte primitif ait été définitivement tronqué, tantôt les faits sont racontés avec des circonstances inexactes, tantôt la confusion s'est glissée dans les dates, quelques événements sont répétés, un plus grand nombre probablement omis, d'autres rapportés sans indication des lieux ni mention des noms des personnes qui y prirent part et quelquefois aussi avec des rapprochements qui donnent à la narration la plus bizarre physionomie. Nous citerons pour exemples de cette dernière irrégularité, les princes et les religieux qui portent parmi leurs contemporains les qualifications de Saints que l'église ne leur conféra que long-temps après leur décès, et les mentions relatives à d'anciens édifices publics, dont les murs s'élèvent dans le premier article d'un alinéa et croulent dans la deuxième période de la phrase. Ajoutons encore que pour compléter la confusion, la Chronique du Thalamus de la mairie n'est pas isolément copiée, mais se trouve mêlée, marche et s'enchevêtre avec une autre partie de l'ouvrage. Sur le manuscrit primitif, depuis long-temps perdu, deux parties existaient entièrement distinctes, le Consulat et la Chronique, c'est-à-dire, d'une part la liste non interrompue des officiers municipaux depuis nos premiers élus de 1204, ceux qui furent, selon toute probabilité, les principaux auteurs de la révolution qui chassa de la ville la famille de nos seigneurs, et d'autre part la relation de tous les événements qui avaient à un haut degré excité l'intérêt et l'attention de la commune. Cette division fut observée sur les plus anciennes copies, dont deux existent encore, mais on se contenta, sur celle des archives de la mairie, de rapporter année par année les mentions historiques en marge des noms des consuls : en l'année 1350 et quand l'ouvrage fut à jour, on suivit la même marche, en ayant soin seulement d'intercaler les récits à suite des noms des officiers.

Toutes ces imperfections de notre volume ne nous ont point rebutés : entraînés par le désir de faire connaître ce précieux document de notre histoire locale, nous avons un à un vérifié les événements qu'il rapportait, réuni les articles épars, ramené l'ordre des dates, recueilli les variantes, supprimé comme inutiles les apocryphes mentions marginales et retranché surtout, comme étant sans importance historique, les longues listes des consuls. Toutefois et pour laisser au manuscrit son entière physionomie, nous avons religieusement respecté le texte, laissé en blanc ses lacunes, reproduit fidèlement, lorsque nous l'avons pu sans nuire au sens de la phrase, son orthographe changeante, nous contentant d'insérer dans des notes rejetées à la fin de l'ouvrage toutes les rectifications et toutes les remarques qui nous ont paru nécessaires pour la saine intelligence des récits.

Ce travail auquel nous nous sommes livrés, quelques érudits l'avaient déjà tenté. Vers le milieu du XVIe siècle, le président Philippy copia année par année, à suite d'un abrégé de l'histoire de France de Duhailland, tous les faits généraux contenus, soit dans le Thalamus de la maison consulaire, soit dans un autre Thalamus qu'il appelle des archives du roi ; mais ce recueil, dans lequel, sauf un très-petit nombre de notes dont nous avons profité, tous les événements racontés par les Thalamus ont été admis sans examen comme expression de la vérité, est demeuré manuscrit [135]. D'autre part et quelques années seulement avant la révolution, le père Pacotte, dernier des Bénédictins de la maison de Saint-Germain-des-Prés, aidé de notre collègue M. Desmazes, fit insérer au tome V de sa collection générale des titres du Languedoc [136] une copie presque entière du Thalamus des archives de la mairie ; mais, indépendamment que cette copie (restée aussi manuscrite) est extrêmement fautive et n'a pas été revue, le savant bénédictin n'avait, en la transcrivant, d'autre but que d'augmenter sa collection de chartes et documents pour servir à l'histoire de la province ; et pour employer les propres expressions de sa modeste préface, « il lui suffisait d'avoir « creusé la mine, et il renvoyait à un « autre temps le soin d'épurer les maté-

---

135 Ce précieux petit volume, entièrement écrit de la main du président et dans lequel se trouve aussi un petit traité de la science de *Chiromance*, fait partie de la bibliothèque de notre collègue M. Thomas.

136 Cette collection manuscrite en 12 vol. in-f° est déposée aux archives de la préfecture de l'Hérault.

« riaux qu'il en retirait. » Ce qui fait du reste le principal, disons mieux, le seul mérite de l'œuvre de dom Pacotte, est un glossaire roman qu'il y a joint pour faciliter l'intelligence du texte; et nous regrettons bien vivement, qu'à raison de son étendue et parce que d'ailleurs il ne saurait tenir lieu d'une traduction pour ceux à qui la langue romane n'est pas familière, ce travail important n'ait pu trouver place dans notre publication.

II. Que le lecteur nous permette maintenant de lui faire part des quelques observations que nous a suggérées l'examen attentif de notre manuscrit.

En l'année 1088, sous le règne de Guillem V fils d'Ermeniars, dont le courage et la politique habile avaient déjà placé Montpellier au rang des principales villes de la contrée, un de ces hommes inconnus, désintéressés dans l'histoire des grandeurs humaines et dont toute la vie semble se concentrer dans la réalisation d'une idée utile, entreprend de consigner par écrit pour son instruction particulière ou pour celle de quelques amis, peut-être pour les frères de sa communauté, le narré de tous les événements qui se passent sous ses yeux et dans les provinces voisines. Selon l'usage invariablement suivi par les écrivains de cette époque, il commence par donner un souvenir au héros dont le nom avait tant de retentissement dans le moyen-âge, constate qu'il écrit du vivant du puissant prince Raymond IV comte de Saint-Gilles et de Toulouse, et raconte les faits auxquels s'intéressaient ses contemporains. Son œuvre bientôt recherchée, copiée plusieurs fois et à des époques différentes [137], continuée par des hommes chez qui elle avait réveillé le regret de la voir demeurer incomplète, va s'achevant à travers les temps. Au milieu du XIVe siècle, l'autorité municipale s'en empare, et par des communications officielles avec son nouveau rédacteur, elle donne à ses récits une consécration qui les fait participer de quelque sorte d'authenticité.

Comme monument du moyen-âge, notre manuscrit rentre dans la classe de ces recueils précieux qui ont fourni les témoignages les plus nombreux et les plus complets à la science des temps passés: ce n'est point un ouvrage didactique, pas même une histoire, c'est une simple chronique, et à elle s'appliquent dans toute leur vérité les réflexions dont sont remplis les livres des érudits sur ces anciens documents. « L'historien », dit le moine Gervais dans la préface de la chronique de Cantorbéry [138], « a une démarche grave « et lente, le chroniqueur va plus vite et « sa manière est plus simple : l'un cherche « de grands mots et s'adresse aux princes « de la terre, l'autre parle le langage du « commun des hommes, et revêtu de vulgaires ornements, s'arrête sous la cabane « du pauvre. L'histoire fait connaître avec « vérité les actes, les mœurs, la vie de ses « personnages, et ne dit que ce qui est « conforme à la dignité de la raison; pour

---

137 Parmi les nombreuses copies du manuscrit primitif, que nous connaissons à Paris, à Nimes et à Montpellier, nous en mentionnerons cinq évidemment antérieurs au milieu du XVe siècle : 1° la copie, dite manuscrit *Joubert* qui se trouve à la bibliothèque royale à Paris, et qui, commençant à l'année 1088, s'arrête à l'année 1264; 2° la copie, dite manuscrit *Bouhier*, qui appartient à l'école de médecine de Montpellier, commençant aussi en 1088 et finissant à 1295; 3° une copie de 1204 à 1278, tantôt transcrite en roman, tantôt traduite en latin, et insérée dans un manuscrit de la mairie dit le *Grand Thalamus*; 4° la copie que le président Philippy a eue entre les mains et qu'il désigne sous le nom de *Thalamus des archives du roi*, copie aujourd'hui perdue; 5° enfin, la copie continuée jusques en 1426 et appelée *Petit Thalamus des archives*, *Petit Thalamus de la maison consulaire*, *Petit Thalamus de la ville*, *de la mairie*; ces deux dernières copies très-fautives jusque vers la fin du XIIIe siècle.

138 Gervasii monachi Dorobernensis Chronica. *Prolog.*

« la chronique, elle se borne à supputer « les années qui se sont écoulées depuis « l'incarnation du Christ, elle narre « avec brièveté les événements du temps « qu'elle parcourt et ne craint pas de « raconter des prodiges. »

« Ecrivant comme s'ils n'avaient jamais « eu la pensée d'être jugés au tribunal du « monde, les chroniqueurs », ajoute l'auteur de l'histoire des croisades[139], « ont une « allure plus naturelle et plus franche, et « la piété dont ils font preuve à chaque « instant est pour nous une garantie, sinon « de leur exactitude, au moins de leur « bonne foi...... Ils ne négligent pas de « parler des événements de la guerre, « mais ils s'occupent peu de savoir si cette « guerre est injuste; les révolutions pas- « sent sous leurs yeux sans qu'ils se de- « mandent d'où elles viennent, où elles « vont, quelles ont été leurs causes et « quels doivent être leurs résultats et « leurs suites.... Une saison pluvieuse, « une sécheresse, un orage les intéres- « sent, car la prospérité publique consis- « tait dans les moissons, et la stérilité ou « l'abondance de chaque année répan- « daient parmi les peuples la tristesse ou « la joie.... Souvent ils portent leurs regards « vers le ciel et suivent attentivement la « marche des saisons, et leur narration nous « présente un registre exact des éclipses « de lune et de soleil et des changements « remarquables de la température...... « La marche de leur récit est simple et « leur manière de raconter est pleine de « naturel; on aime à voir leurs craintes, « leurs espérances, leurs impressions di- « verses et jusques à leurs préjugés, car « ils sont en cela la fidèle image des mœurs « contemporaines. »

Tels sont, en effet, signalés par tous les écrivains de quelque autorité, les caractères principaux des chroniques du moyen-âge, et nous n'avons pu faire mieux que de résumer brièvement et d'une manière générale ce qu'en avait dit l'auteur, qui en avait peut-être consulté le plus grand nombre. Mais chacune de ces chroniques présente une physionomie distincte, chacune a son mérite spécial, son importance relative; et il n'est pas sans intérêt d'examiner en quoi celle que nous publions aujourd'hui se recommande à l'attention d'une manière particulière.

L'auteur commence par rapporter les naissances, les alliances et les décès des membres de la famille des Guillems maîtres de la seigneurie, mais en même temps il mentionne tous les événements importants relatifs à l'histoire d'Aragon, et dès l'abord se manifeste, en faveur des rois de cette province, cet intérêt qui, dans le siècle suivant, appela l'un de leurs descendants, Pierre II, au gouvernement de Montpellier. Plus tard, lorsque par suite de la deuxième révolte des habitants contre leurs seigneurs la commune fut constituée, c'est de Montpellier avant tout que s'occupe l'auteur : il constate l'avènement de chacun des princes qui règnent sur lui et les témoignages d'affection qu'il leur donne, alors qu'ils viennent recevoir de leurs vassaux le serment de fidélité; il recueille avec soin ce qui a trait aux moyens de défense de la ville, à ses murs, créneaux et fortifications, et parle par occasion des guerres que soutiennent les habitants, de leurs prouesses et de la promotion de quelques-uns à l'ordre de la chevalerie dans l'église vénérée de Notre-Dame-des-Tables. Ce qui concerne les officiers municipaux est particulièrement l'objet de son attention, et il raconte leur nomination et les refus de reconnaître ceux dont l'élection présentait des nullités ou blessait les droits de la communauté. Il entretient ensuite ses lecteurs de la monnaie, de la justice, des sceaux, des recensements de feux, des impositions; il s'occupe du commerce de la ville, des établissements publics qui sont fondés, des écoles qui sont créées, et donne les noms des premiers professeurs

[139] Michaud, Hist. des croisades, tom. VI, pag. 392 et suivantes et *passim*.

qui y enseignent et des premiers docteurs qui y prennent leurs grades. Il compte les églises, les couvents, les maladreries dont on jette les fondements, et narre ce qui se pratique lors de leur consécration. Chaque fête religieuse ou politique devient une occasion qu'il n'a garde de laisser échapper; il entre à ce sujet dans les détails les plus minutieux, et indique la part qu'y prennent les fonctionnaires, les corporations, le peuple : il fait défiler en quelque sorte sous nos yeux l'entière population de la ville avec ses bannières, ses pavillons, ses costumes, nous fait remarquer son recueillement, si c'est à une procession qu'elle assiste, nous décrit ses joûtes et ses danses, si c'est la naissance ou le passage d'un prince qu'elle célèbre par ses fêtes.

Catholique fervent, il manifeste dans toutes les circonstances l'intérêt le plus vif pour l'église et pour ses ministres, et il nous tient au courant des élections des souverains pontifes, de leurs discussions avec les schismatiques prétendants à la thiare, des actes de leur autorité, des sentences qu'ils fulminent et de leur exécution; il indique les conciles, les chapitres provinciaux des religieux, donne la suite des évêques de Maguelonne, nomme les cardinaux et les inquisiteurs de la foi qui traversent nos murs, et se fait un pieux devoir de nous répéter les instructions des prédicateurs célèbres. Quelquefois il conduit sur la place publique un malheureux hérétique, nous fait assister à son jugement, à son supplice, et constate, lorsque ce supplice est trop rigoureux, que le peuple n'y donne point son approbation, et que l'inquisiteur se sent même obligé de prendre la parole pour apaiser les murmures.

Après avoir fait naître en nous de vives émotions, l'auteur, sans transition aucune, nous décrit les curiosités qu'ont exposées les baladins et les monstres qui sont nés dans la cité, il répète jusques aux bruits de ville, nous fait part des récits de quelque inspiré ou nous rapporte un miracle.

Constamment préoccupé de l'influence de la température, il nous rend en quelque sorte un compte fidèle de l'état des récoltes; tantôt l'année est si abondante *que les bourgeois ne peuvent trouver de serviteurs;* tantôt et plus souvent, ce sont des calamités publiques qu'il déplore : il dit les orages, les inondations, les froids excessifs, les épidémies, les famines; il enregistre les tremblements de terre, les chutes des édifices, consigne dans ses pages l'époque et la durée de toutes les éclipses, l'apparition des comètes et des aurores boréales, et va jusqu'à donner le poids des aérolithes.

Du haut des remparts, l'auteur jette ensuite les yeux sur la plaine qui les environne, et sentinelle vigilante, il annonce tout ce qui vient troubler le calme et la tranquillité du pays. D'abord il signale les passages successifs des armées qui se rendent dans les lieux saints, donne les noms des princes de la chrétienté qui les conduisent sous la bannière de la croix, et plus tard, lorsqu'il en est informé, il n'oublie point de faire connaître les résultats de ces guerres religieuses et lointaines; il mentionne les triomphes et les défaites des croisés depuis la prise de Jérusalem en 1099, jusques à la bataille de la Massourre en 1250, jusqu'à la mort du roi Louis IX près de Tunis en 1270. Après le passage de ces pélerins armés, l'auteur raconte la venue des différentes compagnies désignées sous les noms d'Anglais, de Pastouraux, Vaquiers, Tuschins; il nous fait assister à tous les combats qu'elles livrent dans les environs, rend justice au courage de leurs chefs, nous fait connaître les ruses qu'ils emploient pour pénétrer dans les places, leur avidité et leur cruauté dès qu'ils s'en sont rendus les maîtres. Quelquefois les bourgeois de Montpellier accourent, communauté puissante, aux cris de secours de quelques voisins que dépouillent ces brigands, et l'auteur raconte alors avec un ton de triomphe *que les ennemis ont pris la fuite dès qu'ils ont connu l'approche des hommes d'armes de Montpellier.* D'autres fois, ces aventuriers osent s'attaquer à nos remparts, tentent un assaut et brûlent les faubourgs, mais toujours ils sont repoussés; Montpellier n'a jamais subi le joug de leur tyrannie. Ses administrateurs font même tourner à l'avantage de la commune la présence de ces compagnies, et pour quelques pièces d'or jetées entre les mains de leurs chefs, ils achètent leurs services et emploient leurs lances à garder les vendanges et à protéger contre d'avides nouveau-venus les richesses de l'agriculture. Mais bientôt Duguesclin paraît, qui emmène ces bandouliers en Espagne au secours du comte de Transtamarre Henri de Castille, contre Pierre-le-Cruel roi de Navarre. Le chroniqueur se sent désormais à l'aise: plus de cris de mort, plus de villes incendiées, plus de sang répandu; le pauvre est à l'abri des exactions, le pays est libre, la civilisation commence.

Mais ce n'est pas seulement de ce qu'il peut observer de l'intérieur des murailles que s'enquiert notre auteur: rien ne lui est indifférent de ce qui se passe dans les villes voisines, telles que Milhau, Gignac, Nîmes et Anduze. Bientôt il agrandit le cercle, et nous entretient des batailles qui se livrent sous les murs de Toulouse, des révoltes de Marseille, des siéges et des pillages de Béziers. La plupart des villes du midi sont citées dans son ouvrage, et sans compter les royaumes d'Aragon et de Majorque dont il ne cesse de s'occuper que lorsque la ville appartient définitivement à l'unité française, et a perdu, par son affiliation à une nation puissante, son caractère particulier, il cite volontiers Beaucaire où résidait le sénéchal, Narbonne où se trouvait l'archevêque, Avignon où régnait le souverain pontife. Les habitants de Montpellier s'étant mis par le commerce en relation avec des pays plus éloignés et rapportant de leurs voyages des récits qui couraient de bouche en bouche, l'auteur les recueille et nous fait part des événements relatifs à l'histoire des villes de Gênes et de Pise, des pays de Flandres, de Provence, de Guyenne, des îles de Rhodes, de Chypre et de Sardaigne: plus particulièrement il insiste sur Naples, à cause des prétentions qu'avait sur ce royaume le duc d'Anjou, qui exerça pendant si long-temps sur Montpellier une souveraineté de fait et une autorité despotique, contre lesquelles les bourgeois se révoltèrent enfin.

Avec ce désir de savoir et cette curiosité des détails, notre chroniqueur ne pouvait passer sous silence les faits principaux de notre histoire générale: aussi s'informe-t-il avec intérêt, surtout depuis l'année 1348, de tout ce qui concerne la France, dont la ville faisait alors partie. Il enregistre avec soin la généalogie de nos rois, nomme ceux des princes qui viennent nous visiter, et s'intéresse à tout leur bonheur comme à toutes leurs infortunes; les guerres nationales sont racontées; les combats particuliers, qu'ils aient procuré des victoires ou amené des revers, sont décrits, ceux surtout qui sont livrés contre ce peuple que nos pères haïssaient par instinct, contre les Anglais. Entre autres récits, nous trouvons dans notre Chronique la relation des batailles de Mons-en-Puelle, de Courtay, de Poitiers, d'Amiens, d'Auray, Rosebec, Azincourt, Beaugé, Crevant et Verneuil. Pour chaque fait, nous sommes instruits des noms des chefs qui commandaient, de ceux des seigneurs que l'ennemi emmène prisonniers, ou qui trouvent la mort sur le champ de bataille. L'auteur rapporte ensuite les traités de paix, les rachats des villes et les délivrances des rois; il dit aussi les révoltes des grands vassaux, les séditions, les assassinats commis dans le chef-lieu du royaume, la mort des coupables, la fin des conspirations, la justice du roi, la justice du peuple.

Enfin, et comme pour répondre à toutes les questions historiques, il nous dit un mot en passant de l'ordre des Templiers, de la naissance des sectes religieuses, du Parlement de Languedoc, des États Généraux de cette province, et de l'expulsion à plusieurs reprises des Juifs hors du royaume.

III. Si maintenant nous voulons, en prenant notre manuscrit pour guide, dérouler rapidement le tableau historique de Montpellier, ce travail ne saurait nous présenter des difficultés bien graves.

Et d'abord, quant à la souveraineté : la famille des Guillems gouverne la seigneurie, depuis 990 jusques à l'année 1204, époque à laquelle les habitants expulsent Guillem fils de Naunés, relèvent Marie fille d'Eudoxie de la renonciation qu'elle avait consentie lors de son mariage avec le comte de Comenges, traitent de l'union de cette princesse avec Pierre II roi d'Aragon, et appellent les nouveaux époux à régner sur Montpellier [140].

En 1213, Pierre ayant succombé sur le champ de bataille de Muret, la propriété de la ville passe sur la tête de Jacques Ier fils de Marie [141]; ce prince fait par son testament, entre ses enfants mâles, le partage de ses provinces, et donne à Jacques II, son second fils, l'île de Majorque, le Roussillon et la seigneurie de Montpellier. A sa mort arrivée en 1276, la Baronie, comme on commence à l'appeler alors, passe sous la domination des rois de Majorque [142].

Du vivant de Jacques II et en l'année 1282, le sénéchal de Beaucaire, dont la juridiction s'étendait jusques aux environs de Montpellier, veut y comprendre la ville, il réclame les appels des juges du roi de Majorque, exige que l'on reconnaisse et reçoive la monnaie française et que les notaires mettent le nom du roi de France dans la formule d'exécution de leurs actes ; sur le refus de la commune, il commence à appuyer ses prétentions par les armes. Jacques entame des négociations, il s'abouche avec Philippe-le-Bel, et il est arrêté entre les deux rois, que les appels seraient portés, non point au sénéchal de Beaucaire, mais au roi de France lui-même et à sa cour, et que le roi de Majorque, comme seigneur de Montpellier, prêterait à Philippe le serment de fidélité [143].

Quelque temps après et en 1292, le roi de France acquiert de l'évêque de Maguelonne, moyennant d'autres terres d'un revenu de 500 livres, la partie de la ville qui appartenait à ce prélat, et qui était appelée *la part de lay* ou Montpellieret [144]. Un demi-siècle s'écoule, et en l'année 1348, le roi de Majorque Jacques III, fils de don Sanche, vend Montpellier à Philippe de Valois au prix de 120,000 écus d'or [145].

Philippe VI et son fils Jean règnent paisiblement sur leurs nouveaux sujets ; mais, en l'année 1365, Charles V cède au roi de Navarre Charles-le-Mauvais la cité de Montpellier, en échange des villes de Mantes, de Meulan et du comté de Longueville qui avaient été conquis sur lui et qui sont déclarés appartenir en héritage perpétuel au roi de France. Jean de Grely Captal de Buch et lieutenant de Navarre, s'empresse de prendre, au nom de son souverain, possession de Montpellier [146].

Dans le courant de l'année 1367 et à raison de quelques griefs que Charles reprochait au roi de Navarre, à cause peut-être du passage qu'il avait accordé sur ses terres au prince de Galles, Montpellier est saisi au nom du roi de France par le sénéchal de Beaucaire Amédée de Baux, commis à cet effet par le duc

---

140 *V.* la notice que nous avons publiée sur la famille des Guillems, broch. in-4°, Montpellier 1837. — Chron., ann. 1141. 1184. 1203 et 1204.

141 Chron., ann. 1213.

142 Chron., ann. 1276.

143 Chron., ann. 1282. — Le Languedoc avait été réuni à la France en 1229.

144 Chron., ann. 1292.

145 Chron., ann. 1348 et 1349.

146 Chron, ann. 1365.

d'Anjou frère et lieutenant du roi [147]. Charles de Navarre cherche alors à se réconcilier avec le roi de France; il va le trouver à Vernon, se départ définitivement entre ses mains des villes échangées, et se fait réintégrer en la propriété de Montpellier, pour lequel il lui fait hommage et lui jure fidélité. Lagier d'Orgyey son lieutenant prend de nouveau pour lui, en 1371, possession de la ville [148], et l'année suivante, Charles vient lui-même exiger le serment des consuls et confirmer les priviléges des bourgeois [149].

Ces prises de possession successives se renouvellent à différents intervalles, et notamment en avril 1378, au nom du roi de France, par Jean de Bueilh, sénéchal de Toulouse [150]; le 30 mai 1381, au nom de Charles-le-Noble, fils de Charles-le-Mauvais [151]; la même année, au nom de Charles VI, sur l'ordre du duc de Berry [152]; et cette année encore, au mois d'octobre, par le roi de Navarre en personne [153]; enfin, et le 28 mars 1383, Gilles Vivian lieutenant d'Enguerran de Heudin sénéchal de Beaucaire se rend à Montpellier, et met désormais et à toujours la commune sous la main et sous la domination directe du roi de France [154].

Mais ces faits, s'ils doivent être soigneusement notés par l'historien des dynasties royales, ne sont pas d'une aussi grande importance pour celui qui entreprend de faire connaître plus spécialement le passé des habitants d'une communauté. Que nos pères fussent soumis aux rois d'Aragon, de Majorque, de France ou de Navarre, ils n'en vivaient pas moins éloignés de leurs souverains, à qui ils se bornaient à payer des tributs, et dont le lieutenant n'avait guère dans les commencements que des attributions d'administration souveraine et de haute surveillance politique; le pouvoir réel n'en résidait pas moins presque tout entier entre les mains des bourgeois appelés à régir la municipalité.

Considéré sous ce point de vue, Montpellier peut, en quelque sorte, être rangé dans la classe de ces villes que l'auteur des Lettres sur l'histoire de France veut particulièrement désigner, quand il dit que les cités du midi de la Gaule furent les seules qui atteignirent le complément de l'existence républicaine, et que nos rois les reconnurent avec leur gouvernement populaire dans les premiers temps qui suivirent la conquête du Languedoc. Dès les premières années du XIIIe siècle, Montpellier s'était en effet constitué en commune, et, grâce aux travaux des chefs de la nouvelle école historique, l'on sait aujourd'hui *quelle différence on doit établir entre le système municipal abâtardi qui subsistait avant la révolution, et un gouvernement local, libre et bien pondéré* [155]. « Parmi les mots de la langue « politique du moyen-âge qui se sont « conservés jusques à nous, » dit M. Thierry, « le mot de commune est peut-« être celui qui a le plus complétement « perdu sa première signification : réduit « à exprimer une simple circonscrip-« tion rurale sous des autorités dépen-« dantes, il ne produit plus sur les esprits « aucune espèce d'impression, et nous « avons besoin d'efforts pour replacer, « sous ce signe en quelque sorte discrédité, « les grandes idées qu'il rappelait il y a « plusieurs siècles. Quoique les communes

[147] Chron., ann. 1367.
[148] Chron., ann. 1371.
[149] Chron., ann. 1372.
[150] Chron., ann. 1378.
[151] Chron., ann. 1381.
[152] Chron., ann. 1381.
[153] Chron., ann. 1381.
[154] Chron., ann. 1383.

[155] A. Thierry, 13e lettre sur l'histoire de France, pag. 236. – Guizot, Hist. de la civilisation en France, tom. V, pag. 143 et suiv. – Raynouard, Hist. du droit municip. en France, t. II, p. 117 et suiv., 252 et suiv., 330 et suiv.

« du moyen-âge eussent pour principe « la municipalité des derniers temps de « l'empire romain, autant cette institu- « tion était dépendante, autant l'autre se « montra, dès son origine, libre et éner- « gique. Les habitants des villes que ce « mouvement politique avait gagnées se « réunissaient dans la grande église ou « sur le marché, et prêtaient le serment « de se soutenir : tous ceux qui s'étaient » liés de cette manière prenaient le titre « de communiers ou de jurés...... De « temporaires qu'elles étaient, ces asso- « ciations, communions ou communes, « devinrent permanentes, on avisa de « les garantir par une oganisation ad- « ministrative et judiciaire, et la révolu- « tion fut accomplie. Dès-lors, le mot « de commune exprima un système de « garantie analogue pour l'époque à celle « qu'aujourd'hui nous comprenons sous « le mot de constitution. »

Montpellier était donc, pour nous servir de l'expression de M. Guizot, une petite république presque indépendante[156], une république modérée par le patronage de son seigneur, et nous n'en saurions douter lorsque nous voyons les habitants recourir à toutes les mesures, et créer toutes les institutions sous l'égide desquelles se plaçaient les villes qui adoptaient la forme de gouvernement démocratique, et qui ont été notamment retrouvées dans chacune des petites républiques italiennes du moyen-âge[157].

Ils commencent, en effet, par se charger eux-mêmes de la garde de leur ville; et il résulte des actes conservés dans nos archives, que déjà sous les Guillems ils avaient obtenu le droit de ceindre Montpellier de murailles[158]; qu'ils firent, en l'année 1204, formellement reconnaître ce même privilége lors de la prise de possession de la seigneurie par le roi d'Aragon[159]; et que bientôt après ils obligèrent la reine Marie à abattre la tour et à raser les fortifications du château que Guillem VI avait fait construire en 1143, lorsqu'avec l'aide du prince d'Aragon, il avait ramené ses sujets à l'obéissance[160]. Ce ne fut point assez, et nos pères voulurent se donner de nouvelles, de plus fortes, de plus minutieuses garanties. Par deux articles des Coutumes que les souverains devaient, à leur avénement, jurer de maintenir, ils se réservèrent encore le droit de se fortifier et d'établir des portes nouvelles[161]; ils divisèrent la population en *sept échelles*, dans chacune desquelles ils organisèrent une milice bourgeoise qui devait veiller à la garde des portes de la ville[162]; et les précautions furent poussées si loin, qu'il fut dressé de chacun de ces tours de garde par échelles, un tableau perpétuel qui fut inséré dans le premier des établissements municipaux[163]. Une juridiction spéciale fut ensuite instituée, composée de quatorze prud'hommes, chargée de taxer ce que chaque habitant devrait pour l'entretien des remparts[164], de statuer sur tout ce qui concernait les fortifications, de fermer et d'ouvrir chaque jour les portes de ville dont ils gardaient les clefs[165], et ces fonctionnaires prirent le nom d'*Ouvriers de la commune clausure*[166].

---

156 Guizot, *ibid.*, pag. 211.

157 Sismonde Sismondi, Hist. des rép. ital. du moyen-âge, tom. 1, pag. 382 et suiv.

158 Grand Thalamus, f° 58 et 59.

159 Grand Thalamus, f° 2. — Manuscrit de la mairie dit Livre-Noir, f° 18.

160 Grand Thalamus, f° 6. – Livre-Noir, f° 22.

161 Coutumes, I. 105. II. 9.

162 Juramen que fan las gardas dels portals.

163 Establimen de laordenamen de las VII escalas de Montpeylier segon los VII jorns de la setmana per gardar los portals.

164 Coutumes, I. 95.

165 Aquest sagramen fan li obriers eleguts, *en note*.

166 Establimen sobre la election dels obriers. – Establimen sus los elegidors dels obriers. – Grand Thalamus, fol. 158. – Chron., *passim*.

Ainsi rassurés contre les périls du dehors, les habitants songèrent à régir leur intérieur [167]; ils proclamèrent, comme règle à toujours irrévocable, l'exclusion des étrangers de l'administration des affaires [168], réduisirent à une année la durée de toutes les fonctions publiques [169], admirent pour toutes les charges le principe de l'élection libre [170], et abrogeant les anciennes dénominations d'*Hommes probes*, d'*Hommes légaux*, d'*Administrateurs*, de *Conseillers*, ils voulurent que les douze chefs [171] de la municipalité prissent le nom de *Consuls*, qui rappelait encore de grandes idées d'indépendance [172]. Entre autres fonctions dont ces magistrats furent investis, ils devaient conseiller le seigneur ou son lieutenant dans toutes les délibérations qui intéressaient la communauté, et il leur fut enjoint d'exiger d'eux le serment de *se conformer toujours au droit* [173]. Dans leurs mains furent remis la pleine puissance d'administration [174], les charges de l'édilité [175] et le droit d'établir et de fixer les impositions tant royales que communales [176]; mais le peuple se réserva le droit d'être toujours appelé aux conseils, et d'être même dans certains cas formellement consulté. L'on voit notamment dans quelques établissements, qu'ils n'ont été rendus exécutoires que lorsque la communauté entière leur a donné son approbation [177].

---

167 Sismonde Sismondi, *ibid.*, t. I, p. 385 et suiv. – A. Thierry, *ibid.* – Guizot, *ibid.*, t. V, p. 202 et suiv.

168 *V.* notamment Coutumes, I. 109. – Establimen que officiers de la bailia devon estre nats en Montpeslier, etc. – Establimen del fag dels notaris que fes lo rey en Jacme.

169 *V.* les différents établissements dont il sera ci-dessous parlé.

170 Coutumes, I. 121. II. 9. – Consulat, années 1204 à 1426. – Establimen com se devon elegir cossols, etc. – Establimen sobre la election dels obriers. – *V.* les autres établissements sur chacune des charges dont il sera ci-après question. — Les formes de l'election, en ce qui concerne les consuls, étaient ainsi fixées : ceux qui étaient en charge nommaient cinq personnes dans chaque échelle, et ces cinq personnes tiraient entre elles au sort laquelle prendrait part à l'élection : les sept électeurs, réunis aux douze consuls, choisissaient soixante prud'hommes qui se fractionnaient par cinq, et dans chacune de ces séries, le sort désignait celui qui devait être consul pour l'année suivante. – *V.* note 188 ci-dessous.

171 Leur nombre fut réduit à quatre par ordonnance de Charles VI en l'année 1389, puis fixé à six en 1398.

172 Ce nom de Consul plaisait même tant à nos aïeux, qu'ils le donnerent dans la suite à un grand nombre d'officiers dont les attributions étaient en dehors de l'administration proprement dite : les consuls municipaux s'appelerent alors *premiers Consuls* ou *Consuls majeurs*.

173 Coutumes, II. 9. – Aquest sagramen fan cossols al senhor rey o a son luoctenent........ « Et a la universitat et a cascun daquela uni- « versitat, las drechuras servara e guardara. »

174 Coutumes, II. 9. « Statutum est ut duo- « decim probi et legales viri Montispessulani « electi ad consulendam communitatem Mon- « tispessulani jurare debent, quod bona fide... « utiliter provideant toti communitati et com « fideliter regant et gubernent...... habeant « plenam potestatem statuendi, distringendi « et corrigendi omnia ea que eis visa fuerint « pertinere ad utilitatem communitatis Mon- « tispessulani...... »

Cet article des Coutumes fut plus particulièrement sanctionné par Pierre d'Aragon, le jour des kalendes de mai 1204. *V.* l'acte au Grand Thalamus, f° 2, et au Livre-Noir, f° 18.

175 Coutumes, II. 10. « Decretum est ut « duodecim viri consiliatores communitatis « Montispessulani eligant duos viros probos et « legales qui duo habeant potestatem ut car- « rierie et ruinose parietes et gazillani et vie et « valla adobentur et meliorentur, secundum « eorum noticiam et arbitrium; et quod ster- « quilinia removeantur infrà villam et ab locis « a quibus ipsi removenda esse cognoverint... »

176 Establimen sobre la forma de levar las talhas reals et communals per los cossols, etc.

177 *V.* entre autres, les établissements du 7 des kalendes de février 1285, 12 des kalendes d'avril 1294, 14 des kalendes de mars 1288, 5 des kalendes de mars 1336, de la veille des kalendes de février 1367, 6 mai et 18 septembre 1368, 1er avril et 6 juillet 1394, 27 avril 1407, 21 décembre 1411, 4 mai 1415 et 13 janvier 1445. — Deux etablissements des 2 mai 1411 et 4 mai 1415, portant en propres termes : « In-

Au-dessous des consuls, et dans le double but d'éclairer leur inexpérience et de garantir de leur arbitraire, plusieurs fonctionnaires furent successivement institués, plusieurs corps furent peu à peu organisés : il nous sera facile, en nous aidant des établissements qui constatent la création de leurs offices et des formules de serment qu'ils furent appelés à prêter, d'en dresser l'exacte nomenclature [178].

C'étaient :

Deux *Syndics*, *Procureurs* ou *Acteurs de la commune*, chargés de s'entendre avec les consuls sur tout ce qui pourrait être utile ou avantageux à la ville [179].

Un *Assesseur clerc de consuls* et *son lieutenant*, dont l'office était de les guider dans les discussions pour lesquelles la connaissance des lois était indispensable [180].

Un *Conseil secret*, qui donnait aux consuls son opinion dans les affaires intimes de la communauté [181].

Un *Conseil* dit *de la cloche des gens armés*, dont les membres devaient se rendre, soit de nuit, soit de jour, à la maison consulaire, au premier son de la cloche de Notre-Dame, pour délibérer avec les officiers municipaux si la discussion était calme, ou pour prêter aux consuls l'appui de leurs armes s'il était nécessaire de faire exécuter à l'instant par la force les résolutions qui seraient prises [182].

Un *Clavaire* pour dresser les comptes, recevoir les tailles et établir les dépenses du consulat [183]; un *Ecrivain* pour tenir les registres des délibérations [184]; un *Notaire* pour donner à leurs décisions et autres actes importants qu'ils passaient la force de l'authenticité [185]; enfin, des *Chapelains*, des *Ecuyers*, des *Servants*, une foule d'officiers subalternes [186] [187].

« terrogat premieyramens lo dich poble per lo « dich noble Johan Carcassonna hun dels ditz « cossols si lur play que totz los autres membres « e capitols del ditz estatut en lo predesignat « instrument contengutz..... se revocon ? lo- « qual poble respondet ad elos universalmen « que hoc... la quala resposta auzida, etc. »

[178] Ce ne fut point, ainsi qu'on le pressent bien, à l'instant même de la révolution de 1204 que furent créées toutes les charges qui vont être énumérées et que furent fixées leurs attributions. A cette époque, le peuple s'occupa essentiellement de ses droits de défense et d'administration : il adopta, en les modifiant, quelques anciennes institutions d'origine seigneuriale, telles que la bailie et le notariat, établit quelques juridictions nouvelles, le syndicat de la commune et le consulat de mer, par exemple; mais ce ne fut que dans la suite et à mesure que des besoins nouveaux se firent sentir, que des obligations nouvelles furent imposées aux fonctionnaires déjà en exercice, et que d'autres offices furent institués par les établissements que promulguèrent les consuls. Notre but n'étant pas de présenter l'histoire des changements successivement intervenus dans l'administration municipale de Montpellier, mais de faire connaître seulement l'ensemble de son organisation, nous avons regardé comme inutile de distinguer soigneusement les différentes époques, et pensé qu'il était plus convenable de prendre la législation telle qu'elle avait été définitivement constituée sous l'influence du principe populaire.

[179] Establimen que cascun an muda hom de sindics. — Establimen de sindics. — Sagramen que fan li sindics.

[180] Establimen que assessor sia annal. — Estatutz. — Aquest sagramen fa lassessor de consols quan intra en son uffici.

[181] Aquest sagramen fan aquels que intron en conselh secret. — Aquest sagramen fan aquels que venon am armas al conselh.

[182] Aquest sagramen fan aquels que venon am armas al conselh. — Aquest sagramen fan aquels que intron en conselh secret.

[183] Establimen que clavaris rendon compte. — Establimen sobre lo fag del clavary. — Statut... pro clavaris super vadiis recipiendis. — Establimen sobre la forma de levar las talhas reals e comunals per los cossols et lur clavari, etc. — Sagramen del clavari del cossolat.

[184] Establimen del escrivan del cossolat.

[185] Statut et ordenansa per lo notari del cossolat. — Aquest sagramen fa lo notari de cossols quant intra en son uffici.

[186] Establimen sus los vestirs dels officiers del cossolat et autras cauzas toucant los escudiers capelans del consolat. — Establimen que los escudiers sapian legir et escricure dayssi avant quant y seran receuputz. — Sagramen que fan li escudiers dels senhors cossols. — Sagramen dels sirvens del consolat.

[187] Dans la suite, et lorsque le peuple né-

La municipalité ainsi fortement constituée, d'autres charges furent créées qui répondaient à d'autres besoins et garantissaient d'autres droits.

Et d'abord un *Baile* avec ses officiers, le *Sous-Baile*, le *Juge*, le *Sous-Juge*, *l'Assesseur* ou *son lieutenant*, pour rendre justice aux habitants selon le droit établi par la coutume, et à défaut, selon le droit romain [188].

Des *notaires* pour constater leurs conventions, et assurer leur position de fortune [189].

Des *Consuls de mer*, au nombre de quatre, qui percevaient les péages et l'impôt de navigation, veillaient à la sûreté des marchands et les protégeaient contre les corsaires, entretenaient le chemin du port de Lattes, et traitaient au nom de la ville avec les puissances rivales ou amies [190].

Des *Consuls des marchands qui vont en mer*, dont les fonctions consistaient à faire profiter les navigateurs du fruit de leur expérience, à les aider quelquefois dans les périls des lointaines entreprises, et à juger les différends qui s'élevaient entre eux [191].

Deux *Régents des marchands*, qui devaient se tenir toujours prêts à noliser des navires selon les besoins du commerce [192].

Des *Consuls des métiers*, chargés spécialement de prendre les intérêts des corporations qui les avaient élus, de dénoncer les abus et de proposer aux consuls les moyens d'y remédier [193].

Enfin et comme pour institution dernière, le peuple se constitua lui-même en *Corporations* de laboureurs et d'ouvriers, depuis les argentiers, les drapiers rouges et les bourgeois, jusques aux fabricants de balances et d'escarcelles. La simple lec-

---

gliges de se rendre aux délibérations qui se tenaient à l'hôtel-de-ville, après avoir été annoncées au son de la cloche, les consuls ajoutèrent aux institutions dont il vient d'être parlé: un *Conseil de vingt-quatre membres, pour tenir lieu de conseil général*, dont ils prenaient l'avis dans toutes les conjonctures importantes (Sagramen dels XXIIII conselliers tenens luoc de conseil general); un Conseil dit *des XIV de la chapelle*, composé de huit prud'hommes, lesquels réunis aux six consuls devaient procéder à la cotisation, à l'assiette et à la répartition de l'impôt (Establimen sobre la forma de levar las talhas reals è communals per los cossols, etc. — Sagramen que fan los XIIII de la capella.)

[188] Coutumes, I. 1. 2. 3. 4. 6. 7. 8. 120. 123. II. 9. 17. — Establimen que officiers de la bailia devon estre natz en Montpeslier, etc. — La composition del senhor rey e dels cossols de la universitat de la vila de Montpeslier. — Que hom non sia citats en causa criminal o civil foras de Montpeylier. — Sec la forma que se deu observar cascun an per mossenhor lo governador de Montpelier ou son luoctenent e per los senhors cossols de ladicha villa, quant son ajustach en la gleisa de N.-D. del castel de ladicha villa lo XXe jorn de jung per faire la election del baille, etc. — Aquest sagramen fa le baile de novel elegut enans que intre defra la gleisa del castel. — Aquest sagramen fa le baile (e les autres curials de la bailia) lo jorn de Sant-Johan en la gleisa de N.-D. de las Taulas, al parlamen lo matin. — Lorsque le seigneur était à Montpellier, c'était à lui seul qu'appartenait le droit de nommer le baile; pendant son absence, le gouverneur ou son lieutenant devait, pour cette élection, s'entendre avec les consuls, et lorsque les consuls n'étaient pas d'accord avec le gouverneur, celui-ci proposait un candidat, dont les titres étaient débattus avec ceux des autres candidats que présentaient les consuls: en cas de nouveau désaccord, le gouverneur indiquait quatre noms parmi lesquels les consuls étaient obligés de faire un choix: si aucun de ceux qu'avait désignés le gouverneur n'était accepté par les consuls, le gouverneur nommait. Au moment même où sa nomination lui était notifiée, le baile devait choisir les officiers de sa cour. V. note 170 ci-dessus.

[189] Coutumes, II. 11. — Establimen del fag dels notaris que fes lo rey en Jacme. — Establimen del fag dels notaris. — Aquest sagramen fan li notaris.

[190] Establimen de la election de cossols de mar. — Establimen de cossols de mar. — Aquest sagramen fan li cossols de mar.

[191] Aquest sagramen fan aquels que son cossols dels mercadiers que van per mar.

[192] Sagramen de regent de mercadiers.

[193] Aquest sagramen fan li cossols dels mestiers.

ture des réglements adoptés pour chacune de ces associations de maîtres et d'apprentis, en même temps qu'elle dénote, il faut en convenir, un esprit étroit de jalousie et de faibles connaissances commerciales, indique aussi cette sollicitude, cet amour du bien, cet esprit de sage liberté qu'il nous a été impossible de ne pas remarquer dans des lois d'une plus haute portée administrative [194].

Mais quelle fut plus particulièrement, et sous l'influence des institutions dont nous venons de parler, la condition des habitants de Montpellier pendant les XIIIe et XIVe siècles? A cette demande le Thalamus répond en nous entretenant, dans le cours de ses récits, de l'achat au prix de 4,200 florins d'un magnifique hôtel-de-ville [195], de la construction de quelques fours publics [196], de l'acquisition de plusieurs droits féodaux [197], du rachat de certains impôts au profit de la ville [198] et d'un statut sur le poids public [199] : ce qui nous permet de penser que de bonne heure la communauté fut riche et puissante; car, au lieu de lutter, ainsi que tant d'autres, contre les exactions de ses seigneurs, elle revendiquait pour elle-même une partie des priviléges de la féodalité, et traitait comme d'égal à égal avec ses souverains [200].

Déjà, sous les Guillems, des écoles et des établissements de commerce avaient été fondés, et nos pères n'eurent garde de laisser tarir ces deux sources de prospérité publique. Dès la fin du XIIe siècle Montpellier était désigné sous le nom de ville savante, et dans son sein accouraient de toutes parts de jeunes hommes avides d'assister aux instructions des célèbres professeurs de son université [201]; ses marchands qui avaient établi des comptoirs dans toutes les villes du littoral de la Méditerranée, principalement à Gênes, Pise, Nice, Hyères et Toulon [202], dans l'intérieur des terres et surtout dans les pays de Champagne et de Brie [203], rappor-

---

[194] Establimen dels rutlons dels mestiers. — *V.* aussi les nombreux établissements sur chaque corporation et les serments que prêtaient ceux qui en faisaient partie.

[195] Chron., ann. 1361.

[196] Chron, ann. 1202.

[197] Chron., ann. 1203, 1277 et 1296.

[198] Chron., ann. 1252. 1258 et 1264.

[199] Chron., ann. 1426.

[200] Chron., ann. 1231 et 1287.

[201] Chron., ann. 1192. 1288. 1293. 1384. 1391. 1402 et *passim*. — *V.* pour l'école de médecine un acte de Guillem VIII du mois de janvier 1180; un réglement du cardinal Conrad du 16 des kal. de février 1220, et des lettres-patentes du roi de Majorque Jacques II de l'année 1281. — Pour la faculté de droit, *V.* un réglement de saint Louis du mois de juin 1230; des statuts du cardinal Bertrand du 20 juillet 1339; un réglement d'Antoine de Louviers évêque de Maguelonne du 25 février 1399; plusieurs bulles du pape Martin V de l'année 1410; un *vidimus* du byale de Montpellier en 1410, renfermant un acte de Charles-le-Bel du mois de mars 1326, un acte du 29 août 1328 du recteur de l'université, un autre acte du duc d'Anjou du mois d'avril 1369 et un dernier acte du 20 juillet 1373 de Jeanne reine de Navarre; enfin, des priviléges de Charles VII en 1437, confirmant ceux de Charles IV de 1326 et du roi Jean de 1350. — Pour la faculté des arts, *V.* un réglement de Jean de Montlaur évêque de Maguelonne du 17 mars 1342. — Ces différentes facultés furent érigées en *Université* ou *Etude générale* par une bulle du pape Nicolas IV du 7 des kal. de mars 1289. — La faculté de théologie y fut plus tard agrégée, en vertu d'une autre bulle du pape Martin V du 16 des kal. de janvier 1422.

Pendant la durée des 13e, 14e et 15e siècles, les études ne furent interrompues à Montpellier que trois fois, à savoir : en 1355, par suite de la décision qu'avaient rendue les consuls et qu'avait confirmée le gouverneur de soumettre les gens de l'université à l'obligation de faire la garde dans la ville pendant les guerres des Anglais contre le roi Jean; 2° en 1379, à cause de la révolte contre le duc d'Anjou; enfin, en 1384, à cause de la peste. — Chron., ann. 1384. — Degrefeuille, part. ecclés., p. 341.

[202] Chron., ann. 1225.

[203] *V.* notamment dix-neuf pièces renfermées dans l'armoire A cass. 8 des archives de la mairie.

taient de leurs excursions honneur et richesse[204]; les différentes corporations d'artisans exerçaient loin du tumulte des armes leur modeste industrie, et les cultivateurs, travaillant pour eux-mêmes[205] et favorisés par la douceur du climat et la fertilité du sol, tiraient de la vaste plaine qui entourait les remparts, tous les avantages que pouvait se promettre alors la science agronomique[206].

Aussi nos aïeux, comme tous les peuples que l'agriculture et le négoce ont bientôt mis à l'abri des besoins matériels, étaient-ils avides de tout ce qui pouvait amuser leurs loisirs ou satisfaire leur curiosité; et nous voyons notre chroniqueur se joindre à la foule qui se rend à un spectacle intéressant[207], ou s'arrêter avec elle pour entendre le récit d'un pélerin[208]. Mais, ces délassements trop rares ne pouvant contenter ce besoin permanent d'émotion, nos pères saisissaient tous les prétextes de se répandre bruyamment sur la voie publique : chaque événement majeur, chaque victoire remportée par les Français, chaque naissance d'un prince et surtout chaque passage à Montpellier d'un homme éminent par sa position sociale, étaient pour eux l'occasion d'une fête à laquelle prenaient part tous les habitants; ils allumaient de grands feux, joûtaient dans les rues, dansaient sur les places publiques, changeaient les habits de leur sexe, et prolongeaient bien avant dans la nuit leurs courses et leurs chants[209]. Ils célébraient même les désastres et les calamités publiques; et alors entièrement vêtus de deuil, un cierge à la main, ils se rendaient dans l'église de Notre-Dame ou de Saint-Firmin et assistaient à de longs offices d'expiation, ou bien, sortant deux à deux et le clergé en tête, ils suivaient silencieusement les rues principales, faisant le tour des murailles, parcouraient la campagne, et consacraient des journées entières à promener les objets les plus vénérés de notre foi et les reliques des saints[210]. Quelques-unes de ces cérémonies sont même empreintes d'un esprit d'originalité dont on a peine aujourd'hui à saisir la portée religieuse; tantôt ils attachaient un fil à l'image de la Vierge, ils en entouraient l'autel, l'église, les remparts, la palissade, et de ces brasses de fil de plus de 7600 mètres de long, ils faisaient faire une bougie qu'ils mettaient à brûler, dans une église, sur une grande roue[211]; tantôt ils portaient solennellement la statue de Notre-Dame sur les bords du Lez, la faisant baigner dans les eaux de cette rivière, et revenaient, en chantant des hymnes, la replacer respectueusement sur son autel[212].

En présence de ces fêtes multipliées, que l'auteur raconte dans tous leurs détails, tandis qu'il accorde à peine quelques lignes aux événements les plus graves de l'époque, peut-on ne pas penser que les habitants de Montpellier ne prenaient qu'une part indirecte à toutes ces passions qui poussaient les uns contre les autres les peuples voisins, à toutes ces guerres qu'allumait autour d'eux l'ambition des monarques, et que, satisfaits de leur position, à l'abri des premiers besoins, soustraits aux exigences de la féodalité et n'obéissant qu'aux lois, ils ne demandaient à leurs rois, en échange de leur obéissance et de leur dévouement[213], ni plus de liberté, ni plus de gloire.

Deux fois cependant, et malgré leur

---

[204] Chron., ann. 1394 et 1402.

[205] Ancien compoix de Montpellier de 1394.

[206] Chron., ann. 1367. 1368. 1369. 1398 et 1403.— Compoix de 1394.— Grand Thalamus, fol. 78.

[207] Chron., ann. 1383. 1387. 1390. 1391. 1416 et 1417.

[208] Chron., ann. 1388.

[209] Chron. *passim* et notamment ann. 1391. — Froissard, ann. 1319.

[210] Chron., presque à chaque année et notamment ann. 1407 et 1411.

[211] Chron., ann. 1374. 1384 et 1397.

[212] Chron., ann. 1392 et 1412.

[213] Chron., ann. 1359.

amour de la paix, ces tranquilles bourgeois ne purent résister à des idées d'orgueil et de puissance, et par des motifs dont il ne nous est pas donné aujourd'hui d'apprécier la justice, ils allèrent porter la dévastation dans les murs de Madières et de Boisseron [214]. D'autres fois, et en cela ils méritèrent d'être hautement loués par l'historien, ils sortaient de la ville, barrières déployées, pour porter secours à quelque faible communauté qu'opprimait la violence [215].

Mais ce tableau rapide que nous esquissons de la vie heureuse de nos pères, ne serait pas fidèle si nous nous refusions à reconnaître dès l'abord que le bonheur dont ils jouirent fut essentiellement incomplet et tel seulement que pouvait le leur permettre l'état peu avancé de la civilisation: renfermés dans le cercle étroit que traçaient autour d'eux les inflexibles réglements de leurs corporations, ne connaissant malgré leurs richesses aucune des commodités du bien-être, ils menaient une vie modeste et obscure; encore même leur tranquillité, comme celle de tous leurs contemporains, fut-elle à différentes reprises grièvement troublée. Parfois les compagnies d'aventuriers qui traversaient le pays pillaient et incendiaient les faubourgs [216], plus souvent ils dévastaient les récoltes, et ces dévastations jointes aux orages et aux sécheresses privaient de toute ressource une population nombreuse [217]; la disette se faisait alors sentir dans Montpellier, et lorsque les consuls n'envoyaient point, au nom de la ville, acheter le blé de Sicile, de Bourgogne et de Lombardie [218], le pauvre demeurait en proie aux horreurs de la faim [219]; puis la peste répandait sur une population souffrante ses malignes influences [220], et la cité se trouvait tout-à-coup dépeuplée [221]. Vers la fin du XIVe siècle, un gouverneur avide et despote vint se jeter sur Montpellier comme sur un riche butin; ses exigences, ses déprédations se multiplièrent à tel point, que le peuple sentit se réveiller en lui son ancienne fierté; un nouvel impôt ajouté à tous les autres d'un franc par feu pour chaque mois fut formellement refusé, et les commissaires du duc d'Anjou ayant osé porter la main sur les consuls, la population entière se leva comme un seul homme et mit à mort à l'instant même tous les officiers du frère du roi. Brûlant de tirer des habitants une vengeance exemplaire, Louis d'Anjou accourut de la Bretagne, mais l'évêque d'Avignon, Anglic de Grimoart, qui s'était, ainsi que son frère le pape Urbain V, montré dans toutes les occasions le protecteur actif de la ville dans laquelle ils avaient fait leurs études et avaient fondé des églises et des colléges, s'empressa de se rendre à Montpellier; vingt-quatre jours durant il calma l'irritation du peuple [222], lui fit entendre qu'il n'était point en son pouvoir de résister à toutes les forces réunies du roi de France, et par l'intermédiaire du cardinal les habitants consentirent enfin à se soumettre et à implorer la merci du duc: une sentence rigoureuse fut prononcée, mais, soit comme le dit le duc d'Anjou lui-même dans la sentence, par désir de complaire à l'église, soit plutôt que la colère de Louis se fût apaisée à la vue de l'or des bourgeois, soit enfin crainte de pousser les choses aux dernières extrémités, la municipalité fut bientôt

---

[214] Chron., ann. 1217 et 1222.

[215] Chron., ann. 1355. 1359. 1361. 1363. 1364 et 1365.

[216] Chron., ann. 1361 et 1366.

[217] Chron., ann. 1313. 1323. 1330. 1331. 1374. 1378. 1393. 1395. 1397. 1398 et 1403.

[218] Chron., ann. 1362 et 1363.

[219] Chron., ann. 1285 et 1333.

[220] Chron., ann. 1285. 1361. 1374. 1375. 1384. 1391. 1397. 1403. 1406 et 1407.

[221] Chron., ann. 1408. 1409 et 1426.

[222] Il consola le peuple, dit le texte. — Chron., ann. 1379.

rétablie dans presque tous ses anciens priviléges, aucun habitant ne paya de sa tête cet acte d'énergie populaire [223].

Telle est, d'après notre manuscrit, et la dégageant des faits étrangers et de ceux qui concernent seulement les rois nos souverains, l'histoire abrégée de la ville de Montpellier jusques en l'année 1426 : à cette époque le Thalamus s'arrête [224], et il ne recommence qu'en 1495-1502 dans un langage différent et avec un esprit entièrement opposé.

Cette histoire est brièvc, mais le temps n'est plus où, comme le dit quelque part Voltaire, chaque petite localité, chaque communauté de religieux tenait à honneur d'avoir de longues annales en plusieurs volumes in-folio. Pour celui qui sait la trouver dans notre Chronique, cette histoire contient tout ce qu'il nous importe de savoir, puisqu'elle nous fait connaître le sort, le bonheur et les infortunes, le caractère et les habitudes de nos aïeux ainsi que les principaux événements qui survinrent dans la ville. Quant à tout le reste, l'histoire de Montpellier n'est autre que celle de toutes les communes un peu importantes du midi de la France, et nous ne pourrions, qu'après de plus sérieuses études, ajouter quelque chose à ce qui a été dit sur ce vaste sujet par nos maîtres en science [225].

IV. En résumé, que le lecteur veuille bien se représenter au milieu d'une vaste plaine et élevée sur un monticule une ville fortifiée, dont le mur d'enceinte, défendu par 1757 créneaux [226], offre, sur une étendue de 2106 mètres, dix portes, une poterne, vingt-cinq tours hautes et carrées ; en avant et à une distance considérable une palissade et une muraille de plus de 7552 mètres, qui renferme et protège neuf faubourgs [227]; dans la campagne riche et cultivée qui l'environne, quelques hospices, une maladrerie, quelques chapelles, quelques couvents; au loin, du côté des terres, plusieurs villages fortifiés aussi, et du côté de la mer, un port où s'abritent de nombreux petits navires de commerce [228].

Cette ville appartient d'abord à des seigneurs particuliers, puis aux rois d'Ara-

---

[223] La révolte de 1379 n'est pour ainsi dire qu'indiquée dans notre Thalamus (ann. 1379 et 1380); nous croyons devoir la compléter par le passage suivant de la chronique de Mascaro publiée par la Soc. arch. de Béziers (1re *liv. de ses mém., p.* 112).

« Lan dessus M CCC LXXIX, a XXIIII jorns del « mes doctobre, fonc mot grand decencio entre « la viela de Montpeylier, els senhors cosselhiers « de mossenhor lo duc dAngo, so es a saber : lo « chancelier del dig mossenhor dAngo, maystre « Johan Perdiguie, masytre Arnaut del Lac « governador de Montpeylier, mossen Gay « Lestaria seneseal de Roergue, Pabina de « Gontaut e motz dautres: e demandava un « franc per fuoc quascun mes per tot un an, e « la dicha viela nou y vols consenti : els dits « comessaris e los cosselhiers feron liar los « cossols de la dicha viela de Montpeylier per « menar a Someyre : el poble vezen tal fag, vay « se levar et escomoure en armas e van les tots « aussir, e mezeron los en diverses pozes foras « de la viela : per loqual fag mossenhor dAngo « ne vole far gran justicia, mays mossenhor lo « cardenal dAlbana frayre que fonc de papa « Urba venc a Montpeylier e tractet la pas e la « concordia entre lo dig mossenhor dAngo e « la viela de Montpeylier : totas ves lo dig mos« senhor dAngo na una gran somma daur, e « foron perdonatz. »

V. Lafaille, Annales de Toulouse, tom. II, p. 101 — Degrefeuille, Hist. de Montp., part. civ., p. 171.

[224] Degrefeuille, part. civile, pag. 201 et part. eccl., pag. 367, attribue l'interruption de la Chronique romane à la mort de Jacques Rebuffy, son dernier rédacteur, décédé en 1428, professeur de droit, avocat du roi en la sénéchaussée de Beaucaire et juge du palais a Montpellier.

[225] *V.* notamment Guizot, *ib.*, pag. 210 et suiv.

[226] Chron., ann. 1411.

[227] Chron., ann. 1374. 1384 et 1397.

[228] Le port de Lattes, sur l'étang de Mauguio, à une lieue environ à l'est de Montpellier.

gon, de Majorque, de France, de Navarre et définitivement aux maîtres du Languedoc.

Dans ses murs vivent des bourgeois qui, dès le commencement du XIIIe siècle, ont secoué le joug de leurs premiers maîtres et se sont volontairement et à certaines conditions inféodés à un prince de leur choix ; depuis et quelle qu'ait été la succession imposée de leurs rois, ils sont demeurés libres et indépendants, se gardant eux-mêmes, s'administrant eux-mêmes, exerçant presque eux-mêmes leur justice et participant à quelques priviléges féodaux. Assez bien défendus pour résister aux attaques d'un ennemi avide de butin, assez fortement organisés pour lutter avec avantage contre un pouvoir envahissant, ces bourgeois nous présentent dans leur histoire ce spectacle si consolant et en même temps si rare durant ces époques d'ignorance et de barbarie, d'une commune se suffisant à elle-même, demeurant en quelque sorte étrangère à tout ce qui se passait autour d'elle, et vivant habituellement en paix au milieu des guerres sanglantes dont le bruit venait mourir au pied de leurs remparts.

C'est que déjà nos pères, s'ils n'avaient pas fait de grands progrès dans la civilisation, avaient tiré tout le parti possible, dans l'intérêt de leur tranquillité, des idées avancées de leur siècle ; les institutions qu'ils s'étaient données peuvent encore aujourd'hui être examinées et jusques à un certain point approuvées, et leur instinct de démocratie était porté si loin, qu'ils avaient deviné presque toutes les expressions constitutionnelles dont la nation française devait se servir, lorsque six cents ans plus tard elle réclamerait les droits qu'elle avait laissé usurper[229].

Protégés par leur milice bourgeoise, se confiant en leurs magistrats municipaux, les habitants de Montpellier vaquaient à leurs études et faisaient avancer les sciences de la médecine et du droit ; ils se livraient à l'agriculture et au commerce, et les faisaient fleurir malgré les préjugés de l'une et les entraves de l'autre. Aussi la ville fut-elle bientôt riche, et tandis qu'ailleurs on s'occupait encore péniblement de vivre, nos pères songeaient déjà à leurs plaisirs, à leurs fêtes, à donner la plus grande pompe aux cérémonies de leur culte ; ils partagèrent sans doute le bien et le mal commun qu'apportèrent avec elles les années qui se succédaient, mais à part quelques époques calamiteuses, quelques événements désastreux que nous avons fait connaître, à part une révolte dont nous avons présenté le récit, le peuple vint heureux de tout le bonheur dont ses connaissances bornées lui permettaient de se faire une idée : c'est là son histoire pendant les XIIIe et XIVe siècles.

Plus tard ce bonheur fut bien autrement troublé. Dès l'époque à laquelle nous sommes arrivés, les habitants de Montpellier cessent peu à peu de s'intéresser aussi

---

[229] *V.* ce que nous avons dit sur les *Syndics* ou *Procureurs de la commune*, sur le *Conseil général de la commune* et sur les *Consuls.* De plus et lorsqu'il prit possession de la seigneurie en 1204, Pierre II, roi d'Aragon, fut obligé de reconnaître, par un acte formel, *l'unité et l'indivisibilité* de Montpellier, de son territoire et des places qui en dépendaient.

«... Ego Petrus dei gratia.... dominus Montis-« pessulani pro me et pro Mariam uxorem « meam et pro universos successores nostros « dono, laudo et firmiter expromitto vobis « duodecim hominibus electis ad consulen-« dam communitatem Montispessulani..... « quod castrum et villam Montispessulani et « castrum et villam de Latis et Castrum novum « et omnia castra et ville que cum predicta « Maria regina uxore mea in dotem accepi sint « semper et maneant sub una dominacione et « seinhorio, et ad dominacionem ville Montis-« pessulani inseparabiliter semper pertineant « et maneant, ita quod nullium predictorum « nos vel successores nostri a nobis et a potes-« tativo et dominacione ville Montispessulani « nullo tempore separemus, vel aliquis nostrum « titulo vendicionis, donacionis, permutacionis, « pignoris seu donacionis in feudum vel quo-« libet alio genere alienacionis, etc. » Grand Thalamus, fol. 2 ; Livre-Noir, fol. 18.

vivement aux institutions pour l'établissement desquelles ils s'étaient montrés si ardents, si énergiques, ils ne se rendent plus aux délibérations de l'hôtel-de-ville, ils cèdent aux empiétements successifs des gouverneurs pour le roi; ils voient, sans en être émus, annihiler l'une après l'autre chacune des garanties qu'ils avaient stipulées, ils se contentent d'en conserver les formes. Leur soumission devint de la dépendance; leurs richesses, leur piété furent les écueils contre lesquels échoua leur liberté; car que semblaient-ils pouvoir demander de plus, à peine d'être réputés turbulents, que le bien-être matériel et le droit de multiplier à l'infini ces cérémonies religieuses pour lesquelles ils manifestaient toujours le goût le plus passionné? La réforme vint bientôt leur fournir l'occasion, à laquelle ils ne surent point résister, d'abdiquer jusques à leur dernier privilége: les questions qu'avait soulevées cette grande insurrection s'étant formulées à Montpellier dans la prééminence d'une forme de culte sur une autre, la majorité des habitants pour lutter contre ceux qui se proclamaient les ennemis de leur *religion*, se rangèrent autour du trône et se livrèrent corps et âme au pouvoir royal. De toutes les idées démocratiques qui avaient si long-temps fermenté dans le peuple, il ne resta que ce besoin indestructible d'*égalité*, que rien jusqu'à aujourd'hui n'a pu corrompre, et qui est demeuré comme le type de son caractère.

Comment et par quelles voies ces changements ont-ils pu se réaliser? Comment, de républicain méfiant qu'il était, Montpellier est-il devenu une des villes du midi les plus fidèles aux souvenirs monarchiques? Ce serait là une étude bien intéressante à faire; mais cet examen nous entraînerait trop loin, et il sortirait d'ailleurs du cadre dans lequel nous nous devons restreindre: peut-être l'entreprendrons-nous un jour, et après avoir, dans notre notice sur les *Guillems*, envisagé Montpellier comme *Seigneurie*, après l'avoir considéré ici comme *Commune du moyen-âge*, essaierons-nous de retracer son histoire comme *Ville royale*.

V. Concluons:

Au souvenir que nous venons de faire revivre de l'ancienne constitution du pays et de la tranquillité dont nos pères jouirent sous son égide puissante, faut-il regretter nos vieilles garanties, chercher à les conquérir de nouveau? Faut-il se proclamer hommes du passé? A Dieu ne plaise! car en cela nous nous montrerions ingrats envers une civilisation dont nos devanciers ne pouvaient même pressentir les immenses bienfaits: les institutions qu'ils créèrent furent bonnes pour l'époque durant laquelle ils vécurent, mais autres temps autres idées; un seul mot résume les nôtres, nous ne sommes plus seulement des Montpellierains, nous sommes avant tout des Français. Nous savons que « la centralisation, qui a été le « résultat du progrès et qui caractérise « notre histoire, a valu à la France beau« coup plus de grandeur et de prospérité, « des destinées plus heureuses et plus glo« rieuses, qu'elle n'en eût obtenu si les « institutions locales, les indépendances « locales, les idées locales y fussent de« meurées souveraines ou seulement pré« pondérantes [230]. » Toute l'instruction que nous pouvons retirer de l'étude à laquelle nous venons de nous livrer, c'est que, pour nous montrer les dignes fils de nos pères des XIIIe et XIVe siècles, nous devons comme eux vivre soumis aux pouvoirs constitutionnels, comme eux ne pas craindre de professer hautement notre foi religieuse, comme eux surtout vouloir toujours être libres sous la loi.

F. P.

[230] Guizot, Hist. de la civilisation en France, tom. V, pag. 243.

DE LA CHRONIQUE FRANÇAISE.

Cette dernière partie de la Chronique, dont l'édition a été confiée à nos soins et qui complète la publication du Petit Thalamus de Montpellier, était loin d'être celle qui présentait le plus de difficultés. La conformité de l'idiome dans lequel elle est écrite avec celui que nous parlons aujourd'hui; l'exactitude, la précision, le nombre des renseignements historiques que nous possédons sur les époques auxquelles se réfèrent les faits qu'elle rapporte, ne pouvaient guère laisser place à des difficultés philologiques sérieuses, ni à des obscurités chronologiques de quelqueimportance. Aussi, et n'en parlons-nous que pour donner à nos lecteurs une idée de l'état matériel du manuscrit publié par nos soins, notre plus grand labeur a-t-il été de remettre en ordre les feuillets reliés comme au hasard de notre Thalamus [231]; de collationner soit sur d'autres manuscrits, soit sur les recueils historiques les plus accrédités, les faits mentionnés dans notre Chronique; de chercher enfin à combler, en recourant aux mêmes sources, les nombreuses lacunes qu'elle nous a présentées.

C'est dans une autre partie de notre tâche, partie minutieuse en apparence, que nous avons rencontré la difficulté la plus délicate peut-être, que nous ayons eu à vaincre: nous voulons parler du système de ponctuation et d'orthographe à adopter dans notre publication. Et d'abord, convenait-il d'adopter un système d'orthographe et de ponctuation uniformes? Pour ce qui est de la ponctuation, nous avons peu hésité: la marche à suivre nous était indiquée par celle qu'avaient adoptée nos prédécesseurs dans la publication, et sans viser à une ponctuation parfaitement exacte, nous en avons introduit ce qui nous a paru nécessaire pour l'intelligence du texte ou du sens de ces phrases longues et quelquefois obscures, mais aussi d'un style si puissamment tressé, dont les chroniqueurs du XVIe siècle ne craignaient pas de faire usage, et que notre goût plus épuré, notre insuffisante attention peut-être ont complétement proscrites aujourd'hui. Quelquefois aussi, comme pour rappeler la manière des écrivains de ce temps, par un trait de ressemblance, nous avons reproduit le manuscrit tel quel, dénué de points, de virgules et d'apostrophes, comme de tous les autres signes graphiques du même genre usités de nos jours.

Notre détermination a été tout autre quant à l'orthographe; et sans professer pour notre manuscrit un respect superstitieux, nous avons constamment reproduit la sienne [232]. La modifier le moins du monde, c'eût été, selon nous, altérer en cette partie le trait le plus saillant du caractère général que présente notre Chronique française. Ce trait c'est la progression constante (d'autres diraient l'envahissement) de ce que j'appellerai l'*esprit français*, s'infiltrant dans les mœurs, les idées, les intérêts, comme dans le langage de la vieille commune de Montpellier, depuis qu'elle est tombée dans le domaine de la monarchie française, et que celle-ci cherche à se l'assimiler, à rendre homogène, en quelque sorte, avec les autres pays soumis à sa domination.

Pour justifier, s'il en était besoin, ce que nous venons d'avancer, qu'il nous soit permis d'exposer ici quelques considérations sur l'ensemble de notre travail.

La Chronique française s'ouvre à l'année 1495, se continue presque sans interrup-

---

[231] Nous commettrions un oubli coupable si nous omettions de mentionner ici tout ce que nous devons à la collaboration de notre digne collègue M. Desmazes: ses connaissances en paléographie, son infatigable activité au travail et son inépuisable complaisance ont tour à tour été mises à contribution par nous et nous ont été de la plus haute utilité.

[232] Nos corrections n'ont porté que sur ce qui nous a paru être erreur évidente et involontaire de l'écrivain.

tion jusqu'en 1574, et se termine par le rapport de quelques faits isolés, d'intérêt purement local, sous la rubrique des années 1580, 1581 et 1604. Durant cette longue période presque plus d'établissements, on vit sur le passé; plus de ces traités de commerce avec des cités lointaines; c'est à un autre pouvoir que cette branche de l'administration appartient. A leur place, la relation minutieuse et détaillée de cérémonies religieuses, comprenant la population presque entière dans ses interminables dénombrements. On voit à l'importance que le chroniqueur ajoute aux détails qu'il nous transmet, que nos aïeux avaient pour ces occasions d'apparat un goût des plus vifs, dont les traces se retrouvent encore chez leurs descendants; et l'amour du faste et de la magnificence qui se décèle dans ces circonstances, nous semble l'indice presque certain d'un bien-être matériel plus généralement répandu à Montpellier qu'il ne paraît l'avoir été communément ailleurs à la même époque, mais aussi de l'absence de préoccupations politiques et sociales dans toute cette population jadis si jalouse de ses droits.

Un instant le pouvoir consulaire ajoute un nouveau fleuron à sa couronne ; il achète à beaux deniers comptants l'exercice des droits seigneuriaux sur Montpellier, que, comme bien d'autres priviléges, la pénurie des finances force Henri II à engager *à rachaipt perpétuel;* et le premier consul de Montpellier réunit dans sa main la baguette du *baille* au chaperon consulaire. Mais par les difficultés mêmes qui environnent le traité fait avec les commissaires du roi, en gênent l'exécution ou en dénaturent les résultats, on voit combien déjà notre commune est *francisée*, et combien les rois de France se croient en droit de la soumettre aux lois générales qu'ils établissent sur leur royaume, nonobstant les priviléges qu'elle invoque et malgré la vieille habitude de nos chroniqueurs, qui, le considérant toujours comme terre étrangère, ne manquent jamais de dire : *puis passa de Languedoc en France.*

Pourtant les symptômes de ce que nous nous permettrons d'appeler une assimilation de la commune au pays de France, à la monarchie d'outre-Loire, auraient dû frapper les yeux de nos compatriotes: du petit au grand, ils surgissent nombreux dans le document si succinct pourtant que nous examinons en ce moment. Et d'abord, la langue française y a pris la place de l'ancien idiome national, dont une seule réminiscence se retrouve au début de l'année 1511. Cette substitution de la langue officielle à l'ancien idiome local est-elle de beaucoup antérieure à l'époque où commence notre Chronique française? C'est une question sur laquelle nous hasarderons quelques conjectures avant de finir. Mais, quoi qu'il en puisse être, ce symptôme est grave, et d'autant plus que ce ne fut que 44 ans plus tard et en 1539, que François Ier rendit l'ordonnance par laquelle tous les tribunaux de son royaume furent astreints à prononcer et rédiger leurs jugements en langue française.

Dans un autre ordre de faits, d'une portée moins grande mais tout aussi significatifs, veut-on un autre indice de celui que nous cherchons à établir: que l'on jette les yeux sur les derniers paragraphes de la Chronique de cette première année 1495, on y verra *les armes du roi notre sire* apposées sur les principaux *porteaulx* de la ville, et des fleurs de lys semées au-dessus de la *grant-porte de l'églize de Nostre-Dame-des-Tables.*

Nous craindrions de nous appesantir sans nécessité sur la démonstration d'une proposition peu contestable, si nous relevions tous les passages de la Chronique qui tendent à l'établir; nous laissons au lecteur à les apprécier lui-même; et nous en avons dit assez pour justifier notre respect envers l'orthographe de la Chronique; l'altérer c'eût été faire disparaître en elle le signe qu'elle porte aussi de cette progression de l'esprit français, se substituant chez nos pères, insensiblement et à leur insu, à cet esprit comparativement égoïste de membre de la commune de Montpellier.

Ayant accordé, sous le point de vue qui nous préoccupe, une importance assez grande à l'emploi de la langue française dans la rédaction du Thalamus, nous avons dû chercher avec soin à préciser l'époque à laquelle il commença d'être écrit dans cet idiome.

On a pu remarquer que la Chronique romane du Thalamus s'arrête d'abord à l'année 1426, et se termine par la mention d'un fait sous la date de 1446, trouvé inscrit à la suite du calendrier. De la place où était consigné ce dernier événement, on peut conclure hardiment que la Chronique tout entière nous manque de 1426 jusques en août 1495, première date de la Chronique française. C'est donc entre ces deux termes que doit nécessairement se trouver l'époque qui vit la substitution d'un nouveau langage à l'ancien. Bien peu de données nous restent pour la préciser davantage, et la déterminer d'une manière certaine nous semble fort difficile; toutefois, nous inclinerions à penser qu'elle n'est guère antérieure au dernier, et voici ce qui autorise en nous cette opinion.

Certes, il est possible que ce qui nous manque de la Chronique soit perdu, et cette lacune est regrettable en ce qu'elle nous prive d'un document certain pour apprécier la dégénérescence du langage roman dans nos contrées; mais n'est-il pas plus probable que cette portion n'a jamais existé. Portons, en effet, les regards sur l'état de la France durant cette partie du xve siècle : l'Anglais a envahi plus de la moitié du royaume, le Languedoc est en partie sous sa domination, et les factions des Bourguignons et des Armagnacs semblent conjurées avec l'ennemi extérieur pour effacer le nom de *France* du nombre des états indépendants de l'Europe. Au milieu des calamités de toute espèce, produites par le concours de ces circonstances, alors que la vie propre de la cité allait déjà s'affaiblissant depuis long-temps, et que la fusion du Languedoc avec les autres parties de la France s'opérait journellement, n'est-il pas probable que participant aux agitations qui troublaient le reste du royaume, aux efforts qu'elle faisait pour rejeter l'Anglais hors de ses frontières, la commune, troublée à son tour dans ses antiques habitudes, négligea la rédaction d'une Chronique qui, par ces raisons même, avait déjà beaucoup perdu de son intérêt? N'est-il pas plus probable encore, que lorsque des temps plus prospères furent venus, et qu'on eut le loisir de songer à reprendre la Chronique après une longue interruption, l'influence que nous avons signalée, augmentée par le laps du temps, des maux partagés et une résistance commune, dut déterminer l'adoption du nouveau langage.

Dans cette hypothèse, la Chronique française tout entière serait parvenue jusqu'à nous; mais nos inductions fussent-elles erronées sous le rapport que nous venons d'exposer, la conclusion que nous en avons tirée conserve toujours un haut degré de probabilité, que lui imprime la collation des autres textes du Thalamus avec la Chronique française. En effet, on remarque, en examinant les établissements, que le dernier de ces statuts, rédigé en langue romane, est précisément à la date du 26 mars 1495; que celui qui le suit immédiatement, concernant la profession de barbier, est en français, et paraît, quoique non daté, être antérieur à un autre du 27 novembre 1510, également en langue française, touchant le maître des écoles.

Les notices qui précèdent ont déjà fait connaître l'état matériel du manuscrit que nous publions, et, tirant de cet état les conséquences qui en dérivent, apprécié ce document sous le rapport de son âge et de son originalité. Nous nous abstenons donc de revenir sur un point suffisamment débattu, pour nous en tenir à donner une idée sommaire de notre Chronique.

Ce que nous en avons dit en commençant au sujet du caractère général qu'elle présente, doit rendre fort succinct l'aperçu que nous avons à donner sur les faits qu'elle contient. Parmi eux la relation détaillée d'une infinité de cérémonies religieuses, ainsi que du cérémonial observé au passage des souverains, des princes et des autres notables personnages qui ont visité Montpellier, occupent la plus large place. A côté de ces récits se trouvent mentionnés la plupart des événements contemporains un peu considérables qui ont trait à l'histoire de la France, et par elle se rattachent à l'histoire générale: guerres, paix, batailles et prises de villes, conciles, jubilés, naissances ou décès de souverains et de personnages marquants y apparaissent chacun à leur date. Généralement exacte, cette partie de la Chronique ne présente guère d'erreur notable que celle que l'on rencontre à l'année 1548 [233].

Au milieu de tous ces faits sont mentionnés, avec quelques phénomènes météorologiques et quelques disettes locales, divers actes des consuls indiquant qu'ils administrent une commune riche et puissante, et cela avec une certaine liberté d'action. Toutefois, cette latitude qui leur est laissée ne dépasse guère le cercle des objets d'administration, comme on les nomme aujourd'hui. On sent que la haute impulsion doit être ailleurs, et l'on devine bien vite qu'elle réside dans le gouverneur. Ce haut fonctionnaire, presque toujours grand seigneur, réside à peu près constamment à Montpellier, et sa considération personnelle, secondée par la force du pouvoir qu'il représente, concourt puissamment à lui assurer cet ascendant qui mine et envahit les priviléges de la cité. Ce n'est plus aux lieutenants d'un faible roi d'Aragon ou de Navarre que la municipalité de Montpellier doit tenir tête; c'est à un roi de France représenté par un Montmorency, au premier baron chrétien lieutenant du roi très-chrétien, que les élus de la bourgeoisie ont affaire. Les termes ainsi posés, on ne s'étonnera point, indépendamment de tant d'autres influences qui l'aidèrent, de la rapide progression de l'esprit français dans notre ville.

Une crise survint, pourtant, qui redonna à Montpellier quelques moments d'une vie propre, et lui rappela son ancienne indépendance. Les guerres de religion y commencèrent en 1560, et y sévirent avec fureur à trois reprises. Les faits rapportés à cette occasion par le chroniqueur sont en général intéressants comme histoire de la localité; mais, sous le point de vue de l'histoire générale, ils sont entachés d'une partialité marquée en faveur des catholiques, et ajoutent bien peu aux renseignements que l'on possède sur cette phase de nos annales.

C'est durant ces troubles que les empiétements du pouvoir royal furent le plus marqués, et c'est à la faveur du désordre qu'enfantèrent ces guerres civiles, de l'antagonisme qu'elles avaient suscité entre les notables bourgeois de la cité, qu'un jour en 1574, aidé, approuvé dans son entreprise par une partie de ceux qu'elle dépouillait de leurs droits, le maréchal de Damville, déchirant le pacte de 1204, si souvent et si vainement confirmé par les rois de France, put imposer à la commune des consuls de son choix.

Fut-ce dans l'intérêt du pouvoir royal, ou dans les intérêts d'un parti à la tête duquel il se plaça durant le cours de la même année, que le maréchal Damville accomplit cette entreprise? Peu importe; rendue possible par les progrès du pouvoir royal dans notre ville, elle lui profita peu après: en définitive le résultat a donc été le même, et l'intérêt de curiosité qui pourrait s'attacher à la découverte du caractère particulier des circonstances qui l'ont déterminé est tout-à-fait hors de notre sujet.

Ainsi finit, après quatre siècles environ de durée constatée, l'indépendance de l'ancienne et puissante *commune de Montpellier*; car, du jour où la volonté du représentant du roi put, sans occasioner un soulèvement parmi ses habitants, leur imposer des administrateurs de son choix, les *homes de Montpeylier* furent bien près

[233] *Voy*. pag. 515 et la dernière note n° 163.

de devenir les sujets directs de la couronne, et leurs priviléges des droits sans garantie, qui, devenus peu à peu illusoires, devaient bientôt finir.

Ainsi cette ville, qui avait été une espèce de république au moyen-âge, plus tard une place de sûreté donnée au protestantisme, fut, après quelques oscillations encore, poussée avec force dans une voie de réaction marquée contre les idées indépendantes qui s'étaient agitées dans son sein. L'action combinée du pouvoir royal et d'une partie de ses habitants dont ce pouvoir favorisait les opinions, agirent assez puissamment sur l'esprit public, dans la cité, pour arriver à ce résultat, dont les conséquences furent étendues et affermies à tel point que Montpellier devint par la suite la ville du Languedoc la plus étroitement et la plus fidèlement attachée à la royauté, et son centre d'action sur toute la province.

Par une conséquence de sa constitution primitive, cette cité, quoique considérable, ne voyait alors dans ses murs aucun de ces grands corps, dont la puissance pouvait contrôler de près les actes des agents de la couronne et engager avec eux des luttes dangereuses. La noblesse du pays ne devait pas porter plus d'ombrage; la plupart des seigneurs des contrées environnantes vivaient habituellement dans leurs terres. La seule influence dominante à Montpellier était donc celle de la bourgeoisie, généralement peu en disposition de résister à cette époque, et d'autant moins en cette circonstance que ses passions et ses intérêts se liaient aux intérêts et aux tendances du pouvoir royal. Des précédents aussi avantageux, des dispositions aussi favorables dans les personnes et dans les choses, durent entrer pour beaucoup, ce semble, dans les motifs qui portèrent la royauté à établir plus spécialement le siége de sa puissance dans notre ville, et à en faire insensiblement enfin le chef-lieu administratif de presque tous les services qui ressortissaient plus directement à elle.

Les avantages dont cet état de choses fut la source pour la cité, durent concourir avec d'autres influences à continuer ce que les querelles religieuses avaient commencé, et à attacher plus généralement la population à une autorité qui versait sur elle de nombreuses faveurs, jusqu'à ce qu'enfin les égarements, les fautes de ce même pouvoir, les exagérations auxquelles il se livra, ses persécutions acharnées et la marche inévitable des opinions et des choses donnèrent lieu à une réaction dans un sens contraire; par suite de laquelle notre révolution de 1789 trouva les habitants de la cité disposés à entrer dans le mouvement social qui s'opéra alors, avec toute la chaleur que d'aussi grands intérêts pouvaient exciter dans des imaginations du midi.

C'est ainsi que nos pères durent perdre une à une ces franchises qui avaient fait leur bonheur et leur gloire au moyen-âge, pour être, en retour, rattachés par un lien plus étroit et des bienfaits équivalents, à la grande unité française dont les éléments allaient se combinant de jour en jour, et au sein de laquelle leur était réservé le dédommagement des épreuves qu'ils devaient subir, pour, de phase en phase, être transformés de bourgeois de Montpellier en citoyens français.

E. A.

PREMIÈRE PARTIE.

LES COUTUMES,

PUBLIÉES

EN LATIN ET EN ROMAN,

AVEC UNE INTRODUCTION.

PAR M. DE St-PAUL,
SUBSTITUT DU PROCUREUR-GÉNÉRAL A MONTPELLIER.

la composition del rey e de lavesque. iiii.

Per las di-
versas questions nadas entrels
avesques p temps dela glerra de
magalona dous luna part. El
noble senher en Jacme p la gracia de
dyeu Rey daragon e senhor de montpeylier dous lautra.

Item .i. dijous a .xvij. de mars. [illegible] intret en monpeylier ma dona Johana Regina de navarra. Sor de
mes. lo Rey de [illegible]. E venc en sa companhya ma
dona agnes Sor de mes. lo Rey de navarra, comtessa
de Foiss. E lo price p [illegible], e motz grans senhors. e
grans donas. Et yssiro li davant senhors cossols mels e .iij.
[illegible] ab .xvj. autres bons homes de viela [illegible]
[illegible] entro a lez e se menat los menestriers
del cossolat [illegible] totz vestitz de lyurya vermelha :
. E pueis davant sa intrada los ditz senhors foro. a.

Intrada de la Regina de navarra sorre del Rey de Fransa.

. Anno millено centeno ter . quinquagesima . bis dene [illegible] terno — a nat.
. Mercurii emeriti / mensis nocte beda
. Res admiranda . multum fuit atque tremenda
. nam terre motus . cunctis patuit qui ubique fore notus .
. nos emendemus . nec nos glorificemus
. ac penitemus . et dominum ihesum deprecemur
. pauperibus demus . et sic animas nostras redimemus.

Petit Thalamus,
Folio 296 verso et 131 recto

Fac-simile lithographique en couleurs
de Boehm à Montpellier

CONSUETUDINES ET LIBERTATES

VILLE MONTISPESSULANI.

LAS COSTUMAS E LAS FRANQUESAS

DE MONTPEYLIER.

IN NOMINE DOMINI NOSTRI JESHU CHRISTI. *AMEN.*

Tales sunt consuetudines et libertates ville Montispessulani.

I.

UNUS solus est dominus Montispessulani qui sic suum, Domino favente, regit populum et honorem. Summo studio dat operam ut de sapientioribus et legalibus hominibus suis faciat bajulum Montispessulani, de hominibus tantum ejusdem ville, communicato consilio proborum hominum ipsius ville; qui bajulus nulli alii bajulo subiciatur, vel respondere vel ejus consilium requirere in aliquo teneatur, sed computum debeat reddere illi quem dominus statuerit; cui etiam bajulo omnes bajuli alii et etiam illi de Latis et de Castro-Novo hobedire et sub ejus examine de jure respondere debent. Et cum bajulo in curia sua statuit curiales probos viros et sapientes de hominibus ejusdem ville. Et bajulo et curialibus donat tantum de suo quod ipsi, postpositis universis aliis negociis suis, adherent curie, et sint cothidie in curia et justicia. Et promissionem faciunt domino coram populo per sacramentum sanctorum evangeliorum, quod dona vel munera non accipiant ipsi, vel homo vel femina per eos, nec in antea spondeatur ipsis, nec ipsi spondeant se accepturos ab aliqua persona que placitum in curia habeat, aliquo tempore quandiu in curia steterint; et quod legaliter et fideliter per bonam fidem, secundum usum curie, tractent et judicent et examinent et diffiniant lites et placita, et unicuique velint jus suum tam pauperi quam diviti.

AD HONOR DE DYEU JESHU CRIST
E DELA VERGES MARIA MAYRE SIEUA.

Aysso son las costumas e las franquesas de Montpeylier.

IN NOMINE DOMINI. *AMEN.*

UNS sols es senher de Montpeylier que enaysi ab volontat de Dyeu governa son pobol e sa honor. Ab sobeyran estudi dona obra com si dels plus savis e dels lials homes de Montpeylier fassa baylon de Montpeylier, dels homes solamens daquela vila, comunicat lo cosselh dels proshomes daquela vila; le cal bayles a negun autre baylon non es sotzmes, ni tengustz de respondre ni de cosselh demandar, mays compte rendre deu ad aquel quel senhor establira; all cal baylon tug li autre baylon, e neys aquel de Latas e aquel de Castelnou, devon obezir et en son poder dreg far. Et ab lo baylon en sa cort establis curials proshomes e savis dels homes daquela vila. Et al baylon et als curials dona tan del sieu que els, laychatz tots lur autres afars, estan en cort, e cadadia son en cort et en justizia. E promession fan al senher davan lo pobol per sagramen de sans evangelis, que don ni servizi non prendon, els ni hom ni femena per els, ni per arenan non lur sia promes, ni els non prometon se prenedors de neguna persona que plag en la cort aia, negun temps can longamens els en la cort seran; e que lialmens e fizelmens per bona fe, segon lus de la cort, tracton e jutgon et enquieyron e defeniscon los plags, et a cascun vuelhon sa drechura tan ben al paure can al ric.

II.

Hoc totum quod bajulus facit dominus pro firmo habet in perpetuum.

III.

Cum conveniunt ad placita, factis sacramentis de calumpnia, curia interrogat utramque partem per sacramentum, si bajulo vel judici vel alicui curialium, propter illud placitum, suam dedit vel promisit pecuniam.

IV.

In consiliis et judiciis et in curia sua dominus habet viros laude et honestate preclaros qui justiciam amant et misericordiam, qui prece vel precio, donis vel muneribus, amicicia vel inimicicia non deviant a semita justicie et misericordie. Et curas et negocia Montispessulani dominus facit precipue cum suis probis hominibus Montispessulani.

V.

Dominus Montispessulani et antecessores sui amaverunt homines suos et custodierunt et salvaverunt in quantum potuerunt, et non quesierunt occasiones, neque aliquo modo fecerunt ut suas perderent possessiones vel res aliquas mobiles vel immobiles, nisi propria colpa. Et si creverunt vel multiplicaverunt homines Montispessulani in avero vel honore vel aliquibus rebus, letatus est dominus, et adjuvit eos crescere et multiplicare. Et ideo cum gaudio homines suas pandunt divitias, et palam ostendunt sine timore. Et ita divitie et possessiones eorum revertuntur illis quibus relinquuntur in testamentis, vel donantur, vel per successionem eveniunt, sine omni defensione et impedimento domini, ita quod dominus aliquid inde non accipit neque aufert neque contradicit.

VI.

Bajulus et curiales faciunt tale sacramentum : Ego homo juro tibi domino Montispessulani quod quamdiu bailiam et administrationem

TOT SO QUE BAYLES FA LE SENHOR HA PER FERM.

Tot aquo que bayles fa le senhor ha per ferm per tostz temps.

DEL SAGRAMEN DE CALUMPNIA.

Can hom ven als plags, fa sagramen de calumpnia, la cort demanda ad ambedoas las parts per sagrament, si al baylon o al jutge o a neguns dels curials, per aquel plag, son aver donet o promes.

LE SENHER HA BON COSSELH E DRECHURIERS CURIALS.

En cosselh et en juzizis e en sa cort le senher a homes de lauzor e donestat preclars que amon justizia e misericordia, que per prex, ni per pres, ni per dons, ni per servizis, per amistat ni per enemistat non foravion de justizia o de misericordia. E las curas els afars de Montpeylier le senher fa maiormens ab los proshomes de Montpeylier.

LE SENHER AMA SES HOMES.

Le senher de Montpeylier e siey ancessor ameron lur proshomes e garderon e salveron tan com pogion, e non queregron occayzons ni ren non feron que perdesson lurs possessions ni lur causas negunas, movevols o non movevols, si non per lur propria colpa. E si cregon ni multipliqueron li home de Montpeylier en aver ni en honor ni enegunas cauzas, le senher nac gaug, et aiudet los a creycher et a multiplicar. E per aysso li home mostron lur riquezas ses pavor. Et enayssi las riquezas et las possessions dels tornon ad aquels a cui son laychadas els gazis, o son donadas, o per succession esdevenon ses tot defendemen, e ses encobolamen del senhor; nil senhor ren no y pren ni tol ni contradis.

SAGRAMENT DEL BAILON E DELS CURIALS.

Ieu hom jure a te senhor de Montpeslier que quant longamens la bailia e la aministracion de la vila o de la cort de Montpeslier tenrai,

ville vel curie Montispessulani tenuero, rationem et justiciam tenebo et servabo omnibus et singulis personis, quecumque et undecumque sint vel fuerint, que causam habent vel habebunt coram me, vel in curia secundum consuetudines et mores curie qui modo certi sunt vel erunt, et ubi mores et consuetudines curie deficient, secundum juris ordinem; omni odio et gratia et dilectione et parentela et affinitate et vicinitate exclusis, secundum quod melius mihi visum fuerit, et consciencia mea mihi melius dictaverit; et quod neque per me vel per alium ullo modo, ulla occasione pecuniam vel aliam rem seu promissionem vel aliquod servitium accipiam ab his qui causam habent vel habituri sunt coram me, vel in curia, occasione illius placiti, vel ab aliis nomine eorum; et quod justiciam vel aliquid nomine justicie non accipiam per me vel per alium ante finem cause, aut antequam solutum sit vel satisfactum creditori vel actori; et quod habebo et accipiam mecum bonos et legales assessores, secundum quod melius mihi visum fuerit. Et recta judicia pronunciabo in omnibus causis in quibus judex fuero. Et celabo ea omnia que in secreto et in consiliis et in dictanda sentencia seorsum mihi revelabuntur.

Hec omnia sine dolo et arte et malo ingenio bona fide custodiam et servabo, ad fidelitatem domini Montispessulani, et ad custodiam et observationem consuetudinis, et juris omnium litigantium, ita quod ab isto sacramento nullatenus possim absolvi.

Sic me Deus adjuvet, et hec sancta Dei evangelia.

VII.

Bajulum judeum non habet dominus Montispessulani in aliquibus redditibus suis.

VIII.

In curia sua legiste non manutenent causas nisi proprias; et si causas proprias habuerint, contra eos poterit esse legista. Neque sunt advocati nisi partes consentiant. Et in consiliis dominus habet quando voluerit juris peritos; sed in causis semper habere debet judicem.

razon e justicia tenrai e gardarai a totas personas et a cadauna , quals que sian , o dont que sian o seran , que plag han o hauran denant me o en la cort segon las costumas de la cort que aras son certas o saran , et aqui ont las costumas defailhiran segon orde de dreg ; tota ira , tota gracia , tota amistat et tot parentesc et tota affinitat e tota vicinitat de tot en tot gitadas , segon so que miels me sera vejaire , ni ma cosciencia miels me dechara ; e que per me ni per autra en neguna guiza , ni per deguna occaizon , haver ni autra cauza ni promession ni servizi negun non penrai, daquels que plag han o hauran denant me o en la cort , per occaizon daquel plag , o dautres per nom dells ; e que justicia non penrai per me ni per autre denant la fin del plag , o entro que pagat o adobat sia al crezedor o al demandador ; e que haurai e penrai ab me bons e leials assessors, segon so que miels me sera vejaire. E drechuriers juzizis donarai en totz los plags en que jutges serai. E celarai tot aquo que en secretz ni en cossells ni en dechar juzizis me sera revelat.

Totas aquestas cauzas e cadauna ses engan e ses art e ses mal engenh ab bona fe gardarai et atendrai a fezeutat del senhor de Montpeslier, et a garda et a compliment de la costuma , e del dreg de totz aquels que placjaran. Si que daquest sagrament non puesce esser en neguna guiza absoutz.

Si Dieus me ajutz , et aquestz santz evangelis.

BAILON JUZUEU NON HA LE SENHER.

Bailon juzueu non ha le senher de Montpeylier en negunas de sas rendas.

LEGISTAS EN LA CORT NON MANTENGON PLAG.

En sa cort legistas non mantengon plag ; si lur domini oc ; e si an plagdomini, contra els pot esser legista. Ni non son avocat si las parstz non o volon. Et els cosselhs le senher a can se vol plages ; mays els plags deu tota via aver jutge.

IX.

Falsifitates omnino respuit et punit.

X.

Renovarii seu usurarii qui denarios pro denariis accomodant non recipiantur in testimonio.

XI.

De aliquibus discordiis si proclamationes inde non fuerint domino vel curie, non debet dominus vel ejus curia interponere suas partes.

XII.

Homines Montispessulani, quotiescumque voluerint, universa bona sua vendere, et pretium secum deferre possunt, et abire quocumque voluerint sine impedimento. Dominus vero debet eis et rebus suis et familie sue ducatum prestare per totam terram suam, et per totum posse suum. Et omnia que vendere illi voluerint in quibus dominus habebit laudimium, debet ipse dominus vel ejus bajulus sine contrarietate laudare, salvo sibi suo consilio.

XIII.

Pater qui maritat filiam vel filias suas cum hereditate averi vel honoris, vel hereditat eas cum avero vel honore, postea non possunt ille filie aliquid petere in bonis paternis nisi eis pater dimiserit. Et si pater habet magis unum filium et unam filiam que non sit heredata vel maritata, et pater moritur intestatus, bona patris intestati revertuntur filio et filie non maritatis vel heredatis, equis portionibus. Et si moritur aliqua de maritatis filiabus et heredatis a patre, sine gadio et heredibus, bona ejus revertuntur communiter omnibus fratribus superstitibus, patre jam mortuo. Et si filius vel filia que non fuerit maritata vel heredata moriebantur sine gadio et sine liberis, bona unius revertuntur alteri vel ejus liberis. Et si ambo moriebantur sine gadio et sine liberis, bona

FALCETAT DEL TOT SIA REFUGADA.

Falcetat de tot en tot refuja e justizia ten.

GUERENTIA DE RENOVIER NON VAL.

Renovier ni uzurier que preston deniers per deniers non son pres en guerentia.

DE DESCORDIA SES CLAM.

De negunas descordias si clam non sen fa al senhor o a la cort, le senhor non a a entremetre ni la cort.

TOT HOME POT SOS BENS VENDRE.

Los homes de Montpeylier, tantas ves cos volon, tostz lurs bens vendre, el pres ab se portar et anar on sen vuelhon, ses tot encobolamen podon. El senhor deu ad els et a lur cauzas et a lur maynada guitzage donar per tota sa terra, e per tot son poder. E tot aquo que els vendre volran en quel senher aia lauzimi, deu le senhor e son baylon ses tot contrastz lauzar, sal son cosselh.

QUI MARIDA SA FILHA AB AVER O AB HONOR.

Payre que marida sa filha heretada daver o donor, o las hereta ab aver o ab honor, pueys non podon aquelas filhas ren demandar els bens paternals, sil payre non lur o laycha. E sil payre ha mays un filh et una filha que non sia heretada ni maridada, el payre mor ses gazi, li ben del payre tornon al filh et a la filha non maridada ni heretada, per egals parstz. E si mor neguna de las maridadas filhas o heretadas del payre, ses gazi o ses heres, li ben daquela tornon comunalmens a tostz los frayres sobrestans, si adouy es mor le payre. E sil filh e la filha non maridada o heretada morion ses gazi e ses enfans, li ben de lun tornon a lautre et a ses enfans. E si abduy morion ses gazi e ses enfans, li bens daquels tornon a las filhas maridadas o a lurs heres.

eorum revertuntur filiabus maritatis vel heredibus earum. Sed tamen unaqueque persona potest facere gadium de suo jure. Et eodem modo dicimus de bonis maternis.

XIV.

Heredes seu filii fidejussorum non tenentur de fidejussione ab eis facta, post mortem eorum, nisi lis cum eo qui fidejussit fuerit contestata, vel de eo querimonia curie exposita.

XV.

Quicumque comparat domum, vel solum forte inedificatum in Montepessulano, dat inde pro consilio quintam domino, hoc est: si venditor habuerit de pretio C. solidos, dat emptor domino XX. solidos, sed maxima inde fit remissio.

XVI.

De pignoribus honorum habet dominus de C. solidis VI. solidos pro consilio, sed fit inde remissio. Sed in pignoribus ille qui rem immobilem pignori subponit dat consilium.

XVII.

Si de pecunia seu re mobili clamor fuerit in curia, eo quod debitor nolit solvere debitum, debitor convictus vel condempnatus solvit creditori totum debitum, et insuper pro justicia dat curie pro qualitate debiti quasi quartam partem, hoc est: si creditor consequatur LX. solidos, debitor qui ante clamorem noluit solvere dat pro justicia et cogitur dare XX. solidos, sed fit inde remissio. Sed ille cui persolvitur pecunia non dat aliquid curie. Et hoc est statutum ideo ut aliquis non retineat jus alterius. Sed si quis querimoniam fecerit curie de debitore suo, non commonito prius debitore ut solvat, et per debitorem non steterit quominus satisfaciat, hujus querele justiciam dare debitor non cogetur. Similiter si quis pecuniam debitam suo creditori ostendat

Mays empero cascuna persona pot far guazi de sa drechura. Et aquo meteyse dizem dels bens de la mayre.

LE FILH NON ES TENGUSTZ DE LA FERMANSA.

Li heres ol filh de las fermansas non son tengustz de la fermansa dels facha, aprop la mort dels, sil plag ab sel que aura facha la fermansa non era comessastz, o del fag clam a la cort.

DONAMEN DE LAUZIMI.

Qui compra mayson o sol non bastit en Montpeylier, dona daqui per cosselh la quinta al senhor, so es: sil vendeyre a c. s., dona le comprayre al senhor xx. s., mays daquo es fag perdons.

LAUZIMI DE LAS PENHORAS.

De las penhoras de las honors a le senher de c. s. vi. s. per cosselh, mays fanom perdon. Mays en las penhoras aquel que la cauza non movevol met en penhora donal cosselh.

PENA AL DEUTOR DE CLAM FAG.

Si daver o de cauzas movevols es fag clam en la cort, per so car le deuteyres non vol pagar lo deute, le deuteyre vencut o condampnat paga al crezedor tot lo deute, e doutra dona a la cort per justizia per la qualetat del deute quais la quarta part, so es: sil crezedor a cossec lx. s. del, le deuteyre que enans lo clam non volc pagar dona per justizia et es forsastz donar xx. s., mays fanom perdon. Mays que aquel a cui es pagastz laver non dona ren a la cort. Et aysso es establit per so que neguns non retenga la drechura de lautre. Mays si negun fa clam a la cort de son deutor, non amonestat premieyramens le deutor quel pague, e per lo deutor non reman que non pague, daquel clam justizia donar le deuteyre non sera forsastz. Atressi si negus homs laver

ab eo accipiendam, si per creditorem steterit quominus eam accipiat, et postea pro ea pecunia clamor fuerit in curia, nulla inde dari debet justicia.

XVIII.

Placita que fiunt in curia de honoribus curia audit et diffinit suis sumptibus, et aliquid inde a reo vel ab actore non exigit vel percipit; nec aliquis qui litiget de aliqua re in curia dat pignora, nisi fuerit miles qui dare debet.

XIX.

Iniqua interdicta panis et vini et feni et omnium rerum a Montepessulano omnino excluduntur; et omnibus passim ibi proficere licet, et officium suum exercere legaliter quodcumque sit, sine interdictione.

XX.

Si res alibi furata apud Montempessulanum inventa est et a curia capta; si de hominibus Montispessulani non fuerit, tertia pars est domini, et duas partes recuperat extraneus homo dominus rei qui rem suam probat. Sed si ipse dominus rei vel ejus nuntius hoc ostendit curie antequam sciat curia, totum recuperat in integrum. Sed in furtis qui fiunt in Montepessulano et hominibus Montispessulani, aliquid dominus vel ejus curiales, donec satisfactum sit furtum vel injuriam passo, non accipiunt, sed personas furum puniunt.

XXI.

Si quis forte a fure vel a non domino rem aliquam furatam vel raptam, vel alienam publice venalem, bona fide putans esse illius qui vendit, emerit; si postea verus dominus veniens rem esse suam probaverit, facto sacramento ab emptore quod nescisset furtivam vel alienam esse, et non possit venditorem exhibere, dominus rei restituit emptori solum hoc quod in ea emptor dedit, et rem suam recuperat.

que deura a son crezedor mostrara quel recepia, si per lo crezedor reman que nol reciapa, e pueys per aquel aver es fastz clams en cort, daquo neguna justizia non deu esser donada.

QUI PLAEGA DE HONORS NON DONA PENHORAS.

Los plags que son fags en la cort de las honors la cort au edefinis ab sas messions, e ren de la una part ne de lautra non demanda ni pren; ni neguns que plaeie de neguna cauza en la cort non dona penhoras, si cavaliers non era que las deu donar.

FELON VET DE PAN E DE VIN. E QUE TOST HOM POT FAR SON MESTIER LIALMENS.

Felon vet de pan e de vin e de fen e de totas cauzas de Montpeylier de tot en tot son gitastz, et a totz en tostz luocs les far lur pron, e son mestier far lialmens, ses tot contrastz, qual que sia.

CAUZA QUE ALHONDRE ES EMBLADA.

Si cauza alhondre es emblada et a Montpeylier trobada es e de la cort preza; si dels homes de Montpeylier non era, la tersa part es del senhor, e las doas parstz recobrá lestran ol senher de la cauza que la cauza proa per sieua. Mays si aquel senher de la causa o sos messatges lo mostra a la cort ans que la cort o sapia, tot o recobra entieyramens. Mays els layronícis que son fastz en Montpeylier et als homes de Montpeylier, ren le senhor nil siey curials, entro que adobat sia ad aquel quel tort ol layronicis aura suffert, non prenon, mays las personas dels layrons justizion.

QUI COMPRA CAUZA EMBLADA.

Si neguns hom de layron o de non senhor cauza neguna emblada o touta o estranhada publicamens venal, a bona fe cuians esser daquel que vent, compra; si pueys le vers senher venens la cauza esser sua proa, fag sagramen del comprador que non agues sauput esser emblada ni estrania, e non puesca lo vendedor conoycher ni mostrar, le senher de la cauza restaura al comprador sol aquo que en aquela lo comprador aura donat, e sa causa recobra.

XXII.

Si mulier virum habens vel vir uxorem cum aliquo vel aliqua capti in adulterio fuerint, vel postquam eis interdicitur a curia ne simul soli in domo maneant propter malam famam, si ausu temerario contravenerint, mulier precedens, ambo nudi currunt per villam et fustigantur, et in alio non condempnantur.

XXIII.

Non omnia convicia et contumelie que verbis solummodo fiunt audiuntur in curia, nisi persone moverint judicem. Preter cum quis ad contumeliam vocat aliquem malservum vel proditorem vel traditorem vel furem probatum vel perjurum, vel si uxoratam vel viduam vocaverit meretricem nisi eam probare poterit, vel si fustigatum vel fustigatam post justiciam appellaverit, vel si aliquem christianum vel christianam de projenie Sarracenorum vel Judeorum, vel Sarracenum vel Judeum appellaverit. Hec utique convicia, que percussionibus et concussionibus fere equantur, arbitratur curia pro qualitate et dignitate personarum. Et si quis ea vel aliquid eorum dixerit, injuriarum teneatur; et quantum per sentenciam vel compositionem prestiterit injuriam passo, tantum et non plus proficere teneatur pro justicia curie. Sed inde possit fieri remissio voluntate curie. Sed si vilis persona ea dixerit probo homini, dat justiciam in verberando corpore suo, si averum non habet.

XXIV.

Homicidia et cetera crimina que penam sanguinis irrogant, pro arbitrio et judicio domini et sapientium virorum puniuntur.

XXV.

Trosselli neque fardelli qui in Montepessulano non venduntur, non donant neque faciunt aliquid usaticum neque theloneum.

XXVI.

Unus legalis et ydoneus et notus testis creditur in rebus mobilibus usque ad c. solidos.

QUI ES PRES EN ADULTERI.

Si femena marit avens o hom molher ab autre o ab autra pres en adulteri seran, o pueys que ad els sera vedat de la cort que essems sols en mayson non estion per mala fama, e si per fol auzar contravenon, la femena premieyra ane, et amduy nut corron per la vila e son fustigastz, et en altre non son condampnastz.

DE INJURIAS QUE NON SEN CLAMA.

Totas viltastz ni totas anctas que per paraulas solamens son fachas non son auzidas en cort, si las personas non movion lo jutge. Estiers can neguns hom ad ancta appela negun autre malser o trachor o layron prohat o perjur, o si maridada o vezoa appellava putan si prohar nos pot, o si escobat o escobada aprop la justizia facha appellava, o si negun crestian o crestiana de nature de Sarrazins o Juzueus appellava, o Sarrazin o Juzueu. Aquestas anctas, que a ferimen o a batemen pau mens son egaleiadas, albira la cort per calitat e per dignetat de las personas. E si neguns homs aquestas anctas o viltastz o negunas daquelas dis, de injurias sian tengustz, et autan com per sententia o per compozition donara ad aquel que aura suffert lo tort, autan e non plus es tengustz de donar per justizia a la cort. Mays daquo es fag perdons per volontat de la cort. Mays si vils persona dis aquo a proshome, dona justizia en batre son cors, si aver non a.

HOMICIDAS O AUTRES CRIMS.

Homicida et autres crims que pena de sanc demandon, per albiri e per juzizi del senhor e de savis homes son justiziastz.

TROCEL QUE NOS VENT.

Trocels ni fardels que en Montpeylier non son vendustz, non donon ni fan negun uzatge ni pezatge.

UN LIAL GUIRENT ES CREZUSTZ.

Un lial e bon guiren e conogut es crezustz en cauzas moyevols entro C. s.

XXVII.

Duo legales et ydonei testes creduntur de omni facto.

XXVIII.

In Montepessulano non fiunt vasa argentea vel aurea nisi fina.

XXIX.

Omnia officia et officine que per diversa loca hactenus usitata et frequentata sunt in Montepessulano, in suis semper locis permaneant; et nulla occasione in aliis locis debent mutari, nisi solummodo peissonnaria que semel debet mutari et non sepius, sine dampno illorum quorum modo sunt domus et tabule de peissonnaria. Sed in locis vicinis omnia officia augmentari et ampliari possint.

XXX.

Dominus Montispessulani nec aliquis voluntate ejus in villa Montispessulani nullum debet prestare ducatum vel aliquam securitatem alicui homini vel militi vel clerico, vel cuilibet alteri vel rebus ejus, qui aliquem vel aliquam de villa Montispessulani, vel res ejus, violenter invaserit vel vulneraverit vel occiderit vel ceperit, vel corporalem contumeliam intulerit per se vel per alium, sine assensu et voluntate dampnum vel injuriam passi vel heredis ejus. Et si alio modo aliquis offensor intraverit villam Montispessulani, injuriam vel dampnum passi plenam habeant et habere debent potestatem et licentiam ulciscendi sua propria auctoritate; et de aliquo dampno vel injuria que illata fuerit illi offensori, vel coadjutoribus ejus, nullatenus teneantur ille qui hoc fecerit, vel coadjutores ejus, dampnum vel injuriam sua culpa passis, nec domino vel ejus curie. Et in hiis teneantur offensorum heredes, in hiis dumtaxat in quibus eorum successores possunt esse jure obligati. Sed ante prefatam ultionem vel vindictam, debent exponere offensi vel eorum heredes querimoniam domino vel curie, et qualitatem malefacii et malefactores declarare, sub presentia et testificatione testium, vel cum carta publici notarii, ne res in dubium possit revocari.

DUY LIAL GUIRENT SON CREZUT.

Duy lials e bons guirens son crezustz en tot fag.

VAYCHELA DARGEN DEU ESSER FINA.

En Montpeylier non se fassa vaychela dargen ni daur si fin.

LI MESTIER EN LUR LUOC ESTIAN.

Tug li mestiers que per diverses luocs entro aras son uzitastz e tengustz en Montpeylier, en lurs luocs per tostz temps permangon; e per neguna occayzon en autre luoc non se deuon mudar, mays solamens la peychonaria que deus una ves mudar e non pueys, ses dan daquels de cuy aras son las mayzons e las taulas de la peychonaria. Mays els vezins luocs tug li mestiers creycher et issampliar se podon.

LE SENHER DE MONTPEYLIER NON POT DONAR GUITZAGE.

Le senher de Montpeylier ni neguns ab sa volontat, en la vila de Montpeylier non deu donar guitzage ni neguna segurtat a negun home cavalier ni clergue, ni a negun autre ni a sas cauzas, que negun home ni negona femena de la vila de Montpeylier o sas cauzas malamens evayzira o nafrara o aucira o penra, o corporal ancta fara per se o per autre, ses assentimen e ses volontat daquel quel tort aura suffert o de son heres. E si en autra manieyra neguns offendeyres intrava en la vila de Montpeylier, aquels quel dan ol tort auran suffert an et aver deuon plen poder e lezer de vengar per sa propria auctoritat; e de negun dan ni de negun tort que sia fastz ad aquel offendedor ni assas cauzas ni asses auctoriers en ulha guiza non sian tengustz ad aquel que o faran, ni siey aytoriers, ad aquel quel dan ol tort per sa colpa aura suffert, ni al senhor, ni a la cort. Et enaysso sian tengustz li heres dels offendedors, en aquo solamens en que lurs successors podon esser per dreg enlassastz. Mays enans la sobredicha venjansa deuon far li offendut o lurs heres clam al senhor o a la cort, e la qualitat de la malafacha els malsfazedors dir en prezensia et en guerentia de guirens, o ab carta de public notari, per tal que la cauza non puesca tornar en dupte.

Sed si causa orationis tantum peregrinus venerit ad limina beate Marie, secure moretur in villa per duos dies et duas noctes, et tercia die secure recedat, nisi fuerit talis qui aliquem vel aliquam de Montepessulano ceperit vel vulneraverit vel occiderit vel corporalem contumeliam intulerit, vel exul de Montepessulano est vel fuerit, quibus nulla datur securitas.

XXXI.

Si quis extraneus apud quemquam deposuerit vel cuilibet crediderit aurum, argentum, nummos vel alias quaslibet res, vel averum suum miserit in societatem alicui, vel ipsemet tabulam vel operatorium vel quodlibet officium exercebit, omnia debent esse salva et secura in pace et guerra. Vel si quis miserit filium suum vel nepotem vel quemlibet alium ad officium, cum rebus eorum salvi sint et securi in pace et in guerra.

XXXII.

Omnes et singuli, quicumque et undecumque sint et fuerint, per pacem et per guerram salvi et securi cum rebus suis possint ad villam Montispessulani accedere, et ibi morari et inde exire sine contrarietate, et res ejus in pace et in guerra etiam sine eo ibi salve et secure debent esse, nisi ex propria culpa ille reus inveniatur. Verumtamen si in villa vel in castro unde ille sit, homines Montispessulani dampnum vel injuriam passi non invenirent ibi exhibitionem justicie et rationis, curia debet indicere illis hominibus illius loci ut cum suis rebus a villa recedant salvi et securi. Et post discessum eorum injuriam vel dampnum passis liceat pignorare et vindicare de hominibus illius loci et rebus eorum, in quo loco deffectus justicie invenietur, vel in quo loco malefactor malefactum reduxerit.

XXXIII.

Si aliquis homo miles vel clericus, vel quislibet alius extraneus deinde creditor fuerit alicujus hominis Montispessulani, et clamore

Mays si per cauza doration romieu ven a santa Maria, seguramens estia en la vila per dos dias e per dos nuegs, et alter dia seguramens senane, si tals non era que alcun o alcuna de Montpeylier aura pres o nafrat o mort o corporal ancta facha, o ischilhastz de Montpeylier es o sera, al quals neguna segurtat es donada.

SI HOME ESTRANH SON AVER COMANDA.

Si neguns homs estrang ad autre comanda o cre aur o argen o deniers o autras cauzas, o son aver met en companhia ad autre, o el meteys taula o obrador o autre mestier fa, totas aquelas cauzas deuon esser salvas e seguras en pas et en guerra. O si neguns hom met son filh o son nebot o negun autre a mestier, ab lurs cauzas sals sion e segurs en pas et en guerra.

TOT HOM POT VENIR SALS E SEGURS.

Tot home e cadaun, qui que sian e dont que sian o seran, per pas e per guerra sals e segurs ab lurs cauzas podon en la vila de Montpeylier venir, aqui estar e daqui yschir ses totz contrastz. E las cauzas dels en pas et en guerra salvas e seguras li deuon esser, si per lur propria colpa aquels non eron forfastz. Mays si en la vila o el castel don aquels seran, li home de Montpeylier dan o tort suffertz non trobavon razon, la cort deu dir ad aquels homes que ab lur cauzas de la vila yscon sals e segurs. Et a lur pron partir leza ad aquels quel dan ol tort auran suffert penhorar e vengar dels homes daquel luoc e de lurs cauzas, el qual luoc falha de razon seria trobada, o el cal luoc le malfazedor la malafache aura tornada.

CLAM FAG DOME ESTRANG.

Si neguns homs cavaliers o clergues, o neguns autres estrans daysi enan deuteyre sera de neguns home de Montpeylier, e clam fag de la

exposito curie de solutione, nisi satisfecerit, liceat creditori sua propria auctoritate illum in persona et rebus suis de solutione sui debiti cogere et pignorare. Cujus coactionis vel pignorationis nomine ille creditor vel coadjutores sui domino vel curie, vel etiam illi coacto et pignorato nullatenus teneantur obnoxii. Sed clerici in personis non cogantur, sed in rebus; salvo jure et jurisdictione Magalonensis episcopi in clericis episcopatus sui et rebus eorum.

XXXIV.

Si homines de potestativo et justicia comitatus Melgorii contraxerint, vel aliquid commiserint in villa Montispessulani, ibi debent respondere, si ibi inveniantur; et eodem modo homines Montispessulani sub jurisdictione Melgorii. Et si extra villam contractum vel commissum fuerit, ultro citroque actor sequatur forum rei. Sed si deffectus justicie intervenerit, tunc injuriam vel dampnum passus poterit pignorare, facta proclamatione ut supra dictum est, vel curia potest eum cogere.

XXXV.

Si aliquis privatus vel extraneus capitalarius vel debitor arripiat fugam a villa Montispessulani, creditor vel quislibet ejus nomine potest eum capere et retinere, et ferreis vinculis custodire quousque satisfaciat. Et si fugerit quis sine voluntate creditorum, dominus non debet facere vel pati ut redeat sine voluntate creditorum, nec cum avero vel sine avero debet dominus assecurare donec satisfecerit suis creditoribus. Et omnes res et facultates ejus per rationem libre distribui debent suis creditoribus, salvis privilegiis actionum a lege indultis. Et nulla carta, nullum privilegium nullave securitas impetrata vel impetranda hiis debet aliquatenus prejudicare.

XXXVI.

Debitores qui fuerint non solvendo creditoribus christianis tradi debent, eo tenore quod de villa ista non trahantur; qui creditores non

pagua, si non paga o non sadoba, leza al crezedor per sa propria auctoritat aquel en sa persona o en sas cauzas de la pagua de son deute forzar e penhorar. E daquela forza ni daquel penhoramen aquel crezeyre ni siey auctorier al senhor ni a la cort, ni vers a la cort del forsat o penhorat en neguna guiza non sian tengustz. Mays li clergue en lurs personas non sian forsastz, mays en lurs cauzas; salva la drechura e la senhoria de lavesque de Magalona els clergues de son avescat et en lurs cauzas.

CONVINENTS ENTRE MONTPEYLIER E MELGUER.

Si li home del poestadieu e de la justizia del comtat de Melguer fan o venon o forfan ren en la vila de Montpeylier, aqui deuon respondre si trobastz y son; e per aquela eussa manieyra li home de Montpeylier en la senhoria del comtat de Melguer. E si foras la vila convengustz o forfastz sera, de cascuna part le demandayre seguira la cort de lautre. Mays si falha de razon y ven, adonx aquel quel tort ol dan aura suffert o pot penhorar, fag lo clam aysi com sobre dig es, o la cort lo pot forsar.

CANT ALCUN SEN FUG HOM LO POT PRENRE.

Si neguns hom privat o estrang captalier o deuteyre sen fug de Montpeylier, le crezeyre o autre per el lo pot penre e retener, et en ferres gardar entro que aia satisfag. E si fug neguns ses volontat de sos crezedors, le senher non deu sufrir ni far que torne ses volontat dels crezedors, ni ab aver ni ses aver non deu le senher aquel assegurar entro que sadobe ab sos crezedors. E totas las cauzas els bens daquel per razon de liura se deuon partir a ses crezedors, sals los prevelegis daction donastz de leis. E neguna carta ni negun privilegi ni neguna segurtat facha o fazedoyra ad aysso en neguna guiza non deu nozer.

QUI NON POT PAGAR DEU ESSER LIURASTZ ALS CREZEDORS.

Li deutor que non poyran pagar als crezedors crestians deuon esser liurastz, en aytal convinen que desta vila non sian trags; et aquels

coguntur in aliquo procurare eos, nisi qui non habent unde viverent, quibus dabitur refectio arbitrio curie. Si tamen aliquo fortuito casu sine eorum culpa facti sunt non solvendo, decernere debet curia utrum sint tradendi creditoribus.

XXXVII.

Si debitores bona habuerint et non solverint post rem judicatam, infra duos menses bona fide et sine omni malo ingenio, auctoritate curie eorum bona debent distrahi ab ipsis coactis, sin autem a curia, et totum eorum precium pro rata debiti in solutum cedat omnibus creditoribus, salvis privilegiis actionum a lege indultis, et nemo de evictione rerum distractarum tenebitur, nisi debitor et heres ejus.

XXXVIII.

Si quis habet honus in pariete ex inferiore parte, libere potest edificare et superiorem partem, et obstruare lumina ejus, dumtamen pro rata reddat expensas superioris partis parietis. Et nemo in pariete possit fenestram facere subtus tegulas; et si facta fuerit obscuretur, nisi vigor pacti ad hoc reclamaverit.

XXXIX.

Si mulier fidejusserit pro aliquo vel aliqua, tenetur in illis casibus in quibus leges permittunt. Nam secundum leges viget intercessio femine: creditoris ignorantia; obligantis se scientia; largitione; rei proprie ratione; renunciatione; pignoris, ypotesce remissione; secundo post biennium cautione; coram tribus testibus in instrumentum post emissa confessione; libertate; dote; et si exerceat officium, et gracia illius intercedat, vel voluntate mariti, efficaciter obligatur.

XL.

In rebus immobilibus licet deceptio excedat dimidiam justi precii,

crezedors non sian forsastz de ren ad aquels conzezar, mays sol ad aquels que non avion de que visquesson, als quals deuon donar condug per lalbire de la cort. Si empero per neguna aventura ses lur colpa son fastz tals que non puescon pagar, esgardar deu la cort si seran liurastz als crezedors o non.

AQUELS QUE NON PODON PAGAR ALS CREZEDORS.

Si li deutors auran ben e non paguaran aprop la cauza jutgada, defra dos mezes per bona fe e ses mal engen, per auctoritat de la cort li bens dels deuon esser vendustz dels destregz, si non que la cort los venda, e tot lo pres daquels bens per razon de deute vengua en pagua a tostz los crezedors, sals los prevelegis dactions donastz de leys. E negun hom de eviction de las cauzas vendudas sera tengustz, mays le deuteyre e son heres.

QUI A CARC EN PARET.

Si neguns hom a carc en paret dous la part soteyrana, pot bastir deliuramens en la sobeyrana part, et escurzir las luminieyras daquela paret, ab que renda per razon las messions de la sobeyrana part de la paret. E negus hom em paret non puesca far fenestra sostz teules ; e si facha sera que hom la clauza, si convinens non era en encontre.

SI FEMENA FA FERMANSA.

Si femena fa fermansa, es tenguda en aquels cazes en que leys autorgon. Car segon leys val fermansa de femena : per ignorantia del crezedor ; per scientia de la que se obligua ; per donation ; per razon de sa propria cauza ; per renonciation ; per don de penhora ; si la femena referma la fermansa pueys aprop dos ans ; si denant tres guirens ab carta reconoys la fermansa ; per franquetat, e per dot ; e si fa mestier, e per gracia daquel ferma, o ab volontat de son marit, fermamens es obligada.

ENGAN DE MAYS DE MITAT.

En cauzas non movevols si engan de mays de mitat es, vendezon non

venditio non rescinditur. Sed in rebus mobilibus, si ultra dimidiam erit deceptio, penitus rescindetur, vel precium suppleatur.

XLI.

Si pignus fuerit obligatum non compellatur redimere, nisi fuerit conventum, licet pignus minus debito valeat; nec pro alio debito illud potest retineri. Sed triennio elapso, potest creditor mandato curie rem immobilem distrahere, et sibi satisfacere, nisi debitor commonitus voluerit solvere, vel nisi pactum resistat. Et pro evictione rei distracte debitor et heres ejus teneantur et non alius. Sed anno elapso, potest debitor pignus mobile distrahere, nisi debitor commonitus solverit.

XLII.

Qui prior est in emptione vel pignore vel retorno, cum laudimio domini ad quem pertinet potior est, salvis privilegiis actionum a lege indultis.

XLIII.

Si quis fuerit confessus se debere, presente creditore vel ejus procuratore, causam exprimat vel non, etiam extra judicium valet. Et de procuratione si dubium sit, credatur sacramento precise actoris et procuratoris tantum sine testibus. Et idem per omnia observetur in omnibus confessionibus extra judicium factis, exceptis criminibus.

XLIV.

A sentencia lata infra legitimum tempus appellari potest ad dominum vel ad eum quem dominus ad hoc constituerit. Et ipse dominus vel ille qui ad hoc erit constitutus, diligenter debet inquirere si in posse suo sit aliquis jurisconsultus qui nulli partium dederit consilium, vel interfuerit judicio; et cum illo jurisperito debet audire et determinare causam. Si tamen nullum invenerit, potest vocare extraneos judices, et suis propriis expensis minoribus quibus potuerit debet determinare causam. Et si appellatus optinuerit, nullas expensas prestabit. Sed victus

sen desfa. Mays si en cauzas movevols de mays de mieg es engan, desfa sen, o li pres se complis.

PENHORA NON ES DESTRECHA.

Penhora non es destrecha de rezeme si convengut non era, iassi aysso que la penhora valha mens del deute ; ni per autre deute non pot esser retenguda. Mays tres ans passastz, pot lo crezeyre per mandamen de la cort la cauza non movevol vendre, et asse pagar, sil deuteyre non volia pagar, o si convinens non era en contra. E per eviction de la cauza venduda le deuteyres e sos heres sian tengustz e non autres. Mays un an passat, pot le crezeyres la penhora movevol vendre, sil deuteyre somos non pagava.

QUI PREMIERS ES EN COMPRA.

Qui premier es en compra o en penhora o en retorn, ab lauzimi del senhor a cui perten plus fors es, sals los previlegis daction de leys donastz.

QUI COFFESSA SE DEVER.

Si neguns home confessara se dever, prezen lo crezedor o son procurador, la cauza dicha o non, neys deforas juzizi val. E de la procuration si duptes es, sia crezustz per sagramen datrazag del demandador o del procurador solamens ses guirens. Et aquo meteyse per tota res sia gardat en totas confessions deforas juzizi fachas, estiers els crims.

A JUZIZI DONAT HOM POT APPELLAR.

A juzizi donat defra lial temps pot hom appellar al senhor o ad aquel quel senhor establira ad aysso. El senhor o aquel que ad aisso establitz sera, diligenmens deu enquerre si en son poder sia negun plages que non aia a neguna de las parstz donat cosselh, ni sia avustz en juzizi ; et ab aquels plages deu auzir e determenar lo plag. E si negun non troba, pot appellar estranhs jutges, et ab sas dominias messions las menors que poyra deu determenar lo plag. E si lapellayre gazanha, neguna mession non donara. Mays le vencut las done las

prestet eas minores quas curia poterit; nec curia possit eas exigere donec causa appellationis sit terminata.

XLV.

Si pendente lite quis litigatorum dixerit se esse gravatum vel lesum, vel in jure suo diminutum, possit conqueri domino de omnibus curialibus et de singulis. Et ipse dominus coram alio judice sine mora et sine expensis litigatorum debet eum facere audire et rem determinare.

XLVI.

Si aliquis de toto posse et districtu Montispessulani manifestum dolosum consilium domino Montispessulani dederit, et ex eo consilio, vel occasione illius, dampnum vel contumelia alii evenerit, ille malignus consiliarius tenetur dampnum vel injuriam passo omnia restaurare, et preterea est in mercede domini; nec dominus debet celare, sed tenetur dampnum vel injuriam passo sine mora malum consilium et consiliatorem manifestare.

XLVII.

Omnia privilegia et scripta data et datura judeis seu christianis contra rationem, sunt et semper esse debent cassa et nullius momenti.

XLVIII.

Quislibet habitator Montispessulani pro domo vel pro locali suo, cujuscumque sit precii parvi vel magni, debet salvare lesdas et cuppas; et bajulus Montispessulani debet ei laudare illam domum vel illud locale, salvo suo consilio si dominus ibi habebit laudimium. Sed quisque canonicus Magalonne ecclesie, habens domum in Montepessulano valentem decem solidos, salvat cuppas et lesdas. Et omnes monachi Cisterciensis ordinis vel eorum homines habentes vel non habentes domum in Montepessulano valentem decem solidos, salvant cuppas et lesdas in tota dominatione Montispessulani.

menors que la cort poyra ; ni la cort non puesca aquelas demandar entro que la cauza de la appellation sia determenada.

DELS GREUGES CONOXEDORS AB INTERLOCUTORIAS.

Si pendent lo plag negens dels plaeiadörs dis se esser greuiastz o nafrastz o en sa drechura mermastz, pot sen clamar al senhor de tostz los curials e de cadaun. E le senher denant autre jutge ses demora e ses messions dels plaeiadors deu lo far auzir e la cauza determenar.

QUI ENGAN AL SENHOR FARA.

Si alcuns hom de tot lo poder e del destreg de Montpeylier al senher manifest engan ni avol cosselh donara, e daquel cosselh, o per occayzon daquel, dan o ancta ad el o ad autre venra, aquel malignes acosselhare es tengustz ad aquel quel dan ol tort aura suffert de tot arestaurar, et estiers aysso es en merce del senhor. El senhor nol deu celar, ans es tengustz ad aquel quel dan ol tort aura suffert ses demora le mal cosselh el acosselhador manifestar.

PREVELEGI DONAT CONTRA RAZON NON VAL.

Tug prevelegi els escristz dastz o donadors a juzueus o a crestians contra razon, son e tostz temps deuon esser cassastz e de neguna forsa.

CASCUN HABITAYRES DE MONTPEYLIER PER LOGAL ES FRANCS.

Cascun habitayre de Montpeylier per mayzon o per logal sieu, de qualque pres sia petistz o gran, deu salvar leudas e copas; el bayle de Montpeylier deu lauzar ad el aquela mayzon o aquel logal, sal son cosselh sil senher aqui aura lauzimi. Mays cascun canorgue de Magalona avens mayzon en Montpeylier valens xxv. libras, salva copas e leudes. E tug li morge del orde de Cistel ols homes dels avens mayzon o non, salvon copas e leudas en tota la senhoria de Montpeylier.

XLIX.

Si quis cessaverit solvere canonem pro domo, vel pro quolibet honore suo qui a domino Montispessulani vel ejus feualibus teneatur, etiam longissimo tempore non habet locum periculum incursionis, sed censum debitum solummodo persolvitur.

L.

Aliquis habitator Montispessulani non tenetur placitare in curia de Latis vel in curia Castri-Novi, de rebus mobilibus vel de personalibus actionibus, et e converso.

LI.

In riperiis et patuis omnes ad opus suum vel publicum possunt colligere arenam, et pannos exsicare et lavare ; nec potest hoc aliquis prohibere propter aliquam adquisitionem inde factam, vel propter longevum usum.

LII.

Piscatio est publica.

LIII.

Omne testamentum et omnis quelibet ultima voluntas inter liberos vel parentes, vel inter extraneos, in scripturis vel sine scripturis fiat coram tribus testibus ydoneis, rogatis vel non rogatis, solempnitate adhibita vel omissa ; et valet et probatur sufficienter per istos tres testes. Et si ante publicationem unus decesserit vel absens fuerit, duo dicentes tercium adfuisse, probare possunt sufficienter.

LIV.

Filius conjugatus vel filia maritata voluntate patris intelligitur emancipatus.

QUI NON PAGA UZATGE NON AIA ENCOZREMEN.

Si alcuns hom cessara de pagar uzatge per mayzon, o per alcuna honor sieua que del senhor de Montpeylier o de sos feuals tengua, neys per lonc temps non a luoc ni perilh dencozrement, mays lo temps degut solamens pagua.

HOM DE MONTPEYLIER NON ES TENGUSTZ PLAEIAR A LATAS.

Alcus habitayre de Montpeylier non es tengustz de plaeiar en la cort de Latas ni de Castelnou, de cauzas movevols o de personals actions, ni aquels de Latas ni de Castelnou en la cort de Montpeylier.

RIBIEYRA E PATUS SON COMONS.

En ribieyras et en patus tug a lur obs et a public obs puescon culhir arena, o draps yssugar e lavar; ni aysso non pot negus hom vedar per alcun conquistz daqui fag, o per lonc us.

PESQUIERS ES PUBLICS.

Pesquiers es publics.

TOT TESTAMEN FAG DAVAN TRES GUIRENS VAL.

Tot testamen e tota derieyra volontat entre enfans e payrons, o entre estrans, escrig o non escrig, sia fag denant tres guirens bons, pregastz o non pregatz, ab sollempnitat avuda o laychada; e val e proa se auondozamens per aquestz tres guirens. E si denant la publication alcun morra o noy sera presens, li dui dizens lo ters esser avustz, proar se pot auondozamens.

FILH MOLHERAT ES ENTENDUSTZ EMANCIPASTZ.

Filh molherat o filha maridada ab volontat del payre es entendustz emancipastz.

LV.

Filia maritata non potest condere testamentum vel ultimam voluntatem sine consilio patris sui vel matris sue, vel eis deficientibus propinquorum suorum ; et si donum fecerit marito vel alicui occasione mariti, vel testamentum sine consilio patris sui vel matris sue vel propinquorum suorum, nullius debet esse momenti, sit ipsa major vel natu minor. Sed hoc intelligitur de filia que sine libero est ; nam si liberum habuerit, queat testari et donare pro libitu suo, sine consilio parentum vel propinquorum. Mater tamen sit vel non, quartam partem bonorum suorum potest marito relinquere, sine consilio parentum vel propinquorum ; presentibus autem parentibus vel propinquis vel absentibus, si per eos steterit quominus interesse velint, potest sine distinctione marito largiri et relinquere quidquid voluerit.

LVI.

Omne testamentum per tres testes factum sine heredis institutione valet, et parens potest quidquid voluerit linquere liberis ; et si modicum sit relictum non possunt liberi conqueri, sed in omnibus et per omnia sine questione debiti bonorum subsidii vel ejus supplementi, liberi debent parere voluntati parentum, et suis legatis esse contenti.

LVII.

In substitutionibus voluntas defuncti servari debet de cetero, omni loco et tempore, sine beneficio legis Falcidie in puberibus vel factis majoribus.

LVIII.

Si alibi testamentum vel ultima voluntas a patre vel ab extero fiat, legitime probari debet per septem vel per quinque testes, non requisitis signaculis vel suprascriptionibus.

LIX.

Si quis intestatus decesserit, bona ejus ad liberos vel ad propinquos

FILHA MARIDADA NON POT FAR GAZI.

Filha maridada non pot far gazi o derayrana volontat ses cosselh del payre o de la mayre, o dels defalhens de sos propdans. E si don fara al marit o alcun per occayzon del marit, o gazi ses cosselh de son payre o de sa mayre o de sos propdans, non deu esser de negun momen, si tot es maiers de xxv. ans o menre. Mays aysso entent hom de filha que es ses enfan; car si enfans aura, puesca gaziar e donar per son plazer, ses cosselh de sos payrons e de sos propdans. Empero aia enfans o non, la quarta part de sos bens pot al marit laychar, ses cosselh de sos payrons e de sos propdans; mays presens los payrons ols propdans o els defalhens, si per els estara que non y vuelhon esser, pot ses distinction al marit donar e laychar so ques volra.

TOT GAZI PER TRES GUIRENS SES HERES VAL.

Tot guazi per tres guirens fag ses establimen de heres val, el payre e la mayre pot laychar so ques vol a sos enfans; e si petit lur laycha non sen podon rancurar li enfan, mays en totas cauzas ses question de la part que deuon aver en lurs bens, li enfan deuon obezir a la volontat dels payrons, e de lur laychas esser auondos.

LA VOLONTAT DEL MORT GARDAR SE DEU.

En las sustitutions la volontat del mort gardar se deu en tot luoc et en tostz temps, ses benfag de la ley Falcidia en aquels que son menors de xiv. ans o maiors.

QUI FAY GAZI ALHONDRE.

Si alhondre gazi o derayrana volontat de payre o destrang sia fag, lialmen proar se deu per vii. guirens o per v., non demandans senhals o sobrescriptions.

QUI MOR SES GAZI LOS BENS TORNON ALS ENFANS.

Si alcuns morra ses gazi, li ben del als enfans et assos propdans, suos, deficientibus liberis, debent pertinere. Et si filium conjugatum et heredatum, vel filiam ab ipso patre maritatam habuerit, omnia ejus bona ad alios liberos in solidum debent pertinere. Si alios non habuerint, conjugati succedant. Sed bona paterna esse debent proximiorum generis paterni, similiter materna proximiorum generis materni, legibus in hac parte nullatenus servandis.

LX.

Si quis testator relinquerit honorem suum pro remedio anime sue, ille vendatur consilio curie, si honor ille a domino Montispessulani teneatur; et precium illius detur eo modo quo testator disposuerit. Sed proximiores testatoris de ea re debent cerciorari, et si velint tale precium dare bona fide et sine malo ingenio et sine contrarietate quale extraneus, ante omnes alios proximiores ipsum habeant.

LXI.

Toltam vel quistam, vel mutuum coactum, vel aliquam exactionem coactam non habet, nec unquam habuit dominus Montispessulani, in habitatoribus Montispessulani presentibus vel futuris.

LXII.

Dominus Montispessulani vel ejus bajulus nullatenus donare vel vendere vel concedere potest consilium vel laudimium alicujus rei que ab ipso teneatur, donec ipsius rei venditio vel alienatio sit contracta; et idem servare debent omnes qui a domino Montispessulani tenent res aliquas vel tenebunt. Et si aliquid contra hoc fiet, rescindi debet, nec vires aliquas poterit optinere.

LXIII.

Duellum vel judicium candentis ferri vel aque ferventis, vel alia canonibus vel legibus improbata, nullo modo in curia Montispessulani rata sunt, nisi utraque pars convenerit.

defalhens los enfans, deuon pertener. E si filh molherat o heretat, o filha del mezeus lo payre maridada aura, tug li ben del als autres enfans entieyramen pertener deuon. Si autres non aura, li molherat los aion. Mays los bens paternals deuon esser dels plus propdans de la natura paternal, et eussamens los bens maternals dels plus propdans de la natura maternal. E las leys en aysso enulha guiza non sion gardadas.

QUI LAYCHA HONOR PER SARMA.

Si alcuns hom en son gazi laychara sa honor per remezi de sarma, aquela sia venduda per cosselh de la cort, si aquel honor del senhor de Montpeylier es tenguda; et aquel pres sia donastz per aquela manieyra quel fazeyre del gazi aura adordenat. Mays le plus prosmes daquel que aura fag le gazi deuon esser fags cerstz daquela cauza, e si volon donar aytan de pres per bona fe e ses mal engen esses contrarietat que lestran, davan tostz les autres li prueysme aquela honor aion.

TOUTA NI QUISTA LE SENHER NON A.

Touta ni quista o pres forsat o alcuna exaction destrecha non ha, ni hanc no ac le senher de Montpeylier, els habitadors de Montpeylier prezens o esdevenidors.

LAUZIMI NOS DONA ENTRO QUE LA CAUZA SIA VENDUDA.

Le senher de Montpeylier o sos bayles en nulha guiza donar o vendre o autreyar non pot cosselh o lauzimi dalcuna cauza que del mezeys sia tenguda, entro que de mezeusa la cauza vendezon o alienation sia facha. Et aquo mezeus gardar deuon tug aquels que del senhor de Montpeylier alcunas cauzas tenon o tenran. E si en contra aysso alcuna cauza sera facha desfar se deu, e non deu alcuna forza aver.

BATALHA O FERRE CAUT NON VAL.

Batalha o juzizi de ferre caut o dayga bolhen, o dautras cauzas en decretz et en leys contradichas, eneguna manieyra en la cort de Montpeylier fermas non son, si luna e lautra part non o autreya.

LXIV.

Ullus bajulus vel aliquis curialium honorem non debet aliquem emere per se vel per alium, qui a domino Montispessulani teneatur, quamdiu stabit in bailia; nec in fraudem istarum aliquid debet facere.

LXV.

Ignoti testes audiri vel recipi non debent de factis que fiunt vel fient in Montepessulano, nisi a producente vita eorum probetur inculpabilis et moderata. Sed de factis extra actis recipi debent, licet quod dictum est non probetur. Similiter recipi debent usque ad summam C. solidorum tantummodo, licet eorum vita non probetur inculpabilis et moderata.

LXVI.

Domestica furta seu rapine vel injurie corrigantur a dominis seu magistris, ita quod non teneantur reddere curie; nec castigati audientur in curia. Domesticos autem intelligimus: uxorem, servos, libertos, mercenarios, filios vel nepotes, discipulos, scolares, auditores, et omnes mares et feminas qui sunt de familia.

LXVII.

In donationibus, in legatis, in relictis, in permutationibus, in donationibus propter nuptias, vel pignoribus dotis nomine mulieri vel ejus viro obligatis, earum rerum que a domino Montispessulani vel ab ejus feualibus in pertinenciis Montispessulani tenentur vel tenebuntur, nullum habere vel percipere debent dominus vel feuales laudimium vel consilium. Et si ille qui transferet, honerabit accipientem in certa pecunia danda, si talis sit accipiens cui translator necesse haberet bona sua relinquere, scilicet si fuerit de numero liberorum, parentum, vel fratrum, vel nepotum, vel etiam extraneus qui heres instituatur, vel si pro salute anime sue injungat accipienti certam pecuniam dare; ille qui dare debebit pecuniam, nullum consilium vel laudimium in jam

BAYLES NON POT COMPRAR.

Alcun bayle o alcuns dels curials de Montpeylier honor alcuna non deu comprar per se o per autre, que del senhor de Montpeylier sia tenguda, can longamens estara en la baylia; ni en frau daysso ren non deu far.

LI NON CONOGUSTZ GUIREN NON SIAN AUZIT.

Li non conogut guirens non deuon esser auzit o receuput de fag que son fags o seran en Montpeylier, si aquel quels trayra non proava lur vida non colpaol et amezurada. Mays del fag defora fag receuputz deuon esser, iasi aysso que dig es non sia proat. Eussamens deuon esser receuputz entro suma de c. s. tan solamens, iasi aysso que la vida dels non sia proada non colpaol et amezurada.

DOMETGES LAYRONICIS.

Dometges layronicis o rapinas o tortz dometgamens sian castiatz per lurs senhors o per lurs maistres, si que non sian tengustz de rendre a la cort; ni li castiatz del castier non sion auzit en la cort. Dometges entendems: molher, sers, afranquit, mercennaris, filh o nebotz, discipols o escolars, auzidors, e tostz mascles e femes que son de maynada.

LE SENHOR EL SIEU FEUAL NON PRENEN LAUZIMI.

En donazons, en laychas, en escambis, en mudazons, en dostz, o en donazons per nossas, o en penhoras per nom de dot a la femena o a son marit obligadas, daquelas causas que del senhor de Montpeylier e de sos feuals els pertenemens de Montpeylier son o seran tengudas, negus lauzimis ni cosselh aver ni penre non deu le senher ni sieu feual. E si aquel que transportara, cargara lo recebent en donar certa pecunia, si es aytals le prenens acuy lautre sia tengustz de necessitat sos bens laychar, so es assaber si era de nombre denfans, o de payrons, o de frayres, o de nebostz, o neys estranh que sia fastz heres, o si per salut de sarma enjonga al prenent cert aver donar; aquel que laver deura donar, negun cosselh ni lauzimi non donara els dictis casibus dabit. In aliis autem casibus laudimium dabit in quantum pecunie quantitas extendetur.

LXVIII.

Si pecunia detur ludentibus mutuo, creditor contra accipientem vel contra fidejussorem nullam habeat actionem, nec inde audiatur. Sed si pignus inde habeat, inde habet retentionem.

LXIX.

Petitio usure de denariis pro denariis nulla est nec audiri debet, nisi cum sacramento vel fide plenita sit promissa. Et hoc est jus commune ut in christianis et judeis sacramentum et fides plenita sit firmata.

LXX.

Periculum incursionis vel penam promissam curia non judicet, nisi cum sacramento vel fide plenita sit confirmata.

LXXI.

Libellus conventionalis nec spatium viginti dierum detur, sed crastina die post motam querimoniam, vel post notionem judicis, responderi debet.

LXXII.

Reis condempnatis quadrimestres inducie non conceduntur, sed judicis arbitrio dantur.

LXXIII.

Debitores vel fidejussores pro arbitrio petentis prius vel posterius conveniuntur.

LXXIV.

Fidejussores sine remedio epistole divi Adriani solvere coguntur.

digs cazes. Mays els autres cazes lauzimi donara en aytan cant la quantitat de laver sestendra.

QUI PRESTA A IOGADOR.

Si aver es prestat a iogador, le crezeyre contral prenen o contra la fermansa non aia ulha action; ni daqui auzistz. Mays si na penhora, pot la retener.

DEMANDAMENS DUZURAS NON VAL.

Demandamens duzuras de deniers per deniers non val ni non deu esser auzistz, si ab sagramen o fe plenida non era promessa. Et aysso es dregz comunal que en crestians et en juzueus sagramen e fe plenida sia gardada en dar uzuras.

PENA NON SIA JUTGADA.

Perilh dencozremen o pena promessa la cort non jutge, si ab sagramen o ab fe plenida non era fermada.

ESPAZI DE XX. DIAS NON SIA DONASTZ A RESPONDRE.

Escristz conventionals ni espazi de XX. dias non sion donastz, mays lendeman aprop lo clam fag, o pueys per cognoychensa del jutge, respondre deu hom.

ALONGUI DE IV. MEZES NON SIA DONASTZ.

Als condampnastz alongui de IV. mes non sia autreyatz, mays per albire del jutge sia donastz.

DEUTORS O FERMANSAS SIAN ARAZONASTZ.

Deutors o fermansas per albire del demandador premiers o deriers sian arazonastz e destregs.

FERMANSAS SIAN DESTRECHAS.

Fermansas ses remezi de la pistola Diuidrian sian destregs de pagar.

LXXV.

Donatio inter vivos carens legitimis documentis in infinitum valet.

LXXVI.

Per nuncupationes omnes contractus vigent in quibus leges inquirunt litterarum consignationes.

LXXVII.

Sentencia diffinitiva lege municipali valet, etsi sine scriptis fuerit recitata.

LXXVIII.

Partium fit citatio judicis arbitrio, sine solempni dierum numero et sine scriptis.

LXXIX.

Dilationes temporum non serventur, sed ex equo et bono arbitrio judicis abrevientur.

LXXX.

Judex debet testes inquirere, non autem eis aliquid suggerere.

LXXXI.

Advocati absentia non differuntur jurgia.

LXXXII.

De domibus hominum non hic habitantium nemo debet accipere nisi partem dimidiam obventionum eorum ; et hoc solummodo accipiatur ad opus communitatis Montispessulani.

LXXXIII.

Dominus vel locator domus, vel ejus nuncius pro eo, inquilinum potest expellere de domo pro propria domini vel locatoris estatga,

DONATION FACHA ENTRE VIUS VAL.

Donations entre vius defalhens de sollempnitat de leys de quant que sia val.

CONVINENS PER PARAULAS VALON.

Per paraula tostz convinens valhon en que leys demandon escristz.

JUZIZI VALHA.

Juzizi valha, iassi aysso que sia retrags ses escristz.

CITAMENS SIAN FAGZ SES ESCRIG.

De las parstz sia fags citamen per albire del jutge, ses sollempne nombre de dias e ses escrigs.

ALONGAMEN DE TEMPS.

Alongamens de temps non sian gardastz, mays de bon albire de jutge sian abreuiastz.

JUTGE DEU ENQUERRE LOS GUIRENS.

Jutge los guirens deu enquerre, mays ad els non deu ren ensenhar.

FALHA DAVOCAT.

Per falha davocatz non salongon li plags.

LOGUIER DE MAYZON DOME ESTRANG.

De las mayzons dels homes estrans neguns homs non deu penre mays la mitat de las rendas; et aysso solamens sia pres adops de la communaleza de Montpeylier.

LE SENHER OL LOGAYRE.

Le senher ol logayre de la mayzon, o sos messatges per el, lo mayzonier pot gitar de la mayzon per propria estatga del senhor o del

nisi conventio ad hoc reclamet. Et si non solverit pensionem, potest eum de domo auctoritate sua ejicere et domum claudere, et omnia inquilini que intus invenerit pro sua pensione retinere.

LXXXIV.

Captalarius non debet prestare lesdam vel cuppas, nisi pro ea parte pro qua ad eum pertinet capitale, vel pro ea parte pro qua ad eum pertinet lucrum jam tunc adquisitum.

LXXXV.

Ullus dominus Montispessulani, vel aliquis pro eo, nullatenus debet compellere viduam vel aliquam mulierem ad nuptias contrahendas; nec aliquo modo sine voluntate mulieris et ejus amicorum inde se debet intromittere.

LXXXVI.

Sed puella que nunquam non habuit virum, non possit nubere sine consilio parentum suorum vel cognatorum vel gadiatorum; et ille qui illam duceret sine consilio jam dictorum, incidat in miseratione domini, persona ejus et tota sua substancia.

LXXXVII.

Equalitas servari debet in sestariis et eminalibus et in aliis mensuris; et minus vel majus sestarium vel emina non debet esse salis vel brenni quam tritici; et in marcis et in unciis et in libris et in aliis ponderiis, et in cannis et alnis, et in ferro quintali, equalitas servari debet, secundum quod antiquitus servatum est; et in esmero auri et argenti similiter. Et ad custodiam istorum duo probi homines constituantur, qui bis singulis annis omnia recognoscant.

LXXXVIII.

In retentis vel retinendis lesdis ab extraneo, nulla pena, nullum periculum incursionis; sed sorte tenus restituantur. Sed si ab habitatore hujus ville requisito retente fuerint, satisfiat inde in duplum.

logador, si convinens non era en contra. E si non paga lo loguier, pot gitar ell de la mayzon per son auctoritat e la mayzon claure, e totas las cauzas del maizonier que dins atrobara pot retener per son loguier.

CAPTALIER NON DONA LEUDAS NI COPAS.

Captalier non deu donar leudas ni copas, si non per aquela part per laqual ad el perten lo captal, o per aquela part per laqual ad el perten lo gazanh que adonx sera gazanhastz.

LE SENHER NON POT FORSAR VEZOA DE PENRE MARIT.

Alcuns senher de Montpelier, o alcuns per el, en ulha guiza non deu forsar vezoa o alcuna femena de penre marit; ni eneguna manieyra ses volontat dela e de sos amics non sen deu entremetre.

DOZELA NON POT PENRE MARIT SES COSSELH DE SOS PAYRONS.

Dozela que anc non ac marit, non puesca penre marit ses cosselh de sos parens o de sos propdans o de sos guaziers; et aquel que penra ses cosselh daquest sobredistz, caia en merce del senhor, la persona del e tota sa cauza.

EN SESTAYRAL ET EN MEZURAS SIA EGALEZA.

Egaleza sia gardada en sestayrals, en eyminals et en autras mezuras; e menre ni maier sestier o eymina non deu esser de sal ni de bren que de formen; et en marcs et en onsas et en liuras et en tot pes, et en canas et en aunas, et el ferre del quintal, egaleza sia esgardada, ayssi com ansianamens es gardada. Et en lesmer de laur et de largen eussamens. Et a garda de tot aysso duy proshomes sian establistz, que dos ves lan totas aquestas cauzas reconoscon.

DE LAS LEUDAS RETENGUDAS.

En las leudas que son retengudas o seran per home estrang, ulha pena, ulh perilh deucozremen non sia mes; mays le captal sia rendustz. Mays si destatgan daquesta vila requistas o reconogudas seran, en doble las deu rendre.

LXXXIX.

Host et cavalcadam habet dominus Montispessulani in hominibus ejusdem ville presentibus et futuris, dumtaxat pro maleficiis et injuriis illatis hominibus vel dominationi vel terre Montispessulani, de quibus malefactor nollet facere rationem; quam cavalcadam tunc homines faciunt secundum antiquum et consuetum usum Montispessulani.

XC.

Dominus Montispessulani non accipit pedaticum in tota terra Montispessulani.

XCI.

Pactiones et conventiones et absolutiones quas puelle faciunt patri et matri, vel patri tantum, vel matri post mortem patris, de bonis suis vel parentum, tempore quo maritant eas, etiamsi minores viginti quinque annis fuerint, in perpetuum valeant, dum tamen sacramento firmata sint. Sed in omnibus aliis casibus, circa mares et feminas etas viginti quinque annorum spectetur, sicut jus scriptum est.

XCII.

Dominus Montispessulani ulla occasione capere vel facere capi nullatenus debet aliquem habitatorum Montispessulani presentium vel futurorum, nec ei denegare comiatum, nec res ejus aliquatenus occupare, vel impedire quin ei justiciam et rationem fieri velit. Sed in hiis omnibus ordo judicialis servari debet. Sed ab hoc exules excipiuntur.

XCIII.

Testis qui tempore testamenti facti vel negocii contracti erat bone opinionis, licet postea factus sit infamis, nichilominus de eo testamento vel negocio sicut bonus et legalis testis credatur.

XCIV.

Extraneus homo qui in villa Montispessulani ducet uxorem et ibi remanebit, liber sit per annum et diem de cavalcada et host et gacha.

HOST E CAVALCADA.

Host e cavalcada ha le senher de Montpeylier els homes daquela vila prezens et esdevenidors, solamens per las malas fachas, e per los tortz fags als homes o a la senhoria o a la terra de Montpeylier, si ad el le malfazeyres non volia far razon. La cavalcada adonx li home fan segon la ansiana et acostumada manieyra de Montpeylier.

LE SENHER DE MONTPEYLIER NON HA PEZATGE.

Le senher de Montpeylier non pren pezatge en tota la terra de Montpeylier.

LOS SOLVEMENS FASTZ ALS PAYRES ET A LAS MAYRES.

Los convinens els solvemens que las dozelas fan a payre et a mayre, o a payre solamens, o a mayre aprop la mort del payre, de lurs bens o de sos payrons, el temps que las maridon, neys ni seran menors de xxv. ans, en ia sempre valhon, ab sol que sion fermadas ab sagramen. Mays en tostz los autres cazes, en mascles et en femes etat de xxv. ans sia gardada, ayssi com dreg es escrig.

LE SENHER DE MONTPEYLIER NON PREN LOS HABITADORS.

Le senher de Montpeylier per alcuna occayzon penre o far penre en ulha guiza non deu alcuns dels habitadors de Montpeylier presens et esdevenidors, ni ad el deniar comiat, ni las cauzas del penre, o encobolar que ad el dreg e razon far vuelha. Mays en totas aquestas cauzas orde de dreg gardar se deu. Mays dayso son gitatz li yssilhatz.

GUIRENS DE BONA OPPINION.

Li guirens que el temps del testamen fag eran de bona oppinion, iasi aysso que pueys sian fastz enfamis, per so mens daquel testamen o del negoci ayssi com lials guirens non sian crezustz.

ESTRANH HOM QUANT PREN MOLHER.

Estranh hom que en la vila de Montpeylier prenra molher et aqui remanra per estatga, francs sia per un an de cavalcada, dost e de gacha.

XCV.

Statutum est ut probi et legales viri de Montepessulano cum jurejurando eligantur, qui debent arbitrari cum jurejurando bona et facultates singulorum, et indicare et manifestare quantam unusquisque quantitatem debeat dare et expendere, in hiis que opus erunt ad constructionem murorum. Et isti possunt minuere vel augere in singulis hominibus, secundum quod eis bona fide visum fuerit, pro exiguitate, pro tenuitate, pro opulentia patrimonii cujusque. Et isti eligantur cum jurejurando a quatuordecim, scilicet a duobus de unaquaque scalarum; qui quatuordecim jurent eligere bona fide. Et omnia ista sint annualia, ita quod nemo ibi debet morari nisi per annum, et postea alii eodem modo substituantur; et illi supradicti quos dicti quatuordecim eligent, debent pecuniam pertinentem ad constructionem murorum accipere et expendere in constructione, sicut eis melius visum fuerit.

XCVI.

Dotes vel hereditates vel propter nuptias donationes vel sponsalicie largitates equis passibus non ambulent, sed pro libitu conferentium ex utraque parte vel ex una sola valeant.

XCVII.

Monopolium vel rasza vel trasza nullatenus fiat.

XCVIII.

In furnis et molendinis mensura servetur arbitrio bonorum virorum.

XCIX.

De bulla ita decretum est, ut nemo invitus cogatur bullare; et si quis bullaverit propria voluntate non det pro bulla nisi VI. denarios, et pro sigillo cereo IV. denarios; et quod quidam probus et legalis homo hujus ville et non alius teneat bullam et sigillum, et ille teneatur sacramento astrictus universitati hujus ville.

COM PROSHOMES ALBIRON LOS BENS DUNCADAUN.

Establit es que proszomes lials de Montpeylier ab sagramen sian elegustz, lical deuon albirar ab sagramen los bens duncadaun, e manifestar can cadaun deia donar e despendre en aquelas cauzas que seran obs el bastimen dels murs. Et aquestz podon mermar e creycher en sengles homes, segon que ad els per bona fe sera veiayre, per la petiteza e per la grandeza de la riqueza duncadaun. Et aquestz sian elegutz ab sagramen de XIV., so es assaber dos de cascuna de las escalas; lical XIV. juron elegir a bona fe. E totas aquestas cauzas sian dan en an, ayssi que neguns hom aqui estar non deu mays per un an, e pueys autres per aquela meteussa manieyra son establistz. Et aquels sobredistz los quals li dig XIV. elegiran, deuon laver pertenent al bastimen dels murs, ayssi com ad els mielhs sera veiayre, despendre.

DOSTZ O HERETAS.

Dostz o heretastz o donations per nossas o espozalicis non anon per egals parstz, mays per volontat dels donadors quascuna part, o de sola la una; e valha.

RASSA NI TRASSA.

Monopoli o rassa ni trassa en ulha guiza non sia facha en Montpeylier.

DELS FORNS E DELS MOLINS.

Els forns et els molins mezura sia esgardada per albire de proshomes.

DE LA BOLA.

De la bola es establit ayssi que neguns non sia tengustz de bolar; e si alcun bolara per sa propria volontat, non don per la bola mays VI. deniers, e per sagel de cera IV. deniers e non plus; e que un proshome lial daquesta vila tengua lo sagel e la bola, et aquel sia tengustz per sagramen a la universitat daquesta vila.

C.

A creditore seu a dampnum passo debitor vel malefactor extraneus potest retineri, quando suspicatur ut fugiat, cum ad curiam venire renuerit ; et si eo ad curiam deducto nichil detentor possit consequi, detentus de detentore vel de coadjutoribus suis non possit conqueri, si sacramento calumpnie detentor se purgaverit. Sed ab hoc excipiuntur, secundum quod dictum est, homines comitatus Melgorii et clerici.

CI.

Emptio vel venditio non valet sine palmata, vel sine solutione precii particulari vel universali, vel sine rei traditione.

CII.

Arris datis, penitens eas amittit ; accipiens penitens eas in duplum restituit.

CIII.

Notarii presentes vel futuri nullo loco vel tempore, nulla causa vel occasione, ea que notant vel scribunt, vel coram eis in secreto dicuntur, cogantur domino vel curie vel alicui manifestare, nisi causa perhibendi testimonium.

CIV.

In nullo loco macelli vendatur caro yrcorum vel de cabritz, nec caro de moria vel infirma vel leprosa pro sana, vel de pecore quod vivens nolit manducare; nec quis vendat carnem arietis vel de feda pro mutone castrato, nec carnem de trueia pro carne porci. Si tamen hoc fecerit aliquis, precium carnis in duplum restituat. Sed tamen carnem de moria vel infirmam vel non natam nullus vendat intra villam ; nec in macello de bocaria vendatur caro ovis vel mutonis vel agnorum vel porci vel bovis vel de trueia vel de vaca.

LE DEUTEYRE ESTRANH POT ESSER RETENGUT.

De crezedor o daquel quel dan ol tort aura suffert le deuteyre ol malfazeyre estranh pot esser retengustz, canthom se cuia que senfuga, e refugia de venir a la cort; e si el amenat a la cort, lo deuteyre non pot ren acosegre sobrel, le retengut del retenedor e de sos auctoriers nos puesca clamar, si per sagramen de calumpnia aquel deteneyre se purgara. Mays dayso son gitastz, ayssi com dig es, li hom del comptat de Melguer e li clergue.

COMPRA NON VAL SES PALMADA.

Compra o venda non val ses palmada, o ses pagamen de tot o de part, o ses liuramen de la cauza.

ARRAS DONADAS.

Arras donadas, aquel que las dona, si sen penet las pert; et aquel que las pren, si sen penet, en doble las restaura.

LI NOTARI TENGON SECRET.

Li notari prezens et esdevenidors en ulh luoc et en ulh temps, per nulha cauza o per nulha occayzon, aquelas cauzas que noton et escriuon, o denant els en secret son dichas, non sion destregs al senhor o a la cort o ad alcun manifestar, si non per portar guerentia.

EL MAZEL NOS VENDA CARN.

En ulh luoc del mazel non sia venduda carn de boc o de cabra, ni carn de moria o enferma o lebroza, o de bestia que vivens non vuelha manjar; ni negun non venda carn de feda o daret per moton crestat, ni carn de trueia per carn de porc. E si aysso fara neguns, lo pres de la carn en doble restaure. Mays empero carns de moria o enferma o non nada neguns no venda defra la vila; ni el mazel de bocaria non sia venduda carn de feda o de moton o danhel o de porc o de buou o de vaca.

CV.

In parietibus novis vel veteribus, si quo tempore portalia etiam multa fient, nichil inde domino dari debet.

CVI.

Si quis extraneus pro quolibet honore homo alterius fuerit, et in Montepessulano venerit pro statga, deinde liber est ab eo hominio, dumtamen honorem pro quo fuerit homo domino desemparet.

CVII.

Dominus Montispessulani vel ejus bajulus nullatenus debet vendere justicias curie sue.

CVIII.

Si aliquis, gratia testium producendorum, causam differat novem mensibus, juxta quod lex jubet, debet secreto curialibus nomina testium manifestare, et in actis curie nomina testium debent redigi. Et si neminem illorum ad diem infixam produxerit, deinde ei omnis productio testium denegatur.

CIX.

Bajulus Montispessulani accipit justicias curie et laudimia tantummodo. Et nullum bajulum dominus habere debet in aliquibus redditibus suis Montispessulani, nisi de hominibus ejusdem ville.

CX.

Nullus extraneus homo aliquos pannos laneos in Montepessulano tingere potest in grana vel in aliquo colore; nec quis extraneus pannos aliquos in hac villa vendere debet ad tallium, nisi eos quos ad collum portaverit per villam.

CXI.

Nullus pannus laneus albus tingatur in rogia, ita quod remaneat rubeus, nisi solummodo in grana.

DE LAS PORTAS FACHAS EN PARESTZ.

En parestz novas o vielhas, si alcuns temps mostz portals son fastz, daqui ren non deu esser donat al senhor.

LA FRANQUEZA DOME ESTRANG.

Si alcuns estrans per honor hom dautruy sera, et en Montpeylier venra per estatga, daqui enant francs es daquel homeneis, empero que la honor per laqual hom sera al senhor dezempare.

LAS JUSTIZIAS DE LA CORT NOS VENDON.

Le senher de Montpeylier o sos bayles en neguna guiza non deu vendre las justizias de sa cort.

LOS NOMS DELS GUIRENS DEUON ESSER MANIFESTATZ A LA CORT.

Si alcuns, per gracia de guirens a trayre, lo plag alonga IX. mezes, ayssi com la ley comanda, deu en secret als curials los noms dels guirens manifestar, et els escristz de la cort los noms dels guirens deuon esser mes. E si negun daquels al dia establit non trayra, daqui enant tota produxion de guirens ad el es denegada.

BAYLES PREN LAS JUSTIZIAS ELS LAUZIMIS.

Le bayles de Montpelier pren las justizias de la cort els lauzimis solamens. E negun baylon le senher en negunas de sas rendas de Montpeylier non deu aver, si non dels homes de la dicha vila.

DE DRAPS DOME ESTRANH.

Nulh hom estran alcuns draps lanis en Montpeylier non pot tenher en grana o en autra color; ni neguns hom estranh alcuns draps en aquesta vila non deu vendre a talh, mays aquels que portara al col per la vila.

DE DRAPS BLANCS LANIS.

Neguns draps blancs lanis non sian tenhs en roia, enayssi que remangon vermelhs, si non solamens en grana.

CXII.

Nemo pro re propria exigat vel accipiat, vel ab uxore seu familia sua exigatur vel accipiatur aliquid nomine reve; nec revam aliquo modo dare teneantur habitatores Montispessulani presentes et futuri.

CXIII.

Confessiones, testificationes, transactiones et omnia coram arbitris actitata proinde valent ac si in curia essent acta.

CXIV.

Nemo cogatur invitus hostes recipere vel albergare.

CXV.

Si quis habitator Montispessulani vel extraneus intestatus ibi decesserit, et ibi nullus apparebit proximus ad quem ejus bona de jure pertineant, illa bona penes bonos et securos viros debent deponi, et ab eis per annum et diem servari, ut si infra illud tempus venerit quis, ad quem ea pertineant, ei reddantur; sin autem fisco, qui etiam postea teneatur ea reddere cui jus voluerit.

CXVI.

Si quis condempnatus fuerit de injuria, tantum det curie pro justicia et non plus, quantum emendare condempnatus fuerit per sentenciam vel per compositionem, injuriam passo; et inde fiat remissio pro voluntate curie.

CXVII.

Postquam usura equiparata fuerit sorti, deinde usura nullatenus accrescat ulla temporis diuturnitate; et si etiam sacramento vel fide plenita promissa fuerit, non judicetur in plus judeis vel christianis, quia ista constitutione ita taxantur.

LI HOME DE MONTPEYLIER NON DEUON REVA.

Neguns hom per sa propria cauza non demande ni prenga, ni de sa molher ni de sa maynada non sia demandat ni pres alcuna cauza per nom de reva; ni reva non enulha guiza non sian tengustz de donar li habitadors de Montpeylier prezens et esdevenidors.

SO QUES FA DENANT ARBITRES VAL.

Confessions, guerentias, compozitions e totas cauzas denant arbitres fachas ayssi valhon com si eron en la cort fachas.

NEGUNS NON SIA DESTREGS ALBERGAR HOSTES.

Neguns hom non sia destregs otra son grat hostes recebre o albergar.

QUI MOR SES GAZI E PARENS NOY A.

Si alcun habitayre de Montpeylier o estran aqui morra ses guazi, et aqui neguns non appara dels prueysmes al qual li ben del pertengon per dreg, aquels bens a proshomes et a segurs deuon esser comandastz, et aquels per un an e per un dia los deuon gardar. E si denfra aquel temps alcuns venra, al qual aquelas cauzas pertengon, sian ad els rendudas; si que non al senhor, lequal senher es tengustz pueys aquelas rendre ad aquel de cuy razon sera.

AYTAN CON ES CONDAMPNATZ DENJURIA DON A LA CORT.

Si alcuns condampnastz sera denjurias, aytan a la cort done per justizias e non plus, cant emendar condampnastz sera o per juzizi o per compozition ad aquel que aura suffert lo tort. E daqui sera fastz perdon segon la volontat de la cort.

LA USURA NON CRESCA OUTRA LA SORT.

Pueys que la usura sera egaleiada ab lo captal, daqui enant la uzurá en ulha guiza non acresca per alcuna longueza de temps. E si ab sagramen o ab fe plenida sera promessa, non sia jutgada emplus a juzueus o a crestians, car en aquest establimen ayson taxas.

CXVIII.

Omnes et singuli qui statuti sunt vel fuerint ad redditus domini exigendos vel recipiendos, jurare debent se fideliter illos exigere et recipere ; et quod plus quam debitum sit inde non accipiant, vel servilia occasione ipsius officii percipiant.

CXIX.

Res immobiles que in dotem viro traduntur, si premoriatur uxor, vir debet uti et tenere in tota vita sua, nisi pactum in contrarium reclamaverit.

CXX.

Bajulus, subbajulus, judex vel vicarius non debet in curia stare nisi per annum, et postea infra biennium nemo illorum in curia debet restitui.

CXXI.

Statutum est ut duodecim probi et legales viri Montispessulani, jam electi ad consulendam communitatem Montispessulani, jurare debent quod de bona fide consulant eum quem dominus loco suo statuerit in hac terra ; et ille teneatur requirere consilium dictorum duodecim, et eorum stare consiliis de omnibus que ad communitatem Montispessulani et terre Montispessulani spectabunt. In quibus duodecim predictis non ponatur nisi unus solus de uno albergo ; qui duodecim non stent in ea administratione nisi per annum, in fine cujus anni illi duodecim debent ad hoc idem alios duodecim eligere, prestito sacramento quod eos bona fide eligant. Qui de novo electi per omnia idem jurare debent ; et istorum duodecim consilio, ille qui vices domini in hac terra geret debet eligere bajulum curie, quando dominus presens non fuerit in hac terra.

CXXII.

Hec autem consuetudines in futuris dumtaxat negociis locum optineant ; in preteritum autem nullam vim habeant, nisi ille tantummodo que sunt antique, que in preteritis suam optineant firmitatem.

EN CAL MANIEIRA LACTOR DEU JURAR.

Trastostz aquilh e cascun que son establistz o seran a rendas de senhor a penre o a recebre, jurar deuon se fizelsmens aquelas demandar e recebre; e que mays aytan cant deuran non quieyran ni prenon, ni servizis per occayzon daquel mestier non prengon.

LE MARIT POSEZISCA CAUZAS NON MOVEVOLS EN TOTA SA VIDA.

Las cauzas non movevols lasquals en dot al marit son lieuradas, si mor premieymens la molher, le marit las deu uzar e tener en tota sa vida, si convinens en contra non eron.

DELS CURIALS.

Bayle e sotzbayle, jutge o vigier non deuon en la cort mays un an estar, e pueys defra dos ans neguns daquels en la cort non deu esser restaurastz.

ESTABLIMENS DELS COSSOLS.

Establit es que xii. proshomes e lials de Montpeylier, elegustz ad acoselhar la comunaleza de Montpeylier, jurar deuon que per bona fe acosselhon aquel quel senher en son luoc establira en aquesta terra. Et aquel sia tengustz demandar cosselh dels distz xii., et estar als cosselhs dels de totas las cauzas que a la comunaleza de Montpeylier e de la terra pertenran. Els quals xii. denant distz non sia pauzatz mays un sols dun alberc; liquals xii. non estion en aquela aministration mays un an, en la fin del qual an ilh mezeus xii. deuon ad aysso meteis autres xii. elegir, fag sagramen que els per bona fe los elegion. Li qual de novel elegutz deuon jurar aquo mezeus; e per cosselh daquestz xii., aquel que tenra lo luoc del senhor en aquesta terra deu eleger baylon de la cort, cant le senher non sera presens en aquesta terra.

COSTUMAS NON SESTENDON A CAUZAS TRASPASSADAS.

Aquestas costumas solamens els esdevenidors affars aion luoc; mays els traspassastz afars neguna forsa non aion, mays aquelas solamens que son antiquas, las quals els traspassastz affars lur fermetat aion.

CXXIII.

Insuper dominus Montispessulani cum jurejurando promittere debet quod justiciam et rationem tenebit, et faciet tenere omnibus et singulis qui litigabunt vel litigare debebunt in curia sua, tam pauperi quam diviti, secundum mores et consuetudines hic insertos, vel eis deficientibus secundum juris disciplinam. Et bajulus et subbajulus et judex et vicarius et notarius et omnes curiales presentes et futuri per omnia jurare debent idem, et plus sicut in supradicto sacramentali continetur. Et omnes advocati presentes et futuri, exceptis legistis, debent jurare quod bona fide, secundum quod sibi melius visum fuerit, partes pro quibus fungent officio advocationis, consulant et manuteneant, et quod inde pecuniam vel aliam rem seu promissionem, nisi a parte pro qua erunt in lite, non accipiant. Et omnes consiliarii quos sibi curia voluerit assumere, exceptis qui jam juraverunt, jurare debent idem quod dictus judex et bajulus vel subbajulus vel judex vel vicarius. Et aliquis in curia nullatenus stare debet nisi per annum, ut dictum est.

Et ego Petrus, Dei gratia rex Aragonis, comes Barchinonié et dominus Montispessulani, visis, auditis et diligenter examinatis omnibus supradictis et singulis, habita super hiis plenissima deliberatione, et multorum proborum virorum habito consilio, sciens et cognoscens omnia supradicta et singula pertinere ad utilitatem mei et totius universitatis Montispessulani, spontanea voluntate et proprio mee voluntatis motu, omnia supradicta et singula, in perpetuum valitura, laudo, statuo, confirmo et decerno omnibus hominibus Montispessulani presentibus et futuris, per me et per omnes successores meos dominos Montispessulani. Et promitto et convenio toti universitati Montispessulani quod omnia predicta et singula tenebo et observabo, et nullo tempore violabo. Et ea omnia faciam in perpetuum teneri, nec patiar ab aliquo violari. Et volo et statuo quod curia Montispessulani judicet secundum predictas consuetudines, et eis in perpetuum inviolabiliter utatur, et eis deficientibus secundum jus scriptum.

LE SENHER DE MONTPEYLIER DEU TENER JUSTIZIA.

Le senher de Montpelier deu ab sagramen prometre que razon e justizia tenra e fara tener a trastostz et a cascun que placiaran o placiar deuran en sa cort, tant al paubre com al ric, segon las costumas ayssi escrichas, o aquelas defalhens segon dreg. El bayles el sostzbayles el jutges el vigier el notari e tug li curial de la cort presens et esdevenidors per tot aquo mezeus deuon jurar, e plus aysi com el sagramental sobredig se conten. E tug li avocat presens et esdevenidors, estiers legistas, deuon jurar que a bona fe, segon que mielhs lur sera veiayre, las parstz que mantenran acossellion e mantengon, e que daqui aver o autra cauza o promession, sinon de la part per la qual seran el plag, non penran. E tug li acossellhadors los quals a se la cort volra penre, estiers aquels que lan jurat, deuon jurar aquo meteys quels digs jutges el bayles el sostzbayles o jutges o vigiers. Mays alcuns en la cort en ulha guiza non deu esser mays per un an, aissi con dig es.

COM LO REY DARAGON LAUZET E CONFERMET LA COSTUMAS.

Et ieu, per la gracia de Dyeu rey dAragon, coms de Barsalona e senher de Montpeylier, vistas, auzidas e deligenmen enquistas, consideradas totas las cauzas sobredichas e cadauna, ayuda sobre aquestas cauzas pleniеyra deliberation, e demostz proshomes avut cosselh, sabens e conoychens totas las sobredichas cauzas e cadauna pertener al profieg de me e de tota la universitat de Montpeylier, de bona volontat e de propri movemen de ma volontat, totas las sobredichas cauzas e cadauna, en ia sempre valedoyras, lauze et establisc e conferme a tostz los homes de Montpeylier presens et esdevenidors, per me e per tostz los mieus successors senhors de Montpeylier. E prometi e convenc a tota la universitat de Montpeylier que totas las cauzas sobredichas e cadauna tenray e gardaray, et en negun temps non las enfranheray. E las faray per tostz temps tener, e non suffriray que sian enfrachas. E vuelh et establisc que la cort de Montpeylier jutge segon las sobredichas costumas, e daquelas per tostz temps uze entieyramens, et aquelas defalhens segon dreg escrig.

Sed de omnibus predictis et singulis excipio omnes illos quos feci exules de Montepessulano et de tota terra que fuit Guillelmi domini Montispessulani, quondam filii Mathildis duccisse, eo quia cognoscens eorum culpas, tempore quo terra Montispessulani ad me pervenit juravi, ad petitionem populi Montispessulani, quod ipsi nunquam in Montepessulano et predicta terra redirent.

Mando preterea et injungo quod regina uxor mea omnia predicta et singula eodem modo laudet et confirmet mecum vel sine me, ad commonitionem populi Montispessulani; et omnes homines Montispessulani similiter hec omnia se observaturos jurejurando confirment.

Universa et singula supra scripta per me et per successores meos in bona fide mea, et sub eo sacramento quod tactis sacrosanctis evangeliis feci in domo milicie, de laudandis et tenendis moribus et consuetudinibus Montispessulani, eo tempore quo terra Montispessulani ad me pervenit, me observaturum et nulla occasione vel ratione violaturum, ex certa sciencia promitto et corroboro. Ad majorem autem firmitatem horum omnium, hanc cartam et omnia que inde fuerint translata, bulle mee plumbee patrocinio corroborari precipio.

Acta sunt hec omnia et laudata in ecclesia beate Marie de Tabulis, ubi hac specialiter de causa, fere totus populus Montispessulani ad commune colloquium convenerat, anno ab Incarnatione Domini millesimo ducentesimo quarto, mense augusti, in die Assumptionis Sancte Marie.

In presentia et testimonio Guidonis Magalonensis prepositi, Gaucelini canonici, Assaliti de Goza, G. de Durfort, Bernardini-Anselini de Massilia, P. de Bizanchis..... et aliorum multorum quibus fere tota ecclesia erat plena, et Bernardi de Porta publici curie notarii qui hec scripsit.

Similiter et ego Maria, regina Aragonis, comitissa Barchinonie et Montispessulani domina, uxor dicti domini Petri regis Aragonis, et

Mays de totas las cauzas sobredichas e cadauna giete tostz aquels que yeu fis yssilhar de Montpeylier e de tota la terra que fon den G. senher de Montpeylier, fil say enreyre dena Matheus la dugessa, per aquo car conoychens las lurs colpas, el temps que la terra de Montpeylier a me pervenc juriey, al demandamen del pobol de Montpeylier, que aquels jamais en Montpeylier ni en la sobredicha terra non tornesson.

Mande estiers aisso et enjonc que la regina molher mia totas aquestas cauzas e cadauna per aquela meteussa guiza lauze e coferme ab me o ses me, al somoniemen del pobol de Montpeylier; e tug li home de Montpeylier atressi totas aquestas cauzas e cadauna se gardadors ab sagramen cofermon.

Totas las cauzas sobredichas e cadauna per me e per mos successors en bona fe, et en aquel sagramen que sobre sans evangelis fis en la mayzon de cavalaria, de lauzar e de tener las costumas de Montpeylier, el temps que la terra de Montpeylier a me pervenc, me attendedor e per neguna sazon ni per neguna occayzon non corrompedor, de certa scientia promet e coferme. Et a maior fermetat de tot aysso, aquesta carta e totas aquelas que dayssi seran trachas, de ma bola mande confermar.

Totas aquestas causas son fachas e lauzadas en la gleya de madona sancta Maria de las Taulas, en laqual especialmens per aysso tot lo pobol de Montpeylier paucmens a comunal parlamen era aiustastz, en lan de la Encarnation de Nostre Senhor M. e CC. IV. el mes d'aost, el dia de lAssumption de nostra dona sancta Maria.

En la presentia et en guerentia den Gui prebost de Magalona, e den Gaucelin lo canorgue, Assalhit de Goza, G. de Durfort, Bernadin-Ancelin de Masselha, P. de Bizancas.... e dautres mostz que paucmens tota la glieia era plena, e B. de la Porta notari public de la cort de Montpeslier que aquestas cauzas escrieis.

LO CONFERMAMEN DE MADONA MARIA REGINA.

Eissamens yeu Maria, regina dAragon, comptesa de Barsalona e dona de Montpeylier, molher del dig senhor rey en P. dAragon, e filha

filia quondam Guillelmi domini Montispessulani, visis, auditis et diligenter examinatis omnibus supradictis et singulis, habita etiam super hiis plenissima deliberatione, et multorum proborum virorum habito consilio, sciens et cognoscens omnia supradicta et singula pertinere ad utilitatem meam et totius universitatis Montispessulani, spontanea voluntate et proprio mee voluntatis motu, et specialiter mandato dicti mariti mei domini regis, omnia supradicta et singula, in perpetuum valitura, laudo, statuo et confirmo et decerno omnibus hominibus Montispessulani presentibus et futuris, per me et per omnes successores meos dominos Montispessulani. Et promitto et convenio toti universitati Montispessulani, quod omnia predicta et singula tenebo et observabo et nullo tempore violabo, et ea omnia faciam in perpetuo teneri, nec patiar ab aliquo violari. Et volo et statuo quod curia mea Montispessulani judicet secundum predictas consuetudines, et eis in perpetuum inviolabiliter utatur, et eis deficientibus secundum jus scriptum.

Sed de omnibus predictis et singulis excipio omnes illos quos feci exules de Montepessulano et de tota terra mea que fuit Guillelmi domini Montispessulani, patris mei, eo quia cognoscens eorum culpas, tempore quo terra patris mei ad me pervenit juravi, ad petitionem populi Montispessulani, quod ipsi nunquam in Montepessulano vel in terra mea redirent.

Universa et singula suprascripta per me et successores meos in bona fide mea, et sub eo sacramento quod tactis evangeliis feci in domo milicie, de laudandis et tenendis moribus et consuetudinibus Montispessulani, tempore quo hereditas paterna ad me pervenit, observaturam et nulla ratione vel occasione me violaturam, ex certa sciencia promitto et corroboro.

Acta fuerunt hec et laudata a domina regina, in camera castelli Montispessulani, anno quo supra, quinto kalendas septembris. Testes sunt dominus Guido prepositus Magalone, P. de Bisancas, P. de Porta, P. de Concas, W. filius ejus, B. de Concas, R. Albrandus, P. Lobetus......... et Guillelmus notarius qui hec subscripsit.

sai enreire den G. senher de Montpeylier, vistas et auzidas e diligentmens enquistas e consideradas totas las sobredichas cauzas e cadauna, havuda sobre aquestas cauzas plenieyra deliberation, e de mostz proshomes avut cosselh, sabens e conoychens totas las sobredichas cauzas e cadauna pertener al mieu profieg e de tota la universitat de Montpeylier, de bona volontat e de propri movemen de ma volontat, especialmens per mandamen del dig marit mieu rey, totas las sobredichas cauzas e cadauna, enia sempre valedoyras, lauze et establic e coferme a tostz los homes de Montpeylier presens et esdevenidors, per me e per tostz los mieus successors senhors de Montpeylier. E promet e convenc a tota la universitat de Montpeylier, que totas las cauzas denant dichas e cadauna tenray e gardaray et en negun temps non las enfranheray, e las faray per tostz temps tener, e non suffriray ni sostenray que sian enfranchas. E vuelh et establisc que la cort de Montpeylier jutge segon las sobredichas costumas, e daquelas per tostz temps entyeiramens uze, et aquelas defalhen segon dreg escrig.

Mays de totas las cauzas sobredichas e cadauna giete tostz aquels los quals fis yssilhar de Montpeylier e de tota la terra mia que fon de mon payre en G. de Montpeylier, per aquo car conoychen la lur colpa, el temps que la terra de Montpeylier a me pervenc juriey, al demandamen del pobol de Montpeylier, que aquill jamais en Montpeylier ni en la terra mia non tornesson.

Totas las cauzas sobredichas e cadauna per me e per mos successors en bona fe, et en aquel sagramen que sobre sans evangelis fis en la maizon de la cavalaria, de lauzar e de tener las costumas de Montpeylier, el temps que la heretat de mon payre a me pervenc, me attendedoyra e per neguna occaizion o razon me non corrompedoyra, de certa scientia promet e conferme.

Totas aquestas cauzas son fachas e de la dona regina lauzadas en la cambra del castel de Montpeylier, en lan que de sobre es escrig, en la sinquena kalenda de setenbre. Guirens son le senher en Gui prebost de Magalona, P. de Bizancas, P. de la Porta, P. de Concas, G. son filh, Berenguier de Concas, R. Albran, P. Lobet......

SECUNDA PARS consuetudinum MONTISPESSULANI.

IN NOMINE DOMINI.

Hec sunt consuetudines ville Montispessulani, constitute et promulgate ab illis quibus dominus Petrus rex Aragonis et domina Maria ejus uxor, filia quondam Guillelmi domini Montispessulani, dederunt et concesserunt plenam potestatem statuendi consuetudines in villa Montispessulani.

I.

Cum bajulus vel aliquis curialium petit ab aliquo firmantiam pro clamore facto curie de eo, debet illi, si hoc petat, manifestare personam conquerentis et summam vel factum de quo clamor factus est.

II.

Si clamor fuerit factus curie de aliquo debito de homine extraneo presente, et ille extraneus habeat res aliquas in Montepessulano, ille res interdicuntur a curia secundum mensuram debiti de quo clamor factus est, et secundum mensuram justicie competentis curie pro illo clamore; et illa interdictio durat donec pro clamore illo fidejussor curie, ad noticiam curie, datus fuerit. Si autem datus non fuerit, detinentur res interdicte donec de clamore illo judicatum fuerit vel compositum. Si autem ille extraneus res in Montepessulano non habuerit, vel fidejussorem det ad noticiam curie, vel si dixerit per sacramentum se dare non posse, juret se stare mandatis curie; de omnibus namque clamoribus civilibus vel criminalibus extraneus in Montepessulano respondere tenetur, nisi fuerit homo de comitatu Melgorii, sicut in alia consuetudine determinatum est, vel nisi fuerint Januenses vel Pisani, qui de delictis commissis inter se in partibus suis hic respondere non coguntur, nisi de proditione; et de ceteris aliis hic non respondere tenentur.

III.

Si de homine Montispessulani clamor factus fuerit curie de re

IDUS JUNII
M. CC. V.

E NOM DE DYEU.

Aquestas costumas son de la vila de Montpeylier, establidas e manifestadas daycels als quals le senher rey en P. dAragon e la dona Maria molher de lui, filha say en reyre den G. senher de Montpeylier, doneron et autreieron plen poder destablir las costumas en la vila de Montpeylier.

LE BAYLE DEU MANIFESTAR LA PERSONA DEL COMPLANHENT.

Quant le bayles o alcun dels curials demanda dalcuns fermansa per clam fag del a la cort, deu ad aquel, si ayso demanda, manifestar la persona del complanhen e la soma del fag del cal es fags clam.

QUIS CLAMA DOME ESTRANG.

Si clam es fastz a la cort dalcun deute dome estranh prezen, et aycel estranh aia alcunas cauzas en Montpeylier, entredichas son de la cort segon la mezura del deute del qual es fastz clam, e segon la mezura de la justizia que perten a la cort per aytal clam ; et aquel vet dura entro que per aquel clam fermansa a la cort, aconoguda de la cort, sia donada. Si empero donada non sera, son tengudas las cauzas vedadas, entro que aquel clam jutgat o adobastz sia. Si empero aquel estranh cauzas en Montpeylier non aura, don a conoychensa de la cort fermansas, o si dira per sagramen se non poder dar, jure estar als mandamens de la cort ; car de tostz clams civils o criminals lestranh es tengustz de respondre, si non es hom del comptat de Melguer, ayssi com en lautra costuma es determenat ; o si non son Genoes o Pizans, liqual dels forfast fags dentre se en lur terras non son destrestz aissi de respondre, si non de trassion ; e de totas autras cauzas aissi non son tengustz de respondre.

DE LA CAUTION DE ESTAR ALS MANDAMENS DE LA CORT.

Si dome de Montpeylier es fastz clams a la cort daver, o fermansa pecuniaria, vel fidejussorem det ad noticiam curie, vel pliviat se stare mandatis curie, nisi magnitudo quantitatis vel persone qualitas ad sacramentum exigendum moverint judicem. Verumtamen de injuriis vel de aliis criminibus, si de hiis civiliter agatur, vel jurat vel fidejussorem ad noticiam curie donat, nisi facti atrocitas vel qualitas tam ad sacramentum quam ad fidejussoriam cautionem moverit judicem.

IV.

Si aliquis inciperit viaticum et preparationem inde fecerit, et super motu suo de eo clamor factus fuerit, dat inde fidejussorem ad noticiam curie, et agit sine alia impeditione suum viaticum, nisi ad illud mox audiendum presumpta malicia vel facti evidentia judicem moveat; quod si non moverit, facto viatico, tenetur de illo clamore respondere antequam aliud viaticum incipiat.

V.

Omnis mulier puella seu vidua potest omnia bona sua dare in dotem tam primo quam secundo viro, licet infantes habeat.

VI.

Si aliquis in Montepessulano aliquod mercatum fecerit, et alii homines habitatores Montispessulani presentes fuerint in domo, vel in loco ubi illud mercatum factum fuerit, si tunc dicant se velle habere ibi partem, ille qui mercatum receperit tenetur eis partem dare in illo mercato. Verumtamen illi quibus partes in illo mercato date fuerint, tenentur facere ut venditor clamet quittum illum qui mercatum receperit, arbitrio boni viri, pro ratione partium que date sunt eis in illo mercato. Et postquam aliquis petierit partem, ille qui mercatum fecerit potest eum cogere ut hanc partem in illo mercato habeat. In his autem que aliquis emit ad usum suum vel familie sue, non tenetur dare partem. Nec homo Montispessulani tenetur dare partem homini extraneo de aliquo mercato. Sed extraneus tenetur dare partem habitatori Montispessulani et alii homini extraneo.

dona, o plevia se estar als mandamens de la cort, si la grandeza de la quantitat o la qualitat de la persona al sagramen demandar non movia lo jutge. Empero denjurias o dautres crims, si plaeia civilmens, o jura o fermansa a conoychensa de la cort dona, si la civileza del fag o la qualitat ab sagramen o ab fermansas non movia lo jutge.

QUI COMESSA VIATGE.

Si alcuns comessara viatge e son apparelhamen daqui fara, e sobre son moure del clam sera fastz a la cort, dona daqui fermansa aconoguda de la cort, e fa ses autres encobolamen son viatge, si non ad aquo de mantenens ad auzir, presumida la maleza o apparensia del fag, se movia lo jutge; e si aysso nol movia, fag aquel viatge, es tengustz daquel clam respondre enans que autre viatge comesse.

DOZELA O VEZOA DONAR POT.

Tota femena dozela o vezoa pot totas sas cauzas donar en dot et al premier et al segon marit, iasi aisso que aia enfans.

QUI PART EN MERCAT DEMANDARA.

Si alcuns en Montpeylier alcun mercat fara, et autres homes habitadors de Montpeylier presens seran en la maizon o el luoc on aquel mercat fag sera, si adonxs dizon se voler aver aqui part, aquel quel mercat recebra es tengustz ad els donar part en aquel mercat. Empero aquels als quals partz en aquel mercat seran donadas, son tengustz far que vendeyre clame quiti aquel que mercat recebra, per albire de proshomes, per razon de las parstz que son ad els dadas en aicel mercat. E pueys que alcun demandara part, aquel quel mercat fara pot el destrenher que aia part en aquel mercat. Empero en aquo que alcuns comprara ad sos obs o de sa mainada, non es tengustz ad alcun part donar. Ni homs de Montpeylier non es tengustz donar part ad home estranh dalcun mercat. Mays lestranh es tengustz dar part ad habitador de Montpeylier et ad autre home estranh.

VII.

Si deinceps aliquis habens infantes impuberes in testamento suo gadiatores aliquos fecerit, illi gadiatores intelliguntur esse tutores illorum infantum impuberum, nisi in eodem testamento aliquem esse voluerit tutorem specialiter vel expressum.

VIII.

Si aliqui habeant bona immobilia communia et ea dividant, ex illa divisione non competit domino Montispessulani vel ejus feualibus laudimium, nisi una pars tornet alteri pecuniam, quia ex illis tornis tantum competit domino vel ejus feualibus laudimium.

IX.

Statutum est ut duodecim probi et legales viri Montispessulani, electi ad consulendam communitatem Montispessulani, jurare debent quod bona fide consulant, et utiliter provideant toti communitati Montispessulani, et eam fideliter regant et gubernent; et quod similiter bona fide consulant domino et bajulo curie et ei quem dominus loco suo statuet in hac curia, qui tenetur requirere consilium dictorum duodecim, et eorum stare consiliis de omnibus que ad communitatem Montispessulani et terre Montispessulani spectant; in quibus duodecim predictis non ponantur nisi unus solus de uno albergo; qui duodecim non stent in eo officio et administratione nisi per annum, in fine cujus anni ipsimet duodecim debent ad hoc idem alios duodecim eligere, coadunatis sibi in ea electione facienda septem viris, scilicet de unaquaque scala uno. Et sic debet fieri in perpetuum electio duodecim virorum, prestito tamen ab electoribus sacramento, quod bonos et legales et utiles eos eligant bona fide, nec aliquem odio vel inimicicia excludant, nec amore vel parentela aliquem in hoc officio et administratione eligant; qui de novo electi omnia jurare debent superiora.

Et istorum duodecim virorum consilio et expressa voluntate et commonitione, debet eligere bajulum ille qui vices domini in hac

LI GAZIADORS SON ENTENDUT TUTORS.

Si dayssi enans alcuns avens enfans mascles menors de XIV. ans, e femes menors de XII. ans, en son testamen alcuns fara gaziadors, aquil gaziadors son entendut tutors daquels enfans, si en aycel testamen alcuns autres tutors espressamens non eran establistz.

DE BENS COMUNS NON TANH LAUZIMI AL SENHOR.

Si alcuns an bens non movevols comunals et aquels departon, daquel departimen non tanh al senhor o a son fezoal lauzimi, si luna part non fazia tornas a lautra, mais de las tornas solamens pertanh al senhor lauzimi.

LI XII. COSSOLS DEUON ACOSSELHAR.

Establistz que XII. proshomes e lials baron de Montpeylier, elegustz ad acosselhar la comunaleza de Montpeylier, deuon jurar que per bona fe acosselhon, et utilmens proveion a tota la comunaleza de Montpeylier, et aquela fizelmens region e governon; e que eussamens per bona fe acosselhon al bayle de la cort, et ad aquel lo qual lo senhor en son luoc en aquesta terra establira, lequal es tengustz demandar cosselh dels distz XII. proshomes, et estar als cossels dels de totas las cauzas que a la comunaleza de Montpeylier e de tota la terra de Montpeylier pertengon; els quals XII. davan distz non sia pauzastz mais un sol dun alberc; liqual XII. non estion en aquela aministration mais per un an, en la fin delqual an ilh mezeus XII. deuon ad aisso mezeus autres XII. eleger, aiustastz a se en aquela election VII. proshomes, so es assaber de cascuna escala un. Et enaissi deu esser facha per tostz temps la election dels XII. barons, fag empero de tostz los elegidors sagramen, que bons e lials et utils per bona fe los elegion, ni alcuns per ira o per enemistansa non gieton, ni per amor ni per parentesc alcun en aquel offici et aministration non elegion; li qual de novel elegutz per tostz deuon jurar las sobredichas cauzas.

Et ab cosselh, et ab espressa volontat, et ab amonestamen daquels XII. deu elegir bayle aquel quel luoc del senhor en aquesta terra tenra, terra geret. Et ille qui vices domini in hac terra geret et ipsi duodecim debent jurare, quod bajulum bonum et legalem et utilem eligant, secundum quod eis melius visum fuerit. Et illi predicti duodecim viri habeant plenam potestatem statuendi, distringendi et corrigendi omnia ea que eis visa fuerint pertinere ad utilitatem communitatis Montispessulani.

Et similiter quod villa Montispessulani muretur et muniatur per noticiam et stabilimentum eorumdem, durante tamen et manente juridictione domini regis et domine regine et eorum curie.

Et unusquisque istorum duodecim debet habere et percipere tempore sui officii CC. solidos de re publica, si in re publica tunc inveniantur. Et nullus illorum qui in hoc officio electus erit potest se defendere aliqua occasione nisi legitima, quin sit in hoc officio.

X.

Decretum est ut duodecim viri consiliatores communitatis Montispessulani eligant duos viros probos et legales, qui duo habeant potestatem ut carrierie et ruinose parietes et gazillani et vie et valla adobentur et meliorentur, secundum eorum noticiam et arbitrium; et quod sterquilinia removeantur infra villam, et ab locis a quibus ipsi removenda esse cognoverint; et quod habeat quisque istorum duorum tempore sui officii C. solidos de re publica, si in re publica tunc inveniantur. Qui duo viri hoc se facturos, secundum quod sibi melius et justius visum fuerit, jurare debent.

XI.

Omnes notarii in instrumentis publicis debent incarnationem et numeros et diem per consequentiam litterarum inscribere, et in nominibus debitorum et creditorum nomen officii addere, vel aliud indicium apponere. Et instrumenta in quibus se scribunt testes debent perficere rogati à partibus, exceptis sentenciis, quia judicium redditur in invitum. Et testamenta in quibus sunt testes conficiant rogati a testatore.

can le senher en aquesta terra non sera presens. Et aquel quel luoc del senher tenra en aquesta terra e li sobredigs XII. deuon jurar, que bon bayle et util elegion, segon que ad els mielhs sera veiaire. Et aquestz XII. proshomes davandigs aion plen poder destablir e de destrenher e de emendar totas aquelas cauzas, que ad els sera veiaire pertener al profieg de la comunaleza de Montpeylier.

Et eussamens que la vila de Montpeylier sia murada e garnida per conoguda e per establimen dels mezeuses, duran et estan empero la senhoria del senhor rey e de la dona regina e de la cort dels.

E cascun daquestz XII. deu aver e penre el temps de lur uffici CC. s. de la cauza publica, si adonx y son trobastz. Eneguns daquestz que en aquestz ufici sia elegustz non sen pot defendre per alcuna occayzons sinon per lial, que non sia en aquestz uffici.

DOS PROSHOMES PER GARDAR LAS CARIEYRAS.

Establit es que XII. proshomes acosselhadors de la comunaleza de Montpeylier elegion dos proshomes lials, liqual dui aion poder que las carrieyras e las parestz roynozas, els gasilhans e las vials els valastz sian adobastz e melhurastz, segon lur conoychensa e lur albire; e quels femorasses sian mogustz defra la vila e deforas dels luocs que els cognoycheran quen fasson amoure; e que aia quex daquels dos el temps de lur uffici C. s. de cauza publica, si en la cauza publica adonx son trobast. Li qual duy proshomes aquestas cauzas se fazedors, segon que ad els mielhs e plus drechurieyramens sera vist, iurar deuon; et intron a sant Peyre davost,

LI NOTARI DEUON ESCRIURE PER CONSEQUENTIA DE LETTRAS.

Tug li notari en cartas publicas deuon lencarnation el nombre el dia per seguens de las letras escriure, et el nom dels deutors lo nom del mestier aiustar, o autre demostramen. E las cartas en las quals se escriuon guirens deuon pregastz esser de las parstz, estiers sententias, car sententia es dada en cel que non o volria. Els gazis els cals son guirens sion pregastz dels gaziadors.

XII.

Si quis dederit generale regressum super bona vel res suas, et postea aliquam rem ex bonis suis vendiderit vel specialiter obligaverit, ille cui est vendita vel specialiter obligata potior est, salvis privilegiis a lege indultis.

XIII.

Si quis confessus vel condempnatus fuerit aliquem bastardum vel bastardam suum esse infantem, teneatur illi providere in dimidia sumptuum, qui necessarii fuerint in eo alendo infra triennium, secundum posse suum; deinceps non teneatur, nisi voluerit.

XIV.

Fundus dotalis alienari non potest ab aliquo maritorum vel ab ejus uxore, nisi cum consilio parentum mulieris, vel eis deficientibus proximiorum ejus. Et si alienatus fuerit cum consilio parentum mulieris, vel eis deficientibus proximiorum ejus, valet alienatio.

XV.

Ullus truncatus a curia in Montepessulano aliquo membro, vel orbatus oculis, de cetero non stet vel maneat in Montepessulano.

XVI.

Sacramentale judeorum fiat de cetero sicut in sacramentali antiquo continetur; et interrogatio et responsio fiat sicut in eo continetur.

XVII.

Quicumque fuerit electus in bajulum vel in aliquo publico officio, non possit se defendere nisi legitime, quin sit in eo officio. Et omnes curiales debent creari in perpetuum, de habitatoribus tantum Montispessulani. Bajulus vero vel aliquis curialium non debet esse de numero

QUI DONA GENERAL RETORN.

Si alcuns donara general retorn sobre sos bens o sas cauzas, e pueys alcuna cauza de sos bens vendra o especialmens obligara, aycel acui es venduda o especialmens enlaissada mager es, sals los prevelegis que razon li dona.

QUI HA BASTART.

Si alcuns confessara o condampnastz sera alcun bastart o bastarda son enfan esser, sia tengustz ad aquel far la mitat daco que obs sera en el a noyrir defra tres ans, segon son poder; mays daqui enant non sia tengustz si nos vol.

HONOR DOTAL NOS POT ALIENAR.

Honor dotal nos pot alienar dalcun dels maristz o de la molher, si non ab cosselh dels parens dela, o els defalhens dels plus propdans. E si alienada sera ab cosselh dels payrons dela, o els defalhens dels plus propdans, val lalienamens.

QUI ES DESFAGS PER CORT.

Alcun desfatz de la cort de Montpeylier dalcun menbre, o issorbat, daisi enant non estia ni permanga en Montpeylier.

LO SAGRAMENT DELS JUZUEUS.

Lo sagramental dels juzueus sia fastz daysi enans aisi com el sagramental antic se contenc; el demandamen el respondemen sia fastz aisi com en aquel se contenc.

QUI ES ELEGUST EN ALCUN UFFIZI NOS PUESCA DEFENDRE.

Qui que sia elestz en baylon o alcun public offici nos puesca defendre sinon lialmen, que non sia en aquel offici. E tug li curial deuon esser en ia sempre dels habitadors de Montpeylier solamens. Empero lo bayles o alcuns dels curials non deuon esser del nombre dels XII. pros-

duodecim virorum, qui sunt statuti ad consulendam communitatem Montispessulani.

Hec omnia supradicta et singula statuerunt, et pro veris consuetudinibus tenenda esse et servanda perpetuo decreverunt, communicato consilio multorum proborum virorum Montispessulani, et jurisconsultorum, et specialiter illorum duodecim qui sunt statuti ad consulendam communitatem Montispessulani, illi quibus hec faciendi dominus rex et domina regina plenam concesserant potestatem, videlicet: Petrus de Bizanchis, Petrus Luciani, Johannes de Latis, Raymundus Benedicti, Petrus Lobeti, Guillelmus de Grabels subrogatus loco Bernardi Ecclesie defuncti.

Acta sunt hec omnia et in scriptis solempniter et publice promulgata in solario herbarie, in quo duodecim consiliatores Montispessulani et communitatis ejusdem conveniunt et tractant de communitate, anno ab Incarnatione Domini millesimo ducentesimo quinto, scilicet idus junii.

In presentia et audientia et sub testificatione Guidonis Magalone prepositi, Berengarii Lamberti causidici, Raymundi de Cahors, Bernardi Capdemail........ et aliorum multorum, et Bernardi de Porta publici curie Montispessulani notarii qui hec scripsit.

TERTIA PARS consuetudinum MONTISPESSULANI.

I.

Si quis habens aliquem obligatum pro aliquo debito cum carta vel sine carta, cessaverit per decem annos continuos, postquam debitum peti potest, ipse vel alius pro eo, facere querimoniam de eo debito coram curia vel arbitris, debitore prescise jurante se totum vel partem debiti exsolvisse, deinde nichil de eo quod jurabit peti possit. Immo cum de toto juratur et carta recuperetur, quasi debito prosoluto, nisi

homes de Montpeylier, liqual son establistz ad acosselhar la comunaleza de Montpeylier.

AYSSON VERAS COSTUMAS.

Totas aquestas causas sobredichas e cadauna establiron, e per veras costumas esser tenedoyras en ia sempre, aiustat cosselh de mostz proshomes de Montpeylier, e de savis, et especialmens daquestz XII. proshomes que son establistz ad acosselhar la comunaleza de Montpeylier, aquill als quals de far aquestas causas le senher rey e la dona regina plen poder autreieron, so es assaber en P. de Bizancas, en Pei. Lucian, Jo. de Latas, R. Benezeg, P. Lobet, G. de Grabels establistz en luoc den B. de la Gleya que era morstz.

Fachas totas aquestas cauzas son et establidas sollempnamens, e publicamens manifestadas el solier de la erbaria, el cal li XII. acosselhadors de Montpeylier e de la comunaleza saiuston e tracton de la comunaleza, en lan de Encarnation M. CC. V., so es assaber ydus junii.

En presentia et en guerentia den Gui prebostz de Magalona, Berenguier Lambert plaies, R. de Caors, B. Capdemalh...... e R. de la Porta notari de la cort de Montpeylier.

KALEND. AUG. M. CC. XII.

DE DEUTE QUE SIAN PASSATZ X. ANS.

Si alcus es obligastz ad autre per alcun deute ab carta o senes carta, el crezedor aura cessat demandar lo dig deute per X. ans complistz, pueys quel deute demandar se pot, e pueys aquel o autre per el fa complanhensa daquel deute denant la cort o davant arbitres, sil deuteyre haura precizamens jurat se tot lo deute o part del deute aver pagat, daqui enans daquo quel deuteyre haura jurat se haver pagat, per totum decennium uterque, tam debitor quam creditor, absens fuerit.

II.

Si inter aliquos fuerit societas, diffinitione vel absolutione vel compositione inter eos de ea facta, de omnibus creditis et debitis tam ad societatem quam ad alia pertinentibus, usque ad tempus diffinitionis vel absolutionis vel compositionis judicetur esse facta diffinitio et absolutio et compositio, nisi super aliquibus creditis vel debitis per cartam vel per testes probetur esse facta retentio.

III.

Si aliquis decesserit ab intestato habens liberos vel fratres religiosos, vel alios agnatos vel cognatos, et alios non religiosos in seculari vita degentes, ille religiose persone, vel loca in quibus vitam religiosam agunt, non possint succedere patri vel matri cum aliis filiis, vel fratri cum aliis fratribus, vel fratrum filiis, nec cum aliis agnatis vel cognatis; sed eis omnibus deficientibus succedant tantummodo. Sed neque parentes talibus religiosis personis in testamentis suis vel ultimis voluntatibus aliquid relinquere teneantur, testamentis et ultimis voluntatibus eorum nichilominus vigorem suum obtinentibus.

IV.

Nemo possit petere locarium domus vel cujuslibet rei, si cessaverit petere in curia vel coram arbitris locarium per triennium. Ita quod non possit petere locarium illius anni seu temporis post quod affluxerunt curricula trium annorum, si conductor presise juraverit se totum locarium vel partem locarii exsolvisse post triennium; enim statur sacramento conductoris, in eo tantum quod de locario presise

neguna cauza demandar nos puesca enans. E si de tot lo deute sera jurat, la carta sia recobrada ayssi com de deute pagat, si donx per x. ans lo deuteyre el crezedor deforas la terra non havion estat.

COMPANHIA ESTADA ENTRE PERSONAS.

Si companhia entre alcuns sera estada, de diffinition o dabsolution o de composition entre els daqui facha, de totas las cauzas crezudas e de tot lo deute tant a la societat quant a las autras cauzas pertenens, entro al temps de la diffinition o absolution o composition sia jutgada facha esser diffinition et absolution e compozition, si donx sobre alcuns deutes o cauzas crezudas, per cartas o per guirens non sia proat esser facha retention.

QUI MOR SES GAZI AVENS ENFANS RELIGIOZES.

Si alcuns defalhera ses gazi que aia enfans o frayres religiozes, o autres parens o cozins, et aia dautres non religiozes estans el segle, aquelas religiozas personas, ols logals en los quals fan vida religioza, non puescon succeszir al payre o a la mayre ab los autres fils, ols frayres ab los autres frayres o frayres dels fils, ni ab autres parens o cozins; mays aquels trastostz defalhens tan solamens succeziscon. Empero li parents ad aytals personas religiozas en lur gazis o en las derayranas voluntat alcuna cauza non sian tengustz de laychar, los gazis e las derayranas voluntastz daquels en neguna manieyra lur valor non perden.

LOGUIER NOS POT DEMANDAR.

Neguns hom non puesca demandar loguier de mayzon o dautra cauza, si aura cessat de demandar en la cort o denant arbitres lo loguier per tres ans. En aytal manieyra que non puesca demandar lo loguier daquel an o del temps pucys que sera passastz lespazi de tres ans, sil logayre precizamens aura jurat se tot lo loguier o la part del loguier aver pagat; car apres dels tres ans esta hom al sagramen del logador, en

jurat se exsolvisse; nisi uterque vel alter eorum, nullo relicto procuratore, per totum triennium absens fuerit.

Late et promulgate sunt hec consuetudines in ecclesia beate Marie, accersito populo et laudante prefatas consuetudines, anno divine Incarnationis millesimo ducentesimo duodecimo, quarto kal. augusti; presentibus Berengario Lamberto, Stephano Johanino, Petro Luciano causidicis; Ugone Laurentio, R. de Porta, Bertrando Arcolen notariis; Matheo Gregorio, Johanne Luciano, Petro Salvaire, Johanne Bocados, R. de Latis........ et aliis quamplurimis, quibus fere tota ecclesia erat plena, et Ademario scriptore notario qui mandato consulum hec scripsit.

QUARTA PARS consuetudinum MONTISPESSULANI.

IN NOMINE DOMINI NOSTRI JHU. CHRISTI.

I.

Nos consules Montispessulani, habito cum consiliariis nostris et officiorum consulibus diligenti consilio et tractatu, statuimus ut prima appellatio intra sex menses terminetur. Et si judex appellationis sententiam primam confirmaverit, condempnet victum in expensis prime cause.

Si vero secundo appellatum fuerit, illa causa infra tres menses terminetur. Et si prima et secunda sententia per terciam confirmata fuerit, condempnetur victus in expensis prime et secunde et tercie cause, ut dictum, ex expensis sacramento victoris, facta tamen super eis taxatione a judice, declaratis. Et generaliter sancimus in omni causa sive prima sive appellationum, victum victori condempnari in expensis omnium litium. In modicis vero causis que non excedunt summam vel valenciam L. solidorum, non sit alicui licitum appellare.

aquo tan com del loguier precizamens el jurat haura se aver paguat; si donx lun o lautre daquels per tostz los tres ans defalhens non aura estat, o negun procurador laychat.

Donadas et autreyadas son aquestas costumas en la gleya de nostra dona santa Maria, autrean lo pobol lo lauzamen de las dichas costumas, en lan de M. CC. XII. scilicet IV. kal. augusti, en presentia et en guerentia den Berng. Lambert, St. Johanin, P. Lucian, savi en dreg; Huc Laures, R. de Porta, Bertran Arcolen notari; Jo. Julian, P. Salvayre, B. Bocados, R. de Latas............... e dautres mostz, cab pauc tota la gleya era plena, en Ademar notari que per mandamen dels cossols aquestas cauzas escrieis.

Fest. apost. PETRI et PAULI M. CC. XXI.

DE LAS APPELLATIONS.

Nos cossols de Montpeylier, avut diligen cosselh e tractamen ab los cosselhiers nostres et ab los cossols dels mestiers, establem que la premieyra appellation sia termenada defra VI. mezes. E sil jutge de las appellations la premieyra sententia aura confermada, condampne lo vencut en las despensas de la premieyra causa.

Si a la seconda appellat sera, aquela causa defra tres mezes sia determenada. E si la premieira e la segonda sententia per la terza confermada sera, le vencut sia condampnastz en las despensas de la premieyra e de la seconda e de la tersa cauza, ayssi com dig es, en las despensas sagramen del vensedor fag, empero facha taxation sobre aquelas cauzas del jutge declaradas. E generalmens en tota cauza de la premieyra e de la segonda appellation, lo vencut sia condampnastz en las despensas de totas las cauzas al vensedor. Empero en las petitas cauzas que non sobreperveion soma o mays valensa de L. s., non sia legut ad alcun appellar.

II.

Clamore facto curie pro aliquo debito vel debitis de aliquo debitore Montispessulani, habitatore masculo majore seu minore, dumtamen negociator fuerit, principali numeratione, vel rei traditione, vel alio modo ex proprio contractu, non ex liberalitate neque ex causa dotis neque ex causa hereditaria, debito summam C. solidorum excedente; si ipse debitor bonis cesserit ante sententiam vel post, et ille condempnatus, infra tempus a curia constitutum post condempnationem vel compositionem a curia factam, dixerit se non posse solvere; nisi ostenderit infra mensem se factum esse non solvendo casu fortuito vel sine culpa sua, ipso interim a curia custodito, curia ipsum tradi indicente vel precipiente; talis post dictum mensem per correuos curie, proclamante precone, in tabulis cambii publice ducatur, et ibi braccis detractis et super caput ejus depositis, creditoribus suis christianis, tamen si ipsum recipere voluerint tradatur; et in captione et custodia tamdiu infra villam ab eis detineatur, quousque eis fuerit satisfactum, moderatione custodie et refectionis ejus a curia arbitrata. Non obstante vero traditione, creditoribus satisfiat de hiis que traditus habere inventus fuerit, sive per venditionem, sive per dationem in solutum ab ipso debitore factam, vel a curia per curatorem ipsis faciendis datum.

III.

Debitor qui creditores suos ad compositionem indixerit eo quod se esse non solvendo dixerit vel finxerit, vel pro debitis suis extra villam vel ad domum religionis aufugerit, facta bonorum cessione vel non, non obstante omni compositione vel transactione, vel presentis statuti renunciatione, vel qualicumque alia ratione, creditoribus suis modis omnibus satisfacere compellatur.

IV.

Si pro injuria vel delicto aliquis ad ecclesiam vel domum religionis

CLAM FAG A LA CORT DOME QUE NON POT PAGAR.

Clam fag a la cort per deute o deutes dalcun deutor de Montpeylier, habitador mascle maior o menor, empero sol que sia mercadiers, ab principal numeration, o ab liuramen de la cauza, o en autra manieyra per son propri contranhemen, ni per cauza de dot ni per cauza de heretat, deguda soma de C. S. puians; pueys que aquel deuteyre aura desamparat sos bens davan sententia o apres, el condampnastz, defral temps de la cort establit apres lo condampnamen o compozition de la cort facha, aura dig se non poder pagar; si non mostrara defral mes se esser fag non poder pagar per aventura o senes colpa sua, el entretan de la cort gardat, la cort aquel esser liurastz mostrant o perceben; aytal aprez lo dig mes per los corrueus de la cort, la crida davan cridan, en las taulas del cambi publicamens sia menastz, et aqui la bragas toutas e sobrel cap del pauzadas, a sos crezedors crestians sia liurastz, empero si recebre lo volran; en garda tan longamen sia tengustz defra la vila, entro que ad els assas aia fag, per atempramen de la garda o de la refection del de la cort albirada. Non contrastan empero lo liuramen als crezedors, sia assas fag daquelas cauzas quel liurastz aver atrobastz sera, sia per vendition, o per donation en pagua del deutor facha, o de la cort procurador ad aquelas cauzas far donat.

QUI SON DEUTEYRE AURA A COMPOZITION MENAT.

Lo deuteyre loqual sos crezedors a composition aura menat e per aysso car dis que non pot pagar o fenh de non poder pagar, o per sos deutes fora la vila o a maizon de religion sen sera fugistz, facha donation de sos bens o non; si apres la compozition entrels facha, pueys al deutor sera trobat ren de que puesca pagar, non contrastan aytal composition o transaction o alcun convinent, o per renontiation del prezen establimen, o per cascuna autra razon, a sos crezedors en totas manieyras sia tengustz de pagar.

QUI FUG A GLEYA O A MAIZON DE RELIGION.

Si per eniuria o per forfag alcus homs a gleya o a mayzon de religion confugerit, vel a Montepessulano se absentaverit, et inventus alicubi et a curia citatus sive amonitus non venerit infra decem dies; vel non inventus precone publice clamante ad curiam veniat infra triginta dies, curie se non presentaverit; ex publica preconisatione habito ipso pro legitime citato, pro convento vel confesso criminis vel injurie habeatur. Et si sententia pecunialiter ferri postuletur ab dampnum vel injuriam passo, contra talem absentem tanquam vere confessum et contumacem proferatur, super injuria facta vel delicto et quantitate condempnationis, primo facto sacramento a conquerente, et a judice taxatione premissa. Et a tali sententia nemini sit licitum appellare. Immo per res et facultates condempnati exsecutioni summa celeritas demandetur, postmodum justiciam suam curia consequente. Qui tamdiu extra villam sit, quousque injuriato et curie fuerit satisfactum. Si vero postuletur ab accusatore vel denunciatore criminaliter condempnari, et si qualitas criminis hoc exiget, secundum arbitrium curie et prudentum virorum condempnetur, et condempnationi exponatur sive blandiatur, ita quod quicumque eum post condempnationem offenderit, domino vel curie non teneatur. Quilibet vero volens illum defendere, dumtamen christianus fuerit, ad ejus defensionem ante condempnationem ad curiam admittatur.

Acta sunt hec et laudata in ecclesia beate Marie de Tabulis, in publico colloquio, a Guillelmo Ruffo et Raymundo de Latis, W. Fulcrando, Jo. Dominico, Jo. Vincencio, Poncio Guiraldo, Poncio Johanne, Firmino Blancherio, Guillelmo de Planterio, Petro de Vallefera, Michaele Bligio, consulibus Montispessulani, qui pro se et pro omnibus successoribus suis futuris, predicta statuta inviolabiliter observare perpetuo supra sancta Dei evangelia juraverunt, anno Dom. Inc. M. CC. XXI., in festo apostolorum Petri et Pauli.

In presentia et testimonio Johannis de Latis, R. de Sauzeto, P. de Fisco, U. Laurencii, Ja. Laurencii notariorum, et plurimorum aliorum, ita ut ecclesia fere tota erat plena, et Salvatoris de Anthonicis notarii, qui mandato dictorum consulum hec scripsit.

senfugira, o de Montpeylier se absentera, et atrobastz en alcun luoc e de la cort citastz o amonestastz non venra defra x. dias; o non atrobastz, la crida publicamens cridant que a la cort vengua defra xxx. dias, si a la cort nos prezentara; de la publica crida avut lialmen per citat, per convencut o confes de crim o denjuria en dreg sia avut. E si sententia pecunialmens sia demandada esser donada del suffert lo dan o la enjuria contra aytal absent, ayssi com ver confes e contumas, sia dada sobre la enjuria facha ol forfag e la quantitat de la condampnation, premieyramen fag sagramen del conplanhen, e del jutge la taxation davan facha. E daital sententia a negun non sia lezer appellar. Enans per las cauzas del condampnat execution vivassamen sia mandada, apres sa justizia a la cort conseguen. Le cal tan longamens deforas la vila sia, entro satisfag sera ad aquel que aura pres le tort et a la cort. Empero si el es demandatz del accusador o denontiador criminalmens esser condampnastz, e la qualitat del crim ayso requieyra, segon lalbiri de la cort e de savis barons sia condempnastz, et a condempnamen sia abandonastz o abanditz, de tal manieyra que cals que cals aquel apres lo condampnamen offendra al senhor o a la cort non sia tengustz. Empero volens aquel defendre, empero sol que sia crestians, a la defension daquel denans la condampnation de la cort sia receupustz.

I.

Si clamor fuerit factus in curia de aliquo presente in Montepessulano vel ejus suburbiis, super aliqua quantitate denariorum vel aliqua re mobili vel se movente, curia citet illum primo per nuncium et sine scriptis. Et si veniens confitebitur se debere in presenti aliquam denariorum quantitatem vel res alias mobiles vel se moventes, curia precipiat illi debitori ut solvat et ipsum debitorem ad solvendum compellat secundum consuetudines antiquas et usus curie.

Si vero aliquis confitebitur se debuisse, sed dicat creditori esse satisfactum, vel objiciat exceptionem pacti de non petendo, vel aliam sufficientem exceptionem vel liberationem, dentur ei tantummodo quatuor dies, computandos a tempore confessionis, quibus curia eum audiat ad omnes suas exceptiones preponendas. Et si justas et rationabiles proposuerit, ad quas probandas petat dilationes sibi dari, teneatur nominare judici et adversario testes undecumque sint, si tamen extra villam Montispessulani sint producendi ; si vero infra villam, non teneatur nominare illos, nec eos qui sunt de episcopatu Magalonensi, sed alios omnes teneatur nominare ; primo tamen prestito sacramento per adversarium, quod testes nominatos non subtrahat nec corrumpat, nec subtrahi faciat vel corrumpi. Et tunc dentur ei, si judici visum fuerit, dilationes unam vel plures pro arbitrio curie, et secundum distanciam locorum, ita quod inter omnes non possint excedere spacium novem mensium, a tempore propositarum exceptionum computandorum ; infra quam vel quas dilationes proponat et probet utraque pars quod poterit et sibi visum fuerit expedire.

Si autem nullas sufficientes exceptiones probaverit infra tempus sibi dictum ad probandum, curia precipiat illi debitori ut solvat infra quindecim dies, computandos a tempore quod sibi datum fuerat ad probandum. Et si debitor cessaverit solvere infra dictos quindecim dies, curia capiat tantum de bonis illius mobilibus vel se moventibus, vel nominibus liquidis et bonis, juxta electionem creditoris, que valeant

XALEND. AUG.
M. CC. XXIII.

QUIS CLAMA EN LA CORT DE DENIERS.

Si clam sera fag a la cort dalcun prezen en Montpeylier o els barris, sobre alcuna quantitat de deniers o dalcuna cauza moveuol o se moven, la cort cite ell premieyramens per messatge e ses escrig. E si venra e manifestara se devêr en prezen alcuna quantitat de deniers o alcunas autras cauzas moveuols o se movens, la cort comande ad aquel deutor que pagué, et aquel deutor a pagar destrengua segon las costumas ancianas el us de la cort.

Si empero alcus manifestara se aver degut, mais que digua al crezedor esser assas fag, o pauze exception de convinent de non demandar, o alcuna sufficien exception o liberation, sia donat ad el tan solamens IV. dias, comdadors del temps de la confession, els quals la cort lauia a totas sas exceptions aprepauzar. E si justas e razonablas las prepauzara, a las quals aproar demande alongui a se esser donat, sia tengustz nomnar al jutge et al esversari los guirens don que sian, si empero son trazedors de foras la vila de Montpeylier; si empero defra la vila son, non sia tengustz de nomnar, ni aquels que son de lavescat de Magalona, mays tostz los autres sia tengustz nomnar; premieyramen dat empero sagramen per lesversari, quels guirens nomnastz non sostraga ni corrumpa, ni sostrayre fassa ni corrompre. Et adoncs sia li dastz, si al jutge sera vist, alongui un o mostz per lalbire de la cort, e segon la distantia dels luocs, de tals guizas que entre tostz non puescon puiar espazi de IX. mes, compdadors del temps de las prepauzadas exceptions; denfra laqual o quals dilations prepauze e proe la una e lautra part aquo que poyra et aquo que sera vist.

Si empero neguna sufficiens exception proada defral temps a se donat a proar non aura, la cort comande ad aquel deutor que pague lo deute defra XV. dias, comdadors del temps que ad els era donat a proar. E sil deuteyre cessara pagar denfra los XV. dias, la cort prenga tan dels bens daquel moveuols o se movens, o deutes clars e beus, iusta la election del crezedor, que valhon la dezena part plus del deute; las

decimam partem plus debito ; que si non sufficiant, ultimo loco de non mobilibus suppleantur, secundum arbitrium curie. Que bona tradantur vel quasi tradantur jure pignoris creditori ; et admoneatur debitor à curia ut infra sex septimanas proximas, computandas post dictorum quindecim dierum lapsum, res illas vendat. Quod si non fecerit, curia faciat res illas vendi infra alios quindecim dies proximos, per procuratorem ad hoc a curia constitutum ; ex quarum rerum precio satisfiat creditori, vel si ydoneus emptor non inveniatur, dentur illa bona in solutum creditori a curia, pro justa et competenti estimatione a judice facienda infra illos eosdem quindecim dies ultimos.

Verum si negaverit se debere et debuisse, et convictus fuerit per instrumentos publicos, vel per testes fide dignos, nulla exceptione vel defensione ab illo alterius admittenda, si debitum sit ex proprio facto persone ipsius debitoris, vel ex facto alterius, quod factum devenerit ad noticiam debitoris : curia precipiat illi debitori ut solvat infra quindecim dies, computandos a tempore quo fuit convictus se debere vel debuisse, et compellatur debitor solvere, juxta formam superius pretaxatam illo qui confessus fuit se debuisse, et infra tempus sibi datum ad probandum non probavit debitum se solvisse.

Si autem citatus et inventus non venerit, assignetur ei similiter per nuncium alia dies. Et si non veniat, tercio citetur per litteras curie, que reddantur sibi vel familie sue in domo reperte. Qua die audiatur actor in omnibus positionibus et productionibus testium et instrumentorum que facere voluerit. Quo facto, sequenti die proxima juridica, omnia accitata scripta mittantur ad domum conventi, et dentur ei quatuor dies continui juridici ; in quibus singulis, remunerato prius ab ipso quo convenitur labore illius notarii qui scripta ad domum conventi missa translatavit, audiatur idem conventus super respontionibus et exceptionibus suis.

Et si reus venerit infra illos quatuor dies sibi datos, et responderit, et exceptiones proposuerit, postea assignentur utrique parti alii quatuor dies continui juridici omnes, uterque ad ponendum et respondendum et protestandum et dicendum ea omnia que sibi noverint expedire. Et si aliqua sint in causa negata, ad que probanda aliqua

quals cauzas si non y auondon, a la fin de las non moveuols segon lalbiri de la cort. Losquals bens sian liurastz o cays liurastz per dreg de penhora al crezedor; el deuteire de la cort sia amonestastz que defra VI. secmanas, propdanamen comdadoyras apres lo temps dels distz XV. dias, aquelas cauzas venda. Que sinon o fara, la cort fassa aquelas cauzas vendre defra autres XV. dias propdans, per procurador ad aisso de la cort establit; e del pres de las cauzas assas fassa, o si covinens comprayre non sia trobastz, aquels bens don en paga al crezedor la cort, per justa e convinen estimation del jutge fasedoyra defra aquels mezeusses XV. dies derries.

Veramens si alcuns negara se dever o aver degut, e sera vencustz per public estrumen, o per guirens dignes de fe, neguna exception o defension del daqui enant non sia recebedoyra, sil deute sia de propi fag a persona del mezeu deutor, o de fag autruy, loqual fag venra a conoguda del deutor: la cort comande ad aquel deutor que pague lo deute defra XV. dias, comdadors del temps que fon convengustz se dever o aver degut, e sia contrestz lo deute pagar, iusta la forma sobredicha en aquel que fon cofes se aver degut, e defral temps a se donet a proar non proet lo deute se aver pagat.

Si empero citastz et atrobastz non venra, es assignastz ad el eussamens per messatge autra dia. E si non venra, sia la tersa ves citat per letras de cort, lasquals sian rendudas ad el o a sa maynada en la mayzon atrobada. El qual dia sia auzistz en totas pozitions e productions de guirens o de cartas las quals far volra. Laqual cauza facha, el seguen jorn propdan tostz los dregs e tostz los escrigs sian trames a la mayzon del conven, e sian donastz adel IV. dies continus de dreg; en cascun daquels, gazardonastz premieyramen daquel convenen per trabal daquel notari lequal los escristz a la mayzon del conven tramesses translatet, sia auzists aquel mezeus conven sobre responsions et exceptions suas.

E sil colpaol venra defra aquels IV. dias continus de dreg, pueys sia assignat a la una part et a lautre IV. dias continuis a prepauzar et a protestar et a dir totas aquelas cauzas que conoycheran a lur desliuriez. E si alcunas cauzas seran el plag negadas, a las qual a proar alcuna de las parstz demande dilations, sian donadas ad els una o motas justa

partium petat dilationes, dentur ei una vel plures juxta formam superius expressam, et infra dilationem uni litigantium datam possit etiam alius proponere et probare.

Quibus dilationibus lapsis et abitis, pro conclusione facti et vanatione judicii, curia, ad peticionem utriusque vel alterius partis, teneatur causam terminare infra duos menses proximos sequentes. Set si curia infra istos duos menses mutaretur, causa nondum terminata, sequens subrogata curia, ad postulationem utriusque vel alterius partium, infra duos menses computandos a tempore postulationis facte de causa terminanda, teneatur ipsam causam necessario terminare.

Verum si infra dictos quatuor dies comunes actor non compareat, vel comparens non respondeat, proposita a reo pro veris et legitimis habeantur. Quod si ulla die de primis quatuor reus conventus non comparuerit, vel comparens non responderit, vel si nulla die citationum predicto ordine factarum inventus fuerit, cum tempore exposite querimonie et citationis fuerit in villa Montispessulani vel in suburbiis, et proximiores ejus requisiti eum defendere noluerint: curia habeat plenam fidem his que erunt proposite ab actore ac si essent probata. Et detur ei etiam absenti mandatum de solvendo infra quindecim dies ; quod mandatum in scriptis ad domum conventi mittatur, et reddatur familie ibi reperte. Quibus quindecim diebus elapsis, si non solverit, curia procedat in bonis illius, secundum formam superius pretexatam in illo qui confessus fuit se debuisse, et infra tempus sibi datum ad probandum non probavit debitum se solvisse.

II.

Si quis aliquo genere contractus obligaverit se duobus vel pluribus, quorum unus fuerit presens tempore contractus, alius absens, ille qui fuit absens tempore contractus proinde agere possit ex eo contractu atqui presens fuisset, non obstante aliqua legis subtilitate vel constitutione. Et quilibet eorum possit petere totum debitum, et non possit

la forma sobredicha, e defra la dilation ad alcuns dels plaeians donada puesca lautre eussamens prepauzar e proar.

Lasquals dilations avudas e passadas, per conclusion de fag e vanamens de juzizi, la cort, a demandamen de luna e de lautra part, sia tengustz lo plag determenar defra dos mezes propdans venens o seguens. Mays si la cort defra dos mezes se mudaria, si la cauza non era encaras termenada, la segen establida cort, al demandamen de luna e de lautra de las parstz, defra dos mezes comdadors del temps de la demanda facha del plag atermenar, sia tengustz adobs daquel plag termenar.

Empero si defra los distz IV. dias comunals lactor non apparia per se o per son procurador, o apparens non respondra, las cauzas prepauzadas daquel de que hom se clama, defra aquels IV. dias comunals, per veras e per lials sian avudas. E si alcun jorns del premiers VIII. aquel deque hom se clama citastz non appara, o apparens non respondra, o si alcun jorn dels citamens ab davan dig orde fachas atrobastz non sera, el temps de la citation sera en la vila de Montpeylier o en sos pertenemens, els plus propdans del demandatz aquel defendre non volran, la cort aia plena fe ad aquestas cauzas que seran prepauzadas daquel ques clama, ayssi com si eran proadas. E sia donat eussamens a labsen mandamen de pagar defra XV. dies, loqual mandamen en escrig sia enviastz a la maizon del citat, e sia rendustz a sa mayson et a sa maynada del atrobada. Los quals XV. jorns passastz, sinon pagara, la cort davan ane els bens daquel segon la forma sobredicha en aquel que fon confes se aver degut, e defral temps ad el donat a proar non aura proat lo deute aver paguat.

QUI ES OBLIGASTZ A DOS O A MOSTZ.

Si alcuns per alcuna manieyra de contrag se er obligastz a dos o a motz, dels quals lun sera prezens el temps del contrag e lautre absens, aquel que fon absens el temps del contrag enaissi puesca demandar per razon del contrag com si presens y fos, non contrastan alcuna subtilitat de ley e de constitution. E cascun daquels puesca

se tueri ille qui debet quod pluribus se obligavit, nec divisionem obligationis impetrare. Sed solvendo uni, debitor sit liberatus ab omnibus, nisi alius prohibuisset solutionem partis sue.

III.

Si aliqui constituerint se debitores in solidum, exigi possit data creditori electione, qua quantum ad alios nullum prejudicium generetur. Sed unusquisque teneatur, et exigi possit in solidum absque partis defensione, licet non sit renunciatum beneficio nove constitutionis que loquitur de duobus reis, vel epistole Dividriani, et alii juri quod de dividenda obligatione. Et idem in fidejussoribus observetur.

IV.

Quicumque proclamaverit ad ignem vel barrigium contra aliquem habitantem in Montepessulano vel in ejus suburbiis, vel etiam alium seu alios provocaverit vel concitaverit, seu palam vel in occulto opem vel consilium ad ignem sive incendium faciendum vel barrigium alicui prebuerit, ex quo de hoc manifeste convictus fuerit ad minus per quinque testes notos et ydoneos, bone fame et bone opinionis, bonis suis omnibus spolietur, et perpetuo exilio absque restitutionis remedio tradatur, licet non fuerit incendium vel barrigium subsecutum. Si autem incendium vel barrigium fuerit factum vel subsecutum, preter penas superiores, lingua ei penitus abscindatur.

Eisdem etiam penis percellatur quicumque incendio vel barrigio interfuerit, causa incendii vel barrigii faciendi. Et eo solo intelligatur et convincatur quis interfuisse incendio vel barrigio causa faciendi incendii vel barrigii, si evidenter probetur quod res aliquas extraxerit vel ceperit de incendio vel barrigio, et eas infra tres dies proximos a die facti barrigii vel incendii computandos non reddiderit, vel saltem non manifestarit se habere dampnum passo, vel palam consulibus et curie.

Et de hiis omnibus curiales ex officio suo sine accusatore diligentis-

demandar tot lo deute, et aquel que deu non se puesca defendre car es obligastz a mostz, ni division dobligation non se pot empetrar. Empero pagan a lun, deutor sia deliures de tostz los autres, si donx li autres non vedavon lo pagamen de lur part.

QUI ES ESTABLISTZ DEUTORS.

Si alcuns establiran se deutors per lo tot, sia tengustz cascun per lo tot, et en tot puesca esser demandastz dada election al crezedor, de laqual quantitat als autres prejuzizi alcun non sia fag. Mays cascun sia tengustz, el puesca esser demandat per lo tot senes defension de part, ia sia aysso que non sia renontiat a benefici de novela constitution la qual parla de dos deutors, ni a pistola de Dividrian, o ad autre dreg que parle dobligation a partir. Et aquo mezeus en las fermansas sia gardat.

DAQUEL QUE CRIDA AL FUOC O A BARREG.

Aquel que crida al fuoc o a barreg contra alcun habitador de Montpeylier o en los barris, et autre o autres appella o escomoura, o appales o en rescot obra o consel al fuoc o a lescomprenemen affar o al barreg dalcun donara, pueys que dayso sera convencutz almens per v. guirens conogutz e convenables, de bona fama e de bona opinion, de tostz sos bens sia despulatz, e totz temps adessil senes remezi de restitution sia liuratz, iassia aisso que zel sia avutz a lescomprenemen o al barreg. E si sera avutz, estiers las penas sobredichas, la lenga adell de tot en tot sia trencada.

Et aia eissamens aquelas penas qual que cal a lescomprenemen del fuoc o del barreg a far sera avutz, e per aquo sol sia entendutz e convencutz si alcuns esser avutz a lescomprenemen o al barreg per cauza de far barreg et escomprenemen, si vezenmen sia proat que alcunas cauzas aia trag o prezas de lescomprenemen o del barreg, et aquellas defra III. dias propdans del dia del fag barreg comdadors non rendra, o savals non manifestara al dan suffert, o als consols o a la cort.

E de totas aquestas cauzas li curial per lur uffizi, e senes accusamen,

sime investigare et inquirere teneantur, et veritate comperta penas prefatas sine remissione aliqua, absque remedio appellationis, infligere teneantur. Et si barrigiatus vel incendium passus dampnum in curia contra prefatos scelerosos vel aliquos eorum persequi voluerit, consules admoneant et inducant curiam ut plenum dampnum passo exhibeat justicie complementum, servata forma predictarum penarum.

Et hec consuetudo locum tantum habeat in futuris.

V.

Si mercator aliquis Montispessulani fecerit viagium causa negociandi per mare vel per terram, et ipsum mori contingerit in ipso viagio alicubi extra Montempessulanum; si testamentum vel aliquam ultimam dispositionem fecerit, et gadiatorem vel gadiatores sive commissarios statuerit quibus res quas detulerit, vel earum custodiam committat vel commendet; ille gadiator vel gadiatores statuti a mercatore defuncto, antequam res defuncti moveant vel attingant, vocent ad minus quinque testes notos, legales et ydoneos, prout eis melius videbitur bona fide, qui sint de Montepessulano si ibi reperiantur, alioquin de locis vicinioribus Montispessulani si reperiantur, coram quibus res et merces defuncti recognoscant. Et inde facto computo et summa, eas nominatim in eorumdem presencia in scriptum redigant, cui scripture quilibet illorum quinque testium sigillum apponat, et ejus scripture transcriptum retineat et habeat quilibet illorum quinque testium.

Quo facto, ille gadiator vel gadiatores res et merces defuncti, vel illis bona fide distractis earum implicaturas, in primo passagio vel reditu de illo viagio, vel saltem in alio proximo sequenti deferre vel reducere, vel per aliquem vel per aliquos ydoneos, prout sibi bona fide melius videbitur, mittere ad villam Montispessulani teneantur. Et hec omnia faciant ad rezegue et periculum illorum ad quos res et merces ille pertinebunt, et lucri facti in illo viagio cum illis rebus et mercibus habeant octavam partem gadiatores prefati. Si autem ultra dicta tempora illi gadiatores res et merces defuncti ab eis habitas et receptas cum forma prefata deferre, reducere vel remittere diferant,

diligenmens ensercar et enquerre sian tengutz, e la veritat trobada, las penas sobredichas senes alcuna remission e senes remezi dappellation, donar sian tengutz. E sil suffert lo dan o la enjuria alcun o alcuns daquels en la cort menar volra, li consol amoneston et indugon la cort que al suffert lo dan done plen complimen de drechura, gardada la forma de las davan dichas penas.

Et aquesta costuma aia luoc tan solamens en las cauzas esdevenidoyras.

QUI MOR EN SON VIATGE.

Si alcuns mercadiers fara viatge per cauza de mercadaria per mar o per terra, et aquel morir sesdevenra en aquel viatge en alcun luoc deforas Montpeylier; si gazi o alcuna derayrana dispozition fara, e guaziador o guaziadors o comessaris establira, als quals las cauzas que aportet, o la garda daquelas concreza o comande; aquel gaziayre o gaziadors establit del mercadier mort, enans que las cauzas del mort movon o tocon, appelon al mens v. guirens conogustz e lials e convenhables, aissi com miels lur sera vistz a bona fe, que sian de Montpeylier si aqui son trobastz, si non del plus vezins de Montpeylier si sian atrobastz, denant los quals las cauzas e las merces del mort recognoscon. E daqui fasson compte e soma, et aquelas cauzas comandon en prezentia dels mezeusses, et en escrig o meton, en laqual escriptura cascun daquels v. guirens pauze son sagel, el traslat daquela escriptura retenga et aia cascun dels v. guirens.

La qual cauza facha, aquel gaziayre o gaziadors las cauzas e las merces del mort, o aquelas a bona fe vendudas et emplegadas, el premier passatge o el retornamen dels mercadiers daquel viatge, o savals que non en lautre propdan segen, portar e retornar, o per alcun o alcuns convinhable, aissi com ad els a bona fe sera vistz, trametre a la vila de Montpeylier sian tengustz. E totas aquestas cauzas fasson a rezegue et a perilh et a despenden daquel als quals aquelas cauzas e las merces pertenran. E del gazanh fag en aquel viatge ab aquelas cauzas e merces aion la ochena part li gaziadors davan distz. Si empero, otra lo davan dig temps, aquels gaziadors las cauzas ab eo tempore in antea sint ad periculum et resege dictorum gadiatorum.

Quia testamentum extra Montispessulani semper per septem testes probari non potest, sufficiat si per quinque testes ydoneos probetur. Si autem mercator decesserit intestatus et alicubi extra Montempessulanum, et ibi sint quinque mercatores Montispessulani vel plures, prestito ab eis corporali sacramento, eligant unanimiter bona fide unum vel duos ydoneos, prout eis melius videbitur. Qui electus vel electi, prestito ab electo vel electis sacramento de custodiendis vel reddendis rebus bona fide, cum dicta forma recognoscant et recipiant res et merces defuncti. Et in eo electo vel electis in omnibus et per omnia observetur idem, et obtineatur quod supra dictum est in gadiatoribus a defuncto statutis.

Si vero non sunt ibi quinque mercatores Montispessulani, illi qui erunt ibi de Montepessulano, sive sint mercatores sive non, evocatis quinque testibus ydoneis de Montepessulano, prout eis videbitur, vel de locis vicinioribus Montispessulani, si reperiantur, res et merces defuncti cum scriptura inde facta et quinque sigillis roborata recognoscant. Et illius scripture translato a singulis illorum retento, res et merces defuncti, facto inde computo et summa, si sunt intra Sarracenorum in doana deponant, si sunt intra Christianorum in aliquo loco tuto, secundum quod eis melius videbitur bona fide; sub tali tamen forma fiat depositio rerum et mercium defuncti, quod reddantur cuilibet deferenti litteras apertas cum pendentibus sigillis consulum et curie Montispessulani, continentes quod ei reddantur. Et ille qui sub predicta forma res restituerit, sit perpetuo liberatus.

Si vero aliqui res et merces defuncti mercatoris testati vel intestati attingerint, ceperint vel receperint nisi cum forma predicta, sint periculo et resegue eorum.

Predicta omnia locum habeant, sive omnia que defunctus habebat in illo viagio erant ipsius defuncti sive aliorum, vel in totum vel pro parte.

Acta et laudata sunt hec, adcitis consulibus in ecclesia beate Marie de Tabulis, anno Dominice Incarnationis M. CC. XXIII. kal. augusti.

e las merces del mort dels ayudas e receupudas ab la forma desus dicha alongaran portar e retornar o trametre, daquel temps enans sia a rezegue et a perilh del distz gaziadors.

E car gazi deforas Montpeylier fag non pot esser proastz per totz temps per VII. guirens, abaste si per V. guirens pot esser proat. Si empero mercadier mora senes gazi en alcun luoc deforas Montpeylier et aqui sian V. mercadiers de Montpeylier o mostz dautres, dat dels corporal sagramen, elegion tug essems a bona fe un o dos convinhables, ayssi com miels lur sera vistz. Lo qual elegut o elegustz, donat de elegut o delegustz sagramen de gardar e de rendre las cauzas a bona fe, ab dicha forma recognoscon e recepion las cauzas e las merces del mort. Et en aquel elegut o elegustz en totas cauzas e per totas sia gardat aquo mezeus, et aia fermat aquo que sobre dig es els gaziadors del mort establistz.

Empero si non son aqui V. mercadiers de Montpeylier, aquels que seran aqui de Montpeylier, sian mercadiers o non, appelastz V. guirens convinhables de Montpeylier, ayssi com miels lur sera vistz, o dels luocs plus vezis de Montpeylier, si aqui son trobastz, las cauzas e las merces del mort ab escriptura daqui facha ab V. sagels fermada recognoscon. E translat daquela escriptura de cascun daquels retengut, las cauzas e las merces del mortz, fag daqui compte e soma, si son en terra de Sarazins en doana o pauzon, si son en terra de Crestians en alcuns luocs segurs, segon que ad els miels sera vistz a bona fe; sostz aytal empero forma sia fag lo depauzamen de las cauzas o de las merces del mort, que sian rendudas a tot home portan letras ubertas ab sagel penden dels cossols e de la cort de Montpeylier, contenens que ad el sian rendudas. Et aquel que sostz la davan dicha forma las cauzas restaurara, sia en ia sempre desliures.

Si empero alcuns las cauzas e las merces del mort mercadier ab gazi o ses gazi tocaran, penran o recebran, si non ab la forma sobredicha, sian a perilh et a rezegue dels.

In presencia et testimonio Ber. Lamberti, Jo. de Latis, P. de Fisco, W. R. Stephani Calcadelli, jurisperitorum; P. Jordani, Ademarii, B. de Costa, B. Begua, G. de Porta, notariorum; W. Berengarii, W. Arnaldi, decretistarum; R. de Latis, W. Lucian, J. Lucian fratrum, burgensium; W. Folcrandi, P. Beliani, W. Salvatoris, Arnaldi de quatuor cazis, B. de Sancto Paulo, Jo. de Ramis, Jo. Maurini, R. Elye, et multorum aliorum, ita quod fere tota ecclesia erat plena; et Petri de Furno, notarii dictorum dominorum consulum.

SECONDE PARTIE.

LES ÉTABLISSEMENTS,

SUIVIS

DES LEUDAIRES ET TARIFS,

PUBLIÉS

PAR MM. GRASSET, JUGE AU TRIBUNAL DE MONTPELLIER,

DESMAZES, ARCHIVISTE DE LA MAIRIE,

et DE St-PAUL;

AVEC UNE INTRODUCTION

PAR M. GRASSET

La date des Établissements qui n'en portent point en marge est inconnue.

LES ÉTABLISSEMENTS.

AYSSO ES LESTABLIMEN DE LAORDENAMEN DE LAS VII. ESCALAS DE MONPEYLIER SEGON LOS VII. JORNS DE LA SETMANA PER GARDAR LOS PORTALS.

Aysso es laordenamen de las escalas de Montpeylier com devon gardar los portals.

LESCALA DEL DIMERGE

Lescala del dimergue a plagezes ad avocastz et a notaris lo portal San Gili.

A mazeliers lo portal de San *Guillem* e del Peyron.

A peychoniers lo portal de Montpeylaret.

Item a sangnador et a barbiers lo portal del Legador.

Item a penhadors et ad albergadors de romieus lo portal de la Saunaria.

Item a tenchuriers et a razedors de pargamins et a pozandiers lo portal de la Blancaria.

Item a messiers de San Fermin [1] et als botoniers lo portal dObilhon.

Item a lezendiers et a mersiers de Castelmoton lo portal nou que va a San Daunizi.

Item a forniers et a pestres et a baruteylayres et a poliers lo portal nou del Peyron.

---

[1] E del sen gros.

LESCALA DEL DILHUS

Lescala del dilhus.

Item a pellissiers dauhels comandam lo portal San G. e del Peyron.

Item a pellissaria vayra et a corregiers et a iupiers lo portal de Montpeylayret e dObilhon e de San Daunizi.

Item assarcidors lo portal nou del Legador e de la Blancaria.

Item ad oliers et a teuliers et a barraliers lo portal San Gili.

Item a veyriers et a sotseliers lo portal de la Saunaria.

LESCALA DEL DIMARS

Lescala del dimars.

Item a lauoradors comandam lo portal de Montpeylayret e dObilhon e de la Saunaria e de San G. e del Peyron.

Item a messiers del Peyron comandam lo portal nou.

Item a blanquiers lo portal de la Blancaria e de San Gili e de San Daunizi.

Item a boquiers et a capeliers et a vayradors lo portal del Legador.

LESCALA DEL DIMECRES.

Lescala del dimecres.

Item a coyratiers [1] lo portal San Gili, de Montpeylayret e de Sant Daunizi.

Item assabatiers lo portal nou e del Legador e de la Blancaria.

Item a fabres [2] lo portal del Peyron e de San G*uillem*.

Item ad agulhiers et a soquiers et a cordiers et a cambiers et a payroliers et a freniers et a tozoyriers et a lanterniers lo portal dObilhon e de la Saunaria.

LESCALA DEL DIJOUS.

Lescala del dijous.

Item a cambiadors comandam lo portal San Gili e de Montpeylaret e de San Daunizi.

Item a canabasiers lo portal del Legador.

Item a liadors lo portal nou.

---

[1] Gayniers et escarceliers. [2] Et a senturiers.

Item a pebriers lo portal de la Blancaria.

Item a dauradors [1] lo portal San G.

Item ad especiayres et a candoradors lo portal dObilhon.

Item a messiers de Sant Nicholau et a polpriers lo portal de la Saunaria.

Item a basticrs et aneliers lo portal del Peyron.

LESCALA DEL DIVENRES.

Lescala del divenres.

Item a drapiers de la carieyra soteyrana lo portal dObilhon e de Sant Daunizi.

Item als drapiers de la sobeyrana lo portal de la Saunaria e de Sant G.

Item ad orgiers lo portal del Peyron e portal nou.

Item a floquiers lo portal de Montpeylayret.

Item a pelhiers lo portal del Legador.

Item ad aventuriers et a portadors de pelha lo portal Sant Gili.

Item a corratiers de mercadiers lo portal de la Blancaria.

LESCALA DEL DISSAPTE.

Lescala del dissapte.

Item als fustiers dObilhon lo portal dObilhon e de Montpeylayret.

Item als fustiers del Peyron lo portal del Peyron e portal nou.

Item a maistres de peyra lo portal de la Saunaria e de Sant G.

Item a manobras lo portal nou de San Daunizi.

Item a teychedors et a mouniers lo portal del Legador.

Item a taverniers lo portal de la Blancaria.

Item a menadors de bestias et a corratiers de bestias lo portal San Gili.

LESCALA DEL DIMERGE.

En lescala del dimergue son plagezes e notaris et advocastz e sangnadors e barbiers, tenchuriers e lezendiers e razedors de pargamins, e mazeliers de porcs e de vacas e de motons, e peysoniers et alberguiers

---

[1] Et a liadors del camp nou e de la peyra.

de romieus, e penhedors e forniers [1] e pestres e baruteladors e poliers e mesiers del sen gros e de San Fermin e de Castelmoton, e botoniers.

LESCALA DEL DILHUS.

De lescala del dilhus son pelissiers e corregiers e sartres e sarcidors [2], coberturiers e sotceliers e veyriers et oliers e teuliers e barraliers.

LESCALA DEL DIMARS.

De lescala del dimars son blanquiers e boquiers [3] e veyradors e capeliers e messiers [4] e lauoradors.

LESCALA DEL DIMECRES.

De lescala del dimecres son coyratiers e sabatiers e fabres et agulhers e payroliers, soquiers e freniers e tozoyriers e cordiers [5] e lanterniers.

LESCALA DEL DIJOUS.

De lescala del dijous son cambiadors, canabassiers e candoradors e liadors e speciadors e bastiers e corduriers e dauradors [6] et aneliers et affinadors dargen, e pebriers e messiers de San Nicholau [7].

LESCALA DEL DIVENRES

De lescala del divenres son drapiers e corratiers de mercadiers, et orgiers e pelhers e floquiers et alberguiers de mercadiers, et aventuriers e portadors de pelha [8].

LESCALA DEL DISSAPTE

De lescala del dissapte son fustiers e maistres de peyra, teychedors e menadors e mouniers e corratiers de bestias, e taverniers e rauriers [9], et alcuns lauoradors, bolliers e salliniers et arbalestiers.

ESTABLIMEN DELS BUTLONS DELS MESTIERS.

M CC. LII En lan de lEncarnation de Nostre Senhor M. e CC. LII. los segens foron cossols: en G. de Cruols, en Jo. de las Cazas, en Tozet Dausac, Bernat Ricart maier, Bernat de Montanhac, P. Jaufren, P. Garnier,

---

[1] Postiers. [2] E sediers. [3] Conresayres. [4] O revendeires. [5] E gayniers, spaziers, escarceliers e cambiers. [6] E senturiers. [7] E polpriers. [8] E placejayres e farniers. [9] E pozandiers e messatgiers, cotoniers autramens apelatz arquiayres.

P. de Sallellas, Bernat Dyeus lo Fes, Johan Guiraut, R. Jaufren, P. Garric, e feron aquest establimen sostz escrig ab los nostres successors cossols elegs, so es assaber: en Berenguier Atbran, Huc de iv. Cazas, Jo. Tavernier, R. Helias, B. Huc, P. Cabal, P. de Galazanegues, Jo. Berthomieu, Raynart de Vuelh, Jo. de Tornamira, P. de Carnas, Miquel Raustit. Nos cossols davandistz:

ESTABLIMEN DELS RUTLONS DE TAULAS.

Establem que cambiadors [1] aion x. rutlons per dos cossols, e daquestz x. rutlons donon cascun an a pebriers i. rutlon.

ESTABLIMEN DELS RUTLONS DE DRAPARIA VERMELHA.

Item la draparia vermelha [2] aion v. rutlons per un cossol, e daquels v. rutlons devon lo premier an i. rutlon a la pelharia [3].

ESTABLIMEN DELS RUTLONS DE DRAPARIE SOBEYRANA

Item draparie sobeyrana [4] aion v. rutlons per un cossol, e daquels v. rutlons dono un rutlon als pelhiers [5] lo segon an.

ESTABLEMEN DELS RUTLONS DE PELLICIERS.

Item pelissiers aion v. rutlons per un cossol, e daquels v. rutlons aia la carrieyra de la correiaria i. rutlon cascun an, els iv. rutlons son entre tozlz los autres pelliciers.

ESTABLIMEN DELS RUTLONS DELS ORGIERS.

Item los orgiers aion v. rutlons per un cossol, e daquels v. rutlons donon i. rutlon als pelhiers [6] lo ters an; et ayso sicum es dig de draparia vermelha [7], e de draparia sobeyrana [8], e de orgaria que donon i. rutlon a pelhers [9], se deu seguir per totz temps.

ESTABLIMEN DELS RUTLONS DE CANABASSIERS.

Item canabassiers aion v. rutlons per un cossol, e daquels v. rutlons donon i. rutlon cascun an als mersiers, et als especiadors de Sant-Nycholau.

---

[1] Taulas tenens e placeiayres. [2] Aras es de borjeges de plassa. [3] Aras es draparia de San-Fermin. [4] Aras sapela draparie vermelha. [5] So son drapiers de San-Fermin. [6] Que son aras drapiers de San-Fermin. [7] So es plassa. [8] So es la vermelha. [9] So son drapiers de San-Fermin.

ESTABLIMEN DELS RUTLONS DE MAZELIERS.

Item mazeliers aion v. rutlons per un cossol [1], e daquels v. rutlons donon a peychoniers cascun an i. rutlon.

ESTABLIMEN DELS RUTLONS DE COYRATIERS.

Item coyratiers aion v. rutlons per un cossol, e daquels v. rutlons donon ii. rutlons als sabatiers e i. als fabres lo premier an, et el segon an als fabres ii. et als sabatiers i.

ESTABLIMEN DELS RUTLONS DELS BLANQUIERS.

Item blanquiers aion v. rutlons per i. cossol cascun an.

ESTABLIMEN DELS RUTLONS DE FUSTIERS E DE PEYRIERS.

Item fustiers [2] aion v. rutlons per un cossol, e daquels v. rutlons devon donar ii. rutlons a maistres de peyra cascun an.

ESTABLIMEN DELS RUTLONS DELS LAUORADORS.

Item lauoradors aion v. rutlons per un cossol cascun an.

ESTABLIMEN COM SE DEVON ELEGIR COSSOLS E FAN SE LO PREMIER JORN DE MARS.

Sabedoyra cauza es quel premier jorn de mars fa hom la cloca de cossols de mestiers per rendre elegidors de cossols. E daquels que rendon cossols de mestiers devon los xii. cossols penre v. de cascuna de las escalas, tals que non puescon rutlar ni sien dignes a rutlar, e devon far per cascun daquels vii. elegidors v. rutlon. Et en laun daquels v. rutlons devon metre carta escricha e fegurada, et aquel que aura lo rutlon ab la carta escricha e figurada deu esser elegidors ab los cossols; et enaysi deu se seguir de totas las vii. escalas per vii. elegidors; e tostz los vii. eligidors ab los xii. cossols devon elegir lx. proshomes de las escalas sobre escrichas en aysi com se conten en la ordenamen sobre scrig. Et aquels lx. proshomes elegustz per los cossols e per los

---

[1] E dels iv. boatiers ne an i. e motonniers ii. e porcatiers i.

[2] So es assaber fustiers dou portal de Latas ii. rutlons, e fustiers del Peyron i.

vii. elegidors devon rutlar enaysi com dessus escrig es de v. en v. Et en aquesta election deu esser lo senhor rey si es en la terra si esser y vol, o un messatge sieu trames per lo dig senhor rey per esser en la election. Et aquel messatge deu esser de salsas en la el senhor rey al messatge de lui, si son en la election, an poder de vi. senhor rey per esser en la election et aquel messatge deu esser de salsas en la. El senhor rey ol messatge de lui si son en la election an poder de vi [1].

ESTABLIMENT QUE ASSESSOR SIA ANNAL.

VII. KAL. FEBR. M CC. LXXXV

E nom de Nostre Senhor Dyeus Jhu Crist. Amen. Nos G. Dorna, P. de Concas, R. de Combalhols, P. Corregier, Johan Delboys, G. Agulhon, Mathieu Sartre, R. Seguin, Nicholau Seguin, R. de Grabels, Phelip de Montpeyros e P. de Rodes, cossols de la vila de Montpeylier, attendens e vezens manifestamen las cauzas seguens esser mot profechoras e necessarias a la utilitat publica de la vila de Montpeylier, volens e dezirans tolre tota materia denveias e de discordias, e per tal que tot estamen de ben e de pas e de tranquilletat entrel cossolat el pobol de Montpeylier per tostz temps sia noyristz; per lo poder que nos avem destablir e de corregir e demendar, avut diligent conselh motas vegadas ab nostre cosselh secret e cregut, et encaras de volontat de tot lo pobol de Montpeylier convocat en la mayon del cosselh a las clocas, ayssi quan acostumat es, establem, et establen promulgam las cauzas seguens gardadoyras per tostz temps et observadoyras, so es assaber:

Que qual que sia huey mays elegustz o deputastz en assessor de

---

[1] Et licet dominus rex debeat sive possit interesse hujus modi electioni vel missus ab eo, si tamen non sit presens vel non mitat, poterit fieri electio predicta nichilominus per ipsos consules et electores prout continetur in libro vocato Thalamus, fol. c. xxix; dictus tamen missus non potest nec debet esse locum tenens domini in Montepessulano nec aliquis de Montepessulano vel tota ejus dominatione; nec debent rullare de una domo duo, ut eodem libro Thalamus, fol. c. xxix, ubi est registrata littera regia Philippi continens confirmationem modi creandi novos consules.

cossols de Montpeylier o luoctenent dassessor, sia per tostz temps annals, e per I. an tantz solamen en lo dig uffizi puesca estar daqui avan, et enayssi empero que complit lan de son uffizi, de III. ans aprop continus e complistz, en uffizi dassessor ni de luoctenent dassessor de cossols de Montpeylier, non puesca tornar, aytan pauc cum li cossols de Montpeylier retornon en lur uffizi entro III. ans passastz, ni podon retornar ; lequal assessor o luoctenent, si als cossols plazera, sia elegustz el comensamen de lur regimen, o quant ad els plazera, segon quels negocis del consolat requeran.

Establens et adordenans destrechamens aquestz establimen per tostz temps esser observastz e gardastz ses tota violentia ; els cossols esser obligat, per lur sagramen que faran en public a Nostra Dona lo premier jorn de lur regimen, lo dig se observadors e gardadors totz lur temps ses totz franhemen.

Las sobre dichas cauzas totas e cascunas establir et adordenar entendem, salva totas horas remanen la honor e la ficeltat e la jurisdiction de Nostre Senhor lo Rey de Malhorgas, Senhor de Montpeylier, e salvas totas libertastz e nostras costumas e nostres bons uses.

Las sobredichas cauzas totas foron fachas et establidas e lauzadas per los digs cossols et universitat, e juradas sus els sans de Dyeu euvangelis tocastz per la man den R. Roch, syndic del digs cossols, et universitat en lur armas, en la mayon del cossolat, en lan de lEncarnation de Nostre Senhor M. CC. LXXXV. so es ad saber el VII. de las kalendas de febrier, en presencia et en testimoni de Messier P. de Tornamira, de Messier Jo. de Pena, de Messier G. de Sant Martin, doctors en leys, de Messier Jo. Marc, savi en dreg, den G. Ar., den R. de Rodes, den Jo. Pelhier, notaris, den Durant Bedos de Montbazenh, den Jo. Dalauzon de Frontinhan, den G. Bonhome de Vilanova, den Est. de la Rouveyra de Miravals, e de motz dautres, e de me Jo. de Foychac, public notari de Montpeylier, loqual del mandamen del dihs senhors e de la universitat davan dichas, totas las causas desus escrichas ay escrih.

ESTABLIMENT DE SALARI DE ASSESSOR E QUE CLAVARIS RENDON COMPTE.

XII. KAL. APR. M. CC. XCIII. En nom de Nostre Senhor Dyeu Jhu Crist. Quar las causas que comunamens aprofiechon son prepauradoyras a profiegs singulars segon las legittimas sanctions. Per amor dayso, nos Huc Ricart, Jacme Lambert, G. de Peyrotas, Pons Flequier, Bn. de Ribauta, Bn. Picalh, P. de Monferrier, G. Vigoros, R. de Campanhac, Bn. de Castelnou, P. Gili, cossols de la vila de Montpeylier, per nos e per Nuc Alamandin cossol nostre absen, e per nostre successors cossols de la dicha vila aprop nos, per lo poder que avem destablir, establem las cauzas seguens per tostz temps gardadoyras e servadoyras, avut premieyramens diverses conselh e grans deliberations ab cosselh secret e cregut, e lauzat e confermat per lo pobol de Montpeylier ajustat en la mayon del conselh al son de la cloqua, segon que acostumat es, so es assaber :

Que qui que sia hueys mays elegut en assessor de cossols, aia e percepia per son salari e per son trebalh de tot lan que sera assessor, tan solamens LX. libras de Melguel ses plus, otra las quals los cossols non li auzon plus donar ren per se o per autre en luoc dels, la qual soma de las LX. libras, si veiayre es a cossols, fazen convenen ab lo dih assessor, segon la varietat dels negocis e las conditions de las personas, puescon, si ad els es aveiaire, amermar, e non lur sia legut de creycher.

Per aqui mezeys establem per tostz temps perdurablamen gardador, que qui que sian huoy mays clavaris del cossolat, sian tengustz per tostz temps cascun an en la fin de lur ufici, so es assaber denfra los premiers XV. dias del comessamen del cossolat de lur successors, de la aministration de la clavaria redre bon comte e lial e razon distinctamens de tot so que auran receuput e despes per razon de lur aministration davan dicha ; lo qual compte sian tengustz de rendre en la presencia de lur successor sobre distz o de la maior part, e de VI. proshomes del cosselh secret del distz cossols, et encaras de VII. proshomes, so es assaber un de cascuna de las escalas, aytals com cossols cognoycheran per melhors e plus sufficiens ad auzir lo dig compte.

Ad aquest prezent establimen aiustam, que negun temps non leza a clavari o a clavaris del cossolat de Montpeylier, autreyar a neguna persona, ni sagelar carta, ni letra, ni albara que contengua obligation de deniers, si non o fazian despressa licentia e sciencia de tostz los autres cossols, o almens de las dos parst dels; e si en autra manieyra autrayavan o sagelavan carta o letra o albara a neguna persona, volem quel albara o letra o carta defalha de tota vigor et efficacia, e non aia vertut ni valor, e que cossols non sian tengustz de pagar deute contengustz en aytal carta, letra o albara.

Establem encaras que qui que sia cossols de Montpeylier de mar, daqui avans per tostz temps cascun an sian tengustz de rendre compte defra xv. jorns propdans apres lur yschida als cossols de mar lur successors, prezens cossols maiors o la maior part dels en la mayon del conssolat.

Adordenans et establens per lo poder de que uzam, per tostz temps daqui avan totas las davan dichas cauzas valer, e vigor efficacia perpetual obtener, els cossols que per temps seran esser tengustz e liastz a gardar entieyramens totas las dichas cauzas per sagramen, loqual se espresse cascun an en la festa de Nostra Dona de Mars, en prezentia de tot lo pobol aiustat per lo sagramen dels cossols novels en la gleya de Nostra Dona de las Taulas, segon que es acostumat.

E totas las dichas cauzas establir et adordenar volem et entendem, salva remanent tostz temps la domination e la jurisdiction de nostre senhor lo rey de Malhorgas, senhor de Monpeylier, e ramanen salvas e non nafradas las libertatz, costumas e previleges e bons uzes de Montpeylier prezens et esdevenidors. E nos G. del Pos, en P. Romieu, syndics dels digs cossols e de la universitat de Montpeylier, vezens e conoychens totas las devan dichas cauzas esser profechozas als distz cossols et al cossolat et a tota la dicha universitat et a cascun daquela, totas las cauzas lauzam et approam e confermam, e que sian totas las dichas cauzas gardadas et observadas per los distz cossols e per lur successors per tostz temps, de mandamen dels cossols desus nompnastz e de tota la dicha universitat, en las armas dels cossols o juram sus los sans avangelis de Dyeu de nos corporamens tocastz.

Aquestas cauzas foron fachas, ordenadas et publicadas en la mayzon del cossolat, en lan de lEncarnation de Nostre Senhor M. CC. XCIII. a XII. kalendas dabril, en prezencia et en testimoni den G. de Sant Dahon de Figac, den Rn. Berria de Masselhan, mercadiers, de Girart de Bezanson, den Julian Dalvernhe, Rn. de Dozenes, Jo. Eymeric, Symon Torena, Johan Ferrando, Symon Catalan, messatges de cosselh e de la obra, den Huc de Villanova, den Phelip de Montpeyros, sabbatier, e de mostz autres, e de me Johan de Foychac, notari public de Montpeylier e del cossolat, que pregastz e requistz totas las causas davan dichas escrieysi.

ESTABLIMENT QUE OFFICIERS DE LA BAYLIA DEVONT ESTRE NASTZ EN MONTPESLIER O AVER FACHA ESTAGA PER X. ANS EN LA D. VILLA.

Lo bayle elegut a la cort de Montpeylier per aquel que tenra lo luoc de mosenhor lo rey e per los cossols de Montpeylier prenga et aya conselh e sostbayle e juge e notari e vigier; am conselh et am volontat de cossols aquels elegisca.

Neguns hom en la cort de Montpeylier non tenga offici de bayle o de sotbayle [1] o de viguier si non es nastz en Montpeylier o els barris, o si non ha fag domicili o ha facha estatga en Montpeylier per x. ans. Ni neguns non aya offici de jutge o de assessor en la cort, si non es nastz en la villa de Montpeylier o els barris daycela, o domicili aura avut o estatga aia facha per v. ans, pueys que aura jurat al senhor et al comun de Montpeylier, per so que de sa fama e de sas costumas conoychensa puesca hom plenieyramens aver enans que a neguns dels officis sia elegustz. E bayle e sotbayle e tugs li autres curials cascun sian tengustz de jurar el sagramental lo qual fon tostz ans al parlamen, so es assaber que neguna cauza non aion donada ni promessa ni prestada ni neguna cauza daquestas non aion facha ni faran en frau o en deception per se ni per autre, per so que en negun dels officis sobre digz sia elegustz.

---

[1] O de sotjuge.

Nos prevezens a la publica utilitat establem que si neguns homs sera avut cossols, denfra un an fenit luffici de son consolat non puesca esser bayle. E bayle de la cort en neguna manieyra sia elegustz dins lan apres en cossol defra aquel an que serat fenistz son offici.

LA COMPOSITION DEL SENHOR REY E DELS COSSOLS E DE LA UNIVERSITAT DE LA VILA DE MONTPESLIER.

IV. ID DEC. M CC LVIII. Nos en Jacme per la gracia de Dyeu, rey dAragon e de Mayorcas e de Valencia, coms de Barcelona e dUrgel, e senher de Montpeylier, ad honor de la Sancta Trenitat e de la Verge gloriosa e de tostz los Sans, e per gracia de nostre car amic Loys onrat rey de Fransa del qual preguieyras receupem, en aquesta part a la universitat de Montpeylier et a cascun de la dicha universitat totas las enjurias e las offensas de dig o de fag a nos o als nostres enfans o als nostres messatges o als trameses de nos o a la maynada dels per los homes de la dicha universitat o per alcuns dels vius o morstz sa en reyre fachas remetem et aquitiam de bon coratge tant als vivens quant als heres dels mortz sals als mandamens nostres que sostz se conteno.

E comensamen diligenmen entendem provezer en qual manieyra la nostra cort de Montpeylier fiselmens e puramens ses alcuna corruption sia adordenada, e pur dreg en aquela senes acceptamen de nombre de personas sia rendustz. Lo baile de la dicha cort justa la manieyra antiqua de nos e de nostres ansessors, can aysso aproada bon et util e lial, de la villa de Montpeylier elegir volem e mandam, lo qual per nostre albire elegem e cream [1] cant en la villa de Montpeylier la election sera fazedoyra. Empero en nostra absentia volem en aychi provezir. Establem e mandam que cascun an e avans la Nativetat de san Joham Baptista per IV. dias aquel que nostre luoc tenra en la villa de Montpeylier am los cossols sajustaran en la gleya de madona Sancta Maria justa lo nostre palays, e can en la gleya seran sobre dicha els cossols, totz los autres deforas e las portas de la gleya

---

[1] Si en la villa serem quant.....

clauzas, lo nostre luoc tenent enans que al nomnamen o la election de bayle procesisca davan los cossols fassa aytal sagramen: Jeu aytal nomnaray ayssi en bayle de lan esdevenidor a regir la cort de Montpeylier ad honor et ad utilitat de mon senhor lo Rey e de la vila bona et util e lial persona segon que yeu fermamens mazisme, e negun no nomnaray del cal aia avut ni esper ad aver don ni servizi per aquesta cauza ni dautra persona per el ni daysi enans recebray, ni alcun que ayssi yeu nomne non certifiey ni esperansa ad el non doniey per paraula ni per signe ni per escrig per me o per autre de la baylia ad aver, ni negun non nomnaray que me aia preguat o fag pregar de la baylia; e si daquel loqual avos nomnaray premieyramens ab vos cossols o savals ab lamitat acordar nons poyriam, avos demantenen IV. en nomnaray e daquels IV. elegeray et establiray bayle en loqual la maior part o savals la mitat consentira; empero enaysi que si la mitat de vos en I. consentira e lautra mitat en autre leza ame tener ab la part quem volray, et ayssi o attendrai a bona fe per aquestz sans de Dyeu avangelis de me tocastz. E cascun dels iuraran en ayssi: yeu daray bon cosselh e lial segon ma conscientia a te luoc tenent de mon senhor lo Rey sobre la election de bayle de la cort per lan esdevenidor, tan sobre la persona que a te nomnar plazera, tan sobre las autras que per me o per los autres cossols seran nomnastz, e per amistat o per parentesc non sostz pauzaray lo mens digne a lautre mais digne, ni per odi lo mays digne al mens digne, ni negun non nomnaray del cal don o servizi aia avut o esper ad aver per aquesta cauza o ab autra persona per el. Ni alcun non nomnaray que me aia pregat o fag pregar de la baylia o alcuns de mons companhos que yeu sapia; e si de serta persona refudadoyra say precizamen esser tractat o alcuna concordia o convenent fag aquo demantenent a te revelaray, et ayssi o atenray et o compliray a bona fe e per aquest sans avangelis de me tocastz.

Aquestas manieyras de sagramen fachas, volem e mandam quel nostre luoc tenen membrans de salut nomne persona bona et util e lial a luffici de la baylia daquel an a tener, e li cossols sis volran puescon autre o autres nomnar, e si la collation avuda lo nostre luoctenen a la maior part dels cossols o saval la mitat ab el en I. dels nomnastz cossentiran, aquel demantenen ab que se tenra lo nostre luoc tenent bayle sia adordenat; e si per aventura la mitat de vos en I. consentira e lautra mitat en autre al nostre luoctenen lezera tener a la part quel volra et aquel avan metre local segon lautreyamen de lautra part sera elegidors. Si empero lo nostre luoc tenen ab los cossols o ab la maior part dels, o savals ab la mitat en alcun dels nomnastz acordar nos poyran, adonc lo dig luoctenent nostre sia tengustz demantenen, als digs cossols IIII. personas nomnar de Montpeylier segon sa consciensia bonas et utils e lials a tener lufici sobredig, e li cossols en I. daquels quatre en contenen so es avan que yscon de la gleya mestier an de convenir si podon et en bayle aquel recebre. Si empero en I. daquels IIII. acordar nons poyran o non volran li dig cossols o saval la mitat dels, adonx aquel que nostre luoc tenra I. dels digs IIII. loqual el volra en bayle elegir sia establit la premieyra ves de nostra part can le nostre luoctenen e li cossols en la dicha gleya sajustaran; e non quieyron cosselh de foras ni alcun autre a lur cosselh non recepion; empero volem e mandam que en aquels IIII. los quals nostre luoc tenen nomnara non puesca payre e filh ni II. personas estans en una mayon ni dos frayres, iasi aysso que essems non estion, nomnar.

Empero en la forma desus dicha lo bayle creat demantenent sia appellastz e fassa lo sagramen acostumat. Aysso es aiustat et espres al sagramen del que per la baylia ad aver al nostre luoctenen o ad alcun dels cossols o ad alcuna persona autra non donet ni promes ni donara ni prometra, ni alcun non preguet ni fes pregar per donar o procurar a se la baylia, e que ufficials o curials elegisca et establisca en cascun dels ufficis los quals creza bons et utils e lials, des quals non aia avut ni espere ad aver don ni servizi dalcun per aquesta cauza, e que en luffizi non pauze negun que sia perjurastz nil naia pregat ni fag pregar per alcun uffici a se donar.

Apres volem e mandam quel bayle creat demantenent so es enans que del dig luoc se departa, nomne los ufficials, los quals nomnastz ad el non leza de mudar. Empero aquels nomnar et establir francamens per sa voluntat puesca.

E si alcun dels ufficials morir sesdevenra luffici non complit, o per alcuna colpa de luffici sera remogustz, puesca e deia autre en luoc daquel ses tota corruption ayssi com dig es metre. E per so que totas manieyras de corruption e de tota frau sian remogudas, prometem a bona fe als cossols et a la universitat de la vila de Montpeylier que nos de negun non recipiam servizi o don per la baylia ad alcun a donar ni autreiar en nostra prezentia o absentia.

Establem que si alcun per la baylia ad aver al nostre luoc tenen o ad alcun del cossols o ad autra persona de nostra jurisdiction qualque cauza aia promes o donat, en catre tans sia condampnastz ; de la cal cauza la mitat al nostre bayle sia, e lautra mitat ad aquel que la cauza descobrira ; e sobre que tot tan la donant quan lo prenden ol receben del uffici que adonx tenra demantenen sia remogustz et adonx en tostz temps de la vila de Montpeylier de tot public uffici senes esperansa de restauramen e de perdon daquel fag ab enfamia sia gitastz. E per tal que totas aquestas cauzas plus formen sian temsudas e tengudas, aquelas en larma nostra jurar fazem per Raychemen P. Darenoza cavalier nostre en nostre nom e per nostre mandamen, obligans dayssi avans cascun de nostres successors que per temps senher de la vila de Montpeylier seran al iuramen semblam can senhors premieyramen fastz seran, et en la vila de Montpeylier venran iuron.

Empero car li cossols daquest luoc del temps ensay que ab nos agron discordia fezeron dos bayles senes lo nostre luoc tenen, enans el de tot en tot contradizen et autre nomnan, so es assaber en B. Frutgier et en Symon Ricart; iassi aysso que luna et lautra dels bayles creation neguna fos et emprejurizi de nostre dreg fon assaiat, nos empero aquelas cauzas que per los digs bayles e per los ufficials dels fachas son per razon de lur uffici que de fag avion fag ayssi volem que valha com si li dig baylos degudamen fosson establit, et aquestas cauzas per publica utilitat establem.

Empero car el temps passatz li bayles de nostra cort en aquesta vila en torn las justizias els lauzimis remetedors de tot en tot et en part libertat ad els trop es donada e per auctoritat non deguda usurpavon, per laqual mostz crims impunistz remanion, nos establem e volem e mandam quel bayle am sos officials en torn los crims corporals o peccunials punidors segon que las diversitastz dels fags e conditions de personas sera de requerre, Dyeus avens davans sos uelhs, remenbrans de son sagramen, fassa so que deura ; al cal poder de dreg autreyam ni non merimam ni artam que ad el non leza en donan sententia grevior o levior provisablamen pena pauzar segon que dregs establischon e dispenson.

Empero pueys que a mort o a pena alcuna corporal o ad issilh alcuns seran condampnastz, donada sentencia, al bayle revocar non leza ni mudar senes nostre autreyamen o de nostre luoctenent; mays si alcunas de las penas desus dichas donadas seran per homicidi o per nafra o per alcuna greu causa, neguna remission o mandamen non sia fags de pena senes autreyamen daquel que la enjuria aura suffertada o de son heres.

Empero se alcuns per crim peccunialmen seran condampnastz leza al bayle segon que ad el sera vistz de cauza proada et honesta de la dicha condampnation remetre puesca la quinta part, e plus de remetre ad el non leza senes nostre autreyamen o del nostre luoctenent. Sí donx le colpable peccunialmens condampnat pagar non poyria adonx al bayle leza la peccunial pena en autra pena mudar.

Empero de la justicia la qual la nostra cort recep daquels que son condampnastz de injuria aquo mezeys dizem et establem que al bayle leza de las dichas justizias remetre la quinta part josta la forma desus dicha.

Delz lauzimis volem e mandam quel bayle josta la qualitat de las personas et uz comuns dels autres senhors que lauzimis acostumeron de recebre en aquesta vila remession puesca far alcuna maior o menor, segon que al bayle sera vist de far. Empero enaysi esgardada la quantitat del pres per cascuna lieura almens II. sols a nos retengua, e del lauzimi maior remission non fassa senes nostre autreyamen o del nostre luoctenen. Empero en sa fe o pauzam et en peril de son sagramen que daquela persona a cuy gracia fara del lauzimi don o servizi alcun per aysso a se o als sieus non recepia ni esper ad aver.

Ley municipal o costuma atrobam en aquest luoc que fa agardar que cascun habitayre de Montpeylier per mayzon o logal sieu, de qualque pres sia petistz o gran, deu salvar copas e leudas, de la cal costuma o lei motz trobam mal uzans; car contra ver e propri entendemen de paraulas, li estrang de tot en tot domicili non avens per mayzon o logal que aqui auran, aquil de la franqueza volon uzar e gauzir en prejurizi de nostre dreg. Empero alcuns que las nostras rendas percepion aquels tansolamens al benefici de la dicha libertat prenion li cal defra lemuriamen dels murs am mayzon o logals o els barris sot nostra senhoria, e sis tenion dautres senhors aquels de la dicha franqueza de tot en tot son remogustz. Nos emperamor daysso reproan lun e lautre mal uzans, tostz los habitadors de Montpeylier que defrals murs o els barris sot nostra senhoria o dels autres mayzons lurs o logals an o daysi enan auran a la dicha libertat recebem. Et aysso dizem can al dreg que en las leudas o en las copas perceben, lo dreg den Pons de Montlaur e dels autres vassals nostres per aysso non volens mermar nil nostre en alcuna cauza creycher. Empero aquels que non an domicili en aquesta vila o els sostz barris de la dicha ley municipal o costuma declaram e dizem els daquela non puescon uzar.

Empero car li cossols de volontat de la prezen universitat se sostzmeron al nostre mandamen sotz la forma que en las letras dels se conten, de las mealhas que fan levar el castel de Latas deslivrarem can sera fazedor.

Empero car li juzueu cais en totas terras de crestians a la servitut dels princeps son sotzmesses per la contumelia que feron a nostre creator, nos als cossols daquesta vila prezens et esdevenidors fermamens comandam que als juzeus ayssi estans ni dayssi en avan estaran neguna action ni demanda non fasson empreiuzizi de la nostra jurisdiction o de nostra honor.

Empero car apres la discordia moguda per auctoritat de cossols e del cosselh mostz sagramens fastz son estiers los acostumastz trastostz cassar et en public parlamen desfar comandam, tengustz dels sagramens que acostumastz ab antic son de far: en losquals entendem aquel que es appellat cloca darmats, car aquel ab antic avem apres desser de far e tan los perils de nostra senhoria quan de la vila esquivar. Empero als cossols prezens et esdevenidors destrechamens comandam que per leus cauzas la cloca dels armastz non fasson mais per cauza necessaria e per justa, indaque la em prejuzizi dreg non uzon.

Apres volem e comandam que tostz los homes daquesta vila que son de lial etat de jurar juron. a nos fezeutat de novel espressamens que apres la mort nostra, an Jacme fil nostre fizels sian. E nos del sagramen local an P. filh nostre avien fag, els premieyramens fazem absolvre, e per tal que sobre las costumas o leys municipals daquesta vila non puesca dayssi avan en ren duptar, nos sobre totas aquelas nostre entendemen sagellat sostz escrivem, local atrastostz volem e comandam senes calumpnia cascuña gardar segon aquel nostre entendemen, las dichas costumas e leys municipals e las libertatz els bons uzes per auctoritat real conferman. Las cals totas cauzas recitadas Raychemen Peyre nostre sobre Sans de Dyeu juret et en larma nostra, nos els nostres successors esdevenidors senhors de Montpeylier fizelmen servar et atendre als digs successors nostres ayssi com de sobre promezi. En apres mon senhor en P. filh de mon senhor lo rey de mandamen del espres, li cossols e la universitat de Montpeylier e cascun daquela al sagramen de la fizeutat lo qual say enreire a lui per mandamen de mon senhor lo rey avian fag de tot en tot absols et aquitiet. Empero li cossols per se e per universitat, e per tota aquela universitat e cascun daquela, als sagramens trastostz que del temps de la dicha discordia moguda entrel senhor rey e la vila de Montpeylier, estiers los acostumatz per los cossols e per la universitat sobre dicha fastz foron, de tot en tot trastostz absolgron.

Fag fon el plan josta la maon dels frayres prezicadors de Montpeylier, el cal luoc lo pobol a public parlamen al mandamen del senhor rey vengron, so es assaber IV. ydus decembre, en lan de Nostre Senhor M. CC. LVIII. e presentia et en guerentia dels honrastz payre en Jacme arcivesque de Narbona, e den Gui avesque del Puey, e de A. avesque de Barsalona, e den G. avesque de Magalona, e den Pons prevost de Magalona, e de frayre P. R. prior dels prezicadors, e de frayre P. Baston gardian dels menors, e del Comps de Rodes, e den R. Gaucelin senhor de Lunel, e dautres mostz.

ESTABLIMEN QUE BAYLE NON PUESCA TORNAR EN SON UFFICI TRO PASSAT IV. ANS.

VI. KAL. NOV. M. CC. LXVIII. Conoscon tug que nos en Jacme per la gracia de Dyeu rey dAragon e de Malhorguas e de Valentia, coms de Barsalona e dOrgel e senhor de Montpeylier, per nos e per nostres successors donam et autreyam a vos cossols et proshomes de Montpeylier et a la universitat de Montpeylier prezens et esdevenidors per tostz temps, que negun que sia bayles estatz de la cort nostra de Montpeylier, non y puesca tornar en aquela baylia de IV. ans seguens.

ESTABLIMEN QUE CASCUN AN MUDA HOM SYNDIXS.

Establit es que cascun an en la kalendas dabril sian elegustz e creastz per los cossols e per nom del cossolat e de tota la comunaleza de Montpeylier dos proshomes de Montpeylier e lials per sindics o procuradors o actors de tota comunaleza de Montpeylier, liqual elegut per los digs cossols ayssi com dig es non se puescon escuzar de luffici del syndigat, si non per justa e per lial cauza. Empero si defra lan loqual seran sindix per aventura seran creastz o elegustz amdos o lun dels en cossols maiors de Montpeylier o en baylon o en sotzbaylon o en obrier de la comunal clauzura, non se puescon escuzar que a luffizi dels cossols maiors o del baylon o del sostzbaylon o dels obriers de la comunal clauzura francamens sian pres non contrastan luffizi del syndicat.

Li quals syndix en public cosselh e general aytal sagramen fasson: Jeu hom elegustz en sindix de Montpeylier prometi a vos senhors cossols de Montpeylier, recebens per vos e per lo cossolat e per tota la comunaleza de Montpeylier e per cascun daquela comunaleza e per vos, ad aquela comunetat o universitat de Montpeylier et a cascun daquela, que en aquestz uffici de syndicat o dactoria per tostz temps que yeu seray sindix me auray ben e ficelmens et utilmens al mielhs que ye poyray ni conoycheray a bona fe; et en totas cauzas e per totas cauzas a vostra requista e cosselhs e mandamens estaray sobre totas cauzas e cascuna que al dig uffizi pertenran; e trastotas aquelas cauzas e cascuna que yeu veyray e conoycheray esser utils a vos et al cossolat et a la comunalcza ab totas mas forssas a bona fe, avut vostre cosselh, faray e procuraray, et aquelas que a me seran vistas non profechans o dampnosas de tot en tot esquivaray, et en totas cauzas e per totas fizelmens et obedienmens me auray et estaray als vostres cosselh et als vostres mandamens sobre aquelas cauzas que a luffici del dig syndigat pertenran; e totas aquestas cauzas promete ayssi com dig e jur per aquest sans avangelis de me corporalmens tocastz.

ESTABLIMEN DE LA ELECTION DE COSSOLS DE MAR.

M CC LVIII. Cum sobre la election de cossols de mar fazedoyra non fos neguna certa forma, mays el temps passatz per us non convinen ni agradable aver procezit, nos cossols de Montpeylier, so es assaber: en R. de Sauzet, en Jo. de Bordelas, Nest. Rog, en R. de Cassilhac, P. de Lunel, R. de Clapiers, R. Cavalier, Jo. de Jovinhac, Bertran de Varanegues, R. Miquel, P. Marques, B. Barthomieu, a requista et ad instantia de mostz proshomes de Montpeylier sobre la election de cossols de mar fazedoyra dayssi enan, liqual devon esser un convinhable remezi aver, avut diligen cosselh e tractamen en tal manieyra volem provezer so es assaber:

Que dayssi enan cascun an en las vespras dannuou xx. baros per cossols maiors de Montpeylier, donastz dels cossols sagramen corporal que aquels bons et utils a luffizi de cossolat de mar elegian, segon que lur conscientia dechara, sian elegustz; liqual xx. elegutz per los digs cossols en IV. parts sian despartistz, en cascun dels quals v. sian pauzastz, e sian fachas v. cartas, en una de las cals tan solamen sia alcuna escriptura o figura, e cascuna carta sia enclauza defral rutlon de cera dun pes e duna color, e per hom non conogut o per alcun enfan sera donatz a cascun dels I. rutlon; en local sera la carta escricha o figurada sia entendustz cossol de mar daquel an, e sia cossols de mar daquel an. Et ayssi sia fag daquels dels quals laministration comessara en las kalendas de janvier, e neguns daquels que cossols de mar auran estat non deuon esser elegustz ni prezes en aquel uffizi denfra III. ans propdans, comdadors del temps de lur uffizi fenit.

ESTABLIMENT DELS COSSOLS DE MAR.

En nom de Dieu : per aisso quar covinabla cauza es dumana natura quel profieg de cadauna cauza segon aquels los quals segon los dans e las despensas, emperamor daisso nos cossols de Montpeslier havens plenier poder destablir aquelas cauzas totas e cadauna que a nos vistas seran ad utilitat del comunal de Montpeslier pertener, per aquest present establiment fermamens valedor, a la causa publica salublamens pervesens,

Establiem que IV. proshomes sian elegutz per los XII. cossols a recebre las mesalhas o autra quantitat de nos establidoira o dels successors nostres, dels navegans de Montpeslier o del castel de Latas per mar o per estanh, anant o tornant, o a Montpeslier o a Latas per mar o per estanh venent; li quals negeus IV. proshomes cossols de mar sian apelatz. Et aquist cossols de mar hajon plenier poder de la sobredicha exaction per se o per autres de recebre et de destrenher de totz navegans e de cadaun, estiers daquels que aportarían blat o farina o carns per mar o per estanh a Montpeslier o a Latas, e salva remanent la franquesa la qual han li Genoeses els Pisans per la composicion entre ells e nos facha; e negueus receubuda la dicha exaction hajon poder de despendre ad encaussar raubadors e mals homes de mar e destanh, et a melhurar lo gra e la goleta, et en autras causas que far se puescon per que plus seguramens e plus utilmens se puesca far lo navegament; et empero en las majors despensas sian tengutz de requerre nostre cossell o dels successors nostres, et estar al nostre cossell o dels successors nostres. Empero las majors despensas entendem passans la summa de x. libras de Melguel, en I. o per I. negoci despendedoiras.

Encaras establiem que lur poder dure ses plus per I. an, e comesson a regir en la festa dannou, et en la vigilia dannou juraran als XII. cossols segon que el sagramental sobre aisso fag se conten; et en la fin del an rendran conte als cossols.

Peraquimeteus nos XII. cossols prometem e convenem a vos cossols de mar que en las dichas mesalhas o en la exaction sobredicha neguna cauza non toquarem ni recebrem, ni toquar ni recebre farem ni direm. Si Dieus nos ajut et aquestz sants evangelis de Dieu de nos corporalmens toquatz. E prometem et convenem a vos sobre digs cossols de mar quel davant dig sagrament faran nostres successors devant que alcuna cauza aministron, e curarem e farem far que ells prometon sotz sagrament que a lurs successors aquestz meteus requieiron sagrament.

ESTABLIMEN SOBRE LA ELECTION DELS OBRIERS.

Sabedoyra cauza es que cascun an en la vegilia de Tostz-sans lo matin se fa cloca del sen gros a la qual li cossols dels mestiers devon venir e rendre eligidors dobriers, e cant tug li cossols dels mestiers, almens aquels dels prencipals e dels melhors mestiers, ja si aysso que de tostz mestiers puesca hom rendre elegidors. Cossols se devon estrenher ad una part ab lescrih dels digs elegidors et aqui triar de cascuna de las escalas II. proshomes bons e lials e de bona fama, de guiza que sian XIV. elegidors, II. de cascuna escala; liquals XIV. tantostz sian appellastz; e si per aventura alcun daquels XIV. non podia venir que agues justa escuzation, o non lo podia hom atrobar, metan li cossols I. autre en luoc daquel daquela meteycha escala; li quals XIV. essems aiustastz devon far en poder de cossols lo sagramen acostumat, e fag lo sagramen procezir a la election dobriers. Losquals obriers per los digs XIV. tan solamen elegustz non devon esser nomnastz ni saupustz entre lendeman, so es lo dia de Tostz-sans, quels digs elegidors en prezentia de tot lo cosselh los devon nomnar; e pueys cant a cossols plazera li digs obriers devon esser appellastz per far lo sagramen acostumat en poder de cossols. Et aquesta manieyra de election deu esser, ayssi cant adordenat es desus, gardada e servada per tostz temps.

ESTABLIMEN DE LAS CLAUS DE LAS CAYCHAS A LESPITAL DE SAN JOHAN DE JERUZALEM.

MENS. FEBR. M.CC.LVIII. Nos cossols de Montpeylier, so es assaber: R. de Cassilhac, R. de Sauzet, P. de Lunel, Jo. de Bordelas, St. Rog, Jo. de Juvinhac, Bernat Berthomieu, Bertrand de Venranegues, P. Marques, R. de

Clapiers, R. Cavalier, R. Miquel, avut diligen cosselh e tractat, establem et adordenam perdurablemens el temps ques avenir servador, las quals daquelas IV. claus de larca que es en la mayzon de lespital de San Johan de Jerussalem, en la qual so es assaber estan e son gardadas las costumas de Montpeylier e las autras cartas al cossolat et a la universitat pertenens, tengon los cossols de Montpeylier e gardon, so es assaber en aquesta manieyra : que cascun an aquels dos cossols que seran claviers tengon II. de las dichas claus, so es assaber cascun una, els autres II. cossols, dels quals entre se seran acordastz, autras II., so es assaber cascun una.

Promulgat fon aquest establimen en lan de Nostre Senhor M. CC. LVIII. so es assaber el mez de febrier.

QUEL SEN GROS NON SONE SI NON PER PERSONAT O PER COSSOL O PER BAYLE.

Establem quel sen gros non sone per neguna persona que passe daquestz segle en Montpeylier, si non era senhor de terra o prelat o cossol o assessors de cossols.

ESTABLIMENT QUE HOM NON SIA TENGUTZ DE DONAR AD EMBAISHADOR QUE HOM TRAMETA PER LA VILA DE MONTPESLIER, MAIS V. S. QUASCUN JORN PER UNA BESTIA.

XIV KAL MART M.CC LXXXVIII. In nomine Domini. Nos cossols de Montpeslier, per nos e per tostz nostres successors avenidors cossols de Montpeslier, havut motas vegadas diligent cossell e tractament ab nostre secret cossell cregut et encaras general, en lo qual la universitat de Montpeslier era en la maison del cossolat, a la pulsation de las campanas de la glieisa de Sancta Maria de las Taulas, segon que acostumat es, ajustada, presens et encaras volens e consentens los honratz, e discretz, en G. Delpos lo Vieill, en Esteve Sivada, sindics nostres e de la dicha universitat, de cossell e de voluntat espressa dels digs sindics de la universitat e de cossell, per lo poder que usam destablir.

Ordenam et establiem los enfra scrigs establimens per totz temps observadors, so es assaber: que quant seran tramesses ambaissadors o ambaissador per alcun negocis, que per las despensas del ambaissador non sian donatz per una bestia mais v. s. en i. jorn; e si mena doas bestias x. s. e si iii. xv. s. et en aissi per quascuna bestia v. s. tan solamens li sian assignats, en los quals v. s. entendon totas las despensas de las personas e de las bestias, e del loguier dels homes e de las bestias; et a neguna autra cauza per despensas ad aquel ambaissador o ambaissadors, los davant digs cossols o la davant dicha universitat non sian tengutz.

Item daissi avant, li obrier de la comunal clausura de Montpeslier non puescon, ni ad ells o ad alcun dels lesa empenhorar, donar ad acapte, vendre o en alcun titol dalienacion alienar e trasportar los bens, las rendas, las cauzas ols dregs de la davant dicha obra, si non per i. an tan solamens, en lo qual an ells lo davant dig offici de la obra tenran o usaran; e si per aventura alcuna causa de las davant dichas rendas o bens o drehs o cauzas transportaran o alienaran, aquella traslacion o alienacion de tota efficacia de dreg frachure, si non se fazia ab cossell expres et ab cossentiment dels cossols de Montpeslier que en aquel temps seran e del cossell secret dels, e que de la aministracion de la davant dicha obra rendan comte e rason leial e sufficient; e las autras causas, encontenent fenit lan de lur davant dig offici, restituiscon a sos successors qui en lo premier an seguen de la davant dicha clausura obriers seran establitz.

Fachas foron aquestas cauzas solempnamens e lausadas dels cossols e de la universitat de Montpeslier, en la maison del cossolat, presens Nesteve Sivada, en G. del Pos. sindics de Montpeslier volens et cossentens; e daisso fes carta maistre, Jo. de Foyssac, en lan de m. cc. lxxxviii. xiv. kalendas de mai.

ESTABLIMEN DELS OBRIERS DELS CAMINS.

E nom de Nostre Senhor Dyeu Jhu Cristz. Nos xii. cossols de Montpeylier, establem que ii. proshomes sion elegustz per nos e per nostres successors cossols de Montpeylier ad aver garda dels camins de terra e dels vianans per aquels; els digs II. que levon aquo que sera de cosselh; ni sera empres que levon ad obs de garda dels camins e dels vianans; encys recepuda aquela cauza aion poder de despendre a profieg et a garda del camins tro a C. S. per una cauza, e daqui en sus aquo que metrion fasson ab volontat et ab cosselh dels cossols; e comesson a regir lo premier dia de may, et aquel jorn juraran als XII. cossols segon el sagramental sobrayso fag se conten; et en la fin de lan rendran conte als cossols; e quels cossols en la dicha cauza quels penran per lo camin o per los vianans ren non tocon ni prengon.

LO NOMBRE DEL PAN QUE FAN LAS DONA DE PROLHAN A LA CARITAST A LOSTAL DE COSSOLS.

VII. ID. MAII. M. CCC. X. Las serors de Prolhan de Montpeylier fan a lostal dels senhors cossols de Montpeylier C. pans comunals donadors a la caritat.

E dayso estanc carta facha per la man den B. Delavabre, notary de Montpeylier, en lan de M. CCC. X. aytal jorn cam se contava VII. ydus maii.

ESTABLIMEN QUE MEALHER NON PUESCA ESTAR E SON UFFICI MAYS I. AN.

M. CC. LVI. En lan de M. CC. LVI., cossols de Montpeylier, so es assaber: Johan de la Caza, B. Rocaroia, St.-Folcaut, Tozet de la Mota, Huc Dorcha, R. Berthomieu, G. de Calvinhac, Jo. Guirault, P. Seguin, Bar. de San Gili, Jo. Sicola, B. de Ribauta, avut cosselh:

Establiron que en cascun an cossols de mar que cofermon e panzon novelhs mezalhiers a recebre las mealhas, en aytal manieyra que dayssi enan negus mezalhiers non puesca aqui esser mais per I. an, en aytal manieyra que fenit aquel an en qual sera mezalhers el seguen propdanamen venen en aquel uffici non puesca esser.

QUE NEGUN MEALHIER NON PRENGUA REN DEL PROPRI DELS HOMS DE LATAS.

Et es sabedoyra causa quels homes de Latas non donon en aquestas mealhas del camin, de lur blat ni de lur vin ni de lur palha que portaran am lur bestias proprias o manlevadas, ni atressyque daquo que lur sera mestier de Montpeylier per portar a Latas, so es adir fustas cabrions e teules e totas autras cauzas ad ops de lur us. El castel de Latas non pagon ren el camin de Latas daquo que ab lur bestias proprias o manlevadas aportaran; ni neguns homs per blat que aporte dayra, don que sia, non pague ren, ni on que layra sia, ni homes de Montpeylier non pagon ren de fen que compron domes de Latas ni de Montpeylier.

ESTABLIMEN DEL MAZLIERS.

M CCC X — En lan M. CCC. X. fon adordenat per tost los mazeliers ab volontat dels senhors XII. cossols, quels cartiers dels motons se levon es talhon en redon, els mazeliers quen fasson sagramen, e qui fara en contra que perda la carn, laqual carn deia esser de la caritat dels mazeliers motoniers, et ayssi se garde per tostz temps, salva la domination del senhor rey.

Item fon mays adordenant que cascuna taula de mazeliers motoniers pague I. den. tourn. lo dimergue a la caritat. Aquel que vendra pague.

ESTABLIMEN DEL FAG DELS NOTARIS QUE FES LO REY EN JACME.

VI KAL. SEPT. M CC XXXI. — Manifesta cauza sia als prezens et esdevenidors que nos Jacme per la gracia de Dyeu rey dAragon e del regne de Malhorgas e coms de Bassalona e senher de Montpeylier, attendens esser dever melhors cauzas que per la utilitat de motz seran que aquelas que sengulalmens son establidas, emperamor daysso a vos amastz fizels nostres dotze proshomes elegustz per acosselhar la universitat de Montpeylier autreyam e lauzam e perdurable confermam los establimens que son nomnastz desostz, et aquelas per temps que es avenir valer volem.

Losquals son aytals: que negun al lufisci de notaria en la vila de Montpeylier non sie receuput si non era natz en aquela mezeussa vila o els barris, o aqui meteus domicili aver sya conogustz, o el aura fag longua rezidentia al mens per X. ans, e que sia detat de XXX. ans, e sia de bona fama e de non colpabla opinion.

Mays clergue en lufizi de notarie en la vila de Montpeylier non puesca [illegible] E si per aventura apres lufizi pres de notaria fassa se clergues de [illegible] de notaria per aquel mezeume dreg sia privastz.

Per aqui [illegible] eus autreiam e lauzam que en la premieyra appellation tota prepositi[illegible] de fag e proation e production destrumens per las partz defra lespazi de v. mezes en tota manieyra sia complit ; lo passamens dels quals per concluzion es avut, et enfra lo mes en seguen lo jutge daquela mezeusa cauza de la appellation pronontiar sia tengustz.

Mays en la segonda appellation prepozition de tot fag, proation e production destrumens per las partz de tot en tot sia complit defra dos mes ; lo passamen dels quals per la concluzion es avut ; defra lo mes segnen lo jutge daquela cauza pronontiar es tengustz. Mays en petit plag la soma o la estimation de L. s. non sobrepoian, la appellation e premieyra o segonda otra I. mes non deu en neguna manieyra durar ; enfra lo qual las partidas concluzion de fag el jutge prononcii.

La qual cauza es esgardada neys si la cauza per appellation al senhor rey sia portada, laqual cauza es entendedoyra pueys que en la conoguda del rey sera vengut.

De recap [illegible] yam e lauzam a vos que los mercadiers dayssi enan de Montpeylier [illegible] scon aver e percevre segurtat dels Sarrazins per cau[illegible] de mercadaria durar, ia si aysso nos ab aquels Sarrazins aiam avut guera ; mais empe[illegible] los mercadiers a la terra dels Sarrazins cauzas vedadas non sian atrobastz p[illegible]r.

Per aqui meteys lauza[illegible]m et a vos XII. proshomes et [illegible] tota la universitat de Montpeylier que p[illegible] prar [illegible]er cau[illegible] de donation e de permudacion perceb[illegible] [illegible]oradas, castels e vilas e mayzons et aut[illegible] que [illegible]s, e per qual que autra cau[illegible] aquerre rendas, et aquelas [illegible]e aras aves o aquelas que aved[illegible] dayssi enan e per qualque manieyra o en qualque autra man[illegible] vos lauzam e confermam, sal nostre dreg de las donations e de nost[illegible] jurisdiction entieyra gardada.

Do[illegible]at a Montpeylier lo seizen de las k[illegible]n. de setembre en lan de Nostre Senhor M. e CC. XX[illegible]I.

LO SENHAL DEL REY EN JACME REY DARAGON.

Lo senhal den Jacme per la gracia de Dyeu rey dAragon e del regne de Malhorgas e coms de Bassalona e senher de Montpeylier.

Daquesta cauza son guirens G. de Montcade, Gauceran de Cardalhac, Ugo de Mataplana, Bernat de Sancta Eugenia, Guillabert de Crozils, Sans de Orta, Rodigons; so senhal de G. escrivan que per lo mandamen del senhor rey, P. G. de Salas aquestas cauzas escrieys e fes el luoc el dya et en lan sobre dig.

ESTABLIMEN DEL FAG DELS NOTARIS.

Car de real majestat se coven a la utilitat dels sostz meces proveser, et aquelas cauzas davan pauzar e promoure que profechar communalment son conogudas, emperamor daysso, nos en Jacme per la gratia de Dyeu rey dAragon, avut diligent cosselh e tractamen ab los cossols et ab los autres proshomes de Montpeylier, a la utilitat de la cauza publica de Montpeylier pervezens, los establimens de sostz escrihs tenedors e servadors per tostz temps promulgam.

Establem emperamor dayso : quels notaris de Montpeylier que aras son e seran daysi enant per cascun estrument que faran de deutes simples e de comandas, de absolutions, de deposit e de reguonoychensas, de procuratoris e de gardar de dan fermansa, de reguonoychensa de deute, e de cauzas recobradas e de autras semblans, quant ad escriptura et a trebalh aion e percepion IV. deniers ses plus; de estrumens de donations de tutelas e de curas XVIII. den., e dactoria XII. deniers; de estrumens de loguazons, de maysons, de collogations de decipols, de diffinition de companhie, de cession de dreg de companha, de acaptes simples, de absolutions de tutelas e de curas e dautras semblans, quant ad escriptura et a trebalh VIII. deniers percepion senes plus. Aysso empero aiustastz que si per alcuns dels estrumens afar le notaris fora la mayzon siena o de foras son obrador seguia los contrahens, aia daqui sa razon a bona fe.

De nota empero de compromes dona cascunas de las partz IV. den. et e recuperation del compromes e de la recitation sia facha extimation de taxation. De quartas empero o destrumens o de derayrana volontat dalcun, e de cartas de venditions e de compozitions e deventaris e de permudacions e descambis e de cartas dotals, com non se pogues profechanmen sobre aytals cauzas taxation empauzar, cum alcunas sian de petit trebalh e de petita escriptura, autras empero de gran trebalh e de mouta escriptura, establem que si per aventura sobre remuneration dels notaris aquel notari ab aquel al qual los estrumens aytals pertenran convenir non se podian, sia tengustz le notaris daquel pres quel bayle o aquel dautres los quals el aqui pensara, consideran lo trebalh e lescriptura taxan, e vista la taxation daquels, aquels als quals los estrumens pertenran al notari satisfar sian tengustz; empero dalcun testamen oltra soma de c. s. taxar non puescon.

Per aqui meteys volem et establem que de las notas aquerre de neguna cauza duey mais non demandon ni percepion; e dels estrumens que se faran per alcun notari de notas de notari mort tan e non plus percepion quan donar era convengut al mort. Si empero convengut non sera, drechurier pres justa aquo que aura preservit recepia, o estiers sis desacordavon, a la taxation del bayle de la nostra cort o daquel o daquels los quals i pauzara.

Notari en estrumen que fara de notas estranhas aia e percepia VIII. den. senes plus, dels cals done III. den. al notari que ab el escrutara e sotz escriura. Si empero al notari mort satisfag sera de carta alcuna afar, aquel notari que sera establistz per far los estrumens de las notas daquel mort, deguna cauza daquels non demandon ni recipion sinon per subscribtion tan quan sobre taxat es; los estrumens empero ad aquels als quals pertenon defra XV. dies propdans pueysc que satisfag sera ad el rendre en totas manieyras sian tengustz; els senhors dels estrumens sian tengustz pagar lo pres al notari defra XV. dyas, si defra XV. dias aura fag a requizition daquels las dichas cartas. Nulhas non note ueys mais en cartabels, mais el libri de sas de notas; e si per aventura convenie aquel notar alcuna nota en luoc on non agues lo libri de sas notas, sia tengustz defra IV. dias propdans el dich libri syeu escriure la dicha nota.

Per aqui meteys dueymais plenieyramens noton totz los capitols deque pregastz o mandastz seran far estrumens ; e notas dels testamens clauses e denventaris non sian tengustz si nos volon en libri de notas escriure.

ESTABLIMEN QUE PAYRE SIA RECEUPUT A DEFENSION DE SON FILH SES FERMANSA.

XII APR. M CC LIII Con sobre la denunciation facha a la cort de Montpeylier per Esteve Darihorn de say en reyre e Hogeta, contra Johan Aymeric que en autra manieyra es appellastz *Tres-agulhas*, e contra alcuns autres, se fos uffertz a la defension del dig Johan, defra empero xxx. dias pueys que el mezeyme Johan per occayzon de la dicha denunciation per la cort fon cridatz, Peyre Aymeric corratier, payre e lial defendedor del dig Johan, e la cort demandes al dig payre que per la davan dicha defension dones convenens fermansas, le dig payre prepauzet se non esser tengustz a dar fermansa sobre aysso a la cort, per aysso, so es assaber car en los temps traspassatz, ayssi cant el dizia, la cort sobrels semblans negocis li payres a las defensions de lurs filhs avia receuput senes fermansa e ses obligation de lurs bens. Et azaysso aparar el produysh mostz e diverses guirens et alcunas acta actitadas en los libres de la cort, en los quals libres era vist esser contengut quels payres a defension de lurs filhs fosson receupustz en semblans negocis senes fermansa e ses obligation de lur bens ; e sobre aysso le dig payre demandet esser donada sententia. A la fin, la cort per cauza conoguda, sobre las dichas cauzas avut diligent cosselh e tractamen, pronunciet lo dig payre esser recebedor a la defension de son filh sobrenomnat senes fermansa e ses obligation de sos bens.

Aysso son fag a XII. dabril en lan de Nostre Senhor M. CC. LIII., en prezentia e testimoni den Bernat Ravanh avocat de la cort, den Huc Bedos, den Raymon de Sancta-Cros, den Johan Duran e dautres, e de me G. Arnaut, notari de la cort que aquestas cauzas ay escrichas.

ESTABLIMEN DELS ARBITRES.

Ia si aysso a tostz et a cascuns comprometens et arbitres o arbitradors elegens en compromes puescon per lur volontat lonc o breu aparar jorn cert, defral qual per arbitre o per arbitrador o per elegut las questions sobre las quals compromes sera deion determenar. Si empero el compromes aparition de jorn non sera, establem esse entendut tacitamens temps dun an, perzo que del temps del compromes ses jorn ayssi com dig es lo plag o ls plags dintra lan contintion esser determenastz.

Et ia si aysso jorns o temps defral qual se termena la question non se pauze, aquest empero temps per espres per las pars per lactoritat daquest establimen sia avustz; el qual temps de lan si per arbitre o arbitrador o per amigable componedor o per amic elegut comunal, fin al plag o als plags non se pauzava, passat lan espire de tot en tot qual que sia o de qualque manieyra sia lo compromes. E per lo passamen de lan, fenit lo compromes, leza a cascuna de las partz a la cort de tornar e son dreg demandar, non contrastan la pena el sagramen el compromes apauzat que apres lan acabat aver non puescon ni aver ni poder aver establimen tacitamens e per aquest establimen prezent e per espres e per cauta et avuda las volontastz de la pars, sal empero lo dreg de la pena si per alcuna de las partz compromeza et a dicha per cauza alcuna defra lan (*sic*). Lo qual establimens en las cauzas endevenidoyras et encaras als pendens negocis volem obtener.

ESTABLIMEN DE PESTRES E DE PESTORESSAS.

XII. APR M.CC.LIII. De pestres e de pestoressas de Montpeylier enayssi establem, so es assaber quel pan que faran a vendre fasson lialmens enayssi quant egalmens es comptat destinc el cazern de la cort; e si alcun o alcuna menre que non deura pan fara, perdal pan la premieyra ves que se atrobara vas aysso aver forfag; la segonda empero ves, lo pan perdra e per tres mes propdamens seguens en deguna manieyra non auze en Montpeylier per se o per autre pan far a vendre.

Si empero la tersa ves atrobatz o atrobada sera aver forfag el pan, adoncas perda e cesse de tot en tot de so uffici de pestoria per tres ans continus comdadors. Lo pan empero que menres sera atrobatz que non deu a paupres encontenent sia donastz.

AQUEST ESTABLIMENT FON FAGZ DE PEZAR LO PAN.

M. CC XXXII. Necessitat costrenhen e cotidiana de la cauza publica utilmen amonestan nos XII. cossols de Montpeylier, so es assaber : Jo. Boudroc, B. Dentremon, R. Gitbert, B. Danduza, Andrieu, Fabre, Berthomieu, Aymelin, R. Huc, P. Fornier, Pons de Belluoc, G. Sartre, sabens nos esser tengustz de luffici de la causa publica, esser eniung fizelmen acosselhar et utilmens proveser; nos, avut diligen cosselh e tractamen ab nostres cosselhers e mostz dautres proshomes savis e discrestz, establem, per lo poder local nos uzam destablir, lo presen establimen, el manifestam perduralble valedor, so es assaber :

En cascun an del temps esdevenidor, de nostres successors de Montpeylier cossols dos proshomes de Montpeylier lials e discrestz sien elegustz, luffici dels quals e la cura permanga, que en Montpeylier et a tota la universitat dels pestres et a cadaun, de costa lo pes e la forma escricha de lonc temps desus establidas, lo pan sia fag a vendre, e de menor pes a negun home ni a neguna femena en Montpeylier vendre ni far vendre non sia presumit; mais lo pes e la mezura establida de costa lo pres del blat de menre e de mager lo pan venden et a trastostz los pestres et als vendedors dels pans sia gardat; e los digs dos proshomes de lur degut uffici adels enjunh en cascun mes dos vegadas, so es assaber de qual pan venable volran recognoycher, sian tengustz o pauzar en las balansas, e quels puescon motas vegadas si ad els es vist convenir; et aquel pan que sera atrobastz de non lial pes, o en la qual mesura non aura estat agardada, dels davan digs dos proshomes o excecudors o curials de la cort de Montpeylier menut e menut sia trencat. Emperamor daysso la cura ajuston diligenmens quel pes del blat e de la farina pezadoyra en Montpeylier lestablimen lialmens sia gardastz, e negun engan e nulha occayzon ab moycharda machination en aquel pes sia laychada, mays aytant el pes quant en las personas ad aquel pes servar, los establimens, senes tota frau a la utilitat de la publica cauza de Montpeylier, tota puretatz e lialezas fizelmens sia gardada, de costa la manieyra e la forma en aquel pes establida, o a cossols esdevenidors establidoyra. Mays luffici dels digs dos proshomes en cascun an comence en la festa de san P. dels liams que es intran davost, e dure per un an; en la fin de cascun an autres dos proshomes per los cossols sian elegustz a las devan dichas causas fizelz fazedoyras; e car per la cauza publica los trebalhans alcun frug de lur trebalh deion reportar, nos avem establit que los digs dos proshomes aion de renda del pes del blat x. libras entre se; mays aquelas egalmens sian partidas.

LO PODER QUE SON DONASTZ AD AQUELS QUE PEZON LO PAN.

MENS. AUG. M.C XCVI. In nomine Domini. Amen. Anno ejusdem Incarnationis M. C. LXXXXVI. mense augusto.

La escrutabla anteza del devin consel adordenet alcuns homes esser maiors dels autres, que per lespiramen de la sobeirana espardansa la governaris savieza veile al remezi dels sotz messes; e quar saben los anciens portadors de la lei que sostenion las razons entre las deguizadas colpas e privadas paccions que vulgarmens son appelladas rassas, aver vedat especialmens la durabletat deichel e la conoichensa de tot patrimoni:

Emperamor daisso jeu en G. per la gracia de Dyeu senher de Montpeylier, a la mieua jurisdiction e dels mieus sostz messes prezens et esdevenidors saludablamens volens provezer, avut cosselh de gaures de proshomes e de savis de la vila de Montpeylier, tractans de la utilitat e del profieg ab sobeiran estudi e cosselh dels estagans e dels habitans de Montpeylier e daquels que son avenir, per egal lansa tug e cascun ab gran delegentia procure a gardar senes tot movement e senes tot corompement; essi contra lo nostre establimen previleges ni letras ni concessions ni donations eron donadas ni fachas de nos e de nostra cort entro ara e neguna guiza, fortmen comandam aycellas esser vacuas e non esser de negun movemen et aquestas cauzas per durabla fermeza durar en sa encolumpnetat, et ab auctoritat de nostre decret fermamen enjonhem e comandam an B. Capdebuou et an G. de Liron que de tostz aquestz establimens apres la nostra anteza en loguier de vera lauzor feron en ayssi auctor, e tostz los successors e tostz nostres curials prezens et esdevenidors que sian gardadors et observadors de totas aquestas cauzas que a te jutgarem, e que la cauza non venga dayssi enan a cambiamen ni en neguna autra manieyra venga en duptansa ab lautreyansa de la prezen escriptura (*sic*).

Aquestas cauzas nomnadamens dizem et estimam per comun ben e per comuna utilitat.

LESPROAMEN DEL PES DEL PAN.

Assaber es quels proshomes de Montpeylier compreron ad esproar la veritat del pan I. sestier de tozela VI. s., et I. sestier de fromen V. s. mens II. den. et autre sestier de fromen IV. s. e VIII. den., e costeron aquestz III. sestier de portar tro la mayzon I. den., e de mondar III. m., e de molre VI. den., e de barutelar III. den., e de pastar VI. den., e de cozer VI. den.; e quant aquest III. sestiers foron portastz al molin, pezet cascun sestier C. XII. lb. sotils, e quan fon moutz pezet cascun sestier C. IX. lb. e mieia, et ac I. de farina barutelada de cascun sestier LXXXIII. lb. e miega sotilz, de que fezem LXX. tortilhons del sestier, e pezet cascun tortilhon XVII. onsas, e traychem ne de resset XVIII. lb. del sestier, de que fezem II. pans que vendem VIII. den., e sobreron VIII. lb. de bren del sestier, que fon vendustz II. den. e m^a, et aquestz LXX. tortilhons pezeron C. lb. mens I^a sotil.

DEL SESTIER DEL PAN MOFLET.

E lautre sestier del pan moflet de farina apres de que fezem XVII. cazernals et I. doblenc, e pezet lo cazernal XII. lb. e miega sotils (*sic*), e de resset traychem de que fezen II. pans de que vendem IX. den.; de bren traychem VIII. lb. que vendem II. den. e m^a; e pezeron aquels XVII. cazernals et I. doblenc C. e XIV. lb. mens III. onsas sotils.

DEL SESTIER DEL PAN GROS.

E lautre sestier de farina mitadenca dordi e de formen pezet barutelada, lo sestier LXXXX. lb. sotils, de que fezem XIII. cazernals et I. de mieg; e pezet lo cazernal XVIII. lb. e III. onsas sotils (*sic*), e traychem daqui X. lb. de bren, que fon vendustz III. den.; et aquestz sestier costet IV. s. VI. d., comtadas totas messions e pezeron aquestes XIII. cazernals et I. de mieg C. e VII. lb. e miega sotils.

Dun sestier dordi deu hom C. lb. de pan cueg.

LO PES DEL PAN DELS TORTILHOS E DE LAS FOGASSAS MEALHALS E DE NAYRALS.

Del sestier del formen que costet III. s., comtadas totas messions deu hom donar XXXIII. onsas sotils de tortilhons per I. den.

Et a III. s. III. d. deu hom donar p. I. d. XXXI. onsa e mieia.

Et a III. s. VI. d. XXVIII. onsas e la tersa part de lautra p. I. d.

Et a III. s. e IX. d. XXV. onsas e quarta p. I. d.

Et a IV. s. XXV. onsas mens quarta p. I. d.

Et a IV. s. III. d. XVIII. onsas e tersa part p. I. d.

Et a IV. s. e VI. d. XXII. onsas p. I. d.

Et a IV. s. e IX. d. XXI. onsas mens quarta p. I. d.

Et a V. s. XX. onsas mens quarta p. I. d.........

Et a VI. s. XVI. onsas e quarta p. I. d.........

Et a XI. s. IX. onsas p. I. d.........

Et a XII. s. VIII. onsas; et a XII. e III. d. VIII. onsas mens quarta p. I. d.

DEL PAN MOFLET.

Del sestier del formen del pan moflet, loqual sestier format ab totas sas despensas, delqual es lo pres III s., deu ne hom donar XXXVIII. onsas per I. d.

E p. II. d. VI. lb. e IV. onsas.

E p. IV. d. XII. lb. e VIII. onsas.

Et a III. s. e III. d. III. lb. mens I. onsa p. I. d.

E p. II. d. VI. lb. mens II. onsas.

E p. IV. d. XII. lb. mens IV. onsas.

Et a III. s. e VI. d. XXXII. onsas e miega p. I. d.

E p. II. d. V. lb. e V. onsas.

E p. IV. d. XI. lb. mens II. onsas.

Et a III. s. e IX. d. II. lb. e miega e la tersa part de la onsa p. I. d.

E p. II. d. V. lb. e las dos partz de la onsa.

E p. IV. d. X. lb. et I. onsa e tersa.

Et a IV. s. XXVIII. onsas e miega p. I. d.........

Et a v. s. xxii. onsas p. i d. . . . .

Et a xi. s. x. onsas e quarta p. i. d. . . . .

Et a xii. s ix. onsas e quarta p. i. d.
E p. ii. d. xviii. onsas. e miega.
E p. iv. d. iii. lb. e i. onsa.

AYSSO ES LO PES DEL PAN GROS.

Lo sestier del formen que costet formit de totas despensas ii. s. e vi. d., deu hom donar iv. lb. mens iii. onsas p. i. d.
E p. ii. d. vii. lb. e miega.
E p. iv. d. xv. lb.

Et a ii. s. e ix. d. iii. lb. e v. onsas.
E p. ii. d. vii. lb. mens ii. onsas.
E p. iv. d. xiii. lb. e viii. onsas.

Et a iii. s. iii. lb. e i. onsa e miega p. i. d.
E p. ii. d. vi. lb. e iii. onsas.
E p. iv. d. xii. lb. e miega. . . . .

Et a iv. s. ii. lb. e iv. onsas p. i. d.
E p. ii. d. iv. lb. e viii. onsas. . . . .

Et a v. s. xxii. onsas e miega p. i. d. . . . .

Et a ix. s. xii. onsas e miega p. i. d. . . . .

Et a x. s. x. onsas e quarta p. i. d.
E p. ii. d. ii. lb. mens onsa e miega.
E p. iv. d. iv. lb. mens iii. onsas.

LO PES DEL PAN DEL ORDI.

Lo sestier de lordi costet, formit de totas messions, xx. d. e deu ne hom donar de pan cueg v. lb. p. i. d.
E p. ii. d. x. lb.
E p. iv. d. xx. lb.

Et a xxi. d. v. lb. mens iii. onsas p. i. d. . . . .

Et a II. s. IV. lb. e II. onsas p. I. d.
E p. II. d. VIII. lb.
E p. IV. d. XII. lb. e IV. onsas.

Et a III. s. XXXIII. onsas p. I. d.
E p. II. d. V. lb. e miega.........

Et a VII. s. XIII. onsas e miega p. I. d.........

Et a VIII. s. XI. onsas p. I. d.
E p. II. d. II. lb. mens II. onsas.
E p. IV. d. III. lb. e VIII. onsas.

STATUTUM ORDINATUM SUPER BLADO PANE ET FARINA PISTORUM ET PISTRICUM MONTISPESSULANI FACTUM ANNO INCARNATIONIS DOMINI MILLESIMO CCCC. XVI^{to} MENSE AUGUSTI.

XVI. AUG. M CCCC. Encaras volem e comandam que cascus pestres e cascuna pestoressa que cozera, que non tengon en blat mas quatre cestiers, et en pan cuech quatre cestiers, et en farina quatre cestiers; et establem que plus non devon aver ni tener ni comprar. E tot aysso establem per tot temps.

ESTABLIMEN DE PERSONAS ESTRANHAS.

Item establem que deguna persona estranha en Montpeylier duey mais non venda ni auze vendre drap, telas ni cendat, pebre ni mercadarias alcunas, o cauzas estans en pes, nombre o mezura aytal, si non era pessa entieyra, ni aver de pes dun quartayron en sus.

ESTABLIMEN QUE HOM NON AUZE NOIRIR PORCS DEFRA LOS MURS DE MONTPEYLIER.

Item que porc non auze hom noyrir defral mur de Montpeylier.

DELS MIEGZ QUARTAIRONS.

Item que miegz quartairons non se fasson mais ab la boca estrecha.

ESTABLIMEN DE COMANDAS.

Establem que cascun que dalcuna persona que peccunia o mersaria o autras cauzas quals que sian penra en comanda o en companha, portador en viatge alcun per mar o per terra, apres lo retornamen del dig viatge, a requizition del comandan o dautre per nom daquel o de leres daquel, de tota la dicha comanda o companhia e del gazan fag ambaquela o per esgardamen daquela, far e rendre drechurier compte sian tengut, ses dilation e escuzation cal que cal; e fag lo dig comte, la dicha comanda o companhia al dig senhor, tota dilation et exception cessant, rendre e restituir plenieyramen sia tengustz.

Empero, si requistz daquel de cui la comanda sera o companhia, aquela rendre perlongava o en alcuna cauza contradize, la cort de Montpeylier a la premieyra requizition del comandan, vist lestrumen de la dicha comanda o companhia, o en autra manyeira fe aluy facha de la dicha comanda o companhia, tota sollempnitat de dreg e cascuna autra cessant, lo sobre dig comandatari o companhon encontenent a la dicha comanda o companhia demantenent restituidoyra, et a totas las autras cauzas sobre escrichas complidoyras constrenha, tota appellation, contradiction o esperansa alcuna de appellation de tot en tot calant.

ESTABLIMEN DAQUELS QUE NON PODON PAGAR LURS DEUTES.

Apres, sabedoyra causa es, que quant alcuns homs non poyra pagar sos deutes, que tengua hostatges en la cort ins el coselh per dos mezes en pan et en ayga; e denfra aquestz dos mezes sian vendut sieu bens; e pueys sia rendut als crezedors, et aion plen poder quel meton en preyzon; e non puescon esser deliures per nulh cessamen que fasson de lur bens; e por li crezedor lauran en lur poder non sion tengustz de donar mais pan et aiga ; e sia en lur merce de deliurar, e la cort nols puesca alongar, ses cosselh e ses volontat dels crezedors.

ESTABLIMEN QUE FEMENA MENOR DE XXV. ANS PER MARIDAR SE PUESCA FAR DIVIZION DE SOS BENS.

Per utilitat de causa publica, establem per lo poder que avem destablir, que totas menors de xxv. ans non maridadas, avens bens comuns am mascles o am femes maiors o menors, per cauza de lur matremoni puescon a devizion provocar los autres, et ab els, entrepauzat lo decret de la cort, e per auctoritat de curador, los bens devezir, dreg escrig eneguna manieyra non contrastan.

ESTABLIMEN HOMES JOVES MENRES DE XXV. ANS.

JAN. XXXV. Nos cossols de Montpeylier, attendens esser util que lestablimen que comensa : Mais dozela que negun temps non hac marit, se estenda a menres mascles que matrimoni non han conogut ; per aquest present establiment decernem per tostz temps valedor, que femena que penra en marit jove home menre de xxv. ans que molher non ha avuda, senes sciencia de sos parents o de sos cosins o dels guaziadors o curadors sieus, caja en merce del senhor essems am tota sa substancia : enayssi empero, si en frau o en machination daquela femena entrevenir era conogutz el matrimoni afar. E per aquela mezeusa pena sian pres aquil per lo cossel e per la obra dels quals aital matrimoni sera procurat.

ESTABLIMEN QUE MENOR DE XXV. ANS NON PUESCA FAR DONATION.

Establem emperamor daysso, que alcuns menors de xxv. ans, mascle e feme, dueys mays non done ni donar non puesca, per alcuna manieyra de donation o de contrag, sas cauzas o sos bens ; eneguna manieyra alienar non puesca alcuns ad alcuna persona, ses scientia et autreyamen del melhors e dels plus savis de langnation o congnation daquel menor, e ses ensinuation e decret de bayle e del jutge de la cort de Montpeylier de senhor rey de Malhorgas ; e si en autra manieyra donation dalcuns menors facha, o alcuna cauza fag sera en frau, de tota forsa defalha en tostz temps, ni per aytal donation dreg alcun ni action ad alcun non sia aquista.

ESTABLIMEN QUE NEGUS, QUE AIA ESTAT SOSTZ TUTELA O CURA DALCUNS NON PUESCON QUITAR SES DECRET DE BAYLE E DE JUTGE.

Item establem que neguns mascles o femes que sostz tutela o cura o administration el o sos bens seran dautres, non absolva ni quite, ni absolvre ni aquitiar puesca alcun o alcuns daquels que tutor o curadors o de sos bens aministradors seran, ses scientia o decret del bayle e del jutge del senhor rey de Malhorgas de Montpeylier; la qual cauza si en autra manieyra fag sera, o en frau alcuna cauza emachenat, de deguna valor non sia o moment, mays per tostz inefficax sia e vana.

PREVELEGI DE DENONCIATION DE NOVELA OBRA.

XXI. AUG. M. CC. LXVIII. Nos Jacme per la gracia de Dyeu rey dAragon e de Malhorgas e de Valentia, comte de Barsalona e dUrgel, e senher de Montpeylier, attendens la utilitat de nostres sotmes de Montpeylier e de son destreh, per aquesta ley per tostz temps valedoyra decernent, fermamens establem que si alcuns sera daqui avan, que denoncie novela obra e Montpeylier et en lo destreg daquela vila contra alcun basten, et aquel que bastira done fermansa o asegura de demolir o desfar la obra si apparia elh non justamen bastir, e que dada la dicha fermansa o la dicha satisdation per lo basten, puesca encontenen bastir aquel que bastis senes alcun empachier, el denonsian sia tengustz lo sieu dreg mostrar encontenen davan nostre bayle, receupuda la satisdassion del basten, aysi can dig es.

Mandans a nostre luoctenen et al bayle de la cort nostra de Montpeylier, que aquest establimen nostre ferm aion et observon, e fasson per los tostz observar enviolablamen, e non vengon en contra, ni alcun contravenir non laychon en neguna manieyra ni per neguna razon, si de nostra gracia o de nostra amor vos confizas. Ans volęm quel bayle de la cort nostra de Montpeylier sia tengustz aquest nostre establimen de jurar enaysi can los autres drestz nostres es tengustz de jurar. Dada a Lerida a XXI. jorn daost en lan M. CC. LXVIII.

XXVII. OCT. M. CC. LXVIII. Cognoscon tug que nos Jacme per la gracia de Dyeu rey dAragon e de Malhorgas e de Valentia, comte de Barsalona e dUrgel e senhor de Montpeylier, per nos e per los nostres dam et autreyam, a requizission dels cossols de Montpeylier, a vos proshomes et a la universitat de Montpeylier, prezens et esdevenidors per tostz temps, que si alcun fara bastir en Montpeylier novela obra en Montpeylier, et alcuna persona aquo ad el empachar volra, denontian aquo en preiudici daquel far, non puesca lo bastimen daquela novela obra empachar per aytal denontiassion, amque empero le senher daquela novela obra ferme et assegure em poder de nostra cort e de Montpeylier, que si la dicha cort nostra conoys la dicha obra esser facha en prejudizi del complanhen, desbastisca aquel, ja si aysso que sia complitz e perfiegs, o nos aquels personalmens aurem conogustz. Aquestas cauzas a vos autreyam, salva empero a nos la dominassion nostra, ayssi can mielh aquela aver aven acostumat, mandans a nostres luoxtenens en Montpeylier, et als bayles et als autres officials e sotmes nostres presens et esdevenedors, que la davan dicha donassion e concession nostra ferma aion et observon, et en neguna manieyra encontra non vengon. Dadas a Servieyra a XXVII. dochoyre en lan M. CC. LXVIII.

ESTABLIMEN DELS BESCALMES.

Item establem per publica utilitat e gardada, que ueys mays defra Montpeylier o els barris non se fasson bescalmes, si non els soberans soliers de las maysons sobrel fenestratge.

ESTABLIMEN DELS BESCALMES AUTREYAT PER EN JACME REY DARAGON.

III. ID. JUL. M. CC. LXIII Jacme per la gracia de Dyeu rey dAragon, et cª. Als amastz e fizels syeus, al bayle de la cort et a cossols de Montpeylier, salutz e gracia.

Recordam nos en lan traspassat a Montpeylier aver establit, attenduda comuna utilitat del dih luoc, que neguns hom en la dicha vila, o en los suburbis de luy, deia far ni puesca alcun bescalm o bescalms que yescon sobre carrieyra en alcunas maysons sinon sobre fenestratge, aysi com se conten en lestablimen de nos fag, aquel establimen gardar et esser gardastz per totas personas, ostada tota frau, volem e o mandam; et enaysi encaras declaram que a cascun que bescalm o bescalms daqui enans volra far tostz temps als o aut de sobre carrieyra almens de III. canas e non en autra manieyra ad aquel sia laychat far. E si per aventur del temps del dih establimen ensa alcun o alcuns bescalms es essaiastz per alcun esser fags, aquels emendastz et esser reduch a lauteza de tres canas comandam e mandam. Fon dada a Barsalona IIIe ydus jul. en lan de Nostre Senhor M. CC. LXIII.

QUE HOM NON AUZE FAR PORGUE NI PONT SOBRE CARIEYRA.

Item establem, prevezen utilitat publica, que a degun non leza uey mays defra Montpeylier o en sos barris, sobre carrieyra far porge o pont duna paret en autra.

QUE HOM NON SIA CITASTZ EN CAUZA CRIMINAL O CIVIL FORAS DE MONTPEYLIER.

VI. JAN. M. CC. XXXV. Cum las cortz de Montpeylier tan eccleziasticas quan civils tostz temps sian apparelhadas de far drechura, establem que quils habitadors de Montpeylier per letra de commission ad autre jutge deforas Montpeylier trayra, o cession fara per la cal foras sia trag, en la cort de Montpeylier la complancha daquel daqui enan en deguna manieyra non sia preza. E si habitaire de Montpeylier sera, las despensas del plag non mens alaversari per la cort de Montpeylier restituir sia costreg per aquest prezen establimen. Et ayso volem obtener en negocis pendens et esdevenidors.

EN LAN DE LENCARNATION DE NOSTRE SENHOR DE M. C. LXXXI. EL MES DE IENOIER LAUTREYAMEN DEN G. SENHER DE MONTPEYLIER.

MENS. JAN. M. C. LXXXI. Jeu G. per la gratia de Dyeu senher de Montpeylier, filh de na Matils Duguessa, et avut cosselh den R. Gaucelin e den Guiraut Aybran, bayles mieus de Montpeylier, e del comun cosselh de Montpeylier, et ab lo cossentimen et ab la voluntat dels, vezens e conoychens lo mieu profieg e comun profieg et utilitat de tostz los mieus homes dels habitans de Montpeylier, per me e per mos successors, en bona fe e senes engan, am aquesta carta doni e jure e bayle et en perdurable autreie a vos tostz homes mieus habitans en Montpeylier, que alcun home non habitans en Montpeylier o estans, non tengua draps lanis en grana ni saias ni galabruns, ni tengua verstz ni brunetas ni jalnes, mays tan solamens li homes mieus de Montpeylier habitans en Montpeylier, ni a decert que neguns hom estranh en tot Montpeylier puesca vendre a talh negun drap de color. Item prometi e conveni per establimen a vos trastostz proshomes homes mieus habitans en Montpeylier prezens et esdevenidors, qua lamonestamen o escomovemen dalcuna persona contra aysso ni alcun daquestz daysi enan non venray, ni neguna persona per ma art ni per mon engen ni per mon cosselh; e tot aysso fermamens tenray e servaray e non enfranheray en alcuna manieyra, si Dyeus me ajut et aquestz sans avangelis de Dieu. Aysso fon fag en lestar loqual fon den Atbran en la prezencia del testimoni R. Gaucelin senher de Lunel, Guiraut Atbran estan bayle de Montpeylier, P. de Concas, S. de Concas, Arnaut del Vilar, Guiraut Petit, G. Ravols, P. Bordin, B. Otobon, St. de Portas, B. Viguier, B. Pelegrin, G. Huc, Huc Polverel, e Folc, que aysso escris per lo mandamen de mon senher en G. de Montpeylier, aquesta carta boli.

ESTABLIMENT DE VENDRE TELAS.

Establit es et adordenat el cosselh ab volontat del cossell secret e de motz autres que si mercadiers estranhs venra ab telas en Montpeslier per vendre e dis al mercadier que las volra comprar que non las volra vendre sinon ab patu et ab covinent que non las corde, el mercadier que las comprara las volra cordar quant las haura fachas portar a sa maison o a son obrador, quel comprador puesca cordar sis volra. El vendedor non li puesca contrastar que non las corde, iasi aisso que li haja fag patu e covinent de non cordar. El vendeires sia tengutz de cordar a requista del comprador.

ESTABLIMENT DAQUELS QUE FAN LO MESTIER DEL TENG DELS DRAPS.

XVI. KAL. JAN. M. CC. XXVI. Cum certa causa sia que per la costuma que es facha lonc temps ha, que neguns homs estranhs alcuns draps lanis en Montpeslier tenher non pot en grana, ni en alcuna autra color, e trobem que ad aquela meteussa costuma frau si fazia, per gran res domes que pueis quel teng havian jurat ses tota vergonha de la vila de Montpeslier se despartian; a la frau daquels contracorrens, et als vers habitans de Montpeslier salublamens pervesens:

Nos cossols de Montpeslier establiem que neguns homes foras de Montpeslier natz tenher non puesca, si per v. ans en Montpeslier non havia estat, tenent alberc, fazen condug, pueis que hauria jurada fescutat al senhor de Montpeslier, el cossolat el fais de la obra de la clausura dels murs hauria sostengut. Si empero apres lo sobredig jurament fag, el fais sobredig suffert, penra molher nada en Montpeslier, apres II. ans puesca tenher.

Fag fon aquest establiment, presens los proshomes del cossell, els cossols dels mestiers, en lan de la Encarnation M. e CC. e XXVI. a. XVI. kalendas de janvier.

ESTABLIMENT DAQUELS QUE FAN LO MESTIER DEL TENG DELS DRAPS.

IV ID. JUN. M. CC. LI. Qum la costuma facha sobrel teng, que neguns homs estranhs non puesca tenher en Montpeslier draps lanis, si per v. ans en Montpeslier non havia estat, tenent alberc, fazen condug, pueis que hauria jurada fescutat al senhor de Montpeslier, el cossolat el fais de la obra hauria sostengut; ajustat en aquela costuma: que si apres lo sagrament dig e las autras cauzas fachas, prenia molher nada de Montpeslier, apres II. ans puesca tenher; cum aquela costuma aparegues esser agrevie, e pogues esser agrevie dalcuns verais habitadors de Montpeslier, sils convenia atendre v. ans, cum ill venens en Montpeslier havian molher deforas, ni contra ells non fos alcuna sospicion mala ; nos cossols de Montpeslier, havut diligent cossell e tractat ab nostres cosselhiers et ab cossols de mestiers, a la dicha costuma ajustament, atemprament e determenament faym aital per cominal profieg:

Establiem que si segon la forma sobredicha, apres lo davant dig sagramant de se donat, alcuns homs estranhs, havens o non havens molher nada o non nada de Montpeslier, II. ans en Montpeslier haura estat, si ell haura meses CCC. libras de Melguel en honors ques tengon del senhor de Montpeslier, e jure que defra X. ans non mude sa estatga de Montpeslier, si als cossols et als cosselhiers et a las gardas del teng apareis aquel esser de fe aproada, e que lo teng li deja esser autrejatz seguramen, daqui enant aquel puesca tenher deslivramens, non atendut autre temps. En las autras cauzas e personas la sobredicha costuma entieira remanent.

Recitat fon aquest ajustament, atemprament e determenament en la maison del cossolat de Montpeslier, presens los proshomes del cossell, els cossols dels mestiers, en lan de Nostre Senhor M. CC. LI: IIII. idus de jun.

ESTABLIMEN DE TAVERNAS.

Item establem et establen vedam, et aysso per motas cauzas non convenens e laias que en las tavernas son fachas, que deguns duey mays non venda son vin essems en selier, per so que en aquel lo tavernier venda a menut lo vin, ni vendre aluy leza ni de nuegs ni de dyas. Joes de perdicion de dastz en taverna alcuns non sian sostengustz ni encaras alcunas publicas bagassas.

ESTABLIMEN DE JUZUEUS COM DEUON PRESTAR.

Item establem que deguns juzueu ni juzueua degun duey mays prest o contrag ab estrumen o ses estrumen que non contraa ni fassa ab alcun crestian menor de xxv. ans, ses scientia et expres autreyament dels melhors e dels plus savis daquel menor crestian o crestiana, agnation o congnation; e si en autra manieyra alcuna cauza fag sera, o en frau attemptat, de forsa de tot en tot defalha, en aytssi que deguna action per aytal contrag contra crestian o crestiana non aion li juzueu ab los menors crestians o crestianas, estiers ayssi com sobre dig es contrahens, neys si ab sagramen corporal depart del crestian o de la crestiana lo contrag sera confermastz.

LAS CAUSAS DEL MARIT E DELA MOLHER SON OBLIGADAS AL SENHOR DE LA MAISON PER LO LOGUIER.

IX. KAL. APR. M. CC. XCIV. Certa cauza sia a totz que nos en Jacme per la gracia de Dieu rei de Malhorgas e coms de Rossilhon e de Cerdanha e senhor de Montpeslier, atrobans en la vila nostra de Montpeslier per long temps esser observat quels logadors o senhors de las maisons de la vila de Montpeslier en las cauzas del marit e de la molher aportadas o mesas en la maison son havutz totz temps majorals en aquelas meteissas cauzas davant totz autres crezedors daquel que deu lo loguier, havens espressas obligations et atressi premiers en temps, et encaras a las dotz de las molhers; nos atrobam aisso esser profieg a la universitat de Montpeslier, e de part dels cossols de la dicha vila a nos aisso esser soplegat. Emperamor daisso per establiment perdurable establiem e mandam quels senhors e logadors de las maisons per las pensions daquelas maisons sian denant meses en las causas del maritz e de las molhers aportadas e mesas dins las maisons a totz los crezedors del hoste havens encaras espressas obligacions, et atressi a las molhers en las dotz de elas, so es entendudas o espressas, cum las logadieiras habitacions comunamens serviscon als maritz et a las molhers et a la conservacion de lurs causas. Mandam al nostre luoctenent et al baile et als cossols et als curials de nostra cort de Montpeslier presens et esdevenidors quel present establiment nostre hajon ferm et observon e fasson entieiramens observar; mais en las causas damont dichas non entendem los deutes que a nos o als nostres serian degutz o seran degutz, ni per aisso atressi non volen en ren esser detrag al establiment que ha mension de mercadarias o cauzas compradas encaras estans atrobadas ab lo comprador, de las quals lo pres non es encara pagatz. Et a major fermetat de totas las cauzas damont dichas, la present carta de nostre sagel pendent comandem esser fermada. Dada fon a Perpinhan a IX. de kalendas dabril, en lan de Nostre Senhor M. e CC. LXXXXIV.

ESTABLIMEN DE NOVIAS.

M. CC. LV. E nom de Nostre Senhor, nos cossols de Montpeylier, so es assaber en P. de Murles, P. Lucian, Johan de Clapiers, St. de Conjenhas, R. Arnaut de Bonboychon, Jo. Deidier, P. Logos, P. Felis, P. de Pomaran, B. de Tornamira, R. Gras, G. de Caranta, avut plenier cosselh e gran deliberation ab tot lo cosselh de la cloca general avistat en lalberc de cossols, en la manieyra que acostumat es; conoychens manifestamens a gran pron et a gran utilitat de la vila de Montpeylier e de tostz lo habitans prezens et esdevenidors pertenens, per auctoritat e per lo poder a nos autreiat e donat, establem en tostz temps valedor e gardadors aquestz establimens de sostz escrisc, so es assaber :

Que neguns hom ni neguna femena estrang ni privat, dayssi enant en Montpeylier, non an ni non vengua per vezitar, ni per solas tener a novias, ni ad alberc en que novias aia, ni per occayzon de novias, ab lun ni ses lun, pueys que dias sera claus. Empero de jorns y puescon venir e far cortz en la forma que es, em pe, ses torcas e ses brandons, e ses tot autre lum. Et aysso establem que sia gardat per tostz temps, que la novia estara fermada, e per lo jorn que la penra e per lendeman.

E tostz hom e tota femena que en contra aysso fara, dara essera tengustz de donar ses tot perdon, a comunal profieg de la vila de Montpeylier, en obra de murs, o en adobamens de carrieyras o de caussadas, aconoguda dels cossols o de obriers, C. cayrons de randa.

E si per aventura alcuns fazia en contra que non pogues pagar los C. cayrons, que cossols fasson e metton aquel castier en la persona, que lur sera avejaire que sia convinens.

ESTABLIMEN DE NOVIS E DE NOVIAS QUE NON FASSON RAUBAS AJUTGLARS.

Item establem que negus novis, ni autra persona per luy ni per se, ni per autra persona, non fassa gonela ni autre vestir per novias, per so que donon ajotglars, ni lur auze donar denier ni autra cauza per occayzon de vestirs, ni lur fassa ren en frau daysso. E si neguns hom fazia ren en contra, dara essera tengustz de donar ses tot perdon al comunal profieg, segon que digs es de sus, C. cayrons de randa.

ESTABLIMEN QUE NEGUNS JUTGLARS NON VENGA A NOVIAS.

Item establem, et establen vedam, que neguns jotglars dayssi enan non vengon ni auzon venir a mayzon de novia, pueys que sera fermada, ni esser de nuegs, a prezen ni a rescostz, ab estrumens ni ses estrumen ni en autra forma. De jorns empero i puescon venir et esser e cantar e de portar ab estrumens e ses estrumens; empero trompas noy iaia. E si negus faria ren en contra, pagara, segon que dig es de sus, M. cayrons de randa.

ESTABLIMEN QUE NOVI NI NOVIA NI HOM PER EL NON FASSA VESTIRS DE CEDA.

Item establem que deguns dayssi enant cant penra molher, ni autres per luy, non li fassa vestirs de ceda, ni camiza cozida ab aur ni ab argent, ni ab perlas, ni pueys por laura preza. Item non li fassa mays uns vestirs ab pena vayra can la penra. E si neguns fara en contra, dara M. cayrons.

ESTABLIMEN QUE NOVI NI NOVIA NON FASSA A LA SUOGRA MAIS I. GONELA.

Item non fassa a la suogra ni a la bayla de la novia ni a la soa neguns vestir, mays tan solamens una gonela o I. blizaut; ni autra persona non auzaran far daysso per lo novi o per la novia; e si neguns fara en contra, pagara, segon que dih es desus, M. cayrons de randa.

Fagz foron aquestz establimen en lan M. e CC. LV.

QUE HOM NON AN A NOVIAS AM TORCA MAIS AB LANTERNAS.

M. CC. XXVII. Nos cossols de Montpeylier, en G. Lambert, R. de Latas, G. del Plantier, B. Doyssa, Gr. Doyssa, Fermin de Posquieyras, Berthomieu Aymelin, P. de Murles, Jo. de Clapiers, Regor Canabassier e Bertran

R. de Gordon, prevezens al comunal profieg de tota la universitat de Montpeylier :

Establem que daysi enant neguns hom ni neguna femena non porte ni fassa portar torcas de cera ni candelas per anar a novia, si non ó fazia en lanterna ; ni neguns hom non fassa gonela ni autres vestirs negun per novia, per so que a joglars ni ad autra persona las dones.

Encaras establem que neguns jocglars ni neguna jocglaressa non auze anar a novias de jorns ni de nuegs, ni auze anar en mayzon que aia dona iazen ; mais trompas puescon anar a las novias.

Encaras establem que neguns hom daysi enant can penra molher, non fassa vestirs de ceda, ni camiza cozida am aur, ni ab argent, ni ab perlas, a la novia, ni pueys por laura preza ; ni nol fassa mays uns vestirs am pena vayra can la penra ; ni non fassa a la suegra neguns vestirs, ni a la bayla de la novia, ni a la soa ; mays tan solamen una gonela o un blizaut puesca far a cascuna ; ni neguna autra persona non auze far ren daysso, per lo novi ni per la novia.

Encaras establem que neguns hom can penra molher non fassa condug, mays daquels del alberc de la novia, et aquels del alberc del novi, e que xx. personas puescon mays aver entre proshomes e donas, otra los II. alberc. Empero si parens o amics del novi o amics de la novia si venion, que fosson deforas la vila estragans, que aquilh i puescon maniar ab lo novi o ab la novia doutra.

Encaras establem que neguns homs ni neguna autra persona non auze far condug per lo novi ni per la novia.

Encaras establem que neguns homs non fassa a sa molher gatnacha de ceda, ni pelissa cuberta de ceda, ni non suffrian que aquelas que an aras que las porton dayssi enan ; mays un blizaut de ceda puesca aver tota dona ses aur e ses argent, per portar en estieu.

Encaras establem e vedam que neguns homs non suffria que sa molher porte neguns vestirs de ceda daquels que an.

E si neguns homs ni femena fezes ren en contra aysso que offasson saber als cossols.

Ayso son fach en lan M. e CC. e XXVII.

ESTABLIMEN QUE NEGUNS NON AUZE FAR CONDUG MAYS LO PREMIER JORN.

C.LXVIII. En lan de M. e CC. LXVIII. establiron cossols, so es assaber en Jo. de la Riba, en P. de Combas, N. Arnaut de Bonboychon, N. Esteve Rog, en P. Andrieu, en Johan Fabre, en Jo. Gr. N. Esteve Boys, en P. Seguin, en Mathieu Sartre, en R. Vidal, en G. Fumat: que nulh hom non auze far condug ni cortz per novia mays lo premier jorn, e que lendeman non an a la gleya la novia.

QUE NEGUNS CAN PENRA MOLHER NON ENVIDE MAYS SOS PARENS ET AQUELS DE LA NOVIA.

Item establem que neguns homs can penra molher ni autre per luy non fassa condug ni nossas mais a las personas de lalberc de la novia et ad aquels de lalberc del novi sinon tan solamens a XX. personas entre proshomes e donas, otra las personas dels dos albercs sobre digs. Empero parens o amics del novi o de la novia que sian estatgans deforas Montpeylier si tan es quey vengon, puescon maniar otra trastostz los autres sobre digs ab lo novi o ab la novia; e si neguns fara encontra dara M. cayrons de randa.

ESTABLIMEN QUE NEGUNS NON AUZE FAR CONDUG A NOVIAS.

Item neguna autra persona non auze far per novi o per novia sinon en forma que dig es desus.

QUE HOM PUESCA FAR CONDUG PER NOVIAS A MAON DORDRE.

Empero tot novi e tota novia o autras personas per els puescon far condug per honor e per amor de Dyeu a mayson dorde et a personas religiozas segon lur plazer; e si alcuns en contra fara pagara M. cayrons.

ESTABLIMEN QUE HOM NON FASSA A SA MOLHER GUATNACHA DE CEDA O PELISSA COBERTA DE CEDA.

Item establem que neguns hom non fassa assa molher gatnacha de ceda o pelissa coberta de ceda ni sortenha neguns maristz que aquelas que aras an las porton dayssi en ans empero I. blizaut de ceda puesca portar tota dona ab que non y aia aur ni argent; e si neguns fara en contra pagara M. cayrons de randa.

QUE NEGUNA DONA NON PORTE VESTIRS DE CEDA NI CAMISA COZIDA AB AUR O AB ARGENT O AB PERLAS.

Item que neguns hom non sueffra daysi en an que sa molher porte vestirs de ceda cels que aras an ni autres ni camisas cozidas en aur ni ab argent ni ablas.

QUE HOM NON TRAMETA DENIERS A NOVIA.

Item que neguns novis ni autra persona per luy non done ni trameta deniers ni autras cauzas a la novia per razon de joias, per so que la novia en deia donar ni trametre ren per joias ad autras personas; e si neguns fa ren en contra pagara M. cayrons de randa.

ESTABLIMEN QUE NEGUNA DONA NON PORTE GARLANDA DE PERLAS NI QUE AIA BOTONS.

Item establem que neguns hom non sostenga que sa molher porte dayssi a enant garlandas de perlas ni neguna autra que sia desus botonada, ni autramens de sus ornada; e si neguns venia o far ni fazia en contra, aysso donara e pagara ses tot per don en la forma que desus escrig es, M. cayrons de randa.

ESTABLIMEN QUE NEGUNA DONA NON PORTE EN SOS VESTIMENS FRES DAUR NI DARGENT NI PERLAS NI PEYRAS FINAS.

M.CC LXXIII. E nom de Dyeu et de la Sancta Trenitat. Amen. Quar Nostre Senhor obrans, en XII. barons que cascun an a conselhar et a regir et a governar la comunaleza de Montpeylier sont elegut, liqual son appellat cossols, es donat plenier poder destablir totas cauzas que ad els son vistas per nez a la utilitat de la comunaleza de Montpeylier, emper amor dayso, enos en Daude Ermengau, en P. Alco, R. Esteve de Candalhanegues, R. Peyrieyra, P. Huc, Bernat Carbonel, J. Fabre, Mathieu Sartre, Jo. Suau, Jo. del Fraycher, R. Seguin, P. Durant, rectors e governadors de la comunaleza de Montpeylier e de la meteusa vila cossols, cobezeians despensas sobrefluosas que aras se fan en vestiduras et en ornamens de totas femenas, et encaras lo peril delarma ad esquivar, adhonor del autisme Creator et ad utilitat de la comunaleza de Montpeylier, et avut requistz cosselh et autreyamen espres motas vegadas del cosselh secret e del general al son de las clocas, ayssi com acostumat es, avistat, establem las sostz escrichas cauzas tenedoyras e servadoyras solz sagramen de tostz donador, cant longamen als cossols et al cosselh prezens et esdevenedors plazera, so es assaber :

Que neguna dona ni donzela, de qualque etat sia, non porte en sas vestiduras o sobre sos vestimens alcunas frezadura o alcun ornament en que aia aur, ni argen, ni perlas, ni peyras preciozas, nil semblant, exceptat que puescon portar en lur centura, en que non aia otra II. onsas dargent blanc o daurat, e que el senc non aia aur ni argent.

QUE NON PORTON CORONA NI GARLANDA DAUR NI DARGENT.

Item establem que non porton corona ni garlanda ni alcun ornamen en que aia aur ni argen, ni perlas, ni peyras, nil semblan, exceptat que puescon portar garlanda o trena ses tota coronadura daur filat o dargen filat, o de fuelha daur o dargent, o de ceda, que non coste ni non valha otra XX. melgs.

QUE NON PORTON NOSCLA DAUR NI DARGENT.

Item establem que non porton nosclas daur ni dargen, ni ab peyras, ni ab perlas, ni botons daur, exceptat que puescon portar botons dargen blanc o daurat, o fermals dargen blanc o daurat, enaysi que en una vestidura non aia mays I. onsa dargen, ni aqui non pauze obra de fil daur ni dargent, ni peyras, ni perlas, nil semblan.

QUE DONAS NON PORTON CADENAS NI AFFIBLES DAUR NI DARGENT.

Item establem que non porton cadenas daur ni dargen, ni neguns afitbles en que aia aur ni argen, mais ben puescon portar afibles de ceda o de fil ses aur e ses argens, els cals non aia mais III. onsas de ceda, e que non coston entre totas cauzas mays XXX. s., exceptat quels afibles que aras an de ceda en lurs vestimens puescon portar entro que sian gastastz.

QUE NON PORTON VESTIDURA DE CEDA NI DAUR NI DARGEN MAIS CENDAT.

Item establem que non porton vestidura deguna de ceda, ni daur ni dargen, mais cendat puescon portar en folraduras de lurs vestirs, et estiers non.

Et establem ayso, estan e duran la domination el dreg del senhor rey dAragon e senhor de Montpeylier e de la sia cort de Montpeylier.

Fag foron aquestz establimens en lan M. e CC. LXXIII.

ESTABLIMEN DE LAS MAIAS.

M. CC. LIII. Nos cossols de Montpeylier, so es assaber en Berenguier Atbran, Huc de Catrecazas, Jo. Tavernier, R. Helyas, B. Huc, P. Cabal, P. de Galazanegues, Jo. Berthomieu, Raynaut de Vuelh, Jo. de Tornamira, P. de Carnas, Miguel Raustic, prevezens al comunal profieg de la universitat de Montpeylier, avut diligent cosselh e tractament ab los obriers et ab los cossols de mar et ab notre cosselh general et ab cossols de mestier, al son de la campana ayssi com acostumat es avistat, prezens en R. de Concas, baylon de la cort de Montpeylier:

Establem que dayssi enan negus hom ni neguna femena non fassa maias en Montpeylier ni els barris, ni fassa hom corstz ab candelas ni am lampezas ni am estrumens ni plantation dalbres, ni fasson ramadas per occayzon de maias.

Encaras establem que neguns hom que aia fermada molher, non trameta deniers ni autra cauza per se ni per autre assa espoza, ni a jotglars, ni a neguna autra persona en frau en las dichas cauzas; et aquo meteysc de las espozas.

Encaras establem que jotglar, ni jotglars, ni jotglaressas, ni trompas non anon a novias de jorns ni de nuegs, ni que lur done hom per occayzon del novi o de la novia vestirs ni autra cauza, ni fassa hom corstz de nuegs ab lum ni ses lum.

Fon fag aquest establiment en lan M. e CC. LIII.

ESTABLIMEN QUE HOM NON AN AD EFAN A BATEJAR MAYS AB I. O AB II. COMPANHOS.

M. CCC. XII. E nom de Nostre Senhor. Amen. Nos cossols de Montpeylier, so es assaber: en Jacme de San Johan, en R. de Bordelas, en G. Favier, en P. Aymoyn, en P. Amenlier, en Pons del Colet, en P. Ricart, en G.

Gavanon, en Jacme Tauron cossols de la vila de Montpeylier per nos en P. Cauzit, en Guiraut Quintalier, en Johan Rocols, cossols de la dicha vila, avut plenier cosselh e gran deliberation ab tot lo cosselh de la cloca general aiustat en lalberc de cossols, en la manieyra que acoustumat es, conoychens manifestamem pertener a gran pron et a gran utiletat de la vila de Montpeylier e de tostz los habitans presens et esdevenidors, e per auctoritat, e per lo poder a nos autreyat e donat, establem en tostz temps valedors o gardadors aquest establimens désostz eschrichs, so es assaber que establem :

Que neguns homs ni neguna femena privat ni estrang, dayssi enan e Montpeylier, non fassa aiustz domes per anar enfan a bateiar, mays tan solamens dos homes de part lo payre e la mayre de lefan que anon querre I. payrin, e dos autres que anon querre lautre payrin, e que plus non ni aia, si doncas lo payrin non era tan grans homs e tan nobles que agues acostumat danar ab maior companha, ab laqual companha segon que auria acostumat degues venir ses plus.

Item establem que neguns homs estran ni privat, per se ni per autra persona, non fassa vestirs per donar ajotglars, ni ad autra persona, per negun doctor ni maistre en medecina o dautra de qualque art que sia.

Item establem que neguns homs dayssi avans, per mort de payre, o de mayre, o de frayre, o de seror, o de molher, non porte vestirs negres am capion vestit, mays I. mes. Empero las donas gardon lur regla e lur honestat, segon que dregs volon e comandon.

ESTABLIMEN DE LAS NOZES DE NADAL.

Item establem que neguns homs non done ad alcuna persona deniers per nozers, sinon a la maynada de son alberc tan solamen.

ESTABLIMEN QUE NEGUNS NON VENGA EN LALBERC DEL MORT.

Nos cossols de Montpeylier avut plenier cosselh e gran deliberation ab tot lo cosselh de la cloqua general aiustat en lalberc de cossols, establem can alcun hom o alcuna femena passara del setgle que neguns vezins ni amic ni hom privat ni estrang, apres tres dias comdadors del dig mort ho de la dicha morta neguns non venga en la mayson on la dicha persona morta estava, so es assaber par cauza de vezitar ni de cossolar; empero parens so es assaber payres o frayres ho seror ho nebotz ho cozins germans, ho autres que sian en plus propdan gra y puescon venir.

DAQUELS QUE VAN AM CORS A MAGALONA.

Per aqui meteysc establem can alcuna persona morra que deia esser sebelistz a Magalona, puescon per lo cors traspassat companhar et anar entro Magalona v. personas ses plus, e doutra un capelan.

LA COMPOSITION DEL REY E DE LAVESQUE.

ID. SEPT. M.CC.LX

Per las diversas questions nadas entrels avesques per temps de la gleysa de Magalona dous luna part e noble senher en Jacme per la gracia de Dieu rey dAragon e senhor de Montpeylier dous lautra, plac ad aquel senhor rey et al honrrat payre en G. avesque de Magalona, sobre totas las questions, en lonrrat payre senhor en Guy per la gracia de Dyeu adonx avesque del Puey aras eleg en arcivesque de Narbona, compromettre e per amigatble tractamen et aquel meteys senhor en Gui arbitre et arbitrador las davan dichas parts elegiron, so es assaber le senhor rey et aquel meteys avesque am autreyamen de son capitol, alalbire et a tota la volontat del dich senhor en Guy, ayssi com aquestas cauzas se contenon plenieyramens en los estrumens fags per en P. del Pont, notari de Montpeylier.

LO DIG DEL SENHER EN GUI FOLCUEYS.

Nos en Guy per la gracia de Dyeu sa enreyre avesque del Puey aras eleg de Narbona, en las questions mogudas entrel notble rey dAragon e senhor de Montpeylier e lonrrat frayre nostre en G. avesque de Magalona, a nos plenier poder per las parstz autrejat, ayssi com arbitre o arbitrador volem fin pauzar els mandamens de sotz escrigs en aysi prononciam.

LO PRONONCIAMENT.

Al comensamen prononciam, dizem et establem a lavesque de Magalona que aras es e siey successor la cort pertener en lur part en Montpeylier et en los barris, e la [illegible]que pertenens plena juridiction e franca en totas cauzas criminals can acaption a garda et a examination dels et eussamens e de deffenimen de fag e de pena; empero en ayssi que sil crims sera tals que mort o trencamen de membre daqui se seguira, la cort episcopal sia tenguda lo baylon del senhor rey dela cort de Montpeylier appelar a tota la examination del negoci e defenimen, loqual bayle si venir volra entre esser o en son luoc un de sos ufficials trametre poyra.

Empero si tres vegadas requistz venir non volra ni trametre, per so non remangua que la cort de lavesque en la examination et en defenimen prosezisca. Empero de las cauzas condampnadas a mort o a trencamen de membre per la cort episcopal aquela meteycha cort de lavesque a la cort del senhor rey sia tengustz laychar, ni la cort reala sentencia per la cort de lavesque donada non leza mudar.

Empero de crim de heretgia cum sia puramens ecleziastic dizem et establem que sola la cort episcopal, non appellada lautra cort, quel crim examine e defenisca, e si heretges simples sera condampnastz coma heretgues a la cort real sia laychatz. Si empero sera muradors o pena levior o penitencia portadors, tot aysso per la cort episcopal volem e comandam definir.

Empero dels digs crims que mort o trencamen de membre demandon o de crim de heretgia los bens dels colpables sesdevenra de penre, aquels bens que sot lo rey seran trobastz sian donastz al rey, empero aquels que sostz lavesque seran a lavesque partengon.

Empero las despensas del muramen del heretge le senher rey e lavesque. als quals li bens pervenran del heretge en la forma sobre dicha las despensas quascun per sa part fassa; si empero tostz los bens del heretge pervenran a lun o a lautre, aquel entro la valor del bens al enclaus en maniar provezira, segon que aytals cauzas es acostumat de provezer; e si neguna cauza lo rey daqui non aura avut o se que naura avut sera despendut en las despensas del enclaus lavesque sia tengustz ad aquel de provezer.

Empero lo camp que es appellat den Albran e la yrla la qual lavesque ha en Montpeylier ad aquel avesque et a sos successors jutgam, so es assaber a la juridiction dels pertengon, el destreg tan sobrel camp et yrla quant sobre la tersa part del lauzimis e de las justizias de la cort episcopal de la demanda del senhor rey aquel meteyse avesque absolvem, eusamens jutgam a la juridiction et al destreg del dig avesque e de sos successors aquo que es del portal dObilhon entro la mayzon que fon sa enreyre den R. Lambert, et establem que la crida de lavesque puesca yschir per aquela via francamens de la vila, lufici dela crida fazen.

Empero dels juzueus que en la part de lavesque aras estan o dayssi enan estaran, atrobam say en reyre per comuns amix fon tractat et entre els adordenat en aychi, que quan lo rey als juzueus propris talha volra far, premieyramens lo rey o son luoctenent sacordon de tota la talha, et apres aquela soma als juzueus de cascuna part sia escricha, e daquela part que als juzueus del avesque pertenra aial rey la mitat e lavesque lautra mitat, o daquela savengon si cos volran; e car sobre aysso aquelas parstz entre se se avengron, en aquest tractat ren a nos non cal lauzar ni defenir, si non aysso que la talha que als juzueus dela part de lavesque venra per la cort de lavesque se destrenga.

Apres volem e mandam quels homes habitans ni dayssi enan habitaran en la part de lavesque, sian tengustz jurar e juron fezeutat ab los autres homes de la vila de Montpeylier al heres o als heres del senhor rey empero senhors de Montpeylier, et host fasson al senhor rey et a sos heres senhors de Montpeylier, ayssi com li autre dela part del rey; et eusamens si per host o per autra cauza la vila de Montpeylier al senhor rey o ad autre apres el servir volra, li home layc dela part de lavesque ab los autres sian tengustz de donar; empero als clerges et a las personas ecclesiasticas las libertastz lasquals de benefizi de dreg tenon en neguna manieyra non lur tolem.

Apres volem mandam et establem que a lavesque leza far en sa part tres forns et un mazel en loqual sian e puescon esser VII. taulas de mazel e non plus. Eusamen leza a lavesque josta la mayzon sua lo mur dela vila obrir et aqui far portal per profieg de lavesque e dels homes de sa part, lo qual portal de portas e de claus sia garnistz, la quals claus gardon aquels que las claus autras dels autres portals an acostumat de gardar.

Empero peysonaria ni teng vermelh al dig avesque ni a sos successors en lur part far per negun temps non leza ses autreyamen del senhor rey o de sos heres senhors de Montpeylier; mays de totas aquelas cauzas que lavesque demandava dels sestayrals del pes del ferre, de copas e de leudas e del cossolat aquel senhor rey a totas las demandas del sobre dih avesque absolvem. Eusamens vila franca a la juridiction et al destreg del senhor rey iutgam.

Apres volem et establem e mandam quel dig senhor rey deman-tenent reconosca se tener en fieu del avesque tot se que a ni aver deu e Montpeylier et el castel dela Palus o de Latas, e per aquest feu fes omenatge mans juinchas e donat baysamen an Johan say en reyre avesque de Magalona et an ad els avesques quan als successors dels avesques de Magalona per aquest fieu fezeutat juret. Apres volem e mandam que per reverentia del senhor rey lavesque daquestas cauzas sia avondos, aytan can aquest rey vivra negun ren de novel li demande per nom de iuramen, ni alcun de sos successors apres el al senhor rey novel sagramen non requieyra, ni el de far non sia tengustz; mays qui que sia senhor de Montpeylier apres el e del castel de Latas per lun e per lautre o si lun tan solamens aura a lavesque de Magalona que per temps sera la dicha reconoychensa ab lo menatge semblan e sagramen de fezeutat de tot en tot sia renovelastz o vassalh.

Empero las question de las appellations moguda de lavesque e de sos ancessors per tres ans continus volem que se esse; destrechamens mandans que aquel avesque o autre successor de lui al senhor rey o als heres de luy denfra tres ans en qualque juzizi la dicha question non moua, ni apres tres ans per alcun temps en totz temps, si doncs los forns que entretan faran premieyramens el mazel eusamen non bastit derocon e renontion a tot lo dreg a se competen en aquelas cauzas de nostra auctoritat e de nostre mandamen; e si premieyramens lo portal que denou nos mandam far non clauzon si en entretan fatz sera, el mur en lestamen en que aras es sia restauratz; mayz aquestas cauzas fachas leza ad els si crezon de profechir ad els apres los digs tres ans en la dicha question procezir, nils uzes dels sobre las parst jutgatz del temps que passara daquest jorn entro al temps que la dicha question sera moguda a luna part et a lautre profiecha o noza, mays en aquel estamen en que aras son totas las cauzas sian premieyramens tornadas.

Empero aquestas cauzas salvas que sobre dichem, volem entre las parstz esser pas, mandans a cascuna de las parstz totas aquestas cauzas en nostra prezentia approar, e per tal que la pas mielh sia gardada volem e mandam que las sententias que de la una e de lautra cort donadas seran, e lautra cort requista sera e cays aquela execution pertenra, fizelmens sia menada ad exe^ution et essems se aiudon per afar las iustizias, las corts.

Empero a nos poder retenem de tres ans de creycher e de mermar e denterpretar las cauzas obscuras e dubtozas en totas cauzas e cascuna sobre dichas.

Mays si en la controversia alcuns evesque de Magalona la dicha question de las appellations del portal nou claus el forn el mazel en la dicha forma non derrocat mouria, e del rey amonestastz o de son luoctenent non volia desamparar, leza al rey o a son heres senhor de Montpeylier de sa propria auctoritat apres lo mes et apres lo dia de lamonestamen totas las cauzas desus dichas far et ad emplir la davan dicha compozition e recitation. Trastotas las cauzas e cascuna de sobre per lo senhor en Guy adordenadas et establidas et eusamens recitadas, las dichas parstz, so es assaber lo senher en Jacme per la gracia de Dyeu rey dAragon senher de Montpeylier, el senher en G. per aquela mezeycha gracia avesque de Magalona approeron e lauzeron per totas cauzas, confermeron e de novel volgron et autreyeron e doneron plen poder al devan dig senhor en Guy, e per el retengut ad el mezeus confermeron que denfra tres ans duey comdadors el senher en Guy puesca e valha enterpretar e declarar si alcunas cauzas e lials cauzas recitadas et establidas davan escrichas sion atrobadas doptozas o escuras, e que de las cauzas recitadas ad el leza mermar o en aquelas aiostar o creycher.

En apres lo dig senhor rey aquestas cauzas recitadas reconce al dih senhor en G. per la gracia de Dyeu avesque de Magalona, recebens per se e per tostz sos successors avesques de Magalona, e reconce se al dig senhor en Johan say en reyre avesque de Magalona se tener daquel avesque o de la gleyza de Magalona en fieu calque cauza el meteys rey ha o aver deu en Montpeylier et el castel de la Palus o de Latas, e que per aquel fieu fes homenatge mans junchas e dat bayzamen an Johan say enreyre avesque de Magalona, e tan ad el can als successors de luy avesques de Magalona e per aquest feu fezeutat juret sobre tostz sans de Dyeu avangelis.

Fachas e recitadas e lauzadas de las parts son totas aquestas cauzas desus escrichas a Montpeylier el palay de monsenhor lo rey, en lan de lEncarnation de Nostre Senhor M. e CC. LX. so es assaber ydus septembris, en prezentia et en guerentia den H. comte de Rodes, e den R. Gaucelin senhor de Lunel, e den B. de Santa Eugenia, e den Gui de Seveyrac, e den G. de Rocafuelh, don Aries Yvages, Huc de Creychelh, e den B. Rotguier cavalier, P. Bonifazi baylon, R. Marc jutge de la cort de Montpeylier, P. Salvayre, Johan Imbert, St. Civada, en B. Peyre, Pons de Belluoc, P. de Galazanegues, cossols de Montpeslier, en R. de Concas e son filh, en Simon Ricart, Huc Fabre, en G. de Cruols, en Johan de las Cazas, en B. Darrihoms, en P. de Murles, Harnaut, R. de Vuelh, en G. de las Vinhas, en Gui Capdeporc, en P. de Palsas archidyague de Narbona, Maistre P. en P. Dorna archidyague de Magalona, e motz dautres proshomes, e de me G. Arnaut de Montpeylier public notari que per mandamen de luna part e de lautra aquestas cauzas escreysc.

AYSSO SON LO CONVINENS QUE LAVESQUE NON ESCUMERGUE LOS CURIALS DEL REY.

En aysso se convenon lo senhor rey el senhor enfan el senhor avesque el prebost, que lavesque e sos ufficials non escumergon los ufficials ols curials del senhor rey que son en Montpeylier o per temps y seran o son luoc tenens, si non premieyramens si avian per-

servit desser escumergastz, amonitio davan messa e razonablamen e justa, et avuda e resseupuda premieyramens fadia daqui el bayle dela cort o el senhor rey si en la terra sera o el tenent lo luoc sieu si el senhor rey en la terra non sera. E si sesdevenia aquis cazer de fag en escumenion, premieramens non sian denontiatz escumergastz entro que seran amonestastz per lo dig senhor avesque o per son ufficial si volran satisfar dela offensa. E si non volran o negligens seran en satisfar, daqui enan sian denuntiastz escumergastz. Et en aquela meteuza manieyra le bayle els ufficial ols corials ol luoctenent se gardon que lavesque ni sa cort non offendon si premieyramens fadia avuda o receupuda non sera el dig avesque si en lavescat sera o en son luoctenent o en lufficial; ni clergues si non aquels que o forfaran non prengon; e si sesdevenia aquels penre forfazens, aquels senes trigua lieuron a la cort de lavesque denfra la cort del senhor rey, e sobre aquo certifion lufficial de lavesque que venga a penre; e si sesdevenia de nuegs penre clergue lo jorn venent aquel rendon a la cort del avesque sotz la forma sobredicha; e neguna eniuria o forsa a clergues non si fasson en personas o en cauzas maliciozamens o per volontat. E si per aventura alcuns sera pres e dubtava hom si era clergues o non, lufficial vengua ala cort del senhor rey e determene se entre el el bayle dela cort sobre aquel, e si clergues sera atrobastz sia liurats sotz la dicha forma al dig ufficial; si non retengua lo lo bayle.

Item convenon se que lavesque non sostengua en sa part faydistz ni bandistz per la cort rial; e si penre los pot, los prengua e los renda a la cort reial; et a contrari.

Item lo dig avesque non sostenra los sobredigs en sos castels, abans aquels restituira a la cort rial; et a contrari.

Item convenon se que la cort de lavesque legudamens puesca penre clergues en la juridiction del senhor rey, demostrat premieyramens ala cort del senhor rey; e si se endeven alcus dela juridiction del senhor rey forfar, que la cort del senhor rey flagrans lo crim puesca aquels segre fugens en la juridiction de lavesque et aquels penre e detener, e denontia a la cort de lavesque la capsion, en aychi que ab la prezentia dela cort del senhor avesque aquel puescon adurre a la cort del rey; e si alcuns delinquens de la juridiction rial sesdevenia eser en la juridiction de lavesque e pervenra ala conoguda dela cort del senhor rey, que aquel puescon enquerre e penre aqui meteus; non empero tragon aquel dela juridiction de lavesque senes prezentia dela cort de lavesque, e demonstrat az aquelas metieissas corts la dicha caption; et a contrari.

Item convenon se de tostz los delenquens dela juridiction episcopal, e que en penre mals fazedors aytal launa cort aiude a lautra; e que si enjuria se fazie als messatges dela cort, que la cort de cui juridiction seran los enjurians per aqui meteus punisca aysi com si assos messatges agon facha la eniuria.

Item convenon se que duey mays la una cort o lautra non costrenha los homes dautra juridiction en sa cort plaeiar sinon per manieyra de reconvention.

Item convenon se que si alcuns estrans fugens o delinquens intraran en la vila de Montpeylier et albergaran en alcuna part dela vila, que daquela part cant ala juridiction sian recomptat, e cant a convention, e cant a remission, si demandon esser remes, o sian convengustz.

UNA ORDENATION DELS RUTLONS DELS FUSTIERS.

VI KAL. MAII. M. CCC. XII. En lan de Nostre Senhor M. CCC. XII. a VI. de las kalendas de may azordeneron los senhors cossols, que daqui avant los fustiers del portal de Latas aion cascun an II. rutles, car enayssi es acostumat dantic; els fustiers del Peyron aion I. rutlon; e si se endevenia que aquels del Peyron ne sostrayssesson negun az aquels de Latas, que els de Latas o deion recobrar lan seguent.

Testimonis B. Terrada, Johan Girart, Johan Fornier e maistre Vezian de Pradas, notari del cossolat, que ne recеup carta.

ESTABLIMENS FACHS PER LOS SENHORS CONSOLS CONTRA AQUELS QUE NON VOLON CONTRIBUIR EN LAS TALHAS E QUE PLAIDEION CONTRA LA COMUNITAT E LOS DIZ CONSOLS.

V KAL. MART. M CCC. XXXVI In nomine Domini nostri Jhu Xri, amen. Anno Incarnationis ejusdem Domini millesimo trescentesimo triscesimo sexto, scilicet v. kalendas martii, Domino Philippo rege Francorum regnante. Cum conveniat equitati, et intendat suasio rationis ut per eos quibus res publica consulenda comittitur, utilitatis publice detrimentis salubriter obvietur; eapropter, nos Durantus de Peyrotis, Guillermus Peregrini, Philippus de Crosolis, Petrus Teysserii, Deodatus Bovis, Johannes Claparede, Bernardus de Agriffoliis, P. Aycardi, G. Andreæ, Johannes Johanini, et R. Deodati, consules ville Montispessulani, pro nobis et pro Solas conconsule nostro, cuius vocem habeo ego dictus Petrus Teysserii, habita deliberatione et consilio pleniori cum doctoribus et aliis literatis nostri secreti consilii, et multiplicato diligenti et maturo consilio cum pluribus de melioribus probis viris dicte ville, necnon et convocata et congregata universitate hominum Montispessulani in domo consulatus dicte ville, ad sonitum duarum campanarum ecclesie beate Marie de Tabulis, ut convocari et congregari moris est, et consuetum extitit ab antiquo, de voluntate, consilio et assensu dicte universitatis, prout in electionibus est fieri consuetum, nemine discrepante, attendentes et cognoscentes evidentem fore utilitatem dicte ville Montispessulani et universitatis ejusdem, auctoritate et potestate nobis competente plenarie statuendi ea omnia que visa nobis fuerint pertinere ad utilitatem comunitatis Montispessulani, pro nobis et successoribus nostris consulibus dicte ville, salvo tamen iure in omnibus et per omnia dominorum regum Franciæ et Maioricarum, cum non intendamus ligare per presentia statuta nisi tantummodo nos et dictam universitatem et etiam successores nostros, statuimus per in perpetuum valitura statuta, omnia infra scripta, videlicet:

Quod quicumque qui contradicat presentialiter vel contradixerit in futurum contribuere et solvere in talliis comunibus dicte ville indictis jam vel indicendis in futurum, quamdiu in contraditione permanserit, non vocetur nec admittatur per nos seu nostros successores consules Montispessulani ad honores vel officia aliqua dicte ville, neque gaudeat aliquo privilegio, immunitate seu libertate aliqua dicte ville, nisi in casu ubi dicti consules aliud facere non valerent.

Item statuimus modo simili, quod quicumque habeat seu habebit causam, litem seu questionem cum domo consulatus Montispessulani, seu cum consulibus Montispessulani nomine dicte ville seu consulatus predicti, quod quamdiu durabit causa, lis seu questio supra dicta, non vocetur nec admittatur per dictos consules, ille qui dictam causam, litem seu questionem habet seu in futurum habuerit, ad honores vel officia dicte ville, neque gaudeat aliquo privilegio, immunitate seu libertate aliqua dicte ville, nisi in casu supra proxime exceptato.

Item statuimus, quod quandocumque contingerit quod aliquis de nuntiis consulatus vel de preceptoribus hospitalium quorum regimen pertinet ad consules Montispessulani, vel de ponderatoribus molegiorum fuerit amotus seu destitutus de suo officio supradicto, quod per successores illorum qui dictum officialem amoverint nullathenus possit restitui in suo officio a quo fuerit destitutus vel alio meliori.

Voluit etiam et concessit dicta universitas super hæc interrogata, quod causa seu lis mota inter dictos dominos consules ex una parte, et Johannem Boniamici draperium Montispessulani ex altera, super facto plathee herbarie Montispessulani, ducatur per dictos dominos consules dicti consulatus sumptibus et expensis, et quod expense facte dudum et faciende in prosequenda dicta lite per dictos dominos consules solvantur de bonis consulatus supradicti.

Acta fuerunt hæc et publicata in domo consulatus Montispessulani, convocata et congregata dicta universitate, et ibidem presente et consentiente, ut dictum est, in presentia et testimonio venerabilium et discretorum virorum dominorum Bertrandi de Balma decretorum, et P. Calvelli et Bernardi de Ruppefixa legum doctorum, et magistri Petri Garrussii jurisperiti, et mei Johannis Laurencii, publici Montispessulani notarii, qui hec in notam recepi et requisitus fui de predictis facere publicum instrumentum.

X FEBR. M CCC. XLVIII

In nomine Domini, amen. Anno eiusdem Incarnationis M. CCC. XLVIII. et die decima mensis febroarii, domini consules, pro utilitate rei publice ville Montispessulani, convocatis pluribus conresariis dicte ville, habito consilio tam cum officialibus regiis quam pluribus aliis probis viris in domo consulatus, et de ipsorum concensu, ordinaverunt per in perpetuum : quod omnes pelles abtate et abtande in dicta villa signentur signo communi dicte domus, cujus forma inferius est signata ; quod signum debeat tenere et teneat, et quod ad id deputetur per dominos consules dicte ville unus bonus hommo dicte carrerie conresarie qui signabit ipsas pelles signo predicto, et quod nullus sit ausus in villa Montispessulani nec extra vendere ipsas pelles, nisi prius fuerint per ipsum deputatum vise et signate dicto signo.

Item fuit ordinatum quod anno quolibet deputentur per ipsos dominos consules quatuor custodes ad premissa, quorum duo sint sabaterii et alii duo sint conresarii dicte ville.

ESTABLIMENT SUS LOS ELEGIDORS DELS OBRIERS.

XXIV. JAN. M.CCC.LXIII. En nom de Nostre Senhor Dyeus Jhu Christ sia fach. Amen. Nos Bernat Pelicier, Johan Clapareda, G. Dagrifuelha, P. dels Camps, P. Bayle, Steve de Montjuzieu e Jacme Junin, cossols de Montpeslier, per nos e per en Johan de la Cros, e per en P. Teyssier, dels cals jeu Johan Claparcda ay lavos, e per en Imbert Roqua, del cal jeu Bernat Pelicier ay lavos, e per en Johan Gavanon del cal jeu G. Dagrifuelha ay lavos, e per en P. Dayric, cossols nostres aras absens, per lo poder que nos avem de ordenar, establir, declarar e far so que nos sembla per lo ben comun, e per ostar totz duptes et obscuritatz que poyrian naysser, et a ostar plags e riotas que sen poyrian moure, et a ostar totas noveletatz, las cals an acostumat de efantar discordias, establem e declaram, e per aquesta nostra ordenansa per tost temps mays valedoyra, volem que en la election dels obriers de la comuna clausura de Montpeslier, dayssi avant per tostz temps mays cascun an fazedoyra, sian elegits los elegidors els obriers de las VII. escalas dels mestiers de la vila, so es assaber daquels mestiers dels cals an acostumat say entras esser elegitz, e per la manieyra et orde, forma e rit, say entras sus aquesta election observatz et escrits en lo libre de nostre cossolat en local las elections de cossols maiors dobriers, e de cossols de mar, e de cossols de mestiers an acostumat de esser escrichas e registradas a perpetual memoria.

Aquestas cauzas foron fachas en lostal del cossolat, detras la glieya de Nostra Dona de Taulas; e foron testimonis Mossen Guiraut Pargues, Mossen Bernat Delpon, Mossen Jacme Rebuf, doctors en leys, cosselhers dels dits senhors cossols, Maestre Johan Vezin, notari, Maestre Lanuart Peyrusson, notari escrivan del cossolat, Nycolau de Mazieyras, apothecayre, e mots autres, e jeu Peyre Gili, notari public real e del dich cossolat que daysso ay fach carta, de mandament e requesta dels ditz senhors cossols, a XXIV. jorns del mes de genoyer, lan M. e CCC. LXIII.

ESTABLIMENT SOBRE LORDRE DE ANAR A LA PROCESSION DE NOSTRA DONA LO JORN DE CORPUS CHRISTI.

XV. JUN. M. CCC. LXV. E lan de Nostre Senhor Dieus Jesu Crist M. CCC. LXV. a XV. dias de junh, nos Frances Lambert, G. de Mont Juzieu, R. Gavios, Joh. Pastre, B. Delgra, P. Arnaut, P. Delvalat, Joan Robbert e Jacme Sospon, cossols de Montpeslier, per nos e per en Jacme Rebyeira aras enbayssador en Fransa, e per en Esteve de Clapiers aras enbayssador a Nemze per la vila de Montpeslier, e per en Jacme Satgier, conconssols nostres aras absens per utilitat comuna de la dicha vila, e per obviar a motz escandols que si podon estalvar, e per esquivar motas riotas, las quals en temps passat son estadas estalvadas en la procession defra; facha prumieyramens per nos enformation am alcus proshomes antics de la dicha vila cossi es estat uzat lo temps passat, per lo poder que nos avem destablir et ordenar tot so que nos sembla bon a la utilitat comuna de la dicha vila, volem, azordenam et establem que per tostemps mays sia servat e gardat lorde danar en la procession de la gliesa de Nostra Dona de las Taulas del jorn de la festa del precios Sancte Cors de JhuCrist, dels mestiers en forma que se sec. Prumieyramens, apres la prumieyra †, Escarceliers, Poliers, Jupiers, Balansiers et Espaziers, Sabatiers alçus, Barbiers, Liayres, Taverniers, Sartres, Peyriers, Blanquiers, Merciers de Nostra Dona, Merciers de lAgulharia, Especiayres e Candaliers de cera, Merciers de corregayria, Sediers, Pebriers, Cambiadors, Cossols de mar, Obriers, lo Pabalhon, Cossols maiors, Borzezes e Drapriers vermelhs, Argentiers.

E nos Jacme de la Manhania bayle de Montpeslier per notre senhor lo rey de Fransa, auzida la dicha ordenansa, aquela coma util a la cauza publica de la dicha vila, lauzam, aproham, ratificam e cofermam, et aquela volem esser per tostemps observada e guardada sens enfranher.

Aysso fo fag en lostal del cossolat de Montpeslier, detras Nostra Dona de Taulas, e foron testimonis R. de Galhac, G. Garabuou, drapiers, Johan Lautier, escudier del cossolat, R. Gili, clergue, e jeu P. Gili, notari real e del dich cossolat que daquesta ordenansa receupi carta.

ORDENANSAS SUBRE LOS ESTASTZ DE LAS DONAS ET AUSSI DELS HOMMES.

APR. .LXV. E nom de Nostre Senhor Dieu Jhu Crist, le cal per sobbeyrana humilitat volc dissendre del cel en terra et esser encarnat de la preciosa humil verge madona Sancta Maria, la cal li plac per vergenitat, mays per humilitat lo cosseup quant se appelet sierventa de Dieu, et encaras per maior humilitat sieua volc naysser en paure et en vil luoc, car en lestable et en la grepia entre doas bestias brutas, et aqui volc esser envelopat en paures e petitz draps, non ges en palays ni en draps daur ni de seda, e pueys volc morir per nostra salut sus lalbre de la veraya cros, on fo tant paure que mori tot nut e non ac on repauzes son benezette cap, e per so car de tot homme que a poder o regiment se pertanh semenar e plantar bes e vertutz, et ostar et arrabar vicis e peccatz de vanetat e dorguelh, per lo cal peccat los angils foro gitatz de paradis e dampnatz en infern perpetualment.

Emperamor daysso, nos cossols de la villa de Montpellier considerans que juxta la doctrina del apostol totz los fatz de Crist son nostra instruction, e que nos lo devem resemblar de tot nostre poder segon la humanitat, attendens los grans mals e las grans tribulacios que an lonc temps durat et encaras duron, et es dupte de mays durar e de creysser, si la misericordia de Nostre Senher Dieux Jhu Crist non nos aiuda, so es assaber de mortalitatz, de fams e de carestias, de guerras, de tempestas e de grans perdemens de bes en mar et en terra; considerans atressi que segon lescriptura totz los mals que avem nos venon per nostres peccatz, regardans en alcuna manieyra a lissemple del Rey del pobol de la ciutat de Ninyve, los quals auzit per lo profeta Jonas que Dieux los volia perir, se vestiron de sax e si cobriron de cenres, per la cal cauza Nostre Senher Dieux revoquet sa sentencia ; per lo poder que nos avem de establir e de ordenar tot so que nos semblera que partenga a la utilitat comuna, e per ostar a tot nostre poder la gran ufana e la gran pompa mondanal, la cal a lonc temps durat e dura encaras a Montpellier, e la grand dissolution e deshonestat que se es acostumada e se acostuma en los abitz et en los vestimens et en los causars dels senhors e de las donas e de las donzelas de Montpellier, e per retrayre, e per reprimir los grans et excessius despes, los cals per aquestas pompas e vanetatz se son fachas et encaras se fan, per las cals motas personas son vengudas non tant solamen en pauretat mas en motz peccatz vils e deshonestz et mot desplaisens a Dieu et al mont; avudà deliberacion e conseilh plenier e madur am los curials de las cortz et am lo pobol de Montpellier, a honor de Dieu e de la Verges Maria e de tota la cort celestial, e per placar Nostre Senher de la sieua ira, la cal sembla que aia contra nos per los peccastz nostres, e per extirpar peccatz et ostar materia de desplazes de Nostre Senher, e per lo ben e profiech comun de la villa e dels habitans de la villa de Montpellier, volem, ordenam et establem per tostz temps mays esser observat en la dicha vila enayssi tant ades se seguira, en tal guiza que jamais non sia tornat atras, car en ayssi cant dis Nostre Senher en levangeli : Negun home que meta la man alarayre e regarda detras se non es apte del regne Dieu.

Premieyrament que neguna dona non auze portar negunas perlas ni negun obrage de perlas ni de peyras preciosas, ho lo seria en las borsas et en las centuras que ia son fachas, et en los anels de la mas.

Item que non porton en las margas ho en las mochas neguna pel dermini ni dautra pel, ni de drap de seda que sia reversat.

Item que non porton als pes en las raubas negun perfil de pel, ni de negun drap de seda, ni de drap de lana, ni dautra cauza cal que sia, ni negunas brodaduras ni ramatges, ni negus autres obrages cal que sian.

Item que non porton negunas robbas ni capayros de draps de seda ni de camelotz [1].

Item que non porton en raubas ni en capeyros negunas botonaduras dauradas ni esmailhadas ni autrament obradas, mays argent blanc e plan.

Item que non porton en mantels ni en autras raubas negunas folraduras de drap de seda ni de camocatz, mays tant solament de sendat o de tafetas en ayssi cant es acostumat.

Item que non porton en capeyros ni en bechas ni en negunas raubas neguns rubans ni brodaduras.

Item que non porton ne aion negunas oberturas en los mantels als layries, mais tan solament davan.

Item que non porton negunas frappaduras en lurs capayros o bechas o margas o caratges, o en los pans o en autras negunas vestimentas lurs.

Item que non porton mochas plus largas de III. detz.

Item que daqui avant non auzon far en lurs mantels negunas folraduras de vars clars o escuratz, si non de vars menutz en ayssi cant antiquament se solia far.

Item que neguna dona non auze aportar opelanda cal que sia.

Item que neguna donzela non auze portar sobre se negun parament de peyras preciozas ni de perlas, si non tant solament I. redondel o parsset.

Item que tot home deia portar rauba longa plus bas de ginolh e non demens, e que non auzon portar negus jupos plus corts de ginolh, ni aquels ni autra vestimenta cal que sia de drap de seda.

Item que negun ni neguna non auze portar sabbatas ni estivals ni batis am ponchas de polayna.

Item que cascun juxta sa condetion meta mezura en son estat per se, per sa molher e per tota sa familha, car dautramens daqui avant

---

[1] Apres los precedents IV. capitols foron per conselh general ratifficatch, e tots los autres capitols seguens revocatchs, coma apar avant en aquest libre al fuelh CCCXXVI. (*p.* 173.)

los senhors cossols los creysserian en las talhas, segon que lestat e la pompa en que serian trobatz requerian.

Item que tostz pelhissiers, sabatiers, sartres, juponiers, argentiers e totz autres non auzon far neguna causa contra las dichas ordenansas; car qui o fara sera punitz per la cort de mon senhor lo rey en cors et en bes, en ayssi cant sera de razo sens tota merce.

Aquestas ordenansas foron fachas por los dits senhors cossols, e publicadas en la sala de lhostal del cossolat de Montpellier, en presencia et audiencia del pobol de Montpellier aqui aiustat a la cloqua del sen gros de Nostra Dona de las Taulas, en testimoni de monsenhor Guiraut Pargues, monsenhor Jacme Mayseenh, monsenhor Bernat del Pont, monsenhor Jacme Rebuf, doctors en leys, monsenhor Bertrand de las Gardias, licenciat en leys, e de motz autres, e de me P. Gili, notari public real e del dich cossolat, lo cal ne receupi carta lo premier jorn dabril lan M. CCC. LXV.

ESTABLIMENT SUS LOS VESTIRS DELS OFFICIERS DEL CONSOLAT, ET AUTRAS CAUZAS TOUCANT LOS ESCUDIERS CAPELANS DEL CONSOLAT.

PR. D. FEB. M. CCC. LXVII. En lan de nostre Senhor M.CCC.LXVII. lo premier jorn de febrier, nos R. Gaugin, Arman Ros, Johan Lambert, G. de Clapiers, P. Delholm, B. Franc, Johan Deleuze, P. Fumat, Johan Gautier, B. Crestina, R. Martelenas et B. del Conh, cossols de Montpellier, per lo poder que avem de ordenar e de destrenher totas las causas que nos semblon utils a la communitat de Montpellier, a honor de Dieu e per profiech comun de la vila, e per esquivar despessas excessivas, fam et azordenam las ordenanssas que se segon per totz tems mays valedoyras e servadoyras, et aysso am cosselh de VII. bos homes de las VII. escalas, so es assaber en R. Laurier, peyssonier, en Johan Gavanon, pelicier, en Johan Robert, blanquier, en P. Daudemares, coyratier, en Andrieu Domergue, cambiador, en Garin, g. drapier, et en St. de Clapiers, drapier subrogat per el azayso per certa cauza que avia, et en P. Sardonin, peyrier, elegitz azaysso per lo pobol de la vila e de tots mestiers, apelats per diversas vegadas en lostal del cossolat, e derrieyrament lo dich jorn a las cloquas dels II. sens maiors de Nostra Dona de Taulas enayssi cant es acostumat, present e cossentent lo pobol els ditz VII. prohomes.

Premieyramens que cascuns dels senhors cossols e notari del cossolat aion per raubas una vetz las III. canas e m.ª descarlata o dautre drap de lana sufficient, o la quarta part de I. drap entier, e per folraduras e garnimens XVI. florins daur en ayssi quant es acostumat.

Item que en intrada de senhor novel, en que los mestiers faran lieureya, cascun dels senhors cossols e notari aion per rauba de liureya III. canas de drap sens alre.

Item que daqui avant los senhors cossols e notari non fasson liureya destiu a despes del cossolat.

Item que cascun embayssador clerc o layc del cossolat aia cascun jorn que estara en embayssada foras la vila per despessas de se e de tota sa companha, e per raubas e salari, e per totas autras cauzas, foras los salaris dels clergues, III. floris daur sens alre.

Item que cascun dels II. sirvens del cossolat aia cascun an per sos gatges XXIV. floris daur e las raubas acostumadas sens alre, ni per gatgar ni per levar portas per fach del cossolat.

Item que cascun dels escudiers del cossolat aia per sos gatges cascun an XXIV. floris daur e las raubas acostumadas sens alre, ni per estrenas ni per autra cauza, estant en esta vila.

Item que quant alcun dels ditz senhors cossols o notari se rancurara als autres senhors de alcun escudier del cossolat, o hom li allegara deshobediencia o insufficiencia, quels ditz senhors cossols sen deion enformar sommariamens, e trobada la vertat de la colpa o la insuficiencia del dich escudier, tantost lo deion gitar del cossolat pes tostemps mays sans tota esperansa de retornar.

Item que los II. capelas el escrivan del cossolat aion cascun an III. canas e m.ª de drap competen, a conoyssensa dels senhors cossols, e que sian dun meteys drap, e lurs gatges acostumatz senes tota autra cauza, e que los ditz capelas deion jazer en lostal del cossolat continuamens per garda del hostal.

Item que daqui avant lo sot-clavari aia per sos gatges cascun an c. floris daur ses plus.

Item que per los III. dinars acostumatz de far lo jorn de caritatz, e de la election del bayle, e de Nostra Dona de mars, lo clavari puosqua despendre entre totz c. floris daur sens plus.

Item que daqui avant la botiga del hostal del cossolat que aras se loga non se puosca logar, e si de fach se loga, que la logation non valha mays que fenit lo temps present de la logation; la dicha botiga sia retenguda per lo us el servizi dels senhors cossols de mar, e del taulier del escrivan, e del sot clavari del cossolat, car estans lo dich taulier e la dicha sot-clavaria defra la II.ª porta del cossolat, non lay se podon far ni tener negus o paucs cossels secretz.

Aquestas cauzas foron fachas e lauzadas per lo pobol de la vila aiustat en la sala del cossolat coma dich es a la cloqua dels sens de Nostra Dona de Taulas, e foron testimonis maystres G. doctor en decretz, prior de Castelnou, Me. B. Costa, Me. Esteve Bergonho, capelas, e motz autres, e jeu P. Gili, notari public e del dich cossolat que daquestas cauzas receupi carta.

ESTATUT TOUCHANT LOS MAZELLIERS ET AUTRAS CAUSAS.

VI. MAII. M.CCC.LXVIII. En lan de Nostre Senhor M. CCC. LXVIII. lo VI. jorn de may, nos G. Domergue, P. Imbert, R. Teyssier, Johan Henric, G. Folcaut, Johan Clapareda, G. Dagrifuelh, P. dels Camps, Hug. Fabre, Esteve de Monjuzieu, R. Dayric, Jac. Junin, cossols de Montpellier, avuda deliberation e cosselh am motz bos homes de vila, e per lo poder que avem de ordenar e de destrenhier totas cauzas que nos semblen utils a la comunitat de Montpellier, a honor e reverencia de Dieu e de Madona Sancta Maria e de tota la cort celestial, e per acabar gracia am Nostre Senhor Dieus, e per salut de las armas e dels corsses, et a utilitat comuna de tot lo pobol daquesta vila, azordenam per tostems mays esser gardat et observat en la vila de Montpellier tot seque depresent establem en ayssi quant se sec:

Premieramens que los juzieus ni las juzieuas habitans en Montpellier non auzon pozar ni beure ayga en negun pos de Montpellier, ni en tot lostal daquel, si non en I. solet pos, lo cal nos lur assignaren, afin que los crestians non beuon lurs sobras pudytas ni autres escandals, o autres non se y puescon estalvar.

Item que daqui avant negun mazelier ni autre non auze vendre ni far vendre en lo comun mazel de Montpellier negunas cars sagatadas, mays en autre luoc separat, lo cal lur sera assignat als juzieux; ni auze vendre en lo dich mazel comun carns de moria o efladas o botadas o remolhadas; ni y auze suppanzar ronhos ni grays dautras bestias, ni senhal de mascle non sia mudat en autra bestia, ni auze hom cobrir las metzinas am telas, ni sotlevar los ronhos am canetas ni amb autras sostilhas.

Item que daqui avant non auze negun vendre en la vila de Montpellier o defra la palissada negun peys corrumput de tot lan, ni negun feram de Pantacosta entro Sant Miguel.

Item que en los mestiers de mazeliers e de peyssoniers sian deputatz II. bos homes per gardas, los cals non sian dels ditz mestiers, et aysso otra las gardas dels ditz mestiers, afin que las dichas ordenansas e las autras de nostre cossolat tocans losditz mestiers sian mielhs gardadas.

Item que per placar Nostre Senhor e per honor e reverencia sieua, e que el nos don bona pas, daqui avant per tots temps los III. jorns de Rozazos totz los obradors de mercadiers e de menestrayrals estian tanquatz entro a hora de disnar, fazen festa, e que tota persona seguia las processios de las Rozazos ben et honestament e devotament, pregan Notre Senhor per la salut de las armas e dels corsses, e per los frutz de la terra, e per pas; e que los cossols els obriers els cossols de mar am tot lo pobol y sian, portan cascun sa entorta cremant, et atressi y sian totz los religioses, et aia y cascun jorn bon sermon solempne a far en los luocs acostumatz, e totz los mestiers tengon cascun jorn lurs bandieyras trachas entro M. jorn per senhal de major sollemniptat.

Aysso fon fach en lostal del cossolat, e lauzat per lo pobol de la vila aqui aiustat al son dels sens de Nostra Dona de las Taulas, en testimoni de M. Pons G. canorgue de Magalona, doctor en decretz, prior de Castelnou, M. B. Costa, capelan, M. R. Junin, M. Daude Cabriola, notaris, e motz autres, e de me P. Gili, de Montpellier, notari public e del dich cossolat que de tot reccupi carta.

ORDONNANCES SUS LOS GAIGES DELS OBRIERS.

XVIII. NOV. MCCCLXVIII.

En lan que dessus LXVIII. a XVIII. jorns de novembre, nos los dichs cossols per lo poder que dessus, avuda deliberation e madur cosselh am lo pobol de Montpellier, per publica utilitat de la dicha vila, establem et ordenam per totz temps mays valedor en la vila de Montpellier en ayssi quant se sec :

Premieyrament : que daqui avant cascun dels senhors obriers aia cascun an per sas raubas XV. floris daur senes plus.

Item que daqui avant negun home que recuze contribuir en las talhas et en los autres carcs comus del cossolat, o que placie am lo cossolat o am lobra o am lo cossolat de mar o contra la baylia, que tant quant aquestas contradiction o plaieiaria duraran non sia elegit en negun offici de la cort ni del cossolat ni de lobra ni de cossolat de mar ni de sindicat, ni en negun autre offici de la vila.

Item que maymeys Colent liayre, per las fraus en que es estat trobat en levar alcunas rendas del cossolat, daqui avant sia privat per totz temps mays de tot ofici del cossolat, e de las dependensas daquel.

Item que daqui avant negun que sia privat dels officis de la vila o dalcus dels per nos o per nostres predecessors o successors, jamays per negun non sia tornat o restituit èn loffici de que sera privat, o en autre cal que sia de la vila.

Item que daqui avant tot home que sera estat clavari del cossolat o de lobra o del cossolat de mar, sia tengut redre comte de sa clavaria defra XV. jorns apres la fin de son offici a sos successors ; en autra manieyra passat aquest terme aital non puesca esser elegit en negun offici de la vila, entro que son dich comte sia rendut e finat del tot ; e si de fach aital es elegit davant quel dich comte sia rendut e finat, que aital election sia nulla e non aia neguna valor.

Aquestas cauzas foron fachas e lauzadas per lo pobol, aiustat en lostal del cossolat de Montpellier a la cloca dels sens de Nostra Dona de Taulas, presens testimonis M.e Guiraut Pargues, doctor en leys, M.e B. Costa, M.e Esteve Borgonho, capelas, e motz autres, e P. Gili, de Montpellier, notari del dich cossolat, local de tot aysso ay receuput carta.

Lan M. CCC. LXXIII. a IX. de novembre fonc fach estatut que dengun
III. pes gros en un bout si non que fos de metailh ho de ferre non se tengues per pezar. Es lestrument de lestatut au lon en lo libre gran de Me Peyre Gili el deuia portar ayssi et esser transcrig.

ESTABLIMENT QUE ESCUDIER MENESTRIER OU AUTRE DEL CONSOLAT DE TOUT LAN QUE AURA AGUDA RAUBA DEL CONSOLAT NON LAUZE INGATIAR.

r En lan de Nostre Senhor M. CCC. LXXV. a XX. dies de setembre, los
XV. senhors cossols feron ordenansa per totz temps mays valedoyra que daqui avant negun escudier, menestrier o autre offecier del cossolat de tot lan que aura avuda rauba del cossolat non la auze enguatiar, e qui o fara perdra la dicha rauba.

Item que de tot lodich an primier ni de lan seguen negun dels non auze las dichas raubas donar ni vendre, e qui o fara portara la dicha pena.

Item que quant los senhors cossols iran en processiou o en autres fachs conssolars que los escudiers els bastoniers hy sian, e los menestriers, totz vestitz de las raubas daquel an meteys, sotz la dicha pena.

Item que lescrivan e sotz clavari del cossolat en aytals processions e fachs deion anar derriers los dichs senhors per acompanhar los plus onradament.

Item que els autres servidors del cossolat non se auzon anar disnar ni sopar entro quels senhors cossols syan anatz disnar o sopar.

Testimonis foron Moss. Jacme Rebuf doctor en leys, Johan de

Cazanova peyrier, et yeu P. Gili, notari del dich cossolat que daysso retengui carta.

ESTABLIMENT QUE NEGUN CONSOL DAVANT LAN DE SON CONSOLAT NON PUESCA APETISSAR SON MANIFEST.

PR. P. APR. M. CCC. XCIV. En lan de Nostre Senher M. CCC. LXXXXIIII. lo premier iorn dabril, nos Bernart Palmier, Johan de Monferrie, Peyre Gausimi, Bernart Castel, Johan Posasan e Jacme Vigan, cossols de Montpellier, aguda deliberation e conselh am motz bos homes de la vila e per lo poder que avem de ordenar e de destrenhier totas cauzas que nos semblon utils a la communitat de Montpellier, a honor e reverencia de Dieu e de Madona Sancta Maria e de tota la cort celestial, a utilitat comuna de tot lo pobol daquesta vila, establem et ordenam per tos temps mays esser gardat et observat en la dicha vila de Montpellier tot so que de present establem, so es assaber que negun home que sia cossol durant lan de son cossollat non puesca per se ne per autre amermar o apetissar son manifest de bes mouables ou non mouables, e si de fach o fazie aytal apetissamen sia de nulla valor.

Aysso fonc fach en lostal del cossolat, e lauzat per lo pobol de la vila aqui aiustat al son dels sens de Nostra Dona de las Taulas, en testimoni de Mess. Daude Astruc bachilier en leys, Messie Peyre Polier bachilier en leys et assessor del viguier ordenari, habitans en Montpellier, e motz autres, e me Bertran Paul de Montpellier, notari public e del dich cossolat que de tout receupi carta.

ESTABLIMENT SOBRE LA FACH DEL CLAVARY.

VI JUL. M. CCC. XCIV. En lan que dessus LXXXXIIII. lo seysen jorn de julh, nos los dichs cossols per lo poder que dessus, aguda deliberation e madur cosselh am lo pobol de Montpellier, per publica utilitat de la dicha vila establem et ordenam per tostemps mays valedor en la vila de Montpellier per nos e nostres successors per publica utilitat e per evitar tostz fraus, que daqui avant cascun an se mude clavari de cossolat; servan aytan ben los establimens e statutz ordenatz dessus escrichtz sur lo fach dels dichtz clavaris e non derogan as aquels.

Aysso fonc fach e lauzat per lo pobol aiustat en lostal de cossolat al son de las campanas de Nostra Dona de Taulas en la sala del dich hostal, presens testimonis Mossen Guilhem Lombart, Moss. Berenguier Ricart, capelans, Messie Johan Agulhon, licentiat en leys, Guillem Tyeyras, cambiador e viguier de la cort ordinayre, habitadors de Montpellier, e motz autres, e me Bertran Paul, de Montpellier, notari public e del dich cossolat que daysso receupi carta.

ESTABLIMENT FACH TOUCHANT LO BOSC DE VALENA.

APR
C VII. En lan de Nostre Senhor M. CCCC. VII. lo XXVII. jorn dabril, nos Johan de Conquas, Albert Daunizi, Pons Grimaut e Jacme Dayrolas, cossols de Montpeylier, am lo sen Jacme Carcassonna e sen Jacme Vigua, nostres concossols absens dels quals yeu dig Johan de Conquas ay lurs vozes am cartas receupudas per lo notari enfra escrich a V. et a IX. jorns daquest present mes dabril, visitat per nos e de nostre mandamen lo bosc de Valena del dig cossolat lo qual avem trobat si despolhat et entretriat de bons albres que non si poyrian a penas trubar VI.^c^ o VII.^c^ pals per fayre far la cadena que depresent es necessaria a far adobar la mager pila del pont de Castelnou, per so car nostres predecessors cossols de la dicha vila ne an tant pres e donatz a diversas personas, als us per fayre far payssieyras de molis, als autres per far pals e forcatz per lurs verdiers e per autras cauzas, que so es una grant destruction del dig bosc e dampnage de la vila e de la cauza publica; per so, per lo poder que avem de ordenar e de destrenher totas las causas que nos semblan utils a la communitat de Montpeylier, ad honor de Dieu e de Madona Sancta Maria e de tota la cort celestial, e per profieg comun de la vila e per esquivar la destruction del dig bosc, faz et azordenas las ordenansas que ses segon per totz temps valedoyras e servadoyras, et aysso am cosselh dels senhors obriers de la comuna clausura de la dicha vila de Montpeylier o de la maior partida de los que son ayssi, presens elegitz ad aysso per lo poble de la vila e de totz mestiers apelatz

en lostal del cossolat lo iorn dessus dig a las cloquas dels dos seyns maior e meian de Nostra Dona de Taulas en ayssi quant es acostumat, en presencia del sen Peyre Soquier drapier, Mager de Jorns viguier de la cort ordenaria de Montpeylier del rey nostre senhor, present e cossenten lo poble, del qual poble tot lo porgue de la mayzo del cossolat era quays plen e los dichs obriers :

Premieyramens que daquest jorn present en avant aras e per totz temps nos ni los ditz sen Jacme Carcassona e sen Jacme Vigua, nostres companhos, ni nostres successors que daras en avan seran cossols per totz temps de la dicha vila, non puescas ni vos sia legut de penre, ni donar, ni autreiar per vos ni per autres a present o a rescost a persona del mon, qual que sia ni qual que non sia, de Montpeylier o dalhous, del dig bosc de Valena denguns albres grans ni paucs, sian albres grans e grosces per enfustar, o petits e prims per far pals e forcatz o autres obratges quals que sian, afin que lo dig bosc que es tant dissipatz e destrapatz de bels e de grans albres e plansos se puesca tornar reparar e garnir de grans albres afin que cant lo cossolat ne aura mestier per los hostals del cossolat de Caravetas, per los fors, per los pons, per los espitals, per los camis, per los guazilhas e per las autras cauzas que lo cossolat deu tener condrechas, sen puesca adjudar e que lo dig bosc non yste daysi en avant a sy granda dezonor del cossolat e de la vila coma a ystat de say entras et ystay encaras.

Item que daras en avan cascun an continuament per tostemps los senhors cossols novels cant seran elegits lo premier jorn de mars et en apres venran al cossolat per far lo sagramen acostumat en las mas del senhors cossols vielhs, et en apres lo jorn de Nostra Dona de mars davant Moss. lo governador, quant a Nostra Dona de Taulas a costuma de penre de elos lo sagrament, deian e sian tengutz de jurar als sans evangelis de Dieu de tener et observar tot lo temps de lur cossolat lo sobre escrich estatut, e de non lo entrerompre ni permetre a lur poder que sia entrerromputz per autre ou per autres, e que aquest sagramen se ajuste en lo dig sagramental acostumat de far per losditz senhors cossols novels escrich en los ditz libres delas costumas del cossolat, afin que aras ni dassi en avant dengun cossol non puesca pretendre ignorancia del dig estatut ; et afin que donez bon ensimple a nostres successors totz quatre juram per noms que dessus en nostras armas e dels ditz nostres companhos als sans evangelis de Dieu que duran lo temps de nostre cossolat nos tenrem et observarem lo dig estatut, et aquel non entrerromprem ny enfreinrem, ni permettrem a nostre poder que per autre sia entrerromputz.

Aquestas cauzas foron fachas e lauzadas per lo poble aiustat en lostal del cossolat de Montpeylier ala cloqua de los sentz de Nostra Dona de Taulas, presens testimonis mossen Berenguier Ricart, capela, maystre Vincens Cabassa, maystre Johan de Cornilha, notaris, Peyre Robert, mercadier de Montpeylier, Raymon Jariaya, Johan del Cros, Guilhem Moret, escudiers del dig cossolat, e motz autres, e me Johan Delpin, notari del cossolat lo qual de tot aysso ay receuput carta.

ESTABLIMENT QUE NENGUNA DONA NON AUZE PORTAR NENGUNAS PERLAS NE OBRAGE DE PERLAS NE DE PEYRES PRECIOSAS.

II MAII M.CCCC XI. En lan de Nostre Senhor M. CCCC. et XI. lo segon jorn de may, convocat et aiustat al son delas campanas dela gleysa de Nostra Dona de Taulas de Montpeylier coma es de costuma lo poble e la universitat dela dicha vila convocat et aiustat so es assaber : en lo porgue de lostal del cossolat dela dicha vila per las cauzas defra scrichas fazedoyras, del qual poble lodig porgue era quays ple, ala fin existens en la presencia del venerable home mossen Jacme Rebuf, doctor en leys, jutge dela cort del palays real de Montpeylier, luoctenen del noble e magnific home sira Guillelme Fachet, donzel cambarlenc del tres noble e poyssan prince mossenhor lo duc de Berry e guovernador real dela dicha vila de Montpeylier e de sa baronia, e del honorable home lo sen Guilhem Pinhol, Borges, bayle real dela dicha vila, e personalmen constituits los nobles et honorables homes sen Jacme Carcassona, sen Marc Guilhem, sen Albert Daunisi, sen Johan dela Teula, sen Pons Tremons e sen Johan Ayfre, cossols dela universitat dela dicha vila de Montpeylier ; dizeront los dits senhors cossols, aqui presens los ditz luoc tenent del dig mosenhor lo governador e mosenhor lo bayle et ayssamen lodich poble dela dicha universitat, e perpauzeron que lan M. CCC. LXV. lo premier iorn dabril los senhors cossols daquel an dela dicha vila per lo poder et actoritat ad els donat et autreiat per los senhors de Montpeylier destatuir, destrenher et ordenar totas aquelas cauzas que ad els aben et utilitat comuna dela presen vila conoysson partener volgron am public instrumen en nota receuput per maistre Peyre Gili, notari real e del dich cossolat sus lan e lo iorn propdavamen ditz ordeneron e statuiron ala donc per tostemps esser observat en la dicha vila e per los habitadors daquela presens et endevenidors per las razos e per las cauzas en lo predesignat instrumen expressadas, so es assaber : que neguna dona non auze portar nengunas perlas ni negun obrage de perlas ni de peyras pretiosas ho lo seria en las borsas et en las centuras que ja eron fachas et en los anels delas mas.

Item que non porton en las margas o en las mochas neguna pel darmini ni autra pel ni de drap de seda que sia reversat.

Item que non porton als pes en las raubas negun prefil de pel ni de negun drap de seda ni de drap de lana ni dautra cauza qualque sia, ni negunas brodaduras ni ramatges ni negus autres obratges qual que sian.

Item que negun ni neguna non auze portar sabatas ni estivals, ni batis am ponchas de polayna.

Loqual estatut quant als quatre captz e capitols desus escrichtz lur es avistz, segon quels dizon, bon, sant e just attendudas las cauzas contengudas et expressadas en lo predesignat instrumen del dich estatut e las autras cauzas aras en aquest temps attendedoyras.

Item digron los ditz cossols aqui meteys que en lo predesignat instrument del dich estatut eyssamen se conte que neguna delas auze portar neguna opelanda ho chopa e moltes autres captz ho capitols que lur son vistz dampnozes per las armas, car sentencia descumergue es istada fulminada contra aquelos et aquelas que an fach contra lo dich estatut et com aras en aquest temps presen se usite non tan soletamen en esta vila mas en lo pays circunvici et especialmen en los luocs e vilas notablas que las donas e femenas, nontan solamen aquelas de mager istat mas aquelas del meian e del menre, portan, e lonc temps propdavamen passat an portat opelandas e chopas e per aventura los homes e las femenas per non advertencia ho en autra forma an fach e son vengutz contra autres diverses capitols en lo predesignat instrumen contengutz entro losditz quatre capitols desus escrits, et el temps endevenidor far e venir poyrian, per la qual cauza tombarian en la dicha sentencia descumergue et en denayssi lo benefici dabsolucion autreiador an aquelos que an encorregut la sentencia descumergue obraria petit si en apres venent contra losdits estatutz ho alcun ho alcuns de los retornavan en la dicha sentencia : en per amor daysso, per las causas desus dichas e las autras, lur coratge movens los pronominatz senhors cossols moderns per lo poder et auctoritat ad elos donada et autreiada per los senhors de Montpeylier de estatuir destringir et ordenar totas aquelas cauzas que ad elos al ben et utilitat comun dela prezen vila son conogudas partanher, de voluntat e cosentimen dels davan ditz mossenhor lo luoc tenen de mossenhor lo governador, de monsenhor lo bayle, afermeron esser veritat, interrogat premieyramen lodich poble per lo dich noble Jacme Carcassona hun dels ditz senhors cossols, per nom sieu e dels autres senhors cossols son companhos, si lur play que totz los autres membres e capitols del ditz estatut en lo predesignat instrument contengutz, for que los quatre membres ho capitols sobre escritz se revocon? Lo qual universal poble respondet que ad elos totz dun corage perplas que hoc, coma sia cauza bona et util ala cauza publica desta vila et als habitans daquela, attenduda ladicha sentencia descumergue e las autras causas atendedoyras. La quala resposta auzida, losditz senhors cossols retifican los quatre membres e capitols desus escritz et enscritz dels membres e capitols en lo predesignat instrument del dich estatut contengutz volgron si el en aytant coma elos pogron retengut per elos premieyramen e davan totas cauzas sobre aysso et sobre totas las autras cauzas desus dichas et infra escrichas lo ben plazer e voluntat del dich nostre senhor lo rey et ordeneron et estatuiron que tostz los autres membres ho capitols, for que los quatre desus escrichtz en lo contengutz et expressatz, dayssi en avan sian e remangan cassatz, predesignat instrument del dich estatut revocatz e nuls; et aquelos aqui meteys aytan quant pogron revoqueron tant lo membre ho capitol delas dichas opelandas ho copas per las femenas non portadoyras quant los autres quals que sian, for que losditz quatre capitols per elos coma desus es dich ratificatz. De las quals cauzas losditz senhors cossols an volgut far public jnstrument per me notari infrascrich dechador a cosselh de tot savi, la sustancia del fach nonmudada.

Aquestas cauzas foron fachas per los ditz senhors cossols e publicadas en lo porgue del hostal del cossolat de Montpeylier, en presencia et audiencia del dich mossenhor lo loctenen de mossenhor lo governador, de mossenhor lo bayle, e del pobol de Montpeylier aqui aiustat ala dicha cloqua, en testimoni de messier Peyre Patara, licenciat en leys, mossen Jolia dela Vila, capela, messier Daude Astruc, bachalier en leys, Peyre de Lanciat, Clier, habitadors de Montpeylier, Guilhem Moret, Andrieu Mota, Arnaut de Caligo, escudiers del dig cossolat, e de motz autres, e de me Johan Delpin, notari real e del dich cossolat lo qual ne receupi quarta lan et lo jorn desus en lo comensamen daquest instrumen escrich.

STATUT SOBRE LA REDDICION DELS COMPTES DEL CLAVARI DELA OBRA.

XXI DECEMB. M CCCC. XI Item en lan de Nostre Senher M. CCCC. XI. lo XXI. jorn de desembre, nos Jacme Carcassona, Marc Guilhem, Albert Daunisi e Pons Tremons, cossols de Montpeylier, am lo sen Johan dela Teula et am lo sen Johan Ayfre, nostres concossols absens, sabens et attendens, nos aven tengut cosselh am los valens homes de vila sobre la reddecion dels comptes dels clavaris dels senhors obriers de la comuna clausura desta vila per so que ad alcuns aparia que non era expedient al comu de rendre losditz comptes en la forma que se son acostumatz de rendre: loqual cosselh avem continuat en aquest present jorn, e los bons homes que son istatz en los dits cosselhs aver tengutz et esser istatz de openion que de aras en avant los dits clavaris de lobra a ostar tota sospicion redant lurs comptes de lurs clavarias en aquela manieyra et en aquela forma que los clavaris dels ditz cossols e del cossolat redon et an acostumat de rendre lurs comptes de lur recepta e despessa dela dicha clavaria e que sobre aysso se fassa estatut ; per so, per lo poder que avem, anos donat et autreiat per los senhors de Montpeylier de statuir, de destrener et ordenar totas las cauzas que nos semblan utils ala comunitat de Montpeylier, per nos e per nostres dits companhos absens e per nostres successors cossols dela dicha vila volem, ordenam et estatuem que de aras en avant per totz temps los clavaris dela dicha obra dela comuna clausura dela dicha vila de Montpeylier deian e sian tengutz rendre lur compte de lur administration dela dicha clavaria als senhors cossols dela dicha vila en aquela forma et en aquela manieyra que los clavaris dels ditz senhors cossols e del dich cossolat redon et an acostumat de rendre lurs comptes de lurs clavarias e de lur administration. Aiustat mays que, elegitz per los ditz senhors cossols e deputatz los auzidors dels ditz comptes, los ditz senhors cossols lur deian baylar, elegir e deputar dotz daquelos valens homes que seran istatz obriers en la annada del dich clavari, los quals dos, am los ditz auzidors dels comptes, deian auzir et impugnar losdits comptes et ambelos far lur relation de so que auran trobat just et auzit sobre lo fach dels ditz comptes, e que en la quittansa del dig clavari de lobra fazedoyra deian esser los hobriers daquel an en lo qual se fara la dicha quitansa, e que elos am los dits senhors cossols fassan la dicha quitansa, e que sian apelatz en la dicha quitansa los obriers que foron lan del dich clavari, si coma son apelatz los cossols vielhs en la quitansa del clavari de cossols, qui es presumidor que devon mays saber en la aministration del dich clavari que denguns autres.

Aquestas cauzas foron fachas e lauzadas per lo poble ajustat en lostal del cossolat de Montpeylier ala cloqua del sens de Nostra Dona de Taulas, presens testimonis messier Peyre Patara, messier Peyre Rebol, licentiatz en leys, messier Daude Astruc, bachalier en leys, habitador de Montpeylier, Raymon Marti, Guilho Moret, Andrieu Mota, escudiers del dich cossolat, e me Johan Delpin, notari del dich cossolat lo qual de tot aysso ay receuput carta.

STATUT COM LOS SENHORS CONSOLS PER LAS RAUBAS LORS NON AN QUE XXX. LIEURAS.

XIII MART. M CCCC. XII

En lan de Nostre Senhor M. CCCC. e XII. lo XIII. jorn de mars, nos deo Ambrosi, Guiraut del Pos, Frances Poiada, Peyre Bertholi, Johan Sesceli et Esteve Pros, cossols de Montpeylier, per so que cura de sollicitut a nos per offici consular en esta vila es emjuncta per assidua meditation sem compellitz las aurelhas de nostre coratge alas causas comunas afectuosamen aytant quant de aut nos es autreiat emprendre e perquerir far aquelas causas que portan utilitat als habitans dela dicha vila e los relevan de cart, avem regardat que los habitans dela dicha vila son vengutz a si grant frachura que las causas acostumadas non poyrian subportar senes granda necessitat et intollerabla inpaguar, perscrutans la antiqua honestat remuneration decervent dels servidors dela dicha vila dela cauza publica per lors trebalhs segon so que delas obventions sobraria si res ni agues ala fi esser istat en las cauzas desus dichas quantitat de despensas ad inmensitat que las facultatz non hi bastarian, entendens en per amor daysso la inmensitat exclusir, et a meian e moderat istat la quantitat dels despenses redurre, agut sobre aquestas causas cosselh e madura deliberation am moltz honorables homes dela universitat dela dicha vila, e la dicha universitat ajustada al son dela campana, coma es de bona costuma aytan quant podem, per lo poder a nos donat per los senhors sayentras dela presen vila de Montpeylier destatuir, de ordenar, de destrenher las causas que al ben public dela dicha vila son vistas statuydoyras, estatuem, en la presencia del venerable home messier Peyre Patara, licenciat en leys, jutge dela cort ordenaria desta vila, et adordenan que dayssi en avan los cossols dela comunitat daquesta presen vila non aiant, ni puescan recebre per lurs raubas, las quals an acostumat de aver a cascun an cascun dels, outra la summa de trenta ll. tornes petits, e quar so que en la persona de autre secie esser egualtat aquela causa en sa persona hun cascun es tengut admetre, volem que lo dig estatut en nos et en cascun de nos obtengua que cascun de nos non aia per sas raubas lan de nostre offici del cossolat fachas outra la summa delas dichas trenta lieuras tornes petitz.

STATUT ET ORDENANSA PER LO NOTARI DEL CONSOLAT.

Item estatuem que dayssi en avan que qui sera notari mager del cossolat dela universitat comuna desta vila, lo qual offici ten de present maistre Johan Delpin, tengua hun clier bon e sufficient a sos propris somps e despens; lo qual notari am lo dich clier sie tengut de far totas aquelas causas que era tengut de far maistre Johan de Cornilha say entras notari menor del dich cossolat e sos predescessors en lo dich offici; e que dayssi en avant negun non sie elegit en notari ni instituit en lo dich offici, lo qual lo dich say entras de Cornilha en la mayso del dich cossolat tenia; mas sia de tot en tot cas e nul e que a dengun non sian constituitz ni donatz dengus guatges per lo dig offici; mas que daquelas sie de tot en tot la dicha universitat e comunitat dela dicha vila descarguada; e per so que la cort al dich maistre Johan Delpin et assos successors en son offici se augmenta e se ajusta, emper amor daysso estatuem que los guatges que recep de present aia entieyrament senes diminution, so es assaber cent livras per sos guatges e quaranta livras per sas raubas e per lo salari del dich clier.

PRO CLAVARIS SUPER VADIIS PERCIPIENDIS.

Item coma sie de lonc temps observat en lo dich cossolat que a cascun an se elegis hun clavari que ha a recebre los emolimens del dich cossolat e dela comunitat de la dicha vila, e sia acostumat al dich clavari segon lo trebalh per el suffertat per los negoscis del dich cossolat e de la comunitat remunerat lo en alcuna quantitat de pecunia endavaysi que alas vegadas e soent li eran taxats per lo dig trebalh oytanta ll. tornes estatuem que dayssi en avant non puesca esser taxat al dich clavari per son trebalh de un an outra la summa de sieyssanta lieuras tornes al mays.

Item coma de antic sia istat statuit que dos capelas per la comunitat de la dicha vila ordenatz que prenon certa pencion e lurs raubas sian tengutz jazer continuamen en la mayso del cossolat de la dicha vila per la custodia e conservation de la mayson e de las causas de la comunitat denfra la dicha mayso existens, lo dich estatut renovelan, estatuem que dayssy en avan sian tenguts de jazer continuamen en la dicha maizon; et en lo cas que ad alcun delos avengues causa per la qual fos avist als senhors cossols que fos escuzats de jazer y e non degues esser compellitz de far ho, que sia tengutz aver hum home en loc de ce que iassa per el en la dicha mayzo.

Item coma los obriers de la comuna clausura de la presen vila aian acostumat a quascun an far raubas als despens de la dicha universitat de la dicha vila per anar tanguar los portals de la dicha vila e las autras causas pertoquans a lur offici, et aian acostumat aver entortas adel comu dela dicha vila, estatuen que dayssi en avan non aian ni puescan recebre quascun de los per las dichas raubas outra la summa de XVIII. lieuras tornes petitz e doas entortas de cera tan solamen per lur lumenaria del pes acostumat; e si en la fin del temps de lur offici hy sobrava res de lurs entortas que de tot non fossan cremadas que tot so que hy sobrara deian laysar en la dicha obra a servizi de lurs successors en lo dich offici.

Item que coma en la dicha mayzo del cossolat aia hun escudier que se apela lo prior, e semblanment los obriers aian hun autre escudier, los quals an acostumat penre magers guatges que los autres escudiers dela mayzo del cossolat, e los autres escudiers del dich cossolat aian tan gran trebalh e mager que elos, estatuem que dayssi en avan non aion ni recepion per lurs guatges plus que los autres escudiers del dich cossolat mas que sian contens dels guatges que se donon als autres escudiers del cossolat.

Item que coma en esta vila sian instatuitz dos homes que an la cura de far reparar las carrieyras dela dicha vila al despens daquelos a que toqua als quals se donavan quascun an a cada hum v. lieuras tornes petitz, estatuem que non aian ni recepian ni lur sia donat dayssi en avant sinon IV. lieuras tornes senes plus a cada hun delos per an, aytant quant excerciran ben e deligenment lo dich offici; e si non fazian diligenment lo dich offici que non aian las dichas quatre lieuras si per rata de temps per lo qual exercen lo dich offici auran vacat.

Item per so que per las processions et autras certas causas necessarias ala comunitat dela dicha vila es de costuma aver certz menestriers als quals se donavan cascun an a cada hun dels x. lieuras tornes e raubas, lo qual salari es excessieu attendut lo present istat dela vila, estatuem que dayssi en avan non lur si donat ni aion outra la summa de vii. lieuras e x. sous tornes am las raubas acostumadas a cada hun dels a cascun an.

Item que coma en esta vila a despens del comu se tenguan dos homes per guatchas en lo cloquier de Nostra Dona de Taulas dels quals a cada hun es acostumat de donar certz guatges cascun an, estatuem que dayssi en avan non aiant ni lur sia donat outra la summa de xx. lieuras tornes a cascun de elos per an.

Item que coma los cossols de mar desta vila aian hun escudier que pren cascun an sobre lo comun desta vila xiv. lieuras tornes, establem que dayssi en avant non aian ni li sia donat outra x. lieuras e x. sous tornes cascun an.

Item coma en lo dich cossolat per acosselhar las causas e los negocis dela dicha vila sia de costuma a cascun an aver certz cliers als quals es acostumat de satisfar per los cossols dela dicha vila per lur trebailh juxta lo arbitre dels ditz cossols, estatuem que dayssi en avant, de la taxa que juxta larbitre dels ditz cossols per lur trebalh a cascun dels sera taxat a cascun an, se demeinusca la quarta partida dela dicha taxa a cascun.

En totz los autres que dela comunitat et universitat prenon guatges non fam deguna deminution ad elos en lurs guatges, estatuem que en lurs officis entendant assiduosament e diligenment; en autra forma si senes causa rasonabla cascun en son offici diligenment e continuament non entendrian, ad aquelas causas far estatuem diminution per rata de temps quant en aquelos que farian vacation voluntaria.

Delas quals cauzas que per tostemps istan fermas e temps endevenidor volem e requerem esser fach public instrument per nostre notari del cossolat ayssi present.

Aquestas cauzas foron fachas e lauzadas per lo poble ajustat en lo porgue de lostal del cossolat de Monpeylier ala cloqua dels sentz del cloquier de Nostra Dona de Taulas: presens testimonis los honorables

24

e discretz homes mossen Johan Agulho, doctor en leys, messier Anthoni Guarnier, licentiat en leys, maistre Bernard Goubalt, bachalier en decretz, maistre Johan Mota, notari real, Jorgi Clier, clergue, habitadors de Montpeylier, Raymon Marti, Guilhem Moret, Johan Mota, Andrieu Mota, escudiers del dich cossolat, e me Johan Delpin, notari del cossolat lo qual de tot aysso ay receuput quarta.

ESTABLIMEN QUE LOS ESCUDIERS SAPIAN LEGIR ET ESCRIEURE DAYSSI AVANT QUANT Y SERAN RECEUPUTZ.

XXII. MART. M. CCCC. XIII.

En lan de Nostre Senhor M. CCCC. e XIII. lo XXII. jorn de mars, nos Johan de Conquas, Johan Daunisi, Raymon Barral, Johan Bernart e Guilhem del Conh, cossols de Montpelier, am lo sen Bernart Palmier nostre conconsol absent, attediat dela rauma per que non es pogut venir, aguda deliberacion e cosselh am motz bons homes de la vila, per lo poder a nos donat per los senhors say entras de la present vila de Montpeylier de statuir, de ordenar e de destrenher las cauzas que al ben public dela dicha vila e comunitat de Montpeylier nos semblan utils, estatuem et adordenam coma sen sec per capitols:

Premieyramens, que attendut que per deffaut, car totz los escudiers del cossolat non sabon legir ni per consequent servir ni adjudar als capelas a dire la messa, sentreven motz jorns de lan que en la capela del cossolat non si canta, car non y avia dengun dels escudiers daquels que sapian adjudar a dire messa; plus, que motas deves los cossols mandon querre los bos homes de la vila per aver cosselh e per las autras bezonhas del comu, e bayla hom cartels als escudiers ont son escritz los noms daquels que hom manda querre, e los escudiers que non sabon legir van per los obradors e per las carrieyras mostrans a hums et ad autres los cartels, dizent: Leges me quals son aquestz? don sen entreven soven que gens sabon per aquel meia en las cauzas dont non sen salh que tot dan; plus, que cant hom trametz deforas per la vila alcun escudier e non sap legir ni escrieure cal que fassa legir la memoria que hom li aura baylada ad autres, e las letras que hom li escrieura, e cant sera necessitat de escrieure als cossols que lauran trames calra que fassa escrieure per autres,. et ayssins sabran autres en lo faystz de la vila ; si que per obviar a totz los enconveniens de susditz fam estatut que, tres passatz daquesta vida los escudiers que son de present que non sabon legir ni escrieure, o de lur grat volrian salhir del cossolat, o per cauza razonabla los engitaria hor, que aquels que seran mes daqui en avant sapian legir et escrieure ; et aquelos que seran nadieus de Montpeylier e seran trobatz sufficiens sien receuputz davant totz autres.

Segundamen fam estatut que daqui en avant degun senhor cossol en nom del comu non ane ni trameta dengun en exsequias ni novenas que se fasson de dengun mort en glieysa que sia foras dels suburbis de Montpeylier ; e quant sera en las exsequias en las glieysas de Montpeylier ho dels suburbis ni autras non se gete dengun drap daur ni entortas, ni y autreion afar dire messas en nom del comu, et en effieg de non y far res que coste I. denier al comu.

Tiersamen fam estatut que daqui en avant dengun cossol ni autre del cossolat non deia amermar a dengun so que deura per son talh ni aminuir son alhivrament si non que y sian per lo meyns IV. cossols ; e quant se fara aquels sian presens e coscentens, e que lo notari principal del cossolat ho escrieura de sa man, nomnan los senhors cossols que ho auran fach ; e per lo cas parelh los senhors obriers per los darrayratges que lor seran baylatz sian per tals ho per lo soquet del vin, non puescan res amermar sans y esser presens e coscentens quatre dels senhors obriers e sia escrich dela man delur notari et nomnatz los senhors obriers que o auran fach.

DEL BOSC DE VALENA.

Quartamen fam estatut que coma lan M. CCCC. e VII. lo XXII. jorn dabril los senhors cossols que eran per lo temps fezesson estatut que daqui en avant per dengun senhor cossol ni autre non se dones dengun arbre ni planso ni degunas fustas de Valena, mas aquels albres e plansos se guardesson quant ne auria hom besonh per los hospitals, molins, pontz e payssieyras del comu ; la qual causa fonc mot ben facha, e per amor daysso y adjustam nos ditz cossols que em de present, que daqui en avant los cossols ni autres non auzon ges donar de lenha del bosc de Valena verda ni sequa, mas qui ne aura besonh la compre dels rendiers o de lurs forestiers.

De las quals cauzas que per tostemps sian fermas el temps endevenidor volem e requerem esser fach public instrumen per nostre notari del cossolat ayssi present.

Aquestas causas foron fachas e lauzadas per lo poble ajustat en lo porgue de lostal del cossolat de Montpeylier ala cloqua del sentz del cloquier de Nostra Dona de Taulas : prezens testimonis los honorables e discretz homes, messier Anthoni Guarnier, licentiat en leys, mossen Julian Vila, capela, Peyre Morgue, monedier real, Mari de Sant Genieys, clier, habitadors de Montpeylier, e de me Johan Delpin, notari del cossolat, lo qual de tot aysso ay receuput carta.

STATUTUM FACTUM SUPER ORDINE DANDO PER DOMINOS CONSULES OPERARIIS VILLE MONTISPESSULANI IN HONORIBUS DE EUNDO ET SEDENDO EXERCENDO EORUM OFFICIUM OPERIS.

IV. MAII M CCCC. XV. En lan de Nostre Senher M. CCCC. e XV. lo quart iorn de may, convocat et ajustat lo poble al son de las campanas dela glyeysa de Nostra Dona de Taulas de Montpeylier, coma es de costuma lo poble dela universitat dela dicha vila convocar et ajustar, so es assaber en lo porgue de lostal del cossolat dela dicha vila per las causas deffra escrichas fazedoyras, del qual poble lo dig porgue era quays plen ; ala fin existens en la presencia del discret home lo sen Fermi Trialh, merchan, sot bayle de la cort real ordenaria dela dicha vila, e personalmen constituitz los nobles et honorables homes sen Jacme Carcassona, sen Peyre Soquier, jove sen Arnaut Pelagol, sen Peyre Dousset, sen Jacme Vigna, cossols dela universitat dela dicha vila de Montpeylier, am lo sen Johan de la Serra, lur concossol absent, dizerunt los ditz senhors cossols, aqui presens lo dich sub bayle e lo dich poble dela dicha universitat, e perpauzeron que attenduda la question que per lonc temps diverses am es istada entre los obriers dela comuna clausura dela dicha vila sobre la manieyra de lorde de anar e decezer en lurs actes de lur offici dela dicha obra, car alcus de los afermavan et aferman que elos excercent lor offici dela dicha obra de non anar e cezer juxta lorde delas set escalas dela setmana, et los autres dels ditz obriers affermavant et afermont que devon anar e cezer segon la prehemnensa dels mestiers e de las personas dela dicha vila que se elegisson per los elegidors en lo dich offici, los ditz senhors cossols moderns an fach evocar moltz e ganres homes singulars dela dicha universitat dels maiors dels meias e dels menres de totz istatz per auzir leur oppenion si se poyria trobar via per la qual la dicha question prezes fin aras e per tostemps; e sobre aysso diverses jorns e diversas horas son istatz tengutz moltes cosselhs e totz aquels que son istatz en los ditz cosselhs o la maior e la plus sana partida dels an tengut e son istatz de opinion que aiuste en lo sagramental dels ditz obriers escrich en lo libre delas Costumas de la mayso del dich cossolat per los dits obriers a cascun an en la Assumption de lor offici en presencia del senhors cossols dela dicha vila acostumat de prestar, e que los ditz obriers deian e sian tengustz istar sobre la manieyra de lorde de anar e de cezer excercent lor offici de lobra ala ordenansa dels senhors cossols dela dicha vila; e que sobre aysso se fassa estatut; en per amor daysso attendudas las cauzas desus dichas et autras que mevon lurs coratges sobre aysso, los davantz ditz senhors cossols moderns per se meteysses e per lo dich sen Johan dela Serrá lur concossol absent, per lo poder et auctoritat ad elos donat et autreiat per los senhors de Montpeylier de estatuir destrenher et ordenar totas aquelas cauzas que ad els aben et utilitat comuna dela present vila conoyssen pertener, de voluntat e cossentimen del dich sub bayle et eyssamen del dich poble, lo davan dich poble premieyrament enterrogat per lo dich noble Jacme Carcassona, cossol, per nom sieu e dels autres senhors cossols, si lur plazia e lor era vist de expedient que lo dich statut se fassa? loqual universal poble respondet ad els universalmen que hoc; la quala resposta auzida, los davant ditz senhors cossols statuiron et ordeneron que dayssi en avant a cascun an per tostemps losditz obriers dela comuna clausura dela dicha vila, facha lur election e publicacion, quant prestaran lo sagramen per elos en presencia dels ditz senhors concossols acostumat de prestar, sian tenguts de jurar de istar ala ordenansa dels ditz senhors cossols dela dicha vila ho dela maior partida delos sobre la manieyra e lorde de anar e de cezer excercent lur offici de lobra; lo qual jurament se ajuste en lo sagramental delt ditz obriers escrich en lo libre desus, dich delas dichas Costumas ; et eyssamen se ajuste en lo sagramental del ditz senhors cossols escrig en lo dich libre de las Costumas, lo qual preston a cascun an losditz senhors cossols en la glieysa de Nostra Dona de Taulas en la festa de Nostra Dona de Mars, que, cessant tot odi e tota favor, adordenaran la manieyra e lorde dels ditz obriers de anar e de cezer excercent lur offici segun Dieu e lurs bonas cossiencias.

En lo qual estatut lo dich mossenher lo subbayle sezent per cadieyra en lo dich porgue dela dicha mayso del dich cossolat sobre hum banc de fusto, lo qual cant an aquest acte a elegit per cadyera sufficient la sienna e dela sienno cort auctoritat judicial entrepauzet egualment e decret ; delas qualas causas losditz senhors cossols an demandat esser fach public instrument per me notari infrascrich.

Aquestas cauzas foron fachas per losditz senhors cossols e publicadas en lo dich porgue de lostal del cossolat de Montpeylier, en presencia et audiensa del dich mossenhor lo sub bayle e del dich poble aqui ajustat ala dicha cloqua, en testimoni de messier Guiraut Poget, licenciat en leys, de Peyre Robert, scudier dels ditz senhors obriers, de Bertholmieu Gili, guaynier, habitadors de Montpeylier, e de me Johan Delpin, notari real e del dich cossolat, lo qual ne receupi quarta lan e lo jorn desus el comensamen daquest instrument escrichz.

ESTABLIMENT SOBRE LA FORMA DE LEVAR LAS TAILHAS REALS E COMMUNAS PER LOS COSSOLS E LOR CLAVARI DELS HABITANS DE MONTPESLIER CONTENENT PLUSIEURS ITEMS DONT EN Y A DE REVOCATZ.

XIII JEN AR. M CCCC XLV. Lan mil quatre cens quaranta e cinq e lo dijous intitulat treizieme jorn de ienoyer, a honor e gloria de Nostre Senher Dieu Jeshu Crist, dela gloriosa Verges Maria e de tota la cort celestial de paradis sia fach. Amen. Nos Guillaume Delpos, Gili del Seret, Raymon Malpel, Johan Bernart, Thomas del Faet e Jaume Rapls, consols dela insigna villa de Montpeslier, agut planieyrament conselh e delibgracion am los habitans dela dicha villa diversas vegadas en lostal del cossolat ajustatz e congregatz sur las causas enfra escrichas, e de present ala cloqua general, e parelhament mandatz per los escudiers del consolat del mandament nostre ... ayssi que acoustumat es per far semblans actes; conoyssans evidemment e manifesta las causas enfra escrichas estre grandament profechosas e necessarias al ben, honor, profiech et utilitat de tota la causa publiqua delad. villa de Montpelier e de totz los habitans e bona polissa daquela, volens e desirans de bon cor et atot nostre poder esquivar et evitar totz dampnages et interesses dela dicha causa publica, ostar et extirpar tota materia denveias, ceditions e discordias afin de tot estament de bona pas e transquillitat entre los cossols cossolat et habitans delad. villa per tostemps sia seruada; per la auctoritat e poder que avem de establir, corrigir et emendar tot so que nos sera avist estre expedient al ben de la cauza publica en la presencia dels habitans susd. convocatz et ajustatz coma dich es dessus, estam totz ensemble en la mayson del consolat dela dicha villa et en lo concestori ont semblans actes son acostumats de faire, et en la presencia e per davant molt noble e poyssant senhor mossen Tierri, le comte chevalier senhor dArblay, conseiller e cambellan del rey nostre sire e per lui gouvernador dela villa e baronie de Montpellier et Homelades, e del venerable e circumspect senhor messire Johan de Valx, licentiat en leys, juge del palays real delad. villa, de licencia et auctoritat dels quals la present congregacion alas fins dessus et autras quesen segon es facha, establem et establem promolgam las cauzas seguens gardadoyras et irrefragablament a tot jorn mais observadoyras per nos e per nostres en loffici de consols successors e per totz autres habitans dela dicha villa que aras son ou seron en tant que a cascun deura el poyra atoquar e pertenir aras o per lo temps avenir coma se enseg.

E premieyramen que dayssi en avant los consols que son de present e los que seran lo temps advenir, e lor recebedor e clavari que es de present e sera per le temps avenir, non deion ni puescon levar, recebre ne exhiger dels habitans talhables delad. villa de Montpellier las quotas e portions que toquan o poyran toquar e temps avenir losd. habitans e tailhables, a causa delas talhas tant reals coma communas, empausadas o a impausar, si non tant quant montara o poyra montar la pagua o pagas que tombaran o estayran dedins lo temps de lor consolat o de lor annada del consolat tant solament, e las autras quotas e pagas que seran avenir apres lor annada laysson alors successors consols, clavari o recebedor entieyramen, sens ren y toquar o penre.

Item que dayssi avant quant se esdevendra estre autreiada al rey nostre senhor alcuna talha real, e parelhamen y aura a impausar tailha communa so es per los affaires e neccessitatz delad. villa, que les xiv. bons homes de las vii. escalas o autres per las vii. escalas appellatz dela capella seran elegitz per losd. senhors consols; e quant seran elegitz per assetiar e devesir lasd. talhas sus lad. villa et habitans daquela deion e sian tengutz far partizo e division daquestas doas manieyras de talhas, so es assaber: far e metre ung item per la talha del rey et ung autre item separat per la talha communa, afin que cascun habitan e talhable puesca vezer e saber tant a paguar per la talha del rey e tant per la talha communa dela dicha villa.

Item que losd. consols e clavaris que son o seran non deion ni puescon emplegar o convertir los deniers que seran levatz en lor temps per la talha del rey en autras causas o necessitatz dela villa, quallas que ellas sian, si non al rey o aquel que sera per adonc recebedor o deputat a levar e recebre la talha per lo rey aven poyssansa de recebre e quittar; et aysso sus pena de aver recors e de recobrar sur els e sur los bens tant la sort principal que els auran convertit en autra part quant los dampnages interesses e despens que la villa en suffertaria o poyria suffertar per aquesta lor faulta.

Item que dayssi en avant lo clavari o recebedor dela villa que es e per lo temps avenir sera deia e sia tengut de continuar sa leva e levar tota la talha tant real coma communa que sera estada empausada, assetiada et in partida levada en son temps jusques ala total fin e conclusion de tota la talha e jusques al pagament total de tota la dicha talha real e communa, afin que lod. clavari fassa diligencia deguda tant dels bens pagans quant dels mals pagans, e non laysse denguns arrerages se non que fos dels non valers; sus los quals non valoers, afin que non demore cargat daquels, sera dada provision e sen fara ordenansa en ayssi que sera avisat.

Item e car lo temps passat se son mallevatz o presas plusiors sommas de deniers a cambi et interest a grant dommage delad. villa, es ordenat et establit coma dessus que dayssi en avant los consols e clavari que son ou seran non deion ni puescon prendre denguna somma de deniers a cambi ou interest sus la villa, si non que fos appellat conseilh general; et al cas que fezesson lo contrari, que aysso sia al perilh e fortuna daquels que prendran lod. argen en lur propri e privat nom attendut que podon aver copia e facultat de conselh.

Item e sus las gracias e remissions que en temps passat se son trobadas estre fachas desrasonablament a gens que podian ben pagar en grant prejudici daquels que avian pagat e dela paura gen que non han de que pagar, es ordenat et establit que dayssi en avant losd. consols e clavari que son o seran al temps avenir non deion o puescon faire gracias o remission alcunas a dengunas personas si non que sian tant evidement pauras e miserables personas que non aion o puescon pagar entieyramen, et aysso ala conoyssansa dels dits consols et al perilh de lur armas a regart de la pauretat e necessitat delas dichas personas.

Item que dayssi en avant losd. consols e clavari que son o seran per lo temps avenir non deion o puescon vendre, arrendar o affermar dedins lur annada los fruchs et emolumens apartenens ald. consolat si non per lur temps de lur consolat e per aquel an, si non que fos per evident necessitat o per evident utilitat dela villa, et en aquest cases se deia far am la deliberacion del conselh dela villa; exceptat daysso lo talh o emolument de Valena del qual non se trobaria home que lo volgues arrendar amens de quatre ans per los talhs que son grans e non se poyrian approfechar en si pauc de temps; e si par aventura par evident necessitat o utilitat conselh deliberava que se vendesson per may de temps que dessus non es dich tant lo bosc de Valena quant los autres emolumens, losd. consols o clavari non deion o puescon prendre exhigir o levar del fermier ou rendier daquest emolument si non las pagas e quotas que estarrap per quartons duran lo temps de lur annada, o sería que conselh deliberes autramen per necessitat o utilitat de la villa.

Item que finida la recepta deld. clavari que es e sera al temps avenir en la forma dessus dicha, lo dich clavari aia a baillar dedins xv. jorns, apres que lo darrier terme de la talha que aura levada serat expirat, sos comptes ayssi quant se apparten als consols que per lo temps seran; non derogan a lestabliment autre sus aysso per nostres predecessors fach, losquals consols seran tengutz, am deliberacion deld. conselh commun e non autrament elegir, e depputar dos ausidors e dos empugnadors; losquals ausidors et impugnadors prestaran en las mans desd. consols lo sagrament acostumat, so es assaber: los ausidors de ben e lealmen vezir, examinar e palpar, e los empugnadors de ben e lealmen impugnar losd. comptes, cessant totz odis, favors, amors e paors, dom, promessas e corruptions et autrament en forma deguda; et apres ausitz, examinatz, impugnatz e concluses losd. comptes, losd. ausidors presens los impugnadors faran la relacion als dichs consols e conselh, la quala facha, examinada e conclusa, losd. consols deion e puescon procedir ala quittansa finala faire al dich clavari en la forma e manieyra acoustumada de totz temps en lod. consolat.

Item que los establimens dessus seran messes e registratz en lo libre dels Establimens de lostal del consolat en letra de forma et en forma deguda coma los autres, e cascun an lo jorn que los consols novels preston e fan lo sagrament acostumat en las mans deld. monss. lo governador de Montpelier o de son loctenen losd. consols deion e sian tengutz de jurar especialment et expressa los susd. establimens e cascun dels, en lo qual sagrament sia facha mention desd. establimens comma es fach del establimen del bestiari.

Los quals establimens et ordenansas susdichas amsy coma dich es fachs e legitz e publicatz foron lauzatz, approbatz, ratifficatz, emologatz e confermatz per los dich monss. lo governador, juge del palays, e de tot lo popular, coma dessus es dich convoquat et appellat, presens.

En las quals ordenansas statuts et establimens coma razonnables lod. monss. lo governador, sezent per tribunal en lo dich consistori dela dicha mayson del consolat sobre ung banc de fusta lo qual quant en aquest acte a elegit per sufficient cadieyra, a mes la sua e de sa cort auctoritat judicial parelhamen e son decret.

De las quals causas susdichas losd. senhors consols en demanderon public instrument estre fach per me notari enfra escrich.

Fach a Montpellier en lo loc susdich en la presencia del venerable e circumspec senhor moss. Johan Garnier, cappellain, en cascun drech licentiat, prior de Cardonet, Johan Bordon, Johan den Girart, Johan Cheviron, Anthoni Fabre, habitans de Montpellier, e plusiors autres aqui presens, e de me Anthoni Jassils, notari apostolical e real e del consolat de Montpellier, que de las causas susdichas requis en ay pres instrument.

SEC SE LA FORMA QUE SE DEU OBSERVAR CASCUN AN PER MONSENHOR LO GOVERNADOR DE MONTPELIER OU SON LUOCTENENT E PER LOS SENHORS CONSOLS DELA DICHA VILLA QUANT SON AJUSTACH EN LA GLEISA DE NOSTRA DONA DEL CASTEL DELA DICHA VILLA, LO VINTESME JORN DE JUING, PER FAIRE LA ELECTIO DEL BAILLE DELA DICTA VILLA PER LAN SEGUENT, COMMENSAN LO JORN DELA FESTA DE SANT JOHAN BAPTISTA PROPDANAMENT VENENT APRES LODIT JORN DELA DICTA ELECTION, DONT LODIT JORN LODIT BAILE NOVELLAMENT ELEGIT MANDAT QUERRE E VENGUT ET ESTANT DAVANT LOSD. ELEGIDORS ENLAD. GLEISA ELEGIS PER SON PLAZER LO JUGE E TOCH LOS AUTRES OFFICIERS DELAD. BAILIA PER LODICH AN; E TOT SO QUE DICH ES SE FA ENSENGUENT LOS PRIVILEGES DONATZ ALS DICHS CONSOLS ET HABITANS DELA DICHA VILLA.

Es tot empero a notar que quant lo rey nostre senhor es en la present villa de Montpellier a el saperten de elegir lo baile e non a autre segont losditz privileges.

Item quant lo rey non es en la present villa, estans losditz elegidors en ladicha gleisa apres que an prestat lo sagrament acostumat hom los ferma dedins ladicha gleisa, en la cal demoron sens autre e tous autres foras gictach ; et aqui tot premierament, segont losditz privilegis, devon comensar de tractar e far collacion dela susdicha election de baile, e si tractan es cas que sien losditz elegidors dacort e se consenton en alcun personage per esser bayle, aquel accepta, lodich monsenhor lo governador o son luoctenent, e per lo premier e segon consols, a qui prestament lo manda querre per venir jurar e far et elegir lo juge e los autres officiers de sa cort, au conseil desditz consols. Es ver que lodich baile elegit finablament pot elegir e far per son plazer lodich juge e toch los autres officiers de sa cort, e pueys que los a elegitz e nomnach non pot retractar ne revocar sa election e nominacion segont losdich privilegis.

Item si per cas tractadament lodich monsenhor lo governador ou son luoctenent e losdich consols non son dacort sus ladicha election deldich baile, ala donc, segont la forma delsditz privilegis, lodich monsenhor lo gouvernador ou son luoctenent deu nomnar una bona util e leal persona dela dicha villa de Montpellier per baile ; e los consols se volon en podon nomnar una autra persona per baile o plusieurs autres ; e si facha aqui collation entre losditz monsenhor lo gouvernador e consols sus losd. ung o dos o plusors nomnatz lodich monsenhor lo gouvernador o son luoctenent, se la major part o almens la mittat delsd. consols si consenton en ung delsd. nomnastz, pot e lui es legut se adherir e pot elegir aquel en lo cal la major part o la mittat delsd. consols se sera consentida.

Item si la mittat delsd. consols si consent en ung delsd. nomnatz e lautra mittat en lautre, lod. gouvernador se pot adherir en la part que lui plaira, e preferira aquel delsd. nomnats que bon lui semblara per estre baile.

Item si es cas que lodich gouvernador o son luoctenent an losd. consols o an la maior partida o almens en la mittat dels, de alcun personatge nomnat per estre baile non se podon accordar, ala donc lodit gouvernador incontinent es tengut alsditz consols nomnar quatre personatges de Montpellier, segont sa conciensa, bons utils e leals, ad tener lodit office de baile ; et apres la nominacion dels ditz quatre per lod. gouvernador facha, losd. consuls incontinent, so es davant que salhon delad. gleisa, son tenguch de necessitat se convenir et accordar en ung desd. quatre nomnach per lod. gouvernador e lo prendre en baile, si podon.

Item si losd. consols non se podon o non volon accordar e convenir o almens la mittat en ung delsd. quatre nomnatz per lod. gouvernador o son luoctenent, a la donc lod. gouvernador o son luoctenent pot e deu lung delsd. quatre, darrierament per lod. gouvernador o son luoctenent nomnach, so es aquel delsd. quatre lo qual el volra, elegir en baile et instituir per el e nom del rey.

Item que totas las causas dessus dichas se fassan la premiera ves en la qual lodich gouvernador o son luoctenent e consols seran ajustach en ladicha gleisa per far ladicha election, ne devon point sercar conseil deforas ladicha gleisa ne devon ambels mettre ne recebre aucun autre en lur conseilh.

Item segont losditz privilegis lodit monsenhor lo gouvernador o son luoctenent en losditz quatre que nomnara non pot nomnar paire e filh, ne doas personas habitans en ung hostal, ne dos frayres, iassi aisso que demoron divisitz e separatz.

Item lodit baile, en la forma dessus dicha creat, incontinent sie appellat, e prestat lo sagrament per el en tel cas acoustumat, davant que partisca daqui, deu nomnar lo juge et autres officiers de sa cort aquels que el volra; e pueys que los aura nomnatz non lui es legut de variar. Es tot empero contengut en losditz privilegis que lodit baile, ainsi e par la forma dessus dicha elegit, pot nomnar et instituir losditz officiers per larbitre de sa voluntat.

Item si alcun desditz officiers mor enfra lan de son offici, o en es ostat per sa colpa o forfatura, lodit baile pot un autre, en lo luoc del mort o autrament ostat de loffice, mettre e subrogar.

Item per ung autre estatut lo bayle, sot bayle, juge o viguier non devon estar en la cort si non que per ung an, et apres enfra dos ans aucun dels non deu esser tornat o restituit en ladicha cort, e lo baile de quatre ans non pot retornar baile coma es dig dessus.

ESTABLIMENT FACH SUR LA FORMA QUE DEVON OBSERVAR LOS POTIERS DESTANH EN ALLIANT LESTANG DE CAL OBRARAN, CANT SIA BEZON DE LO ALLIAR DAUTRE METALH, E QUE NON AUZON OBRAR SINON DESTANH FIN ALLIAT SE SERA BEZON COMA DIG ES E PLUS AMPLEMENT ES AYSSI DESSOT DECLARAT.

VI. DECEMB. M. CCCC. LXXIII.

Au nom de Nostre Senhor Dieu Jeshu Crist. Amen. Nos Johan Noguier, Anthoni Jaume, Loys Pansa e Guilhem Raol, consols de la villa de Montpellier, per nos e per S. Guiraud Boysson e S. Guido Olpilhac, aussi consols de la dicte villa, consideram los abuzes e fraus que lo temps passat son estach fach en la dicte villa per los potiers et obrans e fazens vayssela destanh, en obrant destanh non fin e mesclan en lestanh plom et autres metalhs oultra que razon non permetia, e senhant lur obrage del senhal dela dicte villa al dommage e grant deception de la causa publica ; per poder a nos donat, segon los privileges e costumas dela dicte villa, de establir de corregir et esmendar per ben et utilitat de la causa publica tot so que nos semble rasonable, volem obviar als ditz abuzes e fraus. Agut sus aysso entre nos et am espers conseilh e granda deliberation en la maison del consolat dela dicte villa, establem, declaram e promulgam las cauzas seguens gardadoyras et observadoyras per tostz temps.

So es assaber : que en ladicte villa de Montpellier ny en sas partenensas non se auze far ny obrar ny senhar del senhal o ponchon delad. villa dayssi en avant alcuna vayssella destanh si non que sia fin ; e si per cas lestanh fin avie beson destre alliat dautre metal, que los obriers aquo fayre puescan de metal convenient per lo cal lestanh non valha mens ne se deturpe ainsi com sen sec.

So es assaber : que lestanh fin del cal se faran plach, escudelas et escudelons, se poyra alliar de quatre lieuras per cent ; e lestanh fin del cal se faran pintas, aygadieras, salieras, tassas, e tot autre obrage se poyra alliar de detz lieuras per cent ; e que los ditz obrages avant que si vendon sian senhach e marcach premieyrament del senhal e ponchon del mestre que lo fara o far fara, et apres del senhal o ponchon dela dicte villa et aisso per los consols del mestier dela potaria et obrages dessusd. et un sobre pausat e sobre entendent coma vesitadors e gardas del dich mestier, lo qual sobre pauzat sie elegit per los del dich mestier o la maior partida dels an conselh e bon plazer de nos e de nostres successors en lodich office de consolat. Los cals consols delsd. mestier e sobre pauzat coma gardas et aussi toch los mestres obriers delsd. mestier, toch los ans en las mans de nosd. consols e de nostres successors en lod. consolat, seran tengutz de iurar que els tendran e gardaran lo dich establiment sens faire e venir alencontre et autrament que seran en las dichas causas bons e leals.

E plus establem et ordenam que dos ponchons seran fach de novel an las armas dela villa, differentiach dels antiques ponchons, la ung per marcar e senhar plach, escudellas et escudelons, ont entorn las dichas armas de la villa seran tres letras, so es *F* a cascun costat, una letra *F* et una autra letra *F* al pe; et al pe de lautre del cal seran marcadas las pintas, aygadieras e tot autre obrage destanh sera una letra *P*; dels tals ponchons dayssi en avant on uzara e non plus dels ditz antiques e se gardaran coma sen sec, so es en una caysseta sarrada de dos claus contrarias dont lad. caysseta gardera lo dich sobre pausat e cascun delsd. consols de mestier una de lasd. claus, e toch tres seran prezens a senhar lodit obrage o almens ung o dos et en default dels absens los presens o present poyran sotrogar ung o dos bons homes deld. mestier; e qui contra lod. establiment fara o vendra per la premiera ves que se atrobara aver forfach perdra lobrage.

La segonda empero ves, perdra lobrage e per tres mezes apres enseguens en aucuna maniera non auze en Montpellier obrar ne vendre obrage destanh per se o per autre.

Si empero la tersa ves atrobat sera aver forfach, lobrage perdra e cessara de tot en tot deld. offici o mestier de lo far e vendre per se o per autre per tres ans apres enseguens e continues. Lobrage empero que bon e sufficient non sera, tot iorn sera pres; e se sera senhat o marcat, lo senhal o la marca sera ostada e vendut lobrage, e lo pres sera donat als paubres incontinent a la discretion e distribution de nos e de nostres ditz successors.

Las sobre dichas causas totas e cascunas establir et adordenar entendem salvas totas horas remanen la honor e la fizeltat e la iuridiction del rey nostre sobeyran senhor, senhor de Montpellier, e salvas totas libertastz e nostras costumas e nostres bons uses.

Las sobre dichas causas foron fachas totas e lauzadas per losditz consols et iuradas de tenir et observar sus los sans euvangelis de Dieu corporalment tocatz per Johanna Relaissada de Johan Gasanha sa entras potier destanh, Johan de Sormon alias de Paris, Johan Milhet, Johan Patar, Guiraut pres de font e Raymond Roquet potiers et obriers destanh dela dicte villa de Montpellier, aqui presens e consentens per els e per lurs successors en lodit mestier, en lostal del consolat dela dicte villa, so es en lo consistori dels consols, et hi foron testimonis presens maistre Berthomieu Ververte notari, Glaudo Pansa, Hostalier, Johan Ros, Sabatier, habitans delad. villa de Montpeylier.

E yeu Anthoni de Malariba, notari public delad. villa de Montpellier, que de mandament dels dits senhors consols et ala requesta delsd. potiers et obriers destanh, totas las cauzas dessus dichas ay escrich lo VI. jorn de dezembre lan M. CCCC. e LXXIII.

ESTATUT SUR LANAR EN LAS HONORS CONCERNENT LOS SENHORS CONSOLS MAIORS, AUSSI LO OBRIERS DELA COMUNA CLAUSURA, E LOS CONSOLS DE MAR DELA VILLA DE MONTPELLIER [1].

Nous Esteve de Neve, Johan Bucelli, Victor Garandele, Durand del Conh, Anthoni Marot e Johan Arnault, consols et avens le regimen dela causa publica dela villa de Montpellier, considerans las discordias, differencias e debatz que son estach long temps a entre nosd. consols e nostres precessors consols duna part, e los obriers de la comuna clausura et aussi los consols de mar delad. villa de Montpellier dautra part, per so car en las honors delad. villa anant et estant losd. obriers

---

[1] Aquestas causas desus ditas son stadas renoquadas en grant deliberation de conselh per lo noble poysant senhor mesie Francisquo Estz, governador de Montpellier, coma costa per sturmen pres per M[e] Cabironis notari dela palays.

e consols de mar pretendien contra tota razon que devien anar et estar entre nous et a lesgal de nous, pausat que nous sian consols maiors et aiant de tota ancienetat la preheminencia e maioretat delsd. obriers e consols de mar, la cal can se mostra car per nostra auctoritat e mandament son fach et elegitz losd. obriers, e quant son elegitz iuran en nostras mans coma lurs sobeyrans destre bons e leals en lurs offices, e prenon las claus delas portas dela villa de nostras mans, e se obligon delas nous rendre a tota nostra volontat ; et al regart delsd. consols de mar, els son elegistz per nous et iuran en las mans nostras coma lurs sobeyrans, e tant losd. obriers que losd. consols de mar son tengustz de nous rendre compte et reliqua de ladministration delas peccunias que prenon a cause de lur offices ; dont tot so que dit es declara que nos sem maiors delsd. obriers e consols de mar e nos devon defferir e non se esgalar a nous. Plus o mostra lo sagrament dels obriers, car els iuran en nostras mans per evitar la antiqua differencia que era entre losd. obriers per lur anar et estar en las honors que els estaran ala assignacion de lordre que lur donarem de anar et estar quant seran entre els. Or doncas pueis que nos lur donan retgle et ordre de anar et estar entre els, par maior razon lur podem e deuem donar ordre de venir et estar per lur ordre apres nos ; e per tant que nous desiram que totas lasd. e tals differentias cesson per las cals se engendravan grans maluolhensas et odis entra los discordans e que ung chacun deu esser content de sos termes ne deu voler los trespassar, per ben de pas e concordia e per la poissansa a nous donada, per los priuilegis donatz als consols de Montpellier de far statuch et ordanansas per lo ben pacification et utilitat dela causa publica delad. villa ; aguda sus aysso madura consultation deliberation et aduis de plusors notables e sages homes sabens en las cauzas dessusd., avem stablit, statuit et ordenat, stablissem, statuissem et ordenam per maniera de edit irreuocable que doras en auant nous e nostres successors consols maiors delad. ville de Montpellier aurem la preheminentia e precedentia en totas las honors delad. villa tant estant que anant e retornant, *et apres nous vendran e seran losd. obriers, et apres losd. obriers vendran e seran losd. consols de mar,* retenent tout iorn

26

e salua la dominacion honor et iuridiction del rey nostre sobeyran senhor, e de monsenhor lo gouuernador et aussi de monsenhor lo baille delad. villa de Montpellier.

Lo cal establiment estatut et ordenansa foron fach en lo consistori dels consols de lostal del consolat delad. villa per losd. senhors consols, an licencia, auctoritat e per decret del honorable home S. Esteve Capuilar, baile de la cort ordenaria delad. ville de Montpellier, en presencia dels honorables homes S. Oliuier, le malatier, Borges, S. Laurenso Cernelli, marchant, et S. Jehan Poget, S. Peyre Martin, canabassiers, maistre Johan Lamours, cyrurgien, Guillaumes Blatnou, escriptor, e de plusors autres habitans delad. villa de Montpellier, testimonis alas causas dessusd. appellats, e de me Anthoni Malariba, notari real e secretari delsd. senhors consols, que ala requesta delsd. senhors consols ay pres acta e carta delas causas dessusd. lo xx. jorn de mars lan M. CCCC. LXXVIII. Mala Rippa notaire, signé avec paraphe.

V. MART. M.CCCC.XCIV. Lan mil quatre cens nonante quatre e lo dijous intitulat cinquiesme jor del mes de mars, a honor e gloria de Nostre Senhor Dieu Jeshu Christ, dela gloriosa Vierges Marie e de tota la cort celestial de Paradis sia fach. Amen. Nous Guilhem Bonailh, Mathieu Barriere, Johan Mariota, Peyre Rodier, Johan Desmazes e Pierre Borgonhon, consols dela insigna villa de Montpellier, agudas premierament las oppinions de plusurs conseilliers et autres notables personnaiges, e gens de bien delad. ville, cognoyssens evidemment e manifesta las causas enfra scriptas estre grandament profichosas e necessarias al ben honor profiech et utilitat de tota la causa publica delad. villa de Montpellier, e de tot los habitans, e bona polissa daquela, volem e desiram de bon cor et a tot nostre poder evitar et esquivar totz dommaiges et interesses delad. causa publica, ostar et extirpar tota materia de denueias e ceditions e discordias afin que tout estament de bona pas e tranquillitat entre los habitans delad. vila per tostemps sia seruada, per la auctoritat e poder que aven destablir, corregir et esmendar tot so que nos sera avist estre expedient al ben de la causa publica, estans totz ensemble en la mayzon del consolat delad. villa et en lo concistori ont semblancs actas son acostumas de far, establem et establem, promulgam las causas seguens gardadoyras et irrefregablement a tot jor mays observadoyras per nos e per nostres en loffice de consols successors e per totz autres habitans delad. ville que aras son ou seran en tant que a cascun deura e poyra atoquar e pertenir aras e per lo temps advenir coma sen enseg :

E premieyrament que deyssi en avant los consols que son de present e los que seran lo temps advenir seguiscon diligemment los processes que la villa a en la cort de parlement a Tholosa al encontra de aucuns particuliers delad. villa, a causa dels herbaiges delas juridictions e territoris, tant dela part antiqua, que dela baylia delad. villa jusques affin de causa, tota parentella, affinitat, consanguinitat et amicicia cessant.

Item que deyssi en avant losd. consols que son ou seran per lo temps advenir, per evitar totas malicias et exactions endegudas que son stadas fachas lo temps passat, touchant loffici del clavari dela clavaria dAyguesmortas, e que lodit clavari sia en libertat de servir en persona lod. office, ou de y commectre qui bon luy semblara, non deion ny puescon elegir, ou nommar alcun personaige per esser elegit ou nommat en lod. office de clavari delsd. Ayguesmortas, que aia preguat ou fach pregar per autres de estre elegit ou nommat en lod. office de clavari.

Item que dayssi en avant losd. consols que son ou seran per lo temps advenir deion e sian tengutz mandar querir lo qual sera nommat per losd. consols en lod. office de clavari et acceptat per los officiers de Nysmes, e lo faire jurar sus los sanctz evangelis de Dieu que non mestra ny prevesira ald. office de alcun commis ala requesta desd. officiers de Nysmes, ou daucun deulx ne del capitaine dAyguesmortas ; et aysso per evitar tota frau e dommaige que en poyria venir al dommaine del rey nostre senhor, et al drech delqual fa recepta lod. clavari.

Item que dayssi en avant, per evitar charges e despens que per lo passat e de petit de temps en ca sont stadas meses et allocadas en la present mayzon del consolat, lo consol ou autre que sera elegit en lo office de clavari deld. consolat, an los gaiges acostumatz de soixanta lieures tornois, sia tengut servir lod. office de clavari en persona propria ; et al cas que non ho fezes per non y poder vacquar per malautia ou autre excusation legitima, e que fos besoing y commectre autre en son loc, que tal commis sia pagat per lod. clavari e sur sos gaiges, sans ce que losd. consols que son ou seran per lo temps advenir sian en aucune maniera tengutz ald. commes de ly baylar aucunes torches ne aucune recompense de peines, trebailh par deniers de monedas ou mescontes ne autras qual que sian, e cedira lad. clavaria e lo tout touchant laministration daquela al peril e fortuna deld. elegit en clavari deld. consolat, car per aquela razon a losd. gaiges de soixante liuras tournois.

XXVI MART. M. CCCC. XCV. Lan mil quatre cens nonanta cinq e lo XXVI. jor del mes de mars, vistz los precedens statuts ou establimens per lo noble magniffic e puissant senhor sire Guilhem de la Cros, conseiller e tresorier delas guerras del rey nostre senhor e per el governador dela present villa e baronnies de Montpellier e Homelas, et ausida la lectura faicte pardevant el e la tenor daquels entenduda e ben considerada, losd. estatutz ou establimens comma ben justament e legitimament per lo ben et utilitat del rey nostre senhor e de la causa publica faits a la requesta dels senhors cossols de la present villa de Montpellier et approbatz emologatz, auctorisatz e confermatz perpetualment valedors et obseruadors, son auctoritat judiciaria e decret interpausant, estant en lostal de son habitation, presens Johan Achart e Pierre Ratier, escudiers delsd. senhors consols, e me Anthoni Salamon, notari deld. consolat. *Signé* Salamonis, notaire.

ESTATUTZ.

XVII MART. M. CCCC. XCV. L'an mil quatre cent nonante cinq e lo dijoux XVII. jorn del mes de mars, a honor e gloria de Nostre Seigneur Dieu Jeshu Christ, dela gloriosa Verges Marie e de tota la cort celestial de Paradis sia fach. Amen. Nos Jacques Bucelly, Thadeo Manelli, Mathelin Mace, Jehan Delpuy, Bertrand Rossan e Guillaumes Albaret, consuls dela insigna villa de Montpellier, agudas premierament las opinions dels xxiv. conseilhers tenens loc de conseilh general en lad. villa de Montpellier e dautres notables personages e gens de ben delad. villa, presens los senhors consuls novels elegitz per l'annada propdan venent, mandats assemblatz per conseilh en la maison del consolat, president ald. conseilh noble magniffic e puyssant seigneur sire Guillaume dela Cros, conseilher e tresaurier delas guerras del rey nostre souvcrain seigneur e per el gouvernador dela villa e baronias de Montpellier e Homelas, cognoyssem evidemment las causas enfra scriptas al ben honor et utilitat del rey nostre seigneur e dela causa publica delad. villa de Montpellier e de tous los habitans e bona policia daquella, volens e desirans de bon cor et a tout nostre poder evictar et esquivar tous dommaiges et interesses del rey nostre dit seigneur e delad. causa publica, hostar et estirpar tota materia denveias, ceditions e discordias affin que tout estament de bona pax e transquilitas entre los habitans delad. villa per tout temps sia servada, per lautoritat et poder que aven de establir, corrigir et esmendar tout so que nos sera advistz estre expedient al ben honor et utilitat del rey nostre seigneur e delad. causa publica de Montpellier, estans tous ensemble en la maison del consulat delad. villa et en lo concistory ont semblans actes son acoustumatz de far, establem et establem promulgam per estatut, en enseguen la deliberacion del conseilh, las causas seguens gardadoyras et irrefregablas a tout jour mays observadoyras par nos e par nostres en loffice de consul successors, e per tous autres habitans delad. villa que aras son e seran en tant que devra ou poyra a tocar e partenir, aras e per lo temps advenir comme sen sec :

Et premierament que deyssi en avant los seigneurs consols que seran per lo temps advenir al commensament de leur consulat elegiscon leur assessor clerc en la forma e maniere acostumada als gaiges acostumatz tal que bon leur semblara loqual totas ves non aja cargua de alcuna jugeria reale ne ordenaria en lad. villa de Montpellier affin de poder meilhor vacquar als negocis et affayres deld. consulat.

Item al cas que lo dit tal clerc elegit et nommat per assessor deld.

consulat durant l'annada de sond. office d'assessor venguessa a consequir et prendre cargua de alcun office format de jugeria reale ou ordenaria én la dicta villa, que en tel cas et aqui meteys sia deld. office d'assessor desmes et descarguat et election et nomination d'autre assessor facha par losd. consuls.

Item que sia tengut et observat l'estatut autra veguada fach sus lod. office d'assessor escript al present libre cy dessus a 252 et 253 cartas, so es que complit l'an de son office de tres ans apres continuits et complitz en lod. office d'assessor non sia ne puesca tornar.

Item que doresenavant nengun officier qualque sia dela maison del consulat, exceptat los consols de mar, durant lan de sond. office, non puesca ne sia elegit ne mes en alcun office de la cort ordenaria dela present villa de Montpellier.

Item que lo baille de Montpellier elegit durant son annada al cas que volgues far alcun loctenent que non lo puesca far, sinon que sia ung dels officiers de sa baillie per so que losd. officiers an sagrament al rey nostred. seigneur; et al cas que se fes le contrary que non sia apres jamais mes ne elegit en alcun office annual delad. villa.

Item que nengun doctor ne licentiat ne autres que ajon proces ou plaist an losd. seigneurs consuls et mayson del consulat dela present villa de Montpellier, non sian ne puescon esser elegitz en aucun office annual deld. consulat ne dela cort ordenaria delad. villa, ne puescon ne sian per qualque lectura ou autre excercisse que els fassan en lad. villa frains de tailhas ne d'autras charges que serian mesas ne coctisadas sus los habitans delad. villa, ne jausiscan d'alcunes honors ne prerogatives deld. consolat et aussi que nenguns amys delsd. playdejans non sian meses per rutlar per consol, ou per elegidor de consol durant lod. proces.

Item que la grossa campana dela gleysa de Nostra Dona doresenavant en fach de honors de personaiges estans en vida non sera sonada si non que per los personaiges et autres causas cy apres seguens :

E premierement per clercs que se faran e passaran doctors sia en theologia decretz ou en leix tant solament.

Item per intrada de prince ou princessa quant entrara en lad. present villa de Montpellier.

Item per bonas novellas de pax ou victoria per nostre prince, e per fustas de France venens de levant, e per naissenca denfant de France.

Item per processions generalles e causas ordenarias et acostumadas per la mayson del consulat, et non per autres causas.

Item per mortuarys et exequias de mortz la dicta campana doresenavant non sera sonada si non per los personaiges cy apres seguens :

Premierament sera sonada per mort ou exequias de nostre prince ou princessa.

Item par lavesque de Maguelonna.

Item per lo governador de Montpellier.

Item per los generaulx de la justice.

Item per lo rector de lestudi.

Item per lo rector de la part antiqua.

Item per lo baille de Montpellier.

Item per los consols de Montpellier.

Item per tot seigneur de plassa quaijo juridiction aulta moyana e bassa finissens sos jours en la present villa de Montpellier, e non per autres quals que sian.

Los quals estatutz et establillimens, ainsi que dessus present lodit monsieur lo gobernador e consilliers et aussi los sieurs consuls novels fachs, lod. monsieur lou gouvernador, comma ben justament e legitimament fach per lo ben proffiech et utillitat del rey nostred. seigneur e dela causa publica delad. villa, ala requesta delsd. seigneurs consuls delad. villa de Montpellier, a aprobatz, emologatz, ratifficatz e confirmatz et auctorisatz perpetualament valedors et observadors son auctoritat judiciaria et decret interposant ; delas qualas causas dessusd. losd. sieurs consuls en an requist e demanda estre fach instrument per me notaire desoubz escript.

Fait en lo concistori deld. consulat et en presencia dels discrets hommes Michel Doet, Secondin Saudro, marchands, Jehan Bortz, sabatier, Anthony Andrieu, bastier, Bartholomy Martin, embalayre, Johan Archer, Guillaume Sobrancier, escuyers desd. seigneurs consuls, e de me Anthoni Salamon, notari real e deld. consulat. Salamonis, notaire, *signé*.

STATUTS ET ORDONNANCES POUR LES CIRURGIENS E BARBIERS DE MONTPELLIER.

Secundum Lucam.

In illo tempore postquam consummati sunt dies octo ut circumcideretur puer, vocatum est nomen ejus Jhesus quod vocatum est ab angelo priusquam in utero conciperetur. Deo gratias.

Secundum Johannem.

In illo tempore stabant juxta crucem Jesu, Maria mater ejus et soror matris ejus, Maria Cleophe et Maria Magdalene. Cum vidisset ergo Jesus matrem et discipulum stantem quem diligebat, dicit matri sue: Mulier ecce filius tuus. Deinde dicit discipulo: Ecce mater tua. Et ex illa hora accepit eam discipulus in suam. Deo gratias.

Secundum Matheum.

In illo tempore assumpsit Jesus duodecim discipulos suos secreto et ait illis: Ecce ascendimus Iherosolimam et consummabuntur omnia que scripta sunt per prophetas de filio hominis; tradetur eum gentibus et illudetur et flagellabitur et conspuetur, et postquam flagellaverint occident eum et tercia die resurget. Deo gratias.

Secundum Marcum.

In illo tempore factum est cum accumberet Jesus in domo Levi, multi publicani et pretores simul discumbebant cum eo et discipuli ejus erant enim multi qui et sequebantur eum et scribi et pharisei. Videntes quia manducaret cum publicanis et pretoribus dicebant discipuli ejus: Quare cum publicanis et pretoribus manducat et bibit magister noster? Hoc audito ait illis: Non necesse habent sani medicum sed qui male habent; non enim veni vocare justos sed pretores. Deo gratias.

Sensuyvent les festes :

Premierement tous les dimanches de l'an.

Item les quatre festes de Nostre Dame et le jour de Saincte Conception.

Item le jour de Noel, de Sainct Estienne, de Sainct Johan et des Innocens.

Item le jour de la Circoncision Notre Seigneur.

Item le jour de l'Apparicion Notre Seigneur.

Item le jour Sainct Mathias.

Item le jour du Vendredi Sainct jusques a midi.

Item le jour de Pasques et le lundi et le mardi ensuivant.

Item Sainct Phelippes et Sainct Jacques.

Item Sainct Anthoine.

Item le jour de la Croix de may, l'Ascension, la Penthecoste et le lundi après.

Item le jour du Sainct Sacre Nostre Seigneur qui est dicte la feste de lOstie.

Item la Nativité Sainct Johan Baptiste.

Item Sainct Pierre et Sainct Paul en jung.

Item Sainct Jacques le Major, apostre, Sainct Pierre ad Vincula, Sainct Bertholome et Sainct Mathieu, appostres.

Item Sainct Cosme et Sainct Damian.

Item Sainct Denis et Sainct Luc.

Item Sainct Sernin et de la Sagra.

Item Sainct Simon et Jude, apostres.

Item le jour de Toussains.

Item le jour de Sainct André.

Item retenu que rayront et tonderont par soy ou par autres les testes des hommes ou des femmes malades.

A lonneur de Dieu et de la Vierge Marie et de tous les saincts et sainctes de Paradis, et a meileurement de la caritat ordonnée, les prodommes barbiers et cirurgiens de Montpellier ont ordonné que tout homme qui vouldra aprendre le mestier de barbiers et cirurgiens peye dix sols ala Caritat; lesquelx dix sols soyent peyés de dans huict jours apres l'encartement aux consuls et aux gardes jurés dud. mestier, lesquels dix sols se obligera le mestre de poyer, excepté fils et frere de barbier et de cirurgiens ou nepveu ou cousin germain, lesquelx maistres de jceulx parens auront tenu boutique et ouvrouer à Montpellier ung an ou plus.

Item tout jeune homme qui prendra salaire poyer douze deniers aux consuls et aux gardes.

Item tout barbier et cirurgiens qui levera boutique à Montpellier poyre dix livres dix sols, et le maistre sobligera ainsi que est escript dessus.

A lonneur de Dieu et de la glorieuse Vierge Marie mere de Dieu et de tous les saincts appostres et de nostre seigneur Sainct Anthoine, Sainct Cosme et Sainct Damian, et de tout la court celestiale de Paradis, sensuyvent les statuts et ordonnances faictes par les bons et saiges hommes du mestier des barbiers et cirurgiens de Montpellier, de bon cueur et de bonne voluntat sans aucune force de bien et loyamment maintenir et conserver les statuts et ordonnances que cy dessoubs sont escripts tous ensemble, et par ainsi jureront et ont juré dessus les sainctes evuangilles de Nostre Seigneur de bien maintenir, garder et conserver tous temps a leur pouvoir et puissance les festes et privilaiges dessus escripts et ceulx qui sensuivent, sans prejudice de nostre seigneur le roy et de la haulte coronne de France, seigneur de Montpellier et de toute la baronnie et de monseigneur de Maguelonne, et de monseigneur le gouverneur, et de monseigneur le baille, et des seigneurs les consuls, et de tous autres officiers du roy nostre sire.

Item les proudes homs barbiers e cirurgiens de Montpellier prometront e jureront chacun par soi de bon gre que ceulx qui fauldront a garder et observer les festes e les privilaiges escriptz sobligeront a paier les saultes dessus escriptes ala Caritat.

Item en cestuy temps furent fais les quatre seigneurs maistres jures cirurgiens e barbiers dela ville de Montpellier, les quelz promectront e jureront garder et observer le honneur e prouffit de tout loffice de barbiers e de cirurgiens, desquels quatre maistres jures les noms sensuyvent e premierement:

Maistre Pierre Costa demourant a Saincte Croix, en apres:

Maistre Johan Berrye demourant ala carriere Sainct Guillaume, en apres:

Maistre Jacques Maudro demourant a Sainct Fermy, en apres:
Maistre Rostanch demourant au Pas Etroit.

Sensuyvent les noms des autres maistrés :

Maistre Bertram Fornel.
Maistre Johan Desoma.
Maistre Jhennot Costa fils de maistre Pierre Costa.
Maistre Estienne Petit bon.
Maistre Gordi Estienne.
Maistre Hugues du Boys.
Maistre Berthomieu de Louay.
Maistre Girard Yrisso.
Maistre Silvestre Uso.
Maistre Thomas Angles.
Maistre Benoist le Mart.
Maistre Docho dela Campana.
Maistre Jehan Simon.
Maistre Vidal de Montignac.
Maistre Imbert Jacques.
Maistre Guillaume Raymond.
Maistre Guillaume de Montarnier.

Item plus que tous barbiers ou cirurgiens qui usent dud. office ne fasses cures de nasfres ne autres cures que premier ne viennent par davant monsieur le baile pour faire le serment accoustume.

Item mais est faicte inhibition e deffence de part la cort a toute personne de quelque condicion quil soit que ne soit si hardy de lever boutique de cirurgien ni de barbier, sinon que premierement soit examiné et approuvé par ceulx qui sont ad ce ordonnes de par la court et depputez, et ce sur la paine que y pourroyent encourir envers le roy nostre sire.

Item encore plus, que toute personne de quelque estat et condicion quil soit ne soit si hardi de user ne pratiquer de fait de cirurgie ou de barberie en la ville de Montpellier, si non qu'il soit examiné et approuvé par lesd. maistres a peine de dix livres tournois applicables la moitié au roy nostre sire et l'autre moitié ala confrarie de Sainct Cosme et Sainct Damian.

Item plus, que quant aucun compagnon vouldra passer maistre, que les cosins du mestier ayent a le presenter aulx quatre maistres jurés pour le examiner.

Et poyra le dit compagnon a chacun desd. consuls ung sol tournois.

Item plus, que celuy qui vouldra estre passé maistre aye a faire quatre lancettes bonnes et suffisantes au jugement desdits quatre maistres jurés; c'est assavoir que cely qui vouldra estre passé maistre demourera huict jours a la boutique de ung chacunq maistre juré pour faire une lanceste et seignera, arrachera dens et fera barbes, et tout ce que le maistre luy dira touchant son examen et demurera ung moys en tous lesd. quatre maistres jurés.

Item commencera son principe de son examen au premier maistre juré et tout en suyvant a l'autre maistre juré per ordinem jusques a la fin du mois.

Item apres entrera a l'examen donant lesd. quatre maistres jurés et autres qui y voudront estre.

Item et quant il sera trouvé bon et sufficiant par lesdicts quatre maistres jurés, il poyra deux escus d'or du roy a ung chacun maistre juré quil sont, pour tout huict escus d'or de roy.

Item plus, poyra dix livres dix sols tournois a la confrarie de Sainct Cosme et Sainct Damian ainsi comme dessus est dit, et apres que aura tout ce poyé sera mener et presenter devant les sieurs consuls de la ville disant comme il est bon et suffisant pour estre maistre et faira le serment auxdits sieurs consuls comme est de bonne coustume.

Item plus poyra ung disner huict jours apres qui sera passé maistre a tous les maistres du mestier et a autres ceulx qui luy plaira.

Item plus que quant ung fils de maistre de la ville de Montpellier vouldra estre passé maistre ne poyera que la moitié de ce que payent les autres maistres, c'est à dire ung escu a ung chacun maistre juré et cinq livres dix sols a la confrerie et le disner comme dessus et ne poyra riens aux consuls des mestiers.

Item quant un maistre juré moura, cestuy la qui sera elu par les trois autres maistres jurés poyra vingt souls tournois ala confrarie.

Item plus a esté ordonné d'une ordonnance et consentement comme de tous les maistres assemblement, que tout le temps advenir y aura quatre maistres jurés, et quant ung des quatre moura, que les trois autres puissent eslire et choisir ung autre a leur plaisir en oultre que les deux en puissent eslire autre deux.

Item plus quant les consuls vieulx saliront que il puissant faire jurer les autres nouveaulx qui vendront apres de conserver et garder les privilaiges dud. office pardevant les consuls dela ville.

Item est prohibé et deffendu de non rompre les festes, tant aux maistres que es varlets, et quant seront trouvés en faulte poyeront dix souls tournois a la confrarie Caritat a chacune foys ou que se pourra prover.

Item plus est ordonné que les quatre maistres jurés puissent faire jurer tous les autres maistres de la ville de Montpellier et leurs varlets pour savoir sils ont faict barbes ou autres choses aux festes dessus escriptes.

Item ont puissance lesd. quatre maistres de faire faire le sacrement de troys moys en troys moys.

Item quant ung varlet vendra de nouveau que le maistre que le vouldra receuillir le transmecte auxd. maistres jurés pour prandre le sacrement sur paine de cinq souls.

Item quant ung varlet saillira d'une boutique que nul maistre non laye a prandre ne adonner a besoigner sans la licence du maistre de la ou saillira en peine de vingt souls tournois a appliquer a la confrairie.

Item que tout barbier non soustraige le varlet d'ung autre a la peine de vingt sols, moitié au roy et moitié a la Caritat.

Item que si ung maistre barbier de la ville de Montpellier meurt, que sa moilier puisse tenir bouticque tant comme elle sera veufve et si elle prent autre mary que laye a laisser; et se elle prent mary de l'office que non ose tenir boutique que non soit examiné comme dessus.

Item plus, que nul maistre de la ville ne nulla dona veufve que ait esté moulier de maistre barbier de la ville ne puisse arenter la boutique si non que luy ou elle la tiendront en leur propre main et tendront des varlets, et si ils l'arentent, que celuy qui arantera soit examiné comme dessus.

Item plus, que tout barbier qui soustrait aucun malade lung de l'autre, poyra vingt sols, moitié au roy nostre seigneur et l'autre moitié a la Caritat, si non qui fust de la volunté du maistre qui premier l'aura eu en cure ou qui ait fleur de sang et que bien tost le denuncia au premier maistre qui l'aura eu en cure.

Item quant ung barbier prendra une cure incurable ou autre cure que premier la monstre a ung maistre jurat afin que le maistre jurat en puisse mieulx judicar, et que lo maistre jurat non puisse forsar aucun barbier ne autre en nulle maniere que soit.

Item que nul barbier ne preste taillans ne rasoers luy ou sa maynade pour raize ne pour tondre si non que feust homme ou femme malade, el nafre aquo est excepté, autrement poyra les faultes comme si aurait fait la barbe.

Item plus a esté ordonné que si le cas venait que aucun barbier ou femme mourait, ou son fil, ou sa fille, ou son mesnaige, faisant le mestier, que tous les barbiers de Montpellier seront tenus d'aller faire honneur et de accompaigner le corps jusques a la sepulture, et en cas de difficulté que non y soient tenus de donner douze deniers aux consuls et gardes du mestier pour la Caritat; et tout aquo entendons et voulons garder et observer les bonnes coustumes, usaiges et libertés de Montpellier, et aussi voulons sauver et garder le droict et fizaltat du seigneur ainsi comme est de bonne coustume.

Item plus voulons que l'un des quatre maistres jurés soit majour sur les trois aultres pour ce que quant vouldront faire une chose que ils saichent ou se devront aiouster et assembler, et aussi quant les mandera viennent a son mandement.

Item mays, que celuy maistre majour sur les trois autres non puisse riens faire sans les troys autres ou les deux autres maistres jurats.

Item mays, que quant les trois autres feroient aucune faulte, que le maistre major les puisse pugnir, et si le maistre major fait faulte, que les troys le puissent pugnir en licence de la court.

Item mays, quant celuy maistre major moura, que les trois autres puissent eslire ung autre.

Item mays, de present a esté esleu pour major maistre sus les troys maistres, Pierre Destan Cros, lesquels quatre maistres sont tenus de examiner et approuver tous ceulx qui vouldront estre maistres et user de l'art de cirurgerie sur la paine que dessus.

Item mais, que tout cirurgien passé maistre en la dicte ville de Montpellier puisse user et praticquer de l'art de cirurgerie par tout le royaume de France, sans que on luy donne aucune contradiction non obstant quelque privilaige donné ou a donner.

Item mais, que tous les maistres delad. ville ayent a venir a la vigillade de la vigille de nostre seigneur Sainct Cosme et Sainct Damian, sus la peine de douze deniers a appliquer a lad. confrarie.

Item mais, que tous les maistres de ladicte ville ayent a aller a la procession du jour de lOstie, et qui y faudra poyra douze deniers a lad. confrarie.

Item mais, que tous tailleurs de pierre et aussi de routure de testicus et pareillement aracheurs de dens qui viendront a besoigner de lur art en ceste ville de Montpellier, que ne soient si hardis de besoigner sans la licence desd. quatre maistres jurés, et poyeront cinq sols a la confrarie de monseigneur Sainct Cosme et Sainct Damian tous les fois qu'ils vendront en ceste ville pour besoigner, et ce, sur la peine de vingt sols, moitié au roy nostre sire et l'autre moitié a lad. confrarie.

Item que quant un chalant de une chacune boutique vouldra faire sa barbe a jour d'une feste deffendue, que le maistre la luy face faire en une qu'il poyra ledit que fera la barbe ung gros a la confrarie de monseigneur Sainct Cosme et Sainct Damian.

Item aussi de toutes les barbes qui se feroient en sesdictes festes deffendues, et qui en fera d'autres que de ses chalans propres, poyera dix souls tournois pour une chacune barbe a lad. confrarie, comme dessus est dit.

Item mais sensuyvent les noms des conservateurs des privilaiges et statuts de l'art de cyrurgerie et pareillement de barberie :

Et premierement

Monseigneur de Magalonne.
Monseigneur le gouverneur de Montpellier.
Monseigneur le recteur de la part antique.
Monseigneur le baille.
Monseigneur le procureur du roy.
Item mais messeigneurs les consuls de Montpellier.

Explixit Deo gratias.

STATUT FAICT ET PASSÉ PAR LES SEIGNEURS CONSULS TOUCHANT LE MAISTRE DES ESCOLES.

XXVII NOV M D X

L'an mil cinq cens et dix et le vingt et septieme jour du mois de novembre, à l'honneur de Dieu et de la glorieuse Vierges Marie et de toute la cour celestiele de Paradis soit faict. Amen. Nous Jehan Bucelly, Jehan Mariote, Guilhem de Lafon, Guilhem Moynier, Jehan Guison et Jehan de Lostal, consuls de la present ville de Montpellier, eues premierement les oppinions des vingt quatre conseilliers tenens lieu de conseil général en lad. ville de Montpellier, envoyés, assemblés en la maison del consolat delad. ville, president aud. conseil le noble homme Pierre de Neve, baille delad. ville pour la présent année, cognoissans évidemment la chose cy-aprés escripte estre le bien, honneur et utilité dela chose publique delad. ville de Montpellier et de touts les habitans et police d'icelle, voulans et desirans de bon cueur et à touz nos pouvoirs eviter et esquiver tous dommages et intérets delad. ville et habitans d'icelle et entretenir bonne police et ordre, et eviter toute matière d'envies, cedilions et discordes, mays pour entretenir lad. ville, et les consuls advenir d'icelle, en bonne paix, amour, fraternité et transquillité, et que pour tout le temps advenir soit observée, par auctorité et pouvoir que avons de establir, corriger et esmender tout ce que nous sera advis estre expedient au bien, honneur et utilité delad. chose publique de Montpellier, estans tous ensemble en la maison dudit consolat, establissons, statuons et ordonnons, en ensuivant la délibération dud. conseilh, ce que ycy après est déclairé estre d'ici en avant gardé et observé à toutjour mays par nous et nos en l'office de consul successeurs.

Et premierement ordonnons, establissons et statuons que d'ici en avant en bailhant et faisant collation des escoles de grammaire delad. ville, la collation d'icelles ne sera ny pourra estre bailhée ny donnée à personne quelle que soit que estudie en médecine, droit canon et civil, ny en aultre faculté; mais la collation d'icelles escoles d'ici en avant sera baillée à homme et magister que toutellement aye la cure et exercisse aux enfans venans et affluans pour aprandre esd. escolles.

Lesquels estatut et establiment, ainsi que dit est fais, presens lesd. sieurs vingt et quatre conseilhiers et ledit monsieur le baille, fait led. monsieur le baille comme bien justement et légitimement fait, pour le bien, prouffit et utilité delad. chose publique delad. ville, à la requeste desd. sieurs consuls delad. ville de Montpellier, aprouve, emologue, ratifie et conferme et auctorise perpetuellement estre observé ce que dessus, son auctorité judiciaire et decret interpousant, desquelles choses dessusd. lesd. sieurs consuls ont requis et demandé estre fait instrument par moy notaire et secrétaire dessoubs escript. Fait au concistoire dud. consolat, ez presences de venerable et discretes personnes messire Pierre de Sobeyras, vestiaire de Maguelonne, sieur Guillaume Morgue et Estienne du Coing, marchands, Raymon Gigot, Estienne Bonet, escuiers dud. consolat, et de moy Jehan Dupuy, notaire et secrétaire desd. sieurs consuls, quy ay est present et reçu acte et instrument les an et jour que dessus. Ainsi fait et passé moy present. *Signé* J. Dupuy.

ACCORD FAIT ENTRE MESSIEURS LES CONSULS ET OUVRIERS DELA PRESENT VILLE.

XI. OCT. M. D. XII. L'an mil cinq cens et douze et le unziesme jour du moys doctobre, très chrestien et excellent prince et nostre très hounouré et redoucté seigneur Loys, par la grace de Dieu roy de France, à présent regnant, à l'onneur et gloire de Nostre Sauveur Jesu Crist, de la glorieuse Vierge Marie et de toute la court celestialle de Paradis soit fait. Amen. Nous Falcon des Falcons, Jehan Coulombier, Jehan Rozier,

28

Jehan Lamire et Guillaume Roveyrols, consuls de la insigne ville de Montpellier, diocese de Maguelonne, tant en leurs noms que ou nom de honnourable homme Bernard de Montarnaud, aussi consul d'icelle ville, nostre compagnon, tous consuls de lad. ville de Montpellier, eues préalablement et devant tout euvre les oppinions des vingt quatre conseillers tenans lieu de conseil général en la dicte ville, de plusieurs autres grans personnaiges d'icelle tant bourgeois, clercs que autres des ouvriers dela dicte ville de la présent année courant et des consuls des mestiers de ceste ville, auxquels touchait la election des ouvriers qui devoynt estre eslus à la prouchaine feste de Tous Sains, comme est de coustume, cest assavoir de maistres Raphael Hodobis, Benoict du Molin et Loys de Lestrade, consuls des notaires, Pierre de Bannes, Pierre del Ranc, Pierre Vinhes, consuls des fustiers, Alexi de la Porte, Jehan Elfe, consuls des drapiers, Estienne Popon, consul des canabassiers, Barthomieu Pavilhon et Pierre Laurens, consuls des fabres, Guillaume Rovillon, Bernard Barandon et Jean Joyn, consuls des laboureurs, le jour présent tenu et assemblé en la maison du consolat, presidans en icelluy conseil noble homme Estienne de Saratz, lieutenant de magniffic et puissant seigneur Nicolas de Mazis, seigneur de la Vaulsiere, conseiller et maistre dostel ordinaire du roy nostre sire, et pour lui gouverneur des ville et barronnies de Montpellier, Lates et Homelas, et venerable et scientiffic personne maistre Anthoine Durant, licencié en chascun droit, juge mage desdictes villes et barronnies, congnoissans evidemment les choses cy après descriptes et mentionnées estre grandement à lonneur, prouffit et utilité du roy nostre sire de sa chose publicque et de tous les manans et habitans de ladite ville, voulans, desirans et affectans de bon cueur à tout nostre pouvoir eviter tous interets et domaiges dud. seigneur et de sadicte chose publique, oster et extirper toutes matières denvies, procès, procedures, seductions et discorts qui se sont meus au temps passé à cause du payement et solucion des gaiges des ouvriers dela comune clausure dela dicte ville de Montpellier, et que ou temps avenir se pourraient mouvoir aussi; afin que tout estament de bonne paix, tranquilité, union, amour et conféderation doresenavant demeure et soit observée et gardée entre nous et lesdicts seigneurs ouvriers, pour ce que nous et lesdicts ouvriers n'est que ung corps mistic demourans tous en une maison; par l'auctorité et puissance que nous avons de establir, corriger et emender tout ce que nous est advis estre expedient et necessaire au bien, prouffit, honneur dudit seigneur et de sadicte chose publicque de Montpellier, estans ou concistoire dudit consolat ou semblables actes ont accoustumé estre faictes et se doyvent faire en ensuyvant comme dit est les oppinions desdicts vingt quatre conseillers, bourgeois, clercs et autres gens de bien, aussi des consuls des mestiers dessus nommés, du vouloir et consentement des ouvriers deladicte année aud. conseil présens et assemblés, establissons, promulguons par estatut et ordonnance perpétuelle et irrevocable les choses qui sensuyvent pour icelles estre à tousjours mais gardées et observées de point en point, sans enfraindre tant par nous et du temps de nostre consolat que par nos audit office de consul successeurs et tous autres habitans deladicte ville a qui la chose touche ou pourra toucher que sont à present et seront ou temps avenir.

Et premierement statuons et ordonnons par estatut, edict et ordonnance perpetuelle et irrevocable, en ensuyvant la deliberation dudit conseil, que pour ce que la claverie en la quelle avons accoustumé nous tenir est grandement petite et de petite spacion, ayans regard au lieu et claverie ou ont accoustumez eulx tenir lesdits ouvriers, considerans les grans et urgens occupations qu'avons chascun jour pour les affaires deladicte ville, nostredit lieu et claverie des consuls se muera et transportera au lieu et claverie desdicts ouvriers; et la claverie au lieu desdicts ouvriers se muera pareillement et transportera au nostre desdicts consuls, a leur pure et liberalle voulenté.

Item a cause que lesdicts ouvriers se eslisaient chascun en la vigille de Tous Saints premier jour de novembre, questait la demye année de chascun consolat, dont les gaiges d'iceulx ouvriers estaient très mal payez et aucunes fois demouraient à estre sept ou huyt années, et en les payant les derniers estaient payez et les premiers demouraient a payer, à cause de quoy la ville faisoit de grans arreyraiges et sils feussent este esleus le jour de la election des consuls qui se font chascun an le premier jour de mars ne feussent faicts lesdicts arreiraiges, ne se feroient au temps avenir :

Pour ce statuons et ordonnons par estatut, edict et ordonnance irrevocable a tousjours, mais que doresenavant nous et lesdicts ouvriers courrerons tous en une année et ferons ung corps mistic, et la election desdicts ouvriers se fera le second jour de mars chascune année, et prendront le serment iceulx ouvriers entre nos mains, ainsi que de toute ancienneté avait esté acoustumé et de nos successeurs le huitiesme jour dudict mois de mars; et seront payés lesdicts ouvriers de leurs gaiges par chascune année tout ainsi que nous sommes payez des nostres et par leurs simples quictances.

Lesquels estatuts et ordonnances ainsi que dessus par nous, de la deliberation dudit conseil presens et presidens mesdicts seigneurs les lieutenant et juge, faicts comme justes legitimes et a bonne cause, droit et raison, faicts pour le bien, prouffit et utilité du rey nostred. seigneur et de sa chose publique de ladicte ville, a la requeste de nousdicts seigneurs consuls et sans préjudice des auctorités, prehéminences et prerogatives desdicts ouvriers et de ladicte ville, iceulx avons approuvés, ratiffiés, emologués, confermés et auctorisés, et par la teneur de ces presentes approuvons, ratiffions, emologons, confermons et auctorisons pour nous et nos successeurs, et ordonnons estre par nous et lesdicts ouvriers ou nos successeurs doresenavant gardés et observés de point en point sans enfraindre aucunement. Auxquelles choses dessusdictes comme justement et a droit et raison faictes, mesdicts seigneurs les lieutenant et juge ont interposé leur auctorité judiciaire et decret de la court dudit monseigneur le gouverneur, sauf leur droit et en toutes autres choses l'autruy, desquelles choses nous dicts seigneurs consuls et ouvriers avons demandé et requis nous estre fait pour le temps advenir tant pour nous que nos successeurs instrument par nous notaire et secretaire soubz signé. Fait audit consolat et concistoire des conseils de la dicte ville; tesmoings a ce maistres Jehan et Pierre Valociere, notaires, père et fils, Francois Jambes, marchant, Raymond Gigot, escuyer de mesd. seigneurs consuls, et plusieurs autres illecques presens et appelés, et moi Jehan Dupuy, notaire royal et de mesdits sieurs les consuls de Montpeylier greffier et secrétaire, qui es choses dessus dictes ay esté présent et ay reçu instrument les an et jour que dessus, c'est assavoir le xi. jour d'octobre mil cinq cens et douze. *Signé* J. Dupuy.

STATUTS ET ORDONNANCES FAICTES DU COMUN ADVIS ET CONSENTEMENT DES MESTRES COUTELIERS TENANS BOUTICQUE OUVERTE EN LA VILLE ET FAULXBOURGTS DE MONTPELLIER SUR LE REGLEMENT DE LEUR ART ET MESTIER.

Et premierement: d'autant que ladicte ville de Montpellier est jurée de tout temps renommée pour ledit art et mestier de coutellier, et que depuis quelque temps en ca chacun qui veult librement sans savoir ledit mestier singere de tenir boticques, sans fere preuve de sa suffisance, tellement qu'on met en vante beaucoup de besougnes desloyalle, altérée et non recepvable, dont par ce moyen les bons maistres de ladite ville et faulx bourgtz dudit Montpellier en sont blasmés : à ceste cause tous les maistres dudit mestier de ladite ville assemblés, considérant que tel mallur est procedé par la tollerance et nonchalance des feus maistres qui ne sont estés curieux de la bonne renommée et ont laissé leur bouticque indifférantment en toutes personnes bien que fussent insuffisantes, ayant perdu les estatuts de leurs dits mestiers, si poinct en y avait comme est chose notoire, estant ladite ville jurée, ont pour pourvoir à l'advenir avizé, attendu que des autres mestiers nul ne peult tenir boticque, ne travailler en ladite ville et faulxbourgs comme maitre, sans avoir fait chef d'œuvre et estre reçu en la maitrise ; que à l'exemple des autres mestiers de ladite ville, et aussi comme est accoutumé de faire à Paris, Tholoze, Angiers, Moulins et autres villes renommées où y a grand nombre de mestres dudit mestier, soubs le bon plaisir du roy, de la court de parlement de Tholoze et de monsieur le gouverneur de Montpellier, nul ne pourra doresnavant tenir boticque ni travailher dudit mestier comme mestre, que preallablement il n'y aye faict chef d'œuvre et expériance, pour estant trouvé suffisant et cappable de ladite mestrise,

estre reçu pour mestre et non autrement, quelques lettres qu'ils obtiennent du roy pour quelque cause et occasion que ce soyt.

Que tous les dits maitres cotelliers, tenans à présent boticque, sçavoir est maitres Claude Papetier, Jehan Noguier, Guilhaumes Blocquier, Antoine Blocquier, Anthoine Rosselet, Jehan Lafont, Mathieu Noguier et autres tenans à présent boticque ouverte en la présente ville, seront receuz, approuvés, réputés et tenus pour maitres jurés dudict mestier de cotellier, leur vie durant, sans qu'ils soyent tenus faire aulcung chef d'œuvre, attendu qu'il y a long-temps qu'ils tiennent boutique ouverte, de payer aulcung droict de mestrize.

Item ceulx qui seront receus à la mestrize, payeront ung escu sol, moytié au roy et l'autre moytié à la boyte dudit mestier, lequel droict de boitte sera destiné pour la poursuyte, establissement et authorisation et entretenement des présens statut et réglement, et pour subvenir aux pouvres neccessiteux mestres, compagnons et aprehentifs dudict mestier de cotellier, et ayant au preallable juré contigner icelluy mestier de mieulx en mieulx, garder et observer de poinct en poinct les présens estatuts et réglemens soubs les peynes y contenues, comme aussi seront tenus ceulx que par cy après seront receus et faicts mestres dudit mestier de faire le semblable, de garder et observer lesdits statuts et réglemens sur les peines contenues en icelles et de payer lesdits droicts du roy et à la boytte dudit mestier, et prendra lettres de mestrizes en parchemin du greffier et garde des archifs du bureau du domeyne du roy, avant que ouvrir bouticque, sur peyne de deux escus damende, les deux tiers au roy et l'autre tiers à la boitte dud. mestier.

Que lesdits maitres Jehan Nouguier et Guilhaumes Blouquier créés et nommés scindicz et procureurs par lesdits mestres dudit mestier, pour poursuivre les renouvellements de la création dudit mestier et privillége et juré, l'autorisation et esmologation des présens statutz et réglements, tant envers la majesté du roy que pardevant monsieur le gouverneur de la présente ville de Montpellier ou son lieutenant, et par tout où il appartiendra, seront pour la présente année jurés gardes dudit mestier, tant pour recepvoir le droit de la boytte dudit mestier que amandes et confiscations qui adviendront tant qu'ils seront en ladite charge que fere entretenir, garder et observer de poinct en poinct les présens estatuts et réglement, et auront telle et semblable charge et puissance que les jurés gardes, consuls et prevotz des autres mestiers jurés.

Lesdicts jurés gardes et mestres dudit mestier s'assembleront tous les ans le premier jour de may, en la maison du plus ancien juré garde, auquel jour esliront à plus de voix deux mestres dudict mestier, qui seront nommés les jurés et gardes d'icelluy mestier, et ne pourront lesdits jurés et gardes estant esleus reffuser ladicte charge sur peyne d'estre dicts et declairés inutilles et de privation de ladite mestrise; lesquels seront tenus de prester le serment entre les mains des autres jurés et gardes, incontinant qu'ils auront estés esleus et nommés, présents ou appellés les autres mestres qui s'y voldront treuver; et seront lesdits anciens jurés et gardes tenus randre compte de leur administration dans le huitiesme jour dudit moys de may ensuyvant auxdits nouveaulx créés et esleus jurés et gardes pour ladite année, ez présences et appellés les autres mestres dudit mestier, et incontinant à payer le relicqua sy aulcune chose en est deue auxdits nouveaulx jurés et gardes qui en feront acquict.

La boette de la mestrize aura deux clefs différentes, l'une desquelles sera gardée par l'ung desdits juges gardes, l'autre par le plus antien maistre dudict mestier, et ladicte boette sera et demeurera au pouvoir du plus ancien juge, garde dudit mestier, sellon l'ordre cy-dessus escript; ensemble les présens statutz et réglemans et autres instrument et actes commus dudit mestier, desquels il se chargera par invantere qui sera mis dans ladite boitte, et pareil invantaire sera gardé par l'autre maistre juré garde; et aussi seront faicts deux rolles des deniers qui seront mis dans ladite boette, qui proviendront tant des nouvelles mestrizes que des amandes et confiscations; l'ung desquels gardera ledict plus ancien juré et garde, et l'autre sera gardé par l'autre garde.

Et pour ledict chef d'œuvre, celluy qui voudra passer mestre sera tenu fere ung coutellas, ensemble ung ganivet ou une espèce darmels avec ung paier de sizeaulx destude, ou ung paier de couteaulx soupples et deslies, de la longueur d'ung palm et tiers et ung tiers de large, ensemble ung pair de sizeaulx de tailleur, au choix des jurés et gardes dudit mestier.

Et pour le regard du chef d'euvre des fils de mestres, seront tenus de fere qu'une demy douzaine de couteaulx de table, de la longueur d'ung palm d'allumelles et tranchans, ou demi douzeyne de ganivets, au choix des jurés et gardes dudit mestier, pourvu que leurs pères préalablement ayent esté passés maitres et faict chef d'euvre, et non aultrement.

Et affin d'esviter toute fraude, abus et soubçon qu'on pouroyt fere auxdits chef d'œuvre, quand quelcun se présentera pour passer mestre, après qu'on lui aura désigné le chef d'œuvre qu'il faudra qu'il face, ne pourra tremper ny apprester la matière pour la mestre en œuvre, ni fere chef d'œuvre, sy ce n'est en la présance desdicts jurés et gardes dudict mestier, lesquels seront tenus de s'y treuver, sauf malladie ou legistime empechement, au quel cas pour les mestres dudit mestier, assemblés à la plus grand voix et oppinion, pourront comectre à la place du deffaillant ung mestre, sans pour ce regard prendre aulcung sallaire; et advenant qu'il soyt bezoing fere chef d'œuvre en plusieurs fois, scéances et intervalles, chacune fois qu'on cessera la besoigne, elle sera mise dans ung coffre qui sera fermé à troys clef diverses, duquel checun desdicts jurés et gardes ont, comme par lesdicts mestres en leur deffault, garderont une clef, et ledit ouvrier présenté pour passer maitre une jusques à ce que ledit chef d'œuvre soyt achevé.

Apprés celuy qui se sera présenté pour passer mestre aura bien et deuement faict son chef d'œuvre, et qu'il sera apparu aux maîtres dudict mestier par la plus grand voix et oppinion qu'il est suffisant et capable, lesdits mestres desdits mestiers seront tenus incontinent le recepvoir à mestrize, et à ces fins les jurés et gardes dudit mestier seront tenus de conduire en l'auditoire du bureau du domeine du roy un jour d'audiance, et le présenter à monsieur le gouverneur de Montpellier, ou son lieutenant, ou autre qui tiendra ledict bureau, appellé et présent monsieur le procureur du roy qui lui baillera le serement de mestre, et après que lesdicts jurés et gardes lui auront exhibé le chef d'œuvre et attesté de la suffisance du présenté à mestrize, auquel le dict chef d'œuvre sera rendu, après avoir presté le serement, paié lesdicts droits et levé ses lettres de mestrise.

Item nul maistre dudict mestier ne pourra suborner, soubstrere ny malicieusement retirer à luy les compagnons, serviteurs ou aprentifs des autres mestres, sur peyne de tous despans, dommaiges et interets, et de deux escus sol d'amande, aplicable moytié au roy et moytié à la boitte dudict mestier.

Item nul mestre dudit mestier ne pourra encherir sur les autres mestres les sallaires des compagnons, serviteurs ou aprentifs dudit mestier, sur mesmes peynes et amendes, moytié au roy et moytié à la boitte dudict mestier.

Item ne pourra aulcung mestre dudict mestier tenir plus d'ung aprentif, sur peyne de troys escus, ung tiers d'escu d'amande, moytié au roy et l'autre moytié à la boitte dudit mestier, saulf que s'il veult prendre un pouvre de lospital ou mendiant, lui sera loizible en prendre tant qu'il voudra, outtre le susdict aprentif.

Serront tenus les mestres delad. ville et faulxbourgs de Montpellier mectre en leur ouvraige la marque delad. ville et oultre ce chacun d'eux sa marque particulière, differante ala marque d'ung autre mestre; et ne pourront lesd. mestres prendre la marque des ung des autres, et encores qu'ils soyent decedés et la vesve contignue la boticque,, ou sils ont laissés des filz qui soient ou prethandent estre dudit mestier.

Les vesves des mestres dud. mestier décédées pourront tenir la bouticque ouverte, en contignuant la marque de leur mary tant que vivront en viduyté et non autrement.

Pourront lesd. gardes, quand bon leur semblara et a jours non preveus, visiter les maisons de ceux qui travailheront en cachettes et sans estre passés maistres, ensemble les bouticques des merciers, quinqualheurs et autres que font traffiques et negoces de couteaulx, sizeaulx et autres besoignes dud. mestier; et s'ils treuvent aulcung travailhant hors maison et boticque de mestre en cachettes qui ne soyt mestre, la besoigne sera saizie et mize en mains tiers, et de ce en sera faict bon et loyal rapport bien tesmoigné, et celluy qui sera treuvé en telles fautes sera assigné pardevant ledit sieur gouverneur ou son lieutenant aud. bureau pour voyr casser et rompre lad. bezoigne, icelles confisquer et aultrement en ordonner, et ce voyr condampné a trois escus et ung tiers d'escu d'amende moytié tant delad. confisquation que amende au roy et moytié a la boitte delad. mestrize; et si dans la boticque desd. merciers, quinqualleurs ou autres faisant traffic de coteaulx, sizeaulx et autre semblable bezoigne dud. mestier, on trouve de marchandise contrefaicte et sous la marque desd. mestres jurés delad. ville n'estant bonne et loyalle, la pourront lesd. gardes saysir et mectre ez mains du tresorier et conterrolleur dudict domeyne, en assignant les vendeurs d'ycelle pardevant led. gouverneur pour veoir confisquer lad. marchandise et eux condamnés en l'amende de deux escus chacun ou autre arbitre.

Pourront aussi lesd. jurés et gardes visiter quand bon leur semblera les maisons et bouticques des autres mestres dudict mestier, et la marchandise que y sera treuvée; et si ez dictes maisons et bouticques ils trouvent aulcungs couteaulx, sizeaulx et autres pieces de la besoigne dud. mestier qui ne soynt bonnes et vallables sans estre diffourmes, lesd. coteaulz, sizeaulz et autres semblables pieces seront saysies et remises ez mains dud. tresorier ou conterolleur pour estre procedé comme dessus est contenu aux deux précédens articles.

Ne pourront lesd. merciers, quinqualleurs pourter panniers, ne autre de quelque condition qu'ils soyent, vendre aulcungs cotteaulx, sizeaulx ou autres besoignes dud. mestier contrefaits soubs la marque des mestres delad. ville, ny tenir boitte a verre comme ont accoustumé de fere les mestres dud. mestier, sus peyne de deux escus d'amende pour chacune foys, moytié au roi et moytié aux pouvres dud. Hospital Général.

Item qu'il ne sera permis a aulcung quel qu'il soyt de tenir boticque de cotteaux ne d'iceulx vendre en la rue de la Cottellerie ou sont lesd. mestres jurés de cotteliers s'ils ne sont mestres passés, attendu que les quinqualleurs peuvent vendre en la place et autres lieux de la ville.

EXTRAIT DES REGISTRES DU BUREAU DU DOMEYNE DU ROY EN LA COURT DU GOUVERNEMENT DE MONTPELLIER.

VIII JUN. M D LXXXII. Veu au conseil du bureau du domeyne du roy en la court du gouvernement de la presente ville de Montpellier, le reglement contenant statuts, privilége et ordonnance faits et accordés entre les cottelliers tenans bouticque ouverte en lad. ville pour fere chefs d'œuvre et passer mestrize comme les autres mestiers jures delad. ville et autres bonnes villes jurés de ce royaulme, la requeste par eulx presentée pour l'authorisation et confirmation desdicts statuts soubs le bon plaisir du roy et delad. court, son appointement en blanc d'icelle et les conclusions du procureur du roy suivant l'advis et desliberation dud. conseil, avons dict et ordonné, dizons et ordonnons que l'esdict, reglements et statuts, soubs le bon plaisir de sad. majesté, sont receus; lesquels avons publiés et authorisés, publions et authorisons pour iceulx estre gardés et observés par lesdicts mestres et leurs successeurs; lesquels avons condampnés et condampnons a lad. observation et entretenement, et neantgmoings qu'ils seront registrés ez registres du bureau dud. domeyne, le tout par provision et jusque lesdicts mestres ayant obtenu de sad. majesté lettres de carte aux fins susdictes, ce qu'ils feront dans ung an prochain. De Trinquere juge mage, Rochemore lieutenant, ainsi signés. Prononcé par devant ledict sieur juge mage, requerant lesd. mestres le treiziesme du moy de juing mil cinq cens quatre vingt et deux.

VII. SEPT. M. D. LXXXII. Le septiesme de septembre mil cinq cent quatre vingt deux, suyvant la susd. sentance par devant ledit sieur juge maige du bureau dudit domeyne, lesd. Claude Papetier, Jehan Noguier, Guilhaumes Bloquier, Antoine Bloquier, Anthoine Rossellet, Mathieu Moynier et Anthoine Noguier, mestres cottelliers delad. ville, ont faict et presté le serement de l'observation desdicts privilliege en tel cas requis et accoustumé, et requis acte que leur a esté concedé, ez presences de Anthoine Junin huissier audiancier et Bernard Labat aussi huissier.

IV. NOV. M. D. LXXXIII. Sur la requeste presentée alad. court par les mestres cottelliers, veue lad. requeste, conclusions du procureur du roy et considéré tout ce que faisoyt a considerer, rappourté au conseil du domeyne du roy et par l'advis d'icelluy, avons dict et ordonné que, en ce qui concerne le premier article, que sera entierement rayé, et neantmoing par l'autre article, concernant que aulcung ne puisse tenir boticque de couteaulx en la rue de Cottellerie, qu'il sera adjousté aux precedens articles de leurs statuts pour estre gardés et observés comme les autres articles de leurs ordonnances; sauf en tout le bon plaisir du roy et sauf auxd. mestres de se retirer devers sa majesté dans six mois pour iceulx faire authoriser suyvant la sentence sur ce donnée. Faict au conseil à Montpellier, ce quatriesme novembre mil cinq cens quatre vingt et trois. De Trinquere juge-maige, ainsin signés, et Degan greffier, à l'original.

REGLEMENT SUR LES PRENSAYRES.

V OCT. M. D. LXXXIII

L'an mil cinq cent quatre vingt et trois et le cinquieme jour d'octobre, par messieurs les consulz de la présent année et depputés de la pollice a esté faict reglement sur les brocz des prensayres de vin et des esmolumens que lesdits prensayres doivent prendre sur chacun muyd. Tellement que ayant faict assembler tous lesdits prensayres devant la maison de la ville et faict rapporter à chacun leurs brocz qu'ils avoyent tant vieulx que nouveaulx, pour raison de l'extrême grandeur que auscungs en avoyent faict fere et des abbus et extortions que se commectoyent sur les habitans, ayant eu advis des plus anciens notables personnaiges de ladite ville, ont statué et ordonné que doresnavant lesdits brocz ne seront que de treize pichiers chacun, et à ces fins lesdits brocz seroyent marqués d'ung clou aprés estre escandaillez; inhibition et deffense auxdits prensayres à peyne de lamende de ne prendre outre ladite mesure sur chacune prensade de vin, et pour leur sallaire en argent leur a esté faict taxe de quatre solz pour chacun muid de vin, eu égard à la charté des vivres, avec inhibition de ne plus exhiger sur lesdits habitans, soubz semblables peynes; a quoy lesdits prensayres ont acquiessé et lesdits sieurs consuls et depputés ont requis estre retenu acte pour estre enregistré au present livre, par moy notaire et greffier de ladite maison consulere. Faict audit Montpellier et dans la maison consulere, à deux heures aprés midy, ez presences de Aubert Bodon, Loys Grilhe, Cristoffle Bartholon et Marc Vincens, dudit Montpellier habitans, et moy notaire soubz signé. *Signé* Fesquet, notaire.

LEUDAIRES ET TARIFS.

ESTABLIMEN DE TOTAS LAS LEUDAS.

Aysso es la carta de tota la leuda de Montpeylier. Totz avers dona segon que razon aura estat si se vent.

Cascun coyratier dona en cadauna setmana que tenga taula III. d. e m^a.

Quascuna dotzena de cordoan III. d. exceptat de Rossilhon que dona II. d. la dotzena.

De tot drap de lana de II. canas en sus I. d.

De tot drap lini que valha de II. s. ad ensus I. d. exceptat de canabas que son vendustz a centenar dels quals son donastz de cascun c. III. d.

La pessa de fustani I. d.

La pessa delestamenha I. d.

Item de filliola I. d.

Item de befre I. d.

Item de liuria I^a. m^a.

Item de pels de conils facha I. d.

Item lo c. de conils I^a. m^a.

Item lo c. de lebres I. d.

Item la dotzena de motoninas afaitadas I. d.

Item lo milhar de vars IIII. s.

Item las pels vayras e las pelissas vayras e las pels grizas e las pelissas IIII. d.

Las pels de volps II. d.

La dotzena de las volps II. d.

Las pels dels castz e la vestimenta de castz II. d.

La dotzena de castz I. d.

La dotzena de faynas e de martrins de cans III. d.

Las pelissas de conils e las pelissas de lebras cadauna I. d.

Lo C. de anhinas I. d.

Las pels e las pelissas fachas danhinas I^a. m^a.

Trocels danhinas sis porton foras esta vila aquel que compra dona IIII. d.

Trocels de conils eusamens IIII. d.

Colier que porta conils o anhinas si porta asson col I. d.

La dotzena de golas de martrins II. d.

La dotzena de lobernas II. d.

La dotzena de ianetas II. d.

Lo timbre de sembelins VI. d. m^a.

Camzilh I. d.

Item cazubla I. d.

La liura de ceda dEspanha I. d.

De Jahan I^a. m^a.

Calels de sol I^a. m^a.

La dotzena de cabrinas I. d.

Tot cuer de buou e de vaca e daze e de sauma e de caval e de mul e de mula e de roscin e de sers m^a.

Mul e mula, caval e egua e roscin cascun IIII. d.

Azer e sauma, buou e vaca I. d.

Porc e trueia pueys que XII. d. valra m^a.

Sarrazin e sarrazina III. s.

Item alsbercs et albergostz IIII. d.

Tota espaza dAlamanha I. d.

Espaza de Poyton m^a.

Cuer de servi afaytat I. d.

Cuer per se afaytat I. d.

Lo cuer de buou afaytat si es entiers I. d.

Lo fays de solas si de XII. d. e sus nia I^a. sola.

Saumada de ferre II. d.

Saumada de ponchas II. d.

Saumada de relhas et daychadas I. d.
Saumada de gavencs II. d.
Lo milhier de clavels de cavals I. d.
Saumada de sartans de ferre I. d.
Lo c. dacier I. estrag.
Cendat e samit e cirici II. d.
Trastot drap de ceda obrat IIII. d.
Tapistz grans IIII. d.
Almucella II. d.
Barracan I. d.
Lo cent de cipias saladas I. d.
De tot peysc escamal del sol I. m^a. o del cent peyches IIII. peyches.
Danguilas e de vayrastz del cent IIII. peyches.
De raiada de la saumada I^a. raiada.
Estorion I. d. o I^a. nervilha.
Alec o arenc de cent peyches IIII. peyches.
La dotzena de las motoninas I^a. m^a.
Lo faysc del veyre II. vaychels.
Bacon I^a. mealha.
De tot buou e de tota vaca e de tot vedel que ha I. an. lo mieg piegz.
Saumada de naps I. enap.
Saumada descudelas I^a. escudela.
Saumada de grazals I. grazal.
Saumada de canas I^a. cana.
Lo fays de culhiers e de brox I. d.
Saumada derugas II. erugas.
Saumada de cordas I^a. corda.
Saumada de cambe III. d.
Saumada de sarrias en que porta hom fems I^a. sarria.
Lo faysc de colier e de canas e descudelas e de cambe e de cordas I. d.
Tot hom dona de tenher dun galabrun en grana IIII. d.
Cascuna cana de preset e descarlata de grana dona de tenher en grana I.
Barracan dona de tenher en grana III. m^a.

Cobertor de putueys ii. d.

Tot avers dona del quintal a pezar iii. d. estiers grana que dona del quintal a pezar viii. d.

Tostz aver que dona del mezeis aver leuda non dona mays aquels que vendon.

Collier que porta pesz asson col i. d.

Saumada de pesz si xviii. en sus nia i. pegar.

Saumada de vin iª. mª.

De seu per fondut del sol iª. mª.

Saumada de carbon i. d.

Saumada de tota frucha iª. escudela.

Saumada de olas iª. ola.

Saumada de pergas iª. perga.

Saumada de celcles i. celcle.

Saumada de dentals iª. mª.

Saumada de forcas ab lasquals hom venta lo blat i. forca.

Saumada de palas iª. pala.

Saumada de mags iª. mª.

Saumada de margues dayssadas i. margue.

Saumada de rompious i. rompion.

Saumada de astas iª. asta.

Saumada de copas de fustz iª. copa.

Saumada de crimas mª.

Saumada de cebas i. forc.

Saumada de raves i. d.

Saumada de cauls e de porre que venon deforas i. mª.

Saumada de naps que venon deforas i. escudela.

Collier que porta i. d.

Saumada de dorcas de vi. ensus iª. dorca.

Saumada de botelas iª. botela.

Collier de celles i. d.

Saumada de dexs i. dex.

Saumada damenlas iª. escudela ; e si non es aqui saumada del sestier i. d. e de eymina iª. mª.

Amarina dona de mealhada 1ª. amarina.

Saumada de lenha 1ª. ascla.

En las leudas que son retengudas o seran retengudas dome estrang neguna pena, negun perilh dencorrement; mays lo captal sia rendustz. Mays si destatgan daquesta vila requistz retendugas seran, en doble las deu rendre.

Captaliers non deu donar lesdas e copas sinon per aquela part per la qual ad el perten lo captal, o per aquela part per la qual ad el parten lo gazan que adoncs sera gazanhastz.

AYSSO ES LA DECLARATION DE LAS LEUDAS DE MONTPELLIER.

Aquestas son las leudas menudas quel senhor rey de Malhorgas pren cascun an en la vila de Montpeylier, segon que de sotz es escrig. La qual leuda se dona en aquesta manieyra: premierament, tota bestia cavalina o mul o mula dona cascuna IIII. d. et sil vendedor el comprador son estrans, paga cascun IIII. d. et si hom privat vent ad home estranh, pagua lestranh que sera comprador o vendedor a lome privat.

Item si coton las bestias la una ab lautra, pagua cascun VIII. d.

Item aze et sauma pagua cascun al senhior rey sotz la forma desus dicha I. d. e si cota II. d.

Item tot porc et tota trueia et porcells vius que valon XII. d. o de XII d. en sus I. mª.

Item se valon mens de XII. d. non pagon res.

Item tot hom privat o estranh que auciza boc o cabra o cresto en Montpeylier, pagua de la dotzena II. d., et si son mais o mens, pagua segon la forma davant dicha.[1]

Item tot auberc o aubergot dona cascun IIII. d.

Item tot cap malh pagua II. d.

Item totas caussas de ferre II. d.

Item cubertas de cavall donon VI d.

---

[1] Pagua lestranh aisi quant desus es dig IIII. d.

Item tota espaza dAlamanhia pagua I. d.

Item tota espaza de Poyton o de Colonge pagua m^a.

Item tota saumada de ferre dona II. d.

Item tota saumada de ponchias dona II. d.

Item tota saumada de relhas et dayssiadas dona cascuna II. d.

Item tota saumada de ferre de gavens II. d.

Item lo milhier de clavels ferradors I. d.

Item saumada de sertas o de padenas I. d.

Item lo c. dassier que sia en cayrells, de cayrells dona lo vendedor del c. I. cayrell o III. d.

Estranhs non pagon si non lo vendedor per so car la cauza de se meteissa en la leuda; e si dona lo cayrell o si dona deniers pagua lo vendedor et comprador.

Item lo fays de veyre dona II. vayssells de veire, segon que sera tant solament lo vendedor aysi comme dig el premier capitol.

Item aysi meteis dona I^a. saumada de naps de fust.

Item aysi meteis saumada de escudellas de qualque manieyra que sian, o de fust, o de terra I. grazal.

Item tot collier que porta de las dichas cauzas al coll dona per son fays mealha.

Item saumada de barrals o de borcells paga tant solament lo vendedor I. barral o I. borcell.

Item saumada de brocx I. broc.

Item tot collier que porta brocx o barrals al coll paga per son fays I. d.

Item esporta de pegua IIII. d. et pagua la comprador el vendedor si son estrans.

Item saumada de pessas que ven en pessas de terra, a manieyra de cargua, dona de XVIII. pessas e de XVIII. pessas en sus tro al centenar II. pessas, et si mays nia segon la dicha forma pagaran et non pagara si non lo vendedor.

Item saumada de ruguas dona doas eruguas.

Item saumada de canas dona I^a. cana.

Item lo fays de collier I. d.

Item saumada de culhiers de fust dona la vendedor I. culhier.

Item concas de fust o gaudals dona la saumada del capi may de III. en sus lo melhor, paga lo vendedor I. gaudal.

Item saumada de carbo paga I. d.

Item tota saumada de fruchia, iasia ayso que el vielh registre digua que dona I. escudella, dona del s. I. d., e del s. en avall tro a VI. d. et dels VI. d. m^a. e del s. eyssament segon lo semblant cas dona mays. Empero si la dicha fruchia si porta a cap o a coll per gran pes que valha I. d., e si val mens de XII. d. paga mealha.

Iten saumada damenlas frescas dona II. d.

Item amenla sequa pagua per sestier I. d. e pagua lo vendedor et comprador si son estranhs, paga la emina mealha, et ayssi meteus pagon avellanas II. d.

Item castanhia pelada paga del sestier II. d., aisi meteus com las dichias amenlas; et si non son castanhias peladas pagon coma lautra fruchia.

Item saumada dolas dona II. d.

Item saumada de perguas dona I^a. pergua.

Item saumada de sercles dona I. sercle.

Item tot collier que porta sercles dona I. d.

Item saumada de cebas dalhs dona cascuna I. forc, et si son engrunadas que non sian en forcx paga la saumada II. d. lo comprador el vendedor sis vendon en gros II. d.

Item saumada de raves II. d.

Item saumada de cauls e de porres per cascuna saumada, mealha.

Item saumada de naps dona II. d.

Item saumada de dentalhs dona I. d.

Item saumada de forcas dona una forca.

Item saumada de palas et de fauguas, de cascuna une pala o una faugua.

Item saumada de mays que son pastieiras I^a. m^a.

Item saumada de marguas dayssiadas dona I. margue.

Item saumada de cabrions et de barras dona cascuna de sa manieyra I. cabrion o una barra.

Item saumada de copas de fust dona I^a. copa.

Item saumada de escrins o de cayssias dona 1ª. mª.

Item saumada de astas dona 1ª. asta.

Item tot collier dona I. d. que porta astas.

Item saumada de dorcas que son orjols dona una dorca.

Item saumada de botelhas de terra 1ª. botelha.

Item saumada de desc I. desc.

Item amarinas verdas o sequas que son appelladas bims dona lo s. I. d.

Item tot collier que porte descz paga I. d.

Item tot collier que porte amarinas dona del s. e desc I. d. e tro a VI. d. mª. e si pueia del s. en amon paga segon la dicha forma.

Item saumada de sarrias pagua una sarria.

Item saumada de cabasses segon que layssio que son pa per saumada I. cabas; et es comptat en saumada VI. restz de cabasses menutz e IIII. restz de cabasses meias e II. restz de cabasses grosses.

Item saumada de vi pagua mealha e mueg del vi pagua II. d. e negun hom de Montpeylier si non hia alberc, e si nia si non hi habita, non sia escuzats de pagar.

Aquest traslat es trag del registre del senhor rey per Johan Izarn escriva de la thezauraria.

De par le roy et par commandement de monsieur le gouverneur de Montpellier son lieutenant et officiers du bureau du domayne de sa majesté audit Montpellier, conservateurs du poids du roy de lad. ville, il est fait inhibitions et deffences à tous marchands et autres traficquans tant ez terre que par mer que doresnavant ils n'ayent à payer aud. pois du roy estant au domicille de la présent ville, sy n'est en la forme et maniere par iceux estatuts pourtés et publiés en l'an mil quatre cent quarante quatre, suivant l'extraict qu'en a esté faict, tiré des libvres des archifs dud. domayne du roy comme sensuit.

Et tout premierement : ay troubat assis quant a par lou libvre de las leudes escritz en pergamin et en lettre fourmade une notte fache e publicade per son de trompetta per toute la vialla de Montpellier et recebude en l'an mil tres cens cinquante deux et a quatre de jung per

Me Guilhaume Brocard notaire publicq et per mandamen del baille de Montpellier, lou qual ere appellat sieur Bernard franc borgois de Montpellier. La crida que adonc fonç fache dont la tenor sensec. Barons mande la court de nostre seigneur lou rey de France et fay assaber a touta personna de qualque condicion que sie, que non auze peza dedins la villa de Montpellier ny a ses appartenensas neguns avers grosses plus avant que de cinquante lieures duna canna tant solamen, et qui encontra aiso fara la cour y fara so que fa y deura ses toute merce. Item manda la davan dicha cour a tous aquelles que pesaran lesd. cinquante lieures a hommes ou femmas estrangiers que leur digua que ajon a pagar lou drech de las cinquante lieures al pes ou la leude major, e quels que oultre ayso faran en la penne que daurie soufferte l'estrangier. Item mande la davan diche cour que negun non auze peza negun aver sotilh plus avant que de vingt cinq lieures et de une canne tant soulamen, e que contra aisso fara, la cour y fara so que fayre y deura ses toute merce. Incara manda la davan diche cour que negune personne de qualqua condicion que sie non auze gabella en sa botiga ny en autre lioc apres aya rescoyt aura plus que mercat sie fach desd. avers quals que sien, sinon abe lou garbel depputat per nostre seignour lou rey, et que contra aisso fara la cour y fara so que faire y deura ses toute merce. Manda la cour de nostre seignor lou rey et par commandamen de monsieur le gouverneur de Montpellier à la request del procurayre del rey, del baille et leudier del pes del rey, fa on assaber à toutes personnes de quelque estat e condicion que sie, marchands ou revendeyres, privat ou estran, que non sian tant auzards de peza ou fa peza en sas botigues et hostals aulcunes mercanceries quiha quelle sie ny auguns averes grosses ny sotils plus avan que miech quintal tant solamen et de une canne, crompan ou venden, et aisso soubz la pene que pourra encoure envers lou rey et respondre en aquesta ses toute merce. Encara mais manda la davan diche cour que negun non auze peza loud. miech quintal sinon en romanes e gallades et allielades al pes del rey e que aysso à l'encontre fara respondra en aquesta e perdra la romane. Item fa lon inhibitions et deffenses que negung botiguier ny marchant non auze gabeller aulcunes mercanderies en sa boutigue de plus mercat fach, sy non an lou garbel del pes del rey; et aysso es sus la penne jadessus desclarade e de prendre lou garbel e de respondre en aquesta. Encara mais manda la davandicha cour a toutes personnes que debvra negunes leudes dicha lo leude major que la ago a pagar ou a razonna an lou leudier del rey al pes, et aisso sur la penne desse gageatz.

En l'an de nostre Seigneur que l'on comte mil deux cent nonante six, el noble signor rey de Malhorque, regestré en aquest libre lou leudes que loud. seignor pren en lou pes de Montpellier et en la forme et maniere que sensec. Tout prelat ou religieux, tout cavallier, tout mourgue de Magalonne e toute autre personne que non age hostal en la ville de Montpellier a la vallour de vingt cinq livres, deu paga de tout que vendra ny compara en la ville de Montpellier toutes vegades que crompara ny vendra quinha cause que se sie aceptat so ques en aquest libre, exceptat et expressat dex deniers per carga. Item tout religieux et touta autre personna so es assaber per carga de tout ce que crompara ny vendra, se ez ne sie de la vialla e ne fasse domicille, deu pagar comme estrang, so es assaber per carga dex deniers de pes tant solamen. Item parcilhement es acoustoumat en tout temps que se aussi son un vendedour et ung crompadour e que entre els sont daccord que la mercandie non se peze may lou crompadour la prendra a l'estime, sont tenguts toutz doues, so es assaber lou comprador et le vendedour dou veny fayre escricure al pes lou nombre de las cargues ou quintals et paga tout lou drech aussi ben e que si sera pezat.

Item tout homme de qualque condition que sie que aya hostal an la vialla de Montpellier que coste vingt cinq livres et y fasse domicile non deu paga de pes sinon un denier tournois per carga, en une que le crompador sie homme estrang et non y a habite paga per estrang. Item es costumat de long temps que si lou compradour e lou vendedour sont toutes dous privats, so es que chacung aja hostal en la present vialla de la vallour dessus dicha, sont tenguts tous deux de pagar par carga ung denier et mailhe per homme, quinha mercandie quelle sie e tantas vegadas quelle sera pesada e se toutes dous sont estrangs so lou vendedour ou lou crompadour sont tenguts de pagar dex deniers per carga chacung, exceptant marchands privats que devon paga comme dessus.

Siege sont las causas que an accoustumat de paga toutes quantes vegades se vendran ou cromparan so es dex deniers per carga.

Et tout premierement la carga de la grande escarlatte paga II. s.

La carga de tous sucres paga x. d.

La carga de toutes espicieries paga x. d.

La carga de la cambe lin et cordailhes paga x. d.

La carga delz dratielz paga x. d.

La carga dels coyres paga x. d.

La carga del verdet paga x. d.

La carga de la cire paga x. d.

La carga del sieu paga x. d.

La carga del fromage paga x. d.

La carga de la car sallade paga x. d.

La carga de la lanne paga x. d.

La carga del saffran paga x. d.

La carga del lindi paga x. d.

La carga del pastel paga x. d.

La carga des parels x. d.

La carga del sieuyre paga x. d.

La carga de toutes mercandies quinhes quelles sien x. d.

Per carga acceptat aquelles que sen segon quen acoustumat de paga en aqueste forme.

La carga de la tonnyne paga VII. d.

La carga del ferre paga VII. d.

Lou quintal del plomb paga II. d.

Lou quintal del bouc paga II. d.

Lou quintal de la rauze paga II. d.

Lou quintal de la sauda et gauda paga II. d.

Lou quintal de la pairouyne paga II. d.

Lou quintal del fustz paga II. d.

Lou quintal de las prunes paga II d.

Lou quintal de las figues paga II. d.

Lou quintal del bol paga ii. d.
Lou quintal de las castaignes paga ii. d.
Lou quintal de la cendrade paga ii. d.
Lóu quintal de electa et alcannetta paga i. d.
Lou quintal del palma paga ii. d.
Lou quintal de la grana del fenouilh paga ii. d.
Lou quintal de las courroubias paga ii. d.
Lou quintal de toutes semenses paga ii d.
Lou quintal dels pinlhos entiers paga ii. d.
Lou quintal de la pega paga ii d.
Lou quintal de la semoulha paga ii. d.
Lou quintal de la lena paga ii. d.
Lou quintal de la [illegible]gemina paga ii. d.
Lou quintal de la sal gardonna aysso salpetre ii. d.
Lou quintal del bitriol paga ii. d.
Lou quintal del riz paga ii. d.
Lou quintal de la pailha paga ii. d.
Lou quintal del miel paga ii. d.
Lou quintal del cendoma paga ii. d.
Lou quintal de lesmerit paga ii. d.
Lou quintal de [illegible] perronyrie paga ii. d.
Lou quintal del surgres paga ii. d.
Lou quintal de las avelanes paga ii. d.
Lou quintal de laigue surge paga ii. d.
Lou quintal del flour del cardon paga ii. d.
Lou quintal del sieure paga ii. d.
Lou quintal des fausrach e lignes paga ii. d.

Toute pessa de draps que homme que sie dict estrang vendra en la presente vielle de Montpellier en ses appartenenses deu per cada pessa i. d.

Senten pareilhement quen crompe ay tant ben deu per pessa i. d.

Item si ez mens de pessa entiere que passa dos canes deu a la leude si ez i. d.

Item toute pessa de telle sie creuse ou adoubade deu per pessa i. d.

Toute lieure de sede deu ung denier quant homme estrang la crompa ou la venda I. d.

Faict a Montpellier le dix neufviesme jour du mois de juing mil cinq cent quatre vingt quatre. De Trinquere, juge maige; Dauchiès, tresorier; Degan, conterrolleur, ainsi signés à l'original.

Extraict du placard original de lad. tariffe accoustumé de tenir dans le poix du roy de la present ville de Montpellier par moy notaire royal et greffier de la maison consulaire soubsigné.

Fesquet, notaire.

AYSSO ES LESTABLIMEN DELS CORRATIERS.

Corratier non deu penre corrataduras daver de pes de c. s. en jus mais III. d. de la cargua. Item de c. en sus VI. d. de la carga.

Item XII. de la cargua de la grana.

Item del quintal del coyre e destang I. d.

Item del quintal de plomb Iª. pogeza

Item de la lb. de la ceda I. mª. lo comprador et autra lo vendedor.

Item daver de pes sotil dona de lb. dels d. o de la lb. de laver I. d. de qualque mays vuelhon li mercadiers.

Item del quintal dindi de bagadel IIII. d.

Item del quintal dindi de golf. II. d.

Item duna flessada pogesa lo comprador et autra lo vendedor.

Item de III. c. de boquinas VI. d.

Item de I. trossel de cordoan XII. d. e si non era complistz de la dotzena I. d.

Item de bezanas la XIIª. Iª. m.

Item del mueg de lerba XII. d.

Item de pelissaria dona hom del c. danhinas I. d.

Item del c. daortons I. d.

Item del c. de cabristz I. d.

Item del c. dels conilhs I. d.

Item del c. de lebres I. d.

Item del c. descurols I. d.

Item de la dotzena de tota salvaizina i. d.

Item una pena de conilhs i. d.

Item una pena de ventres de conilhs o iª. gatnacha, cascuna iª. mª.

Item del canon de laur aquel que vent de iii. s. en jus iª. mª. e de iii. s. en sus i. d.

Item iª. pessa de drap de Fransa vi. d. cascuna part. estiers de Prois els semblans que non dona mais iiii. d. cascuna part.

Item pessa de drap desta terra si com es blanc et autres ii. d.

Item del mueg del blat iiii. d.

Item del mueg del vin iiii. d.

Item de cauzas menudas segon que maltrayran ad albire de la cort.

Item de las honors deforas la vila iiii. d. de la lb.

Item de las honors de dins iii. d. de la lb.

Item tostz aquestz avers sostz escristz ques vendon a quintals donon ii. d. de corrataduras del quintal, so es assaber canela, verdet, aurpimen, mastec, classa, dragragan, sitoal, argen viu, vermelhon e tostz autres avers semblans daquestz, donon ii. d. del quintal de corrataduras.

Item lo sestier de loli iª. mª.

Item iª. esporta de figuas iª. mª.

Item lo quintal de datils de x. s. en sus i. d. x. s. en aval iª. mª.

Item lo quintal de razins secs de x. s. en sus i. d. e de x. en aval iª. mª.

Item lo quintal de ferre iª. mª.

Item lo quintal de figas de Nissa efustet e castanhas iª. mª.

Item lo quintal de gleta e de souza e tot aver de iiii. s. en aval lo quintal iª. pª.

Item la cayssa de papier viii. d.

Item lo mueg de vaychela i. d. de cascuna part.

Item de frucha de vinhas que son razins de la saumada venduda que son iiii. quintals de frucha neta, al corratier ii. d. i. d. del vendedor et autre del comprador de la saumada.

Item al pezayre que peza la frucha que son razins de la saumada que ven a truelh sie pauca o grans i. d. mª. del comprador e mª. del vendedor.

Lo sestier de las amenlas entieyras pogeza, el corratier deu las far mezurar assa mession.

Item dels logadors de mayzons e de possessions del premier an II. d. de la lb.

Item dels autres ans I. d. de la lb.

Item si dos mercadiers son en I. mercat e cascun a son corratier, et laun daquels corratiers esta foras la botigua ol luoc on lo mercat se fara, que aquel que sera deforas aia las corrataduras del mercat que aquis fara per lo corratier que i sera prezens, so es assaber la part delas corratadurας de la part que aura lo mercadier ab qui sera vengustz lo corratier que estara deforas, per so que las mercadarias non encariscon.

LO PIATGE DEL PONT DE LUNEL.

PAGUA PER CARGUA.

Premieyrament : Cuers carnosses adobast XVIII. d.
Cuers de conilhs XVIII. d.
Cuers de buous XVIII d.
Salvayzinas XVIII d.
Peys salat XVIII d.
Formages salat XVIII. d.

PETZAGE DE VI. D.

Sir montan VI. d.
Fenol VI. d.
Rodo VI. d.
Tot colier que porta mersaria, la cargua II. s. o XVIII. d. o XII. d. o VI. d.
Juzieu a pe pagua VI. d.
Rossi VI. d.
Muol VI. d.
Tota fustalha VI. d.
Trossieyra VI. d.
Ponsiri VI. d.
Limos VI. d.

PETZAGE DE III. D.

Aze III. d.
Buou III. d.

Porc salat III. d.
Porc vieu III. d.
Mouto III. d.
Boc III. d.
Cabrit o I. anihel III. d.
Saumada de sal que vengua de Montpelier I. d.
Item nengun poli que vengua an sa mayre non pague res.

AYSSO ES LO REGISTRE DEL PEZATGE DE LA RODELA SEGON LA FORMA ANTIQUA COMA ES ACOSTUMAT QUE NON ES MEMORIA DEL CONTRAYRE AINSSY QUANT DE SOTZ SEN SECS PER PARTIDAS DE LAS QUALS PARTIDAS ET DREG DESOTZ ESCRISTZ AM LOS SENHORS COSSOLS DE MAR DE RABINATGE AL PORT DE LATAS QUE SE LEVA PER ELS LA MITTAT DEL DREG DESOTZ ESCRIG AINSSIS QUANT SEN SEC PER PARTIDAS.

Primo : Tota causa que non sia aissi espressada pesant I. quintal pagua IIII. d.
Per I. pon de ciera paga IIII. d.
Per I. pon despesserye paga IIII. d.
Per un fais de cuers IIII. d.
Per un sac de lum IIII. d.
Per un sac de avellanas IIII. d.
Per un sac de riva IIII. d.
Per I. bala de draps IIII. d.
Per I. trosels de draps VI. d.
Per I. pon hori VI. d.
Per I. bala de tealas IIII. d.
Per I. bala de cordoan IIII. d.
Per I. bala de pelessarie IIII. d.
Per I. bala de arenths VI. d.
Per I. bala de merlus VI. d.
Per I. bala de sepias XII. d.

Per i. jarra de tonina vi. d.
Per i. barriala de tonine vi. d.
Per i. barrielhe de sardas iii. d.
Per i. cabas anguilhes coren iii. d.
Per i. cabas anguilhes polgal vi. d.
Per i. cabas de bocre de ladela d. meilha.
Per i. cabas de mugols vi. d.
Per i. ton ii. d.
Per i. banasta de sardas ii. d.
Per i. vedel ii. d.
Per i. aniel d. meilha.
Per i. asporta figuas blanches ii. d.
Per i. mouton i. d.
Per iii. esportas figuas negras iiii. d.
Per x. cofyns rasins iiii. d.
Per i. melher de eranges iiii. d.
Per i. centenar ponsiers iiii. d.
Per i. liassa cabasses senasses ii. d.
Per i. liassa cabasses de palma ii. d.
Per i. c. cordas redondas iiii. d.
Per i. c. li. cordas meianas iiii. d.
Per cc. cordas musenquas iiii. d.
Per i. dotzena desclops iiii. d.
Per i. c. de senglos iiii. d.
Per tot postam pueys a xxxii. pess. i.
Per i. barquil dargent vieu ii. d.
Per fusta de semaus xxxii. pess. i^a.
Per tot fustz que venguon dAquilla o dautra part v. s.
Per ii. biguas pagara per i. fust.
Per i^a. bouta de seupre iiii. d.
Per i. muech de vyn ii. s.
Per i^a. bariella de blanquet iiii. d.
Per i^a. capolada de sal ii. s.
Per i^a. bariella de trementina iiii. d.

Per 1ª. bricola de cambe II. d.
Per 1ª. jara doli II. d.
Per 1ª. bota de mena doli XIII. d.
Per 1ª. dotzena satias II. d.
Per 1. juzieu v. s.
Per 1. esclau v. s.
Per 1. linri VI. d.
Per 1. papagay VI. d.
Per 1. maymon XII. d.
Per 1. gerfau v. s.
Per 1. bacon II. d.
Per 1ª. roda de cercles de bouta II. d.
Per 1ª. roda de cercles grans IIII. d.
Per mersaria per bala IIII. d.
Per auripiment per bala IIII. d.
Seda per bala IIII. d.
Per 1. falcon XII. d.
Per tot fial fialat per bala IIII. d.
Per totz talhe de ferre forbit per guarba IIII. d.
Per papier per bala IIII. d.
Per yndi per pon IIII. d.
Per brezilh per pon IIII. d.
Per pels de auseaulx adobadas per bala IIII. d.
Per bala de corals IIII. d.
Per bala de auripels IIII. d.
Per bala de coto filat IIII. d.
Per bala lana filada et non filada IIII. d.
Per coyre obrat o per payrol II. d.
Per conca II. d.
Per bassi de barbier II. d.
Per pon de ris VIII. d.
Per mieg pon de ris IIII. d.
Per sac de amellas IIII. d.
Per cayssa de pols sucre IIII. d.

Per pellarie per bala IIII. d.
Per froire per vendre per bala IIII. d.
Per moutônias per bala IIII. d.
Per pels de rasts non adobadas I. d.
Per prunas sequas bala IIII. d.
Per pels de mouton per bala I. d.
Per cent quintals de greys X. d.
Per III. quintals de castagnhas sequas IIII. d.
Per banastou de peras sequas I. d.
Per panier de peras fresquas d. mealha.
Per balon de ferra non fourbit II. d.
Per III. quintals de metal IIII. d.
Per III. quintals coure non obrat IIII. d.
Per pon destayn IIII. d.
Per los tristos de plom II. d.
Per pessa de plata de plom II. d.
Per botarel ho sarra rauza IIII. d.
Per pon de lan IIII. d.
Per lo fil dels fromatges sardestz II. d.
Per III. quintals de fromatges secz IIII. d.
Per balas de rosas sequas IIII. d.
Per balas de violas sequas IIII. d.
Per bala de guotzenia IIII. d.
Per barilha de laca IIII. d.
Per barril de fil derain IIII. d.
Per bota de mel IIII. d. o per jarra II. d.
Per bala de ploma IIII. d.
Per tot cent de fust darbaleste non adobat IIII. d.
Per veyre de veyrial per caissa IIII. d.
Per esporta de pegua IIII. d.
Per saumadas dolas XV. d.
Per costal de pegua II. d.
Per saumada dorgolhs X. d.
Per bota de goma IIII. d.

Per bala descodat iii. d.
Per i. quintal de carbon ii. d.
Per cayssa de veyre de mirail iiii. d.
Per i. pon danis iiii. d.
Per baston de conilhs ii. d.
Per pon de fenol iiii. d.
Per i. naveg xvi. d.
Per laut de agulla viii. d.
Per i. carata viii. d.
Per laut de pescadors iiii. d.
Blat per sentenar de Montpelier vi. s. viii. d.
A mesura dArle per sentenar x s. v. d.
A mesura dAvinhon x. s. v. d.
Una barca de rusca v. s.
Per saumada de peys xii. d.

AYSSO DESOT ESCRIG ES LO DREG QUE PRENON LOS SENHORS CONSOLS DE MAR DE MONTPELIER A LATAS ET DE LATAS A MONTPELIER PER CASCUNA VEGUADA ANAN O TORNAN PER PAUC QUE PORTON DE MERCANDIA HO ANAN HO TORNAN AISSIS CANT APRES SENSEC PER PARTIDAS.

Item una carreta iii. d.
Item una bestia enbastada i. d.
Item i. aze d. mealha.

TROISIÈME PARTIE.

LES SERMENTS,

PUBLIÉS

PAR MM. BLANC, Bibliothécaire du Musée-Fabre,

et DESMAZES, Archiviste de la Mairie;

AVEC UNE INTRODUCTION

PAR M. BLANC.

LES SERMENTS.

Initium sancti evangelii secundum Johannem.

In principio erat Verbum et Verbum erat apud Deum et Deus erat Verbum. Hoc erat in principio apud Deum. Omnia per ipsum facta sunt et sine ipso factum est nichil quod factum est. In ipso vita erat et vita erat lux hominum : et lux in tenebris lucet et tenebre eam non comprehenderunt. Fuit homo missus a Deo, cui nomen erat Johannes. Hic venit in testimonium ut testimonium perhiberet de lumine, ut omnes crederent per illum. Non erat ille lux sed ut testimonium perhiberet de lumine; erat lux vera que illuminat omnem hominem venientem in hunc mundum. In mundo erat, et mundus per ipsum factus est, et mundus eum non cognovit. In propria venit et sui eum non receperunt. Quotquot autem receperunt eum, dedit eis potestatem filios Dei fieri, his qui credunt in nomine ejus, qui non ex sanguinibus, neque ex voluntate carnis, neque ex voluntate viri, sed ex Deo nati sunt, et Verbum caro factum est et habitavit in nobis, et vidimus gloriam ejus, gloriam quasi unigeniti a patre plenum gratie et veritatis.

Secundum Matheum.

In illo tempore, dixit Jeshus discipulis suis, ego mittam promissum patris mei in vos. Vos autem sedete in civitate quoadusque induamini virtute ex alto. Eduxit autem eos foras in Bethaniam, et elevatis manibus suis benedixit eis, et factum est dum benediceret eis recessit ab illis et ferebatur in celum. Et ipsi adorantes regressi sunt in Jerusalem cum gaudio magno et erant semper in templo laudantes et benedicentes Deum.

Secundum Lucham.

In illo tempore, dixit Jeshus discipulis suis, cum venerit Paraclitus quem ego mittam vobis a patre, spiritum veritatis qui a patre procedit, ille testimonium perhibebit de me et vos testimonium perhibebitis quod ab initio mecum estis. Hec locutus sum vobis ut non scandalizemini; absque synagogis facient vos, sed venit hora ut omnis qui interficit vos, arbitretur se obsequium prestare Deo et hoc facient quia non noverint patrem neque me, sed hec locutus sum vobis ut cum venerit hora eorum reminiscamini quod ego dixi vobis.

Secundum Marchum.

In illo tempore, recumbentibus undecim discipulis apparuit illis Jeshus ut exprobraret credulitatem illorum et duriciam cordis quod hii qui viderant eum surrexisse nou crediderant, et dixit eis: Euntes in mundum universum predicate evangelium omni creature; qui crediderit et baptisatus fuerit salvus erit, qui vero non crediderit condempnabitur. Signa autem eos qui crediderunt hec sequentur. In nomine meo demonia eicient, linguis loquentur novis, serpentes tollent et si mortiferum quid bibent non eos nocebit, super egros manus imponent et bona habebunt. Et Dominus quidem Jeshus postquam locutus est eis assumptus est in celum, et sedet a dextris Dei: illi autem profecti predicaverunt ubique Domino cooperante et sermonem confirmante sequentibus signis.

AQUEST SAGRAMEN FAN LI COSSOLS ELS SET ELEGIDORS DE COSSOLS NOUELS EN LAS KALENDAS DE MARS ENANS QUE FASSON LA ELECTION DELS DIGS COSSOLS NOUELS. E FAN LO EN LA MAN DEL SENHOR REY SI ES EN LA ELECTION; ET SIL SENHOR REY NON Y ES EN LA MAN DEL TRAMES, E SIL SENHOR REY NON Y ES NIL TRAMES, EN LA MAN DUN DELS COSSOLS RECEBEN PER LO DIG SENHOR REY.

Ieu hom jur per aquestz sans evangelis de me tocastz que yeu elegeray bons et utils e lials cossols per lan esdeuenidor al senhor rey et a la comunaleza de Montpellier a bona fe segon que ma conscientia mielhs me dechara, e que per odi ni per enemistat degun non sostrayray ni per amor ni per parentese en aquest ufizi ho aministracion negun non metray ni elegiray.

E lo rey nostre senhor ho son trames devon tot ayso prometre per lur bona fe.

AQUEST SAGRAMEN FAN LI COSSOLS DE NOUEL ELEGITS EN LOSTAL DEL COSSOLAT.

E nom de nostre Senhor Dyeu Iehsucrist yeu home elegit en cossol de Montpellier a reger et a governar et a conselhar la comunitat daquesta meteysa vila, promete a vos senhors cossols recebens per vos e per tot lo pobol de Montpeylier que a bona fe aconselharay et utilmens pervesiray a tota la comunitat de Montpeylier, et aquela fizelment regiray e gardaray, e secret tenray e venray per mesatge, et a bona fe consselharay lo senhor et bayle de sa cort et aquel loqual lo senhor establira en son luoc en aquesta terra [1].

E promet que bon bayle e lial et util elegeray segon que mielhs me semblara; promet encaras que yeu curaray e daray obra que razon e drechura sia tenguda a trastostz et a cascun que plaeiar deuran en la cort de Montpellier, aussi ben al paupre com al ric, segon las costumas els uses de Montpellier, o aquelas defalhens, segon la doctrina de dreg.

---

[1] E gardaray totas las causas pertenens a la sancta fe catholica ✝ e nonremens lestablimen fag en lan M. CCCC. VII. a XXVII. jorns del mes dabril: que daquel iorn en avan per tot temps yeu ni mos companhos am me elegitz en cossols de Montpeylier ni nostres successors que daqui en avant seran cossols per tost temps de la dicha vila non puescon ni non sia legut de penre, donar ni autreiar per nos ni per autres a present ho a rescostz a persona del monde qual que sia ni qual que non sia de Montpeylier o dalhors del bosct de Valena deu grans arbres grans ni paucx, sian albres grans e grosses per enfustar, ho petitz e prins per far pals ho forcatz ni autres obratges quals que sian per las causas espicadoyras en lo dig establimen. Mays que daqui en avant los cossols ni autres non auzon ges donar de lenha de Valena verda ni sequa. Mas qui naura besonh la compre dels rendiers o de lur forestier. E cessant tot odi e tota favor, adordenaray lordre e la manieyra dels obriers de la comuna clausura de la dicha vila de anar e de eeser, exercent lo office de lobra segon Dieu e ma bona cossiencia.

Encaras promet que yeu seray, tota frau remoguda, a la propdana election ques fara de cossols, e mi curaray e mi portaray en la manieyra ques conten en la costuma que dis cos deu far election de cossols; e per neguna occazon ne per neguna cauza cant yeu e li autres cossols ab me, els eligidors seran aiustastz per far la election, yeu non me partray ni me sostrayray daquel luoc en que seran aiustastz entro que la election de cossols sia complida. Si doncs yeu el temps de la election non era absens de Montpellier, o malautia de mon corps o autra iusta causa non mo tolia, aquestas cauzas tenray e gardaray tostz los temps de mon ufizi segon que mielh me sera aueiayre [1]. Si Dieu maiut et aquestz sans avangelis corporalment tocastz de mi.

AQUEST SAGRAMEN FAN COSSOLS NOUELS.

Ieu hom elegit en cossol de Montpellier per lan esdevenidor iure a vos senhors cossols de ladicha vila que bon cosselh elial vos daray e vostres secrests celaray e las pazes gardaray; els establimens que aras se gardon a mon poder gardaray e tenray per aquestz sans auangelis de Dieu de mi tocastz.

AQUEST SAGRAMEN FAN COSSOLS AL SENHOR REY
O A SON LUOCTENENT.

Ieu hom elegit en cossol de Montpellier promete e convene a vos senhor tenens luoc de monsenhor en Jacme per la gracia de Dyeu rey de Malhorcas, comte de Rosselhon e de Sarthana e senhor de Montpellier receben per lodich senhor rey, que a bona fe aconselharay et utilmen provesiray a nostre senhor lo rey et a tota la comunitat de Montpellier et aquela regiray fizelment e governaray. E los establimens els bons uses del consolat gardaray e mantenray sallo dreg ela dominacion de nostre senhor lo rey en totas cauzas, sal empero, las cos-

[1] Item tenray la electio per vos senhors cossols fazedoyra de hun de vos cossols nouels esser clauari del cossolat per lan propdanamen venen juxta la ordenansa facha lan M. CCCC. XXVI.

tumas de Montpellier de nostre senhor lo rey e de sos predecessors donadas et autreyadas; e que per me ni per autres, negun don ni degun servize non recebray dalcuna persona estranha o privada per neguna cauza que en la cort de Monpeylier sia menada o menadoyra o davan me per alcuns dels ufizis dels cossols dedins la villa de Montpellier despachadoyra; e que a bona fe aconselharay a nostre senhor lo rey et al bayle de la cort et alluoctenent de luy en Montpeylier. E que salvaray la dominacion el dreg de nostre senhor lo rey en totas causas, salvas las costumas de Montpeylier per nostre senhor lo rey o per sos predecessors donadas et autreiadas, e lestablimen fag en lan M. CC. nonanta tres so es que rendran compte los clavaris e cossols de mar; e quin salari pren assessor; e de non vendre las rendas de Valena, may al mens de temps que poyray e possible me sera bonamens, e gardaray e defendray a tot mon poder; e que lestablimen de non metre bestiari en las possessions defendray loqual es encartatz [1]. Se Dieu me aiude e los sans evangelis.

E nos tenens luoc del dig senhor rey en Monpeylier, prometem a vos senhors cossols de Montpeylier per mandamen e per auctoritat del dig senhor rey que nostre senhor lo rey als cossols de Monpeylier et a tota la universitat de Monpeylier utilmen a bona fe aconselhara et

---

[1] Encaras promete e jure que yeu gardaray et observaray e gardar et observar faray e procuraray a tout mon poder lordonnance et edit fach en lan mil cinq cens e lo XIII[e] del mes de mars per monsenhor lo governador de la dicte ville de Montpellier, commissaire specialment depputat per lo rey nostre senhor en aquesta partida, contenen que negun bestial gros ne menu de qualque specie que sia non sie mis per paisser en qualque temps que sie de lan dedintre las vinhas et olivedas del teritori de Montpellier et els camps semenats fins que los blatz e frutz sien entieramen levatz; et als pratz, despuez Nostra Dona de febrier jusques a tant que los fens en sien aussi levatz e reculhitz; e semblable edit et ordenansa cridada per comission expressa de monsenhor lo senescal de Belcaire en la Rectoria e Part Antiqua de la dicte present ville de Montpellier gardaray e gardar et observar faray, et aussi tendray gardaray et observaray toutas costumas et estatutz fachs et ordenatz per los senhors consols precedentz et ordenatz per lo ben et utilitat de la dite villa e causa publica daquella.

adaquels et a la universitat et a cascun daquela universitat las drechuras seruara e gardara.

AQUEST SAGRAMEN FAN COSSOLS DE LATAS A COSSOLS DE MONTPELLIER.

Ieu hom elegut en cossol de Latas promet e convene a vos senhors cossols de Montpeylier, per vos et per vostres companhons cossols de Montpeylier recebens, que a vos obediens seray al profieg de la communaleza de Latas e de Montpeylier, e des totz profiegs aquels homes de Latas e de Montpeylier volray e far curaray, e que tostz los temps de mon ufizi ben e lialmens me portaray emcaptenray, et a vos que mo demandares lial conselh donaray, e vostres secrets cosselhs celaray, e totas aquestas causas attendray e gardaray salva la fizeltat de nostre senhor lo rey de Malhorgas e de Montpeylier e de Latas en totas aquestas cauzas. Si Dieu maiut et aquestz sans avangelis de Dieu de me corporalmen tocastz. E saluas las costumas els uzes e las franquezas de Montpeylier e de Latas.

AQUEST SAGRAMEN FA LASSESSOR DE COSSOLS CANT INTRA EN SON UFFIZI.

Ieu hom elegut en assessor de cossols jur a vos senhors cossols recebens per lo comunal profieg, que totas horas que obs sya, yeu vos daray bon cosselh e lial segon que ma bona cossiencia mielhs e plus drechurieyramens me dechara. E en totas causas, vostres secretz conselhs tenray e celaray tro que sia luoc de revelar. E que, nul temps, contral cossolat de Montpeylier plag ni question non mantenray a rescost o a presen. E plag o plags de neguna persona non mantenray estranha ni privada en Montpeylier ni deforas. Ni legiray tan can sia assessor, ni don ni servizi non penray per me ni per autra persona de negun que plag aia o espera adaver en las corstz o el cossolat de Montpeylier ses la volontat de totstz vos senhors cossols. Els privilegis elas franquezas elas costumas els bons uses de Montpeylier servaray egardaray emantenray a totas mas forsas; els establimens que devon se gardar del cossolat gardaray, e gardar faray a mon poder. E totas fazendas laychadas, ad aquelas del cossolat attendray et enaissi o compliray et o attendray a bona fe tot lo temps de mon ufizi. Si Dyeus me aiut et aquestz avangelis de Dyeu de me tocastz.

AQUEST SAGRAMEN FA NOTARI DE COSSOLS CANT INTRA EN SON UFFIZI.

Ieu hom elegut en notari del cossolat de Montpeylier, prometi e jure a vos senhors cossols de Montpeylier que cant longamens yeu seray notari del cossolat bons e curos y seray, el profieg del cossolat procuraray en totas cauzas, els dampnages esquivaray a tostz mos poders, e daray bon cosselh e lial. E tenray secret de totas las cauzas que seran a tener secret ni en secret me seran reveladas per las fazendas que tocaran al cossolat. E si sabia que neguna persona fezes dampnatge o dones o procures dampnatge o arescostz o apales contro lo cossolat o contral commun, al plustost que yeu poyray als senhors cossols o a la maior part o revelaray. E non dampnificaray ni aderayraray las fazendas del cossolat per las mieuas ni per las autruis. E las cartas que yeu faray que tocaran al cossolat metray en notas, e pueys las metray en gros en I. libre del cossolat de pargamin defra lo temps que seray notari del cosselh. Sostz aquestz meteys sagramens prometeus a vos distz senhors cossols que negun temps de ma vida contra cossols ni contral cossolat non metray arescost ni apales. Et en ayssi o attendray et o compliray. Si Dyeus me aiut et aquestz sans avangelis de Dieu de me tocastz.

AQUEST SAGRAMEN FAN AQUELS QUE INTRON EN COSSELH SECRET.

Yeu hom elegut per acoselhar vos cossols e tota la comunaleza de Montpeylier, jur a vos distz senhors cossols demandans e recebens per vos e per vostres cosselhiers, salvar e gardar e mantener e defendre a mon poder contra tostz homes vos, e totas vostras cauzas, e tota la comunaleza de Montpeylier, e vostres assizans cosseliers duran lufizi et apres, per totas cauzas que aves fachas ni fares per razon de lufizi vostre; que yeu bon cosselh e fizel e lial a profieg de tota la comunaleza de Montpeylier vos daray segon que mielhs ma cossiencia me dechara; e vostres secrestz cosselhs los quals me seran digs per celar, celaray, e per neguna art saber nols faray; et a la cloca del sen mejan venray que lavia o per vostre messatge, et al cosselh seray et estaray a vostre somonamen per tot lo temps de vostra aministration. Els establimens del cossolat mantenray e gardaray, e gardar e tener los faray a mon poder, e dayso non desviaray per amistat o per enemistat, ni per profieg propri ni de paren ni damic ni per dan de enemic. E de ren que yeu avia ni me sia manifestat per secret al cosselh per cossols o per cosselhiers nom donaray ad home enemic. E que yeu negun don ni servizi per me ni per autre dalcuna persona estranha o privada per alcuna cauza que sia menada o menadoyra en la cort de Montpeylier ni en lalbere de cossols ni en autre luoc per razon dels ufizis non penray ni penre non faray ni diray ni faray ren en frau dayso, salva la fizeltat de nostre senhor lo rey. Si Dyeus me ajut et aquestz sans avangelis de Dyeu de me tocastz e salvas las costumas e las franquesas els uzes de Montpeylier.

Et a la cloca dels armastz venray que lavia ab mas armas et abaytans companhos com dires.

ESTABLIMEN DE SYNDICS.

Establit es que cascun an en las kalendas dabril sian elegutz e creatz per los cossols e per nom del cossolat e de tota la comunaleza de Montpeylier, dos proshomes de Montpeylier e lials per syndics o per procuradors o auctors de tota la comunaleza de Montpeylier, li quals elegustz per losdistz cossols aysi come dig es non sen puescon escuzar del ufizi designat si non per iusta e per lial cauza. Empero si defra lan loqual seran sindics per aventura seran creastz o elegustz am dos o lun dels en cossols majors de Montpeylier o en bayle o en sotbayle o en obrier de la comunal clauzura non se puescon escuzar que a lufizi de cossols maiors o del bayle o de sotz bayle o dels obriers de la com-

munal clauzura francamens sian pres non contrastan lufizi del sindicat li qual sindics en public cosselh e general aytal sagramen fasson :

AQUEST SAGRAMEN FAN LI SYNDICS.

Ieu hom elegut en sindic de Montpeylier prometi a vos senhors cossols de Montpeylier recebens per vos e per lo cossolat e per tota la comunaleza de Montpeylier e per cascun daquela comunaleza, e per vos, ad aquela comunetat o universitat de Montpeylier, et a cascun daquela, que en aquest ufizi de sindicat o dauctoria per tot lo temps que yeu seray sindic me auray ben e fizelmens et utilmens al mielhs que yeu poyray ni conochiray a bona fe, et en totas cauzas e per totas cauzas, a vostra requista et al cosselh al mandamen estaray sobre totas cauzas e cascuna que al dich ufizi de sindicat pertanhiran, e traslotas aquestas cauzas e cascuna que yeu veyray ni conoycheray esser utils a vos et al cossolat et a la comunaleza ab totas mas forzas a bona fe, avut vostre cosselh, faray e procuraray et aquelas que a me seran vistas non prosechans o dampnozas de tot en tot esquivaray. Et en totas cauzas e per totas fizelmens et obedienmens me auray et estaray al vostres cosselhs e mandamens sobre aquelas cauzas que al ufizi del dig syndicat pertanheran, e totas aquestas cauzas prometi a vos aysi com dig es, e jur per aquestz sans avangelis de Dyeu de me corporalmens tocastz.

AQUEST SAGRAMEN FAN LI COSSOLS DELS MESTIERS.

Ieu hom establit cossol de mon mestier ad acosselhar vos maiors VI. cossols del salvamen e del regimen de tota la comunaleza de Montpeylier iur a vos queus daray bon cosselh e fizel e lial segon que ma cossiencia mielhs me dechara, eus defendray vos e tota la comunaleza de Montpeylier, e bons e fizels et obediens vos seray, e vostres secrestz cosselhs celaray, e per neguna art non descobriray aquels quem seran digs que cele. Els establimens del cossolat gardaray e tenray e gardar e tener los faray a mon poder ad aquels de mon mestier. Et a la cloca del sen maior venray que lavia o per vostre mesatge e daqui non partiray entro que aia auzit e que sia dich tot so per que se fara la cloca o per que yeu seray mandat quert. Et a la karitat procuraray et aprofecharay ad honor de Dyeu e dels senhors cossols e tot ayso tenray e gardaray a bona fe. Si Dyeus maiut et aquestz sans avangelis de me tocastz, salva la fizentat de nostre senhor [1] lo rey de Malhorgas e senhor de Montpeylier, e salvas totas las costumas de Montpeylier els uzes.

AQUEST SAGRAMEN FA LE LUOCTENENT EN LA GLEYA DEL CASTEL SOBRE LA ELECTION DE BAYLE.

Ieu aytal nomnaray aysi en bayle de lan esdevenidor a regir la cort de Montpeylier ad honor et ad utilitat de nostre senhor lo rey e de la vila bona et util elial persona segon que yeu fermamens creze et ymagine, e negun non nomnaray del cal aia avut o espere per me ne per autre adauer don ni seruizi per aquesta cauza ni dautra persona per el ni daysi enan recebray. Ne alcun que aysi yeu nomne non certifiey ni esperansa ad el non doniay per paraula o per signe o per escrig per me o per autre de la baylia ad auer. Negun non nomnaray que maia pregat ni fag pregar de la baylia. E si daquel loqual a vos premieyramens nomnaray ab vols cossols o savals ab la mitat acordar nons poyriam a vos demantenent IIII. yeu nomnaray e daquels IIII. elegiray et establiray bayle en loqual la major part de vos o savals la mitat cossentira. Empero o en ayssi que si la mitat de vos en I. cossentira e lautra en autre lezera a me tener a la part que me volray. Et ayssi o atendray a bona fe per aquestz sans avangelis de Dyeu de me tocastz.

AQUEST SAGRAMEN FAN COSSOLS A LUOCTENENT SOBRE LA ELECTION DE BAYLE.

Ieu consol daray bon cosselh elial segon ma cosciencia a vos senhor rey o a vos luoctenent de nostre senhor lo rey sobre la election de baylon de la cort per lan esdevenidor tant sobre la persona que a vos nomnar plazera can sobre las autras que per me o per los autres cossols

[1] Lo rey de Fransa Nauarra.

seran nomnastz, e per amistansa o per parentese non sostz pauzaray lo mens digne al mais digne, ni per odi lo mais digne al mens digne. Ni negun non nomnaray del cal don o servizi aia avut o espere adaver per aquesta cauza, o dautra persona per el. Ni alcun non nomnaray que me aia pregat o fag pregar de la baylia, o alcuns de mons companhons que yeu sapia. E si de certa persona refudadoyra say precisamen esser tractat, o alcuna concordia o convinen fag, aquo demantenen a vos revelaray, et aisi o attendray et o compliray a bona fe per aquest sans auangelis de me tocastz.

AQUEST SAGRAMEN FA LE BAYLE [1] DE NOUEL ELEGUT, ENANS QUE INTRE DEFRA LA GLEYA DEL CASTEL.

Jeu hom de nouel elegut em bayle de Montpeylier, jur a te senhor de Montpeylier, o a te senhor luoctenent, que can longuamen la baylia e la aministracion de la vila o de la cort de Montpeylier tenray, razon e drechura tenray e gardaray a totas personas et a cadauna de calque condicion que sian, o don que sian o seran, que plach an o auran devant me o en la cort, segon las costumas els uzes de la cort que aras son o seran: et aqui on los uzes o las costumas de la cort defalheran, segon dreg; tota ira, tota gratia, tota amistat, tot parentese, tota afinitat e tota vicinitat de tot en tot gitada, segon que mielhs me sera vegayre ni ma conscientia mielhs me dechara. E que per me ni per autres en neguna guiza ni per neguna occasion, aver ni autra cauza ni promession ni servise negun non penray daquels que plag an o auran davan me o en la cort, per occasion daquel plag, o dautre per nom del; e que iustizia ny ren per nom de iustizia non penray per me ni per autre devant la fin del plag, o entro que paguat o adobat sia el crezedor o al deman-

---

[1] Nota quod a cetero Domini consules super electione fienda de bajulo et aliis officiariis respiciant baiulias preteritas ad fines conservetur statutum ne bajulus intret officium nisi lapsis tribus annis, et sui officiarii nisi lapsis duobus annis a fine eorum expirati officii computandis. Et etiam caveatur quod illi qui preoccupare nituntur honores et prerogatiuas eorumdem dominorum consulum ne assumantur ad aliqua officia et honores ville nec illi qui contra villas litigant, ut servetur stabilitum R. incorporatum.

dador ; e drechuriers jurizis donaray en tostz los plags ont jutge seray, e celaray tot aquo que en secret ni en cosselhs ni en dechar jurizis me sera revelat.

Item iur que las sentencias donadas o donadoyras contra homicidas o autres fazens nafras o autres mals fazedors observaray, et ad execucion las mandaray, e contra aquelas non venray ni alcun venir non layssaray.

Encaras promete e jure que los establimens nouels donastz o autreiastz per lo senhor de Montpellier en lan M. CC. LXXVIIII., so es assaber a X. de kalendas de may, tenray e gardaray, e segon aquels iutgaray.

Encaras promete e iure a vos mossen lo governador, que per la baylia ad aver, al vostre luoctenent o ad alcun dels cossols o ad alcuna persona ren non donray, ni promes, ni donaray, ni alcun non preguiey ni fes pregar per donar o procurar a me la baylia. E que ufficials e curials elegiray et establiray en cascun dels ufizis los quals creza bons et utils elials dels quals non ay avut ni espere adaver don ni servizi dalcun per aquesta cauza, e que en lufizi negun non pauze ni meta que sia periurastz, ni maia pregat ni fag pregar per alcun dels ufizis a se a donar.

Totas aquestas cauzas e cascuna daquestas ses engan e ses mala art e ses mal engen a bona fe gardaray et attendray a fezeutat de nostre senhor lo rey, senhor de Monpeylier, et a garda et acomplimen de las costumas e del dreg e de tostz aquels que plaieran en la dicha cort. Si que daquestz sagramen non puesca esser per neguna guiza absout. Si Dyeus me aiut et aquestz sans auangelis de Dyeus de me tocastz.

Item aquels establimens fags sobre los salaris dels escrivans e dels casseliers e dels messatges observaray.

Item lestablimen del bestiari.

AQUEST SAGRAMEN FA LE BAYLE [1] LO JORN DE SAN JOHAN EN LA GLEYA DE NOSTRA DONA DE LAS TAULAS AL PARLAMEN LO MATIN.

Jeu hom bayle iur a te senhor de Montpeylier, o a vos luoctenent, que can longamens la baylia o la aministracion de la vila o de la cort

---

[1] E los autres curials de la bailia.

de Montpeylier regiray, rason e drechura tenray e gardaray a totas personas et a cadauna cal que sian o don que sian o seran, que plag an o auran davan me o en la cort, segon las costumas e los uzes de la cort que aras son o seran; et aqui on los uzes e las costumas de la cort defalhiran, segon dreg; tota ira, tota gracia, tota amistat, tot parentese, tota affinitat e tota vicinitat de tot en tot fora gitada, segon so que mielh me sera avegayre ni ma consciencia mielhs me dechara. E que per me ni per autres en neguna guiza ni per neguna ocaizon ni autra cauza, ni promession ni servizi negun non penray daquels que plag an o auran davan me o en la cort, per ocayzon daquel plag o dautre per nom dels; e que iusticia ni ren per nom de iusticia non penray per me ni per autre davan la fin del plag, o entre que adobat o paguat sia al crezedor o al demandador, e drechuriers iurizes donaray en tostz los plags en que iutges seray. E celaray tot aquo que en secret ni en cosselh ni en dechar iurizes me sera revelat.

Item jur que las sentencias donadas o donadoyras contra homicidas o autres fazens nafras o autres malfactors observaray, o ad execution las mandaray, e contra aquelas non venray, ni alcun venir non layssaray.

Encaras promete eiur que los establimens nouels donastz et autreiastz per lo senhor de Montpellier, en lan de M. CC. LXXVIII., so es assaber X. de kalendas de may, tenray e gardaray, e segon aquels iutgaray [1].

Item quels establimens fags sobre los salaris dels escrivans e dels casseliers e dels messatges observaray.

Item lestablimen del bestiari.

Totas aquestas cauzas e cascunas daquestas ses engan e ses mala art e ses mal engen a bona fe gardaray et attendray a fezeutat de nostre senhor lo rey, senhor de Montpeylier, et agarda et acomplimen de las costumas e del dreg de tostz aquels que plaieran en la dicha cort.

---

[1] E que de las escripturas que se faran en las bancas civils de la dicha cort non penray ni levaray ni penre ni levar non permetray otra la taxacion e modifficacion facha sobre lo fag de las dichas escripturas lan M. CCCC. X. a VII. jorn del mes de jun, per mossenhor lo governador o son luoctenent, e per mossenhor lo bayle, e per mossen lo iutge de la dicha cort, comessaris deputatz en aquela causa.

Si que daquest sagramen non puesca esser en neguna guiza absoustz. Si Dyeu maiut et aquestz sans euangelis de Dyeu de me tocastz.

AQUEST SAGRAMEN FAN LI ELIGIDORS DELS OBRIERS.

Yeu hom elegidor dobriers iur a vos senhors cossols que bons e lials e fizels e sufficiens obriers elegiray segon que mielhs ma cosciencia me dechara, e venray deman a la cloca per retrayre obriers. E davant la dicha publicacion, los diches obriers directamens o indirecta non manifestaray a neguna persona que sia. Si Dyeus maint et aquestz sans auangelis de Dyeu de me tocastz.

AQUEST SAGRAMEN FAN LI OBRIERS ELEGUSTZ.

Yeu hom elegut en obrier promete e convene a vos senhors cossols de Montpeylier que, per tot lo temps de ma aministracion, ben e fizelmen, gitada tota amistat, tota gracia e tot parentese, faray et enqueray e tractaray e procuraray tot lafar el profieg de la obra o que perten a la obra et a volontat de vos senhors cossols, e del tot a vostres cosselhs estaray e seguiray, e per vostres escudiers venray, e vostres secrestz cosselhs celaray, e bon cosselh e lial vos daray segon que ma cossiencia mielhs me dechara.

E tenray la ordenansa per vos ditz cossols ho per la major partida de vos fazedoyra, sobre la manieyra de anar e de ceser am mos companhos fazent et exercent lo offici de lobra, et en aysi o atendray a bona fe. Si Dyeu me aiut et aquestz sans auangelis [1].

---

[1] Item tanquaray et hubriray a hora deguda las portas de la vila dont las claus per vos dits senhors cossols me seran bayladas. Item mays, tenray las claus en mon hostal et aquelas secretament gardaray sens las baylar a nul autre, e non tanquaray ni faray tanquar ni hubrir las portas si non per mos homes, els gens segurs de mon hostal. Item mays, non hubriray las portas de la vila de nuech a persona que sia privada ho estranha sens licencia de vos senhors cossols ho dels senhors depputatz. Item mays, que los portals que son entre la vila e la palissada, so es assaber, lo portal de la Saunaria, lo portal de Sant Guilhem, lo portal del Peyron e lo portal noou tanquaray de cascuna nuech ben e degudament, e non se obriran sin a hora acostumada, e tenray la ordenansa.

AQUEST SAGRAMEN FAN LOS COSSOLS DE MAR.

Jeu hom elegut en cossol de mar, promete et convene a vos senhors cossols de Montpeylier, que tot lo temps de mon ufizi, en aquel meteyse ufizi ben e fizelmens me auray en las mealhas o en autra quantitat establida o establidoyra, e demandar faray a bona fe dels trespassans ab bestias cargadas per lo camin que va de Latas entro Montpeylier, e de Montpeylier entro Latas, ayssi com a es acostumat; e de la moneda que sen levara de las dichas mealhas, adobar faray e melhurar tot lo dig camin entro la *Goleta, el Gra e las Canals.* E las despensas fizelmens faray segon la forma de la costuma sobre aysso facha, aquella en totas causas fizelmens gardan, et als navegans et a las causas dels acosselhan, et els aiudan, e las causas dels salvan a bona fe. Si Dieus me aiut et aquetz sans de Dieu euangelis de me çolporalmens tocatz; sotz aquestz sagramen meteys prometens a vos sobre digs senhors cossols que a vos bon cosselh e lial daray, e vostres secretz cosselhs celaray.

Encaras promete que bona persona e lial elegiray per culhir las dichas mealhas; e sil sabia ol conoychia per sospechors, ay tantostz len gitaray sens esperansa que non y torne. E non suffriray que negun hom prenga ni sia establitz a penre las dichas mealhas si non era estatgans de Montpeylier.

Encaras promete e convene a vos senhors cossols de Montpeylier que, per tot lo temps de ma aministration, ben e fizelmens faray et enqueray et tractaray tot lafar de lobra o que perten o pertenra a la obra, gitada tota gracia, e tota amistat, e tot parentese; e tostz los deniers que penray o penre faray, a profieg de la obra metray e despendray, e del tot a vostre cosselh estaray, e segray, et en ayssi o atendray a bona fe. Se Dieus me aiut et aquestz sans euangelis de Dieu de me tocastz[1].

---

[1] Encaras mays promete e convene a vos senhors cossols de Montpeylier que durant lo temps de mondit ufici en tant que tochara lart e fach de la draparia e las causas que per appellation venran davant me, bons e leals iuzamens donaray en ensesuen la forma et tenor del priuilege donat per lo rey nostre soberan senhor, en lan mil cccc. e nonanta tres en lo mes de julhet, tota ira, tota gracia, tota amistat, tota paren-

AQUEST SAGRAMEN FAN LI OBRIER DEL CAMIN DE LATAS QUE INTRON EN LA FESTA DE NOSTRA DONA DE FEBRIER.

Certana cauza sia als prezens et als esdevenidors que en lan de Nostre Senhor de M. CC. LXVI. so es assaber 1ᵉ. dia intran febrier, en laqual fon la Purification de Nostra Dona Sancta Maria, P. de la Riba, B. del Telh, Duran, Bedos e Sant Folcaut e li companhons dels cossols adoncas de Montpeylier, et en Jo. de Sant Miquel, adoncas assessor dels distz cossols, elegiron et establiron e pauzeron Bernat Laubier, e J. Jordan obriers de lestrada publica o del camin, laqual estrada ol qual camin comessa del portal dAbilhon de la vila de Monpeylier entro al castel de Latas e del castel de Latas entro a lestang de costa la manieyra acostumada annual, a gardar et a refar, o de non afar tot lo davan dig camin. Et a levar las mealhas o las pegezas de cadauna de las bestias trespassantz e de las carretas segon que de las carretas es acostumat de levar, liqual dos davan digs creatz et establistz iureron als digs cossols las davan dichas cauzas attendre, e se els digs ufizis fizelmens avedors de costa al sagrament contengut en la setena carta. Et aquestas cauzas foron fachas en la prezentia et el testimoni de Cicart, Bedos, B. Cuila, e Jo. Cassayre, emi. P. Escudier, escriuan adoncas dels digs cossols, que aquestas cauzas escrieychi.

AQUEST SAGRAMEN FAN AQUELS QUE FAN TENG DE LA GRANA.

Jeu hom iur que yeu tenheray ben e lialmens am grana et ab alum ses tot autre bautuc, que noy faray ni sofriray que hom loy fassa per me

---

tesa tota affinitat e tota vicinitat de tot en tot fora gitada, segon que ma consciencia mielhs me dechara. Si Dieus me aiut et aquestz sans evangelis de Dieu de me tocastz.

Es denotar que los seignhors consols maiors lo iour de sainct Johan Baptiste devon far election e nomination dels seignhors sobre pausatz sus lo fait et art de la draparia de lana e de cede que se fa en la bila de Montpeylier, et en seguent la forma e tenor del privilege donat per lo rey nostre soueyran seignhor.

Aquel meteys die que se fan cossols de mar se devon far regens dels mercadiers que van per mar, segon lestablimen fag sobre aysso.

ni per autre que yeu sapia, et aquels draps que yeu tenheray seran mieus, ses part de tot home estranh; e si companhon o companhons y avia desta vila, volray que fasson aquest sagramen enans que tengua; e sil compans o li companhons non eron en esta vila can seran vengustz en la vila, que lur faray far lo sagramen. E si negun hom estrang avia companhia de me, o yeu lavia dome estrang, que yeu non puesca de laver daquela companhie tenher estan la companhie. E que non compraray neguns draps per tenher que sia tengustz de rendrels draps per negun gazanh ad aquel de cuy los compraray ni ad home per el ni per don que hom men fezes per frau de tenher nols penray. E aquel drap o aquels draps que volray tenher en grana, non donaray ni prestaray a preffag ad alumenar ni a tenher a negun home. E que non alumenaray blanc ni blau per tenher en grana, en alumenada que sia avuda dautrome. E por mon drap sera tenh en la grana. Et en laygua que remanra non tenheray drap, ni sufriray que hom loy tenha de v. palms en sus, blanc ni blau. E que en una bolhidura non tenheray duna libra de cera en sus, ni sufriray que hom o fassa mays cen dastz e amorestz puesca tot hom tenher, que si eus sian o de sos companhos mays non dautrui. E que negun drap non tenheray en roia ni hom per me. E que non sufriray que negun estrangs homs tengua e Montpeylier negun drap lani en grana ni en roia ni en vert ni en jaune, ni hom de la vila si non avia fag lo sagramental. E si yeu sabia que negun hom anes en contra aysso que es escrig de sobre, que ho manifestaray ad aquels que gardaran lo teng o almens als II. Et aquel que serie proastz, que iamays non puesca tenher e Monpeylier, salua eremanent al senhor la pena del forfag. E tot aysso tenray e gardaray a bona fe, si Dyeus me aiut et aquestz sans auangelis.

AQUEST SAGRAMEN FAN LAS GARDAS DEL TENG DE LA GRANA.

Yeu hom establistz a gardar lo teng de Montpeylier jur sobre aquest sans auangelis que yeu fizelmens elialmens gardaray lo teng de Montpeylier de grana e de roia e de verstz e de iaunes, que neguna falseza non si fassa ni ren contral sagramental que devon far aquels que devon tenher e Montpeylier, e non suffriray que neguns hom y tenha si premieyramens non avie fag lo sagramental que es establistz. E quel sagramental non penray de negun home en que aia mala sospetion, si non o fazia acosselhadamens. E que si neguns hom fazia contral sagramental del teng, que o faray assaber a la cort del senhor rey et a vos senhors cossols. Et en ren de tot aysso non gardaray amistat ni enemistat de negun home, et ayso tenray daqui a la Tostz Sans. E que pueys triaray IIII. proshomes a gardar lo davan dich teng ab cossols dels proshomes de las dos draparias de Montpeylier. E tot ayso atendray e gardaray a bona fe ses mal engen, si Dyeus me aiut et aquestz sans auangelis.

Et es sabedoyra cauza que aquels IIII. proshomes que son establistz a gardar lo teng devon esser drapiers, e devon intrar a la Tostz Sans.

AQUEST SAGRAMEN FAN AQUELS QUE SON GARDAS SOBRE LAFINAMEN DE LARGEN E SON DE TAULAS.

Yeu hom establistz iutges de largent iutgaray argen per fin que sia fins e que non tenga mays I. ternal lo mays, et aysso tenray e gardaray a bona fe. Si Dyeus me aiut et aquestz sans auangelis de Dyeu de me corporalmens tocastz; e non iutgaray argen que sia mieus ni en que aia part, et ayso attendray per tot lo temps de nostra aministration, ho entro que autres y sion elegustz; e la pessa de largen non se partia de me entro que sia iutgada.

AQUEST SAGRAMEN FAN AQUELS QUE OBRON DARGEN SOBREL SENHAL DEL PONCHOR.

Jeu hom que obre obra daur e dargen en Montpeylier, iur a vos senhors cossols de Montpeylier, que daysi en ans non obraray e Monpeslier ni el tenemen, ni faray obrar ni o sofriray a mon poder dobrar copa ni enap ni calisse ni autra obra dargen si doncs largen non era de Montpeylier o quel valgues, e que yesca blancs del fuoc; ni dauraray ni daurar non faray ni o sofriray a mon poder de pans, ni dauraray anel daur ni far non o faray, ni non faray canons en enaps ni en copas ni en calisses dargen trencastz ni dins de coyre argentat, ni vendray ni vendre non faray enaps ni copas ni calisses que sian soudastz ab estang; e si o fazia faria o asaber al comprador. Ni colraray deguna obra daurada ni o faray far ni sofriray a mon poder que autre o fassa sinon era naturals. E totas aquestas cauzas e cascunas tenray e gardaray fizelsmens e ses tota frau a vostre entendemen bon. Si Dyeus me aiut e aquestz sans auangelis de Dyeu de me tocastz. E si sabia que negun hom fezes ren contra ayso daquestas cauzas que son desus escrichas, faria o saber als cossols, ni metray peyra natural en anel de laton, ni veyre en anel daur.

E promete e iure que non obraray daur ni faray obrar sinon era a XIIII. cayrastz lo mens.

Item promete que non dauraray neguna obra de laton o de coyre sinon era botons am bagas o obra de gleya.

AQUEST SAGRAMEN FAN AQUELS QUE SON GARDAS DELS AVERS.

Ieu hom establistz a garda dels avers [1] jur a vos XII. cossols de Montpeylier que fizelmens e deligensmens enquerray et encercaray ses frau e ses engan si alcuna falseza o encamaramen trobaray en avers o en merces que deion yschir de Montpeylier per mercadaria ad autres luocs, o ques vendo en Montpeylier o en autra guiza sion alienastz, laqual falseza o encamaramen trobada o conoguda manifestaray als cossols. Et a profieg e garda daquesta fazenda, sagramen penray de tostz aquels que veiayrem sera, que obs sia. Asso tenray e gardaray a bona fe de mon poder, remoguda tota amor, e tota temor, e tota amistat, e tota enemistat, e tot parentese tot lo temps de ma aministration. Si Dyeus me aiut et aquestz sans auangelis de Dyeu de me tocastz.

LA CRIDA ACOSTUMADA. [1] Barons manda la cort de part mon senhor lo rey de Malherguas, senhor de Montpeylier, que negun liador davers ni neguna autra persona non auzon liar ni far liar neguns avers entro que aion intrat a las gardas dels avers et entro que sian mostrat a las dichas gardas. E qui en contra faria.....

Encaras promete sostz lo dig sagramen a vos XII cossols, que tostz aquels que sabray que avers liaran o liar faran per portar o per trametre de foras Montpeylier iurar faray que negun encamarament ni neguna falseza noy fasson en aquels avers, ni far no lay faran ni suffriran ques fassa. En aquels avers que liatz trayran o trayre faran desta vila per mercadaria non desliaran ni desliar non faran ni soffriray ques deslion per encamarar o per far bautuc pueys que seran liatz o yssitz de Montpeylier ni enans. E que negun aver so anat ni vedat deliar per las gardas dels o per la una de las gardas non liaran ni liar non faran ni suffriran ques lion ses cosselh e ses autreamen de las gardas dels avers o de la maior partida dels, prometens sostz aquels meteys sagramen que negun aver mieu non liaray ni liar non faray ni suffriray ques lie entro que una de las gardas autras laion vistz et abandonat de liar. E que negun aver en que aia part non iutgaray.

AQUEST SAGRAMEN FAN LAS GARDAS DEL MESTIER DE LA CORREIARIA.

Dos gardas establidas de la carrieyra de la Corregaria del mestier de seda tencha o non tencha que sia obrada o non obrada e de filadis tengs o non tengs que sian obrastz e daur filastz obrastz o non obrastz que son nis fan e Montpeylier o que si porto per alcunas personas ab las quals uzon li home de la dicha carrieyra, o tostz autres homes priuastz et estrangs uzan en aquel mestier, prometens e iurans sobre aquestz sans auangelis de Dyeu que nos fizelmens gardarem que el dig mestier o en alcuna cauza de las sobre dichas, degun encamaramen non se fassa o falceza alcuna per alcunas personas que uson el dig mestier, o uzar y fan o faran, o en alcuna cauza de las sobre dichas.

Item prometem e iuram que si alcuna falseza o alcun encamaramen se fazia per alcuna persona estranha o priuada et a nostra conoychensa o scientia sera pervengut, a quo tot esquivarem et esquivar farem que daqui enan non se fassa.

Item prometem e iuram que nos esquivarem a nostre poder que negun hom ni femena estrang o priuat, non fassa mescla de brezil ni de roja am grana, ni venda lun per lautre ni nos fassa mescla daur de Lucas ni dargen filat en fil ses ceda ab aur fin filat, ni ab argent, ni nos fassa mescla ab ceda obrada o non obrada, ni ab filadis de cambe ni de lin gitada tota botonadura.

Item prometem e iuram, nos fazedors e curadors, que nos farem iurar tostz los homes e las femenas quel dig mestier fasson o fasson far que ben elialmens lo fasson el fasson far, ses tota falseza e ses tot encamaramen. E si negun o neguna sabia o leza vengut assaber que neguna falseza ni negun encamarament, que els tantostz o deion a nos gardas manifestar.

Item prometem e iuram quels tenchuriers, tostz mascles e femes, que el dig mestier uzon en Montpeylier, farem iurar que ben e fizelmens e lialmens tenheran o faran tenher cedas e filadis, to so que tenheran o faran tenher per se o per autres, e que non fasson aqui negun encamarament, ni sostenray ni loy faray far ni sostener. E si sabiam que alcuna falseza o alcun encamarament se fezes per alcuna persona el dig mestier o en alcuna cauza de las sobre dichas, que els o manifestaran e seran tengustz de manifestar a nos; e que non celaran alcuna persona per gracia ni per amor ni per parentese; et aisso aytantostz quan nos sabrem, farem e curarem que aquela falseza sia punida e castiada. E que tota la ceda ol filadis que tenheran duna lieura en sus, nos prezentaran e mostraran, o prezentar o mostrar nos faran ans que la rendon.

Item prometem e iuram que nos farem e curarem e defendrem e defendre farem que neguna ceda non se cargue de negun cargamen ni de neguna primor si non daquela quela que deu auer naturalsmens.

Item prometem e iuram que nos farem e curarem que tug li corratiers e totas las corratieyras que fon el mestier sobre dig e que en aquel uzon ni uzaran, iuraran e prometran que si en alcuna cauza de las sobre dichas falsezas alcuna per aquels mezeuses sera atrobada, que a nos o diran et o revelaran e non sen laycharan per amistat ni per amor ni per parentese.

Item prometem e iuram que si alcuna falseza o encamaramen en lo dig mestier, o en alcuna cauza de las sobre dichas, trobarem o trobar poyrem, en alcun temps, o en alcun luoc, o ab alcuna persona, aquela non celarem ab ans aquela falsetat a vos senhors cossols o a la cort manifestarem. Et ab vostre cosselh corregirem e dayso nons desviarem per amistat o per enemistat ni per parentese ni per profieg de parens ni damics. Si Dyeus me aiut et aquestz sans auangelis de Dyeu de nos tocastz.

AQUEST SAGRAMEN FAN LAS GARDAS DEL MESTIER DE LA CANABASSARIA.

Jeu hom establistz garda del mestier de la canabassaria a gardar que ben e lialmens se fassa, promet a vos senhors cossols que yeu ben e lialmens a mon poder gardaray, que negun hom estrang que aporte telas per vendre en Montpeylier, non venda aquelas ni neguna daquelas atalh dins lalbere o en la botigua en que tornara, ni en autre luoc, ni loste en que tornara ayso non suffieyra de far; e que li alberguier non compron de lur oste ni companhia ab els non aion, ni part de gazang non demandon, ni neguns autres per els ni ulh servizi per occayzon dayso non recepron. E que negun mercat que sia per alcun menat o pres offert en las telas de son oste non sostragna en frau per amistat o per enemistat az aquel quel mercat aura premieyramens demandat e que aytan y volra donar com un autre o aytan breu paga far com un autre.

Item venray e gardaray ab tota diligentia e cautela que li ribiers, ni li peyriers, nils corratiers que fan mercat de telas non fasson frau ni bautuc, ni engan ni dan non donon en las telas que lur seran bayladas per blanquir o per adobar; ni sen res que puescon esser dampnozas a las dichas telas non meton en las bugadas, e totas las cauzas veyray e faray e far faray a mon poder et ab cosselh de IIII. proshomes del mestier, so es assaber II. de cascuna carieyra, losquals cascun an sien elegustz ayso coselhar las gardas; et yeu fenit lan de mon regimen, ab los IIII. cosselhiers elegirem II. proshomes del mestier a gardas esser bons e lials segon bon albiri: et ayso gardar e complir promete e iure per aquestz sans auangelis de Dieu de me corporalmens tocastz.

Establit es et adordenat el cosselh ab volontat de cosselh secret e de mostz dautres que si mercadier estrang venra ab telas e Montpeylier per vendre, e dis al mercadier que las volra comprar que non las vendra sinon ab patu et ab convenen que non las corde; el mercadier que las volra comprar o que las comprara las volra cordar quan las aura fachas portar assa mayzon o en so obrador, quel comprador puesca cordar sis vol, el vendedor non y puesca contrastar que non las corde iasi ayso que li aia fag patu conuenen de non cordar : el vendeyre sia tengustz de cordar a requesta del comprador.

AQUEST SAGRAMEN FAN AQUELS QUE TENHON LAS TELAS.

Jeu hom que fas lo mestier de tenher telas en Montpeylier promet e convene a vos senhors cossols que totas las telas quem seran bayladas e las mienas se yeu las avia, per tenher de qualque color que sia, e de qui que sian, tenheray ben e fizelmens ses tota frau, gitada tota amistat e tota enemistat en tal forma que nulh melhurier non se parra en tela que yeu tengua ni fassa tenher mays en una part que en autra, ans sera tota de color unencca e batuda comunalmens cela que requistam sera de batre, et ab claras duous en aysi que nulha mostra sera de color ni de batre en la tela, renden la tela ses tot amermamen, e que las telas non batray ni faray batre entro que sien mostradas a las gardas. E si sesdevenia que nul homs me bayle de la poyrida, ni aposta ni cozida ni traucada, en la cal fossan traucs mays de tres tals que hom non pogues ses forsa passar lo det, e que non fos grauayronada en plus de x. grauayrons e que non fos de lonc de VI. canas e quarta tro a VI. e tres palms [1], promet que aquelas non tenheray a negun home ni a

---

[1] Tela que aga cap e coha que se meta en rutle non fos de VI. canas e quarta e tela que se talhe e se meta en rutle non fos de VI. canas e III. palms e las autras que son de mens de lonc de VI. canas e quarta que se tengon se meton en pleg de forma de libre aquelas so es asaber que se talharan en se teniaran dayssi auant.

Hec fuerunt apposita in isto sacramentali per dominos consules qui fuerunt anno domini M.° III.° XLIII. de voluntate et assensu Canabasseriorum et Curratiriorum cum instrumento scripto per magistrum Johannem Laurencii notarium, dicto anno scilicet secundo nonas septembris.

neguna femena, sal e retengut que si la volia per son ostal e per so uzar, e que promete per sa fe plenida que adoncs o puesca far si doncs ma consciencia non iutgrava lo contrari. E totas aquestas cauzas promete e convene a vos senhors cossols recebens per lo comunal profieg al vostre bon entendemen e san : e iur per aquestz sans auangelis tocastz de me.

AQUEST SAGRAMEN FAN LI NOTARI.

Jeu hom elegut en notari segon las costumas de Montpeylier, nastz de la vila de Montpeylier e habitador daquela, fastz ja maier de xxx. ans iuri, tocastz los sans auangelis, fizeltat a nostre senhor lo rey de Malhorgas [1], compte de Rossilhon e dOrgel e senhor de Montpeylier, que las cartas publicas, els estrumens publics faray segon la costuma els establimens de Montpeylier, a fizeltat de tostz aquels per los quals o contrals quals cartas yeu faray mandastz o pregastz, e tot secret a me requerent conservaray e celaray. E cartas et instrumens dels quals pregastz seray, fizelsmens faray segon que las partz a me auran eniung a far, e testamens o las derieyras volontastz, et en sobre que tot totas las autras de las quals cartas faray drechurieyramens lialmens vertadieyramens un mielhs non mudablemens e non variablamens faray, e neguna cauza non doniey ni cambiey ni promis ni alcun autre per me ni diray ni cambiaray ni prometray per me ni per autre, ni alcuna cauza non fis ni autre per me en frau del davan dig sagrament que yeu fes fag notari, et aquestas cauzas fizelsmens e non compudamens tenray e gardaray per bona fe e ses tot mal engen per aquestz sans auangelis de Dyeu de me corporalmens tocastz.

AQUEST SAGRAMEN FAN LI ESPECIADORS.

Ad esquivar tot mal nom e tota mala sospicion e per lialeza a tener per laqual Dyeus conserua ad home son cors e sas cauzas el met adeuant, e per so que dilection cant a proysime sia conservada en la vila de Montpeylier, es acordis e volontat dels especiadors de Montpeylier

---

[1] Fransa.

a salustz dels meteyches, e de tostz aquels als quals la causa del mestier lur aura obs, que els fasson lur mestier e las confections fasson far ben e lialmens e ses tota sophistication aysi com lantrostaris o comanda, et en aquel escrig es, ostada tota frau tota emagenation, e que non meta hom una cauza per autra sinon o fazia ab cosselh de cossols de mestier, o de dos maistres de phezica que seran ad ayso establistz per los senhors cossols, ni las receptions quels maystres auran despezadas non mermon ni cambion. Et ayso entendon a gardar en lectoaris et en medecinas, et en emplauzet et en yssarops et en polveras et en totas las cauzas que maystres de phezica o lescolar despezaran o faran despensar en lur poder de cauza que toque a lur mestier, e que non compron per vendre neguna cauza cofida sinon o fazion daquels que aurian iurat las sobre dichas cauzas habitans en Montpeylier empero dayso exceptat gingibrat e sucre rozat e viulat e mirabolans condistz. Encaras fon acordis e volontat dels mezeyches, que per dig dalcun maistre ni descolar ni dalberguier non cresca pres dalcuna cauza dels vendedoyra, mays aytan com sera comdada almens et autreiada de donar, ni pueys que sera autreiada lo pres non cresca hom per neguna subiestion dalcun home, que non fasson companhia am negun home de vendre las cauzas de lur mestier ni de sobre vendre, ni per donar reuas ni autras cauzas que atragon dam : totas aquestas cauzas e cadauna se acorderon que juressson en poder dels senhors cossols can longamens tenran lo mestier despessiaria en Montpeylier habitans. E que o fasson iurar a tota lur maynada que seruiran al mestier. E totas aquestas cauzas e cadauna prometon a gardar lialmens e confermar hostada tota bauzia e tota frau e tota ymagination e tota sophistication. E totas aquestas cauzas sobre dichas tenray e gardaray (yeu home especiador o apothecayre) a bona fe e ses tot engan. Si Dyeus me aiut et aquestz sans auangelis de Dyeu corporalmens tocastz de me.

AQUEST SAGRAMEN FAN AQUELS QUE SON GARDAS DE LORIARIA.

Si home del mestier de loriaria aporton e Montpeylier civada o autre blat molhat o encamarat volontieyramens, aquel blat o aquela civada atrobada en aquel encamarament non sia venduda ni vendut ses cosselh daquels proshomes que aras seran establistz e per conselh e per adordenamen daquels sia adobastz tal lo blat o la civada que se puesca vendre.

Item que si negun orgier o corratier o bastaigs aquel blat o civada atrobada en aquo, que sia tengustz de far saber als digs proshomes.

Item si civada ven seca la maior partida, e lautra partida sera molhada, que la molhada non se mescle ab la seca entro que sia secada a conoychensa dels dits proshomes [1].

Item si per aventura de plueia o de fortuna de temporal la civada o blat se molhava, que sia en lesgaramen dels sobre dits proshomes enquista la veritat daysels de qui sera la cauza per sagramen, e si obs es, dels mariniers.

Item que sia empres ab lo baylou de Mascelhan e de Mezoa que fasson prometre als carugiers que non cargon blat ni civada sens alforins e que que li carugiers els mariniers syon tengustz per sagramen que els non suffriscon per se ni per autres que la civada ol blat autre sia molhastz volontieyramens; e si neguns o fazia que fosson per sagramen revelar als distz proshomes; e si negun hom estrang las sobre dichas cauzas de molhamen ni dencamaramen fara, que per los proshomes distz sia devedat de vendre entro quel blat o la civada sia tals adobastz que sia vendables per lur cognoysensa; yschamens si per terra saportava civada molhada o blat autre per aycela manieyra, que sia per conoychensa dels detriat; e quals que trobes aytal, que sia tengustz de revelar als proshomes. En ayso entendem tot home privat et estrang don que sia que aportes blat o civada encamarat e que hostes ni corratier ni bastayse non venda blat dels homes estrangs, ni li home del mestier non compron negun ges per mercat que hom len fassa entro que sia auctorguat dels proshomes sobre digs. Los senhors cossols et el sen. G. de Paux en R. de Sauzet deron aquest poder als IIII. proshomes

---

[1] Hosteliers, coratiers ne bastaise ou regratiers ne peuvent acheter bled du forein. Le blé aporte par le forein a vandre dans la ville doit estre visite et appreuve par les gardes avant que estre expose en vente.

diatz que tota cauza que atrobon encamarada puescon castiar a lur bona conscientia o conoychensa. Aquestz IIII. proshomes foron premieyramens establistz a gardar aquestas cauzas sobre dichas per sagramen; en G. Rozat, en G. del Truelh, en P. de Pueg vielh, en Miquel Blegier, Pons Granier, Jo. Durant, Pons Ladel, Jo. del Boysc, G. Arpin, en G. del Truelh.

AQUEST SAGRAMEN FAN AQUELS QUE FAN LAS CANDELAS DE LA CERA.

Jeu hom o femena que fas candelas o ciris e torquas de cera e Montpeylier, iur sobre sans avangelis a vos senhors cossols de Montpeylier presens et esdevenidors que las candelas ol ciris o las torquas que yeu faray o far faray o vendray o faray vendre seran de bona cera e lial e de unencca e non seran duna dedins e dautra deforas. Et aquela faray tota de coton nou, sal e retengut qui me mandava far ciris pascals o autres ciris ab pabel destopa quel puesca far, et estiers non los puesca far si non los me mandava hom far, ni ad autras personas non las puesca vendre mays ad aquels quels aura fag far o mandat far. Encaras promet que a neguna persona quem mandes far obra cuberta que yeu non lay fassa ni la fassa far si doncs non en cas que hom me mandes creycher ciris o torcas, e la cera de quel ciri o la torca seria fos semblans al mais quieu poyria ad aquela de que yeu lo creyscheria. Encaras promete que en ciris o en torcas que yeu faray ni far faray de miega libra en sus non metray ni faray metre de coton mais un quart donsa per libra. Encaras promet que en candelas de nayrals non metray mays VI. fils de coton ni en pogerals ni en mealhas, mays IIII. fils en caiure que layga ab que la sera se pastara ne gitaray al mielh que poyray lan faray gitar a bona fe per so que non croychan. Encaras promete e iure sostz lo dig sagramen que en las obras que yeu faray ni far faray, sian candelas o torcas o ciris, non metray ni metre non faray may la quarta part de la pastada; e que las tres parts seran de cera cruza, e la pastada yssugaray et yssugar faray al mielhs que yeu poyray ni sabray a bona fe de guiza e de manieyra que non croysson las candelas o las torcas ol ciris que yeu faray o far faray, e que neguna cauza non fassa ni fassa far a frau daysso per me ni per autre per negun temps. En ayssi o promete attendre e complir a bona fe, ben e lialmens, ses tota frau, e ses tot bautuc, e ses tot mal engen, e ses tot barat, per aquestz sobre digs IIII. sans auangelis. Et ayso iureron tostz los candeliers de Montpeylier als senhors cossols en lan de M. CCC. VII.

AQUEST SAGRAMEN FAN AQUELS QUE SON IUTGES DE LA FUSTA.

Jeu hom elegut a iutgar fusta iur a vos senhors cossols que ben e lialmens iutgaray la fusta qual que sia de trencaduras, de poyriduras e de tota frau e de tot bautuc que fos arescostz o fos apareychen sian, tan las grans o paucas sian, encaras celcles de veychels o de tina, sian barras o timons o autra fusta menuda o grossa de que yeu sia requistz. E neguna fusta en que yeu aia part non iutgaray, ni sufriray que negun homs estrans tengua en Montpeylier fusta endressada per vendre, ni la venda a talh en neguna manieyra, la tengua drecha si vendabla lay aporta pueys que portada lay aura sidoncs vaychel o tina o semals o banbadoyras o dogas o arcas o escrius non eron. Et en ren dayso frau non faray, per me ni per autre non sostenray, e dayso non desviaray per amic o per enemic, per amistat o per enemistat dalcuns homes o dalcunas femenas, e donaray son dreg aytam ben a lestrang com al privat, e destrang ad estrang, e tot ayso tenray e gardaray ben e fizelmens, si Dyeus me aiut et aquestz sans auangelis de me corporalment tocastz.

AQUEST SAGRAMEN FAN AQUELS QUE SON COSSOLS DELS MERCADIERS QUE VAN PER MAR.

Jeu hom elegut en cossol dels mercadiers que van per mar navegans de Montpeylier, promet a vos XII. cossols que bon e lial cosselh donaray a tostz e a cascun dels distz mercadiers, e dels autres que son e seran sostz mon regimen, e lur profieg enqueray, e lur dan esquivaray, e la honor del comun de Montpeylier e de la universitat dels mercadiers sobre digs faray e procuraray, e dels contrastz e dels clams que seran entrels mercadiers ni que venran e mon poder faray per dreg ab volontat de las parts o per amor so que miels ma coscentia me dechara [1]; et el temps que yeu venray de mon viatge, bons et utils cossols en mon luoc establiray, al quals faray far aquesta en sa promission; e totas aquestas cauzas attendray per tot lo temps de mon ufizi, gitada tota amistat e tota enemistat. Si Dyeus me aiut e aquestz sans auangelis de me colporalmens tocastz.

AQUEST SAGRAMEN FAN AQUELS QUE RECEBON LAS MEALHAS DEL CAMIN DE LATAS.

E nom de Dieu, parso car convinabla cauza es dumana natura quel profieg de cadauna cauza segon aquel liquals segon los dans e las despensas; em per amor dayso nos cossols de Montpeylier avens plenier poder destablir aquelas cauzas totas e cadauna que a nos justas ad utilitat del comunal de Montpeylier pertener, per aquestz prezen establimen fermamen valedor a la cauza salubramens pervesens, establem que IIII. proshomes sian elegustz per los XII. cossols a recebre las mealhas o autra quantetat de nos establedoyra o dels successors nostres dels navegans de Montpeylier o del castel de Latas per mar o per estang anan o tornan a Montpeylier o a Latas per mar o per estang venen, liquals mezeus IIII. proshomes cossols de mar sian appellatz, et aquestz cossols de mar aion plenier poder de la sobre dicha exaction per se o per autres de recebre e de destrenher de tostz navegans e de cadaun estiers daquels que aportarian blat o farina o carns per mar o per estang a Montpeylier o a Latas; e salva e remanent la franqueza que an li Ginoes eli Pizan, per la composition facha entre nos et els. Enegueys receupuda la dicha exaction, aion poder de despendre ad encausar raubadors e

---

[1] Encaras promete e jure que si estalnava que el temps del mieu viatge o del mieu regiment alcun o alcuns dels ditz mercadiers de Montpellier morian, o lurs bes, o lurs deniers, o lurs mercadarias, o autras causas lurs jocavon o en avols uzes las despendron, fazen lo dich viatge, que jeu los o levaray tot ab cosselh de mot cosselhers, fach primieyrament eventari delas dichas causas, et en aprop aquelas fizalment gardaray del mieilh que yeu poyray, e complit lo viatge entierament las restituarai totas aquelas que seran en mon poder azaquels als cals pertenhiran.

mals-homes de mar o destang, et amelhurar lo Gra e la Goleta, et en autras cauzas que far se puescan per que plus seguramens e plus utilmens se puesca far le navegamens. E empero en las maiors despensas sion tengustz de requerre nostre cosselh o dels successors nostres et estan a nostre cosselh o dels successors nostres; empero las maiors despensas entendem passans la suma de x. libras de Melgoyres en I. o per I. negossi despendedoyras. Encaras establem que lur poder dure ses plus per I. an, e comesson a regir en la festa dAgnuou et en la vegila dAgnuou; juran as XII. senhors cossols, seguon que el sagramental sobre aysso fag se conten; et en la fin de lan reddran compte als XII. cossols. Per aqui meteyse nos XII. cossols prometem e convenem a vos cossols de mar que en las dichas mealhas o en la exaction sobre dicha neguna cauza non tocarem ni recebrem ni tocar ni recebre non farem ni direm. Si Dyeus nos aiut et aquestz sans de Dyeu evangelis de nos corporalmens tocastz, e prometem e convenem a vos sobre distz successors devan que alcuna cauza administron, e curarem e far farem que ilh prometon sostz sagramen que a lurs successors aquest meteus sagramen requieyron.

AQUEST SAGRAMEN FAN LI ESCUDIERS DELS SENHORS COSSOLS.

Jeu hom escudier de vos senhors cossols, jure a vos que vostres secrestz celaray en tot e per tot, e tot aquo que per vos o per autres dig me sera, o yeu sabray, e que a neguna persona non o revelaray ses especial licensia de vos o dalcuns de vos; e que, cada iorn, non esperat alcun mandamen, tostz autres negocis de tot en tot desemparastz, lo matin a prima et encaras plus matin, si comandat me sera, al cossolat venray, et aqui estaray apparelhatz de far tot se que comandat me sera de far, las quals messatgarias e comandamens faray ben e diligensmens efizel; et aquelas fachas, respostas tantostz vos faray; e si messatgarias per lo cossolat non faria o non seran comandadas de far de la dicha hora o plus matin, si comandat me sera, entro hora de maniar e depres maniar entro a la nueg en lalberc del cossolat continuayray, e daqui non partiray ses espressa licentia de vos o dalcun de vos, ni foras la vila non yray mens de comandamen de vos; et aytantostz can deniers de las rendas o del comun que aras se leva, o per temps se levara auray receuput, aquels deniers rendray als clavaris o al un dels o adaquel quem sera comandat, e que ren daquels deniers non portaray a mon alberc ni despendray en mos uzes, mais aquels ay tantostz als clavaris o en aquels quem sera comandat rendray e baylaray; tostz los bens e los drechs del cossolat salvaray e gardaray a tot mon poder, et enqueray et ensercaray a totas mas forsas ben elialmens totas aquelas causas que me seran vegayre que siam profechosas al cossolat, e totas las causas dampnozas e non utils al cossolat de tot en tot esquivaray, et en ayssi a bona fe a vostre entendemen ben e fizelmens e ses tota frau o atendray tot lo temps que al servisi del cossolat yeu seray, per aquestz sans auangelis de Dyeu corporalmens tocastz de me.

AQUEST SAGRAMEN QUE FAN AQUELS QUE SE ALYVRON AL COMUN.

Jeu hom iur a vos senhors cossols que yeu diray veritat can ay valent en possessions en deniers, o en vayssela, o en peyras preciozas, o en perlas, o en autres juels daur o dargen, o en qualque autre, o en moble en deutes, o en comandas en mar o en terra, o en ayga dossa per me o per mes enfans, o per ma molher o per enfans de menor, o per totas autras personas que sian en mon poder, e ren non celaray e daquo que ay per me ni per autres que sian en ma cura, o en mon poder, ni autra persona aura per me, diray veritat, e pagaray ben e lialmens ses tota frau segon aquo que taxat es, e que non ay facha donation en frau daysso ni al res. Si Dyeus me aiut et aquestz sans auangelis de Dyeu corporalmens tocastz de me.

AQUEST SAGRAMEN FAN AQUELS QUE VENON AM ARMAS AL COSSELH.

Jeu hom jur a vos senhors de governans la comunaleza de Montpeylier demandans aquest sagramen, a saluar et a gardar la vila de Montpeylier e la senhorie a monsenhor lo rey de Malhorgas e per comunal profieg de la vila, que a la cloca del sen gros de ma Dona Sancta Maria quant se fara menudamens, o sia dias o nuegs que la avia, venray ab mas armas a la mayon del senhors cossols et obeziray ben e plenieyramens a vos senhors cossols, eus aiudaray a destrenher et a castiar tot a quo a vos sera avegay pertenens al profieg de la comunaleza de Montpeylier; e daray vos bon cosselh elial segon mon essien, e celaray vostres cosselhs secretz, e si say ni sabray que iurastz sion fags en Montpeylier dins ni deforas que sian contral senhor rey sobredig, o contra la soa senhoria, o contra la comunaleza de Montpeylier, aquel o aquels, quals que sion, a vos senhors cossols manifestaray e diray; e tot aysso tenray e gardaray a bona fe, salva la fizeutat e la senhoria e la iurisdiction de dig senhor e de sa cort de Montpeylier. Si Dyeus me aiut et aquestz sans auangelis de Dyeu corporalmens de me tocastz, e salva tota via nostras costumas, e nostres uses, e totas nostras franquesas.

AQUEST SAGRAMEN FAN AQUELS QUE SE METON EN LA COMUNALEZA ET EL COSSOLAT DE MONTPEYLIER.

Jeu hom iur fizeutat a nostre senhor rey de Majorcas [1] e senhor de Montpeylier, e daysi avans aysi com li autre home de Montpeylier li an iurat, e iur a vos XII. cossols de Montpeylier recebens per la comunaleza de Montpeylier, et a tota la universitat de Montpeylier, et a cadaun de la universitat, valensa, mantenensa, defendemen de tostz homes et en contra tostz homes; e promet e convenc salvar e gardar ben e fizelmens e de defendre las personas e las cauzas dels habitans de Montpeylier presens et esdevenidors, e tot aquo que perten o pertenra a la comunaleza de Montpeylier dins o de foras; e promet e conuenc a vos XII. cossols de Montpeylier presens e esdevenidors, que en totas causas que pertenhon o pertenheran a la comunaleza de Montpeylier bons e fizels et obediens vos seray. Totas aquestas causas e cadauna tenray e gardaray a bona fe, salva la fizeutat de nostre

---

[1] De Fransa.

senhor lo rey. Si Dyeus me aiut et aquestz sans auangelis de Dyeu, salvas las costumas, e las franquezas, e las libertatz els uzes de Montpeylier, e cascuna de las cauzas sobre dichas juradas [1].

AQUEST SAGRAMEN FAN AQUELS QUE VOLON LETRAS SOBRE LAS FRANQUEZAS DE MONTPEYLIER.

Jeu hom iur a vos senhors cossols que jeu a bona fe e ses tot mal engen requeray e faray requerer la franqueza, la qual a vos et a tota la universitat de Montpeylier es donada et autreyada de monsenhor lo

---

[1] Philibertus de Neueys habitador Montispessulani juravit viris Dionisio Cardone a Petro Salvani consulibus anno Domini M. III.° LIII.° ut in isto sacramento continetur.

Item anno LXIII.° die XI.° augusti B. Michaelis de Castro novo ut incola, etc., ut apparet de nota mea.

Item anno LXIIII. die XXX. octobris juravit coram dominis consulibus Joseph Sapheri de regno et insula Cypri.

Item anno LXV. die XIII.ª augusti ut incola Tholose de. . . . .

Item P. Rollandi de Piniano.

Item anno LXVIII.° die V. octobris, G. Peyrosa de Claperiis juravit ut incola.

Item eodem anno die VI. octobris, Johanes. . . . . de Grabels juravit ut incola.

Item die X. octobris. . . . . . . de Salarone juravit ut incola.

Item anno LXVIII. die II. octobris, juravit P. Guiraudus de Sancto Georgio.

Item eodem anno die XIII. octobris, juraverunt R. Albonii, Stephanus Texenderii ejusdem loci, et Petrus Gardiole de Sancto Johane de Vedacio.

Item die XXX. julii, fuerunt recepti et juraverunt Fran. Sa Cloza et G. Aucagius de Barchinonia in Hispania Fran. de Vallibus eorum pertinentiis.

Item die VIII. augusti fuit receptus et juravit St. Guiraudi de Mayranicis.

Item die XXVII. septembris hujus anni fuit receptus et juravit Gaucelinus Laurentii de Possano.

Item anno LXIX. LXX.° die I. aprilis juravit B. Satgerii de Frontiniano.

Item die XVIII. junii juravit G. de Cornelia mercator Barchinonie.

Item anno LXXII. die I. octobris juravit P. Seguini coyraterius de Bellicadro.

Item anno LXXIIII. die XII. julii juravit Johannes Portalis de Lunello.

Item anno LXXV. die XIX. septembris juravit Deodatus Valpini Faber Carcassonne.

Item die II. octobris juravit C. Salas de Mesoa.

rey de Malhorgas, senhor de Montpeylier, que me sia tenguda e gardada daquelas cauzas tan solamens que mienas serion, o que a me o a ma comanda dels homes de Montpeylier tan solamens portaray; e promet que negun aver, o alcuna mers, ni cauza alcuna non diray que mienas sian ni domes de Montpeylier, si doncs mienas non eron o almens domes de Montpeylier en comanda non las portava; ni las letras las quals vos me fais sobre aquesta franqueza, ad alcun home ni ad alcuns non bailaray, ni comandaray, ni ren non faray en frau per aquelas ab aquelas letras, ni per ocazon delas, alcuns avers puesca passar per la terra de monsenhor lo rey franc e ses pagar pezatge, et aysi o promet attendre a vostre bon entendemen. Si Dyeus me aiut et aquestz sans auangelis de me corporalmens tocastz.

AQUEST SAGRAMEN FAN AQUELS QUE ALBERGON MERCADIERS.

Jeu hom tenens maizon en Montpeylier per recebre mercadiers per hostes e mon alberc o en autre luoc que yeu tengues, o autra persona tengues per me en Montpeylier, promet a vos cossols de Montpeylier presens e esdevenidors demandans per comunal profieg dels habitadors de Montpeylier, que yeu non compraray ni faray comprar a neguna autra persona per me, neguns dels avers dels mercadiers que seran e mon alberc o en autre luoc que jeu tengua, o autra persona tengues per me e Montpeylier, ni non demandaray part els mercastz que hom penra de mos hostes en mon alberc o els luocs sobre digs, ni suffriray que autra persona lay demande per me, ni suffriray que neguna persona, sia hom o femena, prengua ni aia mercat de mos hostes que yeu agues companhia ab els, ni que agues promes a me ni ad autra persona per me quem dos part el gazan que faria els avers que compraria de mos hostes, ni que nagues promes alcun servizi a me o ad autra persona per me. Encaras promet que si neguns me tramet avers per son messatgue o per autra persona que yeu los ly vendes, que yeu los li vendray ols faray vendre ses negun engen asson profieg en aquela manieyra que ay promessa dessus de mons hostes. Encaras promet que negun home que aia mercat menat o fag menar ad autres dels avers de mos hostes, que yeu non faray far ni dir ad autra persona a frau per que li sia sostrag, ni quel fassa aver ad autre home ; e promet encaras que non fassa ni digua neguna cauza que sia a frau de las sobre dichas cauzas. Totas aquestas causas e cadauna tenray e gardaray a bona fe e ses gien a vostre entendemen. Si Dyeus me aiut et aquestz sans auangelis.

AQUEST SAGRAMEN FAN AQUELS QUE SON ESTABLISTZ PER LOS SENHORS COSSOLS EL PES DEL BLAT E DE LA FARINA, E PER GARDAR LO COMUNAL PROFIEG DE LA VILA, E PER LA DRECHURA RENDRE A CASCUN.

Jeu pezayre iure a vos senhors cossols de Montpeylier que ben e lialmens pezaray tot lo blat e la farina quem venra el pes que es establistz per vos senhors cossols, e que tota frau que yeu y vis o y conogues que fos el sagramental sobre dig, en contra aquo gardaray e defendray a mon poder ; e si negun ni avia que fezes causa que far non degues, aquel manifestaray a vos senhors cossols.

Item promet a vos senhors cossols que ben e lialmens metray en la caissa largen ayssi com establit es per vos, e que bon compte rendray e lial a mon poder, e per enequitat ni per mala volontat que yeu aia am negun, non pezaray may aysi com pezar deuray lialmen. E tot aysso gardaray e salvaray a bona fe per aquestz sans auangelis de me tocastz a la vostra bona entension.

AQUEST SAGRAMEN FAN LI MOUNIERS, ELS FARINIERS, ELS MENADORS DE LAS BESTIAS DELS MOLINS.

E nom de Nostre Senhor Dyeu Jeshu Crist, yeu hom molinier, o menayre, o farinier, jur a vos senhors cossols de Montpeylier que ben e lialmens salvaray e gardaray e molray tot lo blat que me sera baylat ni comandat per molre ni per portar al molin en que yeu estave per molinier, o per menador, o per farnier; e la farina cant sera mouta o cant se molra a utilitat et a profieg del senhor al qual la farina o lo blat partenhera, non suffriray per me ni per autre, per neguna art ni per negun engen, que daqui sia ren mogut ni mermat ni ren cambiat ni mudat a dan del senhor de cui es ni a profieg dautruy, e que tot lo blat que yeu trairay de Montpeylier ni de tostz los barris, estia en Les o en Amauson, al anar faray esser pezat al pes establit per los senhors cossols, et al tornar lo faray parelhament pezar ans que lo torn a lostal del senhor de cui es, ses laychar e ses descargar en nulh autre luoc foras de lostal on la deg tornar, tro que sia regonoguda ni ischira del pes.

Item promet que yeu non mudaray blat ni farina dun sac en autre de diverses dons, ni mudaray ni mudar ni en mendar non faray ad autrui ni o soffriray a mon poder que si fassa ren a frau dayso, e si yeu o vezia far a neguna persona yeu faria saber als senhors cossols.

Encaras promet que yeu non molray ny faray molre negun blat que bestia lo porte si non era de molin que de Montpeylier ysesca, ni de tostz los barris, ni que la farina y tornes ses lo senhal del pes.

Encaras promet que negun blat que a col o a cap yesca de Montpeylier ni dels barris en que aia mays dun sestier o de v. cartals a tot lo mais per lo sagramen assalvar nol mola nil fassa molre si pezat non era al pes quels senhors cossols an establit.

Encaras promet que negun blat pezat que sia engranats non sia levats de tremuega entro que sia mous.

Encaras promet que yeu non mesure negun blat dins vila ni de foras ab neguna mesura autra mais ab aquela selzena de coyre en que es sagellat lo senhal dels senhors cossols que son alialadas ab lo payron.

Encaras promet mays que jeu non mouture negun blat mais el luoc dont lo penray per portar al molin, e non faray pezar de dos dons essems et a totas personas mesuraray lialmens et ab la mezura lial.

Encaras promet que a neguna persona estranha que vengua ab blat per molre al molin don yeu soy menayres o fariniers non donaray a maniar ni donar non leu faray del mieu ni del senhor, ni suffriray que ren si fassa en frau.

Encaras promet que yeu non mola ni fassa molre ni suffriray a mon poder que negun hom mola el molin don yeu soy mouniers o menayres o fariniers so es assaber, del dissapte pro lo solelh sera colguatz entro quel dimergue sia colgatz, ni a las festas de Nostra Dona Santa Maria, ni dels Apostols, ni de Nadal, ni de Tostz-Sans, ni de Sant Miquel, ni del Venres-Sans, ni dels Euangelistas, ni de Sant Antoni, ni de Sant Fermin, ni de Sancta Lucia, ni ad aquela de la festa darmas. Si Dyeus me aiut et aquestz sans auangelis de Dyeu corporalmens tocastz de me.

AQUEST SAGRAMEN FAN LAS GARDAS DELS MOLINS.

Jeu hom promet a vos senhors cossols de Montpeylier que jeu veiray et esgardaray que li blat ben e lialmens se molon els molins de la ribieyra de Les e dAmausson, els quals li blat se pezon que se pezon en Montpeylier se porton per molins, e veyray et esgardaray que las molas dels digs molins sian bonas e sufficiens e tota laysarcia que sera nessessaria als digs molins per molre los digs blats, e venray et esgardaray las mezuras o las selzenas que sian bonas e lials, e las faray, si ops sera, escandalhar ab lessemplari dels senhors cossols.

Encaras promet que yeu veyray et esgardaray las farinas las quals trobaray moutas els digs molins aquelas de las quals yeu pervezer seray requistz, e si las trobe mal moutas faray o emendar segon mon bon albiri ad aquels per que colpa sera fag, e si trobaray las dichas farinas sabblozas, ols pans que daquelas seran fags o croychens, enqueray ab tota diligentia si aquo ses endevengut per lo blat que sia mout o en molin encapat, o per mal escobar apres lencapamen, o per molas mal picadas, o per lo blat que fos mal mundastz, o per trop dormir del mounier le qual deu velhar e gardar quels blatz ben se molon; e si trobaray quel mounier ol farnier sia en colpa faray aquo ad aquels emendar segon ma bona conscientia o conoichensa ses tota mession del demandador. Si empero jeu trobaray aquel en alcuna bauzia so es assaber que aqui aion fag mescla darena o dautra cauza non deguda, aquo al plus totz que yeu poyray o faray saber als senhors cossols de Montpeylier, e dayso non desviaray per amistat ni per enemistat dalcun et en aysi o attendray et o compliray. Si Dyeus me aiut et aquestz sans auangelis de Dyeu corporalmens tocastz de me; et en la fin de mon regimen nomnaray IIII. los plus sufficiens quem sera veiayre ad esser gardas daysso als senhors cossols, et entro que aquels aion jurat yeu gardaray totas las causas sobre dichas.

AQUEST SAGRAMEN FAN LAS GARDAS DE LAS HERBAS DEL MESTIER DE LA BLANQUARIA.

Jeu hom promet a vos senhors cossols que yeu veyray et esgardaray ab tota diligentia que yeu bonamen poyray que las herbas que se vendran en Montpeylier ad obs del mestier de la blancaria, so es assaber rodor e ros e murta e purverns e sumac sian bonas elials e ses encamaramen davols herbas mescladas ab bonas e de peyras e de terra e de saorra, et esgardaray et obra donaray que negun home estran ni privat non adobe pels en Montpeylier ab rentiscle ni venda e Montpeylier pels que sion adobadas ab rentiscle, e si yeu sabia que neguns hom fezes ren en contra aisso, mantenen o faria saber als senhors cossols, e veyray et esgardaray quel pes ab loqual se pezon quant son vendudas las dichas herbas sia bons elials, lo qual pes deu aver en se c. e xxx. libras. Si empero alcun comprara alcuna quantitat de las dichas herbas o alcunas daquelas e dira os complanhera esser aqui alcun encamaramen o mescla davol herba o de peyras o de saorra o de terra, aquo aytantasves can ne seray requistz yeu o veyray, e si yeu trobaray aqui alcun encamarament o mescla o saorra, aquo tantost faray emendar segon la forma defra escricha, so es assaber si el pes trobaray IIII. libras e miega o mens de saorra de que le vendeyres ren non emendara; si empero yeu trobaray el pes v. libras o mays de saorra, aquo faray emendar entieyramens al vendedor segon lo pres quel comprayre aura donat el pes o atretan de lerba meteusa et aysi o tenray et o gardaray. Si Dyeus me aiut et aquestz sans auangelis de me corporalmens tocastz; et a la fin de mon regimen nomnaray IIII. los plus sufficiens quem sera veiayre ad esser gardas daysso als senhors cossols, et entro aquels aion jurat yeu gardaray.

AQUEST SAGRAMEN FAN AQUELS QUE COURREBON LOS CUERS.

Jeu hom jur a vos senhors cossols de Montpeylier demandans per lo comunal profieg que yeu gardaray e faray a tot mon poder ben e lialmens que las pels que yeu ni li autre del mestier conrezarem las conrezem ben e lialmen e que noy metren sain mas de porc o de trueia, e que noy metray reles ni ceu e que neguna pel non regalem et aquelas pels que adobarem en gala non las adobem si non eron rauzadas e que non metam sal aladobar, e gardaray et obra donaray que neguns hom estrang ni privat non adobe pels en Montpeylier ab rentiscle ni venda en Montpeylier pel que sia adobada ab resticle, e si yeu sabia que neguns homs fezes ren en contrayso, faria o saber als senhors cossols.

AQUEST SAGRAMEN FAN AQUELS QUE FAN LAS FLESSADAS.

Jeu hom que fas flessadas o autres draps lanis en Montpeylier o el pertenemen de Montpeylier, iur a vos senhors cossols de Montpeylier que ben e lialmens faray flessadas e las faray far en Montpeylier et el tenemen ses metre o mesclar pel de cabrit e pel de Turquia e ses metre estam destort, ni neguna flessada non faray ni faray far sinon de lana de moton o de feda, laqual flessada o flessadas que faray o faray far tota la teladura en que a x. flessadas quals mays qual mens la flessada pezera de ix. entre x. libras, empero tota la teladura de xv. flessadas poyran de cazer de vii. libras e non de plus.

Item promet sotz aquestz meteysc sagramen que yeu non faray ni far faray en Montpellier o el tenemen drap brun ni negre ni neguna draparia en que negun engan ni bautuc puesca esser fag ni trobastz, e tot ayso tenray e gardaray ses tota frau a bona fe a vostre bon entendemen. Si Dyeus me aiut et aquestz sans auangelis de Dyeu de me corporalmens tocastz.

AQUEST SAGRAMEN FAN LI CAPELIERS.

Jeu hom jur a vos senhors xii. cossols de Montpeylier que ben e fizelmens uzaray de mon mestier de far capels e non sostenray que alcun frau per me o per autre se fassa en aquels capels, et especialmens promete sotz lo dig sagramen que jeu non empezaray ni faray empezar alcun capel o capels e Montpeylier o el pertenemen, ni mesclaray ni mesclar non faray alcuna autra lana ab lana danhels de la qual fa hom los capels, ni lana danhel gratuzada de pels danhels non mesclaray, ni tenheray ni tenher non faray capel o capels que en Montpeylier sion fags si non eron danhins negres nadins. Encaras promet sotz aquel mezeus sagramen que si alcunas de las sobre dichas cauzas o trobaray o a ma conoychensa paruenra alcun e de las sobre dichas cauzas o alcuna daquelas aver fachas en Montpeylier et en tot lo pertenemen, aquel o aquels als cossols de mon mestier diray e manifestaray presens et esdevenidors. Enegueis, done et autreie plenier poder e licentia als cossols de mon mestier prezens et esdevenidors que esquinton e pesseion per pessas tostz los capels qualque ab me o ab los mieus ne seran atrobastz, el cal alcuna cauza de las sobre dichas fag sera e que yeu ni mieus daquels esquintamens ni trencamens non puesca demandar en cort ni deforas cort als digs cossols ni a lur cauzas: e nos cossols del sobre dig mestier prometem a vos senhors cossols maiors que tantostz cant alcuna cauza de las sobre dichas cauzas a nostra scientia pervenra, a vos senhors cossols o direm et o manifestarem, nil capel blanc engrezar nil empezar nil negre colzar ab pega non farem, nils capels vielhs ennegrezir si non eron lurs propris daque o fara far o de sa maynada.

AQUEST SAGRAMEN FAN AQUELS QUE SON GARDAS DE LA COYRATARIA.

Jeu hom garda del mestier de la coyrataria jur a vos senhors cossols que yeu faray e faray far ben e lialmens mon mestier e que als cuers que adobaray o hom adobar fara el mestier faray dar III. ruscas novas ses frau, losquals cuers tenray e tener faray en cascuna rusca per XV. dias al mens e quels adops seran bons e sufficiens e lials, e que en aquestas cauzas non faray amor ni gracia ni avantatgue a negun per amor ni per pres ni per precs ni per vezinesc ni per parentesa ni per don ni per temor, e si frau si fazia e per me non la podia esquivar, que o manifestaray als senhors cossols, en aysi o attendray a bona fe per aquestz auangelis de me tocastz.

AQUEST SAGRAMEN FAN AQUELS QUE SON GARDAS DELS CORDIERS.

Jeu hom que fas cordas en Montpeylier jur a vos senhors cossols que jeu non faray cordas ni vendray ni faray vendre en Montpeylier ni el pertenemen que sian botadas, ni envestiray negun fil ni faray neguna manieyra denvestimen ni o faray far ni suffriray a mon poder que autre o fassa, ni senglas ni sobre sengles ni tortorieyras ni neguna obra ni batas ni soxc de cuer vielh. Encaras promet que sieu sabie que negun hom privat ni estran fezes contra ayso, yeu o manifestaray a vos senhors cossols et aysso tenray e gardaray de mon poder a bona fe. Si Dyeus me aiut et aquestz sans auangelis de Dyeu corporalmens tocastz de me. Et encaras jur mais que non fassa far batas ab una cordura.

AQUEST SAGRAMEN FAN AQUELS QUE SON GARDAS DEL MAZEL E LOS MAZELHERS.

Jeu hom mazelier iur a vos senhors cossols de Montpeylier prezens et esdevenidors demandans per comunal profieg de tostz los homes de Montpeylier e de totas autras personas que yeu las ronbonadas dels motons ni de las fedas ni dels anhels non botaray ni faray botar ni sobre aquelas neguna autra graycha non sobre pauzaray, ni las levadas dels motons ni de las fedas ni las metzinas dels anhels non botaray ni suffriray que neguna autra persona de las sobre dichas cauzas neguna fassa per me, ni los cols dels motons ni de las fedas ni dels anhels non escarnaray per yschampliar, els cartiers dels motons levaray en redon e talharay ni suffriray que autra persona o fassa per me, mays tostz los cols entiers laycharay, ni car vezinoza non vendray al mazel ni en negun autre luoc defra la vila, ni faray senhal a feda que semble moton ni suffriray que autre o fassa. Encaras mays que neguna carn de moria ni malauta ni pudenta ni corrompuda ni enrabiada non venray en mazel ni en tot lo pertenemen de Montpeylier; e si yeu sabia que negun hom ni neguna femena fezes ren en contra aysso ques sobre digs, yeu o faray saber als cossols al mens a III.; e si yeu vezia ni sabia que neguns hom o femena estrang o privat si aportava o si amenava neguna bestia de moria o malauta o enrabiada, que o faray saber als cossols, e que o vedaray a mon poder que non si intre, e neguna carn porsera venguda al mazel non issagaray, nils anhels, nils cabrits non tornaray en las pels.

E nos cossols de Montpeylier establem que si neguns homs fazia ren en contra aysso que es desus dig que perda la carn, e doutra que cayra en la pena que nos establirem. E per aysso non remazes mens pariurs e que neguns hom non venda carns en negun luoc en Montpeylier tro aia fag aquest sagramen.

Encaras promet que yeu tenray e gardaray la costuma que es escricha sobrel fag del mazel la qual costuma es aytal. E nulh luoc del mazel non sia venduda carn de boc o de cabra, ni carn de moria o enferma o lebroza per sana, o de bestia que viven non vuelha maniar, ni negun non venda carn de feda o daret per moton crestat ni carn de trueia per carn de porc. Empero si ayso faria lo pres de la carn restaure en doble, mais empero carn de morie o enferma o non nada neguns non venda defra la vila, ni el mazel de bocaria non sia venduda carn de feda o de moton o danhel o de porc o de buou o de vaca, e tot aysso tenray e gardaray a bona fe. Si Dyeus me aiut et aquestz sans auangelis de Dyeu de me corporalmen tocastz tan longuamens cant seray mazelier, e si jeu sabia que neguns homs fezes en contra o fezes far, faria o saber a vos senhors cossols.

AQUEST SAGRAMEN FAN AQUELS QUE SON GARDAS DE LA PEYSONARIA.

Jeu hom peychonier de Montpeylier iur a vos senhors cossols de Montpeylier prezens et esdevenidors, recebens per lo comunal profieg de tostz los homes de Montpeylier e de totas autras personas, que yeu non aportaray ni aportar non faray ni vendray ni vendre non faray escarpas ni raiadas ni bestinas ni canhostz ni negun ferans de peysc en la vila de Montpeylier ni en negun luoc defra los murs, e tot aysso gardaray e tenray e gardar e tener faray de mon poder de Pentacosta atro Sant Miquel, ni peysc corrumput, ni peysc languit en serva; e si conoychia que neguns homes en contra aquestas cauzas fezes, tantost a vos senhors cossols manifestaray e negun non celaray, totas aquestas cauzas fermamens e ses tot engan gardaray. Si Dyeu me aiut et aquestz sans avangelis corporalmens de me tocastz.

AQUEST SAGRAMEN FAN LI FORNIERS.

Jeu hom o femena que uze del mestier de fornaria e Montpeylier, iur a vos senhors cossols de Montpeylier recebens per vos e per tota la comunaleza de Montpeylier, que yeu non penray ni faray penre ni autra persona per ma art ni per mon engen tortels ni farina, ni per razon de tortels non encarriray la cuecha, ni penray plus que say enreire ay acostumat de penre; ni postier, ni reyre garda, ni la fornieyra, ni neguna autra persona que el forn que yeu tenray estia non o penray mas per fornatga, e per garda, e per cozer, e per aportar, e per rendre lo pan; e per totas autras cauzas que per ocaon del pan demandar pogues, penray tan solamens per cascun sestier de farina plus que penre en deg. Encaras iur quel pan cozeray et apparelaray e cozer et appalhar faray al mielhs que yeu poyray ni sabray al mieu poder, e non mandaray plus pastar mays aytan com mon forn tenra a una man, si es de XIIII. sestiers, XIIII.; et en aysi per aquela razon si es de may o de mens, e que non trayray lo pan del forn entro que sia ben cuegs si non ad una man. Si dones non era per regardar encaras mays quel pan que cozeray, el forn que yeu tenray, penray et apart lo metray per far tornar luy al senhor o a la dona de quy sera, el gardaray de mon poder de mermar e de perdre; e si hanc rassa ni trassa alcuna ni alcun convinent fis contra aquestas cauzas, o encontra alcunas daquestas, aquo de tot en tot cassi anulli e corrumpi e non vuelh que aion forsa ni valor dayssi enans ni daquo jamays non uzaray. Totas aquestas cauzas attendre e gardar e non corrompre ni en contravenir en alcuna manieyra promete e convene per aquestz sans auangelis de me tocastz, e promete sostz aquest meteus sagramen que totas las personas que servischon al forn que yeu tenc ni tenray, venir davan vos las faray a iurar totas las cauzas sobre dichas.

AQUEST SAGRAMEN FAN AQUELS QUE ADRECHURON LAS MEZURAS DE LA ORIARIA.

Jeu hom iur a vos senhors cossols que yeu adrechuraray los sestayrals, els cyminals, e las cartals e las mieias cartals, e las autras mezuras de Montpeylier quem sera dig que adrechure, a la forma de lescandalh del metalh que es en la oriaria; e can me sera veiayre que sian adrechuradas non las giquiray ni las laycharay mens dun companhon mieu, so es adir aquels que auran jurat ab me e de dos proshomes del mestier de la oriaria ab aquels quem sera veiayre que mielhs sia et ab aquels puesca giquir o senhar las mezuras.

AQUEST SAGRAMEN FAN AQUELS QUE SON GARDAS DE LAS MEZURAS DELS MESTIERS E DELS PEZES.

Jeu hom establitz a regardar las mezuras doli e de pezes de mersaria, iur a vos senhors cossols de Montpeylier que yeu faray adrechurar las canas e las miegas canas, els cartayrons els miegs cartayrons, e totas autras mezuras doli que yeu sapia que fasson adrechurar o quem sia dig que yeu adrechure, a la forma de lescadalh del metalh que adrechurastz ab lescandalh de vos senhors cossols.

Item iur que yeu faray adrechurar mieg quintal et un quart e mieg quart de quintal, lieuras e miegas lieuras, e cartayrons e miegs cartayrons, e tostz autres pezes de mersaria o ab balansas o ses balansas quem sera dig que adrechure; e quant me sera veiayre que sian adrechuradas non las giquiray ni las faray senhar mens dun de mos companhos daquels que auran iurat ab me e dos dels proshomes del mestier de messaria, o ab aquels quem sera aveiayre que miel sia et ab aquel puesca far senhar e giquir las mezuras que auray fachas adrechurar, e tot ayso tenray e gardaray a bona fe. Si Dyeus me aiut et aquestz sans auangelis de me corporalmens tocastz.

AQUEST SAGRAMEN FAN AQUELS QUE DESTRON LAS POSSESSIONS.

Yeu hom promete et iuri a vos senher bayle de la cort de Montpeylier et a tota la cort, que quant longamens tenray lufizi devant dig fizelmen e lialmen mezuraray al profieg de las partidas, e non faray gracia a negun e dampnatge dautre en donan dampnatge ad autre, per gracia ni per adzirament, per preguieyra, o per pres, o per presc de parentesa o dafinitat alas questions daquels vilans alas quals yeu seray estastz elegs. Examinadoyras e determenadoyras tostz temps ab cosselh de la cort e per bona fe a la utilitat de las partidas, ou mielhs auray conogut senes tota senestra occazion e senes tota malignetat foras gitadas segon las costumas els uzes antics usitastz examinaray e termenaray.

AQUEST SAGRAMEN FAN LI ENCANTADOR.

Jeu hom iur a vos senhors cossols de Montpeylier recebens per tota la comunaleza de Montpeylier, que ben e fizelsmens e lialmens encantaray la rauba e las cauzas que per encantar me seran bayladas a profieg del compran e dels vendens, e non encantaray telas novas ni nul aver de draparia ni penas novas ni nulha rauba nova si non era talhada o corida ad alcuns ops, e non encantaray mays tres dias de la setmana, lo dilhuns el dimecres, el divenres; ni encantaray en anans per vila si non ho fazia esclaus o esclavas o garnimens de fer mays tan solamens en VI. luocs de Montpeylier ad ayso establistz, so es assaber davan Nostra Dona Sancta Maria sotz lo Sengros, et en lErbaria et en la Saunaria et en la Correiaria et en la Blancaria et al Tribi den Camburat.

Item jur que ren que encante non retenray a mos obs ni non lalivraray ad home que part y aia ab me.

Item que si aquel de cui sera lencant non volra escrivan que lencantayre non ly meta ni ley aia, mais a la volontat daquel de cui sera lencant.

Item neguna rauba de revendedor non auze encantar ab la rauba del premier encant.

Empero en tostz et en tostz terminis lialsmens e fizelmens encantaray en anans o en estans totz avers nous ho vielhs, ho tota rauba de menors et avers de morts que si vendon per lur laychas a pagar o per lurs gazis o per lurs deutes, e totas cauzas dhome que aia abandonatz sons bens; e per negun aver que yeu encante de negun non penray mais II. d. per de la libra de XX. sols en avals e de XX. sols ad ensus III. mealhas de la libra, e tot aysso tenray e gardaray a bona fe, e ses tot engan, e ses tota frau, e ses tot engien, per aquestz sans auangelis de Dyeu corporalmens tocastz de me.

AQUEST SAGRAMEN FAN LI ESCRIVANS DELS ENCANS.

Jeu hom que escriviray a lencant iur a vos senhors cossols que ben e lialmens e fizel escriuray las cauzas de lencant hon seray, e queray los deniers e rendray a bona fe ad aquel de quin seran; promet que a lencant hon yeu escriuray que yeu non diray per me ni non faray dir ad home per me, ni en ren que si encante part ni quart non auray sal mon salari. Ençaras promet qui si yeu vezia que neguns homs fezes frau, que yeu o vengues manifestar als senhors cossols. Encaras promet que yeu non penray per mon salary mays aytan can establit es ab lencantador, so es assaber III. mealhas de la libra de XX. sols, e de la libra de XX. sols en aval II. d., en ayssi de V. s. m.ª, e de V. sols tro a X. I. d., e de X. sols tro a XV. III. m.ª, e de XV. sols tro a XX. sols men I. d. II. d.; e tot aysso tenray e gardaray a bona fe, e ses tot engan, e ses tota frau, ses tot engien. Si Dyeus me aiut et aquestz sans auangelis de me corporalmens tocastz.

AQUEST SAGRAMEN FAN LI CORRATIERS.

Jeu hom jur que ben elialmens faray mon mestier de la corratarie a estrangs et a privastz, e non penray ni penre faray de corrataduras may so que costumat es de penre per drechas corrataduras, ni en nulh mercat que fassa part non auray ni penre part per me a nulh home non faray, ni del mestier que faray corratiers non serai, ni non sostrayray mercat ad home per so que autre laia per servizi que nesper ad aver ni aia avut. E si sabia rassa ni trassa, faria o assaber als senhors cossols maiors et en aysi tenray a bona fe per aquestz sans auangelis; e si falseras trobava en avers o en mercadarias que deion yssir desta vila per portar en autre luoc o ques vendesson en esta vila, o faray saber als proshomes que li cossols auran establit per gardas dels avers, e si aquels non trobava, faria o saber a cossols.

AQUEST SAGRAMEN FAN LAS CORRATIEYRAS.

Jeu corratieyra de Montpeylier iur a vos senhors cossols de Montpeylier demandans a profieg et ad utilitat de la universitat de Montpeylier, que yeu faray ben e fizelmens mon mestier de la corrataria a privadas personas et a estranhas, e non penray ni faray penre de corratadurus may so que acostumat es de penre de drecha corratadura, e promet que non sostenray, sostrayray mercat ad home per so que autre laia per promission ni per servizi que nesper ad aver. Encaras promete estrechamens e convene que cant yeu auray venduda alcuna cauza, o alcuna obra de ceda, ni cauza qualque sia a me comandada per vendre, ad aquel o ad aquela de cuy la cauza venduda per me sera ho faray saber, et ayso mantenent li rendray sos deniers o sa cauza mera livrada per vendre; e sel o sela de cui sera la volra cobrar, promet que a sa volontat lal renda, et en alcuna daquestas cauzas frau non faray, ans, al vostre bon entendement ho promet attendre a bona fe. Si Dyeus me aiut et aquestz sans auangelis de me corporalmens tocastz. Encaras promet que neguna obra miena ni dautre o dautra non vendray mescladamens ab autra obra. Si doncs non o faria, que cascuna obra de cascuna persona fos venduda saupudamens per cert pres.

AQUEST SAGRAMEN FAN LI CORRATIERS DE BESTIAS.

Jeu hom corratier de las bestias dels aventuriers e dautres homes a logar per portar cargas e trocels en Fransa et en autra part, iur que ben e lialmens faray mon mestier de la corratarie als privastz et als estrans, e per ma corratarie ni per ma ochazon de la corratarie non penray ni penre non faray a neguna persona ren mas tan solamens aytan com establit es, so es assaber, VI. deniers per cargue o de trocel que an en Fransa, o del pueg, o de laun, o dels postz ensa III. d., et aitan penray de laventurier tan solamens ses plus, e del mercadier penray II. deniers; e si corratejava alcuna bestia o bestias per portar cargas o trosselhs ves Toloza o en Cataluenha o ves autras partz, que penray tan solamens per razon del sobre dig viatge segon que sera loncs o breus. E tot aquo en que seray corratiers seray fizels per cascuna de las partz, e promet que ia non faray mercat ni loguier am negun home en que saupes nim pesses que las cargas o las cauzas que portaria non fosson seguras, e promet que sabia que neguns homs fezes ren en contra aysso que o faria saber als senhors cossols, al mens a II., e si sabia que alcuns avers moveble se mezes en carga o en trocel que o celaray, e tot aysso tenray e gardaray a bona fe, e ses tot engan, e ses tot mal entendemen, si Dyeus me aiut et aquestz sans de Dyeu evangelis de me corporalmens tocastz, e daysi enans neguns homs non sia corratiers daquestas cauzas si aquest sagramen fag non aura.

AQUEST SAGRAMEN FAN LI RAUZIERS.

Jeu hom jure que non compraray fegalada dengles ni dautres homes per mesclar en la rauza, e que non la vendray ni faray vendre per me ni per autre, si non era bona e lials ad esgard de las gardas.

Item non la essacaray e per pezar entro que las gardas laion regardadas.

AQUEST SAGRAMEN ES DEL VIN.

Jeu hom o femena jur a sans avangelis de Dieu a vos senhors cossols que yeu non metray ni faray metre de dias ni de nuegs neguns razims ni vin en la vila de Montpeylier ni en sos barris, si de mas proprias possessions non era, ni per me ni per autre. Encaras promet e jur que yeu nom compre ni fassa comprar razim ni vin per far portar a ma vinha o vinhas o en autre luoc. Ni aquela frucha o razims o vin non meta ni fassa metre en la vila de Montpeylier o e sos barris, e que ulha frau en contra aquestas cauzas sobre dichas fassa ni fassa far ni sostenga de far.

AQUEST SAGRAMEN FAN LAS GARDAS DEL VIN.

Jeu hom establistz per vos autres senhors cossols a gardar que ulla persona estranha o privada non meta razims ni vin de dias ni de nuegs en la vila de Montpeylier ni en sons barris, promet e iur a sans auangelis et a vos senhors cossols que yeu ben e lialmens gardaray e non sostenray que ulha persona estranha o privada non meta ni fassa metre razims ni vin en la vila de Montpeylier ni en sos barris, si de las proprias possessions dels habitadors de Montpeylier non era. Encaras promet e iur que si yeu sabia que neguns en contra ayso fezes, que yeu prengua e retengua e mene penre e retener e menar fassa a maon dels senhors cossols los razims el vin. Encaras promet e iur que per amistat, per parentese, ni per dons, ni per servizi, ni per malvolensa en contra las dichas cauzas non fassa ni fassa far, e si yeu o sabia que neguns fezes en contra, que yeu o manifeste als senhors cossols o ad aquel que sera establit per les senhors cossols. Encaras promet e iur que tostz los albaras que yeu penray lo jorn mezeys lo rendray al senhor cossol al qual pertenhera de rendre. Encaras promet e iur que si trobava que yeu fezes o fezes far ren dayso en contra, que yeu renda so que nauray avut a vos senhors cossols, e per aysso obliguene me e tostz mos bens prezens et esdevenidors a vos senhors cossols :

LA CRIDA DEL VIN E DE LA VENDIMIA.

Baros manda la cort de part nostre senhor lo rey de Malhorgas[1] senhior de Montpeylier, que neguna persona estranhia ni privada de qualque condicio que sia non sia tant auzarda que auze metre ni far.

---

[1] Fransa.

metre de nuegs ni de iorns vin ni razims ni vindemia en la vila de Montpeylier ni els barris ni els sieus pertenements, si non era delas vinhias proprias dels habitadors de Montpeylier, e si non era que las possessios sian al plus luenh de Montpeylier que hom ne puesca far ab una bestia portan vindemia v. voutas en i. iorn sesfrau, e qui encontra ayso faria perdria lo vi els razims, e que la cort hi faria so que far hi deuria ses tota merce.

AQUEST SAGRAMEN ES DE LA GARDAS DE LAS BOTAS DELS POZANDIERS.

Jeu hom elegut garda dels pozandiers per regardar las botas en las quals porton ayga li dig pozandier que tengon i. sestier, jur a vos senhiors cossols de Montpeylier recebens per lo comun profiech, que ieu regardaray ben e lial e diligentment las botas de cascun dels pozandiers de Montpeylier ab las quals portaran aygua; e si per aventura trobava alcuna de las dichas botas tener mens de i. sestier, o que non puesca passar mon sagrament si la trobava mens tener de xxix. miegz cartairos, que yeu la traucaray ho la desfayssonarai en manieira que daqui avant non puesca hom portar; e si per aventura trobava alcun o alcuna dels digs pozandiers o pozandieiras o autra persona que mi contradisses o mo empaches en alcuna manieira, que yeu non pogues las dichas botas escandalhar, si tenian so que dig es de sus, a vos senhiors cossols o a vostres successors o revelarai, et aisi o attendrai et o gardaray continuament ben e lialment quant dig es de sus. Si Dieus me aiut et aquestz sants evangelis de Dieu per me corporalments tocatz.

SAGRAMEN DELS FORESTIERS DE VALENA.

Jeu hom establit per vos senhors cossols de Montpeslier en forestier del bosc de Valena, iur a vos dichs senhors cossols de Monpeslier que quant longamens lufici de forestaria tenrai o garda del dich bosc seray, ben e fizelmen me auray a profieg et honor del cossolat e del dich bosc, el dich bosc gardaray ben e lialmens a mon poder de die e de nuegz que neguna persona ni bestiari gros ni menut non y entre ne y fassa tala ni dampnatge, e si neguna tala o dampnatge hi donava hom o bestiari, o negun venia en qualqua manieyra contra lo dich bosc el cossolat de Montpeslier, lo qual dan, tala o damnatge jeu non pogues esquivar, jeu o denunciaray a vos dichs senhors cossols, o a ung de vos, o a tal per que pogues venir a saber a vos[1], et en totas cauzas lo profieg e la honor del dig cossolat e del dich bosc procuraray e totz los dampnatges esquivaray; e si neguna cauza recebray del dich bosc, tot o rendray a vos dichs senhors cossols o al clavari del cossolat, e que negun don ni servizi de neguna persona non penray per me ho per autre en frau ni en dampnatge del bosc ni de vos senhors cossols, cassar non faray ni sostenray en lo dich bosc ni en sos pertenemens neguna salvayzina si non lops o lo seria de vostra licencia. Encaras mays promet e iur a vos dichs senhors cossols que ben e lialmens serquaray lo profieg del cossolat en logar las herbas els pasturalz de Valena, e totas las logacions revelaray a vos. E negun servizi non penray daquel o daquels que logaran ho logar volran los dichs pasturalz o dautre per els per far lur melhor mercat, ains tot cant ne poyray aver a profieg del cossolat o procuraray aver. Et en totas cauzas los profiegs e las honors els dregs del cossolat cercaray, procuraray e gardaray a mon poder et ayssi ho atendray a bona fe; e iur per aquestz sans avangelis de me tocastz.

SAGRAMEN DE REGENT DE MERCADIERS.

Jeu hom elegut en regent de mercadiers promet e jur a vos senhors cossols de Montpeylier, que durant lo dich ofici ben e lialment nauleyaray naus e autres navilis cals que sian a requesta dels mercadiers per los viatges dotra mar, ayssi lialment e justa per los paubres cant

---

[1] Encaras promet et iur que neguns crocz ho forcatz ho autra lenha qual que sia del dich bosc non culhiray ni talharay ni culhir ni talhar faray, ni ho soffriray que autre ho fassa per donar ni per vendre a neguna persona qual que sia, ne permetray ne suffriray que alcunas cabras ou bocs ne cabritz sian manas o dautres entre en lo dich bosc e pertenemens daquel ses expressa sciencia e volontat dels senhors cossols o de la maior partida dels.

per los ricx daquels que auran donat lur manifest de so que y volran mandar, e requeriray los mercadiers per II. vegadas de so que volran mandar en las dichas naus o navils, e la dichas cauzas faray ben e lialment ayssi cant dig es, remoguda tota frau, tot odi, tot servizi, tota promissio, tot parentest, tota afinitat, tota amistat, tota enemistat, tota amor, tota favor e totas autras cauzas en que se pogues far frau ni preiudici als dichs mercadiers navagans en las dichas partidas dotramar.

Encaras promet e iur que durant lo dich offici elegiray am mon companhon I. bon e lial mercadier en cossol dels dichs navegans, so es asaber daquels que iran en lo dich viatge, et otra aysso que a la fin de mon offici jeu am mon companhon am cosselh daquels que me appara e nominaray a vos dichs senhors cossols II. bos mercadiers e sufficiens per regens dels dichs mercadiers per lan apres seguen. E totas aquestas cauzas dessus dichas, e los establimens e las ordenansas fachas per los dichs mercadiers tenray e gardaray a bona fe e senes frau, et en lo dich offici ben e fizelmens me auray sen tot engan. Si Dyeus me aiut et aquestz sans euangelis de Dieu per me de grat corporalment tocastz.

AQUEST SAGRAMEN FAN GARDAS DE PELISSARIA.

Jeu hom establit en garda de mon mestier de pelissaria, iur a vos senhors cossols de Montpeylier per vos e per vostres successors, que ben e lialment tota pelissaria que y esca o intre en Montpeylier per vendre regardaray per profiech et utilitat comuna, et aquela que trobaray encamarada a vos senhors cossols encontenent o manifestaray et o denunciaray, e que negun home estranh que aporte pelissaria en Montpeylier per vendre non la venda ni fassa vendre menudamens defra lostal on tornara, o en la botiga, ni en autre luoc fora de la pelissaria comuna, e que los hostes non auzon aysso sofrir, e que los ostes non aion part en la mercadaria ni en lo guazanh, ni aion companhia am lo mercadier en aquela mercadaria, ni per aysso negun don o servize aquel oste non done ni prengua ni autre per el, e que lo dich hoste non puesca ni deia negun mercat sostrayre per frau, e que negun corratier del dich mestier non auze vendre en la carrieyra de la pelisssaria, ni en autre part e Montpeylier, ho en los barris, neguna pelissaria a menut; e gardaray a tot mon poder que neguna frau non si cometa per negun cal que sia, e si o sabia o sentia tantost a vos dits senhors cossols ho manifestaray et en totas aquestas cauzas auray cosselh de II. bos homes de mon mestier iuratz, am los cals ieu, a la fin de mon offici, ieu vos redray gardas e cosselhiers per lan venent, et en totas aquestas cauzas me auray ben e lialment, e senes tota frau e tot engan a vostre bon e san entendement. Si Dyeus me aiut et aquests sans euangelis de Dyeu de me corporalment tocastz.

SAGRAMEN DE LAS GUARDAS DE LARGENTARIA.

Yeu home guarda del mestier de largentaria iur a vos senhors cossols de la viela de Montpeylier, recebens per lo comunal profiech de la dicha viela, que tant quant yeu seray guarda del dich mestier non senharay neguna obra dargen si non era facha et obrada en la dicha viela e per home tenen obrador en aquela meteyssa viela, e que la dicha obra sia dargen de Montpeslier, so es assaber de XI. d. e mealha de ley argen fin al mens, iuxta la ordensa facha sa entras derrierament sus aysso, e que la dicha obra avans que yeu la senhe del ponchor de Montpeslier sia prumieiramens senhada del senhet daquel que laura facha; et avans que yeu la senhe del dich ponchor ne trayray borilh per vezer si es de la ley que deu, e tots los borilhs que trayray de las obras dun cascun tenent obrador metray en la brostia que tenray en mon obrador daquel meteys, e daquels borils faray una o doas vetz lan essay am lo patron, lo qual es senhat del dich ponchor, afin que sapia cossi e de qual ley cascun aura obrat. Els dichs essays faray ben e lialmens tant dels borils quant del dich patron amb unas meteyssas cenres e dun meteys plomb et amb I. meteys fuoc, so es assaber que amb aital fuoc et amb aytals cenres et amb aital plomb faray lessay dels borils e de la vayssela dargen amb qual faray lessay del patron.

Encaras promet que yeu non senharay neguna obra dargen, si aquel meteys maestre de qui sera non la baylava ho home conogut de son ostal, en lo cas on lo dig maestre de qui seria la dicha obra seria absens de la viela, ho malautz, ho dautra iusta excusation excusatz; e que non senharay neguna obra dargen si non amb I. de mos companhos, e si non i era que puesca penre I. bon-home del mestier e que la mia guarda tenra lo ponchor e lautre la clau; e si atrobava frau en neguna obra que ame sia baylada e que la rompray, e si era tal la vos denunciaray de contenent. E totas aquestas cauzas tenray e gardaray tot lo temps de mon offici a vostra bon e sen entendement; et aysso ho promet et iur sobre sans Dyeus auangelis de me corporalmens tocast de grat.

SAGRAMEN QUE FAN LOS ARGENTIERS.

Jeu home argentier e que fauc vayssela et autra obra dargen iur a vos senhors cossols de Montpeylier, recebens per lo comunal profiech daquela meseyssa viela, que tota vayssela et autra obra dargen que yeu faray e far faray sera bona e fina dargen fin de Montpeslier, so es assaber de XI. deniers XIIII. grans o de XI. d. e mealha al mens dargen fin, justa la ordenansa sa entras derrieirament sus aysso facha, et aquela obra senharay de mon senhet avans que la bayle a la guarda del mestier per senhar, e que neguna vayssela ni autra obra dargen non vendray tro que premieyramens sia senhada del ponchor de Montpeslier; e baylaray mia brostia senhada de mon senhal a la guarda del dich mestier en la qual meta los borils que penra de las obras que ieu li bailaray per senhar.

Encaras promet que ieu non dauraray ni non faray daurar neguna obra dargen de pans daur, ni non faray canons en enaps ni en copas ni en calisses dargen trenquat ni dins de coire argentat, ni vendray ni o faray far per autre enaps ni copas ni calisses que sian soudatz amb estanh; e si o fazia, faray o asaber al comprador; ni colraray neguna obra daurada ni ho faray far ni o sofriray que autre o fassa a mon poder si non era naturals; ni metray peyra natural en anel de laton ni de coyre, ni veyre en anel daur.

Item promet que non dauraray neguna obra de coyre o de laton si non botons amb bagua ho obra de glieya, e que non obraray daur si non era a xiiii. cayratz al mens, e totas aquestas cauzas e mays la ordenansa derrieyramens facha sus nostre mestier tenray e gardaray a mon poder; si Dieus maiut et aquests sans euangelis de me corporalmens tocastz.

SAGRAMEN DELS BALESTIERS.

Yeu home garda del mestier dels arbalestriers ho que fanc balestas, iur a vos senhors cossols de Montpeslier, demandans et recebens aquest sagramen per lo comunal profiech de la dicha viela e de tota la causa publica, que yeu non obraray ni obrar faray ni sostenray a mon poder que autre de mon mestier obre negun fust ni albrier de balesta, si non era sec e que aga estat culhit i. an al mens e que sia culhit de bona luna. E non obraray negun fust corcossat ni dampnat, ni non lo cobriray ni cobrir faray negun fust tro que las guardas lagou vist.

Encaras mays iur que lo cap de la clau el refolh de la not seran de bon e de fin assier e dun tempre; e non vendray negun fust ho balesta per dautra terra que non sera, ni dautra fusta que non sera; et en las cordas de las balestas non metray ni metre faray negun fial destopa ni de clardel ni poyrit ni cremat; ans las dichas cordas faray de bon e de net e dunenc fiel, e totas les autras cauzas pertocans al dig mestier faray ben e lialmens al miels que jeu poyray, e totas las balestas que faray e far et obrar faray per me o per autre senharay de mon senhet petit avans que las venda a neguna persona.

Encaras promet et iur que cant longuamens garda seray del dich mestier, ben e lialmens me auray en lo dich offici gardan las cauzas dessus ordenadas, tota gracia e tota amistat, tot parentese, tot odi e tota enamistat e tota vicinitat de tot en tot a prop pauzada. Si Dieus me aiut et aquestz sans euangelis de me tocastz de grat.

SAGRAMEN DE LAS GUARDAS DELS MANESCALS.

Jeu hom elegut en guarda del offici dels manescals de Montpeslier, promet et iur a vos senhors cossols de Montpeslier que las curas las cals faran o auran fachas los autres manescals de Montpeslier o lurs jouvenomes o autres, quant y seray apelatz o ne seray requist, ben e fizelment e lealment e diligemment o reguardaray, e daquo que trobaray o de malautia o de cura o de ferrar o de curar pe e de tota autra cauza pertanhent al dich offici bona vertadieyra e leyal relation faray, e los celaris que degutz seran per aysso lialment e trempadament taxaray ses tota frau e ses tot odi, e fora gitada tota amistat, tot parentese e tota campanhia, et en neguna daquestas cauzas neguna frau per me ni per autre non cometray ni cometre sofriray, mas ben e leyalment me auray en tot e per tot. Et en ayssi o iur sus aquestz sans euangelis de Dieu per me de grat corporalmen tocastz.

SAGRAMEN DELS SIRUENS DE COSSOLAT.

Jeu hom sirvent de vos senhors cossols de Montpeslier, promet e iur a vos dits senhors cossols, que quant longuament lo dich ofici tenray, bos e fizels e hobediens vos seray e vostres mandamens tantost a execution metray, e bonas e vertadieyras relations vos faray, e vostres secretz que ieu sabray celaray et a negun no los revelaray sinon a vos o azaquels de vostre cosselh als quals los puesca revelar senes vostre preiudici; e totas las peccunias e guatges al cossolat pertocans de contenent que las auray prezas al cossolat las portaray, e las baylaray a vos ditz senhors cossols o al senhor clavari, o al sot clavari, o a autre que sus aysso per vos sera deputat : encaras tot lo profiech del cossolat a tot mon poder procuraray, e tot lo dampnatge esquivaray, e si esquivar non lo podia, a vos dits senhors o a lun de vos tantost o revelaray, e generalment en lo dich offici ben e fizelment me auray sens tota frau e senes tot enguan. Si Dieus mi aiut et aquestz sans euangelis de Dieu per me corporalment de grat tocatz.

SAGRAMEN DEL CLAVARI DEL COSSOLAT.

Jeu hom elegut en clavari del cossolat de Montpeslier, promet a vos senhors cossols de Montpeslier, que quant longament lo dig ofici tenray e governaray, ben e diligemment e lialment me y auray, e negunas monedas o autras cauzas pertocans a la communitat o als singulars de ladicha vila o neguna autra cauza que miena non sia en vertat a me non apropriaray, ni al cossolat o azaquel de qui sera non o sostrayray per me ni per autre, e de totas las monadas et autras cauzas las cals per lo dig offici aministraray bon comte e leyal e vertadier redray ses tota fau a vos dits senhors cossols, e tota la resta redray o a vostres successors ay tantas vegadas quant requist ne seray; e tots los drechz e deutes els arrayrargues del cossolat e tot lo profieg daquel a tot mon poder serquaray et enquerray, e tot lo dan del dig cossolat a tot mon poder esquivaray, et en aquestas cauzas senes tota frau et odi, malvolensa, parentat, affinitat o favor qualque sia me auray, et en neguna de aquestas cauzas o en alcuna daquelas negun frau, dol o engan non cometray per me ni per autre directament o indirecta; mays en aquelas et en cascuna delas ben e fizelment me y auray e me y portaray a bona fe e ses tot engan, a tot vostre bon e san entendement. Si Dieus me aiut et aquestz sans euangelis de Dieu de me corporalment de grat tocatz.

SAGRAMEN DE GARDAS DAURIPELIERS E DE BATEYRES DE FUELHAS.

Jeu hom garda de mestier dauripeliers e de bateyres de fuelha daur e dargent de Montpeylier, promet a vos senhors cossols que yeu non obraray ni obrar faray, ni azautre non sofriray a mon poder que fassa ni fassa far neguna obra del dich mestier en que aia estanch ni autra cauza, sinon tant solament aur et argent bon e fin, ni negun obrage del dich mestier daur, si non es bon e fin e de bons floris de Florensa, ni encaras negun obrage daur partit de que cascuna cara sia daur per esquivar la frau daquo que se pot metre entre las doas feulhas daur, mays que la una cara daytal obrage daur partit sia daur e lautra dargent; e si yeu trobe o say negun que fassa lo contrari de so que dic es, tantost a vos autres senhors cossols o revelaray o a laun de vos, per tal que aytal cauza sia preza e portada al cossolat, e daqui si es trobada falsa o contra so que dich es, sia remessa per vos o mossenhor lo bayle per farne la justicia acostumada daytals cauzas; et en ayci o jur per aquestz sans euangelis de Dieu de me corporalment de grat tocatz.

SAGRAMEN DEL ESCRIVAN DE COSSOLAT.

Jeu hom escrivan del cossolat, promet e jur a vos senhors cossols que bon elial et hobedien vos seray, e vostres comandamens en totas las cauzas pertocans al dich cossolat fizelment acompliray, e per mas fazendas proprias non retardaray aquelas del cossolat, mas daquelas seray curos e diligent a tot mon poder; e secret tenray las escripturas els secretz del cossolat e tot so que per vos autres senhors cossols, o per lun de vos, o per lo notari en secret me sera dich; e de tot en tot lo profiech de lostal del cossolat a tot mon poder procuraray e lo damnatge esquivaray; e si yeu sentia o sabia que negun fezes o tractes lo dan del comun, yeu o empacharay a tot mon poder; e si empachar non o pode, yeu tantost o revelaray a vos et a laun de vos, o al dich notari, et en totas cauzas ben e lialment me auray al profiech del comun de Montpeylier a vostre bon e san entendement. Si Dieus me aiut et aquestz sans euangelis de Dieu per me tocats corporalment de grat.

SAGRAMEN DAQUELS QUE TENON LO LEGADOR DEL CEU.

Jeu hom que tene lo legador del ceu, iur que de tot lo ceu que yeu auray o autre per me en lo dich legador, que yeu daray son dreg a cascun ben e lialment sens tota frau, ayssi ben egalment al comprador coma al vendedor, et ayssi ben al paubre coma al ric, cessent tot odi, tota frau, tot don, tot servizi, tota parentat, tota amistat, tota enemistat e tota frau. Et en ayssi o attendray perfiechament per aquestz sans euangelis de Dieu per me de grat corporalment tocatz.

SAGRAMEN DE GARDAS DE CANDELIERS DE CEU.

Jeu hom garda del mestier de candeliers de ceu, jur que yeu faray far faray candelas de ceu lial e fin, senes tota mescla de peles o dautre

grays qualque sia, si non de buou, o de moton, o de boc bon e fin; e senes tot autre encamarament, e que non faray ni sofriray far negunas candelas de ceu cubertas, so es que dedins sian dun ceu e de foras dautre, ni y faray ni sofriray far negunas mechas, si non de bon e de fin coton sens tota autra mescla, e negunas candelas de ceu fachas per qui que sia, ni ont que sia contra so que dich es, non vendray ni faray ni soffriray vendre en la vila ni en los pertenemens de Montpellier, a rescost ni a present. **Encaras** jur que quant yeu seray apelat per regardar alcun obrage de candelas de ceu, que yeu lo regardaray lo plus lialment que yeu poyray ni sabray, e de so que yeu y conoysseray et y sabray, bona relacion e vertadieyra ne faray a vos senhors cossols o azalcun de vos, sens tota palliacion, tot odi, tota favor, tot parentest, tota amistat e tota enemistat cessans e foras gitadas. Et en ayssi o attendray perfiechament per aquestz sans euangelis per me corporalment de bon grat tocatz.

JURAMEN QUE FAN LAS GARDAS DELS PORTALS.

Jeu hom garda dels portals, per vos senhors cossols de la present villa de Montpellier elegit, vos promete que ben prodonnalment, egalment et iusta me auray en la garda del portal que per vos autres dichs senhors me sera baillat a gardar; lo ben et utilitat de la maison del consolat e de la universitat a tot mon poder procuraray, e lo dampnatge evitaray; et en lo cas que evitar non lo pogues a mon poder, a vos senhors cossols o ad alcun de vos incontinent o notifficaray.

Item que non permetray salhir de la vila de Montpellier negun blat ne verdet, secretamen o publica ny autrament, se non era blat pesat en lo pes establit per vos dichs senhors, pres lo portal de Latas, sens albaran o licencia de vos autres senhors o daquels que y serian deputatz.

Item que non laissaray intrar negun vin estrange denfra la dicha villa, sens mandamen e licencia de vos o del rendier, si alcun en y a.

Item sus aquela meteyssa promession, vos promete que non permetray de intrar neguna farina estranga per la qual es deguda la tassida, sens licencia de vos, e non penray neguns deniers o moneda que per las cauzas dessus seran degudas, mas encontenent la vos faray apportar. En ayssi me aiut Dieus et aquestz sans de Dieu euangelis de me corporalment toquatz.

LO SAGRAMEN QUE FAN EMBAYSSADORS ORDENATS PER LA VILLA ALS SENHORS CONSOLS.

Jeu hom elegit embayssador per vos senhors consols de la villa de Montpellier, per anar devers lo rey nostre senhor e son gran conselh ou autra part, promette e jure a vos diths senhors consols recebens per lo comunal proffiech de la villa susdicha e de la universitat daquela, que en las causas e negocis dont me encarguares e me seran bailladas en escrich sotz lo sigut manual del notari del consolat secretari vostre, aquelas acompliray ben e diligentmens a tot vostre e de vostra universitat bon e san entendement, e tant que a me sera possible e lo plus tost que poyray, tot en ayssi que si eran mieunas proprias; e complidas que las aia aquelas que poyray acomplir al ben e proffiech de la dicha villa, tantost e prestament retornaray, et aquelas vos baillaray o a la maior partida de vous, sens retener ny far retener per me ny per autre negun ensenhamens, documens o escripturas; e si malautie de mon corps avia en lo dich viage, dont Dieus me garde, per message segur la vos trametray lo plus prestament que poiray, e que non daray obra ne faray far per me ne per autres secretamens ne expressa ad autres bezonhas, causas o negocis sian mieunas proprias o dautruy, mays solamens en aquelas que me baillares en escrich toquant lo fach de la villa. Ne empetraray ne faray empetrar letras del rey ne autras, sotz qualque forma ne de qualque causa que sien, toquans mos fachs ne autruys, ne contra home o dona habitant de la dicha villa, talhabla o non talhabla, e que non accusaray a neguna persona de qualque condicion que sia devers lo rey nostre senhor o autre; e si alcuna persona avia accusada la villa o alcuns singulars, aquels excusaray lo plus honestamens que poyray, e si luoc es, diray las causas per que es la dicha villa accusada e losdits singulars; e que non tractaray ne faray tractar per me ne per autres rens que toque la dicha villa o los singulars daquela, se non presen o am sciencia et expressa volontat daquel que vos senhors consols me baillares per companhon et en ayssi o acompliray a bona fe. Se Dieus me aiut et aquestz sans evangelis de me corporalment toquatz, al vostre de vosditz senhors consols san e bon entendement.

SAGRAMENT DELS DOS CONSOLS ET UNG SOBRE PAUSAT O SOBRE ENTENDENT DEL MESTIER DE LA POTARIA ET AUTRE OBRAGE DESTANH COMA GARDAS DELD. MESTIER.

Jeu hom establit en consol e sobre pauzat o sobre entendent e garda del mestier de la potaria et autre obrage destanh, jure a vos senhors consols de la villa de Montpellier, recebens per lo comunal profiech delad. villa, que tant quant yeu serai en lodit offici de consol e sobre pauzat e garda deld. mestier, non senharay neguna obra destanh se non era facha et obrada en lad. villa, e per home tenent obrador en aquella meteissa villa, e que lad. obra sia destanh fin almens alliat iuxta lestabliment et ordenansa facha darrieyrament sobre aysso per los senhors consols de Montpellier, en lan M. CCCC. LXXIII. e lo VIme iorn de dezembre; e que lad. obra avant que yeu la senhe del ponchon de Montpellier, sia premieyrament senhada del senhet daquel que laura facha, et avant que yeu la senha deld. ponchon, faray la proba deguda per vezer si es tal coma deu esser segon lo dich establiment e lad. ordenansa.

Encaras promete que yeu non senharay ne permettray senhar obra, si non que aquel meteys mestre de qui sera non la bailava o home conogut de son ostal, en lo cas que lod. mestre de qui seria lad. obra sera absent de la villa, o malaute, o dautre iuxta excusation excusat; e que non senharay alcun obrage si non an mos dos companhons; e si la ung o dels eran absens, o malautes, o autrament excusatz que non y poguesson esser presens, pendray en lur luoc dos bons homes del mestier, e que lo sobre pauzat tendra la cayssa dels ponchons novels e los dos consols deld. mestier cascun tendra una clau; e si yeu atrobava frau en aucuna obra que a me sia baylada per senhar, aquela rompray, e si era tal la vos denunciaray encontinent; e totas aquestas cauzas tendray e gardaray tot lo temps de mon offici a vostre bon e san entendement, et ainsi lo promet et iure sobre los sans euangelis de Dieu de me corporalment tocastz.

LO SAGRAMEN QUE FAN MESTRES DEL MESTIER DE LA POTARIA ET AUTRE OBRAGE DESTANH.

Yeu home potier e que fauc vayssella et autre obrage destanh, iure a vos senhors consols de Montpellier, recebens per lo comunal profiech daquela mezeissa villa, que tota vaissella et autra obra destanh que yeu faray e far faray sera bona e fina destanh fin, almens alliat iuxta lestabliment et ordenansa facha darrieyrament sobre aysso per los senhors consols de Montpellier, en lan M. CCCC. LXXIII. e lo VIme iorn de dezembre, et aquela obra senharay de mon senhet avans que la bayle als consols o sobre pauzat o sobre entendent coma gardas deld. mestier per senhar, e que negunas pintas, ne plach, ne autra vayssella o obra de estanh non vendray tro que premieyrament sie senhada del ponchon de Montpellier novellament fach; e totas aquestas causas e mays lod. establiment et ordenansa dessusd. darrieyrament, coma es dich, facha sus nostred. mestier tendray e gardaray a mon poder. Si Dieus me aiust et aquestz sans euangelis de Dieu de me corporalment tocach.

AISSO ES LO SAGRAMEN DELS OBRIERS DEL CAMIN DE LATAS, E JURON A LA FESTA DE NOSTRA DONA LA CANDELOR.

MSS. BOUHIER. Jeu hom elegutz en obrier del camin de Latas, promet e convene a vos XII. cossols de Montpeylier, presens et esdevenidors, que per tot lo temps de ma aministracion ben e fiselmens farai et enquerrai e tractarai tot lafar de la obra, o que perten o pertenra a la obra, gitada tota amistat, tota gracia e tot parentese, e de totz los deniers que penrai o penre farai a profieg de la obra metrai e despendrai, e de tot a vostre cossell nestarai ensegrai; et en aissi ho atendrai a bona fe, si Dieus me ajut et aquests sants evangelis de me toquatz.

Et es sabedoira cauza quels homes de Latas non devon aquestas mesalhas del camin de lurs blatz, ni de lur vin, ni de lur fen, ni de lur palha que aportaran ab lur bestias proprias o manlevadas, ni atressi daquo que lur sera mestier de Montpellier per portar a Latas, so es a dir fusta, cabrions, e teules, e totas autras cauzas ad obs de lur us el castel de Latas, non pagon ren el camin de Latas, daquo que ab lurs bestias proprias o manlevadas aportaran; ni neguns homs per blat que aporta daira don que sia non pague ren, ni on que laira sia; ni homes de Montpellier non pagon ren de fen que compron domes de Latas ni de Montpellier.

SAGRAMEN DELS AUDITURS ET IMPUGNATURS.

Jeu home elegit en auditor de comptes del clavari de la ville de Montpellier, promete a vos senhors cossols, recebens per lo ben et utilitat de la comunitat et universitat de lad. ville, que ben degudament e fiselment visitaray e regardaray las receptes tant dels deniers del rey que dels emolumens de lad. ville, ambe los pagamens per lod. clavari fachz tant per comandamens que quictances, e tout so que trobat sera per fin delsd. comptes, bone, juste e vraye relation a vos dits seignors consolz feray, e me regiray e governaray segon Dieus e ma consience, touta yra, touta amistat, touta parentella et affinitat cessans. Si Dieus me ajut per aquestz sanctz evangelis per me toquatz.

E per que au temps passat segon los estatutz de la dicte ville et ordonnance autre veguade escripte au grand Talamus, e vezent e calculant los comtes del clavari del consolat des impugnadors, volent, lesd. seignors consuls de lan mil cinq cens e huit, observar e gardar las coustumas e los estatutz et ordonnances fachas au temps passat toquant los affaires de la maison del consolat, e maiorment tochant lo fach de la clavarie; e par ainsi per entretenir losd. estatutz et ordonnances an elegitz lo present an en enpugnadors als comptes del clavari de lan dernierement passat, los honorables hommes sire Estienne Magni e Pierre Christol, losquals an prestat sagramen entre las mans delsd. seignors consuls en la maniera que sensuict:

Jeu homme elegit en enpugnador des comptes del clavary de la villa de Montpellier, promecte a vous seigneurs consuls, receben per lo ben et utilitat de la communitat et universitat de lad. villa, que ben degudamen e fizelment impugnaray las receptas tant dels deniers del rey que dels emolumens de la dite ville, ambe los pagamens per lod. clavary fachs tant per commandemens que quictances, aquo que veyray per esser impugnat; e bonne, e vraye, e juste relation a vosd. seigneurs consuls faray, e me regiray e gouverneray segond Dieu e conscience, toute ire, toute parentele et affinitat cessans. Si Dieus me ajut per aquels sants euangelis per me toccatz.

SAGRAMEN DELS XXIIII. CONSEILLIERS TENENS LUOC DE CONSEIL GENERAL.

Jeu homme elegit al nombre dels xxiiii. conseilhiers tenens luoc de conseil general, jure a vous senhors consols de Montpellier, que ben e lyal conseil an so que par vous me sera demandat et expausat per lo ben, profiech et utilitat del rey nostre senhor e de tota la communitat de lad. ville de Montpellier, vous donnaray selon Dieu e ma consciencia, cessan tota favor, amour e hayna, e venray toutas e quantas ves per conseil per vous senhors consols me sera mandat; et ainsi o, promete e jure a bona fe que Dieux me ajudas et aquestz sanctz euangelis de me tocatz.

AQUEST SAGRAMEN FAN LOS XIIII. DE LA CAPELLA.

Jeu hom elegit per deliberacion e poissansa dels senhors consols de la present villa de Montpeylier, per vos senhors consols de la dicha villa, a estre ung dels xiiii. de las sept escalas appellach los xiiii. de la capella per far lassieta, cotisation e despartiment sobre los habitans e talhables de la dicha villa, de la cota part e porcion tocant la dicha villa de la talha o ayda darrierament autreiada al rey nostre sobeyran senhor, iure a vos dichs senhors consols que an los autres susdits de la capella elegich, segons Dieus e bona conscienca a la dicha cotisation e despartiment procesiray, cessant tota amor, tota parentat, tota affinitat, tot odi e tota malvolensa, gardant lo drech e la justicia tant per lo paure come per lo ric, en tal manieyra que cascun pague segont sas facultach de sos bens mobles et immobles, e segont son cabal e sa industria, sens cargar o descargar alcun oultra lo dever e sens esparnhar o avantagiar alcun, et aysso sot la pena de ma dampnacion e tot autrament. Si Dieus me aiude et aquestz sans evangelis de Dieu de me corporalmen tocach.

AQUEST SAGRAMEN FAN LI PROSHOMES DE MONTPELLIER AL COMUNAL.

MSS. BOUHIER. Au nom de nostre Senhor Jhesu-Crist, jeu hom jur a vos XII cossols de Montpellier, recebens per vos e per vostres successors, e per lo cossolat, e per la comunaleza, e per tota la universitat, e per quascun de la universitat de la villa de Montpellier que son ni seran en seguiment et en obeziment dels cossols de Montpellier, valensa, mantenensa, ajuda e defendement de totz homes. E promet e convenc e jur salvar e gardar ben e fizelmens vos XII. cossols e vostres successors el cossolat, e specialmens las costumas e las franquezas, els establimens e las libertatz, els uzes de Montpellier, e gardar e salvar lun lautre e totas las cauzas dels habitans de Montpellier e des cadauns presens e esdevinedors que son ni seran, en regiment, en seguiment et en obeziment dels cossols, e tot aquo que perten ni pertenra a la comunaleza de Montpellier dins ni deforas, et a mon poder non suffrirai ni cossentirai que autres sagramens, ni enlassamens, ni covenens, ni votz, ni ajust, ni ren en mezmament ni en frau daisso se fassa en Montpellier dins ni deforas, ses saubuda et espressa volontat de vos XII. cossols o de vostres successors. E si sai ni sabrai per me o per autres per adevant per negun temps que fezes o que sia fagz, o negun home men azemprarc de far, al plus tost que poirai o manifestarai als XII cossols majors presens e esdevenidors que adonc hi seran. Et a mon poder darai obra e forsa com aquo se desfassa es castie ad honor et a profieg del cossolat. E per neguna promessi o facha ni fazedoyra non men laissarai. E promet e jur que en totas cauzas que pertenon ni pertenran al cossolat ni a la comunaleza ni a las franquezas de Montpellier, bons e fizels et obediens

a vos a vostres successors i serai per totz temps. Totas aquestas cauzas e cadauna tenrai et gardarai a bone fe e ses tot engan, e ses tot gien, e ses tota frau, salva la senhoria del senhor rei de Malhorgas, salvas e retengudas las costumas, e las franquesas, e las libertatz, els uzes de Montpellier, e cascunas de las cauzas sobre dichas, et trastotas per aquestz santz auangelis de me toquatz.

LO SAGRAMEN DE LAS MEZURAS DELS VILANS.

MSS BOUHIER. Yeu hom prometi e iuri a vos senher bayle de la cort de Montpeylier e a tota la cort, que quant longamens tenray lufizi devant dig fizelmens e lialmens mezuraray al profieg de las partidas, e non faray gracia a negun el dampnatge dautre en donan dampnatge ad autre, per gracia ni per azirament, per preguieyra, o per presc de parentat o daffinitat. E las questions daquels vilans alas quals yeu seray estastz elegs, examinadoiras e determenadoiras tostz temps ab cosselh de la cort e per bona fe a la utilitat de las partidas, on mielhs hauray conogut, senes tota senestra occaizon e tota malignetat foras gitada, segon las costumas els uzes antics usitastz examinarai e termenarai.

QUATRIÈME PARTIE.

LA
CHRONIQUE ROMANE,

PUBLIÉE

PAR MM. PEGAT, Substitut de M. le Procureur du Roi,
THOMAS, Archiviste de la Préfecture,
et DESMAZES, Archiviste de la Mairie,

AVEC DEUX INTRODUCTIONS
PAR MM. THOMAS ET PEGAT.

KL. JENOIER.

iii	A		Circumcision de Nostre Senhor Dieu.
	b	iiii Nonas.	Octavas de Sanch Esteve e Sant Machari abat.
xi	c	iii	Octavas de San Johan.
	d	ii	Octavas dels Innocens.
xix	e	Nonas.	Vigilia de lAparecxion.
viii	f	viii Idus.	Epifania de Nostre Senhor.
	g	vii	(Sant Johan [1].)
xvi	A	vi	
v	b	v	
	c	iiii	
xiii	d	iii	
ii	e	ii	
	f	Ydus.	Octavas dEpifania. Sang Alari cofesor.
x	g	xix KL.	Febroarii. Las Armas.
	A	xviii	(Sant Mor abat [2].)
xviii	b	xvii	Sang Marcell papa e martir. (e Sant Honore avesque dArle [3].)
vii	c	xvi	Sang Antoni abat.
	d	xv	Prisce verge e martir.
xv	e	xiiii	
iiii	f	xiii	San Fabian e San Sabastian martirs.
	g	xii	Santa Augnes verge e martir.
xii	A	xi	San Vincens martir.
i	b	x	
	c	viiii	Thimothei apostol.
ix	d	viii	La Conversion de San Paul.
	e	vii	San Policarpi avesque confessor.
xvii	f	vi	
vi	g	v	Santa Agnes segonda.
	A	iiii	
xiiii	b	iii	
iii	c	ii	

[1] Intercalé postérieurement à la rédaction du calendrier.

[2] [3] Même observation.

KL FEBRIER.

	d		Sans Ignaci avesque e martir.
X	e	IIII Nonas.	La Purification de Nostra Dona Sancta Maria.
XIX	f	III	San Blaze avesque e martir.
VIII	g	II	
	A	Nonas.	Santa Agata verge e martir.
XVI	b	VIII Idus.	
V	c	VII	
	d	VI	
XIII	e	V	(Sancta Apollonia verge e martir [1].)
II	f	IIII	Santa Scolastica verge e martir.
	g	III	
X	A	II	Santa Eulalia verge e martir.
	b	Idus. KL. de Mars.	Sant Folcran avesque de Lodeve.
XVIII	c	XVI	(Sant Valentin martir [2].)
VII	d	XV	
	e	XIIII	
XV	f	XIII	
IIII	g	XII	
	A	XI	San Symeon martir.
XII	b	X	
I	c	VIIII	
	d	VIII	La Cadieyra de San Peyre.
IX	e	VII	La Vigilia.
V	f	VI	Sans Mathias apostol.
XVII	g	V	
VI	A	IIII	
	b	III	
XIIII	c	II	La Translation de Sang Augusti avesque.

[1] Intercalé postérieurement à la rédaction du calendrier.
[2] Même observation.

KL MARS.

III	d		Sans Albin avesque e confesor.
	e	VI Nonas.	(Sainct Cede evesque [1].)
XI	f	V	(Sainct Martin [2].)
	g	IIII	
XIX	A	III	
VIII	b	II	
	c	Nonas.	Sancta Perpetua verge e martir. e Sant Thomas dAquin [dels Prezicadors.
XVI	d	VIII Idus.	(Sainct Saulveur [3].)
V	e	VII	
	f	VI	
XIII	g	V	
II	A	IIII	Sans Gregori papa e confesor.
	b	III	
X	c	II	
	d	Idus.	
XVIII	e	XVII KL. Abril.	
VII	f	XVI	
	g	XV	
XV	A	XIIII	
IIII	b	XIII	
	c	XII	Sans Benezeg abat.
XII	d	XI	Paul avesque e confessor.
I	e	X	Sans Euzebi avesque e confesor.
	f	VIIII	
IX	g	VIII	LAnontiation de Nostra Dona Sancta Maria.
	A	VII	Lo Trobamen de San Paul.
XVII	b	VI	
VI	c	V	
	d	IIII	
XIIII	e	III	
III	f	II	

[1] Intercalé postérieurement à la rédaction du calendrier.
[2] [3] Même observation.

KL ABRIL.

	g		
xi	A	iiii Nonas.	
xix	b	iii	
viii	c	ii	Sans Ambruci avesque e confesor.
	d	Nonas.	
xvi	e	viii Idus.	
v	f	vii	
	g	vi	
xiii	A	v	
ii	b	iiii	
	c	iii	
x	d	ii	
	e	Idus.	
xviii	f	xviii KL. de May.	Tiburtii e San Valerian.
vii	g	xvii	
	A	xvi	
xv	b	xv	
iiii	c	xiiii	
	d	xiii	
xii	e	xii	Marcelin avesque è martir.
i	f	xi	
	g	x	
ix	A	viiii	Sans Jorge martir.
	b	viii	Sans Rotbert abbat.
xvii	c	vii	Sans Marc evangelista.
vi	d	vi	
	e	v	
xiiii	f	iiii	Sans Vital martir.
iii	g	iii	Sans Peyre martir dels Prezicadors.
	A	ii	

KL. MAY.

XI	b		San Felip e San Jacme.
	c	VI Nonas.	(Giraudi episcopi et confessoris [1].)
XIX	d	V	La Envention de la benezeta Cros.
VIII	e	IIII	
	f	III	
XVI	g	II	San Johan denan Porta Latina.
	A	Nonas.	
	b	VIII Idus.	
XIII	c	VII	
II	d	VI	
	e	V	
X	f	IIII	Nerei et Achillei atque Pancratii martir.
	g	III	
XVIII	A	II	
	b	Ydus.	
	c	XVII KL. de Jun.	
XV	d	XVI	
IIII	e	XV	
	f	XIIII	Santa Potentiana verge e martir. (e Sant Yvo cofessor [2].)
XII	g	XIII	Sans Bausili martir. Sans Bernardin.
I	A	XII	
	b	XI	(Sancta Quiteria. S. Folcrand de Lodeve [3].)
IX	c	X	San Desirier martir.
	d	VIIII	La Translation de San Domergue.
XVII	e	VIII	San Urban papa martir.
VI	f	VII	
	g	VI	
XIIII	A	V	Sans Guilem cofesor.
III	b	IIII	
	c	III	Sans Felicis papa e martir.
XI	d	II	Santa Petronilla verge.

[1] Intercalé postérieurement à la rédaction du calendrier.

[2] [3] Même observation.

KL JUN.

XIX	c		Sans Marcelin e San Peyre martir.
VIII	f	IIII Nonas.	
	g	III	
XVI	A	II	
V	b	Nonas.	Sans Bonifazi avesque.
	c	VIII Idus.	
XIII	d	VII	
II	e	VI	
	f	V	
X	g	IIII	
	A	III	Sans Barnabe apostol. (e Sant Honosre cofessor [1].)
XVII	b	II	
VII	c	Idus.	
	d	XVIII KL. de Jull.	
XV	e	XVII	
IIII	f	XVI	Cirici et Julite martir.
	g	XV	Sant Raymer.
XII	A	XIIII	Sans Mars et San Marcellian martir.
I	b	XIII	Sans Gervais e San Protais martirs.
	c	XII	
IX	d	XI	
	e	X	Paulin avesque e cofessor. San Achacii.
XVII	f	VIIII	Vigilia.
VI	g	VIII	La Nativitat de San Johan Baptista.
	A	VII	Sans Aloy et cofesor.
XIIII	b	VI	San Johan e San Paul martirs.
III	c	V	Yrenei avesque e sos companhos martir.
	d	IIII	Sans Leon papa e cofesor. Vigilia.
XI	e	III	Sans Peyre et San Paul apostols.
	f	II	Comemoration de San Paul. San Marsal cofesor.

[1] Intercalé postérieurement à la rédaction du calendrier.

KL JUL.

xix	g		
viii	A	vi Nonas.	
	b	v	
xvi	c	iiii	La Translation de San Martin.
v	d	iii	
	e	ii	Octavas dels Apostols.
xiii	f	Nonas.	
ii	g	viii Idus.	
	A	vii	Sans Prancaci (*sic*).
x	b	vi	Los Set Frayres.
	c	v	Translation de San Benezeg.
xviii	d	iiii	Santa Margarida verge.
vii	e	iii	San Clet papa e martir.
	f	ii	
xv	g	Idus.	
	A	xvii	KL. dAost. San Eustaci.
	b	xvi	Sans Alexi.
xii	c	xv	
	d	xiiii	San Just e San Ruff martirs.
	e	xiii	
ix	f	xii	Sans Victor e sos companhos.
	g	xi	Santa Maria Magdalena.
xvii	A	x	Sans Apollinari avesque e martir.
vi	b	viiii	Santa Cristrina (*sic*) verge. Vigilia.
	c	viii	Sans Jacme apostol (e Sant Cristol martir. [1])
xiiii	d	vii	Santa Anna.
iii	e	vi	
	f	v	San Nazari martir.
xi	g	iiii	San Lop e Santa Marta verge. (San Faustin mr. San Simplici
	A	iii	[papa e Santa Biatris verge [2].)
xix	b	ii	San German avesque e cofesor.

[1] Ajouté postérieurement à la rédaction du calendrier.
[2] Même observation.

KL AOST.

VIII	c		Vincula de San Peyre.
XVI	d	IIII Nonas.	Sans Esteve papa e martir.
V	e	III	La Envention de Sans Esteve.
	f	II	(Sainct Leon [1].)
XIII	g	Nonas.	Sans Domergeue (*sic*) cofesor.
II	A	VIII Idus.	San Sist. e San Just. e San Pastor. (e la Transfiguration de Jhu Xpst [2].)
	b	VII	San Donat martir.
X	c	VI	
	d	V	Vigilia.
XVIII	e	IIII	Sans Laures martir.
VII	f	III	Tiburtii martir.
	g	II	Santa Clara verges (e Sancta Radegunda verge [3]).
XV	A	Idus.	Sans Apolite martir.
IIII	b	XIX KL. de Setempbre.	Vigilia. Sans Euzebi.
	c	XVIII	La Assumption de Nostra Dona.
XII	d	XVII	(S. Roc [4].)
I	e	XVI	Octavas de Sant Laurens.
	f	XV	Agapiti martir.
IX	g	XIIII	(Sant Loys de Macelha [5].)
	A	XIII	Sans Bernat.
XVII	b	XII	Sans Privat avesque e martir.
VI	c	XI	Octavas de Nostra Dona. Timotieu martir.
	d	VIIII	Vigilia.
XIIII	e	VIII	Sans Bertomieu apostol. La Sagra de Sant Dyonisi.
III	f	VIII	Sans Ginieis martir. S. Loys rey e cofessor. La sagra de Nostra Dona.
	g	VII	La sagra de Sant Firmin.
XI	A	VI	Sans Ruff martir.
	b	V	Sans Augustin avesque e cofesor.
XIX	c	IIII	La Pasion de San Johan Baptista.
VIII	d	III	San Felis e San Audacti martir (e San Fiacre [6]).
	e	II	Paulin avesque e cofesor. La revelation dels miracles de Nostra Dona de las Taulas.

[1] Intercalé postérieurement à la rédaction du calendrier.
[2] [3] [4] [5] [6] Même observation.

XI SEPETEMBRE. *(Sic.)*

xvi	f		San Gili abbat.
v	g	iiii Nonas.	Antoni martir.
	A	iii	
xiii	b	ii	
ii	c	Nonas.	Octavas de San Augustin. Marcell mr.
	d	viii Idus.	
x	e	vii	
	f	vi	La Nativitat de Madona Santa Maria.
xviii	g	v	
vii	A	iiii	
	b	iii	
xv	c	ii	
iiii	d	Idus.	
	e	xviii KL. Octobris.	Exaltation de Sancta Cros.
xii	f	xvii	Nicomedis martir.
i	g	xvi	Eufemie verge.
	A	xv	
ix	b	xiiii	Sans Ferriol martir.
	c	xiii	
xvii	d	xii	Vigilia.
vi	e	xi	Matheieu apostol et euvangelista.
	f	x	Sans Maurici e sos companhos.
xiiii	g	viiii	Santa Tecla verge.
iii	A	viii	
	b	vii	(Sant Cleofas [1].)
xi	c	vi	San Ciprian et Juste martirs.
	d	v	San Cosme et San Damian. (Sant Alzias cofessor [2].)
xix	e	iiii	
viii	f	iii	San Miquel archangel.
	g	ii	San Jeromme confessor.

[1] Ajouté postérieurement à la rédaction du calendrier.

[2] Même observation.

KL. OCTOBRE.

XVI	A		San German. e San Remieg avesque.
V	b	VI Nonas.	San Euzebi papa e cofesor.
XIII	c	V	San Daunizi ariopagite avesque.
II	d	IIII	San Frances cofesor.
	e	III	(La sagra de la Capela del hostal del Cossolat, e fo lan [M CCC LXIII [1].)
X	f	II	Santa Fe verge e martir.
	g	Nonas.	March papa cofesor.
XVIII	A	VIII Idus.	(Sant Symeon profeta [2].)
VII	b	VII	San Daunizi martir e cofesor.
	c	VI	
XV	d	V	San Fermin avesque (de Uzes [3]).
IIII	e	IIII	
	f	III	(Geraldy confesor [4].)
XII	g	II	
I	A	Idus.	
	b	XVII KL. Novembris.	
IX	c	XVI	
	d	XV	San Luc euvangelista.
XVII	e	XIIII	
VI	f	XIII	San Cabrier martir.
	g	XII	Las XIm Verges.
XIIII	A	XI	
III	b	X	
	c	VIIII	
XI	d	VIII	
	e	VII	
XIX	f	VI	Vigilia.
VIII	g	V	Symon e Judas apostols.
	A	IIII	
XVI	b	III	San Marcel martir.
V	c	II	Vigilia.

[1] Ajouté postérieurement à la rédaction du calendrier.
[2] Intercalé aussi postérieurement à la rédaction du calendrier.
[3] Ces deux mots ont été ajoutés plus tard.
[4] Même observation.

XI NOVEMBRE.

	d		Festa de Totz los Sans.
XIII	e	IIII Nonas.	San Victorin avesque e martir. (Las Armas e Sant Aosti [1].)
II	f	III	
	g	II	
X	A	Nonas.	
	b	VIII Idus.	San Leonart.
XVIII	c	VII	
VII	d	VI	Dels Quatre Coronatz. (Sant Maturin cofesor [2].)
	e	V	San Teodori martir.
XV	f	IIII	
IIII	g	III	San Martin avesque e cofesor (e Sant Meri mr. [3])
	A	II	Martin papa e martir.
XII	b	Idus.	San Bres e San Veran avesques.
I	c	XVIII KL. de Dezembre.	San Ruff.
	d	XVII	
IX	e	XVI	
	f	XV	(San Aciscle e Santa Victoria mr. [4])
XVII	g	XIIII	
VI	A	XIII	
	b	XII	
XIIII	c	XI	
III	d	X	(Sancta Cecilia verge e martir [5].)
	e	VIIII	San Clemens papa. San Grisogon.
XI	f	VIII	
XIX	g	VII	Santa Caterina verge e martir.
	A	VI	
VIII	b	V	San Sufre avesque.
	c	IIII	
XVI	d	III	San Saturnin martir. Vigilia.
V	e	II	Sant Andrieu apostol.

[1] Ajouté postérieurement à la rédaction du calendrier.
[2] [3] [4] [5] Même observation.

KL DEZEMBRE.

	f		Sant Aloy avesque e cofessor.
II	g	IIII Nonas.	
	À	III	
X	b	II	
	c	Nonas.	
XVIII	d	VIII Idus.	Nicholau avesque.
VII	e	VII	Octavas de Sant Andrieu.
	f	VI	Santa Anna. (Conceptio Beatæ Mª Virginis [1].)
XV	g	V	Santa Leochadia verge.
IIII	À	IIII	Santa Eulalia verge.
	b	III	
XII	c	II	
I	d	Idus.	Santa Lucia verge e martir.
	e	XIX KL. de Jenoier.	
IX	f	XVIII	
	g	XVII	
XVII	À	XVI	(Sant Laze avesque e cofessor [2].)
VI	b	XV	(Sant Vincensan cofessor [3].)
	c	XIIII	
XIIII	d	XIII	Vigilia.
III	e	XII	San Thomas apostol.
	f	XI	
XI	g	X	
XIX	À	VIIII	Vigilia.
	b	VIII	La Nativitat de Nostre Senhor.
VIII	c	VII	San Esteve martir.
	d	VI	San Johan euangelista.
XVI	e	V	Los Sans Innocens.
V	f	IIII	San Thomas de Conturbiera.
	g	III	Sant Trofeme dArle.
XIII	À	II	San Silvestre avesque. e Santa Columba verge e martir.

[1] Ajouté plus tard.

[2] [3] Même observation.

	A	B	C	D	E	F	G
I	a IX	a X	a XI	a XII	a VI	a VII	a VIII
II	m VI	m V	m IIII	m III	m II	m I	a I
III	a XVI	a XVII	a XVIII	a XIX	a XX	a XIIII	a XV
IIII	a IX	a III	a IIII	a V	a VI	a VII	a VIII
V	m VI	m V	m IIII	m III	m IX	m VIII	m VII
VI	a XVI	a XVII	a XI	a XII	a XIII	a XIIII	a XV
VII	a II	a III	a IIII	a V	a VI	m I	a I
VIII	a XXIII	a XXIIII	a XXV	a XIX	a XX	a XXI	a XXII
VIIII	a IX	a X	a XI	a XII	a XIII	a XIIII	a VIII
X	a II	a III	m IIII	m III	m II	m I	a I
XI	a XVI	a XVII	a XVIII	a XIX	a XX	a XXI	a XXII
XII	a IX	a X	a XI	a V	a VI	a VII	a VIII
XIII	m VI	m V	m IIII	m III	m II	m I	m VII
XIIII	a XVI	a XVII	a XVIII	a XIX	a XIII	a XIIII	a XV
XV	a II	a III	a IIII	a V	a VI	a VII	a VIII
XVI	m VI	m V	m IIII	m X	m IX	m VIII	m VII
XVII	a XVI	a X	a XI	a XII	a XIII	a XIIII	a XV
XVIII	a II	a III	a IIII	a V	m II	m I	a I
XIX	a XXIII	a XXIIII	a XVIII	a XIX	a XX	a XXI	a XXII

Aquesta Taula dessus figurada es fachia per trobar

leugieyrament Paschas : et en la premieyra linhia desus son las letras domergals et en la premieyra linhia deyssienden es lo nombre de la luna, et en los luocs cayrats de la taula son los nombres dels dias de mars et de abril. En aysi que aqui ont a *m* desus lo nombre senhiala aitants jorns de mars dous la fin del mes, et aqui ont es *a* sobre lo nombre senhiala aitants dies dabril dous lo comensament del mes. Et si voles trobar Paschas sapias la letra domergal et sapias lo nombre aque corre la luna aquell an, en dissient per la linhia de la letra domergal entro a la linhia tratsversal que mou del nombre aque corre la luna aquell an, et si en lo luoc cayrat que cayra en aquellas II linhias a *m* de sobre lo nombre, sapias per cert que ad aitants jorns defra mars dous la fin comptan sera Pascha en aquell an quant a de nombre en aquell luoc cayrat. Et si venia en luoc cayrat que agues *a* sobre lo nombre, sapias per cert que aitants jorns defra abril dous la intrada del mes comptan sera Pascha en aquell an quant a de nombre en aquell luoc cayrat. Et si venia en luoc cayrat muda se cascun an lo nombre de la luna et la letra domergal lo premier jorn de jenoyer et mudet se lo nombre de la luna a V et la letra domergal a B, lan de Incarnation de Nostre Senhior M CCC XXXIII lo premier jorn de jenoyer......

Sapias per cert que sera Paschas lo XXVII *de mars de aquell an; et si venia cascun an* II *letras domergals, sapias que trobas Paschas en aquell luoc cayrat que cayra en aquellas* II *linhias de lo nombre de la luna e de la seconda letra domergal.*

LA CHRONIQUE ROMANE.

Dela Nativitat de Jesus Crist entro lo mort de Karles Magnes a VCCC e VIIII ans [1] : et adoncs renhava San Gili.

En lan M LXXXVIII, preseron Crestians Barsalona [2].

En lan M e C mens I, preseron Frances Jerusalem per la vertut de Nostre Senhor [3].

En lan M C I, mori en R. lo compte de San Gili [4].

En lan de M e C e XIIII, preseron Chrestians Malhorgas [5].

En lan de M e C e XXXIIII, fon lo desbarat de Fraga, e fon pres lo rei dAragon.

En lan de M e C e XLI, giteron los homes de Montpellier [6] en G. de Montpellier de la vila, et anet sen a Latas, e duret la batalla II ans: el coms de Barsalona rendet li la vila per assetge : et adoncs valian x favas I d. El coms de Barsalona basti la torre de Montpellier [7].

En M C XLVIII ans, xx dies defra abril, mori Namfos fill del compte R.
Fo presa Almaria per lo coms de Barsalona, en setembre [8].

En lan M C e XLVIIII, fon presa Tortosa que era de Sarrazins : e pres la lo coms de Barsalona [9].

En lan de M e C e LVI, mori lo coms de Barsalona a son lieg [10].
Nasquet en R. coms fill de Constansa, las vespras de Symonis e Jude.

En lan M C LVII, lendeman de San Johan-Baptista, en Bernadat mori.

Mori en Trentaveill, el mes duchoire.

Las vespras de Sancta Cros, escursi lo sollelh e las estelas aparegron [11].

En lan de M e C e LXXXI, pres en R. Gaucelin lo viscomte de Nemze, e tenc lo pres II ans: et a cap de II ans crompet lo coms R. Nemze del viscomte per sa rezemson.

En lan M C LXXXIIII, nasquet en R. Gaucelin fill de la filha den G. de Montpellier, en mai.

En lan de M e C LXXXVII, el mes de mai, pres en G. de Montpellier sa molher Naunes a Barsalona.

El mes de jull, perderon Chrestians Jerusalem.

En lan de M C LXXXXII, a XII jorns de febrier, anet a Dieu M. Placentin, loqual fo lo primier doctor que jamays legi en Montpellier: e fo sebelit en lo cimeteri de Sant Bertholmieu pres de la capela de Sant Cleophas de part de foras.

En lan M C LXXXXIIII, x dies defra abril, mori en Rotgier viscoms de Bezers.

En lan de M e C LXXXXVI, el mes dabril, mori Namfos rei dAragon a Perpinhan.

Et en aquel an meteus, mori la dona Ermengartz de Narbona.

El coms de Rodez ad a Millau.

Et en aquel an meteus, en R. coms de Tolosa pres la regina Johanna, el mes duchoire.

En lan M CC mens I, el mes de mai, mori Richart rey dEnglaterra [12].

El mes daost, fes Madona Sancta Maria de Montpellier las vertutz.

En lan de M e CC e III, el mes de setembre, mori en G. de Montpellier.

Et en aquel an, lo viscoms de Bezers pres sa filha, e donet la li lo rei dAragon, el mes duchoire.

En lan de M e CC e IIII, el mes de jull, pres lo coms de Proensa Trencatalhas per forsa [13].

Et en aquel an, pres lo coms la sorre del rei dAragon a Perpinhan.

Et en aquel an, en jull, trais lo rei dAragon la dona Maria de Montpellier, et espozet la [14].

Et en aquel an, fon barejat lalberc den B. Lambert e de maistre Gui e den Huc de Tornamira.

En lan de M e CC e VI, a la festa de Sant Jacme, pres en P. de Montlaur en R. dArmasenagues lo coms R. : e mezeron lo a Claret, et estet y VIII jorns : e rezemet se C milia s : e mes Montlaur en poder den Bremon dAnduza. Et en aquel an, lo coms R. pres en P. de Montlaur, e lendeman de la Ascension hom lo gitet dela redorta de Belcayre en avall : en R. de Belluoc ab ell.

Et en aquel an, commesset San Domergue lorde dels Presicadors : e San Frances lorde dels Frayres Menors. El papa Innocent tres confermet los a Roma.

En lan M CC VII, lo primier dia de febrier e fon a divenres, nasquet en Jacme rei dAragon lo fill de la regina dona de Montpellier.

E lan de M e CC e VIIII, la festa de Sancta Maria Magdalena, fon Bezers pres, els homes morts e las femenas e los enfants : e fes ho lo duc de Bergonha el coms de Nivers el coms de Sant Paul [15].

En lan de M e CC e XII, fo presa Calatrava, lo primier jorn de jull : et apres tres setmanas fon facha la batalha dEspanha : e fes la lo rei dAragon el rei de Castela el rei de Navarra e lurs hosts [16].

En lan de M e CC e XIII, XVIIII jorns dins abril, mori madona Maria de Montpellier molher del rei dAragon a Roma.

El mes de setembre, las vespras de Sancta Cros, mori lo rei dAragon a Muret.

El mes de setembre, pres lo coms de Tolosa la vila, e nai fo mais el el coms de Fois, et eron ab IIII^c bestias [17].

Et aquel an, mori en G. de Bausdenant Montels.

En lan M CC XVII, pres en Symon coms de Montfort Bernis, e pendet los homes [18].

Et en aquel an, en la fin, assetget Tholosa.

Et en aquel an, el mori al Seti [19].

Et en aquel an, prezeron li homes de Montpellier Madieyras que son en Larzac, e deroqueron lo castel, e cremeron los vals, car lo senhor del castel raubava los camins.

En lan M CC XVIIII, el mes de setembre, fon pres Nemze que rendet hom a la regina.

En lan M CC XX, el mes de setembre, fon la gran plueja que fes mal a toti naus, e deroquet mot en la ribieyra del Les [20].

Lo coms Nalmaric pres Servian, et auci los totz a taparels [21].

En lan de M e CC e XXII, el mes de may, fon pres Boicharon, e prezeron lo li homes de Montpellier [22].

Et en aquel an meteus, el mes de setembre, mori en R. coms de San Gili a Tolosa.

En lan M e CC e XXIII, dins jull XVII jorns, lo rey de Fransa Phelip mori.

El mes de decembre, San G. de Masselha mori per la cros que havia levada, e fes Dieu miracles per ell.

En lan M e CC e XXIIII, dins novembre XV dias, vint lo crotle a Montpellier egal hora nona, e tenc tant quant hom poiria dire tres ves Pater noster [23].

En lan de M e CC e XXV, XXI jorns dins novembre, fon sagrada la glieya de Grammont, et aisso fon la derrieyra ves.

Fon sagrada la glieya dels malautes de Melguer, la vigilia de Sant Andrieu.

Aquest an, fo facha la pas de Jenoa, Pizza, Nissa, Tholon, Yeyras et Antibol.

Dins febrier IIII dias, fon la luna vermelha e negra e blanca, e fon a mieg nueg, e tenc tant que hom agra anat doas legas [24].

En lan de M e CC e XXVI, el mes de jun, venc Lodoyc rey de Fransa al ceti d'Avignon, e pres lo, e fes derrocar los murs: e puoys mori a Montpansier en Alvernhe.

En lan M CC XXIX, lo dernier jorn de decembre, so es a dire la vigilia dan nuou, pres lo senhor en Jacme dAragon Malhorgas am sas ostz.

En lan de M e CC e XXX, fon sagrada la glieya de Nostra Dona Sancta Maria de las Taulas de Montpellier, a XXV daost a la festa de Sant Genies, per M. Bertrand de Mesoa avesque de Magalona, local mori al camin de Roma la vigilia de Nadal seguent.

En novembre, venc lo coms R. a Masselha, e deron li las rendas, e giteron ne lo coms de Proensa.

Lan de M e CC e XXXI, fon facha pas, en aquel cossolat [25], ab lo senhor en Nino Sancho.

Eodemque anno, scilicet in festo Beati Sirti, dominus rex Aragonum venit in Montepessulano.

En lan de M e CC e XXXII, foron fachz los IIII forns de la Doga, de la Blancaria, de Costafreia, de la Valfera [26].

En lan de M e CC e XXXIII, VIII jorns defra aost, a la festa de Sant Bertholmieu, fes Nostre Senhor los miracles per fraire Domergue dels Menors a Montpellier.

En lan de M e CC e XXXVIII, el mes de setembre, lo XXVIII jorn, la vigilia de Sant Miquel, fon presa Valencia, e pres la en Jacme rey dAragon.

En lan de M e CC e XXXVIIII, lo primier divenres de jun, mori lo solell entre miei dia et hora nona.

Quo anno, rex venit in Montempessulanum.

En lan de M e CC e XL, passeron la mar lo rey de Navarra el coms de Montfort.

En lan de M e CC e XLII, passet la mar Richart fraire del rey dEnglaterra.

En lan de M e CC e XLIII, la vigilia de Pantacosta, nasquet a Montpellier en Jacme lo bon rey [27].

Item, eodem anno, in festo BB. Petri et Pauli, consules et populus hujus ville, mandato domini regis, juraverunt Petro filio ipsius domini regis et domine regine Yoles.

En lan de M e CC e XLIIII, el mes daost, mori en R. Berenguier coms de Proensa ad Aix.

En lan de M e CC e XLVII, la festa de Sant Martin, pres lo rey Ferrando de Castela Sibilia [28].

En lan de M e CC e XLVIII, passet dAiguas mortas otra mar Lodoyc lo rei de Fransa [29].

E fo elig en avesque en P. de Conchas.

En lan de M e CC e XLVIIII, passet Namfos coms de Peiticus.

Et en aquel meteus an, mori en R. coms de Tolosa ad a Millau.

Lo jorn de Sancta Lucia, el mes de decembre, mori Frederic que era emperaire de Roma.

En lan de M e CC e L, pres lo rey de Fransa Damiata: et en aquel an meteus, fon desbaratat por los Sarrazins a la Mossora, e mori lo coms Robert dArtes, e perdet si en Gautier de Sant Paul, el rei fong pres e tug sieu fraires, el coms de Flandres, e rezemeron C M marcs, e renderon Damiata.

En lan de M e CC e LI, vengron li pastorels en Aiguas mortas, el mes daost.

El mes de setembre, mori la dona Yoles regina dAragon molher del rei Jacme a Lerida.

Et aquel an meteis, XI jorns dins novembre, a lissida se fes pas del comte de Masselha.

En lan de M e CC e LII, mori madona Blanca regina de Fransa, el mes de jenoyer a Paris[30].

Demandet lo rey Jacme dAragon las mealhas de Latas[31], e lendeman de lAparection cobreron las li homes de Montpellier e la cloqua dels armatz.

En lan de M e CC e LIII, mori Thibaud rei de Navarra, lo primier divenres de jull.

En lan de M e CC e LIIII, el mes de mai, mori Colrat emperador fil de Frederic, la vespras de la Ascension.

Lo primier divenres de jull, tornet lo rei de Fransa dotramar, e pres terra ad Ieyras[32].

En lan de M e CC LV, VII dias defra april[33], mori en P. de Conchas lo bon avesque de Magalona.

En lan de M e CC LVIII, el mes de dezembre, fon facha la composition entrel rei dAragon en Jacme e la vila de Montpellier per lo fag de las mealhas de Latas[34].

Et idem dominus rex laudavit sigillatim consuetudines et libertates ville Montispessulani, et fecit fieri sacramentum fidelitatis ab universis habitatoribus Montispessulani qui erant etatis legitime ad jurandum, sibi, et post dies suos, Jacobo filio suo.

En lan de M e CC LVIIII, fon facha pas entrel rei de Fransa et el rei dEnglaterra.

Quo anno, obiit Ludovicus filius regis Francorum.

En lan de M e CC LX, fon sagrat en Roma en Gui Folcueis per arcivesque de Narbonna.

En lan M CC LXI, el mes de jenoier, lo jorn de Sant Alary, mori en G. Christol avesque de Magalona.

E lendeman, fo la gran neu [35].

Et en aquel an metheus, fon elegut lo senhor en Gui Folcueis de Narbona en cardinal de Roma.

Et en aquel an, el mes de febrier, Masselha se revelet contre en Carle coms de Proensa [36].

En lan de M e CC LXII, pres Karles coms de Proensa Castelana, et issilhet en Bonifaci senher de Castelana.

El mes de novembre, venc Karles coms de Proensa contrals homes de Masselha al gra de Magalona, els fes reculhir a Latas ab lurs galeas: e denfra aquel mes, feron pas ab lo comte [37].

El mes de jull, pres per molher don P. fill del rei Jacme rei dAragon madona Constansa filha del rei Matfren.

Et en aquel mes, pres mossenher en Felip fill del rei de Fransa la filha del rei dAragon madona Isabel a Clarmont en Alvernhe.

Et en aquel an meteus, mori en R. Gaucelin senher de Lunel.

En lan de M e CC e LXIIII, III jorns denant Pantacosta, fon sagrada la glieya de Fraires Menors, e sagret la lo senher en Gui Folcueis cardenal de Roma.

Fon la guerra del rei de Granada e del rei de Castela : el rei de Granada tolc li vilas e ciutatz.

Lo dimecres denant Sant Simon et Judas, el mes dochoire, fes Karles coms de Proensa la justizia den Bertrand de Ginhac et dautres motz.

Lo jorn de Sant Simon et Judas, poset hom lo gros sen en la glieya de Nostra Dona : el sen gros peza LXX quintals de net metalh.

Et en aquel an, el mes de fevrier, monsenher en Gui Folcueis [38] elegut en apostoli, lo jorn de Sancta Agatha.

El mes de jull, cofermet lo rei els cossols les mealhas de penre a Latas : et aqui meteys, lo rei volc cobrar la carta del cofermament, quar li cossols non li davan C milia s.

Lan M CC LXVIII, la sagra de Sant Dionisi, a xxIIII daost : la sagra de Nostra Dona de Taulas, a xxv daost: la sagra de Sant Fermin, a xxvI daost [39].

Cazet lo cloquier de Sancs et motz dautres cloquiers en Fransa.

En lan de M e CC LXX, passet Lodoyc rei de Fransa a Tunis, e fes vela lo primier jorn de jull, e mori lai, las vespras de Sant Berthol-mieu: e romperon totas las naus a trapena: et apres, en setembre, passet lo senhor Naudoart a Tunis [40].

En lan de M e CC LXXI, fon fag papa Gregori dezen [41].

En lan de M e CC LXXII, mori en Maurin arcivesque de Narbona, e fon arcivesque maistre P. de Montbrun que era camerlenc del papa.

Et en aquel an, se fes la composicion ad Acde.

En lan de M e CC e LXXIII, fon papa Gregori a Lyun: et en lan apres, lo premier jorn de mai, comesset lo concili a Lyun.

En lan de M e CC e LXXV, mori papa Gregori x[en], e fon fag papa Innocens quint.

Et en aquel an, mori don Sancho fill de mon senher en Jacme rei dAragon arcivesque de Toleto per Sarrazins.

Et en aquel meteys an, lenfant de en Jacme fill deldich senhor rei dAragon pres per molher la sorre del comte de Fois.

E fon lo rei de Castela a Belcayre ab lo papa Gregori.

E mori don Ferrando fill del rei de Castela.

El fil de don Emanuel en Montpellier.

En lan de M e CC e LXXVI, lo dimergue apres la festa de Sancta Magdalena, a mieja nueg, mori monsenher en Jacme rei dAragon a Valencia en labite de cistel : e juret lo pobol de Montpellier a monsenher en Jacme son fill rei de Malhorgas, et ell jurer las costumas, e revoquet la carta dAcde.

En lan de M e CC e LXXVII, fon cromprat lalberc den Jo. de Latas.

En lan de M e CC e LXXVIII, issiron de Montpellier li Lombartz, las vespras de Totz Santz.

En lan de M CC LXXX, la nueg del Venres Santz, fon emaginada la tracion del palays.

En lan de M e CC e LXXXII, el mes de jun, passet en Sicilia lo rei P. dAragon.

Et en aquel an, entorn Paschas, lo senescalc de Belcayre fes grandes demandas a Montpellier : demandava las segondas appellations, e quels notaris mezesson en lurs cartas : « Reinhant Phelip rei de Fransa » e que non soanes hom torneses ni parezins, quant que fosson pelatz, sol que hi paregues lo torn o la cros, ab que non falhis : e quar hom non volc obezir ad aquelas demandas et a dautras que fazia ell, fes ajustar sas hostz mot grans contra Montpellier a Nemze et a Someire, per talhar las honors de Montpellier : e mes gardas els camins e corsiers en lestanh, per so que non pogues hom metre en Montpellier viandas ni autras cauzas : pueis lo rei nostre de Malhorgas trames son procurador al dig senescalc, so es a saber Narnaut bayle, alqual det plen poder de far tot so quel rei sos cors pogra far, si hi fos: et acabet ab lo senescalc que ell se suffris de venir contra Montpellier, quar ell fera tot aquo quel senescalc volgra, tant que triet hom IIII^{xx} proshomes dels melhors de Montpellier, liquals aneron tener hostatges a Nemze : et adoncs lo senescalc intret en Montpellier, e fes far alcunas cridas : et apres torneron sen li dig proshomes IIII^{xx} : e fes hom tant que nostre senher lo rei de Malhorgas se vi ab lo rei de Fransa, e reconoc li Montpellier ab certs covements et encartaments que fon fags entre ells a Paris : el rei de Fransa aquitiet pueis, so es a saber en aquel an, al rei de Malhorgas, tot so que li podia demandar per los hostz de Nemze [42].

En lan de M e CC e LXXXIII, lo jorn de Sant Daunizi, intret lo rei de Fransa en Montpellier, et estet y II jorns.

En lan de M e CC e LXXXIIII, davant Sant Miquel, fon pres en los mars de Polha lo princep de Salerna fill del rei Karles, quant la regina dAragon era en Sicilia.

Et en aquel an, mori lo rei Karles son payre en Calabria a son lieg.

En lan de M e CC e LXXXV, el mes dabril, venc lo rei en Peyre rei dAragon a Perpinhan sens al pong de lalba, e pres per assetge lo castel de Perpinhan: e pres lo rey de Malhorgas e la regina soror que era del comte de Fois, els enfants fills del rey de Malhorgas[43].

Et en aquel an meteis, mes dabril, venc lo rei de Fransa et un cardenal en Rossillon ab lurs grands hostz, e cremeron Salsas: e passet a Castelnou, e non lo poc asseljar: e parti se la hostz daqui, et anet assetjar Enna, et auciron li homes e femenas et enfants: e daqui anet sen la host a Gerona, et estet IIII meses o plus, tant que renderon se aquels de dedins ab covimens que non degron morir. Et en aquel meteis an, el mes de setembre, foron desbaratadas XXV galeas del rei de Fransa estiers las autras que eron davant desbaratadas. Et apres, mori lo rei de Fransa a Gerona. Et apres Sant Miquel, un divenres, mori lo senher en P. rei dAragon a son lieg, quant las hostz sen foron tornadas[44].

Et en aquel meteis an, en XV jorns davant Nadal, se reveleron les homes de Malhorgas, e rederon Malhorgas an Namfos rei dAragon.

En aquel an, moriron larcivesque de Narbona e dArle e lavesque de Tolosa.

Et apres la guerra, fon per tot Crestianisma carestia mortal, quar lo sestier de blat velia XX s. de torn. Tantost, so es a saber en lan de M e CC LXXXVII, per tot lestieu, fon mot gran enfermetat e mortaudat de totas manieyras de gents e de rics e de paubres, de viels e de joves.

En lan de M e CC e LXXXVI, el mes de jenoier, fon presa Menorca, e pres la Namfos rei dAragon.

Et en aquel an, fo pres e derrocat Castelnou de Rossilhon, e pres lo mon senher en Jacme rei de Malhorgas.

En lan de M e CC e LXXXVII, fon facha la composition entrel senher en Jacme rei de Malhorga e cossols, e deron li de grat X milia lbr.

Et en aquel meteis an, lo coms dArtes que era en Polha volc intrar en Sicilia ab mot grans gents, e foron tug desbaratatz en un luog que se apela Logostar, e perdet si LXX corses entre galeas e linhs, et hac ne motz de morts e de prezes, et aisso feron las gents et las galeas del rei dAragon per mar e per terra.

Et en aquel meteis an, bastiron Fraires Menors las capelas novas que son sobre la claustra et en torn de la glieya : et en aquel meteis an, a la Pantacosta, Fraires Menors, et a Sancta Magdalena, Carmes feron lur capitol general en Montpellier: et adonc los Carmes muderon lur habite, quar portavon enans mantels barrats de brun e de blanc, e prezeron capas blancas.

En lan de M e CC e LXXXVIII, fon pres Triple, el mes de jull, per lo Soldan, et auciron tug a lespaza, si que ben auciron le·Sarrazins LX milia personas de Crestians.

Et en aquel an meteis, fon empetrat lo privilegi del estudi general establit premieyramens procurador en la cort de Fransa, al qual establit en Jo. de Freissac [45] per noms dels cossols X libras tournon per salari, lasquals li devon pagar cascun an a Nadal.

En lan de M e CC e LXXXX, lo dimars de mieg febrier, a mieja nueg, vi hom [46] la luna vermelha e negra.

En lan de M e CC e LXXXXI, lo dimergue denant·Sant Johan Baptista [47], mori mon senher Namfos rei dAragon en labite de Fraires Menors.

Lo primier jorn dabril, venc lo Soldan davant Acre, e tenc lo en aceti entro a XVIII jorns de mai que pres Acre per forsa de gienhs e de fuoc grezesc, e menet ho tot a lespaza, si que ben li moriron LXXX milia Crestians [48].

En lan de M CC LXXXXII, lo XVII jorn dabril, fo translatada la part de lay per M. de Magalona en nostre senhor lo rei de Fransa [49].

Et en aquel an, estet entredig Montpellier per VII meses o di prop: el senescale de Belcayre pres la terra de lavesque, e la tenc XXI jorn, quar non volia revocar lentredig : e pueis larcivesque de Narbona entrames sen, e revoquet las sententias et lentredig, e volc que lavesque els cossols se compromezesson en lo concell del rei de Fransa.

Aquest an, fo rossegat e pendut I frayre de Sta Eulalia de Montpellier.

En lan de M e CC e LXXXXIII, lo dimergue a prop la quinzena de Pascas, Amfos de Roverac senescalc de Belcayre intret en possession de la part de lavesque: e lendeman, fes son parlament a Fraires Menors, e manifestet aqui lo fag dels escambis, e fes aqui sos curials, e foron fagz aqui diverses encartaments de sai e de lai [50].

Aquest an, a XXVIII dabril, fo fach lo primier doctor a Montpellier apelat M. de Sant Amans per M. R. Frezol doctor en leys.

En lan M CC LXXXXIIII, frayre P. de Morron hermita papa de Roma apelat Celestin sant home resignet al papal, e succezi li papa Bonifaci VIII: e mori P. lan M CCC VI, a XIX de may: e puoys lodich frayre P. fo canonizat per papa Clemens V, lan M CCC XIII, e fo apelat San P. cofessor.

En lan de M e CC e LXXXXV, lo dia de Totz Santz, lo senher en Jacme rei dAragon pres per molher dona Blanca filha del rei Karles.

E se fes la mostra, lo dimergue davant lAssention.

En lan de M e CC e LXXXXVI, fon la festa de Nostra Dona de Mars lo jorn de Pascas.

Et en aquest an, fon cromprat lalberc den R. de Latas.

En lan de M e CC e LXXXXVIII, en setembre, fo visita una estela coronada vers agulon, e duret ben per V setmanas.

E pueis, egal Sant Andrieu, lo duc dAustricha fes talhar la testa al rei dAlamanha, et el se levet rei dAlamanha ses election.

En lan de M e CC e LXXXXIX [51], papa Bonifaci depauzet M. Jacme e M. P. de la Colompna, e fes aplanar lur terra.

En lan de M e CCC I, fo vist una autra estela coronada vers occident, e duret be III setmanas.

E pueys, la vespra de Sant Anthoni, fuoc del cel cremet la illa dIscla devant Napols, et una autra pauca illa en que estavon be VI^{m} personas, de que non escaperon otra XI personas am ben la mitat de lurs membres crematz. E la nueg de Sant Alary, pres primason, la luna plena et en temps clar fo negra e vermelha be IIII horas.

En lan de M e CCC e II, en abril[52], fo batailha entre los gents del rei de Fransa els Flamens, en que moriron lo comte dArtes, lo comte de Dina [54] el conestable de Fransa e dautres gens ses nombre de cascuna part.

En lan de M e CCC e III, a VII daost, peri la vila de Candya en la illa de Creta, en la cal frequentavon motz mercadiers ajudans als Sarrasis.

Et a V de setembre, fo pres papa Bonifaci a Eranha [53] per aquels de la Colompna, e pueis, a la fin doctobre, mori a Roma en son lieg: e fo papa Benezeg X [55].

Et a XX febrier, venc a Montpellier lo rey e la regina de Fransa e III fils lurs.

En lan de M CCC IIII, a VIII daost, fo gran terra tremol en Alixandria per que tombet lo fari e ben lo ters de la vila.

Et en aost, fo la grant batalha del rei de Fransa e dels Flamens a Mont-en-pebre [56], e levet lo rei lo camp.

Et en aquel mes, M. Robert duc de Calabria filh de M. Carles rei de Napols pres per molher madona Sancha filha del M. Jacme rei de Malhorca.

E pueis, a XXVI doctobre, M. Sancho primier nat del dich rei de Malhorca pres per molher madona Maria filha del dich rei Carles a Perpinhan.

Item, la vigilia de Sant Gregori, mori al Terralh M. Gaucelin de la Gardia avesque de Magalona, e lendeman fo portat a Montpellier et a Magalona, prezens los avesques de Bezers, dAgde, de Lodeva, los abatz de Sant Gili, dAnhana, de Valmagne e de Sendras.

En lan de M CCC e V, la vigilia de Pantacosta, mori a Peyrosa papa Benezeg XI, e fo elegit aqui meteys papa tantost M. Bertrand del Got arcivesque de Bordeus, e fo apelat papa Clemens V: loqual puoys venc a Montpellier, a VII doctobre, prezens los senhors reys de

Malhorca e dAragon, IIII cardenals e motz autres grans senhors, e fo li facha grand festa : e puoys IIII jorns, se anet coronar a Lyon, et aqui foron los senhors reys de Franca e de Malhorca, tot los cardenals, M. Carles, M. Loys fraires del rey de Fransa, lo duc de Bretanha, loqual e motz autres grands senhors y moriron en lissent de la glieja per una paret que cazet : e pueys, a las temporas seguens, el restitui los dos cardenals de la Columpna abatutz per papa Bonifaci, e fes cardenal M. B. Frezol de la Veyruna avesque de Bezers e IX autres.

Et en aquel an, mori madona Johana regina de Fransa e M. P. Berenguier comte de Proensa filh del rei Carles.

Item, lo dich senhor papa fes avesque de Magalona M. P. de Mirapueys.

En aquel an, lo rei de Fransa fes pendre a Carcassonne motz homes del dich luoc am lurs raubas.

En lan de M CCC VI, lo jorn de Sancta Magdalena, fon prezes totz los Juzieus del realme, e puoys pauc apres ne foron gitatz del tot.

En lan de M CCC VII [57], en lo mes de mai, los Hospitaliers de Sant Johan prezeron la vila de Rodas.

Item, lo II dissapte doctobre, foron prezes totz los Templiers de tot lo realme de Fransa.

En lan de M CCC VIII, a XXII febrier, venc a Montpellier Clemens V am VIII cardenals e motz autres prelatz, e tornet al Temple et estet y IIII jorns.

Item, a XXIIII de mars, fo terra tremol a Montpellier per lespaci de I Pater noster.

En lan de M CCC VIIII, a XXI daost, fo eclipsi de luna.

Item, lan meteys, mori lo rey Carle de Napol, e fo rey M. Robert son filh, coronat as Avinhon per lo dig Clemens papa, local rei venc a Montpellier, lo dernier jorn daost, genrre de M. Jacme rei de Malhorca, local era a Montpellier am la regina, M. Sancho son filh e madona Maria sa molher sor del dich rei Robert, am madona Sancha sa molher.

Item, a I doctobre, fo gran creguda de Ribanson en guiza que derroquet motz hostals al Legador, a la Trinitat e I part des hostals de Sant Esperit, e fes motz autres mals.

Item, en dezembre, la vigilia de Nadal, lo sen gros fach per M. Anthoni fo mudat sus el cloquier de Nostra Dona de Taulas, e peza LXXX q. de metalh net.

Item, a XXII de mars, fo pojada la campana del cossolat al cloquier, e peza XV q. lares.

En lan M CCC XI, la vigilia de Pantacosta, mori a Malhorca M. Jacme rey, e fo sebelit a Poblet.

En lan M CCC XIII, fo gran secaressa pertot, si que en pastor podia hom molre may a res clausadas: per que fes hom motas processios, e motas gens sen anavon baten de nuogz totz nutz per la vila: e Nostre Senhor donet plueja.

Et en aquel an, fon facha nostra en Montpellier domes armats, el VIII ydus del mes de julh.

En lan de M CCC XIIII, lo rei dAragon en Jacme donet sa filha per molher al duc dAustaricha, local duc fo, lan meteys, emperador de Roma.

Item, aquel an meteys, a XXIII novembre, mori M. Phelip lo bel rey de Fransa.

Lan meteys, fo ordenada la II messa de Nostra Dona.

Et en aquel an, a XII dabril, a Rocamaura [58], mori mossen Bertrand de Got papa apelat Clemens V.

En lan de M CCC XVI, en lo mes de may, mori M. Loys de Fransa e de Navarra. Et en aquel an, mori M. Johan son filh rei de Fransa e de Navarra, en torn Nadal.

En lan de M CCC XVII, foron ordenadas las III Ave Maria del vespre per los senhors cossols, laqual ordenansa fo cofermada per M. Johan de Cumenge avesque de Magalona, et y det perdon de XL iorns.

Lan meteys, papa Johan XXII fes desagradar et escorgar e cremar az Avinhon lavesque de Cahors, e las cenres penre en I sac a la forca.

Item, fes de lavescat de Tolosa arcivescat e ne trac v avescatz: item, dAlbi trac I avescat que fo a Castras: item, de Clarmont trac San-Flor. Lodich an XVII, fes arcivesque de Tolosa lodich avesque de Magalona, e fes avesque de Magalona M. Galhar Saumada, e pueys lo fes arcivesque dArles, e fes avesque de Magalona M. Andrieu Frezol avesque dUzes.

En lan de M CCC XX, fo la moguda dels Pastorels que aucizian los Juzieus en Agenes et en Tolzan, e dels Vaquiers que aucizian los Mezels.

Aquel an meteys, fo traynat e pendut Johan de Roergue, lo iorn de Sant Julian.

En lan M CCC XXI, lo segond jorn de genoyer, mori M. Phelip rey de Fransa e de Navarra filh deldich M. Phelip lo bel e fraire deldich M. Loys: e fon rey M. Carles so frayre.

Aquest an, XXVI de junh, egal prima, fo eclipsi de la luna.

Item, foron prezes totz los Mezels del realme e crematz en gran partida.

En lan M CCC XXII, papa Johan XXII pronunciet nul lo matrimoni deldich M. Carle que se dizia e de la filha del duc de Borgonha, et el pres per molher la filha del rey de Boemia [59].

En lan de M CCC XXIII, anet lenfant dAragon am grans navilis en Sardenha, e pren vila de Glyeia, a VII febrier: e pueys los Pizans lo combateron, et el los descofi davant lo castel de Calher.

Item, venc a Toloza M. Carles rey de Fransa e de Navarra e sa molher, el rey de Boemia son conhat e M. Carles de Valois son oncle e M. Sancho rey de Malhorca.

Item, fo grand secaressa e raumas deque moriron motz, per que fo facha processio e sermo: lo iorn meteys, ploc.

En lan de M CCC XXIIII, mori la regina de Fransa per enfant, e lo rei pres per molher la sor de M. Loys de Fransa son cozi germa [60].

Item, lenfant dAragon pres lo castel de Calher.

Item, a xxviii daost [61], mori M. Sancho rey de Malhorca e fo sebelit a...... [62].

En lan de M CCC XXV, fo fach lo sen mejan de Nostra Dona, local fo pueys romput lo jorn de Totz Sans, lan M CCC XXXVII.

En lan de M CCC XXVII, a vii doctobre, Loys duc de Bavaria loqual se fazia emperador de Roma fo reculhit per los Pizas a Piza coma emperador, e li feron sagrament: e puoys a xxiii doctobre papa Johan xxii lo declaret esser heretge.

Item, a ii novembre, mori M. Jacme rei dAragon: e fo rei dAragon M. Alfonso fil sieu.

Item, a la festa de Pantacosta, M. Symon Reynaut argentier donet a la glieya de Taulas la ymaga dargent de Nostra Dona que es sus lautar major: fes ne carta M. G. Clari, a ii de junh.

En lan de M CCC XXVIII, lo v jorn de genoyer [63], mori lo dich M. Karles rei de Fransa e de Navarra; e car la regina era grossa denfant, fo fach regent del realme M. Ph. comte de Valoys son cozi germa entro que ela fo maguda: apres, entorn iii ou iiii mes e car ac filha, lo dich comte fo coronat rei de Fransa, e lo comte dElbroys fo coronat rei de Navarra per sa molher filha del rei Loys fraire del dich rei M. Carles.

En lan de M CCC XXVIII, lo jorn de Sant Loys de Fransa, nostre senhor lo rey Ph. combatet e descofi los Flamens.

En lan de M CCC XXVIIII, a vi de junh, M. Audoart rey dEngleterra fes homatge e sagrament de fizeltat en la ciutat dAmiens a nostre S. M. Ph. rey de Fransa per lo dugat de Guieyne.

En lan de M CCC XXX, lo jorn de la festa de Symon e Judas, intret en Montpellier mosen Jacme rei de Malhorga: et a prop el mes de novembre, fon per lo rey de Malhorga fag cavalher novell en Montpellier en Guillen del Pos.

Et aquest an, fo gran secaressa e paucas meyssos, e motas fons e pozes sequeron.

Aquest an, en julh, fraire P. Ravalhaco del avescat de Reacha, lo cal era Fraire Menor et avia molher e loqual se era levat antipapa en Lombardia per favor del dich Bavari et avia fach cardenals, venc az Avinhon a merce de nostre senhor lo papa Johan XXII.

En lan de M CCC XXXI, a XXI dahost, fon lo diluvi del Les, lo qual derroquet los pons de Castelnou, de Ga Jovenal, lo Layron, cays tots los molis e las verquieyras et y negueron plus de CC personas, e fes mots autres mals senes fi.

En lan de M CCC XXXIII, lo Dijous Sants que fon lo premier iorn dabril, intret en Montpellier mosen Jacme rei de Malhorgas: el jorn de Pascas a prop, fes cavalher novell lo dich senhor rey mosen Bernat Sabors a Nostra Dona de las Taulas.

Et aquell an, a XIII de may, fo eclipsi del solhel entre hora nona bassa e vespras que la luna lo cobri, el jorn tornet quays nueg, e duret entorn mieja hora.

Et en aquel an, fo mot gran carestia e fam que las gens e specialment homes joves semblavon transitz, car avian mantjat tot livern las erbas crusas, e morian per las carrieyras: e non podian hom aver blat de Lombardia ni de Cecilia per la guerra de Genes, ni de Catalan, mays hom se provizi de Borgonha e de Venaysi.

Item, la primieyra setmana de dezembre, mori papa Johan, e fon elegit en Avinhon papa M. Jacme Fornier morgue blanc cardenal et ac nom papa Benezeg XII.

En lan de M CCC XXXV, lendeman de caramantran, intret a Montpellier mossen Ph. rey de Fransa e la regina e son primier nat mossen Johan, el duc de Bergonha e motz autres grans barons, et esteron hi VIII jorns.

En lan de M CCC XXXVI, fo autriada la capela del cossolat.

En lan de la Encarnation de Nostre Senhor Dieus Jeshu Crist que hom comptava M CCC XXXVIII, se donet la caritat en deniers.

Et aquel an meteys, lo jorn de Sant Bertholmieu, nasquet a Perpinhan mossen Jacme filh de moss. Jacme rey de Malhorca, lo cal enfant fon tantost jurat rei per las comunas de Cataluenha : lo cal pueys mori en Espanha, en lo mes de febrier lan LXXIIII.

En lan de la Encarnation de Nostre Senhor M CCC XLII, davant la festa de Pantacosta, mori mos. Benezegh papa XII, e fo elegit en papa mos. P. Rogier cardenal de Roams, e fo apelat M. Clemens papa VI, e fon sagratz lo die de Pantacosta en Avinhon ont era la cort de Roma.

En lan de la Encarnation de Nostre Senhor Dieus Jeshu Crist que hom comptava M CCC XLVI, en lo mes daost, fo la gran moguda de tot lo pays dessay, per anar al seti dAgulhon [64], lo cal tenia M. Johan de Fransa duc de Normandia premier nat de nostre senhor lo rey de Fransa.

En lan de la Encarnation de Nostre Senhor Dieus Jeshu Crist que hom comptava M CCC XLVII, Sant Ivo de Bretanha fo canonizat Sans en la ciutat dAvinhon per papa Clement VI.

Lan de la mortaudat.

En lan de la Encarnation de Nostre Senhor Dieus Jeshu Crist que hom comptava M CCC XLVIII, fon bayle quant la vila de Montpellier fon preza a la man del rey de Fransa lo sen G...... et estet hi entro a Paschas davant VIII jorns : e pueys fon renduda la terra al rey de Malhorgas, e fon bayle lo senE. S....: e pueys lo rey de Malhorgas vendet Montpellier e Latas al rey de Fransa..... Esteron los curials del rey de Malhorgas am lo rey de Fransa en lur esser, tro a Sant Johan Baptista [65].

En lan de la Encarnation de Nostre Senhor Dieus Jeshu Crist que hom comptava M CCC XLIX.... et adonc la vila de Montpellier era del rey de Fransa : e pres la possession de Montpellier e de Latas per lui moss. Fermin de Cocorel avesque de Noyon chancelier de Fransa, a XIX de mai.

En aquel an, mossen Jacme rey de Malhorgas intret en mar a Fors en Proensa am gran colp de galeas e de gens darmas, a III jorns doctobre, per anar recobrar son rialme, e pres terra en la illa de Malhorca, a XI del dich mes : e puoys combatet am la gent de la dicha illa, et am larma del rey dAragon, ont el e toto sa ost e sa molher e son filh e sa filha foron prezes, et el fo tantost decapitat. Ayso fo a XXV del dich mes, I dimergue, a hora nona.

En lan de la Encarnation de Nostre Senhor Dieus Jh. X que hom comtava M CCC L, a X jorns dabril que fonc dissapte, cazeron gran res de peyras o cabras massas en Montpellier et en tot lo terrador, entre vespres e hora nona.

Item, aquel an meteys, say fonc mossen Johan rey de Fransa, et intret a Montpellier, a VII de genoyer.

Item, aquel an meteys, a XIX daost, mori mossen Ph. rey de Fransa : e fo rey mossen Johan son filh, local venc en esta vila, lan meteys, lo VII jorns de genoyer, e tornet a Prezicadors.

En lan de la Encarnation de Nostre Senhor Dieus Jeshu Christ que hom comta M CCC LII, a II de dezembre, fon azordenat per los senhors cossols de Montpelier, e de volontat de mosen Gui de Proynas cavalier e governador de Montpellier de la part per nostre senhor lo rey de Fransa dernieyrament aquista, e den Carles Jori sarjan darmes de nostre senhor lo papa e de nostre senhor lo rey de Fransa rector de la part antica, fah cosselh am la cloqua et am dos los sens, de far fossatz entorn los barris de la vila de Montpellier : e foron comensatz lo ters jorn de dezembre per escalas.

Item, aquel jorn meteus soes lo dilus que fon lo ters jorn de dezembre, passet dequesta vida mossen Arnaut Verdala avesque de Magalona, e fon portat lendeman a Magalona ont fonc sebelit que fonc dimars.

Item, aquel meteus dimars que fon lo quart jorn de dezembre [66], passet daquesta vida papa Clemens seyze: el dimergue apres que fon lo IX jorn del dih mes de dezembre, se enclauseron los cardenals et esteron enclauses entrol dimars que se accorderon e feron papa de M. Esteve Albert cardenal de Clarmon: e fon sagrat lo dimergue apres sur lalba, et ac nom papa Innocens seyzen.

En lan de la Encarnation de Nostre Senhor Dieus Jeshu Christ que hom comtava M CCC LIII, se mudet la moneda a VI jorns de novembre.

En lan de la Encarnation de Nostre Senhor Dieus Jeshu Christ que hom comtava M CCC LIIII, a XIII setembre que fon divenres, a lums atuzats, cazet tam gran conglapi de peyras e tant abrivadas am tam gran aondanza daygua, que tot la maier partida dels teules dels ostals de Montpellier trenqueron las dichas peyras, car segon que comtavon alcus, lo cazeron peyras que pezavon una lbr. et avia ni que pezavon IIII lbr. e x lbr. e de xxv lbr., e fon tam gran lauratge que menet, que derroquet lo cloquier de Sant Martin de Prunet e de Nostra Dona de Chaulet.....[67] e derroquet gran multitut dalbres de grans e de grosses a gran meravilhas e dostals: e foron tam gran aondansa dayguas que set bestias cargadas de trossels de drap que venian de la fieyra de Pezenas que passavon a la poncha Sant Cristol ne menet laygua entro al portalet de Sant Bertholmieu et aqui negueron. En Jacme del Gorsc de Tuy era solz neguet aqui meteus, e motz autres estandols ses devengro.

Item, lo dimars apres, fon eclipsim entrel solelh e la luna.

Item, aquel an meteys, se mudet la moneda a dos jorns de dezembre.

Item, aquel an meteus, mossen Peytavin de bona memoria que fon avesque de Magalona e pueys fon fag avesque dAlbi, e dAlbi mogut fon fag cardenal, mori e fo sebelit a Magalona.

En lan de Nostre Senhor Dieus Jeshu Christ que hom comtava M CCC LV, el mes dabril, fon pres lo castel del Barris per mossen

Robert de Duras cavalier, e tenc lo entro quel papa len fes issir per acort.

Item, aquel an meteys, egal Totz Sans, passeron los Engleses Girona sobre portel, e cremeron Castanet, rauberon Montgiscard, Basieja et Avinhonet e totz los castels dentorn e Castelnaudarri, Fangaus e Monrial, els autres castels dentorn e Carcassona e Pueg ayric et Olms e motz dautres locs, e vengron tro Narbona, e prezeron lo borc e cremeron, e combateron la ciutat en tant que agron mot giens paor de lur vida: e moriron li dalcus Engleses entrols cals dizian que mori J. filh del senhor de Pomieis engles, e dedins la cieutat mori Eralh del Tornet que fon ferit duna flecha: e foron vengutz a Bezer, mas que sentiron quels homes darmas de Montpellier e de tota la senesqualcia de Belcayre eron ajustatz aqui, e torneron sen seguent la montanha, e feron motz mals vas Pipios et ad Azilhan lo comtal, e motz dautres locs que tot o cremeron et o pilheron.

En lan de la Encarnation de Nostre Senhor Jeshu Christ que hom comtava M CCC LVI, a XIX de setembre, mossen Johan rey de Fransa combatet davant Peytiers am lo princep de Galas filh del rey dEnglaterra e totz sos filhs sal lo menre: el plus de sa ost lo desampareron, e fonc pres et ab el mossen Felip son filh, larcivesque de Sans, moss. Jacques de Borbon, moss. Johan dArtes comte dEu, moss. Carles dArtes comte de Longavilla, lo comte de Trenquanvilla, lo comte dAussurra, lo comte de Ventador, lo comte de Vandemon de Sausura, lo comte de Vendoyme, lo comte de Vellin, lo comte de Don Martin, lo comte de Salubrissa, lo comte Johan de Vazon, lo comte de Salaplut, lo vescomte de Narbona, lo vescomte de Richemon, lo vescomte de Vaumont, lo vescomte de Beumont, lo castelan dEnposta, aquestz son barros de terra, lo menescalc dAudenant, lo senher de Castilhon, moss. R. senher de Cossi, mess. Arnaut Rendevey, lo senher dAubili, moss. Richart dAulieu, lo senher de Sant Desser, lo senher dAuboya, lo senher de la Tor, lo senher de Derval, lo senher del Bucel, lo senher de Marges, lo senher de la Plonga, lo senher de Sant Darsier, lo senher de Montagut, lo senher dAufremont, lo senher de

Bassin, lo senher de Sulhi, lo senher de Vilaqua, lo senher de la Garda de Proenssa, lo senher de Montfrin e moss. Brocicaut, lo senher de Saysaut, lo senher de Sant Menicr, lo senher de Belapergua, lo senher de Vayn, mossen Richart dAnglas, moss. Maini de Monttaur, moss. Raynaut de Colhon, moss. P. de Creon, moss. Richart dAys, moss. Gautier de Castilhon, mosenher Aynart Daufin, moss. G. Trossel, lo senher de Bosenqui e motz dautres : e mori en aquela batalha lo duc de Borbón, lo duc dAtenas conestable que era de Franssa, lavesque de Chalon, M. Jaufre de Charin, moss. Raynaut de Pont, moss. Robert de Duras, lo senher de Laudun e motz dautres de Bergonha e dAlvernhe e de Lengua doc.

En lan de la Encarnation de Nostre Senhor Dieu Jeshu Christ que hom comta M CCC LVII, fon dissipada la Proenssa per unas gens que se apelavon la Gran Companha, e lur Cap fazia se apelar Arquipestre de Vezinas am los Bausenx, e feron motz de mals, e foron motas femnas aunidas e Crestianas e Juzievas, e motz homes morts e destruzicz: et apres venc lo comte dArmanhac per Montpellier am M. glaves, e passet outra lo Rozer en ajuda dels Proensals, e per forssa e per assaut cobret alcus castels que lArcipestre, els Bausenx e lurs companhas avian davant prezes et occupatz, losquels foron rendutz als Prohensals : e pueys lo dich comte am sas gens sen tornet: el dich archipestre am sas companhas hi remas encaras.

E nom de Nostre Senhor Dieu Jeshu Christ que hom contava M CCC LVIII, fon fag acort am lArcipestre de Vezinas, tractan nostre senhor lo papa que dezamparet Prohensa am alcuna finanssa de moneda que li devian donar los Prohensals: els castels los quals tenia Arcipestre foron messes en las mas del papa e de la glieya tro que lArcipestre fos paguat, am condicion que si la moneda non avia avuda dins cert temps el rey Loys de Napols non o tenia per ferm, que en aquel cas lArcipestre cobres los digz castels : e pueys, apres Sant Miquel v ho vi jorns, lArcipestre an gran colp de gent darmas sen montet per lo camin de Borgoba en Franssa en ajuda del duc de Normandia Dalfin de Vianes premier nat de nostre senhor lo rey de Franssa e regent lo rialme per la guerra el gran dan que fazia lo rey de Navarra am alcus Englezes et autres aliatz sieus, car lo rey de Navarra el senher de Pinquinhi am lo prevost dels marchans de Paris et alcuns autres trahidors de la viela de Paris avian tractat trop gran tracion contra lo rey que era pres en Englaterra e contra sos enfans e contra autres rials, so es assaber quel dich rey de Navarra am grans gens darmas devia venir contra Paris, el dig prevost am sos aliatz lo devian recebre e rendre las claus de la vila, e devia morir lo dich duc de Normandia, el comte dAngo, el comte de Peytiers sos frayres, el duc dOrlhes frayre del rey de Franssa, el duc de Borbon, el comte dEstampas e totz los rials e totz los merchans Ytalians, Catalans e Prohensals e de Lengua doc et totz los autres forestiers merchans que foron trobatz a Paris e motz autres de la dicha viela, e totz lurs bens devian esser devezits, quar los Englezes que eron am lo dich rey de Navarra devian aver la pilha dels bens dels Ytalians, et I trahidor que avia nom P. Gili de San Guilhem del Dezert que era de la part del dich rey de Navarra devia aver los bens dels marchans de Montpellier e dels autres de Lengua doc, el dich prebost dels marchans devia esser duc dOrlhes, el rey de Navarra devia esser rey de Franssa, el rey de Franssa e mossen Felip son menre filh los quals eron preysons en Englaterra devian perdre las testas, et aquesta tracion sera ga messa ad execution, car lo rey de Navarra an los Engles corria e gastava la terra de la et ensenhori se de Sant Danis e de mots castels, e Dieus volc que aquesta tracion fonc trobada, car I jorn lo prebost dels merchans fes levar las claus dels portals de la viela de Paris ad aquels quelas gardavon e las baylet ad autres cossentens de la tracion e de sa partida, tro que fonc ad I dels dichs portals e cujet tolre las claus daquel portal et aquel que las gardava non las volc baylar, e fonc revelada la tracion dicha, et adoncs fo mes lo dich prebost per pessas e V ho VI autres trahidors am bel, e lo pobol vezen que era aissi trahit e deceuput per lo dich prebost e per los autres armet se cridan : « Viva lo rey, el duc, e mueyron los trahidors. » E manderon al duc que era a Meus que vengues a Paris : e venc hi, e fon ben et honorablamen receuput, car davant non hi auzava venir, ans hi avia tengut ceti entorn xxii jorns entre lo pont de Charanton : en lo qual ceti venc lo rey de Navarra per far acort ab el, e fon fach lo dich acort entre els et ayssi am la comuna de Paris, la qual non era ben am lo duc per so car alcuns de Paris avian mort davant lo duc en sa cambra a Paris lo marescal de Clarmont e maistre Rainaut dAras avocat de parlament e lo menescalc de Campanha, don lo duc ne fon mot corrossat, e per so issi de Paris avian fag gran dan ont estet alcun temps : e pueys al dit seti entro que fonc fach lo dich acorti, mas non contrastan laccort, lo rey de Navarra am los autres trahidors avian encaras la trahison al cor et agron messa ad execution a lur ententa si Dieus non la agues revelada : e pueys que lo duc fon tornat a Paris, fes far iusticia de P. Gili e dalcuns autres trahidors, el chancelier del rey de Navarra participan de la trahison fonc rendut per clerc a lavesque de Paris et entre que hom lou menava lo pobol lanet tot espessejar : el rey de Navarra corria tot lo pays e gastava, e per so lo duc fes gran amas de gens darmas: e per aquo lay montet lo dich Arcepestre cant ac fach son acort de Prohenssa.

Pueys apres, en aquel an meteys, a lintran [68] del mes doctobre, lo senher de Pinquinhi que era de la partida del rey de Navarra venc davant Aurias en Picardia am grans gens darmas, cossentens alcuns trahidors de dins els Frayres Presicadors daquela viela, e menet gran quantitat de carretas cargadas de tonels els cals avia dedins homes armatz, donan a entendre que eron ples de vin, car dedins navia frachura : e cant los tonels foron de din, I matin a lalba, lo dich senher de Pinquinhi am sa ost venc a una de las portas combatre aqui am las gens de dins : els autres trahidors que eron de dins los tonels meyron fueg en v ho en syes parts de la vila, el pobol conoc que trahitz eron, mezon se en deffensa am aquels que eron dedins, e cels de foras intreron de dins, e mori hi gran quantitat de gens en tant que las tres parts de dins e de la viela fonc destrucha, e pueys pilheron e gasteron e rauberon la viela e vogeron la, e pueys fon facha justizia dalcun dels trahidors que foron trobatz, e tot lo monester dels Prezicadors mes a bas.

Item, aquel an meteys, lo jorn de Sant Miquel, lenfanta de Malhorqua filha que fonc del rey en Jacme de Malhorgua e boda del rey dAragon intret e Montpellier et estet hi III jorns, e fes far cantar a Frayres Menors per sa mayre que jas aqui et a Prezicadors per en Ferrando son frayre que es aqui sebelit, lo qual nasquet en Montpellier : la qual enfanta anava a marit al marques de Montferrat, e fonc li facha yssida, et ac hi motz bos homes que sen vestiron de nou, e fonc facha gran festa e danssas.

Item, aquel an meteys, en lo dich mes doctobre, fonc revelada e trobada una autra gran tracion a Nemze laqual avia tractada mossen Cordirato cavalier de Nemze am alcus autres, los quals devian rendre Nemze e Belcayre, la Mota, Forcas e Sant Gili, Lunel et autres luocs dentorn al senescalc de Prohensa et alcuns Prohensals que sajustavon ad Ayx per dampnejar et occupar la senescalquia de Belcayre: e fonc lo dich cavalier justiziat e perdet la testa en la plassa de Nemze, dimecres a XVII doctobre que fonc la vegilia de Sant Luch, e pueys portat lo cors deforas la vila e fag quatre quartiers, dels quals la I fonc portat a la tor dAvinhon, lautre a Belcayre, lautre a Forcas e lautre a la Mota, e la testa remas a Nemze sus I pal.

Memorial sia que lan que hom comptava M CCC LVIIII, dimecres a VIII de mai [69], los senhors cossols que eron adoncs de la viela de Montpellier. . . . [70] losquals avian receupuda una lettra clausa de nostro senhor lo rey de Fransa loqual era preyzon en Englaterra, contenens entre las autras causas que los dits senhors cossols fezesson assentir a las comunas de la senescalcia de Belcayre alcunas cauzas que eron estadas dichas per lui de boca e bayladas per instruccion en cedula sagalada del sieu senhet a moss. P. Bleguier doctor en leys et al sen A. Rozier mercadier de Montpellier, losquals aneron per embayssadors al dich nostre senhor lo rey am en Steve Salvayre cossol de Nemze, en Johan Rochier del Puey per tota la senescalcia de Belcayre, las quals cauzas tocavon lestat e la delivransa del dich nostre senhor lo rey, aneron essemps am los dichs moss. Pons Bleguier et Steve Rozier a M. le comte de Peytiers filh e luoctenen deldich nostre senhor lo rey en la Lengua doc loqual era als Prezicadors de Montpellier, al qual, en presencia del comte de Valentines, del comte de Pardiac e de Montbazin, de M. P. de Montagut chancelier sieu, de M. Johan Barnerii senescal de Belcayre, de M. P. de Cazaton, de M. R. Laroca e dels autres senhors del grand cosselh sieu e den Frances Carel rector de Montpellier e de M. At. de Mostriniols doctor en decrets prior de Cornonterralh e de M. Gui de Prohinas governador de Montpellier e de motz autres, requeregron que com les dics senhors cossols non poguesson expliquar a las dichas comunas ni accomplir las cauzas als dics embassadors injonchas per lo dig nostre senher son payre, per so car las dichas comunas non son essems, que lo dich M. de Peytiers y volgues provizir en tal manieyra quels puescan explicar las dichas causas et aquelas metre a bon fin a lur poder, loqual M. de Peytiers fes respondre per lo dich comte de Valentines que sus aco avisera am son cosselh e lur ne respondra : totas ves, el sen anet lo matin vas Tolosa ses far ne autra risposta e san autra causa ordenar, en tant que per los dicz embayssadors ni per los dicz senhors cossols non estet ni a estat de far e de complir lo mandamen de nostre senhor lo rey.

Item, aquel an meteys, Bertugat de Lebret venc am grant gens darmas far guerra pres de Clarmont en Alvernhe ont fes motz de mals e de dampnages, tant que vengron pres del Puoy, et adoncs nobles e comunas daquesta senescalquia et el vescomte de Narbona lay aneron am grant poder darmas, tant que van totz los enemix [71] en claure en una vinha valadejada, e las comunas e lo vescomte de Narbona volgron combatre aquel vespre am los enemics, may que moss. Johan filh del comte dArmanhac non o volc am lo senhor dArpajon et acosselheron que hom non combates entro lo matin, e cant venc lo matin los enemics sen foron anatz.

En lan de la Encarnation de Nostre Senhor que hom contava MCCC LX, el mes de setembre, yssi de la preyzon del rey dAnglaterra lo dich moss Johan nostre senhor rey de Fransa ont avia estat IIII ans e yssi ne mejassan acort, car donet al rey dAnglaterra III milions de motos daur per sa rezention e rendet tot lo dugat de Guiana........

el comtat de Pentis, e li laysset Calays e tot cant avia en la senescalcia de Rozergue li donet [12]......

Item, aquel an meteys an LX, la nuog dels Innocens, fo pres lo luoc de Sant Esprit sus lo Roze per une companha dAnglezes e de fals Franceses, et era dedins moss. Johan Sonanh cavalier senescalc de Belcayre am certas gens darmas, et en lo combatement lo senescalc tombet dun cadafalc de fusta ont era e rompet se la cuyssa : e puoys prezeron Codolet, e feron molz de mals. Adoncs nostre senhor lo papa los fes amonestar que layssesson los luocs, e car non o volian far, el fes sos processes contra els coma obstinatz en lur malicia e donet contra els la crozada a tota manieyra de gens de la cal fes capitani per se lo cardenal dOstia, e la fes prezicar per tot, e per so gran monteza de gens a caval et a pe pres la crozada et aneron se alotjar a Banhols ont esteron en trop gran quantitat, entro lo Paschor que los enemics feron patus am lo papa, et hom lur det deniers e foron absoutz e passeron en Lombardia als gages del papa : totas ves, avant que sen anesson, I de lurs capitanis am certas companhas venc a Masselhargues e prezeron lo luoc tot sal la gleya, et esteron y III o IIII jorns per que de Montpellier yssi grant gens darmas a caval et a pe am lo senhor dAuderan marescal de Franssa e mossen Bertrand dEspanha cavalier los cals eron a Montpellier et aneron jazer a Lunel et alotjeron se als Frayres Menors, per que los dichs enemics que eron a Masselhargues cant ausiron aquesta yssida, agron lo bon matin layssat lo luoc e sen foron anatz.

En lan de lEncarnation de Nostre Senhor que hom contava M CCC LXI, en lo mes dabril, venc mossen Seguin de Badafol cavalier de Gascuenha am grans gens darmes a caval et a pe, e pres lo luoc dAnhana e puoys lo laysset am rezemcion, et anet a Ginhac et afoguet una partida dels barris e daqui sen anet a Villavayrac, a Pomayrols, a Floresac et en autres luocs en Agades ont fes mot de mal, e puoys tornet atras e pres per conbatemen lo luoc de Frontinhant I matin a la poncha del jorn a XIII dabril, et intret am sas conpanhas bolan per lestanh car dous aqui non avia gis de mur, et en aquel combatement moriron de sas gens ben cc homes e de la vila ben xxx homes et estet hi entorn III setmanas, et entretan venc a Montpellier mossen Robert de Fiennes de Picardia conestable de Franssa, el dich senhor dAudenan marescal de Franssa et lo Begues de Vilaines senescal de Carcassona e lo [7a] Baudran dElvoysa admiralh de las mars de Fransa et lo petit Meschin, los cals am grans gens darmas de caval e de pe sienas e motz e diverses bos homes de Montpellier en grant quantitat a caval et a pe e diverses autres, los volgron anar conbatre a Frontinhan, e cant los enemis o saupron, laysseron lo luoc et aneron sen fazen lo camin ves lo Vigan et otra, et las dichas gens los seguiron entro al Vigan: totas ves, cant foron en las plasses da Gange alcus borzes e bos homs de Montpellier am autres ajustatz sotz la banieyra de Montpellier, volgron e saparelheron de combatre los enemis et o agron fach, mays que lo dich mossenher lo conestable lur o denedet sotz pena de la testa, e per so non auzeron combatre amb els.

Item, aquel an meteys, en lo mes de may, estan los dichs enemics a Frontinhan, I matin, ne vengron alcus entro a la gleya de Sant Cosme de Montpellier e daqui traysseron e ne meneron II femnas e III homes que eron en la glieya.. .. . . .

Item, aquel an meteys, a II daost, venc a Montpellier Berart de Lebret ans grans gens darmes de caval e de pe, e pres los barris ubertz de Frayres Menors e pos de la Roda e las Balmes, et el se alotjet a Frayres Menors et estet y ben IIII jorns: totas ves, cascun dya la gent de la vila lur yssia entre a Sant Aloy et entro als ortz de Frayres Menors e los escaramussava hom e combatia, car en la villa avia gran copia dartilharia de gens e de vitalha, e morian ne pro de sa e dela: totas ves, mays ne morian dels enemics que de la villa, et adoncs la gent de la villa duna part e los enemics dautra, cremeron gran colp dostals de foras lo portal de Latas e ne deroqueron motz dautres per los barris uberts seguen davant los murs, e puoys los enemics laisseron los luocs et aneron sen en Albeges ont feron mot de mal, en tant que los enemics sen aneron en Narbones, et aqui se ajusteron am lo dich Berart de Lebret, los dichs mossen Seguin de Badafol, lo senhor de Castelnou de Caersi, Garciot del Castel e motz autres a caval et a pe, e daqui parten intreron sen en Rossilhon otra Perpinhan, ont estc-ron ben XII jorns, e car non trobaron vitalha torneron atras, e caval-gueron en una nuey ben XII legas, et aneron sen alotjar en Carcasses et en Tholosan, e prezeron la vila de Montoliu per assaut e la palissada, e la cremeron, mays non prezeron pas la forsa, car lo dich Begues de de Vilaines senescal de Carcassona, el Bort de la Ylla am XL glavis e la gent de la villa eron defra : encara mays, prezeron la villa de Sant Papol sal la forsa, e la vila de Villapencha e motz autres luocs que son e mieg totz sal las forsas, en los cals troberon motas vitalhas e so que volian, e fon dich que gran gent sa ajustavon amb els de Tholozan e de Carcasses : et apres que los dichs enemics se foron partis de Montpellier, la vila fes derocar mays gran re dels hostals dels baris uberts davant los murs e tota la glieya dels Carmes de foras lo portal del Legador, et encaras que motas espias et autres que hom trobet dels enemics foron a Montpellier qui pendutz, qui traynatz et escapsartz et escartayrats, e las pessas pendudas en las forcas et en los arbres per diverses camins.

Item, aquel an meteys, a XXVII jorns daoust, los senhors cossols compreron lo bel ostal nou del cossolat que es en lo plan de tras Nostre Dona de Taulas den P. Bon Amic filh que fon del sen Johan Bon Amic drapier per pres de IIII^{m} II^{c} floris daur.

Item, aquel an meteys, fan grant mortalitat en Crestiandat e duret a Montpellier per tot may e junh e julh, en que moriron motz de bos homes e gran colp dautra gent, tant que lo yac mot de jorns que morian V^{c} personas, entre grans e paucas e riquas e pauras.

Item, lo dich an, a XXIII de novembre, pauc apres mieja nueg, fo fach gran temporal de tros, de ylhausses e daygas en tot aquest pays, en tant que alcus pans dels murs de Ginhac, dAnhana e dalcuns autres luocs tomberon, e motas de las peyras dels dichs murs foron trobadas sur los hostals dels luocs, senes far mal a neguna persona.

Item, a XXV jorns del dig mes, a prim son, tombet per se meteyssa defons la tor de la cort de la part de la.

Item, aquel an meteys, fo lo capitol general dels Prezicadors en Montpellier.

Item, aquel an meteys, a XXII jorns del mes de febrier, los Espanhols passeron lo Rozer de Prohensa en lo reyne de Fransa, e pueys esteron continuamens a las frontieyras de la senescalcia de Belcayre a lintrar dAlvernhe als gages de las comunas de las senescalcias de Belcayre, de Tolosa e de Carcassona, et aysso per gardar la intrada als enemics que eron en Alvernhe et en Borgonha, entro en aost, car a XXII de julh, le comte de Trestamera frayre del rey de Castela fes acort am totas las companhas dels enemics de gitar los de tot lo realme de Fransa daqui a Nostra Dona de setembre.

Item, aquel an meteys, al commensamen de mars, una companha dels enemics de que era capitani Penin Borra pres lo luoc de Salgue prop lo Puey, ont esteron entorn III setmanas, e pueys ne yssiron am patus a XXV de mars.

En lan M CCC LXII, car los enemics tenian pres lo luoc de Brinhay prop Lyon, et aqui mezeron cety davant, lo comte de Trenquanvila luoctenent de nostre senhor lo rey, moss. Jacques de Borbon comte de la Marcha, lo comte de Fores, lo senher de Bel Ioc e sos frayres, lArcipestre de Vezinas e Baylin de Mascon e motz autres grans senhors, tant que a VI jorns del mes dabril, a hora nona, los enemics que eron defra Brinhay, els autres que eron yssitz de Salgue acordadamens feriron sur lo cety en tal guiza que lo decofiron, si que los dichs comtes de la Marcha, el de Fores, el Baylin y foron nafratz, e pueys apres pauc de jorns moriron par aquelas nafras, els dichs autres grans senhors foron preyzoniers.

Item, aquel an meteys, lo primier jorn de may, moss. Jacme lenfant de Malhorca, a mieja nueg, yssi de la preyson de Barsalona del rey dAragon son oncle ont avia estat XII ans e VI mezes e VII jorns, e segon que hom dis y foron aucitz II daquels que lo gardavon.

Item, aquel an meteys, a Nostra Dona de mars, fo comensada a bastir la dicha tor de la cort de la part de lay, e continuet la hom tot jorn de bastir, si que ela fo complida a la festa de Totz Sans, lan M CCC LXIII.

Item, lo dich an, a III jorns del mes junh, lo comte de Trestamera am sos Espanhols entorn iiic descofiron davant Montpanssier en Alvernhe una companha dels enemics que eron entorn xiic dels cals era capitani lo bastart de Bretalh, tant que ni ac be vic mortz, iic preyzoniers: els autres fugiron.

Item, a xxii de julh, fo fach acort, de voluntat de lAgent del rey, entre lo comte de Trestamera dune part et los capitanis dels enemics, que els devian issir del realme de Fransa daqui a Nostra Dona de setembre e de non retornar y iamays per far guera, si non que fos guerra entre lo rey nostre senher de Fransa, el rey dEnglaterra o entre los comtes de Foys e de Armanhac, e per aysso hom det donar certa soma de floris al dich comte de Trestamera.

Item, a xxiii daoust, sen passet de prop Montpellier Penin Borra capitani dalcuna companha dels enemics, et anet alotjar a Bozigas.

Item, a xxiiii daost, que era festa de Sant Bertomieu, passet a Sant Martin de Prunet, egal tercia, Johan Avezorgues, Alaman, P. de Montaut et Espiota, Gascos, capitanis dautras companhas, et aneron se alotjar a Miravals, a Vic et a la Veyruna et a Pinhan, et aquela nueg apres, afogueron los barris de Pinhan e grant partida daquels de Miravals e de Vic.

Item, aquel dya meteys, egal hora nona, venc a Montpellier e se alotjet a Frayres Menors, lo bastart de Bretalh e Bertuquin capitanis dautras companhas, e lendeman matin sen aneron e totz anavon sen en la senescalcia de Carcassona.

Item, a xxv daost, que era festa de Sant Loys de Fransa, egal prima, passet davant Montpellier entre Sant Cosme et Botonet, Gartiol del Castel cavalier capitani dautra companha, e segui los autres.

Item, aquel dia meteys, mos. Johan Aymeric cavalier dEnglaterra capitani dels Englezes e dels Bretos venant devers Nemze sen anet alotjar a Sant Martin de Londras et a las Matelas, et aqui estet ii jorns, e daqui segui los autres: el Petit Meschin passet davant Montpellier, e segui los autres.

Item, a xi de setembre, vengron a Montpellier los ditz comte de Trestamera e marescal dAudenan, et esteron y iii jorns, e pueys seguiron las dichas companhas per complir laccort.

Item, a XII de setembre, egal lalba, mori az Avinhon mossen Esteve Albert apelat papa Innocent VI, e pueys, a XXIII jorns del dich mes, los cardenals intreron en lo conclavi del palays dAvignon ont esteron entro lo dernier jorn del mes doctobre, en lo cal elegiron papa mossen G. Grimoart abat de Masselha, lo qual era nadin de Grizac de Gavalda, e pueys fo sagrat lo dimergue apres que era VI de novembre, e fo apelat papa Urban V.

Item, a V de dezembre, a hora nona, lo comte de Foys combatet am lo comte dArmanhac entre Launac e la Graulet en Tholzan, tant que lo comte de Foys descofit et apreyzonet lo comte dArmanhac e tota sa ost, entre los cals eron lo comte de Cumenge, lo comte de Montlazur, lo vescomte de Fezensaguet, los senhors de Lebret, de la Barta, de Fenmarcon, de Terrida, de Montesquiu, moss Bernard de Terrida, M. Gaubert de Fumel, M. Guiraut de Jauli, M. Manan de Barbazan, M. Gaciot del Castel e P. Berart de Lebret e motz autres, e dizia se que ben M personas de las comunas dArmanhac y moriron.

Item, aquel an, los senhors cossols feron far a Paris lo sagel nou del argent, el contra sagel, e feron penhar la capela, e feron far lo gran autar de la capela del cossolat, el gran armari que es detras lo dich autar.

Item, aquel an meteys, per tot lan, los senhors cossols feron portar a diverses merchans de Montpellier per mar a Montpellier ben LX milia sestiers de blat per provezir la vila, car gran carestia se metia de blat en la vila et en tota la terra, entant que de tot lan lo sestier de blat non passet otra I flori o al mays otra I franc.

Item, aquel an meteys, prop Nadal, nostre senhor lo rey de Fransa venc az Avinhon, et estet aqui et entorn entro prop la festa de la Assention de Nostre Senhor.

Item, aquel an meteys, a VI de mars, Loys Rabaut de Nissa capitani duna de las malas companhas [74], correc davant Montpellier, et apreyzonet a la Crotz dels Azeniers, los enbayssadors del rey de Castela que anavon al papa et alcuns autres.

En lan M CCC LXIII, lo Dimercres Sans, mossen P. rey de Chipre venc az Avinhon, et aqui estet entorn II mezes, e pueys anet en Fransa, e daqui en Flandres, e pueys en Anglaterra, per parlar am lo rey per far lo sant passatge otra mar.

Item, lo jorn del Venres Sans que era lo derrier jorn de mars, nostre senhor lo papa az Avinhon donet la crozada per anar otra mar en la terra sancta, e prezeron la crozada los dits senhors reys de Fransa e de Chipre et alcus senhors cardenals e mots dautres.

Item, car lo si metia gran carestia de blat, los senhors cossols compreron entorn la festa de Pantacosta, XIII[m] sestiers de blat que eron en una nau al port dAyguas mortas, lo cal blat fo portat a Montpellier e distribuat per mestiers e per hostals, e donava si lo sestier per X crozats, jassi aysso que davant si vendes communamens per tot I franc daur que valia XVI gros e quart.

Item, al jorn de Pantacosta que era XXI de may, mossen Jacme de Malhorqua pres a Napol per molher madona Joana regina de Napol e comtessa de Proensa.

Item, a XV de junh, egual prima, lo senhor de lEsparra de Bordales passet davan Montpellier am CL glavis que anava en Savoya per ajutori del comte contra lo marques de Monferrat.

Item, a XXIX del mes de julh, davant lalba, lo dig Loys Robaut pres lo castel de Linhan prop Bezers, pueys lo laysset a IIII de novembre am finansa de detz milia floris.

Item, a XIX daost, egual matinas, Berart de Lebret, Tonet de Badafol et alcus autres prezeron lo castel de Balcieia prop Memde, e lo tengron entorn XV dias, e pueys lo laysseron am finansa.

Item, a XIII de setembre, davan matinas, lo dig mossen Segui de Badafol pres lo luoc de Brieude en Alvernhe, e lo tenc ben entorn X meses e plus.

Item, a XXVII de setembre, los senhors cossols et obriers de voluntat de totas las III corts temporals e del pobol, comenseron a far derrocar los XII palms dels ostals que si tocon de fra am los murs de Montpellier, et i continueron cascun iorn entro que fo complit, anant per los murs am los curials e portant prumieyras doas bandieyras o estandartz estendudas, la prumieyra dels senhors cossols et apres dels senhors obriers, e menavon am se entorn XL breguans tant de Montpellier quant de Marselha dels cals alcus portavon balestas, els autres portavon glavis am penos de las armas dels senhors cossols, e si estavon soudejatz per la guarda de la palissada, e tot jorn tant cant la dicha obra se ponhet a far, la gran bandieira del cossolat estava estenduda sus la porta del cossolat.

Item, a V doctobre, mossen Tibaut Frayre Menor, avesque de Caron en la ila de Cret entre Venezia e Contastinopol, de licensia del prior de Sant Fermi vicari general de mossenhor lavesque de Magalona sagret la capela e lautar del ostal del cossolat, et y donet grans perdons.

Item, a XXVII doctobre, Bertuquin am LXXX glavis correc de Linhan entro a las portas dels barris de Montpellier prop Prezicadors, e venent aqui e tornan sen, apreizoneron alcus homes de Montpellier e II escudiers del cossolat, e prezeron motas bestias grossas, e sen fugiron daqui vers Anhana, per so car lo senescal de Belcayre, el governador de Montpellier am lurs gens darmas, el bayle, els senhors cossols am gran gen de Montpellier armada e la bandieyra de Montpellier, los seguiron entro a Montarnaut, e cant i foron troberon que sen foron anatz.

Item, a XIIII de novembre, Bertucat de Lebret pres lo castel de la Rocha del senhor de Cavilhac prop Chaldas Ayguas desus Maruejol.

Item, a XXI de novembre, mossenhor lo bayle fes trainar et escapsar I escudier de mossenhor lo governador et I vailet del tezaurier del palays de Montpellier, per so quar els et alcus autres avian conspirat de trayr e penre e raubar et establir la ciotat de Magalona, non obstant que mossenhor lo governador pretendes que el devia aver la conoyssensa car eron sos familiars et habitavon al palays.

Item, car a la festa de Sant Johan Baptista lo dig senhor bayle elegi messier Laurens Paul savi en dreg nadin de Frontinhan et habitant de prezent a Montpellier e car motz clerxs et avocats de Montpellier sen apeleron, e pueys mossenhor lo governador pendent lo plag i avia mes de fag regent messier P. Arquier, los senhors cossols lo requeregron que lo dig regent volgues revocar e fag remaner lo sot jutge de lan davant: per que el o son luoctenent per sentencia dada lo dich an a xxviii de novembre, ne ostet e revoquet lo dich regent e declaret que messier Laurens Sazi sot jutge de lan davant y demores regent entro que lo plag principal fos finat : fes ne carta maestre Daude Cabriola notari.

Item, aquel an, fon tan gran freg et an gran gelada que lo Rozer gelet e tant cant que hom passava a pe desus del pueg de Ceta entro Mezoa, e trop gran quantitat damolas e de jarras en que avia aygua se gelavon e se rompian, e laygua si gelava a taula en las copas e las copas se gelavon am las toalhas, e duret aquest freg continuament de Sant Andrieu entro a Sancta Perpetua : en aquel meian, tombet neu iii vetz en grant quantitat: e moriron per lo dich frech alcunas vinhas e lo mays dels oliviers e de las figuieiras e motz autres albres e quays totas las ortas et erbas de tot lo pais, e las pintas destanh en que avia aygua se fendian per lo long per lo dich frech.

(*A.*)

E lan M CCC LXIIII, mori mossen Johan rey de Fransa, a viii jorns dabril, en la ciutat de Londres en Englaterra ont era anat per gitar de ostaga sas fermansas que lay eron per sa rezemson, e pueys daqui fo portat a Paris e sebelit a Sant Danis de Fransa : e fo rey de Fransa mossen Carles son prumier nat, lo cal era duc de Normandia e Dalfin de Vianes, lo cal fo coronat a Rems lo jorn de Sant Yvo que era dimergue octava de Pantacosta, a xix jorns de mai.

Item, lo prumier jorn de may, passet a Montpellier anant de Gascuenha az Avinhon lo comte de Berrine marescal dEnglaterra am ii^{c} cavalguadors o entorn.

Item, a xxvii jorns de may, fo adressat lo costel davant lostal de

---

(*A.*) Parmi les notes presque illisibles qui couvrent plusieurs feuillets du Thalamus placés en tête de la Chronique française, se trouve la mention suivante :

Aysso son los nombres dels Fuocs reparats de las tres senescalquias de Lengadoc en lestat que eran lan M CCC LXIIII :

Belcayre...........	XXVII^{m} C XXX	somma : LXXXVII^{m} VII^{c} LXX.
Carcassonna........	XXXV^{m} VII^{c}	
Tholosa............	XXIIII^{m} VIIII^{c} XXXX	

Caravetas per los senhors cossols et aqui fo mes tantost I home, e pueys fo escobat senes sanc per la juridiction de Caravetas, quar aqui avia raubat la lenha et era issit de la preizon senes licencia : tot aysso e la sentencia donada per lo juge dels senhors cossols esta per cartas fachas per maestre Johan Ebrart notari real de la part del rector : e fo cridada la salvaguarda per motz luocs del pays dentorn.

Item, quar lo luoc de Peyriac en Menerbes avia estat pres per alcunas malas companhas, lo jorn de Sant Martin divern, mossenhor lo marescal dAudenan luoctenent de nostre senhor lo rey de Fransa am las comunas de la senescalquia de Carcassona mes seti davan et am motz nobles homes del dit pais e de Tolzan ont estet ben VI setmanas, e finalment aneron lay gens darmas de caval e de pe de Montpellier am la bandieyra de Montpellier dels cals era capitani le sen Johan Colonbier borzes de Montpellier, e partiron a XVI jorns de junh, e lendeman los senhors cossols ne feyron preguar Nostre Senhor Dieus als ordes que los endresses e lur ajudes, e foron lay a XVIII jorns de junh a dirnar, e tantost que agron begut, deron I assaut a la vila, e se proprieron tant que porteron lo fuoc entro al pe del portal de la vila, e pueys, egual mieia nueg, auziron brug que aquels de dins sen fugian per paor que avian avut per la venguda de las gens de Montpellier e per la gran artilharia que lay avian portat, e tantost els van donar assaut a la villa en tal manieyra que las gens de Montpellier per la gracia de Dieu intreron cays totz prumiers et agron la honor de la preza de la vila, car davant els non intreron mays solamens II homes darmas, e las prumieyras bandieyras que foron messas sus los cadafals e sus la glieza foron la bandieyra els penons dels senhors cossols e plus aut que aquels de mossenhor dAudenant e dels vescomtes de Caramanh e dAmbres e de totz los autres que y eron.

Item, lo prumier jorn doctobre, lo cal iorn era festa de S. German e de Sant Remy, foron messas las prumieyras peyras en la glyeya que fes far nostre senhor lo papa Urban sinque prop Costa Freja, am procession general de totz los ordes e de totas las glieyas de Montpellier, e y foron los senhors cossols de Montpellier, els senhors obriers, els senhors cossols de mar am luis entortas e lumenaria, els menestriers, el pabalhon del cossolat; e parti lo procession del ostal del cossolat am lo cap de mossenhor Sant Blazer, e pueys aqui tornet: e fes la procession el ofici mossen Johan Gasc abat dAnhana, e fes lo sermon sus lo luoc de la glieya fraire Gordon Tinel Frayre Menor nadin de Montpellier, e nostre senhor lo papa y donet aquel jorn e tostemps mays cascun an a aquel jorn meteys, VII ans e VII quarantenas de veray pardon; e mes la prumieyra peyra al cap del cor lo dich M. Labat, e lautra al costat drech los senhors cossols, e giteron desotz la peyra una punhada dargent menut, e pueys y giteron per estrenas dels peyriers VI tassas dargen marchals, e lautra al costat senestre messier Ph. de Lantilla rector de la part antiqua e sen Jacme de la Manhania bayle daquesta part; e fo azordenada e fondada la dicha glieya am III autars dels cals lo principal devia esser de la gloriosa Verges mayre de Dieu e de M. Sant Benezeg e lautre devers lo costat drech de mossenher Sant Blazer e lautre del costat senestre de mossenher Sant Girman.

Item, aquel an meteys, lo jorn de Sant Miquel mossen Carles de Bloys duc de Bretanha combatet en camp prop Vannas en Bretanha am lo comte de Montfort, en lo cal combatement lo dich duc fon descofit e mort, e lo comte ne levet lo camp.

Item, entorn la fin de novembre, Seguin de Badafol pres per escalament, egal mattinas, lo luoc dAussa prop Lyon en Bergonha, lo cal tenc long temps, entro a XIII de setembre lan LXV que ne yssi am finanssa de XLV^{m} floris.

Item, a X jorns de dezembre, Loys Robaut correc entro a Ochau prop Nemze, et aqui apreyzonet la guarda del sagel de Montpellier e gran quantitat dautras gens, e correc ben per III o per IIII jorns tot lo pays entre Vidorle e Gardon, rauban, apreyzonant, e fazent motz de mals[75].

Item, dimergue XXIX jorn del dich mes, egal matinas, XV homes vengron armatz a caval az Argiliers, e prezeron la glieya e lostal de labat dAnhana, e tantost se leveron gens darmas e de pe dAnhana e de Ginhac e dels autres luocs dentorn, et aneron sen lay, e prezeron per combatement tantost devenguda la dicha glieya e lostal, et auciron los XIIII homes, e lo XV meneron az Anhana, et enquerregron am bel, e pueys ne feron justicia tal que mori.

Item, a V de genoyer, fo montada sus lo cloquier de la fusta en lostal nou del cossolat la campana, et adoncx comesset a sonar en ayssi quant era acostumat.

Item, a XIII de genoyer, mossen Loys de Fransa frayre e luoctenent de nostre senhor lo rey, duc dAnjo, intret a Montpellier, e mossenhor lavesque dAvinhon fraire de nostre senhor lo papa.

Item, a XII de febrier, tombet lo mur a la tor de la gacha del palays.

En lan de Nostre Senhor M CCC LXV, mossen Loys duc dAnjo tornet a Montpellier a divenres apres Paschas que era lo XVIII jorn dabril, e tornet en lostal del cossolat, et y estet entro lo XIII jorn de may que sen anet a Belcayre.

Item, lo segon jorn de may, fo combatut e descofit e pres Luys Robaut prop Anonay per la comuna del Puey, et el fo prezonier del senher de la Vouta en Vivares, e puoys fo descapitat et esquartayrat a Vila nova dAvinhon a....jorns [76].

Item, a XXIII de may, intret az Avinhon mossen Carles IIII emperador de Roma e rex de Boemia, et estet y XVII jorns.

Item, a XV de julh, comenseron a venir en Montpellier e per tot lo terrador gran quantitat de langostas lasquals volavon per layre a grans ardas tant que tenian cubert lo pays e cays cubrian tota la terra et en partida tolian la vista del soleh e manjavan totas las erbas que trobavon de pratz e dautres luoxs.

Item, a XII daost, lo dich mossenhor lo duc dAnjo tornet a Montpellier, e pueys sen anet a XXI del dig mes vas Fransa.

Item, lo jorn de Nostra Dona de setembre, las morguas de Nostra Dona de la Riba foron menadas al monestier de Nostra Dona de Sant Gili de Montpellier am la procession de Nostra Dona de Taulas e per los senhors cossols, els autres officiers e los homes de la vila, et aqui foron enclausas et unidas am las dichas monjas de Sant Gili am gran sollempnitat.

Item, aquel an meteys, en may, nostre senhor lo rey de Fransa autriet los II sirvens del cossolat.

Item, a x doctobre, M. P. rey de Chipre pres la ciutat dAlixandria en Suria, e la tenc v jorns.

Item, lo premier jorn de novembre, M. G. dAgnay cavalier, Aufrey de Goesbrien et Henric de Driant capitanis dalcunas companhas de Bretos se alotjeron a Grabels, et aqui esteron II jorns, e puoys passeron davant Montpellier et aneron se alotjar a Mudazos e Candilhanegues e per tot aquel pays, e puoys passeron Vidorle.

Item, a v de novembre, Robert Briquet capitani duna autra companha de Bretos pres lo fort de Bel Esgar, et aqui estet entro a VIII de dezembre.

Item, a XIII de novembre, una autra companha de Bretos pres lo luoc dAgremont, e tengron alcus jorns.

Item, XVIII de novembre, I autre capitani Gascon apelat Bras de Fer luoctenent del bort de Caupena se alotjet a Castelnou am sa companha, e corret entro al pos den Rodes costa lo Pont de Sant Esprit de Montpellier e puoys entro lestanh de Perols, ont apreyzoneron motas gens e bestias, et aqui estet alcus jorns, per que lendeman los senhors cossols am motz bos homes de vila armatz a caval et a pe aneron vers los molis del Les per far ne metre en la vila totz los moliegs de blat e de farina, et o feron : de que foron capitanis lo sen Jacme Rebieyra cossol e sen Johan Colombier deputat.

Item, a XXIX de novembre, intret a Montpellier mossen Bertrand de Clequin, Breton, comte de Longuavila capitani major de totas las companhas de Frances, dEngles, dAlamans, de Bretos, de Gascos e de motz autres, et y estet entro a III de dezembre, et adoncs sen anet menan las dichas companhas passadas et a passar en Aragon et en Castela e puoys en Granada per tractament e per acort de nostre senhor lo papa Urban V e de nostre senhor lo rey de Fransa e del emperador de Roma.

Item, lo dich III jorn de dezembre, intret a Montpellier I autre capitani de companha apelat lo Limozi, lo cal apres II jorns segui lo dich gran capitani.

Item, a VI de dezembre, passet devant Montpellier M. Robert Lescot capitani duna autra companha.

Item, a IX jorns del dich mes, passet a Montpellier lo senhor dAlbaterra capitani duna autra companha.

Item, a XVIII jorns del dich mes, passeron davant Montpellier I vescomte dOmayna et M. Johan la Rocha cavalier dAlvernhe, et aneron sen alotjiar a Sant Martin de Londras, et aqui esteron III jorns am lurs companhas, e puoys seguiron la gran rota.

Item, la vigilia de Nadal, venc a Montpellier M. Jaques de Borbon conte de la Marcha, et y estet II jorns, e puoys segui la gran rota.

Item, en lo dich mes de dezembre, lo sobredich Segui de Badafol mori a Pampalona per lo fuoc de Sant Anthoni.

Item, a VII de genoyer, se alotjeron a las Matelas M. Raynaut de Vinhola, Angles, M. Eon Budos cavalier e Tibaut del Pon, Bretos, capitanis dautras companhas, et aqui esteron entro a X jorns del dich mes, et aqui sen aneron alotjar a Mont Arnaut, ont esteron II jorns, e puoys seguiron los autres.

Item, a XIII del dich mes, passet a Montpellier M. Loys senhor de Bel Ioc en Borgonha am sa companha, e segui los autres.

Item, a IX de febrier, tornet a Montpellier lo dich mossenhor lo duc dAnjou.

Item, a XII jorns del dich mes, intret a Montpellier madama la duguessa dAnjou sa molher per lo portal Sant Gili, e per honor dela los senhors cossols feron encortinar las carrieyras per ont devia passar, et la mitat dels senhors cossols li anavon davan a caval e lautra mitat dels e dels curials la destravon a pe, els menestriers del cossolat li anavon davan a caval, e puoys ela sen anet vers Bezers a XIIII jorns del dich mes.

Item, aquel jorn meteys, intret a Montpellier M. Johan de Grely Captal de Buoch luoctenent del rey de Navarra per demandar la possession de la vila e de la baronia de Montpellier, la cal li era donada per nostre senhor lo rey de Fransa per lacordi de la pas facha derrieyrament entro los ditz senhors reys.

Item, a XVII jorns del dich mes de febrier, lo dich M. lo duc dAnjou baylet la possession de la vila de Montpellier quant az aquesta part e la baronia al dich Captal de Buoq coma luoctenent del dich senhor rey de Navarra, salvas las franquesas de la vila de Montpellier, e puoys lo dich M. lo duc parti de Montpellier, a xix de febrier, e sen anet vers Bezers.

Item, a xviii et a xix del dich mes, passeron davant Montpellier ii grans companhas dAlamans e de Bretos, e seguiron los autres.

Item, a xxi de febrier, M. lo bayle et totz los autres curials de la dicha part feron lo sagrament acostumat a Nostra Dona de Taulas en las mas del dich Captal e luoctenent, prezens los senhors cossols, retenguda la sobeyranetat, els drechs reals de la corona de Fransa, e salvas las franquezas, las libertatz e las costumas de la vila de Montpellier.

En lan M CCC LXVI, lo dia xxvi dabriel, los senhors cossols azordeneron a las cloquas dels sens de Nostra Dona de Taulas, present e de voluntat del pobol ajustat en lostal del cossolat, que daqui avant non y aia mays xiiii escudiers del cossolat, part los forestiers de Valena, e que aquel nombre non se puosqua huoy may cresser puoys que sian tornatz al dich nombre per mort o per deposition daquels que y son aras otra lo dich nombre.

Item, que per la forma mercissa los iii officis del prior e del sen gros e de la cera se governe per i home ses plus quant sian mortz o desapauzatz aquels iii que los tenon aras.

Item, aquel an meteys, en lo comensament del dich an, M. Henric de Castela comte de Trestamera am las dichas companhas et am tot lo poder del rey dAragon en Peyre lo cal avia guerra mortal am lo rey de Castella en Peyre, intreron am mot grans efforts en Castella tant quel dich comte pres tot lo regne de Castella defra pauc de temps, e fo coronat rey de Castella a Burgos lo jorn de Rams que era xxix de mars, et aqui era present lo dich M. Bt. de Clequin comte de Longuavilla e capitani major de las dichas companhas.

Aquest an, nostre senhor lo papa trames al covent de Frayres Menors de Montpellier lo bras drech de mossenhor Sant Loys de Masselha encastrat en argent, lo qual trames per frayre P. dAragon Frayre Menor nebot del dich Sant Loys et oncle del rey dAragon.

Item, a VII jorns de may, tornet a Montpellier lo dich M. lo duc dAnjou, et anet sen lendeman vers Avinhon.

Item, le primier jorn de junh, M. Olivier de Mauni e M. G. Boten cavaliers de Bretanha capitanis dalcunas grans companhas am las dichas companhas se alojeron als barris dels Augustis et en los autres de Montpellier et a Castel nou et en los autres luocs entorn Montpellier, et estant aqui gasteron motas tozelieyras e motas sivadieyras et autres camps de Montpellier e dels dichs autres luocs, et y feron motz autres mals, e puoys a V jorns del dich mes, sen desalotjeron et aneron sen en Agades per seguir las autras companhas.

Item, en aquel mes meteys, mossen Arnaut de Servola appelat lArchipestre de Vezinas lo cal era I gran capitani de companhas fo mort a Glazi per I cavalier de sa companha per paraulas injuriosas que avian entre se, et aysso fo fach en Borgonha entre Lyon e Mascon.

Item, en aquel an meteys, a XIII daost, los gens darmas de mossenhor lo duc dAnjou estant a Toloza am las companhas del dich moss. Olivier de Mauni e de la comuna de Tholoza, aneron armatz combatre una companha dAngles que era en los barris de Montuoch en Tolzan, e los desconfiron, si que niac entorn LXXX pres e C morts et entorn V^c cavalguaduras prezas: els autres fugiron.

Item, lendeman, las dichas gens darmas de M. dAnjou e lurs companhas aneron combatre una autra companha dAngles que era als barris de Montalban dels cals eron capitanis Bertugat de Lebret e Frayre Derrier, et aqui los combateron tant que los Frances foron descofitz, si que lo senescalc de Tholosa e M. Ar. dEspanha senescalc de Quarquasona, el bort de Bearn, els vescomtes de Narbona e de Caramanh e motz autres valens homes y foron nafratz et apreyzonatz per la tracion de II^c homes darmas Angles los cals anavon am los Frances, els Frances cofizan se dels los avian messes en lariere garda, e quant venc al combatre, els feriron sus los Frances.

Item, aquel an, el mes de may, fo comensat lo mur de peyra dels barris dous cascun cap del dich mur [77].

Item, a xxix de julh, nostre senhor lo papa trames a sa glieiza de Sanh Benezeg de Montpellier per M. Labat de Sant P. de Monmajor, lo cap de mossenhor Sant German avesque et una cabubla tota cuberta de perlas et i calice tot daur e mots dautres bels melhs, les cals lay foron portatz am gran procession de totas las glieyas e dels ordes et am gran lumenaria.

Item, a i dissapte ix jorns de genoyer, nostre senhor lo papa Urban V intret a Montpellier am los senhors cardenals de Buluonha, de Canilhac, avesques, Avinhon frayre de nostre senhor lo papa, Terohana, Sarragossa, Vabre, Pampalona vice cancellier, capelas, Limotges, Guillemes Belfort, mossen Rainaut Dorssins, Carcassona, Sant Marsal, dyagues cardenals, et yssiron los senhors cossols, els senhors obriers a caval, els curials del rey de Fransa et aquels dessa del rey de Navarra, els mestiers am lievreyas per las vii escalas, et yssiron li entro prop Sant Anthoni de Cadola am iii bandieyras grandas, so es assaber la una de las armas de nostre senhor lo papa e las ii de las armas de la vila de Montpellier, delas cals la una anava am menestriers de las armas de nostre senhor lo papa e de la vila, e lautra anava primieyra davan totz los penos de las escalas, e puoys totas las lievreyas e las escalas li foron a pe per orde en lo plan des Azeniers dessay la cros : e fro primieyra lescala del dimergue, apres lescala del dissapte, apres lescala del dilus, apres lescala del dimars, apres lescala del dimecres, e pueys ensemps las escalas del digous e del divenres, e cascuna escala portava penon desendat de las colors de la lievreya de la escala, et en ayssi vengron entro al cap dessay del pon de Castelnou, et aqui foron totz los senhors cossols a pe amb i bel pabalho e noble que els li avian fag far de novel de iii draps daur am viii bastos e xiiii escuts dargent de las armas del dig nostre senhor lo papa et autras xiiii de las armas de la vila e xxiiii campanetas dargent dauradas, e iiii dels ditz senhors cossols lo destravon ii al madre del fre e ii als pes e los viii portavon lo dich pabalhon : e quant fo als Augustins, el se revesti en pontifical et en ayssi vengron entro lo portal de Sant Gili, et aqui fo mossenhor larcevesque de Narbona e motz autres prelatz revestitz am gran e solempna procession et am los reliquiaris de la glieya de

Sant Benezeg, e reculhiron lo am gran reverencia, et aqui meteys fo mossenhor lo duc dAnjou frayre de nostre senhor lo rey de Fransa, e mes si a pe, e destret lo a pe daqui entro lostal del cossolat ont tornet e discendet nostre senhor lo papa, et intret a Nostra Dona de Taulas, et aqui donet perdon a tota persona que y era e que i fora si pogues, que era en estamen de gracia e y sera de fra VIII jorns, VII ans e VII quarantenas de veray perdon, e pueys aprés disnar anet per vila revestit en pontifical a caval, e fazen son camin anet vezer lestat de sa glieya de Sant Benezeg, e donet y senblan perdon que dessus, e los ditz senhors cossols lo destreron a pe anan e tornan: et aitant quant el fo a Montpellier y fo la bulla de la Pinhota.

Item, a I dissapte XXX de jenoyer, nostre senhor lo papa estant a Montpellier, trames a la dicha glieya lo cap de mossenhor Sant Blazer martir, fach far de novel per los senhors cossols exceptat que nostre senhor lo papa y avia paguat lo quart del argent e las peyras preciosas tant solament, et y trames atressi lo cap de Sant Benezeg abat et una gran emage de Nostra Dona am son tabernacle tot dargent daurat, los cals melhs y foron portatz am solempna processio de las glieyas e dels ordes et am gran lumenaria del cossolat e de tota la vila, et y ac grans perdos de nostre senhor lo papa e de VIII senhors cardenals e de motz avesques et abatz que y foron revestitz, e cantet la messa moss. P. Jutge arcivesque de Narbona, et y det gran perdos que monteron entre tot XI ans.

Item, lo jorn de Nostra Dona la Candaloza, foron senhadas las candelas al capitol de Predicadors, egal matinas, per mosenhor lo cardenal dAvinhon frayre de nostre senhor lo papa, e pueys nostre senhor lo papa fo aqui meteys, a prima, e donet candelas a tota gent et apres cantet messa en pontifical a lautar mager, presens e revestitz XII senhors cardenals e motz autres prelatz.

Item, lo dimergue que era VII jorns de febrier, per so car lo era fama per tot lo pays que nostre senhor lo papa devia sagrar lautar major de sa dicha glieya, mot gran pobol de diverses pays dentorn Montpellier a XX legas e plus venc a Montpellier per aver perdon, e car la dicha sagrazon non se fes, per tal que lo pobol non say fos vengut de badas, nostre senhor lo papa lur donet a cascun VII ans e VII quarantenas de perdon.

Item, car la nueg tantost seguent, fes mot gran temporal de tros e de ylhausses e fes mot gran plueja tota aquela nueg e lautra seguent e tot lo dilhus e dimars, nostre senhor lo papa donet a totz los ditz estrangiers per cascuna lega de venir e per autra lega de tornar, I an e XL jorns de perdon.

Item, lo dimergue seguent, que era XIIII jorns de febrier, nostre senhor lo papa sagret lautar maior de sa glieya de Sant Benezeg e pueys cantet aqui messa en pontifical, presens totz los ditz cardenals e motz autres prelats, et y donet VII ans e VII quarantenas de perdon, e pueys a vespras nostre senhor larsivesque de Narbona y prediquet et y donet senblan perdon de part nostre senhor lo papa, e de part los senhors cardenals C jorns per cascun, e dels autres prelatz y donet de perdon per cascun XL jorns, e per se meteys per prevelegi de papa Clemens VI LX jorns e del dig papa Urba LX jorns e de son dreg ordenari XL jorns, et aquestz perdons volc que fosson per tostz temps al jorn meteys cascun an.

Item, a XV de febrier, nostre senhor lo papa fes avesque de Caortz mossen Bec de Castelnou doctor en decretz legent en lestudi de Montpellier, local amb alcus autres avesques novels foron sagratz lo dimergue apres que era XXI de febrier en la dicha glieya de Sant Benezeg per lo dig mossenhor lo cardenal de Canilhac.

Item, estant nostre senhor lo papa a Montpellier, motas vegadas se mostret al pobol a la fenestra del cossolat una vegada lo jorn e pueys en derrier II vegadas lo jorn, el derrier jorn III vegadas lo jorn, e cascuna vegada donava perdon a totz aquels que y eron en estamen de gracia o foron defra VIII jorns, VII ans e VII quarantenas de perdon. Et I divenres que era lo V jorn de mars, fes en Montpellier avesque de Magalona M. Gaucelin de Deus (*B.*) avesque de Nemze, e fes evesque de Nemze mossen Johan Gasc abat dAnhana, e pueys sen anet de Montpellier vers Avinhon I dilhus, VIII jorns de mars, et acompanhet

---

(*B.*) Lo cal mori a Montpellier lo IX jorn daost lan LXXIII.

lo cays tot lo poble alcus a caval alcus a pe entro la cros dels Baucels e plus, e daqui otra lo acompanheron a caval alcus senhors cossols vielhs e novels e motz autres bos homes de Montpellier entro Avinhon.

En lan M CCC LXVII, a XXIX jorns de mars, M. Amien del Baus senescalc de Belcayre par comission de M. lo duc dAnjou fraire et luoctenent de nostre senhor lo rey de Fransa venc a Montpellier, et am crida pres tota la terra de nostre senhor lo rey de Navarra a la man del rey de Fransa e sospendet totz los officiers del rey de Navarra per alcunas deshobediensias que dizia que li avian fach la gen del rey de Navarra especialment a Montpellier et a Latas, e puoys a VI jorns dabril, en absencia dels senhors cossols, lo dich senescal en la part de lay fes officiers de la part dessay par lo rey de Fransa los cals apelet regens en los dicz oficis, so es assaber[78]...... Item, aquel jorn meteys, los senhors cossols quant saupron la dicha election aneron en sa presencia e non y cossentiron aitant quant poyria prejudicar a las libertatz e las franquezas de la vila, e M. lo senescal salvet la dicha protestation, dizen quel non entendia re aver fach en prejudici de las dichas libertatz, et en lo cas que fach o agra, el ho revocava tot e ho avia per non fach : et esta per carta.

Item, a III iorns dabril, lo rey vielh de Castella en P, el princep de Galas e M. Jacme filh que fo del rey de Malhorgua combateron lo rey Henric e lo descofiron, si que el fugi, e motz grans baros que y eron per lo dich rey Henric foron apreyzonatz, e puoys intreron a Burges a x jorns dabril, entre los quals foron preisoniers lo comte de Deneya, M. B^t de Clequin, lo marescal dAudenan el Begues de Vilainas.

Item, lo derrier iorn dabril, nostre senhor lo papa parti dAvinhon am motz senhors cardenals per anar vers Masselha e daqui en Roma, et estet a Masselha entro a XIX de may, lo qual iorn se mes en mar en galeas per anar en Roma am motz senhors cardenals et autres prelatz, e fes vela et anet sen.

Item, a XX jorns de junh, lo dich M. lo senechal coma governador de Montpellier elegit, sus aquel fach per lo dig M. lo duc, am los ditz senhors cossols en la forma acostumada elegiron curials de Montpellier aquestz que se seguent, so es a saber [79]..... Item, lo jorn de Sant Johan, de matin, fo restituada la terra per lo dic M. lo senescalc, de mandamen del dich M. lo duc, a las gens de nostre senhor lo rey de Navarra, e puoys facha la dicha restitution, los ditz senhors curials feron lo sagramen en ayssi quant es acostumat a las gens del dich nostre senhor lo rey de Navarra.

Item, lo dernier jorn dabriel, nostre senhor lo papa parti dAvinhon per anar a Marcelha e daqui en Roma, et anet jazer a Novas et aqui estet III iorns.

Item, a III de may, parti daqui et anet a Orgon.

Item, a IIII de may, parti daqui et anet a Sant Canat.

Item, a v de may, parti daqui et anet a Aycs, et aqui foron los embayssadors de Venezia que y eron vengutz per far li la reverencia.

Item, a VI de may, parti daqui et anet a Masselha.

Item, lo dich IIII jorn de may, apliqueron a Masselha v galeas de Venessias per prezentar las a nostre senhor lo papa a son servizi entro a Roma mot belas et ben ornadas am I capitani et am XII ambayssadors mot notables homes et savis.

Item, a XIII de may, y apliquet una autra galea mot ben ornada dins e deforas am I capitani et IIII cosselhiers de Ancona e mariniers vestitz de unas raubas am las armas de nostre senhor lo papa, am penoncels de las dichas armas en cascun banc.

Item, a XVI de may, y apliqueron IIII galeas de Genovezes e IIII de Florentis e II de Pizas e VI de la regina Johana de Napols, et en aquelas de Genoa avia I capitani frayre del duc de Genoa am motz embayssadors savis e mot ben ornatz, en aquelas de Florensa avia I capitani mot savi, e las galeas de Genoa eron a despens de Florensa, et en aquelas de la regina era capitani lo comte Camarlenc, et en cascuna galea de la regina avia I comte et I baron am mota cavalaria ben ornada.

Item, a XVIII de may, lo comte, el senhor de [80]...... vengron am I pamfil et alcus homes darmas per acompanhar nostre senhor lo papa, et aquel jorn meteys nostre senhor lo papa fes capitani sobeyran et amiralh de totas las galeas lo Maistre del Hospital de Rodas, lo cal fes far a Masselha II galeas.

Item, aqui meteys, a Marselha prezens III senhors cardenals, nostre senhor lo papa fes cardenal M. G. dAgrifuelha prothonotari el filh de M. Adhemar dAgrifuelha marescal de cort de Roma.

Item, a XIX de may, nostre senhor lo papa, auzi sas messas et anet romien a Sant Victor, e pueys a solelh levant montet en la galea dels Venessias, et estet foras la cadena del port entro a mieia tercia, esperan los cardenals que eron a Masselha loscals eron VIII, so es assaber, Urgel, Vabre, Avinhon, Viterba, Masselha, Guillems, Sant Marsal et Agrifuolha : et aquel jorn meteys nostre senhor lo papa ac bon vent e venc a Tolon.

Item, a XX de may, parti daqui et arribet a Vilafranca prop Nissa de mieja lega, et aqui dissendet de galea.

Item, a XXI de may, parti daqui e montet en la galea dels Genoeses, e venc en la rebieyra de Genoa en I petit luoc apelat Sant Esteve, et aqui demoret tota la nuog en galea.

Item, a XXII de may, davant lalba, comenset a navigar e venc dinar juxta la ylla dAlbenga, et aquel jorn meteys apliquet a XV milhas prop Genoa, et es cert que de tot lo camin non volc greviar las glieysas.

Item, a XXIII de may, a lalba, fo en lo port de Genoa et estet en lo port entro a mieja tercia, et aqui li yssiron las processions, el duc e grant gent am I sollempne papelhon, e tot lo pobol fo vestit de livreya departit de una escarlata blanca e de drap blanc de seda, e nostre senhor lo papa vezen la gran multitut del pobol apliquet al port foras los murs en I hostal apelat Paradis e donet perdon de VII ans e de VII quarantenas, et estet y V jorns, e donet y semblan perdon cascun iorn II o III vetz, et estet y tant per far la pas dels nobles e del pobol, e car las partidas non comparien el comes la pas al cardenal de Viterba lo cal per aquo fes aqui remaner.

Item, a XXVI de may, nostre senhor lo papa se mudet defra los murs de Genoa en lostal de Sant Johan cavalcan per vila e revestit en pontifical, e puoys en la glieya de Sant Johan cantet vespras am los cardenals sollempnamens.

Item, lendeman a xxvii de may lo cal jorn era festa de la Assension de Nostre Senhor, lo dich nostre senhor lo papa cantet messa en pontifical en la dicha glieya de Sant Johan, prezens losdits ducs de Genoa, maistre de Rodas e madona Ysabels filha que fo de M. Jacme rey de Malhorca e molher del marques de Montferrat e mot gran pobol, et aqui lo dich maystre de Rodas fes cavalier de Sant Johan M. Johan frayre del duc de Genoa, et apres la messa, la dicha marqueza parlet mot espaciozament am nostre senhor lo papa e pres congiet de lui, e puoys aquel jorn meteys, losditz duc e maistre soperon en la cambra am nostre senhor lo papa, els cardenals dAvinhon e dAgrifuolha en lo tinel.

Item, a xxviii de may, nostre senhor lo papa, sus lalba, montet en la galea de Genoa et aqui el port auzi ii messas, et a mieja tercia fes vela, et a vespras arribet a Porto Venrres e dissendet de galea, et aqui jac aquela nuog.

Item, a xxix de may, montet en la galea dAncona la cal era siena propria, e car fazia orre temps de pluoja estet aqui iii jorns sens yssir de galea.

Item, lo premier jorn de junh, vengron aqui am bon temps lo duc et avesque de Pisa am gran multitut de gens e foron li la reverencia.

Item, lo segon jorn de junh, arribet al port de Plombir.

Item, a iii de junh, montet en la galea dels Venessias, et aquel jorn meteys arribet al port de Cornet e demoret tota la nuog en la galea, els cardenals en terra : et aqui fo lo cardenal dEspanha legat en Lumbardia am gran multitut de gens et y avia fach far motas mayonezas de rama, puoys lendeman de matin nostre senhor lo papa yssi de la galea, e per lo legat am las reliquias et am los ambayssadors de Roma los cals eron vengutz aqui., fo receuput am mot gran reverencia, et auzi messa en una de las dichas mayonezas de rama, e puoys montet a caval, e venc a Cornet, e dissendet als Frayres Menors et aqui estait iiii jorns, et aqui meteys cantet messa en pontifical lo jorn de Pantacosta que era vi jorns de junh.

Item, lo dilus vii jorns de junh, vengron aqui en concistori los embassadors de Roma, portant las claus del castel de Sant Angil de

Roma et offren a nostre senhor lo papa et al sancte collegi dels senhors cardenals se e tota la universitat de Roma.

Item, lo dimars VIII de junh, nostre senhor lo papa parti de Gornet et anet jazer a Tusculana.

Item, lo dimecres IX de junh, fo a Viterba et aqui fo receuput am gran sollempnitat per los Lombarts.

Item, divenres a XX jorns de aost, fo montat sus la tor gran costa lo portal de la glieya devers lo mur de la vila de Montpellier, lo sen maier de nostre senhor lo papa lo qual sen a nom Urban, e puoys lo dilus a prop que era XXIII jorns del dich mes, lay fo montat lo segon sen que a nom Girman.

Item, I dimergue que era V jorns de setembre, per I sirvent del marescal qui lavava sa mas en una font de Viterba, se levet una rumor e riota mot gran en Viterba, la cal duret entro lo dimars seguent, entre las gens del cardenals e del marescal duna part e lo pobol de Viterba dautra, tant que la gent de Viterba cridavon: « Mueyron aquetz « cardenals. » E se armeron entro a III^{m} homes e tenderon las cadenas de la vila e combateron los hostals dels cardenals de Vabre e de Carcassona, tant que intreron per forsa en lostal de Vabre et auciron lo maistre de sala et I autre servidor del hostal e cujeron aucir lo cardenal, mays que el se redet a els am lo capel en las mas e se rezemet de III^{c} francs, e covent quel cardenal de Carcassona yssis de son hostal secretament en habit dAugustin et anet sen a Prezicadors et aqui mudet habit de Prezicadors et anet si gaudir al palays del papa, et atressi totz los autres cardenals lay se aneron gaudir, exceptat aquels de Belfort e Guillems, los cals eron malautes en lurs hostals, perque lo papa vezen tan gran insult mandet querre gens darmas per tot lo pays dentorn, si que de Roma y venian ben XV^{m} homes armatz, e quant foron a VI milhas de Viterba lo papa los fes tornas atras, exceptat V^{c} dels melhors los cals vengron a Viterba, e dautra part vengron de la terra de la glieya dentorn Viterba XX^{m} homes armatz, lo dich dimars, per que los homes de Viterba sen fugiron quant o auziron, exceptat entorn IIII^{c} que y demoreron los cals foron pres, e tots aquels que eron pres que eron estatz en lo insult foron pendutz e decapitatz, e los hostals dels e de totz los autres que y eron estatz foron crematz en guisa que jamays non se tornon bastir, totas la cadenas foron arrabadas e portadas al palays, e totas las tors de la vila abatudas, e la dicha font desfacha, et aqui bastidas unas forcas, e la vila que era ciutat fo privada por tos temps de se pontifical e de nom de ciutat, e fo mudada la ciutat e la se al castel de Monteflisco, e fo denedat al cardenal de Viterba Frayre Menor que daqui avant non se auzes far apelar cardenal de Viterba may lo cardenal March.

Item, entorn la festa de Totz Sans, nostre senhor lo papa intret en Roma revestit en pontifical, et aqui fo receuput per los Romas am mot gran honor.

Item, a prop entorn la festa Sant Andrieu, mori en Roma lo dich cardenal de Vabre.

Item, lo dich an, fo gran mercat de vin e gran caristia duous en Montpellier, tant que I huou valia III miegs cartayros de vin.

Item, a XI dias de setembre, M. lo duc dAnjou venc de vers Bezers a Montpellier.

Item, a XIII dias del dich mes, venc de vers Carcassona a Montpellier madona la duguessa sa molher.

Item, landeman, venc a Montpellier lo Lemozi am gran rota, lo cal se alotjet a Montferrier et en los autres luocs dentorn.

Item, a XV de setembre, intret a Montpellier Perrin de Savoya capitani duna autra gran companha, lo cal se alotjet a Valvert.

Item, lendeman, Yvo de Groeslort, Breton, capitani duna companha de Bretos se alotjet a Mudazos et entorn, totas ves el intret a Montpellier.

Item, mossenhor dAnjou e la dama sen anceron III jorns apres vers Belcayre.

Item, car per dubte de las dichas companhas hom non auzava vendimiar a Montpellier, lo dich Lemozi prestet a la vila de Montpellier XX lanssas de sas companhas per gardar lo labor de vindemias, si que fo azordenat que hom vendemies departen lo labor per quartiers, so es assaber del camin drech de Latas entro lo camin drech de Salazon, e puoys daquel camin entro lo camin drech de las Matelas, e pueys del dich camin entro lo camin romieu de Fabregas, e pueys daquel camin entro lo dich camin de Latas, et en ayssi dureron las vindemias en Montpellier de Sant Gili entro passada la festa de Sant Dyonisi.

Item, a xxv de septembre, M. Olivier de Mauni cavalier Breton lo cal yssia de la preyso de M. de Navarra, venc a Montpellier seguen M. lo duc vers Belcayre.

Item, a vii jorns de febrier, los dits M. Bertrand de Clequin e marescal dAudenant deslivrats de la preyson del princep de Galas, passeron a Montpellier anan a Nemze parlar am monsenhior lo duc.

Item, a ix jorns del dich mes, intret primieyrament a Montpellier lo dich mossenhor lavesque de Magalona moss. Gaucelin de Deus.

Item, entorn x jorns de febrier, Amenieu dOrtiga e Noli Pavalho capitanis dalcunas companhas prezeron lo menrre fort de la vila de Montoliu en Carcasses, e pueys, a xix del dich mes, egal tercia, fo pres lo luoc de Pomayrols en Agades per autras companhas, e puoys a prop alcus paucs jorns los laysseron.

Item, a xxvi de febrier, venc a Montpellier lo dich M. Bertrand de Clequin duc de Trestamera e conte de Longuavila, et en sa sequela lo bastart de la Yla, Perrin de Savoya, Petit Meschin, Noli Pavalhon, Amenieu dOrtiga e motz autres capitanis am alcus de lurs companhas, et y resteron alcus jorns.

Item, un dissapte que era lo iiii jorns de mars, lo dich M. lo duc dAnjou am totz los ditz capitanis e lurs companhas en gran quantitat mes seti davant lo luoc de Tarascon en Provensa, lo cal luoc se redet puoys a lui lo xxii jorn del mes de may seguent.

En lan MCCCLXVIII, lo xxv jorn del mes daost, fo comensada la glyea nova dels Frayres del Carme de Montpellier en lur ort al cap del dormidor nou, et es lautar major vers laygua e protent la glieya vers lo gran camin public que va del portal del Legador vers la glieya de Sant Cosme.

Item, en vendimias, totz los dits capitanis foron entorn Montpellier am lurs companhas tornan de Tarascon et anan vers Tholosa, per que foron gardas de la vendimia de Montpellier coma lan davant M. Alan de Beaumont e M. Robin senhor de Vaucolor cavaliers Bretos am xxx lanssas.

Item, en lo mes de novembre, fo facha la pas a Tholosa entro M. lo duc dAnjou per nom de nostre senhor lo rey de Fransa, el comte de Melet per la regina Johanna de Napols contessa de Proensa.

Item, a iii jorns del mes de decembre, nasquet a Paris lo primier nat M. Carle filh del dich nostre senhor lo rey de Fransa, e puoys a x jorns de genoyer, foron presentadas letras de madama la regina de Fransa als senhors cossols certificatorias de la dicha nativitat, e doneron los senhors cossols al portador de las novelas xxv francs daur, e per so lo dimergue seguent que fo lo xiiii jorn del dich mes, los senhors cossols feron far una sollempna procession general en la cal foron totz los curials de la vila espirituals e temporals e totz los officiers del cossolat e totz los mestiers de la vila portant cascun sa entorta cremant, et anavon davant am bandieyras, so es assaber aquela de Fransa, puoys aquela del cossolat e puoys aquela de Sant Fermin, et ac y ii sermos de ii maistres en theulogia la i de Prezicadors e lautre de Frayres Menors, e fo la i en Taulas e lautre al Plan del Cosselh, e fes la procession i senhor avesque Prezicador, car mossenhor de Magalona era az Avinhon.

Item, a [81]....... jorns del mes de febrier, M. P. rey de Chipra fo aucit en sa cambra en la ciutat de Famagosta, per M. Jo. Desur cavalier Chipres de conssentiment del pobol e de M. Henric princep de Anthiocha frayre del dich rey, e fo rey apres lui i filh sieu apelat M. P.

Item, a xxii de mars, M. P. rey de Castela fo pres al Montelh de Castelha, e daqui amenat al rey Henric lo cal tantost lo fes decapitar.

Item, aquel an meteys, se comenset a redre lo dugat de Guiana al dich M. lo duc dAnjo fraire e luoctenent del dich nostre senhor lo rey: e redet se premieyrament la ciutat de Rodes et en apres continuant lo pays de Roergue: item atressi se redet la ciutat de Cahors, e lo plus de Cahercy.

En lan M CCC LXIX, a xi de may, lo dich M. lo duc dAnjo fes

neguar a Tholosa los sobre dits Perrin de Savoya e Petit Mesquin, e fes scapsar e scartayrar Ameinen de lArtigua e Noli Pavalhon e Boulhomet de Pau capitanis de las dichas companhas per so car avian conspirada tracion contra lo dich moss. lo duc de redre el prizonier als Angles o daucir luy.

Item, aquel an meteys, a xxviii de mai, los senhors cossols feron ordenansa que negun non auze femar ni far femar vinhas en lo vinhier de Montpellier, si non tant solament transgietz o probagz quant se fan o plantiers joves una vetz per totas e senes frau.

Item, a xix de jun, M. Philip de Fransa duc de Borgonha frayre de nostre senhor lo rey de Fransa pres per molher en la vila de Tornay la filha del comte de Flandres.

Item, lo jorn de Sant Andrieu, a ii horas de la nueg, lo castel de Tarascon lo cal se tenia per M. lo duc dAnjo luoctenent de nostre senhor lo rey se reddet, e se tenc daqui avant per la regina Johanna de Napols.

Item, aquel an meteys, se redet la ciutat dAgen et una partida dAgenes.

En lan M CCC LXX, lo xvi jorn dabriel, passet per *Montpellier* et y jac una nueg mossen Jacme de Malhorca filh de bona memoria de mossen Jacme rey de Malhorca, lo qual venia de la prezon del rey Enrich de Castela ont avie estat alcun temps, e pueys lendeman sen anet jazer ad Arle.

Item, lo xxiii jorn de julh, se rendet lo luoc de Moyssac e motz autres entorn al dit mossenhor lo duc.

Item, aquel an meteyss, en Pascor, nostre senhor lo papa Urban se parti de Roma e mudet se a Montifilisco, et aqui estet tro al mes daost, e daqui sen anet a Cornet et estet y entro en setembre, et adoncs montet en galea per tornar say, e fon a Marscelha a xvii jorns del dit mes de setembre, e pueis parti daqui et intret en Avinhon a xxv del dit mes.

Item, aquel an meteyss, a i dijous que era a xix de dezembre, lo dit nostre senhor lo papa anet a Dieu en la dita ciutat dAvinhon, e pueys lo dimars apres que era la vegelia de Nadal, los senhors cossols e los senhors obriers ne feron per el I solempne cantar en la glieya de Nostra Dona de las Taulas, en que los senhors cossols y giteron I bel drap daur fin de lucha orlat e XXIIII entortas, e los senhors obriers y giteron I autre drap daur ab X entortas, e cantet la messa mossenhor Berenguier de Salve prebost de Magalona e prior de la dicha glieya de Nostra Dona de Taulas.

Item, lo dimergue apres que era XXIX de dezembre, a VI horas, los senhors cardenals intreron en lo conclav el palays dAvinhon, e pueis, lo dilus que era XXX del dich mes, egal tercia, mossen P. Rogier de Belfort cardenal dyaque filh de mossen Guilhem Rogier comte de Belfort fon elegit papa, et ac nom papa Gregori onze, e pueis fon sagrat lo dimergue seguent que era V de genoier, et y foron prezens los senhors cossols ab alcus bos homes de Montpellier.

Item, aquel an meteyss, a XIX jorns del mes de setembre, fon preza e destrucha la ciutat de Lymotges per lo princep de Galas lo qual y avia tengut ceti per alcun temps petit.

Item, aquel an meteyss, en lo mes de febrier, fon pres e destrug lo castel de Montpaon en Peiragorc per lo duc de Lencastre e mossen Aymo frayre del dich princep los quals y avian tengut ceti per alcun temps.

En lan de Nostre Senhor M e CCC LXXI, lo Dimecres Sans, que era lo II jorns dabril, fon gitat lo sen ters de Nostra Dona de Taulas en lostal del forn de la Valfera, e pueys fon senhat per lo dit senhor prebost de Magalona e prior de la mezesma gleysa de Taulas e fo apelat Anthoni per lo sen Bernat Teysier bayle, lo XII jorn del dit mes, et aquel meteis jorn fon montat en lo cloquier de la dicha glieiza.[1]

Item, aquel meteis an, lo XXI jorn de junh, fon gitat en lo dich hostal del forn lo sen mejan de la dicha gleisa, e puey fon senhat per mossen Peire Chambon doctor en decretz e fon apelat Urban per los senhors en Guilhem Causit major de jorns e Colin Bertran borzes, lo XXV jorn del dit mes, et aquel jorn ne fon montat : los ditz II sens foron fatz per Ramon Gros de Perpinhan e Jolian dAyrich de Masselhanegues, estans obriers de la dita gleyza de Nostra Donà de Taulas los senhors Garin Guilhem, Andrieu Domergue e Berenguier Fulhan.

Item, aquel an meteyx, I dissapte que era XXIII jorns del mes daost, intret a Montpellier madona Johana de Fransa filha de mossen Philip de bona memoria rey de Fransa, la qual anava penre per marit a Perpinhan mossen Johan duc de Girona premier nat de mossen Peire rey dAragon, la qual conduzien mossen Peire Aymes avesque dAusurra e lo comte de Portian, a la qual yssiron los senhors cossols, els altres officiers de las cortz e de la viela ab los menestriers a caval entro a Salazo : e pueys, I divenres que era XXIX del dit mes, sen anet vers Bezes et aqui fon malauta, e pueys anet a Dieu I dimars que era a XVI jorns de setembre, e fon messa en deposit en glieya cathedral de Sant Nazari per portar a Paris et esser sebelida a Sant Danis en Fransa.

Item, a XIIII doctobre, fon pres per escalament lo luoc de Figac per Bertugat de Lebret cavalier e Bernat de la Salla lo qual fo fach cavalier en la plassa major del dich luoc tantost quan foron intratz, e tengron lo entro lan LXXIII a III jorn daost que lo rederon am finansa [82].

Item, I dilus a XXIIII novembre, mossen Ferri de Mes doctor en leys maistre de parlament e de requestas dostal de nostre senhor lo rei de Fransa, per comission siena, baylet la possession de la part novela, de la part antiqua, del petit sagel e de tota la viela de Montpellier per entier e de la rectoria e baronie de Montpellier, a mossen Lagier dOrgyey cavalier governador de Montpellier per nostre senhor lo rey de Navarra, sal e retengut en tot a nostre senhor lo rey de Fransa per totz temps lo ressort e la sobeyranetat, e salvas e retengudas a la vila las franquesas, los privilegis, las libertatz e los uzes e las costumas de Montpellier.

Item, a IX de mars, mossen Phelyp de Savoysi cavalier cambarlenc de Fransa, per comission real reccup sagrament de fizeltat per la sobeyranetat e resort de nostre senhor lo rey de Fransa, so es assaber dels senhors cossols maiors viels e novels, dels senhors obriers, dels senhors cossols de mar e dels syndics e dels altres singulars de vila, entro lo nombre per totz de cent seyxanta.

Item, lo x jorn del dit mes, lo dit mossen Phelip ostet tot empachier mes en la viela e terra de Montpellier a M. de Navarra et a cautela si mestier era, bailet de recap la possession de tot so que dit es al dit M. Lagier recebent per nostre senhor lo rey de Navarra coma senhor de Montpellier.

Item, a XII de mars, nasquet a Paris mossen Loys filh del dit nostre senhor lo rey de Fransa.

Item, I dissapte que era vespre de Rams lo XX jorn de mars, lo dit nostre senhor mossen Carles rey de Navarra senhor de Montpellier intret a Montpellier e lo princep dAurenga e lo dit mossen Phelyp de Savoysi ab lui, e los senhors cossols viels e novels e totz los officiers del senhor e de la viela am motz bos homes de la viela li yssiron ab la bandieyra, els menestriers del cossolat a caval entro prop Cadola, e las processios dels ordes e de las autras glyas entro otra lo pont de Castelnou, e los senhors cossols li agron apparelhat a Sant Lazer I pavalhon nou, mai non volc soffrir que hom lo portes, e daqui los senhors cossols lo destreron a pe entro a Nostra Dona de Taulas, et aqui lo reculhi ab processio M. Pos dAffrian albat de Sant Tiberi, e pueis daqui, ausida la messa, anet dissendre a lostal del avesque, e puoys parti de Montpellier per anar en Navarra a XXII jorn de julh, lan LXXII[83].

En lan de Nostre Senhor M CCC LXXII, lo dimars de Paschas que era lo XXX jorn de mars, lo dig nostre senhor lo rey de Navarra senhor de Montpellier en lo plan del Palays, present lo poble aqui ajustat de son mandament, confermet ab sagrament las franquesas de la viela, e pueys, aqui meteys, receup lo sagrament de fizeltat dels senhors cossols maiors, novels, dels obriers, dels cossols de mar, dels sindics e dalcuns autres bos homes singulars de la vila.

CAUSA NOVELA. Item, I dimars que era XI de mai, fes gran temporal daura e de plueja tota la nueg davant, e puoys I pauc apres lalba fes I gran thro, et adonc fon vist per lo ministre de la Trinitat e per son companhon en la cambra ont jasien I demoni en forma dome vestit ab I mantel vermelh cort et una berreta negra sus la testa, montat a caval sus I cayssa, lo qual pueis pres del sol una gran peyra que pezava entorn ½ quintal [84] la qual mes sotz lo bras et yssi sen per la porta, e trenquet et arrabet motz albres en los orts dentorn, e descobri la glieyza e la claustra, el hostal del dich orde e lostal de la reclusa, e daqui sen anet per lo laor de la Valeta et aqui levet motas telas e las portet otra lo Les e las escampet per los albres e per las vinhas entro pres lo luoc de Clapiers.

RENDEMEN DE LUOCS A MOSSENHOR DANJOU. Item, a v de julh, se rendet lo luoc dAgulhon ab vi autres fortalezas dentorn a mossenhor lo duc dAnjou.

Item, a xviii jorns del dit mes, se rendet al dit monsenhor lo duc lo luoc apelat lo port Sancta Maria ab alculs autres fortz.

Item, I dimars a vii de dezembre, entorn solelh levant, fon vist lo cel e tot laer vermelh coma sanc o fuoc, e pueys tornet gruec, e duret entorn ii horas per tot.

Item, lo dimecres seguent, a vi horas de nueg, fo tan gran temporal que lo folzer derroquet la poncha de la agulha del cloquier de Sant Firmin, e las peyras que tomberon fonderon de tot la cambras dels capelas entro lo sol de la capela de la Trenitat, e fes gram dampnatges en motz hostals dentorn. La dicha agulha fo pueys rebastida lan LXXXVIII [85].

Item, lo jorn de Sant Thomas apostol, fon batejada e montada sur lo cloquier la campana dels Frayres Menors, e fo payri mossen Lagyer dOrgyey governador, et ac nom Clara.

Item, lo premier jorn de genoyer, se rendet lo fort de Peras dAgenes al dit mosenhor lo duc dAnjo lo qual tenie davant la vila.

Item, lo dimecres de las Cenres que era lo segon jorn de mars, apres mieja nueg, entorn a viii horas de nueg, fo general terra tremol cays per tota crestiandat, e duret per espasi de I Miserere mei, e foron vistz en lacr alcus lums vas lo pues de Sant Lop (*C*).

Item, I dijous a XVII de mars, intret en Montpellier madona Johanna regina de Navarra sor de nostre senhor lo rey de Fransa e venc en sa companhia madona Agnes sor de nostre senhor lo rey de Navarra comtessa de Foissy e lo prinçep dAurenga e motz grans senhors e grans donas, et yssiron li davant tres senhors cossols viels e III novels ab XVI autres bons homez de viela e ben LX cavalcaduras entro a Bezes et avian menat los menestriers del cossolat et eron totz vestitz de lyvreya vermelha, e pueis davant sa intrada los ditz senhors foron a Montpellier et els ab tot los senhors cossols viels e novels e motz autres bons homes de la viela a caval ab la bandieira de viela et ab los menestriers del cossolat e mossenhor lo bayle ab totz los curials sieus e del palays e de la rectoria e del petit sagel ab la lur livreya portant la bandieyra de la cort ab las armas del dit nostre senhor lo rey de Navarra, li isseron entro a Pinhan, e pueys los ordes e totas las parroquias foron prop Sant Johan de Vedas, e pueys totz los mestiers arrengatz per escalas li foron per orde, otro la cros de lAriau vestitz de livreias diversas cascuna escala per se, e seguiron lorde de la intrada de papa Urban de sus en lan LXVI, e quant fon a lespital de Sant Bertholmieu la dicha madona intret lains et aqui dissendet de son carre e se arrezet e montet a caval, e los senhors cossols viels e novels se mezeron a pe e la destreron e la meneron a nostra Dona de Taulas, et aqui dissendet et oret, e puoys intret al cossolat, et aqui montet a caval, e pueys anet per tota la viela, e dissendet a la sala de

---

(*C*) Au bas de la page on lit[86]:

Anno milleno centeno ter quinquaginta bis decem quoque terno,
Mercurii cinerum marcii nocte secunda,
Res admiranda multum fuit atque timenda,
Nam terre motus, cunctis potuit qui ubique fore notus:
Nos emendemus, nec nos glorificemus,
Atque jejunemus et Dominum Jesham deprecemur,
Pauperibus demus et sic animas nostras redimemus.

lavesque, e parti de Montpellier per anar en Fransa a xx de julh, lan LXXIII [87].

CAUSA DE NOVELETAT. Item, I dissapte que fon a XIX de mars entorn lo jorn falhent, fon alcun petit terra tremol en Montpellier lo qual duret entorn I Pater noster.

En lan M CCC LXXIII lo jorn de Sancta Cros de may, fon alcun terra tremol en Montpellier, entre hora nona de vespres, lo qual duret per lespazi de dir una Ave Maria.

Item, I dilus a XXIII de may, entorn vespras, fon alcun terra tremol en Montpellier lo qual duret entorn per lespazi de dir I Pater noster.

Item, lo dimergue a XIX de junh, egal prima, anet a Dieu en Avinhon mossen Raymon de Cavilhac cardenal de Penestra, lo qual fon pueis cebelit a Magalona I dilus a IIII de julh, e foron y los senhors arcivesque de Narbona, avesques de Magalona, de Nemze, de Agde, dOsca e labat de Sant Guilhem del desert.

Item, I dissapte a XXIII daost, nostre senhor lo papa fes avesque de Magalona mossen Peire de Vernops de Murat abat dAnhana, lo qual avesquat vaquava per la mort de mossen Gaucelin de Deus.

Item, I dimergue a XI jorns de setembre, mossen Engles Grimoart cardenal dAlbana frayre de mossen Urban de sancta memoria papa V sagret la gleya de Sant Benezech de Montpellier et ordonet que per totz temps mays fos celebrada la festa de la dicha sagra lo premier dimergue apres la Nativitat de Nostra Dona, et y donet de perdon ad aquels que y eron presens adoncs per privilegi apostolical III ans e III quarantenas, e pueys totz temps mays lo jorn de la sagra e cascun jorn de las octavas per semblan privilege C jorns.

Item, la nueg seguent lo dimecres que era a XXI jorn de setembre, egal a VIII horas de la nueg, fon alcun terra tremol en Montpellier lo qual duret entorn lo dire de I Pater noster.

DE LAN QUE ANET A DIEU MADONA JOHANNA REGINA DE NAVARRA. Item, lo quart jorn de novembre, la desus dicha madona Johana regina de Navarra anet a Dieu en la ciutat de Euvrieis en Normandia e fon cebelida a Sant Danis en Fransa.

LO CANTAR PRIMIER. Item, lo jorn de Sant Nicholau que fon a VI de dezembre, mossenhor lo governador, els altres oficiers desta viela ne feron I sollempne cantar a Frayres Menors, e feron en lo cor I tombel ab capitel, e cantet la messa lo sobre dich mossenhor labat de Sant Thibery, e fes lor sermon I maistre de theologia, et ac y IIII draps daur et entorn C entortas per tot.

LAUTRE CANTAR. Item, lendeman, la viela fes lo cantar a Prezicadors, et ac I tombel ab capitel, et ac sus lo capitel quatre cens candelas quays quartayronals e VIII entortas et entorn lo cor en aut LXXX entortas senhadas e sus lo tombel I drap daur orlat de negre e senhat de las armas del cossolat: los senhors obriers y giteron I drap daur senhat ab XX entortas, e los senhors cossols de mar I autre drap daur senhat ab XII entortas senhadas, pueys alcus bos homes de viela singulars y giteron V draps daur ab LX entortas, e cantet la messa mossen Bernat Alaman nadin de Mende doctor en decrets de Montpellier avesque de Condoms, e fe lo sermon frayre Johan Soquier prior.

AUTRE CANTAR. Item, lo IX jorn de dezembre, lestudi ne fes I autre cantar a Prezicadors et y gitet I drap daur ab XXIIII entortas e II nobles de lestudi y gyteron II draps daur ab autras XXIIII entortas, e cantet la messa lo dig avesque de Condoms.

En lan de Nostre Senhor que hom compta M CCC LXXIIII, fo mortalitat en Montpellier et en diversas autras partz la cal duret en Montpellier et entorn de caremantran entro passada la festa de Sant Johan, per que los senhors cossols feron senchar am I fil lo mur de la vila de la torre nova dessus lo Carme entro a la torre de la Babota, layssan lo mur de la vila que es devers la palissada, am lo cal fil feron atressi senchar tota la palissada, en que àc entorn XIX^{c} canas per tot, del cal fil am coton e cera feron far I rezench de cera del dich luoc e del gros del det, lo cal feron mettre en I^{a} roda de fusta nova a lautar de Nostra Dona de Taulas, et aqui fon atuzat de lum novel senhat, e lo dich rezench fo senhat per cremar continuament al dich autar a honor de Dieu e de madona Sancta Maria e per placar Nostre Senhor de la ira siena e per far cessar la dicha mortalitat e que nos dones bona pas, lo cal fo atuzat I dijous que era XXVII jorns dabril (*D*).

Item, tot aquel an, de carementran entro Sant Johan, dureron neblas et aer corromput per que foron gastatz los blatz, els vins en la vinhas e los fruchatges e mostz vis dels celiers foron fatz amars, e motas gens darmas que say esteron tot entorn en aquest pays, en lo mes de junh, gasteron gran partida dels dichs blatz e vis e fruchatges.

E per aysso, tot aquel an lo cal fo en pestilencial de mortalitat e de carestia e cays de fam, fon gran frachura e gran carestia de blat de las meyssos, daquel an entro las autras seguens en tota aquesta terra, e per tot Aragon, Cataluonha, Navarra, Bordales, Agenes, Tolzan, per tota la senescalia de Carcassona, per tot aquest pays seguen la marina, en Proensa, en rebieyra de Genoa, en Lombardia, en Polha et en Calabria et en autres pays, en tant que lo covenc que aquesta vila per se e per lo pays dentorn se provezis de Borgonha, de Campanha e de Fransa, car gran habondancia lay avia de blatz, non remens lo sestier del blat valia al plus fort en aquesta vila otra V floris daur, jassy aysso que en los autres luocs dels ditz autres pays lo sestier del blat montes a la somma de VI e de VIII floris e plus.

Item, los senhors cossols, I dimergue que era XXIII jorns de julh, feron far mot sollempna procession general en que fes hom deveiar las carrieyras, et encortinar e trayre las bandieyras et y foron totas las glieyas parroquials e las capelas e los ordres mendicans, els autres am lurs reliquias e las ceras de las confrayrias et am menestriers, et ac y II sermos, e fes la procession M. Berenguier de Salve prebost de Magalona, regracian a Nostre Senhor car nos avia ostada la mortalitat, e supplican li que nos dones salut e pas e salves los fruits de la terra (E).

(*D*) Sur l'une des pages qui précèdent la chronique française on lit : Lo resenc de Nostra Dona de Taulas deu aver de long XIX^c^ canas, car tant a de torn la vila compresas las palissadas.

(*E*) A suite de cet article on a ajouté en écriture cursive : Amen dico vobis si bona egeritis fructus terræ comedetis.

Item, a xiiii daost, anet a Dieu en Montpellier M. Anthoni senhor de Bel Ioc en Borgonha, e fo portat en son pays.

Item, a iii doctobre, de nuegz, fo tant gran creguda del Les que neguet motz moliegz de blatz e de farinas en los molis, e derroquet paretz e neguet alcunas personas et alcus tropels de bestiari de lana encledatz juxta la rebieyra de Les, e ne portet en estanh et en mar motas grans fustas de quilhan que eron al port de Latas.

En lan MCCCLXXV, tot aquel estieu, fo mortalitat a Montpellier, az Avinhon et en motz autres luocs en que moriron motz bos homes de nom tant clercs coma layes.

Item, a xv jorns de setembre, lo sobre dich senh de Nostra Dona de Taulas apelat Urban e la una esquilla la qual era devers los senhs, los cals eron trinquatz et eron refachs, foron batejatz per moss. Jacme de la Manhania prior de Taulas, e foron payris los senhors en G. Domergue, en Arnaut Raynaut mercadiers, e fo lo senh apelat Peyre e la esquilla Catharina, et eron obriers de la dicha glieya los senhors en Andrieu Domergue, Steve de Clapiers, en R. de Galhac mercier, e foron fachs per ma de Daude Busquet senhier, e pezet lo sen xxviii quintals, e la esquilla vii quintals.

Item, a xix dies de setembre, fo messa la premieyra peyra del cloquier de la peyra del cossolat, e fo complit en lo mes de febrier.

Item, aquel an, a v dias de octobre que era la festa de la sagra de la capela del cossolat, fo comensada la confrayria de la dicha capela, e fo dels senhors cossols e de totz los autres officiers e servidors del cossolat.

Item, xx dias de novembre, fo gitat dels Augustis per lo senhor bayle, Anthoni Brunenc factor o comandatari del sen Johan Colombier per vertut del privilegi de papa Alexandre iiii lo cal era cofermat per papa Urban V.

Item, digous a xxi de febrier, a iiii horas de la nueg, fo terra tremol lo qual duret per lespazi de dire una Ave Maria.

Item, divenres a vii de mars, intret a Montpellier moss. P. de Navarra comte de Mordanh filh de nostre senhor lo rey de Navarra, lo qual avia jagut a Pinhan, et issiron ly a caval totz los cossols vielhs e novels e motz bos homes de Montpellier entro prop Salsan et am los menestriers de la vila, e li issiron los ordes e las glieyas am las processies, e las carrieyras foron devejadas e los hostals encortinatz e las bandieyras dels mestiers trachas: e fo reculhit a Nostra Dona de Taulas per moss. Jacme de la Manhania prior de la dicha glieya, e pueys anet dissendre a la sala del avesque, e pueys parti de Montpellier per anar en Fransa, dissapte a XIX dabril lan LXXVI [88].

Item, lo jorn meteys, anet a Dieu en Montpellier moss. B. de Castel nou avesque de Sant Papol lo qual fo sebelit lendeman en la glieya de Sant Benezeg davant lautar major de ves lo costat ont se dis lavangili.

En lan de Nostre Senhor MCCC LXXVI, per motas grans rebellios e maleficis comesses per los Florentis contra la glieya, nostre senhor lo papa en Avinhon fes gram processes contra els, e pueys en lo comensament del dich an, los declaret esser rebelles e malvatz et escumengatz de sa boqua e totz lurs fautors e cosselhiers, e que poguesson els e lurs bes esser prezes coma esclavs, e lur luoc e totz los autres ont serian en qual que part del mon esser entredichz, am motas autras sentencias que foron messas en escrich per las portas de las glieyas de sancta crestiandat.

Item, a VIII de junh, mori en Englaterra Audoart princep de Galas premier nat del rey dEnglaterra.

Item, aquel an meteys, a XXVI de junh, fes gran temporal en Montpellier et en tot lo terrador, en guiza que lo folzer feri lospital de Cela nova ont tombet I pan de paret et auci I home et afolet doas fennas las quals am V autres que eron en los camps lay seron ganditz per lo dich temporal.

Item, I dissapte que era XX de setembre, lo dich nostre senhor lo papa parti dAvinhon, e laysset sos vicaris los senhors cardenals de Sancta Sabina e de Sant Vidal, et anet sen a Masselha, e daqui parti a II de octobre et anet sen am motz grans perilhs per mar, si que arribet a Cornet a V de decembre, et aqui tenc festas, e pueys sen parti a xvi genoyer, e venc lo jorn meteys a Ostia, e lendeman que fo festa de Sant Anthoni intret en Roma am gran honor e solempnitat.

En lan M CCC LXXVII, a xxiii de junh, mori en Englaterra moss. Audoart rey dEnglaterra, e fon rey Richart filh del dich princep de Galas.

Item, a ii de setembre, nostre senhor lo papa en lo luoc de Lanha declaret en consistori los sobre dicts Florentis esser heretges, pataris e lur donet la maladiction.

Item, lo dich ii jorns de setembre, M. lo duc dAnjou pres lo luoc de Bragayrac e plus dautres lx forts del pays.

Item, dimecres, a vii doctobre, nasquet a Tholosa M. Loys filh de M. Loys de Fransa duc dAnjo e de Torena frayre e luoctenen de nostre senhor lo rey de Fransa.

Item, aquel an, foron grans meyssos e grans vendemias entant que hom avia iiii sesties de blat cominal manjador per i flori, et en alcus luocs daquest pays si vendia lo muegh del vin per i flori, en guiza que hom non trobava home ni fenna que volgues estar am senhor ni far ren per negun si non a gran pena et a sobre gran carestia e gran dangier.

Item, a xiii de desembre, M. Helias general dels Prezicadors donet a la vila et a lestudi i os del tros de las esquinas de mossenhor Sant Thomas dAquin en la capela del cossolat, la qual reliquia fo tantost portada a la capela de Sant Thomas a Prezicadors am solempna procession general.

Item, a vi jorns de febrier, anet a Dieu a Paris madona Johana de Borbon reyna de Fransa, e fon sebelida a Sant Danis.

Item, a xviii de febrier, venc a Montpellier M. Karles premier nat del dich nostre senhor lo rey de Navarra senher de Montpellier, e car sa venguda fon sobta e non saubuda, los senhors cossols li avian fach anar lo jorn davant a Lopian ii senhors cossols e ii bos homes de vila, et a sa intrada fon facha yssada dels oficiers del senhor e de la vila am motz bos homes a caval et am la bandieyra e los mesnestriers de la cort et am los menestriers de la vila entro otra la Mausson, el cami de Fabreguas, e las processios lay yssiron en lospital de Sant Bertholmieu, e pueys discendet a la sala de lavesque, pueys parti de Montpellier per anar en Fransa lo premier jorn del mes de mars.

En lan de Nostre Senhor M CCC LXXVIII, a xxvii de mars a ii horas de nuegh, nostre senhor lo papa Gregori xi anet a Dieu en Roma per malautia de peyra.

Item, a viii jorns dabriel, los senhors cardenals elegiron papa en Roma M. Bertomieu del Tyeule alias de la Aygla arsivesque de Bar en Polha, lo qual fo pueys sagrat en la glieyza de Sant P. de Roma lo jorn de Paschas que era lo xviii jorn dabriel, e fon appelat papa Urban VI.

Item, lo mars de Paschas que era lo xx jorn dabriel, venc a Montpellier moss. Johan de Buelh senescal de Tolosa camarlenc de Fransa per comission de M. lo duc, e pres a la man de nostre senhor lo rey tota la vila e la juridictio de Montpellier e lautra terra de mosenhor de Navarra, e desapauzet totz los officiers, et y mes regen per lo rey estant al palays en absencia dels senhors cossols, so es assaber.....[19]

Item, a divenres que era xxiiii jorns de setembre, entre ½ jorn e vespras, ploc en Montpellier et entorn tant fort e tant gran quantitat e tant rabezament que non era memoria de tant terribla plueya, e tant que deroquet motz hostals e parets e verquieyras de molis, et estorguet mots camis, e neguet mots camps e vinhas, e sen seguiron motz autres dampnatges.

Item, lo dimergue seguent que era xxvi del dich mes, tota la nuech ploc tant fort e tant continuiadament, mas non ges tant rabezament coma davant, que donet motz dautres dampnatges semblans.

Item, lo jorn de Sant Miquel, fo publicat lo proces de la dicha election del dich arsivesque de Bar en papa de mandamen et am letra uberta dels senhors cardenals estans a Lanha et Avinhon, contenent que la dicha election non era gis election mays simpla nomination fencha e facha per forsa, car lo senador am lo pobol de Roma vengron motas vetz amb armas contra los senhors cardenals estans en lo conclav a Roma et a la fin per forsa trenqueron lo conclav de la election, cridan « Nos volem papa Roman o Ytalien. » Et alcus cridavon « Mueyron los cardenals. » E fo facha la dicha publication del proces am procession general, e fes lo sermon en lo plan del cossolat frayre P. Borron maystre en teulogia prior dels Prezicadors, presens moss. Huc de la Manhania avesque de Segobia, M. R. de la Sala ostalier, dOrlhac vicari de moss. de Magalona, M. R. de Castelar rector de lestudi et autre gran pobol en sobre gran quantitat.

Item, a XXVII jorns del dich mes de setembre, los dichs senhors cardenals ensemps en libertat en lo luoc de Fundis totz acordadamens declareron e publiqueron la dicha election o nomination per els facha del dich arcivesque de Bar esser estada et esser del tot nulla e non aver neguna valor coma facha per forsa e per violencia, e per se els elegiron acordadamens en papa moss. Robert de Geneva cardenal capelan, lo qual fon sagrat et appellat papa Clemen VII lo jorn de Totz Sans.

En lan M CCC LXXIX, a XVIII jorns dabriel, moss. lo duc dAnjou fes far I cantar mot solempne als Frayres Menors per moss. Carles IIII emperador de Roma son oncle lo qual era mort en Alamanha en lo mes de febrier passat.

Item, lendeman de Pantacosta que era XXX de mai, mori en son liech en Espanha moss. Henric rey de Castela.

Item, nostre senhor lo papa Clemens se mudet de Fundis a Espelonga prop Gayeta en lo mes de mars, et aqui estet entro entorn X de mai que parti daqui, et anet a Napols per parlar am la reyna ont estet IIII jorns en lo castel del Huou, et ay tantots quant lay fo, tot lo pobol fes rumor dizen : « Viva madama la reyna e papa Urba de Roma, e mueyra lantipapa de Fundis e totz los Frances : » e mezeron en possecion de larcivescat I home per letras de Bertholmieu, et agron mort larsivesque si lo aguesson trobat, mays el era en lo dich castel del Huou, e tantost aneron raubar tot larcivescat et I abadia de Napols que era del cardenal de Sant Austaci ont el avia pres de XXX bels cavals e corssiers. Daqui nostre senhor lo papa tornet a Espelongua, per que tantost tota la terra de Napols se giret devers Bertolmieu : pueys parti daqui a XVIII de may e venc per mar en XII jorns a Nissa, et aqui estet III jorns, pueys venc a Tolo a IIII de jun, et estet y tro a X de jun, lo qual jorn se parti daqui e venc a Masselha ont fon receuput mot honorablament coma papa, e discendet a Sant Victor, et aqui estet entro a XIII de jun que parti daqui et anet a Auriol, e pueys a la Sancta Magdelena, e daqui a Aycx ont stet III jorns, e daqui anet a Celo, e pueys a Novas, e pueys intret ad Avinho dilus a XX de jun, ont fo receuput mot honorablament.

Item, dimars a XXV doctobre al vespre e tota la nueg seguent, fon fach I gran insult en Montpellier per alcus populars en lo qual foron mortz et aucitz alcuns grans officiers de nostre senhor lo rey e de moss. lo duc dAnjo son frayre e luoctenent en la Lengua doc, per so que fazian grans et importablas demandas et specialment de XII francs per fuoc per an, et lo pobol era tot guastat e deseretat per los grans cartz que longament avian corregut sur lo pays, la qual cauza venguda a noticia de nostre senhor lo papa lo dijous seguen de mati, el tantost say trames lo jorn meteys apres dinar moss. lo cardenal dAlbana frayre de papa Urba de sancta memoria per aconsolar lo pobol e per far cessar tota rumor e mettre lo pobol en pas, lo qual venc per aigua a Latas, e fo ayssi lo dissapte a XXIX del dich mes al vespre, e discendet a lostal de son collegi de Sant Ruf, e menet en sa companhia moss. B[a] Aleman avesque de Condoms e moss. Salvayre, G. de Montpellier creat novellament per nostre senhor lo papa abat de Sant Gili, e pueys lo dich moss. lo cardenal sen tornet az Avinhon lo dimars a XXII novembre per far relation a nostre senhor lo papa de so que trobat et fach avia.

Item, a XXVIII dezembre, lo dich moss. lo cardenal tornet en esta vila per tractar que tota la vila se sotmezes de cosselh de nostre senhor lo papa e de lui e de mandamen de nostre senhor lo rey, a la orde nansa de moss. lo duc coma luoctenent de nostre senhor lo rey sur lo fach del dich insult, e pueys fo facha la submission lo premier jorn de genoyer, et anet sen moss. lo cardenal vers Avinhon a III de genoyer.

Item, lo dich moss. lo cardenal tornet la tersa vers a Montpellier a VII de genoyer, e moss. Johan Artaut avesque de Grassa am lui per denonciar al pobol lo ordenansa de M. lo duc, la qual denunciet al pobol en la sala de lostal que fo del senhor Guiraut Gives dilus a xvi de genoyer, e pueys al plan del cossolat a xvii de genoyer.

Item, lo divenres a xx de genoyer, venc a Montpellier moss. lo duc e menet am se m lansas et motz balestiers a caval et yssiron li a pe tro a la cros dels Azeniers totz los ordres de Montpellier mendicans et autres e las donas religiosas enclauzas et autras e grant quantitat denfans mascles innocens e tot lestudi, e pueys los senhors cossols am tot lo pobol cridant en auta vos et am lagrenias: « Misericordia, » pueys las donas vezoas e maridadas foront davant lo portal Sant Gili.

Item, dimars seguent que era xxiiii de genoyer, lo dich moss. lo duc sus i cadafalc que fes far sur lo pont levadis del avant portal de la Saunaria donet la sentencia contra la universitat, els singulars de la vila per lo fach del dich insult.

Item, lo dimecres apres, lo dich moss. duc sur lo dich cadafalc mitiguet en motas cauzas la dicha sentencia.

Item, a xv de febrier, lo dich moss. lo duc pres la baylia a la ma de nostre senhor lo rey, et fetz bayle de Montpellier......9°

Item, anet sen moss. lo duc ves Carcassona am las dichas gens darmas, i divenres a xvii de febrier: en lo qual mejan las dichas gens darmas que eron lotjadas en los hostals per tota la vila gasteron totas las avenas e los fes e las palhas e las lenhas e motz blats e vis, e ne porteron tota la flor de las armaduras del comun e dels singulars de la vila que eron ajustadas en lostal del cossolat, e deron motz dautres dampnages inextimables.

Item, dimars a xxi de febrier, lo dich moss. lo cardenal dAlbana sen tornet az Avinhon.

En lan M CCC LXXX, a xiiii dias dabril, moss. lo duc dAniou passet per Montpellier tornen sen del tot en Fransa.

Item, lo jorn de Sant Jorgi que era xxiii dabril, venc a Montpellier madona Yolant, filha del duc de Bar e duna sor de nostre senhor lo rey de Fransa, la qual menava lo comte de Poncian a Perpinhan per dar la per molher a moss. Johan duc de Gerona, e fo facha la festa a Perpinhan.

Item, lo primier jorn de jung, la sobre dicha esquilla de Nostra Dona de Taulas appellada Katharina la qual era trenquada e pueys refacha, fo batejada per lo dich moss. lo prior de Taulas et ac nom Maria Magdalena, e foron payris los senhors sen Salvayre Azemar cossol e sen R. de Galhat drapier, e pezava entorn VII quintals, e tantost ne fon montada al cloquier.

Item, entorn lo comensamen del dich an, fo pres lo luoc de Monferrant en Galvadan per alcunas companhas de moss. Bertugat de Lebret e de P. de Galart tenen se per Anglezes.

Item, en lo mes dabril, lurs companhas prezeron lo luoc de Chaliers prop de Sant Flor et I pauc a prop lo luoc de Castel nou de Randon, per que nostre senhor lo rey trames moss. Johan son frayre duc de Berri e dAlvernhe e moss. Bertran de Cleqin conestable de Fransa los quals vengron metre ceti davant Chaliers en lo mes de junh, lo qual agro defra pau de temps am patus en lo mes de julh.

Item, parten daqui anet metre lo ceti davant Castel nou lo dich moss. lo conestable, lo cal atressi se rendet pauc a prop am patus, mas quant eron sus lo redre, malautia pres lo dich moss. lo conestable lo qual anet a Dieu en lo seti, divenres a XIII jorns de julh, e daqui lo seti fo mudat a Montferrant : e son cors fon portat als Frayres Menors del Puey, e qui fon sebelida sa ventrada, e son cors fon portat en Brethanhia o en Fransa.

Item, dilhus a XXIII de julh, los senhors cossols ne foron I bel cantar a Prezicadors am L entortas e IIII siris et I drap daur orlat de negre am sas armas e las armas de la vila, e fes lo sermon M. P. Borron maystre en thologia.

Item, dimergue a XVI jorns de setembre, egal ½ jorn, anet a Dieu en lo bosc de Vincennas nostre senhor moss. Karles rey de Fransa, e fon rey a prop luy nostre senhor moss. Karles son premier nat Dalfi de Vianes, la qual mort fon saupuda a Montpellier dijous a XXVII de setembre, e per so los senhors cossols lo dilus apres que fon lo primier jorn doctobre, feron far per luy I sollempne cantar a Frayres Menors, am tombel e capitel de fusta, en qui ac V^c candelas cartayronals e VIII ciris grosses e IIII a lautar de cera blanca totz senhatz de las armas del cossolat, e II draps daur cozitz en I, orlatz de sendat negre sus lo tombel, en lo qual sendat et en lautra que era entorn lo capitel eron las armas de Fransa dessus et aquelas de la vila dessotz, et entorn lo cor c entortas cremans, e las armas de Fransa en IIII pilars de la gleysa e sus la gran porta, e los senhors obriers y giteron I drap daur e XIIII entortas senhadas de lobra, e los senhors cossols de mar I autre drap daur e VIII entortas senhat tot del cossolat de mar: e cantet la messa moss. Huc de la Manhania de Montpellier avesque de Sagobia, e foron y presens moss. B^n. Alaman avesque de Condom, moss. Bertran de Vilamur avesque de Fregus, moss. Salvayre G. de Montpellier abat de Sant Gili, moss. Arnaut Amenieu senher de Lebret e tot lestudi e quays totz los mestiers de Montpellier.

Item, lo dich nostre senhor lo rey novel fon coronat rey a Rems I dimergue lo IIII jorn de novembre, et entretant de la mort del payre o quays tro a son coronamen, fo regent lo realme lo sovent dich moss. Loys de Fransa duc dAnjo son oncle, e pueys lo jorn de Sant Marti que era dimergue a XI de novembre, el intret a Paris ont fon reculhit mot honorablament, e puoys lo dijous apres que fon XV de novembre, lo dich nostre senhor lo rey en son gran cosselh abatet totas imposicions, subsidis, fogatges, gabelas et autras aydas correns per tot son realme que y essen estadas messas de pueys lo temps del rey Phelip de Valois son reyrebel (*F*), la qual revocation fo cridada a Montpellier lo jorn de Sancta Lucia que era dijous a XIII de dezembre, e lo dimergue apres que era a XVI de dezembre, fo facha procession general en Montpellier, la qual fes lo dich moss. levesque de Sagobia, et y fo la lumenaria de las principals cofrayrias de Montpellier, e fo fach lo sermo el Plan del cossolat per lo dich moss. labat de Sant Gili per pregar Nostre Senhor Dieu Jeshu Christ per lo dich nostre senhor lo rey, estan la bandieyra de las armas de Fransa sobirana davant la porta del cossolat e pueys dessotz era la bandieyra de la vila.

En lan M CCC LXXXI, moss. Johan de Fransa duc de Berry e

(*F*) Portet la S. R. Gaugi cossol et embayssador lo X jorn de decembre.

dAlvernhe honcle e luoctenent del dich nostre senhor lo rey, en temps de may venc de Fransa en las partidas de Roergue e dAlbeges, per so car avia auzit que lo comte de Foys se volia ensenhorir de Lengua doc, pretenden quel era fach luoctenent per lo rey que Dieus aia.

Item, aquest an, lo jorn de la Sancta Hostia, fo fach i insult en la ciutat de Londres en Englaterra per lo pobol en lo qual fo aucit M. Symon arcivesque de Conturbieyra e motz autres del cosselh del rey, per so car se dizia que empachavon la pas dels e de Fransa, e covenc que M. Johan duc de Lencastre oncle del rey sen fugis: e Dieus fes motz miracles per lo dich arcivesque.

Item, a xxx jorns del mes de may, la terra de Montpellier fo renduda de mandament del dich nostre senhor lo rey a las gens de moss. Karles de Navarre.

Item, la letra cossi nostre senhor lo rey avia remes et aquitat totz los crims comesses en lo ensult de que dessus se fa mention lan LXXIX, facha lan LXXX passat lo xii jorn del mes de dezembre, fo portada a Montpellier aquest an lo xiiii jorn del mes de julh, per sen Nat Palmier embayssador de Fransa.

Item, la letra de la restitution de la baylia facha lo xix jorn del mes de julh daquest an, e la letra de la restitution del sen gros facha lo iii jorn del mes daost passat, foron portadas lo xxix jorn del dich mes daost per moss. Jacme Rebuff doctor en leys embayssador a Montpellier, e lo dich sen gros comenset a sonar lo jorn dels Miracles que era lo dernier jorn daost.

Item, apres, la terra de Montpellier fon areyrepreza a la man de nostre senhor lo rey de Fransa de mandament del dich moss. de Berry, a xvi jorns del mes daost.

Item, lo xxiiii jorn del mes doctobre, venc a Montpellier mossen Karles de Navarra del qual es facha mention amont lan LXXVII, et aras venia de Fransa et anava sen en Castela, e loget se als Frayres Menors sens intrar en vila, pueys lo dich moss. Karles parti de Montpellier lo dimergue a xxvii doctobre apres disnar per anar a Cabestanh vers lo dich moss. lo duc de Berry son oncle per far se deslievrar aquesta terra, e moss. Karles pueys tornet a Montpellier lo jorn de Totz Sans davant disnar, e tornet a la sala del avesque, e pueys apres disnar lo dich moss. Karles a requesta dels senhors cossols presentadas a lui las letras reals de baylia, lur restiti la baylia, e foron curials aquels que se segon [91].....

Item, diious que era xxi jorns de novembre, ac i combatemen dessay Ochau entre las gens de Nemze e dalcus autres comus dentorn de que era capitani P. Ponchut de Nemze, et i[a] companha de gens darmas e de balestiers de que era capitani Colrat de Grimautz Genoes, en que foron descofitz los comus, e ne y moriron entorn LX homes.

Item, lo jorn de Nostra Dona de setembre, se levet rumor al vespre en la ciutat de Bezers dels menutz contra los grosses, en que los menutz meron fuoc en lostal del cossolat en lo qual eron alcus dels melhors homes de la vila per tener cosselh, los quals lay cremeron, e pueys los dichs menutz aneron per vila et auciron alcus dels bos homes de la vila que troberon, en los quals foron mortz tant per fuoc quant per glavi ben XIX dels melhors homes de la vila.

Item, vengut moss. lo duc de Berry a Carcassona demandet als comus i franc per fuoc, fach primieyrament acordi per el el comte de Foys, e car los comus non y volian cossentir las gens darmas del dich moss. de Berry aneron penre per combatemen los luocs de la Redorta, de Azilha lo Comtal e de motz autres luocs de Carcasses, daqui pueys se estenderon et aneron penre lo luoc de Bessan, de Valmala, de Senton e motz autres luocs de Agades e de Bederres, e corregron e rauberon e destrusseron grandament lo pays, et y auciron motas gens tant a glazi que en forquas, et apreyzonant e fazent mals que fan gens darmas en motas e diversas manieyras.

Item, davant festas de Nadal, lo dich Colrat de Grimautz e sa rota prezeron lo luoc de Clarenssac, e puoys Loys de Grimautz son cosi pres la tor de Bocoyran, et alcus autres capitanis prezeron alcus autres fortz del pays, e fazian motz mals, aprezonan, rezemsonan, aucizen las gens e fazen totz mals que far podian.

Item, lo dimergue avant Nadal que era XXII jorns de dezembre, fo descuberta una conspiration facha per una quantitat dels dichs menutz de Bezers que eron entorn III[c] que devian aucir lo jorn de Sant Estephe aquels de Bezers plus rics de c llr., e xl dels dichs menutz devian aucir lurs molhers proprias, e pueys penre per molhers las molhers plus riquas e plus belas dels rics homes mortz, per que lo capitani del luoc am los bos homes, facha enformacion, feron metre en preyzon totz aquels que troberon colpables o sospechozes, de que ne feyron pendre entorn xxx homes en forquas novas que feron far a lintrada de Bezers devers Sant Tiberi.

Item, entre festas, venc moss. lo dich duc a Bezers, e quant y fo fes pendre mays entre diversas veguadas motz homes dels ditz menutz per la dicha conspiration que foron entorn ben lxxx.

Item, en lo mes de febrier, lo dessus dich moss. lo duc dAnjou oncle de nostre senhor lo rey de Fransa venc de Fransa ad Avinhon et aqui pres de nostre senhor lo papa la conquesta del realme de Napols per madama Johanna la regina, del qual realme moss. Karles de la Pas nebot de la dicha regina se era fach coronar per lo dich Bertolmieu den Tiule alias de las Ayglas dizen se papa : e daqui avant, lo dich mossenhor lo duc se fes apelar premier nat de la dicha regina Johana e duc de Calabria.

Item, i dimecres a v de mars, moss. Enguerran Deudin senescal de Belcayre, anan de Latas a Bezers, trobet prop Sant Vincens *Dortols* xx homes de Porssan sans armas, dels quals tamtost senes enformacion e senes enquesta de fach, el ne fes pendre en los albres xix e lautre fo aussit a glazi.

Item, i dimergue de Passione a xxiii de mars, moss. Milo de Dormans avesque de Beuvays et chansselier de Fransa venc a Montpellier, e lendeman anet a Bezers al dich moss. lo duc de Berry.

En lan MCCCLXXXII, digous apres Pasquas que era x dabril, venc a Montpellier lo dich moss. lo duc de Berry e lo comte de Sancerre, e pueys lendema sen anet vers Avinhon.

Item, dissapte a xxvi jorns del dich mes dabril, venc devers Carcassona a Montpellier lo dich moss. lo chancellier de Fransa, e pueys lendeman sen anet vers Avinhon.

Item, lo jorn de la Cros de mai, ac i gran combatement entro lo comte de Flandres e lo comu de Bruges duna part e lo comu de Gandautra, en lo qual lo comte, el comun de Bruges foron descofitz.

Item, digous a XXII jorns de may, torneron en possession de la cloqua e de sonar la campana del cossolat los senhors cossols, e feron far I sermon al pobol en lostal del cossolat lo dich jorn sus lo fach de la anada de moss. dAnjo a Napols e de la garda de la vila, per moss. Jacme Rebuff doctor en leys per vertut duna letra del dich moss. lo duc de Berry luoctenent de nostre senhor lo rey dada a Avinhon lo XXII jorn del dich mes dabril.

Item, I digous a XXIX de may, nostre senhor lo papa, els senhors cardenals e motz autres prelatz, els senhors duc dAnjo e de Berry, lo comte de Savoya e motz autres grans senhors totz a pe aneron de Nostra Dona de Doms a Frayres Menors, et aqui cantet la messa e fes lo sermo moss. P. de la Barrieyra cardenal apelat dAustum per la dicha anada de mossenhor d'Anjo, e pueys nostre senhor lo papa, els senhors prelatz sen torneron a caval al palays, e los dichs senhors ducs lo destravon a pe.

Item, lendema, nostre senhor lo papa en son gran consistori donet lo realme de Napols a la regina Johanna et al dich moss. lo duc dAnjo e de Calabria, e per possession li baylet una bandieyra de las armas de Cesselia e de Jerusalem, el dich mossenhor lo duc lui fes homatge e lui bayet lo pe, e pueys totz los senhors cardenals en la boqua, e puoys benezi tot larneys del dich mossenhor lo duc e la dicha bandieyra et I peno cayrat de las armas del dich mossenhor lo duc.

Item, dissapte a XXX de may, lo dich mossenhor lo duc parti dAvinhon et anet al pon de Sorgua, e pueys parti daqui divenres a VI de junh et anet a Carpentras, e pueys parti daqui divenres a XIII de junh per anar en Lombardia.

Item, a XVII jorns doctobre, fo messa la premieyra peyra del refector del monestrier nou de prolhan de Montpellier juxta la grant porta que solia eser del ospital de Sanct Guillem per lo reverent payre en Crist mossen Domergue de Florensa maystre en teulogia de lorde dels Prezicadors avesque de Sanct Pons de Tomieyras, lo qual ospital am totz sos drechs avian donat los senhors cossols coma patros, e nostre senhor lo papa avia donat la gleya de Sanct Guilhem per lo dich monestier lan passat LXXXI.

Item, a XXVII del dich mes, nostre senhor lo rey am sobre gran poder de gens darmas intret en Flandres, e cumbatet los Flamencs los cals eron ben L o LX milia combatens, e los descofit, de que ny moryron ben de XXIIII a XXX milia personas, et aysso fo al mont Resembert, et y morit atressi Phelip dArtavela capitani dels dichs Flamencs, e puoys tot Flandres venc a sa hobediencia e de nostre senhor lo papa Clamens XII, exceptat lo luoc de Gans quar davant se tenia am Bartholmieu de Roma.

Item, dimergue lo IIII jorn de genoyer, los senhors cossols ne feron procession general per redre gracias a Dieu, e fes lo sermon M. P. Borron maystre en teulogia procurayre general de lorde de Prezicadors.

Item, aquel an, lo rey dErminia lo qual avia combatut am lo Soudan de Babilonia et era estat pres e sa molher e sos enfans e tot son realme, e pueys sa molher e sos enfans eron mort en la preyso, et el era estat delievrat per lo Soldan a la requesta del rey dAragon, e daqui sen era vengut en Rodas e puoys en Avinhon, lo VII jorn de mars venc a Montpellier, e puoys lo dilus matin que era a XX jorns del dich mes, partit de Montpellier e sen anet en Cathaloncha en ver lo dich rey dAragon.

Item, en lo dich mes de mars, moriron de malautia en lo pays de Napols M. Aymes comte de Savoya e lo senchor de Peyra e motz autres de las gens darmas de nostre senhor lo duc dAnjou e de Calabria.

Item, a .... jorns del mes de ⁹²...... nostre senchor lo rey venc de Flandres a Paris am grans gens darmas, e quant fo aqui fes apreyzonar motas gens de la vila e puoys motz ne fes justiciar e dautres confisquet los bes e dautres am motz grans finansas, et entretant tornet aqui et en tota Fransa et en Borgonha enpozicions e gabelas coma davant.

En lan MCCCLXXXIII, a XXVIII de mars, venc a Montpellier mestre Unian loctenent de mossen Enguerran Deudin senescalc de Belcayre e governador de Montpellier fach novel per lo rey nostre senhor, e pres tota la terra a la man de nostre senhor lo rey, e demoreron los oficiers ordenaris en lestat en que eron.

Item, a VIII de may, fo portat a Montpellier I peys pres propre Ceta, lo cal avia de lonc entorn I^a cana, et era gros coma I azer, et era pelos coma azer, de color sus lesquina de gris oscur et als costatz de gris clar et al ventre de blanc, et avia testa ses col, e lo morre coma de vedel, e dens de sotz e de sus coma verre, e coa de I palm e quart de lonc redona e grossa coma lo bras, et avia davant pres del cap II bras am mas e V detz formatz en cascuna man am las honsas nozadas coma de persona mays los detz se tenian an pel coma dauqua, e pres de la coa avia II cambas amb artellis nozat e formatz coma aquels de las mas, et eron del lonc cascuna camba e bras am los pes e mas entorn I palm $^1/_2$: et alcus dizian que era vielh marin, et alcus juzieos dizian que aquel peys era peys juzieu, per so quar lo disapte matin yeys de la mar et esta en terra entro al vespre.

Item, dimars a II de junh, moss. Enguerran Deudin senescalc de Belcayre e governador de Montpellier am grans gens darmas e de comuns de la senescalcia venc davant lo luoc de Vezenobre quar dedins avia gran colp de Tonchis, e quant fo aqui la bona gent de la vila vengron ver luy a hobediencia e li porteron las claus de las portas de la vila, et entretant los Tonchis sauteron de tras per los murs, e per so foron ne prezes XVI, de que los XV foron tantotz pendutz, e lautre fo mes en prizon, e daqui moss. lo senescalc sen anet a la tor de Boquet hon se dizia que navia ben IIII^xx et aqui hac alcun parlament amb alcus dels, e puoys la nueg apres els sen ysyron e laysseron ben la mitat de lurs rosis a lala dun bosc, e fugiron sen per las montanhas, e foron segutz per lo bastart del Quaylar e per lo gran Robert castelan de Someyre e per alcuns homes darmas.

Item, a XVIII de junh, fo portada al luoctenent del dich moss. Enguerran una letra clauza de part lo dich M. Gili facha segon que el mandava de mandament del dich moss. lo governador, per la qual li enibia que non procezis a election de bayle ni dautres curials, e per so los senhors cossols foron al dich luoctenent sertas requestas e protestacions am quarta lo xx jorn del dich mes e lo jorn de S. Johan, et en ayssi non fo procezit a neguna election, e demoreron oficiers aquels de lan passat en lestat en que eron a la festa de S. Luc.

Item, I dimergue a XXXI de julh apres disnar, fon portada a la glieya de S. Benezech parten de la glieya de S. Esprit una sancta veraya cros per moss. Salvayre G. de Montpellier doctor en decretz abat de S. Gili, de part nostre senhor lo papa, et hac y perdo a la intrada per nostre senhor lo papa de I an e XL jorns e mays perdo per tostemps de nostre senhor lo papa cascun an del jorn del Divenres Sancs entro al octava de Pascas per cascuna jornada, e per aytanta vegadas quant hom layra per devotion de la sancta cros ✝ de III ans e de III quarantenas, et hac y gran procesion general e sermo davant lo cossolat lo cal fes moss. labat de S. Gili.

Item, a XXX daost, moss. lo duc dAnjo enformat de la mort de la reyna Johana de Napols pres son titol en lo loc de Tricart, e daqui avant se apelet rey de Jerusalem e de Cecilia, e tantost fes ducs e comtes.

Item, a.... jorns de febrier, mori lo comte de Flandres en lo luoc de [93].......

En lan M CCC LXXXIIII, per so que mortalitat granda, majorment dels enfans de XX ans o entorn et en aval, renhava et avia renhat de San Johan lan LXXXIII en sa en esta vila e caix pertot, los senhors cossols a XXX de mars feron mezurar tota la muralha de la vila de Montpellier de foras costa la estama de las dogas e la palyssada de part dedins e las ymages de Nostra Dona de Taulas e de son filh e de lautar de la gleya, e fo trobat canan am fil que la muralha que es foras la palissada a de lonc IX^c XXXV canas : item, la muralha de la vila que es defra la palissada a V^c XXX canas : item la clausura de la palissada a de lonc per tot VIII^c LXXXXIIII canas : item, la dicha gleya a de roda tot entorn LXXX canas : item, lautar a de lonc am los dos caps II canas e II palms : item, las doas ymages an de gros III palms : item, la ymage de Nostra Dona a de lonc III palms e ters : e daquest fil am dautres feron far I rezench sur lautar de Nostra Dona en aut en

I[a] roda que y era et y fon facha lan LXXIIII, per so quel dich rezench y creme nuech e jorn ad honor de Dieu e de Benezecta Verges Maria, que lur plassa fàs cessar aquesta mortalitat e la empedimia de bossas renhant e daver pas de cel en terra e salvar los frutz de la terra, e fo senhat lo II jorn dabril per moss. Jacme de la Manhania prior de Taulas: e duret la dicha mortalitat entro mieg aost aquest an LXXXIIII, en lo qual temps moriron part los enfans petitz e grans mostz bos homes notables antixz e donas specialmens ioves daquesta vila, et en aissy duret la dicha mortalitat et empedimia per lespazi o entorn de XIIII meses, la qual causa jamays non fo vista que mortalitat dures tant longuament en aquest pays, e per aysso vaquet lestudi del tot de Pantacosta entro Nostra Dona de setembre [94].

Item, a XXI dabril, vengron a Montpellier los senhors comtes dArmanhac e de Cumenge payre e filh, et aneron sen lendema a moss. lo duc de Berri a Nemze, e daqui az Avinho.

Item, a XXV de may, mori ad Avinho lo dich comte dArmanhac, e fo sebelit als Frayres Menors Avinho.

Item, la vigilia de Pantacosta que era a XXVIII de mai, tornet a Montpellier lo sobre dich senhor rey dErminia tornan dArago e dEspanha, e parti lendeman anan sen en Fransa vers nostre senhor lo rey.

Item, aquest an, la nueg de la festa de Sant Mathieu que es a XIII de setembre, anet a Dieu en Polha lo dich moss. Loys duc dAnjou aras rey de Jerusalem e de Cecilia, e fon sebelit en la gleya de Sant Nicholau de Bar, e son cor fon portat en Fransa, e los senhors cossols ne feyron far I sollempne cantar a Frayres Menors am sermon del bachalier regent, e cantet la messa moss. Hugo de Valhac prior de Sant Fermi a VII dezembre, pressens moss. Hugo de la Manhania de Montpellier avesque de Segobia, totz los curials speritals e temporals e tot lestudi, els oficiers e bos homes de vila, et y fo fach tombel negre e tota autra sollempnita coma per nostre senhor lo rey que Dieus aia lan de sus LXXX.

En lan M CCC LXXXV, a XVI dabril, moss. Loys rey novel de Napols e moss. Carles son frayre duc dAnjou e madama Maria lur mayre vengron a Vila nova dAvinhon, e pueys a xxv del mes intret az Avinhon lo dich senhor rey, e lendeman la dicha dona regina, el dich duc.

Item, a xvii de julh, lo digh nostre senhor lo rey en la ciutat dArras pres per molher madona Elizabet filha del duc de Bavaria.

Item, a xix daost, venc devers Avinhon moss. lo duc de Berry a Montpellier et en sa companha los senhors comtes dEstampas e de Sant Serra, els senhors cardenals de Sant Marsal e de Malhares son cancellier, et aneron ves Tholosa.

Item, lo dilus premier iorn de genoier, que era luna nova, entre la segunda e la tersa hora del jorn fo eclipsi de solhel tan gran e tan escur que aparian las estelas claras e lusens en lo cel.

Item, a xxiiii de genoier, venc a Montpellier lo digh M. lo duc de Berri, els ditz senhors comtes, el dich cardenal chancelier, e pueys lo xxvi jorn del dich mes, sen anet vers Lunel, e pueys az Avinhon per montar sen en Fransa, e de mandament de nostre senhor lo rey.

En lan M CCC LXXXVI, lo jorn de Sant Claufas que fon a xxv septembre, nasquet al boy de Vicennas lo premier nat de nostre senhor lo rey, lo qual fo pueys batejat lo dijous que era lo xxvii del dich mes, et ac nom Carles, e foron payris M. lo duc de Berry, M. lo conte Don martin, e madama la comtessa dUe.

Item, lo dimergue que era xiiii doctobre, fo facha sollempna procession general en Montpellier per la nayssensa del dich premier nat e per lo passatge que nostre senhor lo rey volia far am grans gens darmas en Englaterra, et y ac ii sermos, lo i fo davant lo cossolat lo qual fes M. R. Vaquier general del orde dels Carmes e lautre fon en Taulas lo qual fes M. Johan Dyet Frayre Menor totz ii mestres en theologia : lo qual passatge non se fes per deliberation del gran cosselh del dich nostre senhor lo rey.

Item, divenres a xix del dich mes, fo portada letra clausa als senhors cossols de part nostra dona la reyna certificatoria de la dicha nativitat, e los ditz senhors doneron al portador de la dicha letra per estrenas x escutz daur.

Item, a xxviii jorns del mes de dezembre, anet a Dieu lo dich premier nat de nostre senhor lo rey.

En lan M CCC LXXXVII, a xv dabril, se muderon las sorres de Prolhan de lur monestier vielh que era foras lo portal de la Veyruna a lur monestier nou de Nostra Dona de Tostz Sans o de Sant G. am la procession et am la bandieyra de Sant Fermi, car los Prezicadors non y volian esser, car dizion que lur proensal lur o avia nedat, e portava hom davant elas lo precios cors de Nostre Senhor, et y foron los senhors cossols et obriers e cossols de mar totz am lurs entortas cremans entorn Nostre Senhor, e sonant lo senh gros de Taulas, e los officiers espiritals e temporals de la vila e senhors e donas processionalment et en sobre gran quantitat.

Item, a xix de junh, venc a Montpellier M. P. duc de Borbon e comte de Fores lo qual anava en Espanha contra lo duc de Lencastre am gens darmas, e li yssiron los senhors cossols et obriers e bos homes de la vila e los officiers e las glieyas e los ordes am las processions, e pueys lendeman matin tenc son cami : Dieus lo guize.

Item, i diious que era a xx de junh, fes tan gran aura en Montpellier e per lo terrador lo jorn e la nueg que deffes motas garbieyras de blat en las ayras et en los camps et arrabet motz albres.

Item, a la festa de Sant Iohan et entorn, per mots jorns era en Montpellier una femna de las partidas de Fransa, la qual non avia negus brases ni mas ni forma daquo, del age de xl ans o entorn, la qual am los pes filava e torsia lo fil e metia lo fil en lagulha e cozia et am i pe meyssia vin et ayga en iª escudela que tenia en lautre pe, et am los ditz pes trazia e recebia la pilota e ne jogava am los datz e ne fazia centuras de filh enteliers am tanelas et am iª espaza de fusta et am los dos pes fazia capels de flors e pueys los desfazia.

Item, a v de julh, trespasset daquesta vida az Avinhon M. P. de Lucemborc cardenal fraire del comte de Sant Pol dyaque de la etat de xviii ans lo qual fo sebelit per sa ordenansa en lo cemiteri dels paures de lospital de Sant Anthoni tras lo cor de la capela de Sant Miquel, en lo qual luoc Nostre Senhor per los meritz daquest sant home fes motz miracles en diversas partz del mon, ressucitant morts e motz autres grans fachs e singuliers e de grans meravilhas, de que en pauc de temps sens cessar y ac grans motas e grossas offertas et ymages de cera.

Item, a x de julh, fo portada a Montpellier en una carretta una tortuga la qual era estada preza per pescadors am I boliech en las mars de Aygas mortas, de la qual lescut dessus fo mesurat que avia de lonc sens lo cap e sens la coha de la bestia VII palms e de larc V palms $^1/_2$; e las cambas premieyras semblavon alas: la quel compret VI ecutz daur le noble M. Henric de Chalon Borgonhon estudian.

Item, lo dich M. lo duc de Borbon tornet a Montpellier venent dEspanha, I dissapte que era V doctobre, e pueys lo dilhus sen anet vers Fransa.

Item, un dimergue XX doctobre, las Sorres repentidas negras de Sancta Katarina se ajusteron am las repentidas blancas de Sancta Magdalena.

Item, lendeman que era festa de las Sanctas XI^m Verges, fonc messa la premieyra peyra per bastir lo mur derrocat detras lo palays de nostre senhor lo rey de Fransa, la qual merron lo sen. Nat Palmier bayle, lo sen. B^n Palmier, lo sen. Johan Sazy cossols e sen. Johan Martin obrier.

Item, aquel an meteys, entorn la festa de Tostz Sans, apres motas rebellios fachas de fach am armas per manieyra de guerra al dich mossenhor Loys rey novel de Jerusalem e de Cecila per alcus luocs del comtat de Prohensa et especialment per los luocs dAycs e de Tarasscon, losditz II luocs am motz autres se renderon a lui: vers es que al comessament lo luoc de Marselha fo en sa obediencia, e pueys apres la ciutat dArle.

En lan de Nostre Senhor M CCC LXXXVIII, I dimars que era XIIII jorns dabril, egal tercia, anet a Dieu en la ciutat dAvinhon M. Angles Grimoart de Grizac avesque dAlbana e cardenal de la sancta gleya de Roma frayre de sancta memoria de nostre senhor lo papa Urban V, e fo sebelit en la gleya de Nostra Dona de Doms en sequestia, per translatar pueys a labadia de Sant Ruf prop Valensa, car daqui era canorgue, et obret Dieu motz miracles por lui, e pueys se fes lo cantar lo dissapte apres en son collegi de Sant Ruf de Montpellier, e fes lo sermon M. Johan Lumbart prior dels Prezicadors desta vila e M^e^ en teulogia, e pueys lo dilus apres que fon xx dabril, se fes lautre cantar en lo monestier de Sant Benezeg, e fes lo sermo lo prior dels Augustins.

Item, la vegilia de la Assencion de Nostre Senhor que era lo VII jorn de may, lums atuzats, intret a Montpellier a pe en P. Hug nadin de Savardia habitador de Montreal prop Carcassonna panrebonier de lage de LXX a LXXX ans, lo qual dizia que anava a nostre senhor lo rey de Fransa per comandament de Deu a lui fach per tres vegadas en lo mes de mars passat, una ves per moss. S. Miquel, autra per moss. Sant Gabriel, autra per moss. Sant Raphael, e dire li que hostes los grans carts importables que eron sus lo poble, en autra manieyra que nostre senhor li mandava per el que el lou punira aygrament, et en silhal de aysso los ditz angils a el avian fach III crozes en la carn de I bras sieu: e pueys lendeman gran mati el sen anet ver Nostra Dona del Puey e daqui en Fransa, e non volia penre negun don ni almorna, si non aitant quant li fezia mestier a sa necessitat sens plus.

Item, en lo mes de may, vengron novelas a Montpellier que moss. Jacme rey de Chipre era estat mort et aucit per sas gens, per so car avia fach empoysonar et aucir son nebot rey de Chipre e lur fezia mots grenges e noveletatz.

Item, a XXI de julh, tornet de Paris a Montpellier lo dich P. Hug, e lendeman se tornet a son pays.

Item, lo reyretaule dargent fach del deniers de lobra de la glieya e de la confrayria de Nostra Dona de Taulas fo pauzat sus lautar major de la dicha glieyza, la vigilia de Totz Sans: fes ne carta M. P. Gili notari del cossolat.

Item, I dimars a V de genoyer, intret a Montpellier M. Jacme dAragon cardenal per anar az Avinhon estar, lo qual puys parti dayssi per anar Avinhon I dissapte a XVI jorns del dich mes de genoyer.

Item, un divenres que era V jorns de febrier, fo comensada la gleya del monestier de las Sorres de Nostra Dona de Sant Gili de Sancta Catharina de Montpellier, e mes la premieyra peyra en mieg del autar major a honor de Nostra Dona, M. Jacme Rebuf doctor en leys jutge del palays, en nom del noble Giraut Malapua governador de Montpellier, e lautra peyra devers lo costat dreg a honor de mossenhor Sant Gili, mezeron lo S. P. de las Lauzas cossol, el S. B^a de las Gardias obrier de Montpellier, e lautra peyra mezeron devers le costat senestre a honor de madama Sancta Catharina, S. G. Veinhas cambiador e S. Johan Robert blanquier, e fes lo sermon M. Johan Lombart prior de Prezicadors, e fes lofici M. B^a Calvet prior de los Carmes M^es en teologia, nadious de Montpellier.

Item, aquel an meteys en genoyer, febrier e mars, foron tans grans neus en Lozera que abatet motz mazes et y moriron motas gens per lo tombar dels hostals, autres per freg, autres per fam, car las neus dureront tant mays que non avian acostumat que las provisios que avian fachas non lur alastavon, et y avia gens en lo pays de memoria de IIII^xx ans e plus que dizian que jamays non avian vistas tans grans neus.

En lan M CCC LXXXIX, I divenres que era lo jorn de Sant Jorgi, XXIII jorns dabril, los senhors cossols feron far un cantar a Frayres Menors per lo dich moss. lo cardinal dAlbana, en que agron I drap daur orlat de negre am las armas del dich M. lo cardenal e de la vila, et ac y XXIIII entortas senhadas de las armas de la vila, C pas et una ll. de candelas e vin, e fes lo sermon M. G. Johan, e cantet la messa M. Vidal Valentin maistre en theologia del dich orde.

Item, divenres a XXIIII de may, intret a Montpellier madama Johanna filha del comte de Boluenha, la qual venia del hostal del comte de Foys son oncle et anava en Fransa per esser molher de mossen Johan de Fransa duc de Berry honcle e luoctenent de nostre senhor lo rey de Fransa, et yssiron li los senhors cossols e curials e motz bos homes de Montpellier a caval otra Sant Johan de Vedas, e lay yssiron las processions de las gleyas majors de Montpellier e dels ordes, e dissendet a lostal de moss. lo governador, et estet si entro lo dimergue apres seguent que era XVI jorns del dich mes.

Item, lan meteys, I dimars a XII de octobre, anet a Dieu M. P. de Vernops avesque de Magalona a Montpellier en lostal de son avescat, e pueys lendeman fon portat sollempnament per vila e daqui a las Sors Menors, e lo digous fonc portat a Magalona e sebelit en son sepulcre que avia fach far, e fes lo sermon M. G Johan M[e] en theologia regent de Frayres Menors: e pueys la noal fon facha aqui meteys divenres a XXII del dich mes, e fes lo sermon M. Johan Lombart maistre en theologia prior de Prezicadors, et y ac IIII senhors cossols, et y feron gitar I drap daur e VIII entortas.

Item, digous a XIIII del dich mes, nostre senhor lo papa donet lo dich avesquat a M. Anthoni de Loviers avesque de Renas en Brethanha nadin de Savoya.

Item, I dissapte que era XXX jorns doctobre, los senhors cossols et I senhor doctor et alcus bos homes de villa auzit que nostre senhor lo rey venia en aquest pais e se eron tiratz devers lui per far li la reverencia et offrir li la vila, foron a Roquamaura et aqui li feron las dichas reverencia et offerta: e daqui lo dich nostre senhor lo rey, lo jorn meteys, intret en Avinhon, facha premieyrament grand yssida et honor a lui tro a Roquamaura per los senhors cardenals e mots autres grans senhors, e descendet lo dich nostre senhor lo rey al palays de nostre senhor lo papa Clement VII.

Item, lo jorn de Tots Sans, lo dich nostre senhor lo papa, present lo dich nostre senhor lo rey, coronet rey de Cecilia M. Loys dAnjo del age de XII ans, si com apar a tras lan LXXVII.

Item, I dilhus que era XV jorns de novembre, lo dich nostre senhor lo rey intret a Montpellier e vengron am lui M. Loys son frayre duc de Torena e compte de Valois, M. P. duc de Borbon e compte de Fores son honcle, M. P. de Navarra, M. Henric e M. Carles de Bar, M. Carles de Lebret sos cozis girmas, M. Amenieu senhor de Lebret marit de sa atada, M. Johan Artes conte dEu son cozin, M. Olivier de Clisson conestable de Fransa, M. Loys de Senserra marescal de Fransa e motz autres grans senhors tan de son linhage que dautres, et yssiron li totz los officiers reals desta vila am una livreya otra Cadola, e los senhors cossols tro Sant Anthoni de Cadola, totz a caval am la bandieyra et am los menestriers del cossolat ambels et an alcus bos homes de vila a caval, e pueys a la † delay Salazon foron totas las autras livreyas de totz mestiers a caval et a pe vestidas de II draps partitz, en que foron ben III^c personas a caval et autras III^c a pe e plus : e quant nostre senhor le rey fonc a la Trinitat, a qui los senhors cossols se mezeron a pe e presenteron li I bel pavalhon de III draps daur orlatz de foras de satanis blan tot semenat de flors de lis daur orlat de perfilas de ceda verda, et avia y VIII bastos : els ditz senhors cossols li meron lo dich pavilhon dessus, et en ayssi lo porteron tro a la vila et a Nostra Dona de Taulas, ont dissendet et horet, e pueys montet a caval et anet tro la poncha de la Sonnaria, e daqui anet tro a la salla del avesque, et aqui dessendet e demoret, e totas las gleyas, els ordres am lurs processions ly eron yssitz tro otra la † dels Azeniers, et estet en esta vila tro dissapte XX jorn del dich mes, et anet sen vers Tholosa.

Item, apres, lo dich nostre senhor lo rey estan a Tholosa fes cridar le dernier jorn de dezembre, que daqui avant totz capitols, cossols et autres governadors de comunas de Lenga doc que eron de major nombre de IIII, que fosson tornatz al dich nombre al mays, e que totas aydas messas per los comus fosson abatudas del tot : vers es que lo dich nostre senhor lo rey lur rendet pueys lo soquet del vin per pagar los deutes que devian.

Item, lo dich nostre senhor lo rey, lo dissapte XXII jorns de jenoyer, egal mieg jorn, fes cridar las dichas ordenansas en Montpellier, e pueys el intret en esta vila lo jorn meteys am lums, et estet si tot lo dimerge, e pueys lo dilus sen anet apres disnar jazer a Lunel, e redet a esta vila lo soquet del vin per pagar los deutes que la vila devia en partida.

Item, a XIX jorns de febrier, fonc acordat per los senhors generals reformadors layssatz en aquest pays per lo dich nostre senhor lo rey so es assaber mossenhor Feuy arsivesque de Rems, moss. P. senhor de Chammeysa cavalier e Johan de Stoutavila, am cosselh de motz bos homes de vila apelatz per aysso, que daqui avant entro que alre sia ordenat sian elegitz cascun an IIII cossols segon la dicha ordenansa de nostre senhor lo rey, dels mestiers que se segon : premieyrament sia elegit I cossol per cambiadors e pebriers, item I autre per boizeies e totz drapiers e pebriers, item I autre per peliciers, sediers, orgies, canabassiers, especiayres e merciers de Sant Nicholau, item I autre per totz mazeliers, peyssoniers, coyratiers, fabres, sabatiers, blanquiers, fustiers, peyriers e lauradors.

En lan M CCC LXXXX, a VIII dabril, nasquet davant lo pilar de Sant Gili en lostal dun juponier I cadel que avia davant I cap e dos cambas, e detras, II anquas IIII cambas II cohas e II naturals de mascle.

En lan M CCC LXXXXI, dimergue lo dernier jorn dabril, Johan Reynaut crestian lo qual era estat juzieu et avia avut nom Duran Mosse filh de Mosse Abraham juzieu e lo qual Johan era estat batejat en esta vila en torn IIII ans avia, e pueys layssada la sancta fe catholica era anat en Savoya et en Alamanha et en autras parts judayzan e conversan coma juzieu am la Roda, e pueys era estat trobat en Montpellier e pres en la cort de moss. lavesque de Magalona ont era estat condampnat per moss. Bartholmieu Barrieyra licenciat en leys vicari et official de Magalona e per frayre Bernat de Galhac predicador e vicari de M. P. Boquey maistre en theologia predicador et enqueredor de Carcassona a estar en lescala davant Nostra Dona de Taulas e pueys menar liat per las escalas e daqui a Montferrant en carcer perpetual a pan de dolor et aygua de tristor, per so lo dich jorn lo dich Johan estet liat devant lostal del consolat am I banastel de tela blanca pench davant e de tras de una grant † gruega, presens los dits senhors vicaris, els curials del rey e los IIII ordes de mendicans, els senhors cossols e cays tot lo pobol e los juzieus e las juzievas de la vila ; e de tot aysso y fes I solempne sermo M. Johan Sauzi Cathalan predicador maistre en teulogia regent daquest covent.

Item, lo dich Johan Raynaut, lan meteys, vesti en esta vila labite dels Augustins [95].

Item, a la festa de la Invention de la Sancta † que fo la vespra de la Assension de Nostre Senhor, ac en esta vila Capitol Proensal dels Frayres del Carme.

Item, a la festa de Pantacosta que fo a XIIII de may, fo en esta vila capitol general de Frayres Menors, e los senhors consols que eron a donc doneron en adjutori de las despensas per lo dich capitol am cosselh e deliberacion dels XXIIII conselhers e de XIIII de las sept escalas la somma de cent francs daur coma es escrich en lo libre de las quitansas del clavari daquel an 96, et y fo elegit ministre general del orde frayre Johan de Savinhia nadieu de Dijon en Borgonha maistre en theologia.

Item, dimergue a XXV de junh, fo fo facha procession general en Montpellier per la pas per la qual se dizia que nostre senhor lo rey era a Sant Homer, el rey dAnglaterra era a Calays, e per so que plagues a Dieus gardar nos de malautias e de morts subtanas, e que ly plagues salvar e gardar las personas de las gens, els fruits de la terra, en que foron moss. lo vicari de Magalona, las parroquias, los III ordes Sant Johan e las capelas, los senhors generals de Lengua doc reformadors per lo rey nostre senhor, los officiers de las cortz, cossols et obriers e cossols de mar e quays tot cap dostal de senhors e de donas veuzas, e cascun am sa entorta e los ciris de las confrayrias cremans, et y portet hom lo ymage dargent de Nostra Dona de Taulas sot lo pabalhon e lo cors sans de moss. Sant Cleofas davant e la testa apres en las mas de mossenhor lo prior de Sant Fermi, et y avia enffans mascles innocens plus de M en pes descauces respondens en auta votz a alcus senhors capelas que los precezian cantans las litanias, et y avia atressi motas dozelas descaussas dizens lurs Ave Marias et y ac tant gran pobol e tant gran luminaria que non era memoria dhome que agues vist jamays a sa vida tant solempna procession en Montpellier ni en autra part, et y ac messa del Sant Esperit cantada sot la vouta de foras de costa la grant porta del cossolat en I autar mot parat solempnament de drap daur, et era sus lautar la dicha ymage de Nostre Dona, e los chantres estavon sur la dicha votta, e cantet la messa maistre Johan Lombart nadieu de Montpellier M. en theologia Predicador, e fes lo sermon mot solempne davant la dicha vouta M. Johan Sauzi Cathalan M. en theologia regent de Prezicadors, e moss. lo vicari donet y perdon a cascun XL jors et a cascun que dejunera totz los divenres que foron daqui a Sant Miguel a honor de Dieu que nos autries las dichas demandas per cascun divenres autres XL jorns, et y foron ordenadas dire cascun jorn en las gleyas certas oracions per la pas.

Item, lo jorn de Sant Jacme e de Sant Cristol que es a xxv de julh, monsenhor Johan comte dArmanhac e de Cumenge fonc desconfit per las gens de monsenhor Galeasso senhor de Mila e de Pavia e mort per grant elcalfament de fach darmas que fazia am sa gent devant la ciutat dAllissandria en Lumbardia, et aqui meteys mori lo senhor Dapchier de Gavalda am luy e motz autres bos homes.

Item, lo jorn de Sant Peyre premier jorn daost, mori subtament moss. Gaston compte de Foys en son castel de Pau.

Item, I dimergue que era XVII jorns de setembre, fonc facha semblan procession que aquela dessus facha a xxv de jung, exceptat que non y eron los senhors generals car eron en Tholzan, e non y ac perdon: vers es que otra las dichas reliquias y fo portada la sancta vera † del Carme, e fes lo sermon en lo luoc que dessus maistre Symon de Victor maistre en theologia prior daquest covent del Carme, e cantet la messa de Nostra Dona sot la dicha vouta frayre Remont Vaquier nadieu de Montpellier e licentiat en theologia; e fonc fach per las causas dessus dichas, e per so que Nostre Senhor nos volgues ostar las pestilencias de las bossas e de febres e de mortz que avian renhat plus de III mes en aquesta vila e tot lo pays, et aqui fonc denonciat que nostre senhor lo papa Clemens VII avia autriat a requesta de monsenhor Anthoni evesque de Magalona la sancta indulgencia a totz aquels que morian en Montpellier et en tot son avescat del jorn de la Nativitat de Nostra Dona tro a III mes, car aquel jorn el lavia autriada.

Item, dimergue a XV jorns doctobre, fonc facha senblan procession per tot entorn la vila e la palissada, e cantada la messa de Sancta Trinitat, e fach lo sermon en lo luoc que dessus, et y fo portada la ymage antiqua de Nostra Dona de Taulas e lo cors sans e la testa de monsenhor Sant Cleophas e la testa de monsenhor Sant Blaze, et y foron los senhors morgues de Sant Benezeg am la Sancta Veronica e motas autras belas reliquas, e cantet la messa mons. P. Flamenc doctor en decretz prebost del dich monestier, e fes lo sermon mossen P. de Salhent morgue dAnhana bachelier en theologia.

Item, car la sancta indulgencia de nostre senhor lo papa dessus dicha devia falir a VIII de dezembre, car la pestilencia de bossas e de febres e dautras duravan encaras per la qual eron mortz effans e gens ioves sens nombre e personas vielhas alcunas, per so los senhors cossols escrisseron a nostre senhor lo papa et a mons. de Magalona per alongar la dicha indulgencia, la qual nostre senhor lo papa alonguet a autres III mezes.

Item, dimergue a XXI de genoier, car la dicha pestilencia era cays cessada [97] la gracia de Dieu en Montpellier et entorn, e per so car lo gran conseilh de nostre senhor lo rey de Fransa e del rey dEnglaterra devian esser enssems en las partidas de Picardia lo jorn de Nostra Dona la Candeloza per lo fach de la pas, per so los senhors cossols feron far una autra procession general que dessus am la ymage dargent de Nostra Dona de Taulas e lo cors sans e lo cap de mons. Sant Cleophas, e fes lo sermon devant lo cossolat maystre P. Borron M^e en theologia de Predicadors, e cantet la messa dessot la vouta frayre Johan Costa de Montpellier prior del covent de Predicadors daquesta vila per rendre gracias a Nostre Senhor de la dicha cessation de la pestilencia, e pregan lo que nos done bona pas.

Item, a VI de febrier, nasquet a Paris mons. Karles filh de nostre senhor lo rey, e pueys venc la letra certificatoria daysso de madona la regina a XXVIII de febrier, e los senhors cossols estreneron lo portador de VI francs daur, e per so los senhors cossols ne volgron far una autra procession general solempna lo dimergue apres que fonc a III de mars, la qual non se pot far car ploc fort lo dissapte al vespre e tot lo dimergue.

Item, lo dimars apres, los morgues de Sant Benezeg ne feron sollempna procession per tot lur monestier car non lauzavon far deforas per debat de la parroquia, e lautar mayor fonc parat dels reliquiaris, e cantet la messa sollempnelment mons. Peyre Flamenc doctor en decretz, et y foron totz los curials e cossols e tot lestudi.

Item, lo dimergue apres que era a x de mars, los senhors cossols ne feron far una autra procession sollempne general coma las autras dessus en lo plan del cossolat, e feron la procession Frayres Menors, e fes lo sermon M. P. del Suc maistre en theologia del dich ordre, e cantet la messa frayre Frances Bastier de lordre meteys gardian daquest covent, e dels enfans que seguian la procession alcuns respondian als senhors capelas que dizian las litanias « Miserere nobis », e los autres cridavan « Viva nostre senhor lo rey e mons. lo Dalfi son filh » : e lo dissapte e lo dimergue al vespre tart fes hom grans fuocs per las carrieyras coma la nueg de Sant Johan amb estrumens diverses et am cansos et am danssas per la nayssensa de notre senhor lo Dalfi.

Item, lo dilhus mati fo cridat per la vila que tota persona fezes festa aquel jorn e lendeman.

Item, lo dimars trestot lo jorn, motas personas per mestiers e per carrieyras feron gran festa balan per vila parat cascun lo plus que podia, am menestriers e la nueg apres seguent, els totz venian al plan del consolat e la una companha cantava e danssava aqui a son plazer, e pueys ne venia autra e fazia aquo meteys, et en ayssy o tengron tro apres mieja nueg, et y justavon alcuns a caval aqui e per tota la vila, e totas ves los senhors cossols y estavon am motz menestriers per aculhir los quant venian e lur fazian far plassa, e pueys los autres que venian festejavon coma avian los autres, e tot lo jorn las bandieyras del cossollat estavon estendudas a las fenestras, e tota la nueg grans fuocs de lenha al plan del cossolat e per tota la vila, e lo dich plan tot lo jorn enpalhat de palha fresqua, et en los ditz bals las donas eron paradas dabits de senhors, els senhors dabitz de donas, cascun lo plus honorablement que podia.

Item, lo dimecres matin foron endichas ferias en totas las cors per tota aquela senmana.

Item, lo digous se feron justas a caval en la carrieyra trespassens de nobles homes e de borzes e de marchans.

Item, lo dimergue apres que era XVII de mars, los senhors officiers dessay e delay e doctors, avocatz e notaris feron sollempna festa tot aquel jorn per la nativitat del dich mons. lo Dalfi, car de matin feron dir una messa sollempna de la Verges Maria a Nostra Dona del Castel, la qual cantet mons. Esteve Segrestan prior daqui, e fes lo sermon maistre Peyre Borron maistre en theologia de Predicadors, e pueys apres disnar vengron al plan del cossolat, lo qual fo claus de archibaus tot entorn am certas intradas, e costa la gleya de Nostra Dona de Taulas sus los bancs de la peyra fonc mot ben parat e cubert de chalos en cascun dels ditz II luocs e pueys de bels draps daur de luca, et en la un luoc ac un rey ben parat am sos ducs et conseilhiers et en lautra fonc la regina am sas domayzelas mot ben paradas e mons. lo Dalfi am sa bayla que lo alachava, et aqui foron los dichs senhors generals sire Jaque Regnat, sire Giraut Malpue e motz autres officiers reauls de Lengua doc e madama la gouvernayris et tota la flor de senhors e de donas de la vila, et y fonc portat un Dalfi contrafach mot bel que avia ben II canas de lonc e de gros alavinent, et aqui tot lo vespre fo facha grant festa de senhors e de donas cantans e balans am menestriers e la bandieyra e penos de las armas de Fransa et un caval cubert daquelas armas meteyssas, e quays totz los autres mestiers que avian festejat davant y vengron paratz danssan am menestriers, fazen gran reverencia al rey et a la regina et al Dalfi, tenens lurs estatz mot honorablament en los luocs davant ditz, e pueys al sollelh colgan, totz sen intreron en lostal del cossolat par sopar, car lesdits officiers de la vila y avian fach apparelhar ben honorablament, e lo rey e la regina tenian lur estat a taula am los ducs de Torena e de Berri e de Bourgonha e de Borbon e las duguessas eran en autra taula, e lautre pobol apres tenian plenas las II taulas.

Item, apres sopar cascun sen anet al palays mot ben acompanhat amb entortas et amb menestriers, e la bayla am lo Dalfi fonc accompanhada de III officiers del rey am II entortas tro a son hostal pres la cort del petit sagel, et ela portava son enfant, e quant las gens lo vezian se ageinolhavon e ly fazian grant reverencia, dizen « Viva mons. lo Dalfi. »

Item, lo dilus a XVIII de mars apres disnar tot lo vespre, foron fachas grans justas en la dicha carreyra trespassens.

Item, lo dimergue apres que era XXIIII jorns del dich mes, los estudians feron gran festa tot lo jorn al plan del cossolat e per tota la vila, dansseps am menestriers et am grans paramens e cantan coblas rimadas per las plassas, fazen rey e ducs tot per honor de la nativitat de mons. lo Dalfi.

En lan M CCC LXXXXII, dimergue a IIII d'aost, fo facha procession general en Montpellier a honor de Dieu e de Nostra Dona Sancta Maria e de tota la cort celestial reden gracia a Nostre Senhor car avia fach cessar aysi la epidimia e car nos avia donat bonas mayssos, e supplien ly que nos dones bonas vendimias e plueja car gran sec era e que Dieus salve lo pobol de Montpellier en bona pas e salut darmas e de corsses, e que Dieus dones bona pas a la sancta glieyza et al regne de Fransa, e que salve nostre senhor lo rey e madama la reyna e monsenhor lo dalphin, e fo portada la ymage dargent de Nostre Dona de Taulas benhar en Les al pont de Ga Juvenal : e fes lo sermon al plan del cossolat maitre G. de May maistre en theologia del orde dels Augustins.

Item, divenres XXI daost, los senhors cossols feron far una procession general en Montpellier per la vida, salut e prosperitat de nostre senhor lo rey e de sa molher e de son filh e de tout lo realme e per la pas de son realme e de la sancta glieyza de Roma : e fes lo sermon en lo plan del cossolat maistre Peyre Borron maistre en theologia del orde dels Predicadors.

Item, dimergue a III de novembre, los senhors cossols feron far una autra procession general per las cauzas deraynement dichas : e fes lo sermon el plan del cossolat frayre Peyre de Gontour de Proensa licentiat en theologia regent dels Frayres Menors.

Item, dimars lo derrier jorn de dezembre, fo senhat e batejat I sonh de Nostra Dona de Taulas que era estat trinquat e refach per moss. Jehan Rochayron capela de Maruojol, e pezet XXXII q., e senhet lo maistre Jacme de Manhania prior de Taulas, e foron payris S. Yzart teinchurier drapier e S. Deo Ambrozi pebrier, e ac nom Silvestre.

Item, dimars a XVIII de febrier, fo senhada et batejada una esquilla de Nostra Dona per lo dich moss. lo prior de Taulas laqual era estada trenquada e fo refacha per lo dich moss. Iohan Rochayron, e foron payris Jacme Albert cambiador e R. Cazelas pebrier, et ac nom Catherina, e pezet VII q. LXXV ll.

Item, dimergue a IX de mars, fo facha una autra procession general de mandamen de nostre senhor lo rey fach a moss. de Magalona et als autres senhors evesques de son realme per lo fach de la scisma de la glieya que Dieus la duga a vraye union : e fes lo sermon al plan del cossolat maistre Symon de Victor maistre en theologia e prior dels Carmes.

En lan M CCC LXXXXIII, lo dimergue XVIII de may, fo facha una autra procession general a Montpellier per lo fach de la pas de nostre senhor lo rey e de son adversari dEnglyterra : e fes lo sermon al plan del cossolat M. Peyre Borron maistre en theologia de lorde dels Predicadors.

Item, dimergue a XVII daost, fon facha una autra procession en Montpellier general la plus sollempne que fon facha a Montpellier a memoria dome que viva per lo rey nostre senhor, per so que Dieus li dones bona salut longament e pas e prosperitat de son cors e de son realme.

Item, lo dich an, los enfans de lestat de XI XII XIII XIIII e XV ans se mogron en gran partida tant de Montpellier coma del realme de Fransa coma aytan ben dels autres rialmes e pays per anar al mont Sant Miquel en Normandie.

Item, dimecres a VIII de octobre, feron tant grans pluojas et edolovi dayguas am peyra que tombet entre tercia e miech jorn, que la ribieyra del Les salhit per talle manieyra de mayre que cobri cays lo pon de Gay Juvenal, e venc al pe de la cros del dich pon, e rompet per los caps del dich pont e del pon de Castel neuf las barandas e spondieyras de peyra, e tombet una gran partida del pont de Sant Alari, e derroquet una gran partida dels molins scituatz sur la dicha ribieyra, e deffes las verquieyras, la major partida e los molins parados e nen portet totas las telas de las pararies e bugadas de la dicha ribieyra, e negeron totas las farinas e blatz que eron en los diz molins et y neguet

Frances Adhimam mounier, e derroquet diverses arbres, e lo dich edolovi daygua intret dedins lo luoc de Lates en tant que calc que las gens que y eron se salvesson sur los murs sur la torre e sur la gleya del dich luoc, e donet tres grant doc dampnatge a blatz, farinas, vins, fens et autres bes moables de las dichas bonas gens.

Item, dimars a xiiii de octobre, fo uberta la goleta del Rose pres Aygas mortas.

Item, dimecres a xxii de octobre, se obri lo gra devant Aresquier.

Item, dimergue a vii de decembre, los senhors cossols feron far una sollempna procession per la salut del rey nostre senhor, e fes lo sermon maistre Peyre Borron maistre en theologia.

En lan M CCC LXXXXIIII, a xx del mes de jun que era iiii jorns devant la festa de Sant Johan Baptista que es acostumada a far la election del bayle daquesta present vila, mossen Phelip de Bruyeyras ciyivalier senhor de Rivel governador per lo rey nostre senhor de la dicha vila am los ditz senhors cossols, estans dedins la gleya de Nostra Dona del Castel coma es de costuma, sus la election del dich non pogron esse dacort, mas fachas certas protestacions per non derogar ne prejudicar al privilegi per los ditz, moss. lo governador e los senhors cossols alongueron la dicha election al dimars seguen a la hora de prima en la dicha gleya, al qual jorn de dimars que tenian xxiii del dich mes a la dicha hora, estans losditz moss. lo governador e senhors cossols clauses defra la dicha gleya, lo dich moss. lo governador elegich en bayle per lan endevenidor lo sen Peyre Peynier canabassier de la dicha vila, la qual election e nominacion los senhors cossols non consentiron e protesteron contra la persona e sos bens, car avie fache la dicha election contra los preveletgis e statutz de la vila per so que lo sen Peyre Peynier era estat clavari del cossolat e non avia rendut son compte ne finat del tot, e non obstant la dicha protestacion lo dich sen Peyre fonc trames querre per lo dich mons. lo governador par mess. Peyre Calvet licentiat en leys avocat e maistre Jacme Daspres bachelier en leys procurayre del rey, e quant lo dich sen Peyre Peynier fonc a lintran de la porta de la dicha gleya devers la fusterie del Peyron, los senhors cossols davant lo sagramen acostumat a prestar feron la dicha protestacion e non consentiron a la dicha election, e non remens lo dich mons. le governador receup lo dich sagramen, et apres lo dich sen Peyre fes sos officiers seguens: [98].... e fachs los ditz officiers, los senhors cossols laysseron lo dich sen Peyre Peynier tot sol en la dicha gleya e sen aneron en lostal del cossolat: e lo dich jorn apres vesperas moss. Frances Ricart coma un del pobol pro se e pro sos adherens de la dicha election e nomination sapelet al rey nostre senhor et a sa cort de parlament, ajustan en la dicha appellation que home que sia estat cossol de I an apres non pot esse bayle, ne bayle apres I an de la fin de son offici non pot esse cossol, et ayso per devant moss. le governador, lo qual assignet a ausir la resposta a lendemain a II horas al palays, et apres lendemain que era lo jorn de Sant Johan que tenion del mes XXIIII, a dos horas ou entorn, lo dich mess. Frances Ricart estan en la presence del dich moss. lo governador demandet respondre a la dicha appellacion et appostols, et adoncs lo dich moss. lo governador aguda relacion et am carta cossi lo dich sen Peynier bayle aysi elegit e totz sos officiers se eron solmeses a la ordenansa del dich moss. le governador e de son honorable conseil aven per agradable tot quant volra sur aysso ordenar sie en revocan tot se que a fach sur la dicha election o autremens, lo dich moss. le governador aguda gran e sollempna deliberation sur la dicha election facha per el del dich sen Peyre Peynier, attendut e palpases los dichs et autras causas que aysso los mogron, en presencia dels dichs senhors cossols, la dicha nomination et election per lo dich moss. le governador facha del dich sen Peyre Peynier e tot so que es per el estat exequit de tot en tot revoquet et assignet als senhors cossols a far novela election a la hora de vespras lo dich jorn en la gleya sobre dicha: a la quala hora de vespras lo dich moss. le governador e los dichs senhors cossols estans clauses enfra la dicha gleya de novel eslegiron de commun consentimen bayle lo sen Deo Ambrosi, lo qual fachtz los sagramens acostumatz fonc publicada sa cort aysi coma se sec: [99]...... de las quals cauzas yeu Bertran Paul notari del cossolat ay receuput carta grossada e senhada e messa en la sagrestie en la caysa de la baylie.

Item, dimecres a tercia a xvi del mes de septembre, lo dich an, mori papa Clemens VII en la ciutat de Avinhon en son palays.

Item, dilus seguen a xxi del dich mes, los senhors cossols feron un sollempne cantar per lo dich nostre senhor lo papa al coven de Predicadors ont ac xxiiii entortas et i bel drap daur orlat de negre ont eron las armas del papa e de sot las armas de la vila, e dis la messa maistre Johan Lombart maistre en theologia.

Item, dimergue a xxvii del dich mes a vespras, los senhors cardenals intreron en conclavi de dins lo palays a Avinhon per elegir papa.

Item, lo dilus seguen, a xxviii del dich mes a tercia, los senhors cardenals elegiron en papa moss. Peyre cardenal de Luna lo qual sentitula Benezech papa XIII.

Item, lo dich an, a xvii de setembre, lo rey nostre senhor en son grant cosselh ordenet que tostz los juzieus e jusievas salhisson e vogesson tot lo realme de Fransa ses retornar, et apres a iiii de novembre fonc cridat a Paris que defra hun mes aguesson vojat, e de pueys hun dissapte a xvii del dich mes a tercia, fonc semblament cridat a Montpellier, e de pueys tostz los dichtz jusieus e jusievas vocheron tot lo dich royalme.

Item, dimergue a vi de decembre, fonc facha una sollempna procession a Montpellier a requesta dels senhors cossols per la union de la Sancta Mayre Gleya, e dis la messa lo gardian dels Frayres Menors, e dis lo sermon maystre Vidal Valentin maystre en teulogia de Frayres Menors.

Item, lo dich an a xxv del dich mes a tercia, estant al port dAyguas mortas una nau cargada de draps de diverses pays e de motas autras mercadarias de la qual era patron Johan de Lipo de Rodas, sobrevenc al dich port una autra nau cargada despeciarie que era partida de Genoa de la qual era patron Ansaldo de Grimaut nat et habitant am sa molher et enfans de la ciutat de Genoa, las quals mercadaries o una grant partida de las dichas dos naus eron dels homes de Montpellier: loqual Ansaldo am sos companhons de fach al dich port pilheron e rauberon la nau del dich Johan de Lipo de totz los draps et autras mercadaries e las transmuderon sus la nau del dich Ansaldo lo qual am sa nau e la mercadarie que portava avie e tota lautra raubada se parti del dich port dAygas mortas, e sen anet aribar a Morgue.

Item, a xxii de mars, maystre Peyre de Ogero licentiat en leys et en decretz, per mandamen del rey nostre S., e per vertut de certas letras del rey a lui adressadas e causas en aquelas contengudas, pres a la man del rey la baylie et institui regent daquela [100].....

En lan M CCC LXXXXV, a v de mars, fonc messa la primieyra peyra de la gleya novela del Carme.

Item, divendres a xvi dabril, entre la hora de matinas e lalba, tombet e fes tant gran frechor que cays moriron los brotz de las vinhas e rasims de la plus grant partida del terratori de Montpellier.

Item, dimergue a xxv dabril, se fes una sollempna procession am sermon ont fonc moss. lavesque de Magalona per la union de Sancta Mayre Gleya, e que Dieu dones pas del cel en terra, e que Nostre Senhor Dieus trame ses ploja congruen per la tres grant cecaressa que era en la terra, per so car grant temps a non avie plogut.

Item, a v de decembre, fonc donat larrest sur lo fach de la baylia que avia presa a la man del rey lo dich maistre P. de Ogero, et a xvi de genoyer per vertut del dich arrest fonc eligit bayle [101]....

Item, dimergue a xii del dich mes, fonc facha una sollempna procession per la union de Sancta Mayre Gleya, e que Dieus dones pas de cel en terra, e per la conservacion e bon estat de la persona de nostre senhor lo rey de Fransa, ont fonc lo dich moss. de Magalona, e fes lo sermon maystre Vidal Valentin maystre en sancta theologie del ordre dels Frayres Menors.

Item, dimergue a xii del mes de mars, madama Yzabel de Fransa filha de nostre senhor lo rey de Fransa fermet per procurayre lo rey dEnglaterra el palays a Paris.

En lan M CCC LXXXXVI, divendres a xix de may, moss. Johan

rey dAragon mori sobtament cassan el bosc de Foyssa a tres legas de Girona en Cathaluoya.

Item, lo dich an a xxviii de may, sonada la xiii hora del jorn, tombet grant quantitat de peyra a Montpellier sus la vila et al terratori, enpero aquela que tombet sus la vila ne y avia del gros de un huou e de una not e de una grossa avellana, e duret per lespasi danar del hostal del cossolat als Frayres Menors.

Item, lo dich an, en los petitz enfans et aussi en motz grans corric la picota, e fonc general en Lengua doc.

Item, a xxii de setembre lo dich an, lAmorat Basqui emperador dels Turchs en la frontieyra de Turquia apresonet lo compte de Nivers filh de moss. lo duc de Borgonha, lo senhor de Cussy, lo compte dU conestable de Fransa, moss. Brussicaut manescal de Fransa e motz autres cavaliers et escudiers: e mori en la batalha moss. Johan de Viana admiralh de Fransa e mota autra cavaleric et escuarie e grant multitut de Morols.

Item, lo dich an a [1er] ..... del mes de novembre, madona Ysabels de Fransa filha e primieyra nada de moss. Karles rey de Fransa pres per marit moss..... rey dEnglaterra, e se sollempniset lo matrimoni a Sant Thome pres de Calays e sus los camps.

En lan M CCC LXXXXVII, dimergue a xx de mai, fonc en esta vila capitol general dels Augustins, et era ministre general del dich orde maystre Bernat Pojau del mas de Sancta Spuela maystre en theologia.

Item, dimergue a xxvii de may entre una e mieja a dos horas de nuoch, fonc terra tremol a Montpellier, e duret per lo dire de una Ave Maria.

Item, dijous lo derrier jorn del dich mes que fonc lo darrier jorn de la Assencion, lo reverent en Christ payre moss. Anthoni avesque de Magalona senhet lo pan al molon, lo qual fonc revestit am sa capa e la mitra fazen la procession de Sant Fermin.

Item, dimergue a xv de julh, se fes procession general per la mortalitat la qual era general en las tres senescalcies, Tholosa, Carcassona e Belcayre, la qual el dich pays acomenset el mes de may sobredig e duret en Montpellier per tot lo mes de decembre, la qual mortalitat acomenset en terra de Morols, et apres en la vila de Rodas; de Chipre, de Genhoa, apres el reyalme de Malhorca, en Cathaluonha, en Tolzan, e puoys segui tot lautre pays: e se dis una solempna messa a Nostra Dona de las Taulas per lo dich moss. lavesque de Magalona, e se disseron dos sermons la un davant lo cossolat per maystre Peyre Borron del orde de Predicadors, e lautre per Johan Delcros del orde dels Augustins maistres en theologia, e se portet en la processiou la ymage de Nostra Dona de Taulas, lo cors sans Sant Claufas, e lymagi de Sant Sabastian.

Item, lo dich mes, los senyhors cossols de las aumornas de las bonas gens de Montpellier feron far un resenh de cera que visonava tota la vila e la palissada que tenie xix^c canas, que cremava nuoch e jorn el grant autar de Nostra Dona de Taulas.

Item, dimergue a xii dauost, fon facha una sollempna procession per moss. de Magalona ont se portet lo precios cors de Jeshu Christ per far devota pręgueyra sur la pestilencia e mittigar e placar Nostre Senhor, ont ac gran multitut de pobol cascun portan, senhors e donas et enfans, entorta o candela en la man, et ac y hun tresque sollempne sermon lo qual fes maistre Raymon Cabassa maystre en theologia per trayre a devocion lo pobol, a coffession, contrection am cor contrit et humiliat, e foron ordenados ix processions : la huna per los morgues de Sant Benesech, lautra per Sant Dyonisi, lautra per la gleya del Castel, lautra per la gleya de Nostra Dona de Taulas, lautra per Sant Fermin, e las iiii per los quatre ordes mendigans, otra la general, en las quals se portet lo precios cors de Jeshu Christ am las confrayres de las dichas cofrayries et am las ceras daquelas, car la mortalitat es et era tant gran que apenas atrobava hom servidor, e tot lo poble stava mot ebayt e perterit.

Item, divendres a xi de octubre, fes neblas, etc.

En lan M CCC LXXXXVIII, el mes de mars, fes tants de vens e de frechos que el terratori de Montpellier et en diverses pays moriron una gran partida de las vinhas.

Item, lo dich an a xxvii de julh, lo rey nostre senhor avut gran cosselh et apeladas las universitatz dels studis del realme de Fransa e del Dalphinat et atressi gran multitut de prelats, archivesques et avesques et abatz e grant multitut de maistres en teologie, per sa ordenansa facha lo dig jorn a Paris privet de obediencia moss. Peyre de Luna lo qual derrieyrament era elegit en papa per lo sant college dAvinhon nommat Beneseg XIII, la qual privation volie esser exequtada en tot lo realme et atressi en tot lo Dalphinat: e son adherens al rey nostre senhor et a la ordenansa, lo rey dEnglaterra, el rey dEspanha.

Item, dimecres a xxv de septembre, lo qual jorn era festa de mossenhor Sant Cleophas, en lo plan del cossolat de Montpellier apelatz et presens mossenher lavesque de Magalona, mossenher labat de Sant Gili, mossenher lo governador de Montpellier, mossenhor lo bayle, moss. lo rector real, lo jutge del petit sagel, lo rector de lestudi, los senhors cossols e gran multitut de pobol de la dicha vila tant clercs coma layes, environ la segonda hora del jorn, fonc publicada la dicha ordenansa sus lo fag de la sisma per los metueus senhors moss. Rochert cordelier e moss. Tristanh del Bosc conseulhiers e maistres de la requestas del hostal del rey exequtors de la dicha ordenansa: e fes lo sermon de la dicha publication lo dig maistre Rochert cordelier lo qual comandet als ditz mossenher de Magalona et a labat de Sant Gili et a totz los officiers del rey, als senhors cossols et a tot lo pobol que la dicha ordenansa vuelhon far exeguir e tener sens enfrangir sotz grans penas entro que autra causa sia sus ayso ordenat.

Item, dimars a v de novembre, lo sen mejan de Nostra Dona de Taulas que toca las horas que es estat refag fonc batejat, e foron payris sen Guilhem Pinholh pebrie lo qual li mes nom Cleophas e sen Berthomieu Alquie mercadier, e peza de metalh net xxxiiii quintals lxxviii lieuras, e lo dig jorn fonc pojat al cloquier de Nostra Dona de Taulas.

Item, el mes de decembre, moss. Loys de Sant Surra conestable de Fransa per so car lo Captal de Buoch volie prene la possession del comtat de Foys et del vescomtat de Neboysan am poyssansa de gens darmas contra la ordenansa del rey, lo dig mossenhor lo conestable fes son instut de gens darmas en grant multitut e resestit al dig Captal de Buoch, e mes lo seti primieyrament davant Montalt lo qual se redet a lui, et a la fin baylet dos enfans mascles en ostatgia, car el se somes estar a lordenansa del rey, entre dos los castels et vielaz que tenie lo dig Captal demoron en sa man, et aquelas que son al poder del rey demoron en sa man entro que lautra causa ne sia ordenada, e duret la guerra entro lo primier jorn del mes de may.

Lan M CCC LXXXXIX, en las partidas de Ytalia se levet de Batutz plus de LX milia cridant « misericordia » e visitans gleyas.

Item, a v doctobre, moss. Richart rey dEnglaterra fonc tout lo rialme per moss. Rogier duc de Lencastre lo qual se fes lo dich jorn coronar rey dEnglaterra.

Item, a XXVIII de febrie, fonc cridat a Paris depart lo rey que negun del rialme de Fransa non ause anar en pelegrinage en Roma sot la pena de encorre la endignacion del rey nostre senhor.

Item, a XV de mars, fonc cridat semblablament a Montpellier.

Lan M e CCCC, divenres que tenian XII de novembre, intret en Montpellier a lora de vespras mossenhor...... [102] prince de Taranta senhor de Guiza e de Berra frayre del rey Loys rey de Cecilia, filhs que eron de mosenhor lo duc dAnjo, e lendeman parti desta vila per anar querre la filha del rey dAragon la qual anava penre per marit lo dig rey Loys, lo qual prince anet entro a Narbona et aqui attendet la dicha filha, lo qual anava acompanhat de motz cavaliers, escudiers e de bel cop dautra bela companhie.

Item, lo dig an, I diious que era festa de madona Sancta Catharina que tenian XXV de novembre, intret la dicha filha en Montpellier la qual anava per marit penre lo dig rey de Cecilia, et era en sa companhie lo filh del compte de Pradas am lievreya de vermelh blanc e negre per ters, am ben XXVI que cavaliers que escudiers que autra gent daquela lievreya et atrassi mot dautra gent sens lievreya, e de domayzelas y era la filha de moss. Pons de Perilhos e gran res dautras donzelas e domayzelas maridadas las quals eron mot ricament paradas.

Item, totz los senhors cossols et obriers am bel cop de senhors de vila y salhiro e mossenher de Magalona, mossenher lo governador e tota la cort que eron ben de companhia de xxvii a xxviii rossis, e salhiron entro passat lospital de Biiargues.

Item, los senhors cossols li feron bel present de vin, cera, en especias que montava a la somma de [104]..... et ac cascun son prezent, la regina e lo prince de Taranta cascun sa part.

Item, aquel an, a xxxi de genoier, entorn iiii horas de nueg, anet de vida a trespassament maistre Bertran Paul clerc real juge de Valena e notari del cossolat, e fonc lendeman dimars a i de febrier, sebelit a Sant Daunisy dins la gleya pres del cor ont avia son monument, e dilhus a vii de febrier los senhors cossols ajusteron e tengron cosselh sobre la election del notari del cossolat, et elegiron en notari maistre Johan Delpi si volgues acceptar luffici et en lo cas que non le volgues acceptar elegiron maistre Guilhem Seguin, e quant agro trames querre Johan Delpi e non volc acceptar luffici feron notari del cossolat lo dig Guilhem Seguin, e quant fonc en possession de luffici, en Loys de Lantilla borges coma un del pobol rendet una requesta als senhors cossols contra la dicha election e la entimet a mossenhor lo governador, e quant lo dig Guillem Seguin auzit lo debat, per ben de pas al cap de vi jorns renunciet al uffici e per comandament de mossenhor lo governador coventet que lo dig maistre Johan Delpi lo prezes, e li fonc donat per los senhors cossols a xii de febrier.

Item, dijous a xxiiii de mars, quar mossenher lo cardenal de Venezia avia donat a la gleya de Sant Cosme una partida de los del cap de moss. Sant Cosme encadastrat en un cap dargent lo qual argent avian pagat los senhors cossols, e lo cardenal avia adordenat que lo cap deia estar en la custodia dels senhors cossols en lur capela del cossolat e que cascun an lo prior lo mande querre a las festas de Sant Cosme e de Sancta Lucia e que aquela nueg meteys lo deia tornar al cossolat, quant lo cap fonc aportat dAvinho mosenher lavesque de Magalona am general procession am los ordes et am lo pobol tancatz los obra-

56

dors lo portet a Sant Cosme, e fag lo sermon daqui meteys lo tornet al cossolat en la capela en lo poder dels senhors cossols.

En lan M CCCC I, a la festa de Pantacosta que fonc a XXII de may, fon en esta vila capitol general de Frayres Predicadors ont ac VI^c^ frayres e mays, donc foron ben reculhitz e prevezitz e se contenteron ben de la vila, e los senhors cossols doneron als ditz Predicadors per lo dig capitol C lieuras.

Lan M CCCC II, dimergue que fonc lo jorn de Pantacosta a XIIII jorns del mes de may, apliquero al port dAygas mortas VI galeyas del comu de Venezia mot noblas e riquas segon que se contava de VI C milia floris, de las quals era capitani un valent home que se apelava messie Laurens Contarin, e la una descarguet en Aygas mortas M CCCC L pons dauer de pes e dautras noblas mercadaries que valien segon que hom comunament contava C milia floris, et aquela galeya se apelava Lorendana e daquela era patro M. P. Lorendana, e las autras V galeyas partiron de port dimergue a XXI jorns del dig mes de may, dont se comtava que las doas anavan descargar a Londras en Enclaterra e las autras tres al port de lEsclusa en Flandres, e disia hom que montava lo nolit que ac de retorn la dicha galeya que avia descarguat en Aygas mortas per tirar a Gayeta e plus avant II milia e CCCC floris e plus de merchans desta vila e dautres, dont se comtava que LX ans a passats e plus que non say avia aguda fusta de Venezia : veritat es que el mes de febrier prop davament passat lo duc de Venezia ne avia escrich als senhors cossols de Montpellier que qui las recaptes graciosament que lors galeyas say passavan anan en Flandres, e los senhors cossols lur rescrien feron benignament de lur far tot lo ben e tota la honor que poyrian ne devrian.

Item, diious lo premier iorn del mes de jun, lo reveren payre en Crist mossen Anthoni per la gracia de Dieu avesque de Magalona a supplicatio et a requesta dels senhors cossols fes apelar et ajustar totz los maistres en medecine, totz los maistres en teulogia dels quatre ordes, mossenhor lo governador ho son logatenent, mossenhor lo rector de la part antiqua, mossenhor lo bayle, los senhors cossols e mot granda communitat dautres valens homes de vila, e totz ajustatz en son hostal de la Sala de levesque, en presencia de totz enjoins e dis als senhors maistres en medecina que justa la tenor de lur estat que se conforma am drech escrig, dayssi avan elos non vezito mas una ves degun malaute de qualqua malautia que aia sin que lo aian amonestat que se confesse coma tot bon crestia deu far et es tengut e que fasson lur deligencia de lo far confessar, et eyssament preguet als senhors maistres en teulogia que en lurs sermos o sermonon al poble et ho fasson sermonar e publicar per los autres frayres de lurs religions quant sermonaran al poble, et amonestet totz los autres valens homes aqui ajustats que la dicha ordonensa fassan observar a lur poder per la salut de las armas : presens eyssament los dos priors de Sant Firmin e de Sant Daunisi am lurs curats als quals enjoyns que totz sian totz los jorns aparelhatz de auzir las gens de confession, et que ho denuncion els predicatoris.

Lan M CCCC III, a xxx iorns del mes de may, lo rey nostre senhor a suplication de la regina e de mossenhor lo duc dOrlhins restituit a nostre senhor lo papa Benezeg XIII la obediencia de la substraction que li avia facha en tot lo regne de Fransa et en lo Dalphinat de Viana lan M CCC LXXXXVIII a xxvii de julh, e lendeman que fonc a xxx iorns del dig mes de may, la dicha restitution fonc facha generalmens per lo dig nostre senhor lo rey per los senhors ducs de Berin, de Bergonha, de Borbo, dOrlhyns e per totz los senhors de son gran cosselh ant avia motz senhors prelatz, nobles et autras valens gens : et en apres lo dig an dijous al vespre a IX jorns del mes daost, fonc preconisada la dicha restitution de la dicha obediencia am vos de trompa per tota la vila de Montpellier, de mandamen de mossenhor lo governador de Montpellier comessari deputat en aquo, e la nueg per senhal de grant alegrier foron fagtz grans fuocs e brandos per las carrieyras davant las portas, e lendeman que fonc divenres a x jorns del dig mes daost que fonc la festa de mossenhor Sant Laurens, fonc la dicha restitution de la dicha obediensa publicada en lo plan davant la mayzo del cossolat : e cantet la messa a Nostra Dona de Taulas mossen Anthoni per la gracia de Dieu avesque de Magalona, e fes lo sermo davant lo cossolat maystre Raymon Cabassa reveren maistre en teulogia de Predicadors, et aqui apres se fes processio general per tota la vila, la qual fes lo dig mossenhor de Magalona ont foron los senhors generals del rey nostre senhor e de monsenher de Berin son loctenen, los ordes, las processions de totas las gleyas am la mager partida de tot lo pobol de la vila.

Item, tot lo dig an, foron tan grandas pluejas e foron tan grans enhundacions daygas e si grans diluvis, que la ribieyra del Les ne menet alcunas paissieyras et alcunas trenquet, las meyssos, las calcazos, las vendemias e las semenazos se perdero cays de tot, que quant home avia segat non podia hom calquar ni apres vendemiar ni semenar, e si durero la dichas pluejas de las temporas de Sant Miquel de lan passat continuamen entro aquest an apres de Tot Sayns, et a la donc las dichas pluejas cesseron e las gens comesseron de semenar e fon mager malencoma dels blatz que non se podian semenar mas y corrian parpalhos e verms e si omitz que apenas se podian mobre, e los vins que non podian penre color per quant que hom los tengues en las tinas ont avian color de lessieu e la mager partida ne coventet gitar porre.

Item, dimergue lo XIIII iorn del mes doctobre, la nueg entorn IIII ho V horas, un rieu duna fon apelat [105].... que passa defra la ciutat de Malhorca per la grant enhumdacion de las pluejas se deviet tan terriblament e layssant son meat acostumat trenquet hostals e carrieyras per tirar tot dregs vers la mar, e dautra part que per las grandas fortunas de mar e las dichas enhumdacions daygas la mar sen intret deffra la vila dont derroquero una granda partida de la muralha et environ de M e V cens hostals, dont li moriro ben IIII milia personas que ho botet tot en la mar, e que ni ac de nafradas e gastadas de lurs personas de mile V cens personnas et autres grans dampnages donet en la vila, e tot aysso fonc fag e perpetrat defra doas horas.

Lan M CCCC IIII, dimergue a II de novembre, fonc facha una procession general per nostre senhor de Magalona ont se portet la majestat de Nostra Dona de Taulas e per ordenansa de mosenher de Magalona am los senhors cossols fonc facha per special per v cauzas : la primieyra per far et redre gracias a Nostre Senhor e la Verge madona Sancta Maria la siena benezecta mayre et a tota la cort selestial de Paradis de la bona tempransa de bon temps que Nostre Senhor nos a trames en aquesta present annada, en reculhir los frucx de la terra mayre en meyssos et en vendemias et eyssamen en las semensas, considerat lo temps destemprat que avia renhat lan passat que per las grandas pluejas que foron se perderon los blatz et los vins, la segunda per pregar Nostre Senhor et la siena benezecta mayre per la union de nostra sancta mayre gleysa, la tersa per preguar eyssamen per la salut de la persona de nostre senhor lo rey, la quarta per preguar eyssamen et far devota pregueiyra que Nostre Senhor vuelha placar et ametiguar sa ira sus nos autres peccadors per la mortalitat et epidemia que a durat continuamen en esta vila lonc temps, e dura encaras de present, e la darrieyra e la sinquena per far lo oracion per tostz los fizels trespassatz daquest segle en lautre dels quals lendeman devia esser lur festa.

Item, dimecres a vii de jenoyer entorn vi horas que era la festa de Sant Jolia, intret en Montpellier mossen Johan comte de Clarmont genre de mosenhor lo duc de Berry e filh de moss. lo duc de Borbo que venia am gens darmas de Guascuenha ont avia conquistat gran e de belas fortalezas que devan se tenian per los Engles e lay se era noblamen portat segon que se comptava notoiramen, et yssiron li al davan mossenhor lo governador, moss. lo rector, mossenhor lo bayle e los senhors cossols et obriers, e los senhors cossols li feyro prezent dentortas, tortisses et cofimens lo qual acceptet graciozamen e benigna, et ystet sey lo dimecres et lo dijous, et lo divenres apres dirnar quavalquet e sen tiret vers Lunelh.

Item, dilhus a xix de genoyer que fonc la vigilia de Sant Fabia et Sant Sabastia martirs, tot lo iorn e tota la nueg tombet neu e tronet et eslhausset, fes si grans auras contrastz de vens peyra freja et en autra forma si divers temps que per memoria dome non se trobava aver vist ni auzit tan terribles et espaventables vens, eslhaus, contrast de auras terriblas et espavantables que de tot en tot hom se emaginava que Nostre Senhor volgues fenir lo mont, e tenc per tota aquest pays en tant que lendeman mati avie per las carrieyras e sobre los teules ben VI palms daut de neu: et estalvet se que entorn VIII horas de nuech tombet lo fuoc enfernal en lo cloquier de gleysa metropolitania de Sant Just de Narbona cobert de plum un dels bels et honorables cloquiers de la Lenga doc, e cremet lo dig cloquier, fondet tota la cuberta de plum e totas las campanas grandas e paucas del dich cloquier, e consumet tota la peyra de la torre del dich cloquier, e non se contentan daquo lo malvays folzer sen intret en la dicha glieysa ont fes diverses mals e si gran tumul que los senhors canonges e los autres que dizian lo divinal offici non eran segurs en lo cor de la glieysa, e duret aquela gran tribulacion en la dicha glyeya entorn cinq horas en tant que comptava se comunement que lo dampnage que la dicha glieya de Narbona avia pres per aquela cauza non se poyria reparar que non costes LX milia franxs : tombet ayssament aquela nuech lo folzer en lostal del senhor de Murles, e li deroquet en partida la plus bela torre de son hostal, et eyssament tombet en la glieya de Cornonterralh et y donet gran dampnage et en diverses autres luocx del pays.

Item, dimergue a XV de febrier, se fes procession general en esta vila per far laus e gracias e merces a Nostre Senhor que nos avie preservatz et a la Verge madona Sancta Maria la siena benezecta mayre et a totz los sans e las sanctas de paradis que lan preguat de preservar nos e tota la vila daquel terrible escandol que an fach los malignes esperitz a Narbona et en diverses autras partidas en lo mes propdavament passat dont fay mencion en lo capitol de sus escrich, la qual procession fes lo reverent payre en Crist mossen Anthoni avesque de Magalona, en la qual procession foron los quatre ordes e las processions de totas las autras glieyas, e lo pobol segui la am gran devocion : fes lo sermo lo reveren maistre Vidal Valenti maystre en la sancta teulogia de lorde de Frayres Menors en la glieya de Nostra Dona de Taulas, e devia la far davant lo cossolat mar per la grant aura que fazia non la podia far en la dicha plassa.

Lan M CCCC e V, un divenres a xxiii de octobre, anet a Dieu mossen Anthoni de Loviers avesque de Magalona a Montpellier en lostal de son avescat, e pueys lendeman fon portat sollempnament per vila e daqui als Augustis fazen far exequias, et aquel dissapte a la nueg jac e fonc velhat en lo capitol nou del dich coven, e lo dimergue apres disnar fonc mes en una cayssa e la cayssa sobre una leytieyra que portavon doas bestias en son pays ont avia elegit sa seboltura a Viana ho a Romans en una capela que avia facha far e fundada de dotze capelas.

Lan M CCCC e VI, lo dilhus de Paschas a xi dabril, se fes procession general en esta vila per preguar Nostre Senhor que nos tramezes per la siena gracia plueja sobre los frutz de la terra que navian gran nescessitat, que li plagues per la siena misericordia de donar salut a la persona del rey nostre senhor, e de mettre pas et union en la sancta glieya de Dieu, de nos levar la enfirmitat de la enpedemia que say a tan longament durat e continuat, e de conservar los ditz fruchtz de la terra mayre, et a la Verges madona Sancta Maria la siena benezecta mayre et a totz los sans et las sanctas de paradis que len velhon preguar, la qual procession fes mossenhor lo sacresta de Magalona vicari de mossenhor lavesque de Magalona, en la qual procession foron los senhors generals, los quatre ordes e totas las autras glieyas, e lo pobol seguit la am gran devocion : fes lo sermo lo reveren maistre Johan Bonafe en sancta teulogia maistre regen de Predicadors davant lo cossolat.

Item, dimars a x daost que fonc lo jorn de la festa de Sant Laurens, se fes autra procession general en esta vila per preguar Nostre Senhor que li plagues per la siena misericordia de donar salut e sanetat a la persona del rey nostre senhor, e de metre pas et union en la sancta glieysa de Dieu, e de nos levar la enfermetat e la impidimia que saya tant longament continuat e que sabrasa fort entorn nos, e la Verges madona Sancta Maria la siena benecta mayre e totz los sans e las sanctas de paradis que len vuelhon preguar, la quala procession fes mossenhor lo sagresta de Magalona, e foron hy las processions dels quatre ordes e totas las autras glieysas, e lo pobol seguit la am gran devocion : fes lo sermo lo reveren maystre Bertran Vaquier maystre en la sancta teulogia dels Frayres de Nostra Dona del Carme davant lo cossolat.

Item, dissapte a IIII de septembre, intret en Montpellier lo rey Loys am la regina sa molher que sen anavon a Narbona ont devian segon que hom dizie trobar la regina dArago molher que fonc del rey dArago que derrieyrament anet de vida a trespassament, mayre de la dicha regina la qual avia gran dezirier de vezer sa filha, et yssiron lur los senhors cossols al davan am motz valens homes de vila am las processions de las glieysas e dels quatre ordes e am lurs menestriers, e torneron am dos al palays, et intreron ben tart, et lo vespre apres sopar los senhors cosssols lur feyron present dentortas e de tortisses blancx e de coffimens, lo qual present presenteron lo sen. Arnaut Talhapa drapier, lo sen. Bernart de las Gardias canabassier, et elos lo accepteron graciosamen et am bona cara, e lendeman dimergue mati, cant lo rey ac auzit sa messa en la glieya del Castel, los senhors cossols foron aqui am mossen Johan Agulho lur doctor, et feyro li la reverencia e fes la lengua lo dich mossen Johan, e daqui partent lo rey cavalquet tot prestamen, e los senhors cossols sen intreron en la gran sala del palays ont la regina avia auzit messa e feyro aquo meteys, et en apres tot mantenen la regina se mes en la leytieyra per cavalquar, e los senhors torneron al cossolat, e tot prestamen montero a caval et accompanhero la regina, e pueys torneron sen.

Lan M CCCC et VII, dimergue a XXIIII iorns del mes dabril, de licencia dels senhors generals que eran en lo pays, de mossenhor lo governador e dels autres officiers de nostre senhor lo rey e de moss. lo vicari de mossenhor de Magalona et a requesta dels senhors cossols sur lo fag de la empedimia e granda mortalitat que era en esta vila, fonc dich I sollempne sermo el plan del cossolat per maystre Johan Cabassol maystre en la sancta teulogia de lorde de Frayre Menors, apelat lo poble, en presencia del dig mossenher lo vicari, de mossenher lo bayle, los autres curials, los ditz senhors cossols e de tot lo poble aqui ajustat, e mossenher lo vicari aqui adordonet e fes publicar en lo sermo per lo maystre que daqui en avan en totas las glyeyas de Montpellier e dels relegious e relegyosas et autres la primieyra messa que se dira lo mati sia la messa de la empedimia que comessa « Recordare », la quala adordenet papa Clemens VI, e donet al capela que la dis et a cascun de totz aquelas que la auzon devotament III^{c} jorns de endulgencia e de veray perdon.

Item, lendeman que fonc lo dilhus e la festa de Sant Marc envangelista, se fes en la dicha vila una honorabla sancta e devota procession general, et y foron los IIII ordes e la procession de totas las autras glieyas, ont se portet lo cors precios de Nostre Senhor Dieu Jeshu Crist per moss. Johan Malros doctor en decretz sacresta de Magalona, la magestat antiqua de Nostra Dona de Taulas, lo cors sans de mossenhor Sant Cleophas, cascun am son pavalho, los cals tres pavalhos porteron los senhors cossols, obriers et autres valens homes de vila, la magestat de mossenher Sant Sebastian e de motz bels et honorables autres reliquiaris, la quala procession seguiron de II en II am granda devocion mossenher lo vicari, mossenher lo bayle e los autres senhors officiers, los senhors doctors, los senhors cossols e tot lo autre poble, cascun portan sa entorta en sa man totz aquelos que podian e los autres una candela de cera creman, e partit la procession de la glyeya de Sant Fermi, descenden se per la Draparia de Sant Fermi, per la Pelissaria, per Taulas, vers la Peyra, e sen anet de foras per lo portal de Latas, e seguit vers lo portal de Montpelayret, de la Sala, del Pilar Sant Gili, de la Blanquaria, del Carme, de Sant Jacme e davant Predicadors, et intret sen per lo portal Fermi, e seguic deffra la palissada entro al portal de Sant Salvayre, et intret sen per lo portal de la Saunaria, e venc per la carrieyra Trespassens et al canton de la Peyra, e per Taulas e per lAgulharia, e venc ferir al canton den Canburat, e montet sen per la Vayraria, davant San Mathieu, per la Farnaria, per Castel Moto, per la Draparia de Sancta Cros, e fes la vouta per la Fabraria, e per la Sobeyrana porta sen intret en la glieysa de Sant Fermi, et aqui remas corpus Cristi e mossenher Sant Cleophas, e daqui sen aneron los quatre ordes e totas las autres processions de las autres glieysas de la vila, e daqui los ditz senhors acompagneron la magestat de Nostra Dona entro a la siena glieyza de Nostra Dona de Taulas, e tota gen ac si gran plazer en aquela procession dizent que lur temps non avian vista far procession general si graciosament devota et honesta coma fonc aquela, car lo y avia XVIII o XX bons et honorables homes de vila que anavon de II en II per la procession la azordenavon graciosamen, e las bonas gens que y anavo de bon cor et am gran devocion.

Item, dimars lo XXII iorn del mes de novembre que era lo jorn de la festa de Sancta Cecilia verges, a la nueg, can moss. lo duc dOrlhis frayre del nostre senhor partent de lostal de la regina e tiran sen vers son hostal a Paris fonc espiat en la carrieyra per alcuns, et aqui fonc espessejat e mes mort cruzel e vituperablament.

Item, dissapte lo XXIII jorn del mes de genoyer, los senhors cossols certificatz que lo reverent maystre Peyre de Maruejols de lorde de Predicadors maystre en la santa teulogia nadious del pays dElvernia era fag de novel enqueridor de la sancta fe catholica, e que era en esta vila al convent de Predicadors e sollicitatz per alcus maistres en teulogia del dich convent que lur plagues de anar lo aculhir per sa premieyra venguda e far li la reverencia, feyro ho: e facha la dicha reverencia, el los requeric que juxta forma de drech li prestesson sagrament, dont elos isteron esbaytz, dizent que aysso lur era causa novela, e que en lo sagrament que cossols de Montpellier fan al cossolat cascun an cant son elegitz entre las autras cauzas juron en las mas de lurs predecessors que gardaran totas las cauzas pertenens a la sancta fe catholica, e que autres senhors enqueridors predecessors sieus avian el temps passat facha semblant demanda et auzent la resposta dels senhors cossols e lur escuzation sen eran passatz senes far y autra cauza, et el auzent aquo lur assignet a dilhus mati que agut lur cosselh venguesson per fayre so que deurian, e quant venc lo dilhus mati que fonc a XXX jorns del dig mes, los ditz senhors cossols torneron ad el am messier Bernart Violeta licentiat en decrets e bachelier en leys lur procurayre, excusan se coma dessus, et a la donc lo dig mossenher lenqueredor lur dis que lurs excuzacios ly baylessan per escrich daqui a deman mati et el auria ne son cosselh, et agut son cosselh el lur faria so que far lur deuria, e que non era son ententa que el lur volgues far ny fayre far causa que non degues, e per so mossen Bernart Violeta adordonet en una cedula las cauzas per las quals los senhors cossols se escuzavan non esser tenguts a prestar lo dich sacramen, la quala li enviet lo dimars mati lo dernier jorn del dich mes de genoyer, e lo dich moss. lenqueredor preza et acceptada la dicha cedula dis que el auria son cosselh, am senhors clerx theulogistas, legistas e decretatistas, e tengut et agut son cosselh el faria als senhors cossols ce que far deuria, et a la donc lo portador de la cedula sen tornet, e reportet als senhors cossols que lo dich mossenher lenqueridor fazia son aparelhamen per cavalquar et anar sen: autra cauza non y ac.

La tenor de la cedula contenent la resposta facha per los senhors cossols es aytala:

« Vobis Reverendo Patri et Domino Inquisitori heretici pravitatis
« a sancta sede apostolica deputato preponit pars seu procurator
« venerabilium virorum dominorum Consulum ville Montispessulani
« exipiendo cum protestatione infra scripta quod ipsi consules moderni
« in eorum creatione officii et immediate post eorum publicationem
« et eorum predecessores consules ville predicte Montispessulani qui
« pro tempore fuerunt, juraverunt jurareque consueverunt palam et
« publice et in presentia manencium et habitancium in dicta villa,
« ultra alia capita, se tenere et inviolabiliter servare et custodire omnia
« et universa pertinentia ad sanctam fidem catholicam, quodque ipsi
« domini consules fuerunt et eorum predecessores esseque consueve-
« runt et sunt in possessione et saysura dictum juramentum prestandi
« et subeundi modo et forma predictis absque eo quod juramentum
« aliud et in eadem forma vel consimili dominis inquisitoribus licet
« requisiti fuerint ab eisdem prestiterint: ex quibus superius deductis
« clare patet et evidenter allegaturi dictos dominos consules non teneri
« ad prestandum et subeundum dictum juramentum, nam per con-
« trarium usum et observantiam abrogata sunt jura que disponunt tale
« prestari debere juramentum, pro maxime quia tanquam veri et boni
« catholici et fidei catholice obediencie in eorum creatione juramen-

« tum subeunt atque prestant eorum motu proprio et absque cujus-
« quam requisicione modo et forma supradictis, propter quod a
« dominis inquisitoribus predecessoribus vestris canonice et racionabi-
« liter a dicti juramenti prestacione fuerunt excusati. Quamobrem
« petit et requirit procurator predictus quantum dictos dominos con-
« sules a dicti juramenti prestacionem habere velitis ut debetis excu-
« satos, causis et racionibus supradictis: protestantes quod pertinenter
« non intendunt dicti domini consules nec recusant dictum prestare
« juramentum, sed solum et dumtaxat se excusant ex causis modis et
« racionibus supra dictis, submittentes se in omnibus determinacio-
« nibus sacro sancte Romane Ecclesie, et offerentes se probaturos que
« necessaria in hac parte fuerunt. »

Si cas era que plus demandes autra cauza, ayssi se continuara fazen mencion de tot, e qui ayssi non trobara plus escrich que fassa mencion de la bezonha emagina se que la causa es remasuda en aquestos termes (*G*).

En lan MCCCC e VIII, dimergue I jorn del mes dabril, fonc facha una procession general de mandamen e per ozordenanza de mossenher lo governador o de son loctenent e dels autres officiers de mossenhor lo vicari de mossenhor de Magalona et a requesta dels senhors cossols ont se portet la magestat de Nostra Dona de Taulas e lo cors sans de mossenhor Sant Cleophas, e fonc facha per special V causas: la premieyra per supplicar a Nostre Senhor que per la siena misericordia li plassa de donar nos aygua e plueja sobre los frutz de la terra que ne avian gran necessitat et a la Verges madona Sancta Maria la siena benezecta mayre et a tota la cort celestial de paradis que len vuelhon pregar e supplicar, la segonda per la union de sancta nostra mayre glyeya, la tersa per la salut de la persona del rey nostre senhor e per la prosperitation de luy, de moss. de Guiana e de totz los autres

---

(*G*) Une autre main a écrit au-dessous :

Apres lan M CCCC VIII, a xv de febrier, los senhors cossols li feyron lo sagramen : carta M. Huc de Mayruels.

senhors del noble sanc de Fransa, la quarta per far laus e gracias a Nostre Senhor, car per la siena misericordia a facha cessar la mortalitat e la impedemia en esta vila que tant longament saya durat, la cinquena per amonestar lo poble que un cascun se cofesse e se meta en estamen de gracia per cumenguar e recebre ben e devotament lo jorn de Pascas propdavanen venen lo cor precios de Nostre Senhor a salvacion de las armas: foron en la procession et en lo sermon que fes en lo plan del cossolat maistre Benezech del Villaret maistre en la sancta theologia maystre regent de Predicadors, lo loctenen de mossenhor lo governador e los autres curials, mossenher lo vicari de mossenher de Magalona, lo rector de lestudi, las processions dels quatre ordes e de totas las autras gleyas.

Item, dissapte a xxvi iorns del mes de may de mati davant dirnar, intret a Montpellier mossen Peyre Adhemar per la gracia de Dieu avesque de Magalona, e so fonc la premieyra vegada de pueys que fonc avesque, jaci aysso que lan CCCC e V fonc fach avesque apres la mort de mossen Anthoni de Loviers son predescessor que anet de vida a trespassamen aquel an un divenres a xxiii doctobre, mas que occupat en Avinho per nostre senhor lo papa e per los empedimens que las gens de nostre senhor lo rey li avian messes en sa temporalitat, non avia agut oportunitat de venir, e venc devers Magalona per Vila nova, et yssiron li al davant las processions de las gleysas e dels quatre ordes processionalment, et en apres los senhors cossols et obriers an de autres valens homes de vila, en apres lo rector de lestudi am la universitat, en apres totz los officiers del rey nostre senhor de la part antiqua e de la part de say, et intret per la porta de la Saunaria, montant sen per la carrieyra Trespassent e per lEspasaria, e cant fonc davant la porta mager de la gleysa de Nostra Dona de Taulas descendet et intret sen vijolar a Nostra Dona, e cant ac vijolat montet a caval, e passan per Taulas e per lAgulharia anet descendre en son hostal a la Sala, e lendeman que fonc dimergue convidet a dirnar totz los officiers del rey, e lo dilus, los senhors cossols, obriers e dautres valens homes de vila, e lo dimars lo rector de lestudi, doctors, nobles licentiatz e diverses autres de la dicha universitat: e los senhors cossols li feron present de cera, despecias e de cofimens, lo qual acceptet graciosament.

Item, dilus al vespre a III jorns del mes de septembre, intret en Montpellier lo rey de Navarra que venia de Navarra e sen anava en Fransa, et yssiron li a lencontra totz los senhors curials, e los senhors cossols et obriers am lurs menestriers, acompanhatz dautres valens homes de la vila, e tornet a Predicadors, car non volc intrar en vila, e daqui los senhors cossols, obriers e dautres bons homes de vila sen vengron al cossolat, e lo dimars mati los senhors cossols, obriers et autres senhors de la vila torneron a Prezicadors per far li la reverencia, e fes la arengua mossen Jacma Arquier doctor en leys, bona, brev et honorable, e cant foron tornatz al cossolat trameseron li un present gracios et honorable, lo qual li porteron de part cossols lo sen Johan de Conquas, lo sen Iohan de la Serra, e lendeman lo dimecres mati auzida messa, cavalquet tiran vers Lunel, e los senhors cossols et obriers lo acompanheron entro a col de Fi, e daqui los en fes tornar, mercian lur lo bon aculhimen que li avian fag: fonc veritat que lo dimars al vespre venc apres el lo compte de la Marcha, e sopet amb el a Predicadors, e lendeman matin sen anet amb el.

Item, dimergue a XXIII de septembre, una hora apres mieg jorn per so que las gens de la cieutat e de lavescat de Lieger tenian asetjat lavesque de Lieger, mossenhor lo duc de Borgonha am son conhat lo compte dAynaut am sos autres valedors doneron sobre lo seti per so que lavesque era son conhat, et ac y batalha e tal combatement que duret ben 1^{a} hora e mieja, a la fin que mossenhor de Borgonha levet lo camp [106] la gracia de nostre senhor, dont y demoreron daquels de la partida dels Liyoys en lo camp de la batalha mortz de fayt darmas de XXIIII^{m} a XXVI^{m} Liyoys, e de la part de mossenhor de Borgonha de LX a LXXX valens e nobles homes de pres cavaliers e scudiers, car el ho testifica en denaysins en la lettra que enviet al rey nostre senhor, segon que se recompta cant lo dig camp fonc tengut e fonc facha la dicha escofida.

Item, diyous a XXIX de novembre al vespre, intret e venc a la present vila de Montpellier lo reveren frayre Vincens Ferrier de lorde dels Predicadors maystre en la sancta teologia tresque excellent sermonayre, e lendeman que fonc divenres e la festa de Sant Andrieu, sermonet en lo capitel que es en lo sementeri del covent dels Frayres Predicadors de la dicha vila, ont anticamen era acostumat de sermonar davant la gran mortalitat que fonc lan M CCC LXVIII can la vila era grandamen apoblada, e sermonet de mossenhor Sant Andrieu, e fonc sa thema : « Dives est in omnes qui invocant illum. » Lo dissapte seguent sermonet aqui meteys dels Avens, e fonc sa thema : « Ecce dies veniunt, dixit Dominus. » Lo dimergue venent sermonet aqui meteys del aveniment del juzizi, e fonc sa thema : « Benedictus qui venit in nomine Domini. » Lo dilhus seguent sermonet aqui meteys de antecrist et en qual manieyra tirara a se lo poble, e fonc sa thema : « Induantur arma lucis. » Lo dimars seguent sermonet aqui meteys de la materia per que permetra Nostre Senhor Dieu que tant de mal se fassa per antecrist, e fonc sa thema : « Dicite quia Dominus opus habet » : e lo dimercres seguen sermonet aqui meteys del aveniment de antecrist que tost venra e que segont alcunas revelacios ja es vengut e nat v ans a passatz, e fonc sa thema : « Reminiscamini quia ego dixi vobis » : e lo diyous venent sermonet aqui meteys de Sant Nicholau, e fonc sa thema : « In diebus suis placuit Deo » : e lo divenres seguent sermonet aqui meteys de la consumacion del mon, e fonc sa thema : « Ite in castellum quod est contra vos. » Lo dissapte seguen sermonet aqui meteys de la conception de Nostra Dona, e fonc sa thema : « Ego jam concepta eram » : et apres dirnar partit desta vila tot a pe am i autre maystre en teulogia et i autre frayre de son orde son companhon, et anet jaser al loc de Fabreguas, et aqui sermonet lo dimergue mati de la propinquamen de la fin del mon, e fonc sa thema : « Erunt signa in sole » : e daqui partit apres dirnar et anet jaser a Lopia, e dis que lo dilhus mati sermonera a Lopia en qual manieyra estan las armas em paradis, em purgatori et en ufern dont Dieus per la siena misericordia nos velha gardar, e caseun mati a lalba continuament cantava sa messa am nota sollempnament, e sitot que sera derevestit comensava lo sermo, e semblavian mays paraulas divinats que humanals, et outra los IX solempnes sermos que fes en esta vila, per tres iorns de la semmana anet apres dirnar als tres ordes de las Donas Morguas desta vila a cascun i iorn, lo dilhus a las Donas de Prolha, lo dimecres a las Donas de Sant Gili e lo diyous a las Sorres Menors, sermonar las secretament deffra lur orde, non permeten que y a non yagues neguna persona laygua, et en denayssins a continuat lonc temps seguen lo mon, sermonan las paraulas de Dieu, e dis que sen tirava vers Perpinlha am ententa de continuar cascun jorn la sancta predicacion.

En lan M CCCC e IX, lo dilus de Paschas que fonc a viii dabril, fonc facha en esta vila una sollempna procession general, en que foron lo loctenen de mossenher lo governador, mossenhor lo vicari de mossenher de Magalona, mossenher lo bayle, mossenher lo rector, los senhors cossols obriers, e tota autra manieyra de gen, ad honor e reverencia de Nostre Senhor Dieu, de la benezecta Verges madona Sancta Maria la siena benezecta mayre, del cors sans mossenher Sant Cleophas e de tota la cort celestias, e per pregar per la sancta union de nostra mayre sancta gleysa, per lo salut de la persona del rey nostre senhor, per conservacion dels frutz de la terra, e que Nostre Senhor conserve lo pobol en la siena sancta gracia, en la quala procession feron los iiii ordes e las processions de totas las autres gleysas, e partic la procession de la gleysa de Sant Berthomieu per so car aquet jorn se devia far la procession de mossenher Sant Cleophas, e cantet la messa en lo sementeri de Sant Berthomieu e fes offici lo doctor del collegi de Sant Ruf, e fes lo sermon lo reverent maistre en la sancta theologia maistre Peyre Robi prohensal del orde dels Frayres de Sant Augusti, e fonc sa thema [107].....

Item, aquel an, fonc la festa de la Envention de la Sancta Veraya Cros † que es a iii de may i divenres, per que fonc lo perdon del monestier de Sant Peyre de Mommajor, en lo cal vengron per la perdonansa tantas gens que aquela nueg tota la jrla era si plena de pobol quant ni podia caber, e per la gracia de Nostre Senhor non se recompta que dengun hi preses perilh anan ni tornan am barchas et autras fustas passan las robinas.

Item, aquel an, fonc tengut cosselh general a Piza en Italia sobre lo fach de la union de nostra santa mayre gleysa, et aqui se ajusteron los senhors cardenals de part de say e los cardenals de lantipapa de Roma, hont se compta que y ac IIIc LXXVII crossas dels senhors prelatz de sancta mayre gleyza, e pronuncials per lo sancte cosselh los dos contendens del papat lo dig moss. Peyre de Luna e lautre papa de Roma que dis hom que se fazia apelar papa Gregori sismatix et heretges, los senhors cardenals de cascuna de las doas partidas sen intreron e se mezeron en conclavi ont isteron per lespasi de XI iorns, e per la gracia del Sant Esperit lo XI jorn que fonc a XXVI jorns del mes de jun foron dacordi et elegiron en papa lo cardenal de Mila que era un Frayre Menor dels cardenals de lantipapa de Roma, lo qual se apela papa Alexandre sinque, lo qual papa Alexandre fonc en apres consacrat hum dimergue a XIIII jorns del mes de julh aladonc prop davamen seguen.

Item, dimergue a XXIIII jorns del mes de novembre, se fes una procession general en esta vila en espicial per IIII causas, la primieyra per rendre laus e gracias a nostre Senhor Dieu Jeshu Christ et a la Verges madona Sancta Maria la siena benezecta mayre et a totz los Sans e las Sanctas de paradis que per la siena sancta misericordia a permes far la sancta union de nostra sancta mayre glieysa la election de nostre payre sant papa Alexandre quint, e per pregar li que per la siena sancta benezecta passion li plassa de donar salut a la persona del rey nostre senhor, e que el e moss. lo duc de Guiana e totz los autres messenhors de son noble sanc vuelha gardar en salut, properitat e conservar, et aquest temps destrempat per la granda habundancia de las pluejas que an durat continuament de miech septembre en say et encaras non cesso li plassa per la siena sancta misericordia obtemperar, e de la pestelencia de la impedemia que ja renha en diverses pays e lox circumvicis, vuelha aquesta paura vila desapobolada e los habitans daquela preservar : la quala procession fes mosenher lo sagresta de Magalona e cantet la messa davant lo cossolat, e fes lo sermo mot sollempne maistre Johan del Lac maistre en la sancta theulogia de lorde de Predicadors prior prohensal: foron en la dicha procession los senhors generals, mossenhor lavesque de Magalona, mossenhor lo

58

guovernador, la universitat de lestudi, mossenher lo bayle, los senhors cossols, los IIII ordes e las processions de totas las autras glieysas: foron hy portatz tres pavalhos, de sot lo primier se portava la magestat de Sant Sebastia, e de sot lo segon la magestat de Nostra Dona de Taulas, e de sot lo tiers lo cap de mossenhor Sant Cleophas.

En lan M CCCC X, dimergue a XVIII de may que fonc la octava de Pantacosta, fonc facha en esta vila una procession general per rendre laus e gracias a Nostre Senhor de la victoria que avian aguda las gens de la sancta glieysa de papa Alexandre quint, car en lo mes de genoyer prop davament passat debellan e guerrejan giteron de Roma las gens darmas del rey Lansalau, e per preguar Nostre Senhor per la salut de la persona del rey nostre senhor e del dalfin e de totz nos senhors de Fransa, ont foron los ordes, lo luoctenen de mossenher lo governador, mossenher lo bayle de lestudi, los senhors cossols: fes lo sermo davant lo cossolat maystre [108].......... maystre en la sancta teulogia regent del covent de Predicadors, e fes lo offici moss.......... doctor en decretz del collegi de Sant Ruf: e cant se fes la dicha procession encaras non se sabia en esta vila la mort de nostre senhor lo papa.

Item, lan que dessus, divenres a II de may a XXII horas, anet de vida a trespassament lo dig papa Alexandre quint en lo cami que fazia partens de Bolonia e cavalcava sen vers Piza.

Item, lan que dessus, divenres a XIIII de may que fonc lo divenres apres Panthacosta, apres la mort del dich papa Alexandre quint, los senhors cardenals a Piza intreron en conclavi per elegir papa et a [109]..... del mes elegiron en papa lo cardenal de Bolonia que se apela papa Johant vin e tres, et en apres fonc consacrat.

Item, lan que desus, dilhus a XXIX de septembre que fonc la festa de mossenhor Sant Miquel, fonc adordenat per moss. P. per la gracia de Dieu avesque de Magalona, de volontat e cossentimen de mossenhor lo governador, de mossenhor lo rector de la part antiqua ho lurs loctenens, de mossenhor lo bayle e dels autres officiers, a requesta dels senhors cossols, que se feses una procession general per esta vila per rendre laus e gracias a Nostre Senhor et a la siena benezecta mayre et a tota la cort celestial de paradis, que per la siena sancta misericordia a donat salut e sanetat al rey nostre senhor, e per pregar lo devotamen que en aquela per lo merit de la siena sancta passion lo vuelha gardar e conservar, et en veraya union amor e caritat totz los senhors de noble sanc de Fransa, e de donar veraya union en la nostra sancta mayre glieysa : et aquel jorn fonc ajustat lo poble deffra la glieysa de Nostra Dona de Taulas per far la dicha procession per so que ploc aquel jorn e non podian istar las gens davant lo cossolat, lo reveren maistre Raymon Cabassa maistre en la sancta teulogia de lorde de Predicadors fes lo sermo daquela materia en la dicha glieysa, e cantet la messa mossen prior de Taulas, en que foron mossenhors los avesques de Magalona e dAlbi, los dits senhors lo guovernador e lo rector de lestudi, mossenhor lo bayle e los autres senhors curials, los senhors cossols, obriers e tot lautre poble per la major partida : e per so que per la plueja non podian issir de foras que ja sen eron tornatz los ordes per la dicha plueja dizen las letanias, feyron la procession en lo sircuit deffra la dicha gleysa, e lo dimergue apres propdavament venen que tenian v jorns del mes de octobre, fonc facha la dicha procession per las cauzas de sus dichas honorablament per la vila, la quala seguiron mossenher de Magalona e totz los autres senhors desus ditz e nominatz, exceptat mossenher dAlbi que se sentia un pauc atedjat e non y poc venir : fes lo offici mossen camarlenc de mossenhor lo cardenal dAlbana prior de Sant Fermin.

Item, lan que dessus, dilus al vespre a xv jorns del mes de dezembre, intret en Montpeylier lo rey de Navarra que venia de Fransa e sen anava en Navarra, et yssiron ly al encontra los senhors curials e los senhors cossols et obriers, acompanhatz dautres valens senhors de vila am lurs menestriers, e tornet a Predicadors per so que non volc intrar defra vila, e daqui los senhors cossols obriers acompanhatz dels autres senhors de vila sen vengron al cossolat, e lo vespre tot tart tramezeron li hun present gracios et honorable, lo qual porteron de part elos lo sen Arnaut Pelagal pebrier, lo sen Johan Coira mercadier clavari e lo sen Bernat coyratier, et el los receup mot benignamen am bona cara, e lo dimars mati los ditz senhors cossols obriers et autres senhors de vila torneron a Predicadors per far la reverencia, e fes la arengua mossen Berthomieu Bareyra licentiat en decretz e bachelier en leys ben et honorablemen, et excusan se que non se esmaginavon que partis si subdosamen, et excuseron se amb el, per so que non li fazian companha per so que non avian lurs cavalcaduras, et el remercian lur lo bel aculhiment e lo prezent que li avian fag e se offeren de far per la vila tot se que far poyria, lurs donet conget, e los senhors pres conget sen torneron al cossolat, e lo senhor rey acompanhat de cent ho de cent cinquanta homes darmas en bela estoffa belas gens e ben arbilhatz montet a caval tiran sen lo dreg camin romieu vers la fon de Sant Bertomieu.

Item, lan que desus davant la festa de Nadal de Nostre Senhor, per alcuns jorns, venc en esta vila lo reveren maystre Bernart ¹¹°..... maistre en la sancta theulogia de lorde de Nostra Dona del Carme maistre regent del covent dAvinho valent home e grant clerc, e legit de festas de Nadal a Sancta Aularia en las colas del doctor..... la doctoral mot auta et honorablament continuant de legir totas las festas entro a lintran del Carema e plus avant, et a requesta dels senhors cossols e de alcuns autres valens homes de la vila, demoret en esta vila per sermonar et endoctrinar lo poble, e seguen la manieyra de maystre Vincens, venc en la glieysa de Nostra Dona de Taulas lo dimecres de las Senres a xxv de febrier que es lo premier dimecres de Carema, entorn la hora de prima, e cantet la messa en lautari mager de Nostra Dona, e cantada sa messa montet en lo sermonador, e sermonet e fonc sa tema : « Clama ne cesses, exalta vocem tuam quasi tuba. » *Ysaye,* 51ᵉ *capitulo.* Item, lendeman que fonc dijous a xxvi de febrier, tornet a Nostra Dona de Taulas, e cantet sa messa de mati a prima, e cantada sa messa fes lou sermo, e fonc la tema: « Convertemini ad me in toto. » *Johelie,* iiᵉ *capitulo* Item, lautre jorn apres que fonc divenres a xxvii del dig mes de febrier, tornet a la dicha glieysa de Nostra Dona, e cantet sa messa de mati a prima coma desus, et apres sermonet aqui meteys, e fonc sa tema: « Jacet paralacitus et male torquetur. » Item, lendeman que fonc dissapte a xxviii de febrier, cantet sa messa, e sermonet aqui meteys, e fonc sa tema: « Stetit navis in medio maris. » Item, lendeman que fonc dimergue a I de mars, non sermonet ponch, mas lendeman que fonc dilhus a II de mars cantet sa messa, e sermonet a la glieysa de Sant Fermi, e fonc sa tema: « Preocupemus faciem ejus in confessione. » Item, lendeman que fonc dimars a III de mars, cantet sa messa, e sermonet aqui meteys, e fonc sa tema: « Domus mea domus oracionis est. » Item, lendema que fonc dimecres a IIII de mars, cantet sa messa, e sermonet aqui meteys, e continuet la tema que desus: « Domus mea domus oracionis vocabitur. » Item, lan que de sus, dijous a V de mars, ac deliberat de sermonar a Nostra Dona del Castel, e venc al Castel, e per aysso que lo poble non cabia en la glieysa, montet sobre lo sermonador, e procesit a la lauzor de la mayre de Dieu Nostre Senhor e descendet de la cadieyra, et anet sen a Sant Fermi, et aqui cante sa messa, et aqui en apres complic son sermo, e fonc sa tema: « S impius egerit penitenciam omnium peccatorum suorum vita vivebit. » Item, lendema que fonc divenres a VI de mars, lo mati a prima venc a Sant Fermi, e cantet sa messa, et en apres sermonet, e fonc sa tema: « Anima que peccavit ipsa morietur. » Et en apres continuet tota la Carema de cantar e de sermonar cascun jorn, coras a son covent del Carmes, coras a Nostra Dona de Taulas, coras a Sant Fermi, coras a Sant Daunisi, may lo mays continuamen en son ordre, e lo Divenres Sant el fes al Carme en lo prat de la claustra luffici, et el meteys dis la passion e fes lo sermo mot autamen et honorablamen, on fonc lo plus tot lo poble de la vila e tot jorn eyssamen en sos autres sermos que fazia lo reverent maistre Vincens Ferrier de lorde de Predicadors cant passet en esta vila lan M CCCC VIII, e sermonet en esta vila per IX jorns, coma apar de sus en aquest libre, et a la fin demoret en esta vila lo dig maistre Bernart entro a la festa de la Cros de may, et aquel iorn fes lo sermo al Carme de mati de la Veraya Cros.

En lan M CCCC XI, dissapte a XXV del mes dabril que fonc la festa de mossenhor Sant Marc envangelista, se fes en esta vila una honorabla sancta e devota procession general, et y foron los IIII ordes e totas las autras glieysas, ont se portet lo cors precios de Nostre Senhor Dieu Jeshu Crist per mossen Bn. Victor canonge e vestiari de Magalona, e foron mays portatz en la dicha procession, primieyramens la magestat de mossenhor Sant Sebastian am son pavalho que portavon los officiers del palays e los orgiers, lo cors de mossenhor Sant Cleophas am son pavalho que portavon los obriers, et apres la magestat de lautari mager de Nostra Dona de Taulas am son pavalho que porteron los prebox e los autres confrayres de sa confrayria, et en apres Corpus Cristi am lo pavalho dels senhors cossols, e si porteron de motz bels reliquiaris, e lo reveren payre en Crist mossen Peyre per la gracia de Dieu avesque de Magalona cantet la messa en pontifical davant lo cossolat, e cantada la messa lo dig maistre Bernart...... maistre en la sancta teulogia de lorde de Nostra Dona del Carme dis aqui meteys I sollempne sermo per IIII causas, la una per la union de nostra sancta mayre glieysa, lautra per la salut de la persona de nostre senhor lo rey, e que Nostre Senhor li done pax de sos enemix e bona union e transquilla entre messenhors de son noble sanc, lautra que Nostre Senhor Dieu Jeshu Crist vuelha per la siena sancta misericordia tener en salut lo poble e gardar de impidimia e de tota autra malautia, e lautra que Nostre Senhor vuelha per la siena gracia conservar los frutz de la terra : et en la messa e sermo foron mossenhor larchivesque de Tholoza, et el e monsenhor de Magalona doneron cascun C XX iorns de perdon a hun cascun de totz aquelos que auziron la messa e lo sermon e seguiron la procession, XL jorns per la messa, XL iorns per lo sermo e XL iorns per seguir la procession : et y foron los senhors generals, lo loctenen de mossenher lo guovernador, mossenher lo rector de la part antiqua, mossenhor lo rector de lestudi, mossenhor lo bayle am sa cort, los senhors cossols et obriers e tot lautre poble lo mays de la vila, cascun am sa candela cremant de cera, qui blanca, qui roia, qui granda, qui pauca, segon que li era avist : la quala procession seguiron de II en II am granda devocion losditz senhors generals e totz los autres desus ditz exceptat mossenher de Tholosa e de Magalona que dig lo sermo sen partiron : cascun portan sa dicha candela creman, dizen sas horas, e non parlan la hun am lautre, e partit la procession de davant lo cossolat, e descendet sen vers la Peyra, e sen anet deforas lo portal de Latas, e seguit las dogas vers lo portal de Montpeylayret, de la Sala, del Pilar Sant Gili, de la Blanquaria, del Carme, passant deffra la glieysa e la claustra dels Carmes, e davant lo portal de Sant Jacme, e deffra lo covent de Predicadors, et intret sen per lo portal Fermi, e segui defra la palissada entro al portal de Sant Salvayre, et intret sen per lo portal de la Saunaria, e tenc per la carrieyra Trespasent et al canton de la Peyra, et intret a Nostra Dona de Taulas e per lAgulharia, e venc ferir al canton den Comburac, e montet sen per la Veyraria davant Sant Mathieu, per la Fornaria, per Castel Moton, per la Draparia de Sancta Cros, e fes la vouta per la Fabraria, e per la sobeyrana porta sen intret en la glieysa de Sant Fermi : et aqui remas Corpus Cristi e mossenhor Sant Cleophas, e daqui sen aneron los ordes e totas las autras processions de las autras glieysas de la vila : e daqui los ditz senhors acompanheron la magestat de Nostra Dona entro a la sienna glieysa de Nostra Dona de Taulas, e tota gent ac si gran plazer en aquela procession que meravilhas disens que en lur temps non avian vista far procession general plus gracieusa, devota et honesta, car lo y avia xx o xxv bons et honorables homes de vila que anavon de II en II per la procession que las gens non se moguesson de lur orde, e que las donas non se entremesclesson entre los senhors, e las bonas gens que y anavon de bon cor et am gran devocion, e losdits campejadors foron am cofres a las portas de las glyeysas de Sant Fermi e de Nostra Dona, e prezeron de I cascun e de una cascun so que era sobrat de las candelas per adjudar a far lo resenh a Nostra Dona de Taulas, que y amasseron II quintals de cera e plus : e daqui un cascun sen partit e sen anet a son hostal ho lay ont li plazec.

La manieyra de la batalha donada per lo rey Loys a mossen Lansalau, dilhus a XVIII de may, a I luoc que se aspela Copperan.

Lo rey Loys era en camp am VI milia cavals e balestriers e gens a pe, mossen Lansalau era en camp am VIII milia cavals et am x^{m} homes a pe e balestriers que avia gran colp mays gens que lo rey Loy : era lo camp pres hun de lautre a VII milhas que son doas leguas : e lo dilhus a XVIII de may feyron una fort escarramissa, et al vespre cascun se retrays a son alotjamen, et aquel vespre mossen Lansalau mandet al rey Loys i eraut trompeta, mandan li la batalha a combatre amb el lo dimecres a xx de may, lo rey Loys pres cosselh retenen leraut e li fes gran honor, pueys agut cosselh sobre la resposta, deliberaron de combatre lo dimars i jorn davan: al mieg del camp avia una ribieyra que se apelava Cornel, mossen Lansalau mes al pas de la ribieyra per establida i capitani apellat Carralha am vii cens lansas e gens de pe, e lo dimars davan jorn lo rey Loys fes sa armada, venent leraut li fes honor, et a la poncha del jorn anet vers lo camp am grand orde, et al passar de la ribieyra romperon lo dig Carralha capitani, e de fag aneron al camp e mossen Lansalau que era pres de la ribieyra, et aneron a las bandieyras e troberon los anornichos e desprovizits: a la fi la bathalha fonc avan jorn, e fonc granda et espessa, e duret tres horas, e lo rey Loys pres las bandieyras et entorn iiii milia cavals: mossen Lansalau am lo compte de Troyas sen fugiron a i luoc que se apela Roqua sequa, e prezeron mot preysoniers, entre los autres lo compte de Celant, lo compte de Laret, lo compte dArbito, lo compte de Carotara e son filh, lo compte de Belarsas apelat Branqua jadic de la Tressa, frayre Johan Domergue leguat de lantipapa, c xxviii tan capitanis, baros, cavaliers et autres nobles, e motz arbalestiers Genoeses, et a moltes fag talhar la ma: e diious a xxi de may a Roma vengron las bandieyras am los pilhatges am gran riquesa del pilhatge, et a Roma fon facha granda festa.

Item, dimergue a vi de dezembre que fonc la festa de Sant Nicholau, se fes en esta vila una procession general, per especial que Dieu done al rey nostre senhor salut de cors e darma et en aquela lo coserve, item, que Dieu done e meta pas entre los senhors del noble sanc del dich nostre senhor lo rey, item, que Dieus conserve en bon istamen la nostra sancta mayre glieysa, item, que Dieus conserve en salut e sanetat las personas e los fruchz de la terra: en la quala procession foron los iiii ordes e las processions de las autres glieysas: fes ufici mossen Peyre de M. ''' ...... doctor en decrets vicari de mossenhor lavesque de Magalona, fes lo sermon davant lo cossolat frayre Iohan Poget de lorde dels Augustins, foron al sermo e pueys seguiron la procession mossen labat de Foys parent de mossenhor de Magalona, los loctenens de mossenhor lo guovernador e rector, lo rector de lestudi, mossenhor lo bayle am tota sa cort, los senhors cossols, los obriers e tot lautre poble, ben e devotamen.

Item, dijous a XVIII de febrier, entre VII et VIII horas de jorn, fazen bel temps e clar se anet escurizir layre, e subdosament venc e tombet una tembla ramada entre plueja e peyra freja daquelas massas cabras, et aqui meteys subdosament fes I eslhaus et I tron tot ensems I dels terribles et espaventables que a nostra vida fossan auzitz, don lo mal esperit tombet sobre lo cloquier de Nostra Dona de Taulas, e trenquet la mitat ho entorn de la guabia de peyra que era al plus aut pres del pom de la gulha del cloquier, e trenquet lo sobeyran solier de la dicha agulha, e descenden fendet e fes una gran fendedura a la dicha agulha de tot lo lonc, de vers la partida de solhel levant : enquaras foron de opinion los senhors peyriers e fustiers que lay monteron subdosamen que avia ascentit tot lo cloquier, e fendut en lo cayre que es devers lostal de messier Deo Ambrosi de tot lo lonc : e tot aysso non duret lo dig de dos Pater nostres que fonc facha aquela mala obra [111].

(*H*)

En lan M CCCC XII, dimergue a XX dabril que fonc la octava de Pascas, se fes en esta vila una procession general, etc. [113]....

(*H*) Dans une autre partie du Thalamus, se trouve isolément écrite la note suivante relative aux créneaux de la ville.

Nombre des merlets de la vila :

Memoria que lan M CCCC XI, a X et a XI del mes de novembre, fon visitada la muralha, portals, avant portals, torres e torrellas de la vila de Montpellier per los senhors cossols et obriers e senhors deputatz et en lur companha mossen Urban Grimaut juge del petit sagel e mossen Johan Grimaut son frayre, en que fon trobatz tant en la dicha muralha, portals, avant portals, torres e torrellas M e VII^{c} e LVII merlets, part aquelos de la palissada que non es point en aquel nombre, mais tant solamen la muralha de la vila antiqua.

Item, dimergue a xi de jun, se fes una procession en esta vila general, etc. [114].....

Item, dimergue a iii de julh, se fes en esta vila une autra procession general, etc. [115]....

Item, dimergue a xxiiii de julh, se fes en esta vila una autra procession general, etc. [116]....

Item, dimergue a xiiii daost, los senhors cossols et obriers processionalmen am la procession de Sant Fermi am lur pavalho et am lurs menestriers am tot lo poble acompanhan los, porteron la magestat antiqua de Nostra Dona de Taulas a la ribieyra del Les cantan las letanies et autres divinals oficis, per so que la Verges benaurada Nostra Dona mayre de Nostre Senhor pregue lo sieu benezecte car filh que per lo merit de la siena sancta pacion nos dones plueja congruen per la gran secada que avia tan lon temps durat, per conservation de las personas e per multiplication dels frutz de la terra, e partic la procession de Sant Fermi gran mati am lo cap de Sant Cleophas, e cant fonc a Nostra Dona preseron los senhors cossols am lo pavalho entortas e menestriers la dicha magestat de Nostra Dona, anan sen per lo portal de Latas tot dreg al pont de Gay Juvenal, et aqui feron banhar en lo Les la dicha magestat de Nostra Dona, et en apres sen torneron devers Sant Daunisi, et intreron per lo portal de la Sala, e monteron sen per lAgulharia, intreron sen en la dicha glieysa de Nostra Dona de Taulas, et aqui laysseron la dicha magestat de Nostra Dona, et am lo cap de Sant Cleophas vengron davant lo cossolat, et aqui cantet una sollempna messa mossenhor lo official de Magalona que avia fag lo offici en la procession, e cantada la messa, fes aqui meteys lo sermo frayre Johan Poget dels Augustins, e dig lo sermo, los senhors cossols am lur pavalho cera e menestriers acompanheron lo cap de moss. Sant Cleophas a la glieysa de Sant Fermi, e daqui tot home sen anet aqui ont lur plac.

En lan M CCCC XIII, dilhus a xii del mes de jun que fonc lendeman de Pantacosta, se fes en esta vila una honorabla sancta e devota procession general, etc. [117].....

Item, dimergue a xxviii del mes de genoier al vespre, intreron en esta vila nos senhors mossenhor lo marescal Bossicaut, moss. lavesque de Carcassona, mossen Arnaut Guilhem senhor de Barbaza, lo senhor de Laviat senescal dAlvernhe, mossen Johan Andrieu e maistre Guilhem Guasi dos dels senhors de parlamen, tramesses per mossenhor lo duc de Berry per penre la pocession de la luoctenensa de Lengua doc e del ducat de Guiana, la quala nostre senhor lo rey li a restituida am sas letras donadas a Paris a xxviii del mes de novembre darrieyramens passat, la quala li avia levada lan M CCCC e XI per la devezion que aladonc fonc moguda entre nos senhors del noble sanc del rey nostre senhor, et yssiron lor al davant mossenher levesque de Magalona acompanhat de valens homes de la vila, apres mossenher lo guovernador, mossenher lo bayle e los autres officiers, et en apres los senhors cossols acompanhatz dels senhors obriers e dels valens homes de vila en gran quantitat, e sitotz que foron descavalquatz e lotjats cascun a part, los senhors cossols lur tramezeron vin vermelh et muscadel, coffimens, entortas e tortisses blancx: e cant venc lo dilhus al vespre elos manderon per mossenhor lo governador als senhors cossols que lo dimars mati venguesson al palays am los bons homes de vila per auzir la publication de las dichas letras e de lur legacion et endenaysins fonc fach, et elos totz sunt cesent en aut am gran magnificencia, e mosenher de Magalona de costa mossenher de Carcassona, monsenher lavesque de Carcassona comenset a far una collacion per manieyra de sermo, narrant tot lo fach, e fonc sa thema « Imperavit et fuit facta magna transquillitas » *Mathei*, 8° *capitulo*: e facha sa collation, levet se lo vicari de mossenher de Magalona mossen Bertholmieu Guichart doctor en dicretz, e fes sa arengua per mossenher de Magalona e per tota la clercia obedient als mandamens del rey nostre senhor e de mossenher de Berry son loctenent, e per aqui meteys mossen Jacme Rebuf doctor en leys jutge del palays per los officiers e per los nobles, et en apres mossen Peyre Patara doctor en leys per moss. lo rector de lestudi e per sa universitat, et en apres mossen Johan Agulhon doctor en leys per los senhors cossols e per tota la vila, e fachas totas aquestas arenguas, parlet lo dich mossenher levesque de Carcassona per se e per tots los autres senhors sos companhos, regracian a totz lurs bonas e graciosas respostas, et aquo fach, tot home se leva, e parten del palays totz acompanheron mossenhor lo marescal a lostal de mossenhor lo castela dAygas mortas ont tornava : e quant venc lo dimecres mati, los ditz senhors legatz sen tireron vers Bezes per continuar lur legacion.

En lan M CCCC XIIII, dimergue a VI del mes de may, se fes en esta vila una honorabla e devota procession general, etc. [118]....

Item, dimergue a II del mes de septembre, se fes en esta vila una honorabla procession general, etc. [119]....

Item, divenres a XIII del mes de setembre que fonc la festa de la Exaltation de la veraya Cros, se fes en esta vila per los senhors morgues del collegi de Sant Benezech e de Sant Germa desta vila una honorabla e devota procession, etc. [120]....

Item, dimergue a XVII del mes de mars, se fes en esta vila una procession general, etc. [121]....

En lan M CCCC XV, divenres a XIX del mes davril apres vespras, mossenhor lo guovernador mandet als ditz senhors cossols, als senhors obriers et als senhors deputatz que venguesson al palays ad el, e cant lay foron mostres lur unas letras del rey nostre senhor segeladas de son gran sagel am cera verda que avia aportadas hun cavalcador del dich nostre senhor lo rey contenens la pas facha entre nos senhors de son noble sanc, donadas a Paris a [122]..... jorns del mes de febrier prop davamen passat, las quals en lur presencia fes legir e publicar per maistre Vincens Cabassa notari de sa cort del palays, las quals legidas, lo davant dich mossenhor lo governador, mossenhor lo bayle e tos autres senhors curials de lurs cortz am los ditz senhors cossols obriers deputatz delibereron que dimergue adonc prop davamen venen se feses una procession general per las cauzas dessus dichas.

Item, dimergue a XXI jorn del dich mes dabril, se fes una procession general en esta vila, etc. [123]....

Item, lo divenres a VII jorns del mes de jun que era luna novela, ad una hora e mieja de jorn, fonc eclipsi de solhelh e de la luna, e non fonc pas trop long ni trop escur, totas ves hom vezia claramen las estelas en lo cel.

Item, dimars al vespre, apres vespras a XIII daost, intret lemperador rey dOngria a Montpellier, que era partit de Costansa ont se es tengut longuamen et encara se contunia lo sanct cosselh general sobre la union de nostre sancta mayre glieysa, car el a tant trebalhat en la causa am lajutori de Nostre Senhor, que papa Johan XXIII e papa Enori de Roma que se fazia apelar papa Gregori an renunciat al papat : e vay sen a Narbona, e daqui a Salsas ont se deu encontrar am lo rey dArago et am mossen Peyre de Lunas papa Benezetz que se fay apelar, per far si podon que lo dich mossen Peyre de Lunas eyssamen resigne al papat, afin que la sancta union se complicasta : et intreron amb el mossenhor larchivesque de Rems que es legat en lo dich sant cossel per lo rey de Fransa, hum gran duc de son realme dOngria, hum rey de Turquia enfizel que menava preysonier, e cent cavaliers Alamans et Ongres am diverses autres senhors evesques, maistres en teulogia, doctors en decretz et en leys e dautres valens gens que se dis que ero plus de mil rossis, et yssiron li davant entro al plan de la Beguda de Salazo, los senhors cossols, obriers, cossols de mar, senhors borzezes, merchans et autres valens homes de vila que eron plus de C a caval, et a la reculhida mossen Peyre Patara doctor en leys assessor de cossols fes la arengua, menant davant elos los menestriers am dos trompils, vengron apres los senhors curials de las cortz del palays e de mossenhor lo bayle, et en apres los senhors curials de la part antiqua, las processions dels quatre ordes de Sant Benezechts e de Sant Fermi e de totas las autras glieysas, et intret sen per lo portal Sant Gili, e per lAgulharia, tot dreg a Nostra Dona de Taulas, e daqui descavalquet, et a lintrada de la glieysa foron mossenher lavesque de Magalona am los canorges per lo reculhir, et anet vijolar a lautari mager de Nostra Dona, et issic per la porta de la glieysa que es devers lo plan del Cossolat, e tornet montar a caval, e monta sen devers la Pelyssaria, devers Sant Fermi, devers la Fabraria, e discendet sen per la Draparia de Sancta Cros, per Castel Monto, per la Canabassaria e per lo plan dEnsivada, e gira vers lo Canton, e per la Carbonaria, e torna en lAgulharia, e pren la traversa vers lostal que fonc den Johan Lop, e daqui en la part de lay, e venc ferir a la porta Sobeyrana de la sala, et intra sen car aqui tornet, e de tot aquest circut non y ac palm que totas las carrieyras non fossan totas cubertas de telas e noblamen parat davant totz los hostals que non hy falhia res; e daqui los senhors cossols acompanhatz dels autres senhors sen vengron al cossolat, e tantost pesseron de tramettre li present vins blanxs e vermelhs, cera roia, tortisses blanxs et especias, lo qual present presenteron los senhors sen Johan de Conquas, sen Arnaut de Talhapa, sen Loys Perdiguier e sen Pons Alaman, e quant venc lendema mati, torneron los senhors cossols ad el per fayre li la reverencia, e troberon que el yssia de la capela que avia auzida la messa, e volia montar a caval per anar sen, car lo se comptava que la nuech passada avia aguda letra del rey dArago que lo jorn de Nostra Dona que sera dema lo dich rey dArago seria a Salsas que es a VII leguas de Narbona, per que dis al doctor mossen Peyre Patara que fezes brev, escuzan se que si agues temps de demorar el lo escoutaria tot al lonc, e prezeron comjhat, e non foron pas ben al cossolat que volian montar a caval per lo accompanhar, que auziron los lanfils, et el venc e passet per aqui, e qui mays poc monteron a caval et acompanheron lo, e quant foron de foras el lur donet comjhat, e torneron sen.

Item, dimergue a VIII de setembre, se fes una autra procession general, etc. [124]....

Item, dimecres a hora de vespres a XXIII de dezembre, intret en Montpellier lo dich mossenhor emperador rey de Ongria que tornava de Narbona de la dicha legacion, et avia dirnat lo jorn davant et aquela nuech jagut a Sant Guilhem del Dezert, per so que labat lo avia covidat e luy lo avia passar: e los senhors cossols et obriers acompanhatz de autres senhors de vila, ly ysseron al davant, et en apres los senhors curials de la part de lay, et en apres aquelos de la part de lay, e davant lespital de Cela nova lo encontreron e li feyron la reverencia, e mossenhor lo senescal de Belcayre los presentet, e mossen Peyre Patara doctor en leys fes la lengua, et el la escoutet graciosamen, e los certiffiquet de boca que nos avian la union tota entieyra, et intret sen e venc sen dirnar a la sala: veritat es que per so que se era estalvat en

Fransa, fonc lo cosselh que los senhors cossols non meneron ges de menestriers ni eyssamens les senhors curials : e cant el ac dirnat que era a die falhit, anet tot simplamen a pe am petit de gens a la gleyza de Sant Benezech, e lo dijous gran mati, el se segon a caval e quatre o sint a pe sen anet a Sant Benezech, et en lautari mager noblament portet de totz los relequiaris auzic tres messas, et auzidas las dichas tres messas, intret sen defra lo collegi, e tot daut e de bas visitet tot lostal, cloquiers, campanas, e partent daqui, tornet sen, et anet visitar los Frayres Menors, et apres sen intret tornan a la sala, et en lo porgue mossen Peyre Patara am los senhors cossols li dis que volian anar amb el si li plagues I petit a part, et el intret sen en la cambra de paramen de mossenhor de Magalona, et aqui mossen Peyre Patara li expliquet lo fach de la pencion de la cambra del papa, e so que y avia procesit mainstre Peyre Guiraut, et aqui renderon li la supplication sobre aquel fac, et el la pres e la baylet al senescal de Belcayre e li comes que lor rendes e que los senhors cossols li tremezesson en Avinho hun home per sollicitar la causa, daqui el sen intra per dirnar que encaras non eron doas horas, car lo se dizia que el volia anar jazer a Nemze, e los senhors cossols am lo doctor vengron sen al cossolat, e manderon querre lurs cavalcaduras, e monteron a caval, et aneron sen a la sala per acompanhar lo, e troberon que el avia dirnat e volia cavalcar, et acompanheron lo entro [125]..... e daqui prezeron comjat, e torneron sen.

Item, dimergue a XXII del mes de dezembre, se fes una autra procession general en esta vila, etc. [126].....

Item, lan M CCCC XV, a XXV del mes doctobre, fonc la gran batalha en Fransa, e fonc en lo pays de Picardia on era lo rey dAnglaterra en sa propria persona am sos frayres et am tota sa poyssansa, et aquela jornada fonc per els en contra nos, car aqui foron, qui mortz que prezes, tota la major partida de la nobleza de Fransa, e moriron sur la plassa lo duc de Berban, lo comte de Nivers frayres del duc de Borgonha, lo duc dAlansso, lo conestable de Fransa senhor de Lebret e motz dautres grans senhors cavaliers et escudiers, e foron preyso-

niers lo duc de Borbo, lo duc dOrlhentz, lo marescal de Fransa mossen Bossicaut e motz dautres grans senhors cavaliers et escudiers en grant nombre, e daqui en foras anet a Calayshe, e menet totz los preyzoniers en Englaterra.

En lan M CCCC XVI, dimergue a v iorns del mes dabri, se fes una procession general en esta vila, etc. [127]....

Item, dimergue a xvi jorns del mes daost, se dis una sollempna messa per mossenhor lo vicari de Magalona, etc. [128]....

Item, dimergue a xv iorns del mes de novembre, dicha la messa parrochial en la gleysa de Sant Fermi, fonc presta en la dicha gleysa Catharina Sauba de [129]...... en lo regne, que ben xii o xv iorns passatz avia preguat los senhors e los cossols de mar que lur plages de metre la en lostal de la reclusa del cami de Latas, vengron en la dicha glieya los ditz senhors cossols, los senhors obriers e los ditz senhors cossols et am la procession de la dicha glieysa, los ditz senhors am lautre poble de la vila ont avia senhors e donas plus de M e v^c^ pressonalmen meneron la dicha Katarina de la dicha glieysa al dig hostal, anan davan apres la procession totz los senhors et apres venian los senhors cossols de mar que son patros de las reclusas que la menavon coma novia, et apres venian las donas, e cant foron de part de lay, los senhors capelas canteron «Veni Sancte Spiritus», e mezeron la deffra lostal e taqueron la defra lostal, e los senhors cossols de mar ne porteron la clau, e cantat aqui lavangeli de Sant Johan, partic daqui la procession, e los ditz senhors acompanheron la entro a la dicha glieysa de Sant Fermi, e daqui tot home sen tiret a son hostal.

Item, dimergue lo derrier jorn del mes de jenuer, dicha la messa parrochial en la glieyza de Nostra Dona de Taulas, fonc fach et dith hun sollempne sermo en lo plan davan lo cossolat per lo reveren maistre Privat [130]..... maistre en la sancta teulogia de Frayres Menors, en presencia de mossenhor lo vicari de moss. de Magalona, de moss. lo governador o son loctenen, de moss. lo rector, de mos. lo bayle e dels autres curials, dels senhors cossols et obriers e de tot lo poble apelat am crida facha lo vespre davant, e dich lo sermo aqui meteys, en la cadieyra fonc legida en lati e pueys en frances en alta vos, en presencia de totz la bulla tota a plen del proces que papa Urba quint sancta memoria fes contra totz aquels que en fayt darmas destruiran lo rialme de Fransa, e publicadas las sentencias sublimadas en lo dig proces: la quala publication fes far mossenher de Magalona de mandamen dels senhors generals consselhiers del rey nostre senhor aladonc en aquest pays: e per aquela cauza fonc fach lo sermo.

En lan M CCCC e XVII, dimergue a XVI jorns del mes de may, dicha la messa granda per lo vicari de moss. Magalona en la gleysa de Nostra Dona de Taulas, fonc fach e dig hun sollempne sermo general, etc. [131]....

Item, lo premier jorn daost que fonc lo jorn de Sant Peyre, intrant daost, fonc facha una procession general, etc. [132]....

Item, disapte lo segon jorn de octobre, entorn doas horas de jorn, lo reveren maistre Raymon Cabassa maistre en la sancta teulogia del orde de Predicadors, vicari de lenqueredor sezent per tribunal de sot lo capitel que es juxta la porta de lostal del cossolat, en presencia del dig mossenher de Magalona, del loctenen de moss. lo governador, de moss. lo rector de lestudi am sa universitat, de mossenher lo rector de la part antiqua, de mossenher lo bayle am tota sa cort, dels senhors maistre en teulogia, dels quatre ordes, dels senhors doctors en dreg civiel et en drech cano, de lestudi, dels senhors cossols, dels senhors obriers e del autre poble aqui present del cal tot lo plan del Cossolat era ples, per sentencia diffinitiva pronunciet heretia Catharina Sauba de Thon en lo regne estan sobre hun scabel davant el duz pes, la qual afacha a sa requesta fonc messa per reclusa en lostal de la reclusa del camin de Latas hun dimergue a XV del mes de novembre lan prop davamen passat, per so que ela tenia e semenava diversas e dampnadas errors contra la fe catholica, las quals erros son aquestas: la primieyra « que los enfans que moron apres lo baptisme davant que « aion crezensa, non son salvatz car non crezon »: lo segon « que non « y a agut veray papa, cardinal, avesque ni capela, depueys que la « election del papa non ses facha per miracle »: lo ters « que la gleysa

« catholica consestis solamen en los homes et en las fennas tenens la « vida dels apostols e qui mays volent morir que offendre Dieu, e « totz los autres sun foras de la gleysa » : la quarta « que lo baptisme « que es donat per malvases capela non aprofecha a salut » : la sinquena « que los malvatz capelas non podon consacrar lo cors de Crit « prepauzan que digant las paraulas sacramentals, e que ela non adora « lostia consacrada de capela, car non crezia que aqui fos lo cors de « Crist » : la seyzena « que confessar al capela non es nessessari, car « suffis se confessar a Dieu, e que aytant val se confessar a hun prodom « layc coma al capela » : la setena « que marit e molher non podunt « entre elos rendre lo deute de natura senes peccat, per que si non « sen penedon seran dampnatz » : la octava « que apres aquesta vida « non sera purgatori mas tan solamen en aquesta vida » : e donada la dicha sentencia, el per noms que desus la remes a moss. lo bayle pregan le que benignamen se vuelha aver devers ela, et aquel jorn meteys davant dinar, moss. lo bayle executant la dicha sentencia, la trames a Col de Fin, et aqui fonc judicialmen cremada coma heretga.

Item, lan que es desus dich, dimergue a x del dich mes de octobre, lo dig reveren maistre Raymon Cabassa, en presencia de totz aquels nominatz en lo precedent capitel, exceptat mossenher de Magalona que no y poc venir, cantet en lo loc que desus una sollempna messa del Sant Esperit, e cantada la messa can volc montar en la cadieyra per dire lo sermo venc la plueja, et el intret sen a la gleysa de Nostra Dona de Taulas, e lo pobol lo seguit aytant cant ne poc caber en la gleysa, et aqui el fes hun sollempne sermo sus la materia de la dicha Katerina que era estada cremada, per so que alcunas personas murmuravon que enjustamen era executada, et en lo sermo el alleguet sus lo premier titol dels titols formatz contra la dicha executada et aqui el dis que en los autres sermos que el fara en las gleysas desta vila, el allegara sobre los autres titols a convensir la malicia daquels que murmuravon contra la dicha execusion facha de la dicha heretia.

En lan M CCCC e XVIII, dimars a XI del mes dabril, vengron et intreron en Montpellier mossenhor dOguelh filh de moss. lo prince dAurengua, moss. lo vescompte de Murat, mossen Johan Tencort e mossen [133]...... comis per nostra sollempna dona madona la regina logatenens e venerabla del nostre senhor a regir lo pays de Lenga doc et apelat am vos de naufil lo poble davant lo cossolat debateron totas emposecions, quart de vin e totz autres cartz que eron empauzatz per lo rey nostre senhor, exceptada la guabela de la sal.

Item, lan que desus, dimecres a IX jorns del mes de octobre, se fes procession general en esta vila, etc. [134].....

Lan M CCCC XIX, dimergue a XXVI de mars, que fonc lendeman de Nostra Dona de Mars, per so que mossenhor lo prince dAurenga comis per lo rey nostre senhor al governamen daquest pays avie adordenat que per far union dels tres istats lo cosselh se ajustes en esta vila, lo qual se devia comensar e se comenset lendeman que fonc dilhus a la Sala de lavesque, el comu tinel noblamen parat, ont foro II capitols de Tholoza am lurs clerx, cossols de Carcassona e de Narbona, de borgezes e dautres de las senescalcias de Tholoza e de Carcassonna, gens de gleysa e nobles que devia moure premiers, e daquesta senescalsie gens de gleysa, nobles e cossols de Nemze e de Uzes, los ditz nostres cossols petit ni eran vengutz encaras daquesta senescalsia, se fes una procession general en esta vila: e cantet la messa davant lo cossolat moss. lo vicari de Magalona, fes lo sermo sobre la materia lo reveren maistre Raymon Cabassa maistre en la sancta teologia de lorde de Preaicadors: auziron la messa e lo sermo lo dig mossenher lo prince e los autres senhors comis e totz los autres senhors de susditz dels tres istatz e moss. lo guovernador e totz los autres senhors officiers e genes, e totz seguiron la dicha procession que non fes pas longa vouta, exceptat lo dig mossenhor lo prince am sas gens que sen partic dicha la messa e lo sermo.

Item, en lan desus, a XX de mai, intret per esta vila moss. lo comte de Foys luoctenen del rey nostre senhor en aquest pays am mot gran nobleza, e gitet daquest pays lo prince dAurengua am gran gens darmas que gastavon lo pays ont diversas guarnisos tenion lo pays en grant subjection.

Item, divenres a xi daost, a la hóra de dinar, intret en esta vila i cavalcador del rey nostre senhor, e portet passan davan lo cossolat a moss. lo guovernador las letras del rey nostre senhor contenens la pas e tranquillitat facha entre nos senhors de Fransa e los capitols contengutz en aquela, e lo vidimus de perbosc di pays de las letras de moss. lo dalphi e de mossenher de Bergonha confermatoris de la dicha pas : en aquel vespre moss. lo governador mandet querre mossenher lo bayle am sa cort, los senhors cossols, obriers, et en presencia delos e de motz dautres, sesen per tribunal mossenher lo guovernador e lo juge del palays, totas las tres letras foron legidas am auta vos : et aqui fonc aponchat que fosson mandatz a dema a doas horas lo rector de lestudi, totz los senhors doctors, los autres officiers e valens homes de la vila, e que las dichas letras en lur presencia fosson autra vegada legidas en la grant sala del palays, e que aquel dissapte hora tarda sonesson totas las campanas de las glyeysas de la vila, e que lendema mati que fonc dimergue se cantes davant lo cossolat una sollempna messa del Sant Esperit e se dices hum sollempne sermo sur la devocion de la pas al poble, e daqui se fezes una sollempna procession general, e que apres dinar las dichas letras am vous de trompa et am menestriers se legiguesson e se publiquesson sollempnamen per la vila en las plassas et en los cantos acos [135]......

Item, lan MCCCC e XX, lo divedres a xxix de mars, intret a Montpellier mossenhor lo dauffin e regens del realme e dauffin de Vianes que a nom Charles filh de nostre senhor lo rey de Fransa, et en sa companlhia Charles filh del duc de Borbo e motz dautres grans senlhors baros e cavaliers, arssivesques et avesques, en granda companiha de gens darmas e de gens de trag, e venc per lo cami de Toloza, car aqui era anat premieyrament : veritat es que los senlhors cossols li salhiron al davant am los autres senhors officiers del cossolat et an granda companiha dels autres bons homes de la vila, totz a caval am lurs menestriers et an la bandieyra desplegada de las armas de la vila, e li salhiron al davant las processions de las gleyas e dels ordes, e tot iorn sonan lo sen gros e totz los sens de totas las gleyas de la vila, e quant foront davant Sant Bertalmeu, los cossols li presenteron hun pavalho dun drap daur an las armas del rey e las armas siennas am las bentalhas, et el se mes de gos tot a caval, e los senhors cossols portan lo dich pavalho lo feyron passar a Nostra Dona de Taulas, e daqui per lo lonc de lAgulharia venc alogar a la Sala de lavesque, e per tot lay ont el passet foron las carieyras ben paradas e per desus cubertas de tealas blanquas, e ly feron los cossols bela arenga e grant prezent de cera de vyns e despecias, e demoret a Montpellier am totas sas gens darmas per v iorns, e pueys sen partic.

Item, aquel an et a la venguda del sus dig mossenhor lo dauffin, fonc ordenada una Cort de Parlament en aquest pays, e fonc premieirament a Tholosa per los grans perilhs que eron adonc en Franssa on demoret entro lan M CCCC XXV que fonc mudada la dicha cort a Bezes.

Item, a xxii de mars que fonc la vigilia de Ramps palms, al vespre entorn doas horas davant solhelh colguant, fonc facha en Franssa una gran descofitura dEnglezes, e fonc en lo pays dAngies pres de Bougy en Valeya, sen mory sus la plassa lo duc de Clarenssa frayre german del rey dEnglaterra e motz dautres grans senlhors dEnglaterra que mortz que presonies en grant nombre : aquesta desconfida fonc facha per los senlhors dEscossia que eron adonc en Franssa vengutz al secors de mossenhor lo dauffin adonc regent lo rialme, et en lur companiha lo senlhor de la Fayeta marescal de Fransa am motz autres nobles baros e cavaliers del dit rialme.

Item, lan mial IIII^c XXI et a viii de jun, fonc mes lo seti davan la vila de Bezes per Charles de Borbo filh del duc de Borbo capitani general en lo pays de Lenguadoc e ducat de Guiayna, e menava en sa companha los senescals de Tholosa e de Carcassona e de Belcayre e dAlvernie e de Roergue en granda companha de baros e de cavaliers e de gentils homes del pays et en grant nombre de gens darmas e de gens de tragz e de bombardas grossas e dengens volans que tot los jorns fazian trayre contra la vila, car aqui avian fach venir la grossa bombarda dAys en Proenssa, et aisso se fes per alcuna rebellio que avian fag aquels de Bezes en contra mossenhor lo dauffin filh de nostre senhor lo rey adonc regent lo rialme, coma dig es davant e dautra part, car aquels de Bezes avian acomensat guera contra tot lo pays que aprezonavan e fazian finar tota manieyra de gen. Et a cap dun temps se levet lo dig seti per tractamen dacordi car aquels de Bezes lur obriron las portas: vertat es que las gens de Charles de Borbon lay intreron an las bandieyras desplegadas del rey sans lur far degun autrage, et apres fag tot aysso, lo dig Charles de Borbon sen retorne an tota sa companha à la cieutat de Carcassona.

Item, lan apres mial IIII^c e XXII, lo dig Charles de Borbon per alcun tractat que fonc fag intret dedins la vila de Bezes et anet alogar a Sant Nazari, e secretamen mes dedins la vila granda companha de gens darmas e de tragz, et apres pauc de jorns el fes prene alcuns de la vila et aquelz fes descapitar e perdre las testas, e pueys lur ostet las cadenas de la vila, et en apres lur fes deroquar una granda partida de la muralha comensan al portal Sant Andreu davant los Carmes anant vers lo portal de las Menoretas, e pueys lur hostet lo cossolat de la vila e totas lurs honors.

Item, aquel an, en lo mes de setembre [136], passet daquesta vida en lautra Enric rey dEnglaterra, e pres lo la malautia ab boy de Vinssaynas, e venc morir en son liegz a Paris, et aqui foron fachas sas exequias mot honorablamens per los Englezes e Borgounhos e per aquels de Paris: aysso es aquel Enric que avia preza per molher madama Catharina filha del rey de Franssa essorre de mossenhor lo dauffin regent lo realme, lo qual tenia adonc lo rey e la regina e la vila de Paris tot en sa potestat e assa obedienssa et una grant partida del pays de Franssa, e tenia tot lo duguat de Normandia lo qual avia conquistat e pres per forssa, car el volia de tot son poder debotar foras del realme mossenhor lo dauffin filh del rey de Franssa desus nomiat: aysso es aquel que fes motz de grans escandols e de grans dannages en lo realme, et agra mays fag se agues viscut: donc se fes gran festa per sa mort per tot aquest pays.

Item, en aquel an et el mes doctobre, passet daquesta vida en lautra moss. Charles de bona memoria rey de Franssa, e moric a Paris, e fonc sebelit a Sant Denis an los autres reys de Franssa, en apres lo lus a xxii de novembre, fferon los senlhors cossols hun cantar mot honorable per lo dig rey en la gleya de Frayres Menors de Montpellier ont se dis una messa mot sollempna per moss. lo vicari de Magalona, e fes lo sermon maistre Privat capelan de lorde dels Frayres Menors, et aqui foron totz los autres ordes mendicans e los Frayres de Sancta Aularia e los morgues de Sant German, et y vengron las gleyas de Sant Fermi e de Nostra Dona de Taulas e de Sant Daunizi am la procession et am las † e totas las autras capelas, e dicha la granda messa, feron totz sollempnament la presenta per totz los ordes la un apres lautra e totas las gleyas enseguen.

Segon sen las sirmonias que y foron fachas. Prumieyrament los senlhors cossols feron mandamen lo jorn davant lo dit cantar per lurs escudiers per tota la vila a tot cap dostal e mays a las donas que fosson lendeman al dig cantar, e que los senhors sajustesson al plan del Cossolat e las donas a Nostra Dona de Taulas cascuna an son manto escur ho am sa rauba escurra, e lo dimergue davant o feron denonciar per las gleyas e de vespre cridar per la vila am la trompa : item, lo jorn del dig cantar, los senhors cossols parten del cossolat vestitz de lur liovreya an los senhors obriers et an tota lur autra companha dels officiers reals e de tot lestudi, els senhors doctors e clercz et autres senhors de vila sen devaleron als Frayres Menors, e las donas apres, et aqui al miegtz del cor agron fag far una capella ho capitel de fusta tota negra, sus la qual avia ben tres cens candelas cartayronals, et als quatre coras de la capela iiii siris negres de viii o de ix palms de lonc, et i autre el miegz per desus la capela tot negres, en los quals eron penonselz an las armas del rey e de la vila coma una bandieyra, e de gos la dicha capela ardent avia una longua bera et auta an hun drap daur de sus frangat a la vouta de bocassin negre en las armas del rey, et entorn la dicha e capitel avia lx entortas cremans an las armas del rey e de la vila : apres los cossols de mar feyron gitar hun drap daur an lurs armas et an x entortas, e los senhors obriers feron gitar un autre drap daur e xx entortas an lurs armas, e feyron donar los cossols argen a luferta a tota gen et a totz los capelas que cantavon per larma del dig senhor.

Item, lan mial IIII^c XXIII, el mes de julhet, nasquet Loys filh de nostre senhor lo rey de Fransa filh del rey Charles e de sa molher filha del rey Loys de Proenssa premier nat dauffin de Vianes, e nasquet a Borgas en Bery ont era lo rey, e fonc son payri lo duc dAlansso e madama de Tonayra, donc per son naysssiment si feyron per tot lo pays grans fuocs e grans festas en especial en esta vila ont se feyron motas processios e grans fuocs e grandas festas per totas manieyras et estat de gens.

Item, lan desus, anet a Dieu mossen Peyre de Lunas lo qual fonc apelat papa Benezeit XIII, del ryalme dAragon, e mory a Paniscola en Cathalonia : aysso es aquel per que aven perdut la cort de Roma en aquest pays, la cal cort solia esser en Avinhon.

Item, desus, el mes dahost, fonc facha una granda desconfitura en Franssa de nostra gen los cals tenian lo seti davant una vila que sapelava Crevant la cal tenian los enemix del rey, e los Englezes e los Bergonhos an la gen de Paris vengron am mot granda companha ferir de sus lo digz seti, en tala manieyra que dels nostres totz foron que morts que prezoniers e dels autres que fugiron en grant nombre.

Item, lan desus, el mes de novembre, pres lo rey dAragon Macelha la grant en Proenssa, e venia am tot son estol de rialme de Napols, per lo cal rialme el avia granda guerra am lo rey Loys de Proenssa, et en lo qual rialme de Napols el avia fag motz grans dampnages, e venent per la mar am tot son estol de naus e de guales de grant assaut que doneron per forssa romperon la granda cadena del ferre del port de Masselha, e de fag preson la sieutat, et aquela meron a sacamen una grant partida et a foc, e pueys apres la rauberon, e tot lo pilhatge cargueron sus las dichas naus e guales, e torneron sen per la mar prenen terra a Barssalona.

Item, lan mil CCCC XXIIII, el mes daost, se tenc una jornada en

Franssa de nostra gent contra los Englezes e Bergonhons los cals tenian lo seti davant una vila que sapela Ebry, e nostra gen vengron ferir dessus lo dig seti, ont moriron grans gens duna part e dautra, car de la nostra part mori sus la plassa lo conestable de Franssa que era dEscossia que sapelava lo conte [137]....... e fonc mort mossenhor dAyrecort et lo vesconte de Narbona capitanis de grant renom en Franssa, e fonc presoniers lo duc dAlansso filh de lautre duc dAlansso que fonc mort en la grant batalha davant Ayzecort, e de la part dels Englezes foron morts en grant nombre.

Item, lan desus, el mes de desembre, intret a Montpellier moss. Guilhem avesque de Magalona lo cal era davant abat de Sancta Cornilha, e salhiron li al davant las processios de las gleyas e dels ordes e los senhors curials de la cort del palays e de la cort del bayle e dautra part los senhors cossols, et el intret per lo portal de la Saunaria, e venc descavalcar davant Nostra Dona de Tàulas, e daqui per la carieyra de lAgulharia anet desçavalcar a la Sala a son hostal, e per tot lay ont el passet foron las caryeyras mot ben paradas, e tot iorn sonan lo sen gros e totz los sens e las campanas de las gleyas de la vila.

Item, lan M CCCC XXV, en lo mes dabril, foron publicadas en esta vila las letras de la segonda loctenenssa que lo reys avia donat del pays de Lenguadoc e ducat de Guiayna al conte de Foys, et apres en lo mes daost seguen sen montet en Franssa an grant companhia de gens darmas e de tragz, et estant am lo reys a Borgas, lo reys li donet lo contat de Biguora.

Item, lan desus, la Cort de Parlamen que era a Tholoza se mudet a Bezes.

Item, lan M CCCC XXVI, a XXIIII de may, venc a Montpellier lo conte de Foys governador de Lenguadoc e menet am se la contessa sa molher, e fonc aloguat al palays, e los senhors cossols e los hobriers an autres valens homes de la vila lur salhiron al davant am lur menestriers, e fonc li fag present de part la vila de vyn e despecias e de sera, et estant en esta vila fes ayssi assemblar lo cosselh dels tres estatz de-

Lenguadoc, e demoret aissi entro al xx de jun que se parti desta vila per montar en Franssa, e la contessa sen retornet al contat de Foys.

Memoria sia a totz que lan desus a [138]. . . . del mes de jun, estant lo dig conte de Foys en esta vila, el quitet la vila de Montpellier daquela hobliganssa de LXVIII milia franx en que tot lo pays de Lenguadoc li era obligat per la vuogua de las gens darmas que eron en aquest pays en lo temps de sa premieyra loctenenssa que fonc lan mil CCCC XIX : e daysso pres carta maistre Johan Vaysselier.

Item, lan desus, venc lo Saudan del Cayre prene terra en lo rialme de Chipre an mot granda multitut e meravilhoza companhia de Sarrazins e denfizelz, e lo VII jorn de julhet lo rey de Chipre lur donet la batalha, honc el fonc pres e menat caytieu en la terra del dig Saudan an totz aquels que foront restat vieus de sa companhia e mota autra gen homes e femenas et enfans del dig rialme, et otra aquo feron mot grans dampnages, car tot ho mezeron a foc et a guast, que es mot espavantable causa e piatoza de ho auzir contar.

Item, lan desus, fonc facha ordenanssa per los senhors cossols que ateudut la depopulation de la vila e per desminuyr los cartz del cossolat, que los dos pezes de la farina los cals eron la hun al portal de Latas e lautre al portal de Sant Gili, fosson tornatz an dos en hun pes, lo cal pes fonc ordenat esser en la part de lay pres de la cort del sagel per so car era en loc megan dels molis de [139]. . . . .

Item, lan desus, fonc fag establiment an cloqua que daqui avant hun cossol fos fag clavary del cossolat, e los cossols que seran per aquel an devon elegir lo dig clavari per lan apres venent, et aysso cant la election dels cossols novels sera facha, e que sia home bon e suficient per lo dig hufici segon Dieu e lur bona consiencia, et aura de guatges lo dig cossol clavari L m° daur ho la valor.

Item, aqui meteys, fonc establit et hordenat que fos fag hun contrarolle per contrarollar tota la recepta e despessa que fara lo dig clavari, e sera lo dig contrarolle perpetual ho seria trobat en fauta, et aysso a plazer delz senhors cossols, et aura L m° daur de guages ho la valor.

Item, lan desus, fonc diversas veguadas terra tremol en esta vila, e comenset en lo mes de mars : et en aquest an meteys, fonc tanc granda terra tremol en Cathaluonha, a Perpinia, a Girona et a Barssalona e per tot lo pays dentorn, que tots los jorns lay era III e IIII veguadas, et aytant la nueg, en tant que la gent de las cieutatz anavon la nueg dormir foras la vila per paor que los hostals non tonbesson, e de costa Girona III leguas tombet per la dicha terra tremol hun loc que sapela Mer en que habitavon ben v cens hostals que tot tombet et hun monestier de morguas que lay avia, mas las gens non y prezeron mal.

En lan M CCCC XLVI (*I*), a XXIII febrier, moric e trespasset daquest mon en lautre papa Eugeni : a III de mars lo dig an, los senhors cardenals intreron en conclavi : a VI de mars, elegiron moss. Thomas de Sarsanna cardenal de Sancta Suzanna en papa : a XX de mars, lo dig papa fonc coronat et appellat papa Nicholau quint lan premier de son pontificat.

(*I*) Cet article se trouve inscrit à la suite du calendrier, nous l'avons rétabli à sa date.

e contenent en la mira de mar; e en aquest an mateix, fonc tanc gran la terra tremolà en Catalunya, a Perpinyà, a Girona e a Barcelona, e per tot lo pais de [illegible], que tots les gents [illegible] e [illegible] [illegible], e cayent la [illegible]. Tot tant que la gent de les ciutats anaven la nuyt dormir [illegible] la vila [illegible] les [illegible] una [illegible] e de [illegible] [illegible] [illegible] [illegible] [illegible] la [illegible] [illegible] [illegible] que [illegible] [illegible] [illegible] [illegible] [illegible] [illegible] [illegible] [illegible] que [illegible] [illegible] [illegible] [illegible] de [illegible] [illegible] [illegible], mas [illegible] [illegible] [illegible] mal.

En lany M. CCCC. XIIII (1), a xxiii de [illegible], [illegible] e [illegible] [illegible] [illegible] en [illegible] papa [illegible] [illegible] [illegible] [illegible] [illegible] [illegible] [illegible] [illegible] [illegible] [illegible] [illegible] [illegible] [illegible] [illegible] cardenal de [illegible] [illegible] [illegible] [illegible] de [illegible] [illegible] [illegible] [illegible] et [illegible] papa [illegible] [illegible] [illegible] de son pontificat.

[illegible]

(1) Est article se [illegible] [illegible] [illegible] [illegible] [illegible] [illegible] [illegible] a sa [illegible].

CINQUIÈME PARTIE.

LA CHRONIQUE FRANCAISE,

PUBLIÉE

PAR MM. EUGÈNE ALICOT, Vice-Président du Tribunal de première instance, et DESMAZES, Archiviste de la Mairie;

AVEC UNE INTRODUCTION

PAR M. ALICOT.

LA CHRONIQUE FRANÇAISE.

REPARATIONS FAICTES EN LAN MIL IIII^{c} LXXXXV.

En l'an mil IIII^{c} IIII^{xx} et quinze et le vendredi quatorziesme jour d'aoust fut commencé de reediffier leguille du clochier Notre Dame de Tables, estans consuls de la presente ville de Montpellier les nobles et honorables seigneurs, etc., de la quelle hévre a esté le maistre maistre Nicolas Marie macon dud. Montpellier.

Et en lad. eguille a esté mise une grant croix de fer dorée avec une grosse pomme de cuyvre surdorée de fin or, dedans laquelle ont esté mises plusieurs belles relicques et beniste lad. croix par monsieur de Maguelone, ainsi que cy après est escript et contenu.

Du vendredy XIIIe de novembre mil IIII^{c} IIII^{xx} et quinze, messire Charles huitiesme, par la grace de Dieu roy de France regnant.

En la présence des sieurs consuls de la presente ville de Montpellier et à leur requeste, reverend pere en Dieu monsieur de Magalone en la chapelle du Consulat après la messe illec en sa presence par messire Estienne Richier son chappellain dicte, seigna et aspergia la croix de fer couverte de cuyvre surdorée d'or fin faicte pour mectre au plus hault du clochier de l'esglise Notre Dame de Tables, et mist de la saincte cresme en lymage de Nostre Dame faicte et estant au meilleu de lad. croix, et ce es présences des nobles et honorables seigneurs messire Guillaume Pellicier chanoyne de Magalonne et official de Magalonne, et de sieur Guillaume Bonail, sieur Darsas, Guichard Bastier changeur, Aubert Barriere frere de mond. sieur de Magalonne, Pierre Compaigny, Estienne Manni bourgoys et habitant de

Montpellier, Jacmet de la Verune escuier de nostred. S^r et de plusieurs autres notables personnaiges tant deglise que seculiers, et de moy Anthoine Salamon notaire et secrétaire desd. sieurs consuls.

Et ledit jour après disner fut lad. croix montée et mise au plus haut du clochier en son lieu par maistre Nicolas Marie macon maistre de l'œuvre, Jehan Dupuy pinctre, et Andrieu du Rieu serrurier dud. Montpellier qui avait faicte lad. croix laquelle poise environ deux quintaulx.

Item aud. an après le parachevement de l'eguille d'icelluy clochier a esté commencée la hale neufve devant l'eglize Notre Dame de Tables et par succession de temps et le XVIIIe jour de mars avant Pasques et lissue desd. sieurs consuls, parachevée, et aussi ont fait faire lesd. sieurs consuls les portes de la maison joignant à lad. hale et pareilhement les baraudes estans sur la grant porte de lad. eglize de Notre Dame de Tables semées de fleurs de lis, desquelles œuvres a esté le maistre et conducteur led. maistre Nicolas Marie macon dudit Montpellier, lesquels tous Dieu par sa pitié et saincte misericorde vueilhe garder et conserver en santé et après ceste vie présente leurs ames en la gloire de paradis conduyre et mener, Amen.

Item aud. an lesd. sieurs consuls et avant leur issue ont faict covrir la nau de lad. eglise de fustes et tieules, lequel covert fist Andrieu de Balmes fustier.

Item aussi ont lesd. sieurs consuls fait mectre aux porteaulx de Saint Gely, Lates et la Saunarie les armes du roy nostre sire.

REPARATION FAICTES EN L'AN MIL CCCC. QUATRE VINGS ET XVI AU PONT GAY JUVENAL.

En l'an mil quatre cent quatre vingt et XVI, après Pasques, feut encommencé la grosse pille du mylieu du pont Gay Juvenal, et durant icelle année jusques au moys de septembre ladite euvre continué jusques à tant que ladite pille a esté aucée et mise hors le dangier de leaue, ou fut despendu grant somme de deniers provenant de la blanque

que le roy nostre sire, au quel Dieu par sa pitié et miséricorde doint bonne vie et longue, avoit donné a ladite ville pour faire les réparations nécessaires d'icelle.

CONTINUATION DE LAD. REPARATION.

En l'année ensuyvant mil quatre cent quatre vings et dix-sept fut continuée la réparation dudit pont, et en si grant diligence que depuis le commencement de l'année desdits sieurs consuls jusques à la fete de Noël furent faictes; cest assaver fondée aucée et mise à son devoir la pile du cousté tirant à Gramont les...................... (*A*)

En l'an mil cinq cents et deux, pour ce que monsieur l'archeduc de Flandres fils du roy des Romains [140] en venant du pays d'Espaigne devait passer par la ville de Montpellier, le roi nostre sire manda et commanda aux dictz seigneurs consuls que à l'antrée dudit monsieur l'archeduc lui fusse faict telle et semblable honneur que l'on ferait à sa personne : et à son entrée, à cause de quoy, par deliberacion de conseil général fust ordonné estre fait tous les mistères que l'on pourrait faire au roy nostre sire, et fust procédé ainsi que cy-après sera dit et déclairé.

Pour recculhir le dit seigneur archeduc, le dit seigneur envoya en la dicte ville, du pays de France, monsieur le comte de Ligny, monsieur de Ravastains et monsieur comte de Rotelyn : et entra led. seigneur archeduc le trentième jour de janvier, et vint par devers la croix de Saint Barthomieu, et allairent au devant jusques à la dicte croix les églises en processions avecques les reliquiaires et meilheures chappes desdictes églises en ung ordre.

Après, allairent au devant messieurs les généraulx de la justice avecques toute leur court.

Et après eux alla monsieur le lieutenant du gouverneur et toute sa court, ensemble monsieur le bayle et tous ses officiers abilhez des

---

(*A*) Il existe ici dans le manuscrit de la Mairie une lacune que nous n'avons pu combler à l'aide d'aucun des autres manuscrits connus.

abilhemens de leur année, et tous bien aornez et parez de bons et fins abilhemens.

Vint après, l'université tant en droit canon que civil avecques leurs verges d'argent.

Après, vint l'université de médecine en leur verge aussi d'argent.

Et après, vindrent lesdictz seigneurs consuls, ouvriers et consulz de mer, acompaignez des plus principaulx et apparans bourgeois et marchans de la dicte ville, et tous se assemblèrent au devant du Consulat a la grosse cloche sonant, et dillec sen allairent au devant et le rencontrairent à ladicte croix, et y fust tenu lordre dessus dit; et entra par la porte de la Saunarie, et dessus le portal près Saint Saulvaire y avoit gens avecques bombardes et colobrines : et dessus le portal de la Saunarie y fust faicte une fincte très belle et très honneste, ou avoit ung eschaffault bien paré ou estoient les armes du roy, de la royne et dud. seigneur archeduc, et y fut toute la muzique et chantrerie, et descendit dune nue ung angel bien et richement abilhé que fust le filz de Jehan Maurin, le quel descendit de dessus le portal et vint au devant dud. seigneur archeduc, et fust dicte par led. angel une très belle harengue en bonne facon par le dit Maurin, à laquelle le dit seigneur archeduc print grant plaisir.

A l'entrée de ladicte porte estoient les quatre vertuz, cest assavoir : Force, Prudence, Espérance et Justice, que estoient abilhées bien richement en la facon que sensuyt : et faisoit Force, la filhe de done Danizete que pourtoit une gonelle verde de taffetas et les manches à la sorte, et sur la dicte gonelle avoit une escherevisse de teste de lion, et avoit la poictrine bien gorgiasse, et à la teste pourtoit une garlande de bagues, descoieffée de sa teste en sa diademe.

Espérance, fust la niesse de sire Guichart Bastier, que fust abilhée d'une gonelle de velous noir, et avoit ung bas de taffetas blanc brodat de taffetas jaune, et estoit dessus la dicte gonelle, et avoit unes manches de la sorte de la dicte gonelle, et avoit la poitrine bien acoutrée, aussi avoit une garlande de bagues en sa diademe, et pourtoit en ses mains deux potz dargent, et fust abilhée par Margaride de Neve et la femme de Euymon de Combes.

Justice, fust la filhe de sire Jehan Damas, que pourtoit une gonelle de satin cremoysin, dessus la dicte gonelle pourtoit une escherevisse dessus sa poitrine, et les manches étoient à la sorte de la dicte gonelle, et estoit en cheveux, descoyffée en une garlande de bagues en sa dyademe, et pourtoit à la main dextre une épée et à l'autre unes balances, et fust abilhée par madame la présidente de la Croix et Catherine Bouques.

Prudence, fust la filhe de maistre Jehan Vidal notaire, que pourtoit une gonelle de damas gris, et dessus la dicte gonelle de taffetas pers, brodat de taffetas blanc et les manches à la sorte, et bien acoutrée de poictrine et la teste descoyffée en sa garlande de bagues et dyademe, et pourtoit ung compas en sa main, et la abilherent les femmes de Nicolas et Jehan Mazy.

Ausquelles finctes ledit seigneur print grant plaisir, et ouye ladicte arangue s'en entra et passa par la rue de la Saunarie tirant au quartier de la Pierre jusques à Nostre Dame de Tables: depuis ledit portal jusques à la dicte Eglise de Nostre Dame les rues estoient couvertes de toelles, et d'ung quartier et d'autre parées et tendues de draps de Langue doc de toutes couleurs que le faisoit beau veoir.

Item — à la porte de Nostre Dame de Tables, devers le quartier tirant a la Plasse, y avoit ung grant eschaffault en sieges ou estoient toutes les reliques de Saint Germain, et aussi y estoient les autres reliques tant de Saint Fermin que autres esglises, ordre par ordre, dessus toilles bien arranchées et en montant les degrez de la dicte église estoit monsieur de Magalonne nommé Guillaume Pelicier abilhié en pontifical, et lui assistoient les chanoines de l'église de Magalonne chescung en sa chape de la dicte eglise de Maguelonne, qui recuelha le dit seigneur en lui donnant bayser ung reliquiere qui tenoit en ses mains, et le print par la main et le mena au devant lautier de Nostre Dame, et faicte son oraison mondit seigneur de Maguelonne s'en alla, et le dit seigneur s'en sortit de la dicte église et monta à cheval devant la porte de ladicte église du quartier de sire Estienne Magni, et en l'ordre dessus dict passant pardevant la Petite Loge alla le long de la Gulharie jusques au canton de sire Jehan

Bouques, et sen alla loger a la maison de monsieur le recteur de la Part antique la quelle lui avoit esté aprestée et fust grandement parée de toutes partz autant que si le roy y fust logé.

Et pour ce que le pavé despuis la Pierre jusques au Consolat est mauvays pour chevaucher il y fust mys bonne quantité d'arene, afin que personne ny print domaige et de faire ladicte entrée plus triumphante.

Toutes les lampes de la dicte esglise estoient alumées et les orgues sonnoyent.

Aussi toutes les torches de la chappelle de Nostre Dame de Tables estoient alumées.

Item : les cloches de toutes les églises de Montpellier sonnerent tant que led. seigneur demoura a faire son entrée, et par expres la grant cloche de ladicte esglise de Nostre Dame de Tables.

A ladicte entrée furent pourtées toutes les bandieyres des mestiers de ladicte ville, allant toutes premieres ainsi que font le jour de Rogaysons.

Toutes les trompettes de la ville y furent, sonnant au devant du dit seigneur, abilhez de livrée et abilhemens neufs, que estoient en nombre huyt.

Apres que le dit seigneur fust arrivé à son logis, les dicts seigneurs consuls, ouvriers, consuls de mer et les principaulx bourgeois de la ville, avecques messire François Bosc licencié, qui avoit la charge de faire la arrengue pour la ville, luy allerent faire la révérence, et luy fust faicte une arrengue bien petite en beaucoup de substance, et après vindrent toutes les principales dames bourgeoisses de ladicte ville.

Lesdicts seigneurs consulz pour festoyer led. seigneur de toutes sortes firent danser le bailh de la Treilhe qui fust très bien dancée et triumphamment.

Après lendmain de la dicte entrée les dictz seigneurs consulz firent aprester une belle et grande collacion à la maison du Consolat ou estoit led. seigneur, et s'y trouverent toutes les plus apparentes dames et bourgoises de la dicte ville, ornées et parées des meilheurs ornemens, robes et joyaulx que eussent, et illecques dans ledit consolat fust grandement festoyé tant de conficlures, mez, que trompetes et autres menestriers.

Ce soyr fust faicte une très belle morisque par la ville que estient tant les hommes que les filhes en trompetes et estiont tous les dansseurs bien abilhez ce que se pouvoit faire en abbitz nouvellement devisez.

Et l'autre soir aprés fust faicte une autre belle morisque en forme de pastoureaulx et pastorelles que les faisoit beau-veoir, pour ce que ez dictes deux morisques l'on avoit choysi les plus belles filhes et les mieulx danssans et danssantes, esquelles morisques ledit seigneur print grant plaisir, et dansserent avecques les tanbourins.

Aussi devant luy furent jouées plusieurs farces tant par medecins que autres enfans de la ville, et autres joyeusetez fort plaisantes, le tout à lonneur du roy nostre sire.

L'an mil cinq cens et trois, le révérend pere en Dieu maistre Vincent de Chastel Neuf, général de tout lordre des Freres Prescheurs de monsieur Saint Dominique, certifié et bien adverti du deshordre que avoient parcidevant tenu les freres de l'ordre des Freres Prescheurs de la ville de Montpellier, affin de reformer le dit couvent et leur faire tenir la reigle de monsieur Saint Dominique; des parties d'Italie où led. maistre général fait sa résidence continue, vint en la dicte ville de Montpellier; au quel fust faicte par les dictz seigneurs consulz bourgeois et autres gens de bien de la dicte ville grande honneur et reverence telle que luy appartenoit. Et ainsi qu'il venoit en ladicte ville, aucuns des dicts Freres Prescheurs qui avoient tenu la dicte mauvaise et lubrique vie, les ungs sortissoient par les murs et murailhes dudit couvent et les autres par là où ils pouvoient, senfuyrent et laisserent ledit couvent et habitz dudit Saint Dominique, dont les ungs se firent et se mirent de l'abbaye de Vallemagne et les autres de lá Merci, et iceluy révérend maistre général bien et deuement informe de ce que dit est, mesmement de la dicte mauvaise vie des dicts Freres Prescheurs, réforma ledit couvent des Frères Prescheurs bien et honnestement selon la regle dudit monsieur Saint Dominique, et y mist des freres refformés en bonne quantité, tellement que là où il y avoit dix ou douze freres mal condicionez que ne avoient pour jour que six blans de pitance et encores ne pouvoyent vivre, de présent il y en a bien cinquante, bien condicionnez, qui vivent bien et opulement, despendant chascun jour en compenaige douze soulz et demy et plus; au quel couvent le dit pere general, en layde de la ville et autres habitans dicelle, feist faire et réparer les chambres du dormitoire dudit couvent et feist en fasson que chascun dort seul, en sa chambre du grant dormitoire, dault la ou paravant ils dormoyent deux, trois ou quatre ensemble en belles chambres, ayant chascun son jardin, et de cinq ou six jardins ledit pere général, en laide et secours desd. seigneurs consuls, n'en fist faire que ung jardin, comun et général pour touts les dictz freres : et en oultre, pour ce que lentrée dudit couvent se faisoit par une porte petite, qui est aupres des pilles de labrevoir dudit couvent, et avoir esté delaissée par loing temps la belle et grande porte et entrée qui est à présent devant la croix, led. pere général pour eviter les maulx que se faisoient par la dicte petite porte, en continuant sa dicte refformacion, fist cloure lad. petite porte et ouvrir l'autre grande porte en ordonnant que dores enavant et à toujoursmais l'entrée et yssue dudit couvent se feroit par ladite grant porte, et cheminant jusques à la grande porte de l'église dudit couvent, la quelle avoit esté délaissée loing temps avoit : et encorres plus ledit pere general, par l'advis et déliberacion de conseil desdictz seigneurs consuls et autres gens de bien de ladicte ville, ordonna que se feroit une porte en ung canton des cloistres dudit couvent pres du capitol, laquelle feust faicte et y est à présent, et ce affin que personne quelle que fust, feust frere dudit couvent ou autres, ne peult entrer ne sortir dudit couvent sans appeler et sonner une cloche par une corde attachée en ladicte porte.

Item : ledit pere général continuant tout jour sadicte refformacion pour ce quil ny avoit aucunes rieges en l'esglise dudit couvent ainsi que ont es couvens refformés, mais chascun pouvoyt veoir lesditz freres entrer, sailhir et chanter en ladicte église, ordonna que les rieges de boys qui y sont à présent seroient faictes et mises, affin que nul ne peulst voir lesdictz freres, ainsi que dessus est dit, et tout ainsi que contient la reigle dudit monsieur Saint Dominique.

Item : lan mil cinq cens et cinq notre saint pere le pape, à la requisicion du roy Loys nostre souverain seigneur à cause de une grant grace que Dieu nostre créateur lui avoit faicte, du recouvrement de la sancté et convalescence de une grande, griefve et perilheuse maladie que ledit seigneur avoit eue, ledit sainct pere le pape, tant pour le bien, prouffit et utilité de la personne dudit seigneur et de tout son royaume que pour la salvacion des armes, avoyt donné et octroyé ung pardon général appellé jubilé tel que sensuyt :

Lequel jubilé et pardon general ledit seigneur manda par tout son royaume de France et à tous les pais et seigneuries d'icellui seigneur, affin de notiffier ledit pardon et jubilé à tout le peuple et faire faire les solempnités contenues oud. jubilé, tellement que par la teneur dud. jubilé ledit saint père le pape mandoit faire le vingt sixiesme jour du moys de juing telles et semblables processions que avoit esté accoustumé de faire chascun an le jour du Corps de Dieu, et pourter le corps précieulx de Jeshu-Crist à la dicte procession, et que ung chascun vray chrestien pénitent et confés suyvant bien et dévotement ladicte procession, et disant cinq fois *Pater noster* et cinq foys l'*Ave Maria*, gaignerait ledit jubilé et pardon général, et ce faisant auroit plenaire rémission de tous ses pechiez. Et par ainsi ledit vingt sixieme jour dudit moys de juing, en ensuyvant les graces que ledit saint pere le pape faisait au peuple et ainsi en ensuyvant le vouloir dudit seigneur, lesdictz seigneurs consuls firent faire crier et proclamer par toute la ville de Montpellier, que tous les habitans de ladicte ville eussent à faire netier et parer les rues tout ainsi et en la forme et maniére que est acoustumé faire ledit jour du Corps de Dieu, et eussent à suyvre ladicte procession bien et dévotement portans le luminaire ainsi que avoient acoustumé faire audit jour. Au quel jour lesdictz seigneurs consuls firent leurs préparacions pour faire ladicte procession, et feist l'office reverend pere en Dieu Guillaume Pelicier evesque de Maguelonne en l'église parrochiale de Saint Fermin, et célébrée la messe par ledit evesque de Maguelonne pourta le precieux Corps de Nostre Seigneur soubz le pavilhon de la dicte ville, lequel pourtoient, ainsi que estait de coustume, lesdictz seigneurs consuls en leur luminaire, et au devant led. pavilhon alloient les seigneurs ouvriers et consuls de mer de deux en deux et autres officiers dudit consulat, et après tous les autres mestiers, davant, ordre par ordre tout ainsi et en la forme et maniere acoustumée de faire led. jour du Corps de Dieu, et y eust tant et si grant quantité de peuple en la dicte procession que après que lad. procession eust suyvie la ville, et que ledit Corps précieux de Nostre Seigneur fust arrivé et retourné en la dicte église de Saint Fermin, les derreniers demourairent à estre revenus en la dicte eglize de Saint Fermin une heure ou environ, et y fust tenu si bon ordre et police que ne se pourroit dire plus, et ledit peuple estoit en si bonne et vraye devocion que jamais. Dieu par sa grace en icelle le veulhe entretenir et garder et nous doint perseverer en bonnes œuvres oracions à nostre dit Créateur et à la glorieuse Vierge Marie et à toute la Court celestial de paradis agréables.

Ou dit an et ou moys de mars à cause que en la dicte ville de Montpellier avoit doubte de pestilence, et y avoit eu par avant cours, et affin que Dieu nostre benoict Createur nous voulsist preserver et garder de la dicte pestilence et de toute autre maladie et inconvenient, par advis de conseil tenu par lesd. seigneurs consuls avecques les vingt quatre conseilliers tenans lieu de conseil et autres gens de bien de la dicte ville, furent ordonnées trois belles et solemnes processions et pour icelles faire feust promoteur et intercesseur frere Cristofle de Filia, gardien des freres de l'Observance de la dicte ville, qui avait presché le long du caresme à Saint Fermin, qui avait induict le peuple grandement à devocion, et furent faictes et ordonnées ainsi que sensuyt :

La première procession fust commencée le mardi vingt quatriesme dudit moys de mars vigille de Nostre Dame, qui partist de l'église de monseigneur Saint Fermin en laquelle fust tenu l'ordre et police cy aprés declairée.

Et premierement, au devant de la dicte procession aloyent les petitz enfans de la dicte ville, de deux en deux, disans et crians à haulte voix les letaignes, et le magister de l'escole avoit la charge de les arrancher et mectre en ordre, ou avoit de trois à quatre cens petitz enfans.

Apres lesquels petitz enfans venoient les prestres des chappelles, comme sont Saint Paul, Saint Guilhen, Saint Mathieu, Saincte Croix, Saincte Anne et Saint Denys, aussi les prestres de Nostre Dame de Tables, et y avait trois pavilhons, lung de Nostre Dame de Tables, des seigneurs ouvriers et des seigneurs consuls.

Lesd. seigneurs ouvriers avecques leurd. pavilhon et torches portoyent lymaige de Nostre Dame de Tables, et les seigneurs consuls en leur pavilhon portoient le chef de monsieur Saint Cleophas, et fist l'office de la messe et procession messire Jean Urs vicaire et official de monseigneur de Maguelonne, et après ledit pavilhon venoyent monseigneur le lieutenant du gouverneur, messeigneurs les generaulx de la justice, monseigneur le baille et ses officiers, et après les principaulx bourgeois de lad. ville chacun selon son degré.

Et après iceulx venoient tous les hommes de toutes qualités et conditions et de tous mestiers et offices que fussent, lesquels alloyent de deux en deux bien et dévotement arranchés : pour faire lequel arranchement et mectre en ordre tant les hommes que femmes, furent commis et depputés quatre hommes de bien de la dicte ville.

Après les dicts hommes venoyent les filhes de la dicte ville de quelque qualité et condition que fussent, dont la plupart d'icelles alloyent à nu pied et deschaucées et toutes avoient les cheveulx avalez et descoiffées, et par dessus la teste pourtoit chascune ung couvre chief à la maniere de nonnains, et alloyent de deux en deux bien honestement et devotement, où il en y avoit de trois à quatre cens; et pour arrancher lesdictes filhes gouverner et mectre en ordre, estoient commises les nobles et honnourables dames Charlote femme de sire Falcon des Faulcons, premier consul de la dicte ville nouvellement esleu, Agnette femme de messire Pierre de Malerippe lung des generaulx de la justice des aides, Alienos relaissée de sire Pierre Gaudete, Braydette relaissée de sire Jehan Morgue, Margueritte femme de sire Albert Barriere, Françoise relaissée de maistre André Baronis, devant lesquelles filhes pour les tenir à bon ordre avoit deux desdites dames bourgeoises, et au millieu autres deux qui alloient et venoient pour tenir en ordre lesdictes filhes, et à la fin desdictes filhes estoient les autres dames bourgeoises, audevant desquelles dames bourgeoises alloient les filhes des plus apparens bourgeois et marchans de lad. ville de deux en deux comme les autres premieres, avecques leurs couvre chiefs dessus leur teste, et après lesdictes filhes venoient les femmes vefves, et apres lesdictes femmes vefves toutes les autres femmes de deux en deux bien et devotement; et passa la dicte procession audevant de l'esglise Saincte Croix, à lhonneur de monsieur Saint Jozef, duquel l'autel est fondé dans ladicte esglize, et d'illec alla passer à l'eglize du Palais à l'onneur et reverence de monsieur Saint Sebastien duquel l'autel est dans ladicte eglize, et apres s'en descendit au couvent des Freres Prescheurs à l'onneur de monsieur Saint Roc où quel est en l'eglise d'icellui est fondée la chappelle, et sen retournant passa par le Corrau et la rue Saint Guilhen, et s'en retourna à la dicte eglize de Saint Fermin, esquelles esglises et chapelles par les dictz petitz enfans, et chascune d'icelles, fust crié: Sire Dieu, misericorde! bien devotement, et furent mis et pousés en chascune d'icelles deux gros sierges de cire blanche avecques les armes de la ville; en laquelle procession y avoit si grant multitude de peuple que les premiers qui avoient fait tout le tour dessus dict estoient arrivés et retournés audit Saint Fermin avant que les femmes darrieres fussent encores à l'eglize Saincte Croix voulant faire ledit tour. Dieu nostre benoit Créateur, par le merite de sa glorieuse et amère Passion, nous veulhe preserver et garder de pestilence et de toute autre maladie et inconvenient et donner paix et tranquillité au royaume de France! Amen.

En l'an mil cinq cens et six et le vendredi apres Nostre Dame de mars fust faicte la segonde procession dessus ordonnée, et establie à faire par lesd. seigneurs consuls, la quelle partist de Nostre Dame de Tables, en la quelle ung nostable personnage du couvent des Freres Prescheur fist le sermont, et l'office ledict messire Jehan Urs vicaire et official de monseigneur de Magalone, et après fust faicte ladicte procession, où fust tenu lordre, regime et police tant des petitz enfans, prestres de Saint Fermin, Saint Denis, des autres chappelles et de Nostre Dame de Tables, et pourtez les croix et reliquieres que furent portés ala première procession, et y eust aultant de petitz enfans, filhes, hommes et femmes ou plus, que feurent en l'autre premiere procession, et les hommes et dames que furent commis à faire le premier ordre et arranchement firent lordre et arranchement de ladicte segonde procession, laquelle partant de ladicte église de Nostre Dame de Tables alla le long de la rue de la Gulherie jusques au couvent des Augustins à l'onneur des cinq playes de nostre benoit Créateur, dans lequel est fondée la chappelle desd. cinq playes et desdits Augustins, passant par le cloistre et sortant diceulx par la vingne, alla au couvent des Freres Carmes à lonneur de la saincte vraye croix, ou quel est fondée la chappelle et est la digne et vraye croix, et passant par la dicte église des Carmes, alla passer par l'église de monsieur Saint Germain à lonneur aussi de la saincte vraye digne croix, et dillec passant par le canton de sire Jehan du Plez, passa par l'église de monsieur Sainct Mathieu à lonneur de monsieur Saint Mathieu et de monsieur Saint Joseph ou a autel fondé en lad. église, et dillec sen retourna en ladicte église de Nostre Dame de Tables passant par léglise de Saint Fermin, en priant nostre benoit Créateur qu'il nous veulhe preserver et garder de pestilence maladie ét autre inconvenient, et donne paix et transquilité au royaume de France.

Audit an mil cinq cens et six et le mercredi apres en suyvant fust faicte la tierce procession où furent autant et plus de petiz enfans, filhes, hommes et femmes que furent aux autres deux précédentes processions, et partist de Saint Fermin où fust dit le sermon solempnel par ledit frere Cristofle, et fait loffice par ledit messire Jehan Urs vicaire et official de monseigneur de Maguelonne, laquelle partant de ladicte eglise Saint Fermin, passant par le Puys du fer alla passer dans léglise de Notre Dame de Tables, et sortissant par la porte devers le Consolat sen descendit à la Pierre et devant Saint Eloy, et passa dans léglise des Freres Myneurs et sen sortist par la porte devers les Ortz, et alla passer au portal de Saint Sauvaire, et apres entra dans le couvent des freres de l'Observance par la porte dempres le Fabre et tournoya les cloistres et le jardin et entra par la petite porte du grant autier dudit couvent, et tirant le long de leglise sen sortit par la grant porte dudit couvent : en laquelle eglise tant par les enfans que filhes fust crié par trois foys : Sire Dieu miséricorde! et dillec entra dans la ville par le portal de la Saunarie et passant devant le petit Saint Jehan s'entira devant Saincte Anne, et dillec retourna a ladicte eglise de Saint Fermin. Dieu par sa benigne miséricorde nous veulhe préserver et garder de pestilence et de tout autre inconvénient, et donne paix et transquillité au peuple et au royaume de France!

Oudit an mil cinq cens et six et au moys de janvier tomba une si grant quantité de nege, laquelle en tombant se geloit, et dura pardessus les maisons oliviers et autres arbres ung mois, tellement que par toute la diocèse de Maguelonne gela tous les oliviers et vingnes, dont la plupart a failhu copper branches et rassines; que fust ung des grant dommaige quil advint à la dicte diocese despuis le commencement du monde, et a grant peyne jamais ne se verront les oliviers à tel port qu'ils estoient avant ladicte tempeste et gelée.

En l'an mil cinq cens et sept et incontinent apres Pasques fust tenu le chapitre provincial des Freres Cordeliers ou couvent de la dicte ville de Montpellier, estant ministre de ladicte province maistre Pierre Guichard docteur en la faculté de théologie.

En l'an mil cinq cens et huyt passa par ceste ville le tres reverend pere general de l'ordre de monseigneur Saint François, maistre Raynaud Gracien de Cotoniola, de la cité de Boulonnhe, le quel fist faire un solempnel sermon par un maistre en theologie dudit ordre Saint François quil menoit avecques luy; au quel lesdicts seigneurs consulz avecques leurs roubes et verges allerent faire reverence et lui donnerent ung present tel qu'ils ont accoustume faire et donner.

En l'an mil cinq cens et neuf le roy nostre souverain prince et seigneur fist aliance, amystié et confederacion avecques nostre saint pere le pape, les rois des Romains et dEspaigne, et ce pour recouvrer et conquerre toutes les villes, roiaumes, seigneuries et chasteaulx que les Venissiens par cy-devant avoient prinses, occupées et extorcienement detenues, par long temps, sans aulcun droit, contre le vouloir desd. princes et seigneurs ausquels lesdictz roiaulmes, villes, seigneuries, chasteaulx appartenoient par vraie lignée, succession et tiltre. Pour lesquelles avoir, recouvrer et conquerre led. seigneur pour ce faire fist une très grande, tres belle et tres notable armée, et le dict seigneur mesmes, en personne, avecques tous les princes et seigneurs de son roiaume, passa les montz pour aller à Milan et de Milan à Bresse, Creme et Cremone, et par toutes les autres villes, places, chasteaulx et seigneuries à luy appartenens deppendens de la duché de Milan; et pour icelle conqueste faire et recouvrer ses dites places et seigneuries, ledit seigneur se mit en armes avecques sadite armée pour entrer et fraper dans le champ des dicts Venissiens qui estoit près d'une ville nommée Veille, auquel champ avoit de cinquante à soixante mille hommes, et en combatant fist si très vaillamment qu'il eust une très glorieuse victoire contre lesd. Venissiens, en telle façon que en leur fort mesmes, leur bataille fust livrée et desfaite, et combatu l'espace de trois heures, et par la grace de Dieu l'honneur et victoire demeura aud. seigneur, et par le raport que en fust faict y demeurarent de morts plus de quatorze mile hommes, et trente grosses pièces dartillerie plus grosses et plus longues que lartillerie dudit prince, et ung autre grand nombre d'autre menue artilherie et toute leur monyssion prinse, et d'autre part le principal chef capitaine et conducteur de l'armée desdictz Venissiens pris prisonnier nommé messire Berthelemin Dalviano [141], et davantaige conquesté toutes les villes, chasteaulx, terres et seigneuries qui luy appartenoient et que lesdicts Venissiens injustement détenoient, occupoient et que par long temps avoient dettenu et occupé comme dit est par maulvais et inique tiltre, comme plus à plain est contenu es lectres missives dudit seigneur dont la teneur est tel.

A nos tres chers et bien amés les gens desglise, bourgeois, manans et habitans de notre ville de Montpellier.

Très chers et bien amez, nous vous signiffions que entre les grans graces qu'il a pleu à Dieu notre Créateur nous faire, il nous en a cejourdhuy fait une que nous tenons et repputons la plus grande: c'est que en delougeant avecques toute nostre armée du camp ou estions prés Veyla, nous avons tellement poursuivy l'armée de la seigneurie de Venyse, laquelle estoit tant de gens à cheval que en gens de pied de quarante à cinquante mile hommes, que en leur fort nous leur avons livré la bataille, et après avoir combatu l'espace de trois heures et plus, son plaisir a esté nous en donner l'onneur et la victoire, tellement que toute l'armée est rompue et deffaicte, et par le rapport qui nous en a esté faict il en est demeuré de morts sur le champ plus de quatorze mille, et toute leur monicion et artilherie qui estoit toute grosses pieces plus longues et plus grosses que les nostres et un grant nombre d'autre menue artilherie et toute leur monicion prinse, et d'autre part le seigneur Berthelomy Dalviano qui estoit le principal chef et conducteur en ceste entreprinse pris prisonnier et en nos mains; que sont choses procedans de la grace et bonté de nostred. Créateur. Par quoy nous vous prions et requerons tres iustement, et neantmoins vous mandons que en luy rendant la gloire et recognoissence telle que en tel cas appartient, vous veuilhez par prières, oraisons, processions generalles et feu de joye, faire telle demonstracion de la grace qu'il a faicte non seulement à nous mais à tout notre royaulme, que son plaisir soit nous aider au parachevement de notred. entreprinse, et nous conserver, preserver et garder en bonne santé, en maniere que nous puissions employer le reste de noz jours en son service ainsi que tousjours l'avons desiré et desirons, et entendre au repos et soulaigement de nostred. royaume et de nos subjetz. Donné en nostre camp près Veila le quatorziesme jour de may. Loys, Robertet de par le roy, ainsi signé, et c^{a}.

En l'an mil cinq cens et dix, fust donnée une sentence par monsieur le gouverneur de Montpellier et sa court, en faveur desdicts seigneurs consuls et le procureur du roy, à l'encontre de monsieur de Montagut, à cause de la leude que ledit seigneur de Montagut prent en ladite ville, par laquelle feust dit qu'il ne leveroyt que ung denier ou une

escuelle de toute fruite que se porteroit en lad. ville, laquelle sentence a esté registrée au Grand Talamus, folio 227, laquelle sentence est au trésor de la caysse sig.[de] devant signalat..... et lad. sentence sig.[de].....

Et oudit an et le neufviesme jour du moys d'aoust, à la poursuite et bonne diligence faictes par les seigneurs consulz dudit an, fust donné arrest par la court de messieurs les généraulx de la justice ceans à Montpellier en faveur desdicts seigneurs consulz, de pouvoir fournir le grenier de cested. ville de sel l'espace de dix ans, commensans après que les sels enregistrés et en boticques en lad. ville avant la présentation du don dudit fournissement seront venduz à l'encontre des saliniers de la diocèse de Maguelonne : duquel fournissement le proffit qui en viendra et sortira sera converti au profit et utilité de lad. ville. Lequel arrest et excqucion d'icelluy est registré au Grand Talamus, folio 227, et l'original mis et posé dans le trésor dudit Consolat, et à la caysse signé par tel senhal....., et le tout dans ung sac sur lequel est acthacé l'escript en parchemin signé de tel senhal........

Audit an mil cinq cens et dix, le roy Loys XIIme nostre souverain seigneur, à cause d'un grand differant, et question estant et meus par nostre saing pere le pape Jullius second, à l'encontre dud. seigneur, fist convoquer et appeller ung concille général de l'esglise gallicanne du royaume de France estre tenu en la ville et cité d'Orléans, et après translaté et remué en la ville et cité de Tours : auquel furent mandés se trouver tous les archevesques, evesques et autres clergés du royaume de France, tous les presidens des parlemens de Paris, Rouen, Tholozes, Bourdeaulx, Dijon et Ays en Provence, ensembles toutes les unniversités du royaume de France, au quinzième de septembre. Au quel concille fut procédé par led. seigneur, ensemble tout ledit concille en la manière et forme cy-après déclairées et spécifflées, et aussi balhés et proposés par ledit seigneur contre notre dict sainct père le pape, les articles ci-après insérés et registrés, auxquels fut par ledit concille respondu tout ainsi que cy-après est escript et déclairé.

LA FORME AUDICT CONCILLE ET LES NOMS ET SURNOMS DES ARCHEVESQUES CLERGÉS CY-APRÉS SONT DÉCLAIRÉS. [142]

Premierement, le lundi sexsiesme dudit moys de septembre, toutz les archevesques et evesques cy-dessoubs nommés s'assemblerent en l'esglise cathédralle de Tours nommée Saincte Gacien, chescun vestu de sa cloche de camelot, furent assis aux chieres du cueur de ladicte esglise, en laquelle estoit le roy, près du grand autel, présens monseigneur le chancellier en la prochaine chaire de l'autel de main droicte, estoit assis puys monseigneur de Lyon qui presidoit, aupres duquel monseigneur de Sens se voulut mectre, mais monseigneur de Bourges l'en garda et se poussarent très bien, toutes foys monseigneur de Bourges gaigna et fut assis au tiers lieu, mais monseigneur de Sens craignant scandalle se mist à genoulx entre monseigneur de Lyon et monseigneur de Bourges tout du long de là messe, en oraison par force, tous les autres evesques estoient assis selon ce qu'ils entrarent dedans l'esglise. La messe fust dicte haulte de Sainct Sperit par monseigneur de Tournoy, et chantée par les chantres du roi, laquelle achevée fut faicte au cueur, par le confesseur du roi, une petite collation de laquelle estoit le tème : *Congregate illi sanctos ejus et ordinavit testamentum illius super sacrificia* ; puis après lesdits evesques s'en allarent deux à deux au lieu où se devoient assembler, que estoit en une salle grande de l'archevesché de Tours, laquelle estoit merveilheusement bien tendue de belle tapisserie. A l'ung des boutz estoit un bien hault siége couvert de veloux bleu, semé de fleurs de lis d'or et uug pouelle de mesme, tendu par dessus ou devoyt estre le roi : au cousté dextre plus bas avoyt une chaire couverte de veloux cramoisin pour Mons.[gr], au dessoubs des degrés par lesquels montoyt le roy en son siege estoit une autre chaire couverte aussi de veloux cramoisin pour monseigneur le chancellier, et de grans sieges tout le long de ladite salle, couverts de tapisseries, pour les evesques, auxquels failhoit bien monter quatre grans degrés pour y aller : puys au dessoubs desdicts grans sieges y avoyt des petits bancs bas, tenans toute la salle, aussi

tout couverts de tapisserie pour tous les autres gens. Chesque evesque estant venus de l'esglise jusques à la porte de ladicte salle furent appellés l'ung après l'autre par ordre. C'est assavoir monseigneur de Lyon premier et ses suffragans, puys monseigneur de Sens et ses suffragans, puis monseigneur de Bourges et ses suffragans, après tous les autres selon leur dignité et consécration, par l'ung des quatre greffiers du concille : puis les parlemens et unniversités c'est assavoir, ceux des parlemens assis aux pieds des degrés du siege royal luy tournant le dos, où estoient les président de Paris, de Tholoze, de Bourdeaulx, de Rouen, de Dijon et de Provence, et au devant deulx l'université de Paris et autres universités, toujours en descendant, puys les chappitres et clergés, lesquels bailloient devant que entrer leurs procures à la porte. Tous les dessusd. furent menés en leurs sieges par gens exprès, estans assis tous les evesques et autres depputés dessusdits, la porte par là où ils estoient entrés gardée par certaine quantité d'archers feust fermée, et le roy accompagné de monseigneur, ceulx du sang royal et autres seigneurs et barons, entra par une autre porte et se vint seoir en son siege, puys aussi monseigneur au sien, et tous les autres ducs, comtes, barons et seigneurs estoient debout à l'entour dudit seigneur sur lesdicts degrés, chescun à ce appellé sans estre assis. Monseigneur le chancellier se leva de sa chaire et commenca à faire une oraison assés courte en latin, remerciant depart le roy tous nos seigneurs les evesques de la peyne qu'ils avoient pris et leur priant que le lendemain, qui estoit le mardi, se voulsissent trouver en lad. salle chescun en son lieu à huyt heures de matin pour leur dire les raysons pourquoy le roy les avoyt envoyé quérir. Adonques chescun se leva et s'en alla à son lougis. Le lendemain matin tous les evesques s'assemblerent à huyt heures en lad. salle, et les autres qui vouloient entrer estoient interrogués à la porte pour qui ils estoient depputés, auxquels après avoir respondu on bailloit un getton destaing, signé d'un couste Jesus et d'autre d'ung porc espic à l'entour semé de fleurs de lis, et n'entrerent plus ceans que ceux qui avoient lesd. getons. Led. jour chescun y entra qui y devoyt entrer, et le roy puis après venu en son siege accompagné comme dessus, furent dites en beau latin par monseigneur le chancellier les raisons pourquoy le roy avoit faict assembler lesd. evesques et remonstré les biens que les roys de France ont faict par cy devant aux papes et mesmement layde que cesluy-cy luy avoit faict pour le faire pape : aussi la prise de Boloingne pour led. pape, et autres terres de l'église detenues par les Vénitiens et autres, et les aydes et faveurs que ledit seigneur a toujours donné aud. pape : puys après déclairés les injures, maulx et ingratitudes que led. pape a faict audit seigneur, cest assavoir d'avoir voulu prendre Gesnes, en la sorte qu'il a voulu prendre sans indiction de guerre, et comment il a excommunié tous les Genevois et tous les gens de guerre Francoys qui sont de part de là, sans cause, puys la détention des cardinaulx francoys, puys comment a esté prins ung sien courrier qui pourtoit onze briefs aux princes chrestiens pour faire la guerre au roy de France, et surtout mandoit au roy des Romains que luy dourroit deux cent mille ducats et luy feroit tant de cardinaulx qu'il voudroit de son pays et mectroit les enfants du More dans Milan, et qu'il allast à commencer la guerre en Bourgouigne et au roy d'Angleterre en Normandie, et comment en despit du roy il avoit donné l'archevesqué de Rouen à ung Angloys, et plusieurs autres ingratitudes longues à raconter : et la conclusion delad. oraison fut les articles, et fut dit auxd. evesques comment chescun se devoyt gouverner à déliberer sur lesd. articles que lon bailleroit à la maison du chancellier. Ledit jour après diner, cest assavoir : par provinces, en les assignant le lundi ensuyvant pour seconde cession, à respondre sur les articles et chescune province bailler son advis : laquelle oraison achevée qui dura environ une heure et demye, monseigneur de Lyon, comme président de tous les evesques, feist la réponse pour tous en latin, remerciant le roy de lhonneur qui leur avoyt faict, et se offrant de fere en cest affaire chescun en son endroict au moins mal qu'il leur sera possible : puys fut dit a messeigneurs les evesques que chesque suffragant avesques ses chapre et clergé se retirant ches son métropolitain et chescung de son cousté advisast sur lesd. articles pour fere la response, le lundi aprés adonc chescun se leva et se retira à son lougis, et aprés disner les secretaire des evesques allarent chez monseigneur le chancellier quérir lesdicts articles.

LES NOMS DE TOUTES LES EVESCHÉS ET ARCEVESCHÉS DU ROYAUME DE FRANCE QUI FURENT A L'ASSEMBLÉE DU CONCILLE TENU PAR LE ROI NOSTRE SIRE A TOURS.

Lugdunensis.	Lyon.
Sanociensis.	Sens.
Bicturicensis.	Bourges.
Arelatensis.	Arles.
Aurelianensis.	Orléans.
Apannensis.	Palmiers.
Conzelanensis.	Conselans. [143]
Antissidarensis.	Auxerre.
Trecensis.	Troyes.
Abrincensis.	Abrenches.
Montisalbani.	Montalban.
Lodovensis.	Lodeve.
Agathensis.	Agde.
Sarlatensis.	Sarlat.
Luxurnensis.	Lussan. [144]
Miripicensis.	Mirapoix.
Belvatensis.	Beauvoys.
Codonensis.	Condon.
Adurensis.	Aire.
Vivariensis.	Viviers.
Uticensis.	Uzès.
Claromontensis.	Clermont.
Petragoriensis.	Perigueux.
Vaurencis.	Lavaur.
Aquiensis.	Aix.
Mimatensis.	Mende.
Magualonensis.	Maguelonne.

Burdegalensis.	Bourdeaulx.
Carcassonnensis.	Carcassonne.
Parisiensis.	Paris.
Suessuenensis.	Soyssons.
Lombariensis.	Lombars. [145]
Catalanensis.	Chaalons.
Bicterensis.	Beziers.
Ruthenensis.	Rodes.
Bajonensis.	Baionne.
Cibilonensis.	Châllon.
Lexonensis.	Lizieux.
Œduensis.	Ostum.
Ambiensis.	Amiens.
Cominatensis.	Comminges.
Valentinensis et Diensis.	Valence et Die.
Tournarensis.	Tournay.
Regiensis.	Rieu et Provence. [146]
Cisteronensis.	Cisteron.
Angolisniensis.	Angolesme.
Sancti Flori.	Sainct Flor. [147]
Comensis.	Come.
Giracensis.	Grace.
Venetensis.	Vanes.
Lestoricensis.	Lestore.
Pictavensis.	Poictiers.
Saylensis.	Seez.
Coustaciensis.	Coustances.
Terrorensis.	Trigviers.
Caturiensis.	Cahors.
Tarbiensis.	Tarbe.
Electensis.	Alect.
Glandarensis.	Glandesve.
Matisconensis.	Macon.
Grenopoli.	Grenoble.

Nivernensis.	Nevers.
Tristatricensis.	Sainct Pol.
Rodonensis.	Resnes.
Rothomagensis.	Rouen.
Maxiliensis.	Marseilhe.

SENSUIVENT LES ARTICLES PROPOSÉS AU CONSEIL GÉNÉRAL SUR LESQUELS L'HON DOIT DÉLIBERER ET CONSEILLER.

Et premièrement, à scavoir si le pape peut fere guerre contre aulcun prince temporel, es terres non subiectes en la temporalité de l'esglise, principalement quant le prince en aulcune chose n'a offendu l'église et aussi quant ne se agist point de la foy ne de chose ecclesiastique, et sans que ledit ayt denuncé aucune bataille audict pape.

Item, sil est permis aud. prince en deffendant ses terres et son dommaine contre ledit pape, non tant seulement repulser injure et soy deffendre en guerre, mays aussi prendre par force ou altrement les terres dud. pape, ennemy notoire dud. prince, non pas que led. prince ayt courrage de retenir ses terres, mays affin que le pape ne soit si puissant à fere guerre ou se mutiner contre led. prince et principalement ou lesd. terres de l'église detenues par aucuns tyrans sont esté recouvrées par le moyen dud. prince, et aussi quant par le moyen de ces terres seroit donnée grand occasion au pape de offendre led. prince.

Item à scavoir si par telle guerre et injure faicte aud. prince par le pape, si led. prince peut deneguer obediance audit pape et principalement là ou le pape contre le prince a voulu induire et compellir aucuns autres princes, et de faict à ce fere aulcuns en ait compelli à invader et prendre par force les terres dud. prince.

Item est à scavoir après lad. invasion, substraction et guerre faicte par led. pape, que doit fere le prince et ses subjets tant prelats que autres, et quel remede ils ont contre led. pape.

Item est à scavoir si ce prince peut deffendre ung aultre prince avecques soy allyé, auquel il a promis de toutes guerres injustes le deffendre, auquel le pape veult faire guerre sur quelques terres dud. prince, lesquelles led. prince a tenu et prescribt pour ung long temps : et mesmement quant led. pape s'estoit allyé et confedéré avecques ces deux princes et après lad. confédération faicte, lesd. princes ont deffendu led. pape et autres princes delad. confédération pour recouvrer leurs terres en ensuivant la forme et pactes de lad. confédération.

Item aussi est à demander si quant ledit pape dit aulcunes terres dud. prince estre siennes et ledit prince dit le contraire, ains dit que led. pape ny a aulcun droit, mais est convenu led. prince de commectre tout arbitre competens, ainsi comme de droit se doit fere, si led. pape contre tous droits peut faire guerre contre led. prince et si contre lad. guerre led. prince se peut deffendre par voye de faict et autres princes pour luy, lesquels sont alliés et confédérés avecques ledit prince, et mesmement quant ne le pape ne l'église romaine de cent ans et plus n'a tenu ne possedé lesd. terres par luy demandées et assallies.

Item est à savoir si led. pape, recusées toutes oblacions faictes par led. prince de fait et sans server aulcun ordre de droit, a proferée aulcune injuste sentence contre ledit prince, si ledit prince doit obeir à lad. sentence, et mesmement quant aud. prince n'a esté chemin seur pour aller devers le pape à deffendre ses droits.

Item aussi est à scavoir si injustement, et sans server aulcun ordre de droit, led. pape par voye de fait a proféré aucune sentence d'excommunication contre ledit prince, resistans à leurs subjets et fauteurs, si lesd. princes luy doybvent obeyr et quel remede ils ont.

RESPONSE AUX SUSD. ARTICLES PROPOSÉS AU CONSEIL DE TOURS.

Au premier, a esté dit qu'il n'est point permis au pape fere aulcune guerre contre lesd. princes selon la manière et forme contenue aud. article.

Au second, il est permis auxd. princes assallis par led. pape soy deffendre et les terres de l'église romaine occuper et prendre, reservé que led. prince n'ayt courage de les retenir, si autrement à la conservation de son estat pourveoir ne peult.

Au tiers et quart, il n'est point permis aud. prince de deneguer obedience au pape devant que led. pape soit advisé par led. prince de desister à ces choses commencées ou de congreguer le conseil et son senode universel, mais est vray que led. prince cependant ne sera tenu ne aussi les siens de obeyr aud. pape en ce que concerne la guerre à cause que led. prince y seroit dommaigé.

Au quint, est respondu affirmativement ainsi comme aud. article est contenu.

Au sixieme, il n'est point permis aud. pape fere guerre contre led. prince, après lad. oblacion par luy faicte de demourer à la diffinition des arbitres, et si led. pape le faict, est permis aud. prince de resister et aussi aux autres princes avecques soy alliés contre led. pape.

Au septiesme et huytiesme, à sentence ou censure ecclesiastique promulguée par led. pape sans que aulcun ordre de droit soit servé contre led. prince ou aultres justement soy deffendens par eulx ne fault obeir ne obtemperer, mais se pourra mectre appellation pour autrement informer led. pape ou son conseil.

Et ledit an ledit seigneur a remandé les prelats et clergé de aler à Lyon au vingt cinquiesme de mars, auquel jour led. seigneur se doit trouver pour les causes ci-devant especiffiées et declairées.

Et audit an mil cinq cens et dix, à la bonne diligence et poursuite faicte par les S^rs^ consuls à cause de ce que les elegidors des ouvriers dudit an firent election en ensuyvant les privileges et coustumes d'icelle ville de maistre Jehan Bossugue comme bachelier en droit, à cause de quoy les advocats et praticiens d'icelle ville meurent proces et question en la court de monsieur le gouverneur, disans ledit Bossugue n'estre advocat ny praticien et de toute ancienneté avoir esté accoustumé eslire ung advocat et praticien, et en ce auroient esté troublés et empechés, et le contraire estoit observé et de toute ancienneté eslire un docteur licencié ou bachelier, auquel procès fust tant procédé que ordonnance et ressaysiment fust donné en faveur dud. Bossugue comme bachelier en droit et desdits sieurs consuls joints aud. procès, ainsi qu'il appert aux lettres dudit resaysiment rigistrées et insérées au long au Grand Thalamus fol. 131, et l'original mis au trésor dans la caysse signée devant signo tali....., et dessus lesd. lettres est le senhal tel.....

Et aud. an mil cinq cens et dix, pour la bonne diligence et poursuite faite par lesd. seigneurs consuls sont esté impétrées unes lettres royaulx de provision du roy nostre seigneur et de son grant conseil, à la requeste desd. sieurs consuls contre les advocats, praticiens et notaires contenant pour inhiber auxd. advocats, praticiens et notaires de ne troubler et empescher lesd. consuls aux rulles par eulx accoustumés de faire données à Blois le penultieme jour de janvier l'an dessusd., lesquelles sont mises au tresor en la caisse signée devant de tel senhal..... et registrées au Grant Thalamus au feuillet 132.

L'an mil cinq cens onze foron consols los senhors que sensegon, etc.

Auquel an le roy escripvit a nostre seignor de Maguelonne ces presens lectres:

Nostre amé et féal, Dieu nostre Createur, qui par sa providence infaillible envoye et ordonne souvent les maulx, guerre et adversités pour l'utillité et correction de son peuple, veult aussi comme il est raysonnable que en tels eminens perils on se retourne à luy comme à celuy qui est seul refuge en temps de tribulation et qui seul considere nos afflictions et nous en peult relever, et pour ce que par signes evidens nous voyons lyre de sa divine justice sur plusieurs places et regions de la chrestineté et ne scavons l'effet qui peult ou en doit advenir, voulons d'une part ce qui est en nous et deffendant ainsin que par conseil avons trouvé pouvoir et devoir justement fere et de lame nous remectre entierement à nostred. Créateur, en ensuyvant nos predecesseurs roys de France, lesquels en tels afferes ont toutjours eu leur recours à nostred. Createur et implorer son ayde et intercession des bénoyts saincts et devotes prieres du peuple.

A ceste cause nous avons bien voulu vous en escrire, affin que vous déclariez ou faictes pour tout vostre diocese en processions generalles particulieres, prosnes et autres moyens que verres estre affere, en faisant lire ces presentes ou la copie d'icelles, nostre vouloir lequel est comme tousjours a esté de prier et fere prier le doulx Createur protecteur de nostre reaulme singulierement pour l'unyon et paix universelle en ce toutellement nous retourner à nostred. Createur par la grace duquel avons obtenu la corone et avons regné jusques à présent avec tant d'honneurs graces et victoires, et ès mains duquel les secrets de nostre cueur sont patens et notoyres et qui cognoist en quelle affection et de combien de termes avons desiré et prochassé lad. paix pour les grans biens qui en pouvoient advenir à la chrestieneté, ainsin que la pluspart des princes chrestiens cognoissent asses, car nous avons envoyé plusieurs embaxades à icelle fin devers ceulx qui doibvent donner et procurer la paix en nous mectant en nostre devoir d'y parvenir, généralement l'ennemy de paix la tousjours empesché, tellement qu'il ne reste que recourir et fere son devoir envers celluy qui est donneur amateur et habitateur de paix, qui envoye les guerres pour corriger son peuple comme dit est et donne les victoires à ceulx qui se font dignes de les avoir et la paix pareillement. Si vous prions et requerons très justement que la veulhes ainsin fere et exhorter et fere exhorter le clergé de vostred. diocese de quelque estat qu'il soit, de vivre ainsi qu'ils ont promis à Dieu, tellement qu'ils ne soint cause pour leur mauvays exemple de provocquer lyre de Dieu sur nous et nostre peuple, mays au contraire pour leur bonne vie, prieres, jusnes et abstinences se fassent dignes de paciffier et appaiser lyre de Dieu, et pareilhement le peuple de tout nostre pouvoir nous avons tousjours taché de tenir en paix et sollager en tout ce que nous est possible, et mesmement en ceste presente année en ostant la crue de l'année passée de la somme de troys cent mille livres tournois, quelques charges et afferes que ayons à supporter à ce que chacun en son endroit se mecte en son devoir et prier Dieu pour la prosperité de nostre personne, de nostre très chere et amée compaigne la royne de nostre lignée, et pour la paix et union de toute la chrestieneté, et ny veuilhes faire faulte, et vous nous ferez plaisir et service très agreable. Donné à Bloys le XVIe jour de novembre. Loys, Robertet.

L'an mil cinq cens et douze, auquel fut fait l'estatut et ordonnance dessusd., estoient consuls, etc. [148]

L'an mil cinq cens vingt trois fut reparée legulhe du clocher de Nostre Dame de Tables que la tempeste avoit demolie la veille de Sainct Sebastien, laquelle réparation fit maistre Mathieu Brinhon alors marchand que ne cousta que environ trois cent livres et les autres maçons en demandoient huict cens.

L'an mil cinq cens vingt cinq le neuf de mars fut pronuncé par la souveraine court de nosseigneurs les generaulx de la justice des aydes seant audit Montpellier, l'arrest de la recherche générale du diocese de Maguelonne, le quel est inséré au Grand Thalamus f° 247, le quel arrest tend au grand soulaigement delad. ville et plusieurs vilaiges du diocese qui estoient surchargés.

L'an mil cinq cent vingt six furent consuls de Montpellier, etc., lesquels advisarent de fere recherche particuliere de tous les biens de la ville, immeubles, comme maisons, champs, pres, vinhes, olivetes, devès, molins, jardrins et tous autres biens immeubles delad. ville et du terroir d'icelle; et pour faire la recherche des maisons, molins, méteries, jardrins et autres édifices delad. ville et terroir eslirent les seigneurs que sensuyvent:

Sire Pierre Alquier,
Sire Jean Lanet,
Sire Pierre du Mas,
Sire François Bastier,
Sire Jehan Barriere,
Sire Salvaire Delons,
Sire Guillaume Boirargues,

lesquels besougnarent durant ladite année à lad. recherche, et selon leur rapport les derniers lors octoyés furent cotisez combien que encore le terroir ne fut recherché.

L'an mil cinq cens vingt sept, le jour de Nostre Dame de Septembre le matin, se rompit la grand cloche de Nostre Dame de Tables en sonnant pour la messe, laquelle lesd. seigneurs consuls firent refaire par maistre Andrien Vidal campanier delad. ville, et fut fondue devant la croix du Courrau et apres baptisée, et fut le parrain noble et magnifique seigneur monseigneur Nicolas de Mazis gouverneur dudit

Montpellier, et mayrine madame [149]..... femme de noble et egrege seigneur monseigneur Pierre Berbier, president en la souveraine court des généraulx, et après fut ladite cloche remise aud. clocher à sa place ayant aussi bon son que avait l'autre.

Item: lesd. seigneurs consuls firent continuer lad. recherche du terroir dudit Montpellier, et pour ce faire députarent sire Guillaume Boirargues bourgois de lad. ville, lequel y a besonhé à bonne dilligence, et pour dextrer led. terroir appella sire Pierre de Balmes, et pour faire l'extimation de bon, moyen et foible appelloit iceluy Boirargues des prodomes de la ville, tellement que ont mise lad. recherche à bonne perfection, qu'est ung grand bien et soulaigement à la ville.

Item: le dix huit de novembre audit an, monseigneur reverendissime legat dAvignon mist les sœurs de Saincte Claire dans le petit couvent de l'Observance, présens lesd. seigneurs consuls.

L'an mil cinq cens vingt-huit, les seigneurs consuls firent faire les livres nouveaux des compoix du consulat, selon la estimation de la nouvelle recherche, et fut advisé que la ou aud. consulat avoit huit livres, qu'ils seroient reduits à six pource que n'y a que six escuyers, lesquels livres fit Jaques Barchellier.

L'an mil cinq cens vingt-neuf furent consuls:
Sire Honorat Plonier,
Sire Gaspard Fornier,
M. Bertrand de Valle notaire qui fut le premier consul des notaires,
Sire Amans Rouet,
Sire Pierre Celier,
Sire Jean Nyvolier.

Audit an fut faite la paix entre nostre sainct père le pape Clement second de ce nom, le roy nostre sire et Charles eslu empereur roy de Germanie et de Castilhe, et Henry roy d'Angleterre, et le quinzieme jour du mois de septembre dudit an lad. paix a esté criée et publiée solemnellement en la ville de Montpellier, présens messeigneurs les officiers du roy, messeigneurs les consuls, ouvriers et autres officiers du consulat, lesquels accompagnés de plusieurs bourgeois, marchands et autres gens de bien de la ville tous à cheval, allarent par toute la ville avec trompettes, clarins, auboys et autres musiques, publians lad. paix par tous les carrefours accoustumés et pour rendre graces à Dieu de lad. paix, amistié, ligue et conféderation. Le dimanche suyvant fut faicte une solemnelle et générale procession en lad. ville, laquelle se assembla devant le consulat, ou monseigneur de Maguelonne celebra la grand messe pontificalement, et fut faict illec ung sermon de lad. paix par frere Tade augustin, et après la messe se fit lad. procession en laquelle estoient tous messeigneurs les officiers du roy, messeigneurs les consuls, tous bourgois, marchands et autres habitans de lad. ville, hommes et femmes par ordre, avec toutes solemnités accoustumées en semblable cas.

Aussi oudit an lesd. seigneurs consuls firent faire plusieurs reparations necessaires pour les fortaresses de la ville, mesmement firent faire quasi touts les pourteaux de boys tous à neuf.

L'an mil cinq cens trente, pource que le scel du consolat estoit entre les mains et pouvoir de monsieur le premier consul, lequel aucunes fois en usoit sans le consentement de ses compaignons au détriment de la ville, mesd. seigneurs consuls ordonnerent que ledit scel seroit doresenavant soubs trois clefs gardées par trois des seigneurs consuls qui doyvent estre les trois premiers, et en leur absence les autres: à ceste cause fut fait ung petit coffret dans la chapelle, dans lequel est ledit scel.

L'an mil cinq cens trente ung, les seigneurs consuls firent l'acquisition du jardrin du Milanois pour faire hospital des pauvres pestiferés, ainsi qu'il appert par l'instrument d'acquisition reçu le xxe de decembre dudit an, lequel est inséré au Grand Thalamus, folio II^c^ L verso.

L'an mil cinq cens trente deux, les seigneurs consuls dressarent les abrevoirs de la fontaine du Pilier Sainct Gille et firent paver lesd. abrevoirs et bien duement rabilher lad. fontaine.

Pareilhement firent rabilher la robine de Lates, et fornirent de l'argent de la ville à cause que n'y avoit point d'argent du consulat de mer.

L'an mil cinq cens trente trois, a esté le bon plaisir du roy nostre sire Francoys, premier de ce nom, de mettre à execution l'intention que led. seigneur avoit de long-temps, de visiter son pays de Languedoc: et pour ce faire led. seigneur se partist de Fontainebleau ou mois d'avril dud. an et sen vint passer au Puy, et d'illec droit à Tholoze, et au retourn de Tholoze ledit seigneur accompaigné de la royne, de messeigneurs le dauphin, le duc d'Orleans et le duc d'Angolesme ses enfans, et de mesdames ses filles, monseigneur reverendissime legat chancelier, monseigneur le grand maistre, et plusieurs aultres grands princes, seigneurs, princesses et dames de la court, sen vint par le grand chemin passant à Castelnaudarri, Carcassonne, Narbonne, Beziers, Pezenas, Montpellier, Lunel, Nymes, Avignon, et d'illec sen alla à Marseille ou se assemblarent ledit seigneur et nostre sainct pere le pape: et illec fut consumé et conclud le mariage de monseigneur le duc d'Orleans avec la filhe du duc Durbin niece du pape, ou y eust triumphe tres pompeux et grand: et par toutes lesd. villes de Languedoc esquelles led. seigneur passa avec ledit train, lui furent faites entrées belles et triumphantes, et entre les autres en lad. ville de Montpellier lui fut faite une fort magnifique triumphante et pompeuse entrée, à laquelle ledit seigneur, la royne, messeigneurs et mesdames princes, seigneurs et dames de la court prindrent plus grand plaisir que ez entrées des autres villes: et telle fut la renommée à la court estans audit Montpellier, et a esté depuis en ça, et le roy le monstra par effect, car il demeura en sad. ville de Montpellier neuf jours, et aux autres villes ne fit que passer sans y faire sejour, excepté à Tholose ou il sejourna quatre jours et audit Marseilhe à cause dudit mariage sejourna plus long-temps, et fut ladite entrée dudit Montpellier ordonnée comme sensuyt.

Et premierement monseigneur le grand maistre gouverneur et lieutenant général du roy en Languedoc..... [150]

L'an mil cinq cens trente quatre prins toujours à l'Incarnation, feurent par le roy en ce royaulme dressées de compaignies de gens de guerre à pied, dictz légionnaires souldoyées au despens des pays, avec plusieurs privilèges contenus ez ordonnances sur ce faictes, reduicts lesd. légionnaires sur tout le royaulme en sept legions chescune de six mil hommes, dont en y avoit une au pays de Languedoc : pour dresser la quelle et en fere la reception vint aud. pays monseigneur le grand maistre de France messire Anne de Montmorancy gouverneur dudit pays, et y tint les estats au moys de........ en la ville de.......[151]

L'an mil cinq cens trente cinq, en ceste année nadvint rien notable fors la saizie et prinse du duché de Savoye et de la plus part du pais de Puechmont faicte par le roi sur Ayne [152] duc dud. pais, dont sortirent de grandes et longues guerres entre le roi et Charles cinquiesme empereur, soubstenant le parti dudit duc de Savoye.

L'an mil cinq cens trente six, l'empereur Charles cinquiesme, roy des Espaignes, susd. venant d'Ytalie avec une grand armée, vint en Provence et s'arresta à Aix que luy avoyt esté comme abandonné, ou cejourna longuement, et cependant que le roy pour luy resister dressa ung grand camp devant Avignon il y estant en parsonne, parquoy led. empereur appres loing sejour aud. Aix s'en despartit reprenant le mesme chemin qu'il estoit venu, et apprés y avoir perdu beaucoup de gens par maladies contagieuses ou aultrement : cependant aussi monseigneur Francoys daulphin, fils ainé du roy, en sa première jeunesse deceda à Tornon sur le Rosne empoisonné comme publicquement ce disoit : la venue dudit empereur du commencement et avant que le roy eust dressée son armée en Avignon effroia tellement le pays que mesme à Montpellier plusieurs vuyderent leurs biens et meubles aux montaignes. Au moys de janvier en suyvant, le roy retourné en France maria en la ville de Paris madame Magdalene sa fille avec Jacques roy dEscorsse.

Cedit an et au mois de .... feust faicte la transhaction de l'evesché et esglise cathedrale de Magallonne à Montpellier par nostre S[t] pere le pape Clement septiesme, du consentement du roy et ce faysant ladicte esglise de Magallonne chanoynes regulliers de Sainct Augustin Blanchy, unis avec le monastere de Sainct Germain dudit Montpellier ordre de Sainct Benoist dependant de Sainct Victor de Marseilhe deslors dict St Pierre, et tretouts ensemble secularisés, et monsieur l'evesque de Maguelonne nommé de Montpellier et lad. ville intitullée cité.

L'an mil cinq cens trente sept, ny eust autre evenement fors que le parlement des ambassadeurs et delegués du roy et de l'empereur ez frontiéres de Espaigne, du cousté de Narbonne et lieu dict ez Cabanes de Fitto, pour le traité d'accord entre les deux princes, que feust envyron le moys de decembre aud. an : et à ces fins au moys de novembre y allans, passarent par Montpellier, de la part du roy, monseigneur le cardinal de Lorraine et monseigneur de Montmorency grand maitre de France grandement accompagnés : peu aprés le roy vint le jour de Sainct Thomas avant Noel et y sejorna jusques à la fin du mois de janvier, reprenant en apprés son chemin devers la France.

L'an mil cinq cens trente huict, et au moys de may et juing, pour le bien et pacification de la chrestienté, par l'entremise et moyen de nostre sainct pere le pape Paul troisiesme, en la ville de Nice prés la mer, ez confins de la Provence, apertenant au duc de Savoye, fut faicte cette tant noble et celebre assemblée des troys principaulx monarches et chefs de la chrestienté, dudit pape Paul, du roy Francoys et de l'empereur Charles cinquiesme, estant venu chescung d'eulx avec le plus hault, grand et illuystre apparelh et magnifficque court qu'on eust jamays veu et lieu de plusieurs princes et grands seigneurs de France, Allemaigne, Italie et Espaigne, et infiny nombre de peuple des voisines provinces illec afluant pour voyr ceste belle assemblée, de laquelle la fin feust une tresve de dix ans arrestée entre ces deux grands princes le roy et l'empereur : apprés ladicte assemblée le roy senvint en Aygues-mortes, auquel lieu l'empereur s'en retornant par mer en Espaigne aborda avec sa court le quatorziesme de juillet aud. an, et aprés avoir esté visité par le roy en sa gallere print terre et sen vint à la ville ou demeura troys jours avec le roy et la royne sa seur avec toute allegresse, et puys prins sa rotte et le roy sen retorna en France.

L'an mil cinq cens trente neuf, n'y eust autre chouse que le passage de l'empereur Charles cinquiesme par la France venant d'Espaigne par Bayonne allant en ses pays bas de Flandres, auquel en la ville de Paris feust faicte entrée royalle en la fin de decembre audit an.

L'an mil cinq cens quarante, furent consuls, etc., et aulcune chouze memorable nadvint ceste année.

L'an mil cinq cens quarante ung, tant seulement y eust de memorable ceste année la route [153] de l'empereur Charles et de son armée de mer trés pitieuse, devant la ville d'Algier en Affrique qu'il estoict allé assieger en personne contre les Turcs, et ce par oraige et tempeste de mer le jour Sainct Symon et Jude en octobre dud. an.

L'an mil cinq cens quarante deux, l'esté dud. an et au moys d'aoust, renouvellée la guerre entre le roy et l'empereur, feust par le roy dressée une grande armée en Languedoc soubs la charge de monseigneur Henry daulphin de France, et le siege en apprés mis devant la ville de Perpinhan en Rossillon, et à ces fins y vint aussi le roy ce tenant à Salelles lieu prés Narbonne durant que le camp feust devant led. Perpignhan l'espace d'environ six sepmaynes : et icelluy levé sans rien fere, le roy et toute sa court revindrent à Montpellier, envyron la St-Michel ou ayant cejourné quelques jours led. seigneur sen alla devers Tholoze et la Guyenne, layssant la ville de Montpellier infectée de grand pestilence que y avoyent apporté les gens dud. camp apprés avoir esté rompu.

L'an mil cinq cens quarante trois, au commencement de ceste année la peste qui avoict comencée pulluler l'année précédente depuys le camp de Perpinhan senflama tellement qu'il fallut s'en fuyr et abandonner la ville, ceulx qui comodité avoyent de ce faire, et dura ceste mortalité fort grande mortelle presque l'espace de deux ans, mesmes pour la meschancette d'aulcungs demeurés en la ville que la semoyent et jetoyent les emplaustres des pestifferés cà et là: de quoy faite descouverte feurent contraints finablement les gens de bien et principaulx de la ville de la justice et aultres se azarder et remectre dedans pour y pourvoir: dont de ses semeurs de peste en feurent plusieurs executés à mort et punys diversement, mesme par messieurs de la court des aydes y procedant souverainement par mandement et commission du roy et seigneur de Montpesat marechal de France et lieutenant général pour le roy en Languedoc, pour evicter toutes appellations et circuict de procés et pour conservation de lad. ville.

L'autonne dudit an feust par le roy dressé une armée en Provence soubs la charge de monsieur d'Anglien prince du sang de la mayson de Vandosme et de Borbon et avec l'aide d'une armée de mer Turqueses conduicte par ung grand bascha nommé Barberosse. Le siege mis devant la ville de Nice app[t] au prince de Puechmont, finablement prinse d'assault et aprés abandonnée pour la forteresse du chateau inprenable. Au moys de febrier, sur la fin de lad. année prinse à l'Incarnation, nasquit à monseigneur Henry daulphin de France son fils aisné nommmé Francoys dont feust faicte par tout grand rejouyssance.

L'an mil cens quarante quatre estoict en France et en Puechmont grand guerre de l'empereur et du roy d'Angleterre contre le roy Francoys: et en Piechmont et lieu dict Accrezolles[154] y eust une griesve et sanguilonte bataille gaignée valheureusement par les Francoys contre les imperiaulx, le XIIIe d'apvril aud an, estant chef de l'armée Francoyse le seigneur dAnglien avant nommé. Pour revenche de quoy l'empereur en personne entrant par la Champaigne print Sainct Dezier et autres villes fortes sur la riviere de Marne jusques à Espremon, tellement que à Paris surprint les habitans telle peur, que desja par eau et par terre sen fuyoint à grands troupes, mais Dieu succita aulcungs meyenneurs de la paix que feust faicte entre les deux princes estans en armes prés l'ung de l'autre à Crepy envyron la my septembre dud. an, au grand soullaigement du peuple, cependant qu'en mesme temps le roy Henry d'Angleterre en parsonne passée la mer assiegoyt aussi la ville de Boloigne sur la mer en Picardie, distant d'une jornée de Calays, ville de grand consequence et trés fort port de mer et frontiere, laquelle se rendit à luy finalement.

L'an mil cinq cens quarante cinq, n'y eust de memorable que le trespas de monseigneur Charles duc d'Orleans, fils puisné du roy, jeune prince de grand valeur et singulliere esperance, decedé en l'abbaye de St Lucien pres de Beauvoys en Picardie.

Au mois de decembre aud. an, feurent tenus les estats generaulx du pays à Montpellier soubs monseigneur d'Anglien nommé ci-dessus, faict de nouveau gouverneur du pays, pour quelques différents du roi enviers monsieur le conestable : auquel seigneur dAnglien fust faicte solempne et royale entrée luy allantz audevant, oultre les honneurs et estatz de la ville, les gens des troys estatz dud. pays en corps fort populeux ceste foys de prelatz seigneurs du pays et des villes pour l'arrivée dud. seigneur.

L'an mil cinq cens quarante six, au mois de jung en ceste année feust faicte la paix entre France et Angleterre publiée à Paris aud. mois, la ville de Boloigne demeurant cependant au pouvoir des Anglois soubs coleur des arreyratges de quelque pension à eulx deue.

L'an mil cinq cens quarante sept, furent consuls monsieur Me Guillaume de Boirargues maitre en la chambre des comptes, sire Guillaume Hebrard marchant cedier, etc.

Mais led. Me Guillaume de Boirargues ne voleust accepter la charge à raison de son office dont pour lad. année vacca la place dud. premier consul et le second la tint. A la fin du moys de mars dud. an, au chateau de Ramboilhet prés Paris trespassa de ce monde ce magnanyme magnifficque et tres chrétien roy Francoys, premier de ce nom, dit le grand restaurateur des bonnes lettres et père norricier des gens de scavoir, auquel succeda en la couronne monseigneur Henry daulphin, dict second de ce nom. Au moys de may ensuyvant et sixiesme jour d'icelluy furent faictes les funerailhes dudit roy Francoys, à Montpellier en l'esglise cathedralle Sainct Pierre, le cueur tendu de velours noir, chappelle ardent et grand luminaire de torches par toute l'esglize, avec les armoyries de France et plusieurs de la ville plus bas entremy acistans au service auquel feurent celebrés troys grands messes, en hault messieurs de la court des aydes, officiers du gouvernement, les consuls et grand nombre de peuple.

Lad. année monseigneur de Montmorency conestable de France rentra en son gouvernement de Languedoc, et y feust envoyé pour lieutenant du roy monsieur le comte de Villars, messire Honorat de Savoye pour les estatz que feurent à Carcassonne au mois d'octobre aud. an.

L'an mil cinq cens quarante huict, le roy Henry estant en tresve de toutz coustés du pays partans de Paris sur la fin du moys d'apvril passant par la Champaigne Borgognhe et Lyon sen alla visiter ses pays de Savoye et Puechmont. Cependant en Guienne sourtit grand elevation du peuple pour occasion de l'augmentation de la gabelle du sel, mesmes en la ville de Bordeaulx ou le seigneur de Moneins lieutenant du roy et soubstenant son authorité y feust meurtry par cedition populaire: pour à quoy provoir feust par le roy de Puechmont en hors desparti monseigneur le conestable de Montmorency avec forces, lequel à ces fins se acheminans passa par Montpellier au moys d'octobre aud. an : et au moys de novembre suyvant se tenant les estatz de pays à Montpellier soubs monsieur le comte de Villar, lieutenant général aud. pays, le roy Philippe d'Espaigne fils de l'empereur Charles, allant en Ytallie et Allemagne devers son père par mer, par l'indisposition du temps aborda en Ayguesmortes ou les estats interrompus ledit sieur comte de Villar ce transporta pour caresser le roy Philippe de la part du roy.

L'an mil cinq cens quarante neuf, recommansa la guerre d'entre les Francoys et Angloys, et bien tost apres faicte la paix par laquelle la ville de Boloigne feust rendue aux Francoys par le jeune roy d'Angleterre Edouard.

L'an mil cinq cens cinquante, furent consuls, etc., et en ceste année ne feust chouse memorable.

L'an mil cinq cens cinquante ung, feurent consuls monsieur Mre Eustrice Philippy docteur ez droits, auparavant et naguieres conseiller du roy et general en la court des aydes, etc.

Ceste année feust changé l'estat de la justice ordinaire de la ville de Montpellier, car comme ainsi qu'est notoire, auparavant feust en la ville de Montpellier deux sortes de juridictions ordinaires, l'une du baille et de la baillie en laquelle y avoict juge, soubs baille et soubs juge, ledit baille annuel, electif, à la nomination des consuls et confirmation de M. le gouverneur, le quel baille apprés creoyt les autres officiers et duquel les appellations ressortissoient à la court dudit seigneur gouverneur, l'autre juridiction ordinaire estoict dicte de la rectorie et part antique, ayant recteur et juge et leurs lieutenans perpetuels, et pour ressort ung petit quartier de la ville despuis la porte de Lates jusques à celle du Pillier Saint Gely, et au dehors plusieurs bons villaiges du quel recteur et de sond. ressort, les appellations et la juridiction en seconde instance appartenoyt à monsieur le senechal de Beaucaire, dont sen ensuyvoient plusieurs incommodités en la justice et au peuple: parquoy instant monsieur le procureur général au parlement de Tholoze, le roy par son édict du quinzieme de septembre audit an unissant lesd. deux juridictions et ressorts de la baillie et rectorie de la part antique, estaignit et supprima les offices desd. baille et recteur et leurs autres lieutenans, et faisant desd. deux juridictions une viguerie royale, y crea un viguier perpetuel auquel il y prouvoiroict, vaccation advenant à la nommination des consuls dudit Montpellier, créant le recteur de lad. part antique qui lhors estoict Me Anthoine du Robin docteur ez lois, juge ordinaire de lad. viguerie avec autres qualités mentionnées aud. édict, à la publication duquel, comme enervatif des antiens droicts et privilleges de la ville touchant le baille et la baillie, lesd. S[rs] consuls au nom de la ville ce opposerent, mays non obstant ledit edict feust receu et publié par arrest de lad. court de parlement du dixieme décembre aud. an, avec ce que lesd. consuls auroient l'administration de la police : lesd. sieurs consuls et ville voyans leurs antiens droicts ainsin abolis ce proveurent d'autre comodité que leur feust offerte, c'est qu'ayant le roy desputés commissaires pour vendre son domaine à rachaipt perpetuel lesd. seigneurs consuls achapterent desd. commissaires la seigneurie haulte, moyenne et basse, mere, mixte, impere, lez ventes et tous autres droicts seigneuriaulx aud. seigneur appartenants en lad. ville, pour trois mille trente livres. Le XXIII mars aud. an 1551 prins à l'Incarnation, n'ayant esté proveu par le roy à l'office de viguier juxte l'édict prochainement mentionné, ains estant le baille encores joyssant de son estat, en vertu dud. achaipt lesd. seigneurs consuls ce firent investir et mectre en possession de lad. justice ordinaire et dud. office de baille ou viguier, par la cession et rémission que leur en feust sollempnement faicte. Le baille que lhors estoict noble Jean de la Vrille baillant et relauxant son baston et baguette aud. dessus nommé monsieur Philippy premier consul, pour et au nom des autres et de toute la ville, publicquement, en l'auditoire de la court du baille le XXIIIe dud. mois de mars et dernier de leur d. consollat comme l'on scait : et anssi feust ledit seigneur Philippy le premier consul de Montpellier qui eust l'administration de la justice et porta la baguette et baston d'icelle, jacoyt que ce ne feust que despuys vespres dud. jour XXIIII de mars jusques à lendemain environ les unze heures jour de l'Adnonciation Nostre-Dame qu'est acoustumé recepvoir les consuls nouveaux. Sur la fin de ceste année prinse à l'Incarnation, sçavoir aud. mois de mars feurent par le roy crées ez sieges de seneschaulx de ce royaulme, des conseillers juges et magistrats présidiaulx, avec pouvoir de juger souverainement jusques à certaine somme, et entre autres au siege et gouvernement de Montpellier.

L'an mil cinq cent cinquante deux, le roy dressa grand armée sur la frontiere d'Allemaigne et fust jusques aulx confins de Stragbourg sur le Rhin, et aussi recommansa la guerre entre le roy et l'empereur, et faisant ce voiatge le roy sempara de Metz, grosse ville imperialle ez frontieres de Lorraine.

L'an mil cinq cens cinquante trois, les consuls considerantz par l'edict avant mentionné du XV de septembre 1551 estre privés du droict d'eslire chacung an le baille, et la juridiction en lad. année acquise ne leur estre chouse perpetuelle, pour estre lad. acquisition à rechaipt perpetuel, se retirarent à sa majesté, la quelle à ceste consideration par son edict et lettres de chambre de mois de juillet aud. an, declaire qu'en unissant la rectorie et la baillie par ledit edict du quinzieme septembre, n'avoict entendu desroger aux privillieges dela ville en la nomination dudit viguier nouvellement crée, et veult et ordonne que à perpetuité le premier consul, et en son absence le suyvant consequtivement, feussent viguiers de lad. ville ainsi que plus amplement est porté par lesd. lettres de chambre mises à execution par le commissaire expeciallement à ce depputé. Le cinquiesme de janvier en suyvant aud. an 1553 prins à l'Incarnation, droict et prerogative grandement honorable pour le consollat et habitans de lad. ville.

L'an mil cinq cens cinquante quatre, feurent consuls, etc. durant le consollat desquels rien ne advint ny survint, sinon qu'une femme du peuple enfanta ung masle et trois filles d'une ventrée qui vesquirent quelques heures.

L'an mil cinq cens cinquante cinq feust poursuivie et obtenue l'erection du bureau général de la foraine, avec le nombre de quinze officiers et habitans de lad. ville, la quelle erection en aprés fust confirmée par le roy et establie à la present ville de Montpellier, ainsi que appert par les actes estans au trésor du consulat.

Le dit an alla de vie à trespas led. sire Guitard Domergue [155] au lieu du quel ne fust faite election d'aultre parce qu'on avait passé la demy année.

Greffier du consolat Boschonis, *signé au registre*.

L'an mil cinq cens cinquante six et le...... jour du moys de may les seigneurs consuls de lad. année, pour subvenir à la nécessité des habitans ne trouvant bleds dans la present ville de Montpellier, furent constraintz achepter grand quantité de bleds tant à Lunel, Marcelhargues que Florensac, à cause de quoy venoient crier ordinairement auxd. consuls de avoir et trouver bleds : la quelle crie et plainte on avait entendu et veu puis le jours de leur reception ; ayant au prealable faicte perquisition dans les maisons des dits habitans et proclamations par le cry public de le venir declarer et pour n'avoir trouvé amas et quantité necessaire, firent tels acheptz, et parce que le prix du bled vint à diminuer aprés lesd. acheptz, et qu'on s'approchoit de la cuilhete des bleds nouveaulx, chacun mettoit bleds en vante, que fust cause que les contrevenans furent assignés devant monsieur le gouverneur et despuis a ce que le bled se vendist, on envoya sercher tous les fourniers qui assemblés par mandement desd. S[rs] consuls à la salle haulte de la maison consulere, leur fust enjoinct par lesd. S[rs] consuls et par la bouche dudit monsieur Ranchin de entre eulx adviser la quantité dud. bled que ung chacun deulx pourroit porter et icelle prendre des depputés qui avoient acheptes iceulx bleds pour la provision de lad. ville, les assignant à ces fins au dimanche suivant heure de mydy à lad. maison consulaire pour avec lesd. seigneurs consuls proceder à la cottisation desd. bleds jouxte les facultés et pouvoir d'ung chacun desd. fourniers ou inthimation que a foulte de ce seroit procedé par eulx ainsi que serait advisé.

La quelle admonition lesd. fourniers ont accepté se offrant présentement et donner à charge aulcungs d'entre eulx pour procéder à la cottisation du bled, avec lesd. S[rs] consuls.

Et à ces fins auroient nommés M[es]

consuls du mestier desd. forniers, Estienne Viguier et Jehan Fayet M[es] fourniers de lad. ville, aux quels lesd. S[rs] consuls par l'organe dudit Ranchin ont assigné aud. jour de dimanche ou inthimation que dessus faict. Ez présences des Srs Pierre de Croset, Jehan Pons, Jaques Chauchat, Guillaume Aurelle et plusieurs aultres, et moy Bertrand Boschonis notaire royal et greffier dud. consulat soubsigné qui requis de ce ay retenu le présent acte.

Advenue la quelle heure et jour assignés, lesd. forniers dessus nommés et commis à fere lad. cottisation et despartement se seroient présentés aud. consulat, avec lesquels par lesd. S[rs] consuls a esté procédé au despartement et cottisation dud. bled, et suivant icelle cottisation et ordonnance desd. seigneurs consuls lesd. boulangiers et fourniers cottisés ont este contraints prendre led. bled de la ville pour estre vendu en pein avant tout aultre, ainsi que applein appert par les actes sur ce faictes du mandement desd. S^rs^ consuls.

Par commandement de mesd. S^rs^; BOSCHONIS *signé.*

Ledit an et le XII may feust donné l'arrest en parlement de Tholoze de conséquence, concernant l'autorité et prehéminance de la court et juridiction ordinaire de la baillie et viguerie de la ville appartenant auxd. consuls, le quel arrest est registré au livre appellé le Grand Talamus fol. 296 pour perpetuelle mémoire de conservation de lad. juridiction ordinaire et autorité et prehéminance desd. consuls, pour s'en aider et servir en temps et lieu et ou il appartiendra.

Par mandement de mesd. S^rs^, BOSCHONIS *signé.*

Ledict an mil cinq cent cinquante six a este commencée la reparation d'une pile du pont Gay Juvenal que sen alloit en ruyne et estoit en dangier fere tumber tout le pont, et pour obvier à ce, messieurs les consuls de lad. année ont baillé à pris fait à fere la susd. réparation à celuy que avait faite la condition de la ville milheure, et sans la massonerie ledit pris faict couste la somme de six cent livres tournois ainsi que appert par les actes sur ce faictes reçue par le greffier du consolat.

Ledict an mil cinq cent cinquante six et le tiers jour du moys d'aoust, en la present ville de Montpellier pardevant monsieur Mre Estienne Ranchin docteur et sire Antoine Fabre consuls, heure de huict heures de matin, en la maison de la ville, ont comparu Barthelemy Seguin, Jehan Selie, Domergue Lacoste, Pierre Ruscarrellet et Pierre Cellie bouchiers de la present ville de Montpellier, et aprés ce qu'ils auroient remontré lung des consuls esleus pour ceste année ne vacquer à sa charge demandant lui estre enjoinct de y entendre dhores en avant ce qu'aurait esté appoincté, et ce fait leur a esté remontré qu'il n'estoit honneste qu'ils soufflassent les motons par la bouche par la conséquence que y estoit, procedent des malladies des bouchiers infects qui aprés infectent la chair, au grand préjudice du peuple, parquoy et pour à ce obvier leur a esté enjoinct à eulx et aux autres bouchiers souffler les motons en soufflets, leur faisant inhibition ne plus les souffler par la bouche à peine de cinq cens livres tournois et d'amende arbitraire et ce suivant les anciennes ordonnances et coustumes de la present ville, à quoy ont tous ensemble et d'ung commun accord tant pour eulx que les autres promis d'obeyr et accourdé ne souffler plus dhors en avant les motons que avecques des soufflets et non eulx mêmes de leur bouche, des quels soufflets se seront pourveux dans quinzaine et ainsi se sont soubmis suivant l'appoinctement des dits seigneurs consuls.

Faict en la claverie du consulat à ce présens sieur Jehan d'Orleans vieulx, Pierre du Croset, Guillaume Pascal et Hierosme Devatgua et plusieurs autres.

Par mandement de mesd. Srs consuls, BOSCHONIS *signé*.

Aud. an et environ le sainct Jehan craignant lesd. Srs consuls faulte de bled en lad. ville et voulant pourvoir à l'indemnité de lad. ville à la provision des habitans d'icelle, et n'ayant peu treuver argent par prest pour faire achept de bled, auroint faict rolle des principaulx habitans pour en bailler à chescun certaine quantité, ayant au préalable receu d'eux les sommes des deniers à quoy revenait le pris du bled qu'on prétendoit bailler, et ayant treuvé lesd. habitans de bonne voulante en auroint faict amas de ble que auroient envoyé achapter à Marsilhargues et aultres lieux, et aprés en baillarent à aucuns cent cestiers et aultres deux cens a aultres moings ou plus et desquels aprés on recepvoit l'argent a quoy revenoyt le pris du bled balhé, du quel on en paya ceux des quels l'auroint achapté est vray quon leur faisait parti, que ou led. bled se vandroyt moings qu'on ne l'auroit baillé que la ville leur demeureroict des inthérets, et ainsin a esté procédé.

Aud. an et environ le moys d'aoust, les messieurs de l'université de Montpellier, monsieur Verte recteur, son lieutenant, et monsieur Solas scindic de lad. université, en la compaigne de plusieurs escolliers, vindrent supplier lesd. Srs consuls, vouloir reparer les estudes, à tout le moings les estudes ou on lict civil que sont desgarnys de bancs, veu que lad. université n'avoyt d'argent ny revenu, et que les estudes sont de la ville et que estant en l'estat que sont on n'y pouvoict lire : et par ce moyen par faulte de lectures les estudes se pouroient perdre que seroit le dommaige de toute la ville, usant en cest endroict de plusieurs demonstrances pour obtenir lesdites reparations, auxquelles sinclinant lesd. S[rs] consuls et voulant lesd. estudes entretenir comme faisant bien et honneur à lad. ville et ayant entre eulx communiqué se sont offers faire visiter lesd. estudes et y faire les réparations requises et nécessaires.

Et despuys executant tel advis, auroint enjoint à Mre Pierre Lamayre, maistre des euvres et injinieux de lad. ville, soy transporter ez estudes et adviser ez réparations que y sont requises et necessaires, que despuys auroict faict rapport lesd. estudes premieres estre tout desgarny de bancs et ung paravant qu'estoict au devant desd. estudes avoict esté esgaré que y estoict requis, au moyen de quoy pour faire et reabilher lesd. estudes et les remectre en nature, ont convenu avec ledit Lamaire, qui promit faire les reparations requises et nécessaires et le paravant devant la porte, moyennant la somme de dix huit livres qu'on en promit payer. Instrument sur ce faict, reçu moy greffier de la maison consulaire que ay signé le présent en foy de ce. BOSCHONIS *signé.*

Le...... jour du mois de...... mil cinq cent cinquante six a esté accordé entre lesd. consuls et le seigneur de Pinhan sur les differans que estoyent entre eulx tant à cause des restes de taille que d'une piece de terre herme qu'il avoict en son manifest située dans le deves d'en Combes et pour laquelle il estoit cottise aux tailles sans l'avoir jouyé et pour ce la quitée à lad. ville, et moyennant ledit accord lad. piece est demeurée à lad. ville en le remboursant comme plus a plain est contenu par led. accord registré au Grand Thalamus.

En l'année mil cinq cent cinquante sept et le vingt cinq[e] decembre, jour et feste de la Nativité de Nostre Seigneur Jeshu Crist, nobles et honnorables personnes Jacques de Sarret seigneur de Sainct Jehan de Vedas, François de Meaulx, Jehan d'Orleans, Sauvaire Dellom Guiraud Gaiche et Antoine Dhallard, consuls de la ville de Montpellier representant la communaulté et université de lad. ville par disposition royale et suyvant les anciennes coustumes privileges et libertes d'icelle pour le debvoir de leur charge et obeyssant au sainct commandement de l'esglise chresptienne se seroient transportés à l'esglise cathedralle

Sainct Pierre de lad. ville aux fins de ouyr vespres et le presche accoutumés faire ledit jour de Noel chacune année, ainsi que les predecesseurs consuls mesme de l'année passée et aultres avoient faict à lad. esglise et cheres que sont au cueurt d'icelle, lesquelles esglise et cheres avant la translation de Maguelonne et de Sainct Germain, lhors questoient soubs le titre seul de Sainct Germain, lesd. consuls et aultres officiers du consolat, comme ouvriers, consuls de mer et greffier desd. S^rs, avoient ez jours et festes ordonnées les lieu place et cheres du cartier gauche de lad. esglise jusques à leur nombre, sans contradiction ne refus de personne : et despuis lad. translation aussi lesd. consuls ont heu et sont en possession et saisine de se trouver et assister lesd. jours et aultres jours sollempnes et commandés de l'eglise, non seulement à ladicte esglise Sainct Pierre mais aussi à toutes les aultres esglises et couvents de lad. ville, laquelle bonne et louable coustume, liberté et droict, ils voulloyent garder et observer et continuer leurd. possession : ce toutesfoys non obstant aprés ce que aulxd. chieres lesd. consuls avec leurs ouvriers, consuls de mer et greffiers se sont transportés à lad. esglise, antrez dans le cueur d'icelle, et vollant prandre cheres pour lesd. consuls, ouvriers et consuls de mer comme estans et faisant tout un corps que ne se peult separer sans prejudicier à leurdits privileges, coustumes et actes possessoires, aulcungs ayant prevenu et prins partie desd. cheres, tellement que voyant lesd. consuls que partie desd. ouvriers ou bien desd. consuls de mer et leurs greffiers ne pouvoyent avoir le complement des cheres ainsi qu'ils avaient accoustumé advant et apres lad. translation faicte du consentement desdits consuls et communaulté et de leur conseil, pretendent de demeurer en leur premiers droicts et actes possessoires aultrement ladicte translation ne se fusse accomplie comme a esté faict, ne se vollant separer ne aultrement faire bruit et tumulte, pour ne contrarier à leurs droits privileges et libertés, auroient cependant iceulx consuls envoyé deux de leurs escuyers et serviteurs à Me Jehan de Brignac chanoyne et scindic de lad. esglise, qui auroit respondu en premieres à Anthoine Tremollieres le premier serviteur envoyé, que s'ils se volloient asseoir que apportassent de bancs, et à Jehan Bruguier second serviteur envoyé aud. scindic pour leur faire donner lieu et place et les cheres accoustumées, ledit scindic auroit respondu qu'ils avaient plus affaire des médecins que estoient ezd. cheres et leur dict lieu et place que desd. consuls ainsi que en plain cueur de lad. eglise, et voyant les personals et chanoynes de lad. église et tout le peuple lesd. Tremollieres et Bruguier ont rapporté auxd. Sr consuls, et ne vollant iceulx consuls user de voye de faict pour jouir de leurd. possession et saisine, ains pour evicter tout désordre veue lad. response, et pour ne contrarier à leurs droicts, preheminances, prerogatives et actes possessoires, n'ont vollu iceulz consulx et ouvriers delaisser iceulx consuls de mer, greffiers et aultres officiers dudit consulat tous droicts sans les cheres et lieux accoustumés, ains attendu pour ouyr le presche et office divin ledit reffus que leur a esté faict. Presens et voyans tous les personals et chanoynes de lad. esglise, iceulx consuls se seroient retirés et sortis hors dudit cueur et esglise, et à ce moyen contraincts d'aller sollempniser la feste ez aultres esglises de lad. ville, où ils ont trouvé lieu et place sans contradiction de personne comme ils avoient advant ladicte translation et sollempnisation et mesmement à l'eglise parochielle de Sainct Firmin.

Et pour ce que pendant led. discours et controverse, partie des escuyers et serviteurs desd. Sr consuls, et mesmement Aubert Matellin et Jehan Vernier qui portoient les masses d'argent audevant desd. seigneurs consuls, et Jaques Chauchat qui portait la masse desd. ouvriers en allant ainsi qu'est de coustume se sont absentés advant que actendre que lesd. consuls, ouvriers et consuls de mer fussent reçus et assis ezd. cheres, et que en despartant et sortant delad. esglise lesd. Sr consuls et ouvriers se sont trouvés sans leursd. serviteurs portants leurs masses. Pour lad. faulte, iceux consuls ont condampné lesd. deux serviteurs portans lesd. masses desd. Sr consuls, et aussi Guillaume Carriere pour ce qu'il ne s'est trouvé à leur fere companie, en la somme de dix sols tournois chescung, leur faisant defanses de n'y plus retorner à la peyne d'estre privés de leurs gages d'ung moys, ordonnant que lad. procedure pour perpetuelle memoyre sera escripte et registrée en ce present livre appelé le Petit Talamus du consolat de lad. ville, par moy notaire royal et greffier desd. S[rs] consuls ville et communaulté, ce que j'ai faict par leur commandement.

BOSCHONIS, *signé*.

Aud. an 1557 aprés que les treves furent par l'empereur et le roy d'Angleterre son fils rompues, les Anglois mirent leur camp audevant de Saint Quintin, et pour l'avitaller, monseigneur le connestable avec dix mille homes nonobstant led. camp et armée des Anglois mist gens et vivres dedans, et sen retournant ayant cheminé environ deux ou trois lieues feust suivi et assalli de tous coustés de plus grand nombre d'ennemys qu'il n'estoit, aprés avoir faict grande deffense et resistance fust prins prisonnier et plusieurs aultres, et monseigneur d'Anguien avec beaucoup d'aultres mors à la bataille, et ce fut faict le jour Sainct Laurens au moys d'aoust, et huit ou dix jours aprés lad. ville de Sainct Quintin fust prinse par lesd. ennemys.

Ledit an aussi fust prinse Tionville par monsieur de Guise avec son armée.

Ledit an mil cinq cent cinquante sept la ville de Calays que les Anglois avoient tenue depuis l'an mil III[c] LX que le roy Jehan ayant demeuré quatre ans prisonnier en Angleterre pour sortir leur laissa lad. ville de Calays (ainsi que appert au present livre fol. C. II [156]), torne a estre prinse par les Françoys.

Et le vingtiesme janvier audit an le roy escript à M[r] de Joyeuse lieutenant pour ledit seigneur en Languedoc, et ledit sieur lieutenant aux consuls de Montpellier lad. année, pour rendre graces à Dieu de l'heureuse et profitable prise tant aud. seigneur que à ses subjects delad. ville de Calays de la quelle à présent la porte et entrée est fermée à ses anciens ennemys les Anglois, et fere prieres et oraisons et processions générales randant graces et démontrances de joye au benoit Dieu nostre créateur et redempteur que tant nous a favoris de nous fere recouvrer en bien peu de jours icelle ville, que par si long temps avoit esté distraite de l'obeissance de la coronne de France, et a ce que luy plaise metre paix et amytié entre les princes.

Ledit an et le XXXe dud. mois de janvier suivant les commandemens dudit seigneur la procession généralle a esté faicte en lad. ville partant de l'esglise cathedralle Sainct Pierre avec l'ordre que sensuit, et aussi le preche ainsi qu'est accoustumé dict.

Premierement avec bonne devotion et reverance les jeunes enfans premiers chantant et disant oreyson teste nue et de deux en deux.

Les quatre couvens mendians chacun en leur ordre aprés.

Les esglises collegiales et parrochielles aussi chacun en son ordre antien et accoustumé.

Les auboys et escuyers du consolat audevant du pavilhon et avec les entorches allumées.

Les chanoines et personnatz de l'esglise cathedralle Sainct Pierre, aprés suivant.

Et consequemment messieurs les consuls et leur pavilhon avec messieurs les obriers.

Aprés ledit pavilhon venoyt la court de messieurs les generaulx avec leurs robes rouges et leur suyte.

Et suivoit lad. court ung nombre de homes de lad. ville.

Et en corps aprés venoit monsieur le gouverneur, le president et les conseillers du siége présidial avec la suyte des advocats dudit siége en bon ordre.

Les borgeois, marchans et aultres habitants venoient aprés par ordre.

Et les femmes borgeoises, marchandes et aultres de lad. ville venoient en bon ordre aprés lesd. hommes. Le tout aulx fins que dessus obéissant aud. seigneur et à ses commandements.

Par commandement de mesd. S[rs] les consuls. BOSCHONIS, *signé.*

Comme cy-dessus est escript feuillet cinq cent quatorze de la prinse de la ville de Calais et feust lad. ville de Callays reprinse par les Francois, aprés avoir esté au pouvoir des Anglois deux cent dix ans et despuis le mois d'aoust 1347 qu'elle avoit esté prinse Phillippe de Valois roy de France.

L'an mil cinq cens cinquante-huict feurent consuls, etc.

En apvril aud. an feurent faictes à Paris les nopces de monseigneur Francoys daulphin de France avec madame Marie de Stuard royne dEscosse, et par ce moien led. seigneur deslhors appellé le roy daulphin. Aud. an en septembre deceda de ce monde ce grand empereur Charles Ve en ung monestere en Espaigne ou il, quelques années auparavant, c'estoit retiré du monde, cedés et remis l'empire à son frere Ferdinand roy dHongrie et ses royaulmes à son fils Philippe.

L'an mil cinq cens cinquante-neuf feurent consuls, etc.

En ceste année feust faicte la paix entre le roy et le roy Phelippe dEspaigne comme ci-devant feuillets Vc XV et XVI, mays la joye de lad. paix priut fin bientost pour l'inconvenient mortel advenu à la parsonne du roy, car comme par le moien delad. paix eussent esté accordés les mariatges, cest du roy Phillippes avec madame Helisabet filhe aisnée du roy, et du prince de Puechmont duc de Savoye, par ceste paix remis en son estat et terres, avec madame Marguerite seur du roy, faisant la feste et solempnité de ces nopces à Paris aultant solempnes et manificques que seroict possible de mieulx, y presens le duc d'Albe prince dEspaigne procureur du roy Phillippe, et led. duc de Savoye en parsonne. Le roy courant en lice et combatant au tournoy comme prince vallereux et genereux qu'il estoict le dixieme de juillet dud. an, fut feru d'ung coup de lance en loeilh dont bientost aprés il passa de ce monde en l'autre au grand regret, dolleur et plaincte de tout le royaulme: de quoy en vindrent les plaintes à Montpellier bientost aprés, dont feust toute l'allegresse de la paix convertie en extreme deuilh auquel seigneur succeda monseigneur Francoys daulphin et roy dEscosse eatgé de quinze à seize ans.

Ledit an et le XXIIe mai monseigneur de Joyeuse lieutenant pour le roy en Languedoc arriva en poste venant de la court, auquel incontinant les seigneurs consuls advertis de sa venue et aprés son disner avec leurs robbes et chapperons et leur accesseur, ouvriers et autres notables personnages de lad. ville, allarent fere la reverance et remercier le bien qu'il avoyt faict cidevant à lad. ville en le suppliant de continuer et l'avoir en recommandation au soulagement du pouvre peuple, et ce faisant le priarent les fere participans la paix, affin que icelle ville comme la seconde de Languedoc peult rendre graces à Dieu tout ainsi que avoient dejà faict les autres bonnes villes dud. pais et pour fere cognoistre à tous qu'ils estoient et veulent estre bons et obeyssans subgects et amateurs de lad. paix tant desirée qu'il a pleu à Dieu nous donner, ce que led. seigneur leur a promis et commandé de fere et laisser le double de lad. crye cy-aprés escript.

Le lendemain vingt troysiesme dudit moys messieurs les juge mage de lad. ville et lesd. seigneurs consuls ayant communiqué avec monseigneur l'evesque de Montpellier et tout le clergé sur ce, ordonnarent que lon feroict sonner les cloches des esglises de lad. ville durant une heure et plus ainsi qu'est de coustume fere en recepvant telles bonnes nouvelles, et le mesme jour à huict heures du matin lesdicts seigneurs juge mage, lieutenant, avec les advocat et procureur du roy trésorier et conterolle de lad. court en corps sont partis du palays et sont allés à l'église cathedralle Sainct Pierre, et aussi lesd. seigneurs consuls ouvriers et greffiers du consulat avec leurs robbes et chaperons rouges en corps accompagnés de plusieurs notables personnages de lad. ville sont partis du Consulat et allés en lad. esglize, en laquelle estoint lesdits seigneurs evesque et clergé: et illec assemblés a esté célébrée une grand messe et faict solemnement chanter le *Te Deum laudamus* et autres choses et déprécations en tel cas accoustumées, rendant graces à Dieu de veoir en nos jours lad. paix tant desirée et nécessaire au pouvre peuple.

Lendemain aprés disner lesd. seigneurs juge mage, consuls, ouvriers, et autres en bon nombre des plus notables personnages de lad. ville se seroint assemblés au Consolat, et partant de la avec leurs robbes rouges montés à cheval honnorablement, les six escuyers avec leurs masses d'argent, les six trompettes et les quatre auboys devant, tous a cheval, ont faicte la crye et publication de lad. paix suyvant le commandement du roy et dudit seigneur de Joyeuse son lieutenant, premièrement au devant dudit Consolat, à la pierre de la Sonnerie, au Palais et au Pilla Sainct Gilles, et autrement, ainsi que de lad. crye et publication appert par les actes sur ce faictes.

Et ledit jour aprés soupper lesd. seigneurs juge mage, consuls et ouvriers avec grand multitude de gens notables et autres menu peuble de lad. ville en grand nombre, assemblés au devant du Consolat pour fere le feu de joye et rendre graces à Dieu de ce que luy a pleu en nos jours donner lad. paix, le suppliant de la conserver tout ainsi quil scayt et cognoit nous estre necessaire, et avant allumer led. feu que estoict préparé au devant dud. Consolat au milieu duquel y avoit ung arbre et au dessus ung chateau et en effigie et au dessus dud. chateau lymage de Mars dieu des batalhes armé tenant sa lance à une main son escu à l'autre ou estoint les armes de lad. ville, et les choses ainsi honorablement et deuement préparées, aprés ce que les cloches, artilherie et auboys l'ung aprés l'autre eurent sonné avec grand nombre de fusées que feurent gectées de toutes parts, mesmement de la tour du relotge, et aussi les chantres de Sainct Pierre heurent premierement chanté et rendu graces, tout à ung moment furent gectées plusieurs fuzades et entre autres une partant de la maison de M. Michel Eroard tirant droict contre l'effigie dud. dieu Mars, en sorte que le feu allumé dans le camy ou il estoit pouzé le fist sauter si hault que tout le monde le perdist de veue en signifiant que la paix avoyt chassé Mars dieu des batalhes, et au demeurant le gros feu feust allumé par messieurs les juge mage et deux consuls, chescung tenant une torche allumée à la main, et aussi ez quatre coings du hault du clocher de Nostre Dame de Tables le feu y feust allumé qui dura ung long temps, et cependant chantoint toujours lesd. chantres imnes et oraisons, et aussi lesd. trompettes, tambourins et hauboys les ungs aprés les autres continuant jusques que le feu de joye feust presque extainct, et aprés tout le monde entra au Consolat ou la collation estoict préparée et les dances dressées en signe de rejouyssance, à la quelle collation furent données vin blanc, vin rouge, tortilhons, dragées et fruytages, et lad. collation faicte et les dances finyes chescun se retira en sa maison pour en icelles continuer chescung en son endroict à rendre graces à Dieu et le prier nous voulloir conserver et tenir en paix et tranquillité spirituelle de nos consciences, et temporelles aussy telles que nostre Dieu cognoyt nous estre requises et necessaires par sa infinye bonté et misericorde. Amen.

Par commandemens de mesd. S[rs] les consuls. BOSCHONIS, *signé.*

L'an mil cinq cens soixante feurent consuls:
Noble Guillaume de Chaume seigneur de Poussan,
Sire Domergue Baron borgeois,
Me Estienne Clericy bachelier ez droicts,

Jehan Myot merchant,

Benoict Vidal blanchier, Pierre Bonassier masson.

Ceste année commencerent en cê royaulme ces tant grands troubles pernicieulx de guerres civiles pour le faict de la religion, assavoir: que les luthuriens heretiques, par leurs oppignions cestant retranchés de la foy croyance et hobeyssance de lesglise catholique romaine et de nostre sainct pere le pape, et lesquels auparavant on solloict punir de mort, cesleverent et magniffesterent tout ouvertement en plusieurs villes et lieux de ce royaulme faisant assemblées, et en icelles prescher leurs prédicateurs dictz ministres, ce que pour la multitude fallut l'endurer. Mesmes à Montpellier feurent introduicts lesd. ministres au mois de juillet aud. an, soy disant eulx la religion refformée et nommés par les catholicques huguenots ou de la nouvelle religion. Aud. mois d'octobre ensuyvant feust par le roy envoyé en ce pays monsieur le comte de Villar lieutenant général du roy qui tint les estats à Beaucaire, et appres faicte levée de gens de guerre sen vint à Montpellier ou myt en garnison, la reduyssant en forme de ville frontiere et de garde, et ainsi y cessa l'exercice de lad. religion, et lad. ville que soulloict estre libre, aisée et de tout plaisir feust deslors et pour longues années suyvantz asservie. Led. seigneur comte ung mardy dix neufviesme de novembre ensuyvant, commanda estre faicte grand procession generalle partant de l'esglise Sainct Pierre, en laquelle acistoient grand multitude de peuple, faicte pose au devant du Consollat: il fist fere par Me Pierre Delacoste juge mage de lad. ville une grand remonstrance au peuple pour demeurer loyaulx et hobeyssantz à sa magesté, a quoi feust par le peuple consenti par grands acclamations, criants vive le roy! Ce faict, de Montpellier sen alla led. seigneur comte devers les Cevenes ou estoit la source et faulteurs principaulx desd. huguenotz. Au mois de decembre le roy pour provoir aulx commencements de ses troubles, assembla les estatz generaulx du royaulme en la ville d'Orleans ou iceulx estatz tenans décéda le cinquiesme dud. mois apprés avoir regné envyron quinze mois, layssant pour successeur son frere dit Charles neufviesme eagé de unze ans seulement dont y eust grands changemens au royaulme.

L'an mil cinq cens soixante ung feurent consuls:

Monsieur Mᵉ Jacques David docteur ez droictz conseigneur de Montferrier,

Sire Anthoine Huc merchant drappier,

Sire Gaspard Mariottes especiaire,

Sire Jehan Rey appoticaire,

Anthoine Boyer bochier,

Jehan Vales laboureur.

Sus la fin de mars dud. an feurent tenus des estatz particuliers du pays de Languedoc à Montpellier, soubz monsieur le vicomte de Joyeuse lieutenant general du roy, par la cession du sieur comte de Villars. Appres Pasques aud. an feust remis en lad. ville l'exercisse de la nouvelle relligion ouvertement, preschantz les ministres publicquement ez maysons privées sans contredict, et d'aultre part les prescheurs catholicques ez esglises avec grand emulation du peuple dung cousté et d'aultre, nonobstant que par edict du moys de juillet publié à Montpellier le trentiesme d'aoust feust prohibée lad. novelle relligion. Au mois de septembre ensuyvant a Poissy lez Paris feust par permission du roy tenu concille national et faict colloque d'entre les prelatz catholicques de France et certains ministres de lad. novelle relligion, de laquelle assemblée ne sortist aulcune resolution: cependant à Montpellier les huguenotz estantz les plus fortz ce saizirent de l'esglise Notre Dame de Tables et y comenserent fere prescher, et quant à l'autel et plusieurs beaulx meuble d'argenterie que y avoyt en lad. esglise feurent mis par inventaire ez mains des consuls: ce voyant messieurs de l'esglise cathédrale Sainct Pierre mirent gens de guerre dans led. lieu, et ce retirérent la pluspart d'eulx et aultres du clergé de la ville, dont les huguenotz de lad. ville prandrent les armes et assiegéantz led. lieu, finablement ung lundi vingtiesme d'octobre y entrerent par force et tuarent le gardien des Cordelliers cy estant retiré, et 30 ou 40 aultres personnes, chanoynes ou aultres, et heussent pis faict ne feust le secours d'aulcung des principaulx de lad. relligion y accourus pour occuper en empescher l'essort de ce peuple, lequel neantmoings ce mit à piller toute la maison, mict bas les autelz et ruyna tout le dedans de l'esglise....... 157 et garnie, et sans leurs chefs heussent forcé la sacristie ou estoient le trésor, relicquiaires, joyaulx et ornementz de l'esglise des plus beaulx et riches du pais, mais lesd. chefs et principaulx susd. l'empecherent pour l'heure jacoyt qu'ils ce firent bailler les clefs, et enfin tout leur demeura. De ce pas led. peuple sen courent par toutes les esglises, couvents et chappelles qu'il y avoict en lad. ville, tant dehors que dedans denvyron soixante, et y entrans par force, ruynérent et mirent bas tous les autelz, images, chappelles, treilhes de fer, victres, libres des libraries et du service divin, et tant de beaulx seppulcres et monuments eslevés qu'il y avoict, pillant tout ce qu'ils y pouvoient atteindre, et heussent tout bruslé et thué moynes, religieux et prebtres dont on y avoict grand nombre en lad. ville, neussent été empechés par les consuls, noblesse et aultres des principaulx d'entre eulx de lad. relligion, qui firent saulver lesd. personnes ecclesiastiques et fermer les portes des couventz et esglises, quelcungs neantmoings y feurent attrappés et ainsi en ce jour vingtiesme d'octobre 1561 cessa en lad. ville l'exercice total de la relligion et esglise catholicque romaine, et comenserent les huguenots demeurer en la ville sans aultrement officier les catholicques officiers et autres. De mesmes qu'à Montpellier feust exploité à Nismes, Lunel, Ginhac et aultres endroitz du pays, voire du royaume, sans que personne s'opposast, continuant toujours ce peuple ruyner quelque edifice ecclesiasticque et faire plusieurs autres insollences. Au commencement de fevrier suyvant aud. an prins à l'Incarnation feust publié autre edict du roy faict en janvier precedent de mesme substance que les lettres publiées auparavant, fors qu'il estoict prohibé aulx ministres prescher dans les villes, parquoy à Montpellier se mirent à prescher dans le fossé de la porte de Lattes, à main droite en sortant. En vertu du quel edict comme permisif de lad. novelle relligion, à Tholose, Carcassonne et autres villes du pays, vollurent les huguenotz introduire leur relligion dont sen ensuyvoient beaucoup de maulx et incontinent, comme aussi à Paris, Lyon et autres endroicts du royaulme.

Lan mil cinq cent soixante deux, feurent consuls delad. novelle relligion :

Monsieur Me Jehan Martinie docteur ez droicts,
Sire Francoys Maigret,
Jehan Pons,
Gualhardet Verchant merchant,
Andrieu Verdier campanier,
Henry le Long jardinier.

Ceste année commenca en ce royaulme celle tant sanguinolente et pernicieuse guerre civille pour le faict de la relligion, d'aultant que certainctz ceulx de lad. relligion novelle, par l'edict de janvier nagueres mentioné, licentiés fere prescher partout hors des villes s'en ensuyvoient plusieurs desordres, tumultes et séditions, tellement que pour l'infraction d'iceluy edict pretendhue ou possible pour de particulieres affections d'entre les grands de ce royaulme tenant les ungs pour le roy et esglise catholicque, les autres au contraires pour lad. novelle relligion, s'esmeut ceste guerre, le roy estant encores en son adolescence. Et print la protection et ce rendist chef de ceulx delad. relligion, monsieur Lois de Borbon prince de Condé, frere du roy de Navarre prince du sang, accompaigné du seigneur de Chastillon admiral de France et autres plusieurs seigneurs et gentizhomes, inpatroniseurs des villes de Roan, Lion, Orleans et autres en France. En Languedoc, la guerre ainsi ouverte, le seigneur d'Actier frere du seigneur comte de Crussol et d'Uzes y vint pour chef et general delad. relligion au mois de mai aud. an. Pource que fuirent non seulement à Montpellier mays Beziers, Nismes, Uzès, Agde, Beaucaire et plusieurs autres villes, les catholicques officiers et aultres, le mieulx qu'ung chacung peult et viderent lesd. villes ce retirents ez lieux de lhobeyssance du roy. Les aultres qu'estoient la pluspart retenus feurent contrainc ts ce comporter et acomoder au temps, et lesd. de la relligion comencerent ainsi faire corps et ligue à part tenantz estatz du pays, separement consuls, faisantz impouser deniers et toutes autres chouses appartenantz à peuple libre, démocratie et administration populaire quoy qu'ils heussent esleus des seigneurs pour conduyre la guerre. Au moys de juillet monsieur de Joyeuse lieutenant pour le roy leve armée et prend Montaignac d'assault. Le Sr Daccier l'estant allé trouver prez Pezenas est rompu, et la ville de Pezenas reprinse par led. sieur de Joyeuse et aussi celle de Gignac. Au commencemens du mois de septembre suyvant l'armée dud. seigneur de Joyeuse marcha devers Montpellier et ce campa dans le clos de Lattes et du mas dEncivade. Ledit seigneur Dacier estant dans Montpelier avec les forces tant à cheval que à pied que luy estoient venus des pays de Daulphiné et Provence ce traict aux champs aussi, et ce campe entre la ville et Lattes et au lieu dict au mas de Boysson, ou après avoir escarmoche souvent et perdu d'ung cousté d'autre, et laché force coups de canon les ungs contre les autres, envyron le commencement d'octobre ses deux camps ce leverent sans autre exploict, sinon la ruine totale du plus beau que y eust à Montpellier qu'estoyent les faulx bourgs, couvents, esglises et jardinaiges que le tout pour la venue du camp dud. sieur de Joyeuse, et crainte d'un siege feust soubdainement ruyné et desmolly jusques à fleur de terre, les aulcungs tant par le feu que sappe et à la main, non seullement à la destruction et appovrissement de plusieurs bons habitans, mais à la déformation de la ville par la ruyne desd. edifices, que pour memoire de leurs antiens fondateurs et de la postérité, ne sera hors de propos icy mentionnés : car il y avoict premierement quatre couvents de mandiants des plus beaux, espacieulx et mieulx bastis de France soyt en esglises, maysonnaiges et clos, cest des Jaccobins au bout des faulx bourg Sainct Guilhem chemin de Ginhac, des Cordelliers au chemin de Lattes, des Augustins aux faulx bourgs Sainct Gilles chemin de Nismes, des Carmes au devant la porte des Carmes. Plus y avoict aulxd. faulx bourgs Saint Guilhem ung monastere de Bernardines nommées Valmagne, aultre de dames religieuses de Prolhan dictes de Sainct Guilhem, la auprés une chapelle dicte la Magdalene : hors la porte et faulx bourgz de la Sonerie près lad. porte, a main droicte en sortant, ung couvent des relligieuses recluses de la petite Observance, de l'autre costé une esglise de Sainct George, aultre de Sainct Thomas: plus avant au bout des faulx bourgs, a main gauche venans de la ville, une belle esglise et colliege seculier dict de Sainct

Saulveur, au devant ung hospital dict de Saincte Marthe: hors tous les faulx bourgs et murailhe de la pallissade, le grand Sainct Jehan, esglize et beau maisonnaige appartenant aulx chevalliers de Sainct Jehan de Hierusallem ou de Malthe: plus avant au chemin de Villeneufve ung couvent de relligieuses Noires dictes de Paradis: sus Sainct Martin de Prunet la hault allant aud. Villeneufve, au grand chemin de Beziers et de chesque costé du grand cimetiere dict le Carnier, une esglise nommée l'une et la prochaine dud. chemin Sainct Barthelemy, et l'autre Sainct Claude: à la porte de Lattes l'hospital Sainct Eloy ou ne feust rien touché: d'entre la porte de Montpellieret et ycelle de Sainct Denis du long de la dogue, une petite chapelle dicte Notre Dame de Bonnes Novelles, à l'hiere et porte Sainct Denis l'esglise et paroisse Sainct Denis avec l'habitation des prebtres: la bas aux faulx bourgs Sainct Gille la commanderie et hospital Sainct Esprit, Sainct Martial: plus avant devant les Augustins le couvent Sainct Maur ou de la Trinité: d'entre les faulx bours Sainct Gilles et la Blanquerie au dela du Merdanson, la commanderie Sainct Anthoine: d'entre les portes de la Blanquerie et des Carmes sur le Merdanson près la dogue ung beau hospital de la peste, appres les Carmes plus hault au chemin de Grabels l'esglize Sainct Cosme, hors la porte du Peyrou et faulx bourgs Sainct Jaume l'esglize et hospital Sainct Jaume, plus hault ez hieres dictes de Saincte Eulalye le couvent de Saincte Eulalie ou de la Mercy, et joignant led. couvent une belle haulte tour carrée ou estoit la cloche de l'université des loix que sont vingt sept couvents esglizes ou edifices publics, soubs troys belles grands salles des estudes des droits pour lire qu'il y avoict d'entre la porte du Peyrou et le couvent Sainct Eulalie, et la hault prés led. Sainct Eulalie une autre grand salle ou jadis soloient lire les moines Sainct Germain, et du cousté de la porte des Carmes à deux cens pas ung beau chasteau et clos dict Boutonnet au chemin de Montferrier, chose que ceste ruyne, de fort pitieuse memoyre, sans la perte des maisons et jardinaiges des particuliers en grand nombre à l'entour de lad. ville. A mesme ruyne et disposition feurent mis aussi toutz les esglyzes, oratoyres et croix estantz ez champs par le pays, ne fault obmectre que estant led. camp à Lattes, le seigneur de Sommerive lieutenant du roy en Provence sen venant avec grande force pour ce joindre avec l'armée de Lattes feust surprins au lieu de Sainct Gilles en deca du Rosne par les huguenotz, tellement que à peyne cestant-il sauvé avec des principaulx, toute l'infanterie feust mise en pièces, mays lesd. huguenotz apprès cest exploict sen retornantz à Montpellier guettés apoinct par la cavallerie du camp de Lattes, ez areniers pres Castelnau, payarent bien ce desfault en ayant esté plusieurs defaicts. Passantz ainsi les chouses en Languedoc, en France appres que par le roy auroyt esté prinse d'assault sur les huguenotz la ville de Roen, ou feust tué le roy de Navarre tenant le parti du roy, feust donné pres Dreux en Normandie le dixieme decembre aud. an cette senglante bataille civille d'entre l'armée catholicque du roy absant et ceulx delad. relligion conduictz par le prince de Condé, en laquelle d'ung couste et d'autre y eust grand perte et occizion dhomes jusques a quinze mil toutz Francoys, mesmes de la noblesse et beaucoup de prisonniers: entre autres des catholicques feust prins monsieur le duc de Montmorency conestable de France, et des huguenotz leur chef le prince de Condé, néantmoings demeurant le camp aulx catholicques. En Languedoc y eust aussi quelques rencontres des ungs contre les autres durant ceste année.

L'an mil cinq cens soixante troys, feurent consuls de lad. religion:
Noble Pierre de Combes seigneur de Combas.
Sire Pierre Moysset merchant,
Sire Francoys Rey,
Guyrauld Rat,
Jehan Mallefosse,
Et Jehan Roqueplan fustier.

Au moys d'apvril en suyvant, vindrent novelles qu'en France le roy avoit accordé la paix, et de ce y avoit edict faict à Amboise le dix neufviesme de mars precedent comptant à l'Incarnation et mode de France mil cinq cens soixante deux, par le quel fust porté entre autres choses qu'il falloict randre aux ecclesiastiques leurs temples et maisons, ceulx delad. relligion commencerent de rompre et demolir ce que restoict de entier audedans desd. temples et esglises estantz dans la ville presque aultant que dehors, ny layssantz que les corps vuydes, fenestres ouvertes, et aussi mirent en pieces toutes les cloches dont en y avoyt au dit Montpellier grand quantité et des plus belles du pays mesmes à Sainct Pierre et Nostre Dame, s'appropriant les metaulx et matière de grandissime valeur, et n'en layssant quune à Notre Dame qu'estoit la grosse appartenant à la ville. Au commencement de may feurent à Montpellier tenus les estatz de la relligion soubz monsieur le comte de Crussol et tornere [158] par eulx pieca esleu protecteur du pays : la quelle assemblé tenant, le seigneur de Caylus en Rouergue, gentilhomme de la chambre du roy et par sa majesté delegué, y vint apportant le edict susd. de la paix du mois de mars que feust publié à Montpellier solemnellement par les carrefours et court du gouvernement le douziesme jour dud. mois de mars, et consequement en aprés ez autres villes du pays, contenant iceluy edict plusieurs chefs entre autres que remis les ecclesiastiques en leurs lieux et biens et ung chascung aussi en ses estats, le roy permetoyt lad. novelle religion et public exercice d'icelle en toutes les villes et lieux par eulx tenus en ce royaulme le septieme dud. mois de mars, dans les villes hors des temples catholicques et lieux publicques, et encores ez faulxbourgs d'une ville non tenue en chesque seneschaussée, baillage et juridiction ressortissant sans moien aulx courts de parlement. Apprés la quelle publication cessa toute hostillité et feust ouvert le commerce des ungs aulx aultres non que autre execution y eust dud. edict dung cousté ny d'autre, fors la cessation des armes, jusques au moys de septembre en suyvant que monseigneur de Dampville fils dudit seigneur de Montmorency connestable de France, par la résignation de sond. père faict gouverneur lieutenant general pour le roy en Languedoc, vint par le cartier de Tholose accompaigné de grand noblesse et gendarmerie pour remectre toutes chouses en l'estat de pacification suivant le edict : et apprés avoir arresté quelques moys despuys Tholose en ca, fist led. seigneur sa novelle entrée à Montpellier ung mardy neufviesme de novembre, fort haultement accompaigné tant de gens de guerre à cheval et à pied que aultre suyte, et luy feust par ceulx de lad. religion faicte solempne et royalle entrée par la porte de la Sonerie, toutz les courts des aydes, du presidial consuls et aultres officiers en leurs habitz publics, isseux audevant le salluer, l'artilherie hors la ville tirant, et luy feust à l'entrée par les consuls présenté ung pavillon de vellours cramoysi rouge armoyé de ses armoyries et de ses coulleurs incarnat et blanc, soubz le quel il ne vollust entrer, et estoient les rues tendues de tapisserie de lad. porte jusques à l'houstel ou la court des aydes solloict tenir: en apprés en son lotgis et aultres lieux publicques, dressés tableaux avec des eppigrammes grecs, latin et francoys, conformes au temps: et faict présent d'une belle coppe d'argent faicte en bosse dourée de grand valleur avec six pieces d'or chescune peysant cinquante escutz, expressement fabriquées, ayant empraintes de l'une face les armoyries dud. seigneur escartellées de Savoye et de Montmorency et ses motz escriptz à l'entour : *Virtuti Henricy Montmorantii piiss. P. publico provincialum suffragio eterne memorie causa*, de l'autre costé ces mots : *Henrico Montmorantio Dampvilleo, M. Anne Montmorentii prefec. milit. F. Narb. provincie pro regi* **P. R. P.** *cui Monspe. illi adventum gratullata D. D.* [159], et au dessoubs larmoyrie de la ville. Avec led. seigneur en sond. novel advenement reviendrent en la ville monsieur l'evesque de Montpellier messire Guillaume Pellissier avec le clergé, moynes, moynes et religieux qui à son entrée ce treuverent prossessionellement avec les croix, chantantz le *Te Deum laudamus*, et lendemain feust celebrée une grand messe en l'esglise Nostre Dame, et de ceste facon restablie la religion catholicque romaine en lad. ville, et les mendiantz, relligieulx et nonains loutgés dedans diversement par les esglises cà et là, pareilhement à ceulx de lad. novelle relligion feurent permis deux lieux de maysons privées pour fere leur exercisse : en apprès led. seigneur, layssée garnison en la ville avec ung gouverneur, continua son chemin devers Nismes et Sainct Esprit sans aulcune chouse changer des administrateurs de la police et consuls. Au moys de decembre repassa led. seigneur de Dampville par Montpellier, s'en alla tenir les estatz du pays en la ville de Narbonne.

L'an mil cinq cens soixante quatre feurent consuls catholicques :
M. Me Pierre Convers Me en la chambre des comptes,
Sire Francoys Colombier borgeois,
Me Claude Janin banquier,
Estienne Guyson dit Roujon,
Estienne Viguier,
Anthoine Serre dict Montaignette.

A ceste année, feust convenu d'eslire en consuls les officiers du roy, voyre des courts souveraynes les edicts generaulx sur ce faicts, et ce pour la rareté et faulte d'autres habitans catholicques gentz de equallité pour tenir le ranc de premier, y procédant la ville ainsi par mandement du roy et de ses lieutenants pour la création prochaine.

Ceste année feust faicte l'ordonnance du roy, que doresenavant n'y auroyt deux facons de compter les années : c'est à la Nativité et à l'Incarnation pour infinis doubtes qu'en sortoient, mays une seulle à la Nativité prinse des premiers jours du mois de janvier.

En ceste année feust partout mesmes à Montpellier vescu paysiblement avec deux relligions.

Le roy Charles neufviesme parti de Paris avec sa court entreprint visiter son royaulme, et sachemynant par deça Peragre [160], le pays de Lyonois, Daulphiné et Provence, passa en Languedoc et vint à Montpellier, y faysant sa première entrée ung dimanche dix septiesme du mois de décembre, estant led. seigneur de l'eage de treize ans ou envyron, accompaigné de la royne sa mere et nombre grand de cardinaulx, princes et seigneurs, entre aultres du prince de Navarre de la novelle relligion fils de la royne de Navarre vesve presque pareilh de aige au roy, de monsieur le conestable de Montmorency, et monsieur Dampville son fils gouverneur du pays naguieres faict mareschal de France. Avant l'entrée dud. seigneur en la ville que feust par la porte Sainct Gilly luy feust dressé au jardrin du seigneur de Villeneufve gouverneur de Montpellier une grand loge ou repposoir richement tapissé ou touts les estatz de la ville lallarent saluer et faire la reverance et hobeyssance, d'illec ce achemynantz tretouts sellon leur rang et ordre au devant du roy à cheval, les plus dignes estantz les derniers et plus proches de sa majesté, comme les universités de medecine, du droict, le siége presidial et du gouvernement, la chambre des comptes et court des aydes, la dernière vestue descarlate, touts en belle ordonnance, apprès venoient la mayson du roy, sa garde, ses trompetes et clairons, le grand escuyer l'espée ranchee et sa personne soubz ung pavilhon de vellours cramoisin rouge couvert de riche broderie d'argent pourté par les six consuls estantz a pied teste nue, suyvy en apprés led. seigneur par plusieurs cardinaulx, princes et grands seigneurs, despuys lad. porte Sainct Gille passant par la rue de la Guillerie, la Lotge et Cossolat jusques au lotgis dud. seigneur ordonné en la mayson dicte de Boutonet assise à la Pierre. Estoient les rues richement tapissées et couvertes de toilhes pardessus, et sur l'entrée au lieu dict la Poincte, à la rue Sainct Nicholas, à la Lotge, au Cossolat et à la Pierre dressés de charpenterie divers arcs triumphantz, portaulx et piramides, enrichis de plusieurs pinctures, figures représentations en bosse et tableaux de diverse invention accompaignés de plusieurs vers et eppigrames grecs, latins et francoys, et feust pour présent donné au roy ung ymage du roy mays son scepte tenant ung pied en terre et autre en mer, tout d'or massif de la valeur de mil escutz, et à la royne une montagne d'or complantée d'olliviers et d'orangiers très beau, de la valeur de cinq cens ecus, ledit seigneur ayant demeuré aud. Montpellier jusques au dernier jour dud. décembre s'en partist prenant son chemin devers Tholose, Bordeaulx et Bayonne, ou la royne d'Espaigne sa sœur le vint trouver et visiter.

L'an mil cinq cens soixante cinq, feurent consuls catholiques:

Monsieur Me Jehan de Lanzelergue Sr de Candilhargues conseiller du roy et général en la court des aydes,

Sire Guillaume Gaulceran merchant,

Sire Pierre Verchant aussi merchant,

Symond Gailhard,

Me Guillaume Laultier chirurgien, et Pierre Marsal.

En ceste année n'y eust autre chouse vivantz les deux relligions pacifiquement, toujours garnison en la ville. mesmes dans Sainct Pierre quon nommoit le fort ou chateau, messieurs du chapitre et esglise cathedrale tenants l'esglise seulement pour fere le service, ou auroient remis quelque cloche.

L'an mil cinq cens soixante six, feurent crées consuls catholiques:
Noble michel de Pluviers sieur de Paulhan,
Mᵉ Barthelemy de la Vigne licencié ez loiz,
Sire Laurens Coste merchant,
André Rafinesque,
Anthoine Segrin dit Vinssan,
Jacques de lHostal.
Quy ny eust icelle année.

L'an mil cinq cens soixante sept, furent consuls catholiques:
Monsieur Mᵉ Anthoine du Robin docteur ez droitz et juge ordinaire en la viguerie de Montpellier,
Monsieur Mᵉ Michel de Bonnafoux docteur ez droicts,
Mᵉ Jehan Perdix chirurgien,
Thomas Alard merchant,
Benoict Tailhand,
Jehan Egallenc laboureur.

Vivant ainsin le peuple en ce royaulme en ses deux relligions assés paysiblement, saulf quelque jalousie de ceulx de la nouvelle relligion pour n'avoir encores esté recreez en consuls des villes et charges politicques, quoy que souvent y eussent taché; ou autrement que ainsi pleust à Dieu affliger de rechef ce pouvre royaulme, ce levarent en armes ceulx delad. relligion partout, presque toutz à ung point et jour nommé veille Saint Michel, vingt-huictiesme de septembre aud. an. Savoir est monsieur le prince de Condé, l'admiral et autres leurs partyzans, en la court du roy estant à Meaulx, si que à grand difficulté led. seigneur feust saulvé dans Paris: en Languedoc, à Montpellier, Nismes, Uzes, Saint Esprit, Castres, Lavaulx et autres bons lieux de memes, inpatronisans des villes, chassants le clergé que feust à

Montpellier le dernier jour dudit septembre, et c'estants les soldats de la garnison de la ville, consuls et autres notables personnaiges plusieurs catholiques à grand haste retirés et saulvés dans le fort Sainct Pierre et retranchés dans la rue et bourg des Carmes le mieulx qu'auroient peu et mis dans ledit fort grand chevance et coffres remplis de grand richesse ; les autres catholicques demeurés en leurs maysons à la mercy du temps: au commencement d'octobre le seigneur d'Accier frere de monsieur le comte de Crussol na gueres faict duc d'Uzés, vint à Montpellier avec grands forces à cheval et à pied et pareillhe autorité de commandement sur ceulx delad. relligion partout le pays que ez premiers troubles, et assiega trés estroictement led. fort tant pardedans la ville que dehors, l'enfermant de grands tranchées de toutz coustés les bien munies d'hommes, ci qu'estoit impossibles aulx assiégés evader que par combat, parquoy ils n'estoient pareilhz en nombre aux huguenots, quoique lesd. catholiques fussent de braves hommes faysans plusieurs hardies sallies ordinairement. Lhors monsieur de Joyeuse estant à Pezenas dressa promptement des forces pour avitailler led. fort, ou possible recouvrer la ville par l'entrée d'icelle ou de la porte des Carmes que les catholicques tenoient, combien, cause qu'est dicte, feussent assiégés par le camp des huguenotz et serrés de bien prés sur le bord des fossés : envoya led. seigneur sad. armée d'envyron quatre ou cinq cens hommes à cheval et vingt enseignes de gens à pied et certaines pieces de campaigne, soubs la charges du seigneur de Villeneufve lieutenant de sa compaignie de gendarmes, que ce presentarent devant la ville et se vindrent camper prés Boutonet ung sabmedy neuviefme jour de novembre. A l'opposite monsieur d'Accier avoit son camp pouzé despuys les thuilleries de la porte des Carmes jusques à l'entrée Sainct Eulalie d'envyron vingt à vingt cinq enseignes de gens de pied sans ceulx qu'estoient ez tranchées à l'entour de Sainct Pierre pardedans la ville, despuys Sainct Ruf que les huguenotz avoient gaigné jusques à la tour estant d'entre la tour des Carmes et porte de la Blanquerie, et luy avec sa cavallerie en nombre de troys ou quatre cens chevaulx ou avoit grand noblesse de Daulphiné et Provence c'estoit mis aulx aesles de son camp près Saint Cosme, estant le ruysseau du Merdanson entre les deux armées : les quelles ayant demeuré en ceste ordonnance despuis midi dud. jour jusques envyron le soir et attaquée cependant quelque escarmouche ou de touts costés y eust des morts, les catholicques approchant la nuit, sans autres entreprinse fere, ce retirerent tout bellement par la doù estoient venus, et monsieur d'Accier dans la ville sans les suivre. Ce jour là, la ville de Montpellier feust en grand effroy et dolleur tant des catholiques que huguenots pour la crainte que si les catholiques heussent heu du malheur et fussent entrés par force estoit faict des biens des uns et des autres sans la vie de plusieurs. Apprès ceste retraicte des catholiques, les assiégés se voyant frustrés de tout secours et leur deffaillir munitions de guerre, et qu'encores les forces des huguenots estoient augmentées par la venue du seigneur de Cypieres grand seigneur de Provence et augmentoient tous les jours, vindrent à parlementer, et finablement le unziesme jour dudit mois de novembre après avoir soubstenu le siege envyron six sepmaynes despuis la Sainct Michel fort viollement, ayant faict mourir des ennemys plus de deux cens et d'hommes vailhantz et de consequence, cependant souffrantz beaucoup qu'en fin estoient constraintz, tant souldatz que autres habitans estant aud. fort et rue des Carmes jusques au nombre de quatre ou cinq cens personnes, miserablement vivre et manger la farine sans huille et sel et des asnes, chevaulx, composerent leur reddition avec ses conditions, c'est que les capitaines et soldats estrangiers sortiroient, lesd. capitaines avec leurs armes, les soldats avec espée et dague : les habitans de la ville portants armes ou non demeuroient à la voulonté et discreption dud. seigneur d'Accier, comme aussi l'artilherie de la ville que y estoit, armes, autres munitions, coffres et tous autres meubles, et ainsi feust faict, et oultre la poppulace de la rue des Carmes feurent trouvés dans ledit fort messieurs les consuls de la ville, le premier, second et cinquiesme dessus nommés, plusieurs chanoynes, prebtres et autres bons habitans, desquels sur la chaude en feurent aulcungs tués mesmes des prebtres, les autres furent dettenus et mis à rançon, les armes coffres et meubles plus precieulx retirés par ceulx qui en avoient la charge, l'on ne peult en garder le pilliage du surplus et non seulement de ce qu'estoit dans le fort mays en toute la rue des Carmes, que feust saqccagée et pillée, et mis le feu en plusieurs maysons comme en ville prinse d'assault: quant à l'église et fort espacieulx et bien garny de vittres et treilhes de fer, beaulx couverts et canals de plomb qu'on avoyt vu auparavant et que l'an soixante deux à la premiere prinse avoit esté esparnhé, incontinent apprès la reddition dans troys jours feust tout desmentelé, saccagé, demolly et ruiné, et une des grosses tours, clochiers mise par terre avec ung cartz de l'esglise et du lotgis, n'y demeurant que les murailles et le tout ravy et emporté sans y estre laissé ung poulce de fer ou de boix: et ainsi ce tant bel ouvraige du pape, lieu de oraison et ou par le passé tant de gens de lettres c'estoient formés à la vertu et service de Dieu, souffert ceste desollation deux cent trois ans ung mois et demy apprès sa premiere fondation, *ut suprà* fol. 111 et 117 [61]. En mesme temps y eust en France ung du.: rencontre et batailhe entre les catholicques, chef monsieur de Montmorency conestable de France, et les huguenotz conduicts par le prince de Condé et admiral de Chastillon, que feust le dixieme de novembre veilhe Sainct Martin entre Paris et Sainct Denys, ou ledit seigneur conestable feust blessé et de ce coup quelques jours apprès decéda dans Paris le roy y estant, et ledict prince a Sainct Denys en France.

L'an mil cinq cens soixante huict, ceulx de lad. relligion maistrisans en la ville voyantz ny avoir poinct de consuls administrans le public, et sans attendre le temps ordonné du premier jour de mars, créerent de consuls de leur parti le vingt cinquiesme du moys de janvier scavoir est:

Monsieur Me Jehan de Lasset conseiller au siége présidial,
Me Ortolan auditeur en la chambre des comptes,
Sire Jehan Miot merchant,
Me Jehan Dumas chirurgien,
Jehan Janet borrellier,
Francoys Bancal laboureur.

Cependant que au Sainct Esprit et du long de la riviere du Rosne la guerre se faisoict d'entre monsieur de Joyeuse et catholicques et le susd. seigneur d'Accier et les siens : au commencement du mois d'apvril suyvant vint à Montpellier led. seigneur d'Accier, auquel feurent appourtées novelles comme la paix estoict faicte, et le edit sur ce du XXIIIe de mars precedent envoyé par homme exprés conforme au premier et precedent, que différé à publier jusques au dernier jour dudit moys d'apvril, et cependant sans contredit, ce peuple se mit à ruyner ce que restoit de temples et esglises dans la ville pour priver les ecclesiastiques et catholicques de toute retraicte pour l'exercisse de leur relligion, et de faict ruynerent à fleur de terre, sauf quelque pans de murailhe forte de l'esglise parrochielle Sainct Fermin, Saincte Anne, Sainct Pol, le Petit Sainct Jehan, l'arc Sainct Nicholas et la Guillerie, Saincte Catherine beau monastere de religieuses pres la porte de la Blanquerie, Sainct Mathieu, Saincte Croix avec les maysons presbiteralles, Saincte Foy, Sainct Sebastien du Palays feurent descouverts et toutes esbrechés, le palays et mayson de l'evesque belle et grande dicte la Salle, la porte de la Salle feust toute razée saulf quelques murailhes, et desd. ediffices toutes la mostre de boix, fer, pierre et autre, saccagée et pillée et transportée. La grand esglize Nostre Dame et ce beau clochier n'en feurent exempts qua grand difficulté par lexhortation d'aulcungs, mays la grand cloche y estant au clochier appartenant à la ville et que seulle d'entre tant de doutzaines d'autres avoyt resté des premiers trobles, feust mise en pieces et le metail enporté, si qu'en tout la ville en soulloit avoir plus de cent cloches ny en demeure que le Orloge et celle du Consollat, et faict ses préparatifs comme dict est l'on publia lad. paix, quelques jours apprés la publication de la quelle le seigneur de la Crozette guydon de la compaignie de gendarmes de monsieur de Dampville feust accepté pour gouverner, avec deux compaignies de gens de pied en garnison, et par ce moyen y feust remise la messe et service divin : et le semblable feust faict ez villes de Nismes, Somieres, Lunel et autres jusques au Sainct Esprit et vescu asses paysiblement jusques envyron la fin de juillet, qu'entendans les consuls et habitans de Montpellier quelques autres compaignies à cheval et à pied aller et venir ez envyrons de la ville et ce doubtant de surprinse, le vingt septiesme dud. juillet s'esmeurent en armes, grand nombre qu'ils estoient, dont led. seigneur de la Crozette c'estant avec ses compaignies saisi du Palays et de tout ce cartier jusques aulx portes des Carmes et la Blanquerie qui tenoyt pour fere entrer ses forces, et ceulx de la ville tenantz tout le demeurant et faictes tranchées au plus près du Palays et rues tenues par led. gouverneur, feust ce jour lad. ville en grandissime dangier, car le premier qu'eust tiré arquebuzade y eust mervalheux chapplis, avec hazard que le victorieux eust saccagé la ville, ce que Dieu ne permist. Ains par la prudence dud. seigneur de la Crozette, aydée de celle d'aulcungs gentilhommes et principaulx delad. relligion passa la chose sans autre tumulte, et feust accordé que ceux delad. religion sen hyroient avec leurs armes et autres chouses qui aller sen vouldroient, et aux aultres seroit faict tout bon traitement et layssée la liberté de leur relligion suyvant le edict : par quoy ce mesme jour hactivement sarré bagaige et dict adieu à leurs amictz, sur le soir sen sortirent les ministres, consuls, gentilhommes et aultres jusques au nombre de douze à quinze cens parsonnes, armés et non armés, plusieurs avec leurs femmes, enfantz et bagaige, toutz sortantz par la porte de Lattes, prenantz leur chemin vers les Cevenes, auxquels neantmoings ledit sieur de la Crozette fist escorte et compaigne bien loing de la ville toute la nuit, estantz demeurés en lad. ville de lad. relligion taut seulement quelques ungs, et ainsi feust ce jour deslivrée la ville du pouvoir desd. huguenotz de ceste façon, et en mesmoyre de ce ordonnée cy apprés ceste feste audit jour vingt septiesme de juillet avec prossession. Le penultiesme dud. mois monsieur de Joyeuse accompaigné de grand noblesse en armes vint en lad. ville et en sa compaignie les ecclesiastiques et catholicques fuytifs pour les troubles, et venu quil feust il remit en charge monsieur Robin et autres consuls qui estoient au commencement de ses troubles et à la Saint Michel, et par ce moyen cessa l'exercice de lad. relligion novelle aud. Montpellier, et de mesmes feust faict à Nismes, Uzes, Baignols, Sainct Esprit et aultres lieux du pays plat, desquelles lesd. huguenotz vuyderent ce retirantz ez Cevenes et aultres en France : ou M. le prince de Condé recullies toutes ses forces et encores faict entrer à son secours grands trouppes dAllementz protestantz en nombre de douze ou quinze mil hommes à cheval et à pied dicts *reystres*, les gens à cheval *pistolliers*, hommes rudes et viollantz soubs la charge du duc de Deux Pontz, avec la royne de Navarre et son fils le prince tenantz ce parti, leva les armes et s'en alla en Guyenne, à la Rochelle, port de mer tres fort, Angolesme et autres villes tenues par la relligion ou toutz les huguenotz du royaulme cappables de porter armes l'allarent trouver, et mesmes monsieur d'Accier avec toutes leurs forces de Languedoc, Daulphiné, Provence, de envyron quinze mil hommes. Le roy d'autre part fist suyvre led. prince par grand armée commandée par monseigneur le duc d'Anjou son frere et lieutenant général, devers lequel feust mandé aller monsieur de Joyeuse avec les forces de Languedoc, layssé ez villes des gouverneurs avec garnisons, comme à Montpellier le baron de Castelnau de Gues-lez-Pezenas, chevalier de l'ordre du roy, auprès duquel feust par led. seigneur de Joyeuse avant son partement estably ung conseilh de doutze personnaiges de toutz estatz tant ecclesiastiques, noblesse que autres, pour provoir à toutz affaires soubz led. gouvernement dict le conseilh de la guerre, et ainsi feust toute la guerre transportée en Guyenne.

Le dix neufviesme d'octobre, feust à Montpellier publié ung edict du roy, du vingt cinquiesme de septembre précédent, par lequel sa majesté declairoit ne vouloir en son royaulme qu'une relligion, l'antienne, catholicque romayne, chassant les ministres de la novelle et oultre ne ce voulloir servir des officiers qui en estoient, et autres poinctz y contenus.

L'an mil cinq cent soixante neuf, feurent créés consuls catholicques:

Monsieur Mre Pierre Convers maitre en la chambre des comptes,
Sire Francoys Colombier borgeois,
Sire Etienne Plantade merchant,
Pierre Costier cardeur,
Anthoine Cauvas plus vieulx,
Pierre Baudasse laboureur.

Le vingt cinquiesme de mars aud. jour de l'Adventration de Notre

Dame, et que lesd. consuls prindrent serement, feust faicte à Montpellier procession générallé et resjouyssance pour la victoire obtenue par monseigneur d'Anjou en Guyenne contre les huguenotz le tretziesme dudit moys, en ung lieu dict Passac près Jarnac, sur la rivierre de la Charante, auquel rencontre monsieur le prince de Condé chef des ennemys entre autres avoyt esté thué, qui despuys firent leur chef monsieur le prince de Navarre et prince de Condé fils du decedé, jeunes adolessans ne servantz que de nom au seigneur de Chastillon admiral, principal conducteur de ceste ligue.

Au moys de may ensuyvant, monsieur le mareschal de Dampville et monsieur de Joyeuse, congediés par le roy du camp de Guyenne, sen vinrent en Languedoc par Tholose ou feurent longuement. Au moys d'aoust les huguenotz de Cevenes ce saizirent de Melguel près Montpellier, lequel lieu, comme lon scaict très fort d'assiette, pour en aucter la garde, au commencement de ce trouble avoyt esté desmentellé, mais soubdainement ils le rampararent et firent inprenable, que porta grand ennui à Montpellier despuys pour sa proximité.

En ce temps feust descouverte une grand trahison à Montpellier et les aucteurs prins.

Le setziesme de novembre, feurent apportées novelles d'autre victoire obtenue par le roy et son armée contre les huguenotz, le troisiesme d'octobre precedent en ung lieu dict Montcontour en Guyenne, en avoynt ils perdus dix ou douze mil hommes et leur artillerie.

Du mesme temps de lamy novembre, les huguenotz surprindrent de nuict la ville de Nysmes ou firent grand murtre des catholicques et entre autres du seigneur de Saint André gouverneur d'Ayguesmortes et pour lhors dudit Nymes, et deslhors commencerent lesd. huguenotz fere grands courses sur le pays.

L'an mil cinq cens septante, feurent consuls :

Monsieur Me Jacques de Montfaucon seigneur de Vissec quatriesme president de la court des aydes,

Mre Pierre de Jaullo licencie ez loix,

Sire Estienne Vernet merchant,

Jehan Chavard,

Guillaume du Tour,

Jacques Compaignon laboureur.

Au commencement de ceste année, messieurs lesd. princes conduictz eulx et leur armée par led. admiral de Chastillon, apprés la journée de Montcontour délaissée la Guyenne, sen vindrent vers le pays de Quercy et Montaulban, firent mille gastz, ruynes, bruslementz jusques aux portes de Tholose, et y ayants ainsi tenus les champs quelques mois; au commencement du mois de mars avec leur armée encoures d'envyron doutze ou quinze mil hommes de guerre comprins ce que restoict des Reystres, oultre plusieurs fuytifs du pays et cinq ou six pieces d'artillerie, commencerent entrer dans le Languedoc suyvant le grand chemin, sacquageans et bruslantz esglizes, monasteres, abbayes et plusieurs villaiges et maysons aulx champs, mesmes quant les trouvoient desertes et sans munitions de vivres, sans s'arreter aux bonnes villes et lieux munis de forces, tirantz de rancon de plusieurs pour ne fouller le dehors par grand effroy et ravage du pouvre pays, aulcungs lieux toutes foys firent battre et prindrent d'assaut, comme Montreal et Comgues prés Carcassonne, Servian, Cazouls de Narbonne prés Béziers, et Pignan prés Montpellier, et passa le plus fort delad. armée, mesme les grands, tenantz le grand chemin devant Montpellier et la veue de la ville prez Sainct Martin de Prunet droict au Pont Trincat et Lattes pour ce rendre à Malguel, durant trois jours sur la fin dud. moys de mars et premier d'apvril, s'arrestantz par foys de grands trouppes sur le hault dud. Saint Martin pour adviser la ville, non sans estre sallués de coups de pieces de campaigne delad. ville, et assaillis au dehors par diverses escarmoches, par forces delad. ville estantz à cheval et à pied, dont plusieurs desd. ennemys trouvés escartés y demeurarent; les autres pour ne pouvoir estre ensamble passarent par Homelas, la val de Montferrand, Teyran et le Crez, au quel lieu du Crez loutga une nuict le sieur de la Lonc avec sa compaignie de cavallerie, par alcungs sortis de Montpellier feust deffaict et destroussé luy et les siens. Lors du passaige desd. princes pour la craincte d'ung siege, feurent à Montpellier promptement ruynés pour la seconde foys, les faulx bourgs et jardinaiges mesmes les plus prés des foussés au grand interechtz des possesseurs, qui avec grand fraicz les avaient rediffiés puys les premiers troubles.

Lesd. princes en passant firent assieger Lunel, lequel lieu apprés avoir battu quelques jours quicter, cependant monsieur le marechal Dampville avec autre armée, talonant despuis Tholose celle desd. princes, arriva à Montpellier le troysiesme dud. mois d'apvril pendant le siege de Lunel, qu'il fist dextrement avitailler et munitionner.

A ceste calamité de guerre estoict joincte une cy grand faulte de vivres, qu'il ne ce trouvoit du pain qu'en aulcunes bonnes maysons et pour les chevaulx rien, tellement que sans les grands forces qu'estoient dans la ville et des vivres que led. seigneur mareschal faysoyt advenir pour son armée, il y eust eû sedition popullaire dans la ville.

Envyron la my apvril, lesd. seigneurs princes partirent de Nismes allant droict en Viverois et Fourestz et led. seigneur de Dampville aussi de Montpellier avec ses forces les suyvantz pas à pas durant son gouvernement. Ez moyssons suyvants plusieurs feurent contraintz anticiper, y eust de grands difficultés et dangiers à la recolte courants les ungs sur les autres le plus fort ravageantz le tout. Cependant que la paix ce traictoict en France dont au moys d'aoust ensuyvant en feust envoyé le pacquet par led. seigneur de Dampville à Montpellier avec le edict faict à Sainct Germain en Laye aud. moys d'aoust en mil cinq cens septante, que le vingt sixiesme dud. mois feust publiée à Montpellier, contenant plusieurs poincts entre autres que ung chacung seroict remis en son bien, que l'exercice dicelle novelle relligion seroyt pour toutz les villes et lieux par eulx tenus le premier jour dud. aoust et dans lesd. lieux, et oultre ez faulx bourgs des deux villes nommées aud. edict de chesque gouvernement de ce royaulme, et encores pourroict estre chez toutz les seigneurs haultz justiciers ayant phief d'aubert. Le dix septiesme de septembre revint le dit seigneur de Dampville à Montpellier, et en sa compaignie ced. jour y entrarent tous ceulx de la religion de toutz estaz et sexes que pour les troubles s'estoient exemptés en grand nombre, et comenca-t-on à ce repatrier, non que y eust exercice de lad. relligion à Montpellier, maiys alloient au presche ceulx de lad. ville et faysoient l'exercice de lad. rélligion à St. Jehan de Vedas appartenant à ung hault justicier, ensuyvant le edict.

Ainsi apaysé le royaulme, feust faict le mariatge du roy et de madame Elizabeth d'Austriche fille de Maximilian empereur, et ycellui mariatge solempnisé à Mesiere sur la Meuse au mois de décembre aud. an.

L'an mil cinq cens septante ung, feurent consulz:
Noble Jacques des Guillens seigneur de Figaret,
Me Claude Janin banquier,
Me Pierre de Nemauso notaire,
Pierre Teyssal merchant,
Guillaume Dallichon esperonnier,
Me Guillaume Jaconnel masson.

Cette année le roy pour effectuer de toutz poinctz la reconsilliation de ses subjects ensuyvant le edict de paccification, singullièrement en ce que conserne l'administration de la justice des differentz deppendantz de l'execution dud. edict, et evicter tout souspcon des jutges du pays, à ces fins y envoya deux commissaires des quels ne pouvoict estre appellé que à son conseilh privé, c'est ung Me des requestes de son houstel et autre conseiller du parlement de Paris, les quels commencerent tenir leurs assizes à Tholose, continuarent en appres par toutes les seneschaussées du pays y vacquantz envyron ung an.

Au moys d'octobre de ceste année, feurent tenus les estats du pays à Montpellier soubz monsieur le visconte de Joyeuse lieutenant général du roy, et lhors mandé par le roy fere vuyder les garnisons des soldats y estant, dont ce faict feust la ville remise en son antien estat libre, sans plus y voir armes ez portes, corps de garde à la Lotge, ny ouyr tambour battant et arquebusades, unze ans apprés justement quelle avoyt esté asservie à cest estat puys la première elevation des armes.

Icelle année du moys de janvier en bas pour l'esterillité des bleds precedante feust grand famyne à Montpellier, tellemant que le cestier de bled ce vandoict communement sept ou huict livres et monta jusques à dix livres, et sans la prevoyance y eust eû en lad. ville dangier d'esmotion popullaire.

L'an mil cinq cens septante deux, feurent consuls:
Monsieur Me Jehan le Clerc conseillier au siege presidial,
Noble Hugues Cathelin,
Me Jehan Perdrix chirurgien,
Jehan Laye merchant,
Jehan Beneseich,
Anthoine Serre dict Montaignete.

Cette année pour entretenir davantaige les habitans de lad. ville des deux relligions et amytié et concorde, le roy envoya aud. Montpellier pour la main forte et commander à son nom, sans garnison toutes foys, le seigneur des Urcieres chevallier de son ordre, natif de la ville, de la mayson des Urcieres ou de Gaudete, seigneur de la Vaulsiere, et pour sur intendant à la justice, le seigneur de Bellievre l'ung des presidantz au parlement de Grenoble, et à mesmes fins par ses lettres commande à quelques ungs de chesque religion et des principaulx, s'absenter de la ville par quelque temps, induysant par ceste manière en lad. ville l'ostracisme des Athoniens. En lad. année pour plus grand signiffication de la retourchation des deux relligions en ce royaulme, feust faict le mariatge de monsieur Henry prince de Navarre cydevant nommé, delad. novelle religion, fils de monsieur Anthoine de Borbon duc de Vendosme décédé au siege de Rouen ez premiers troubles et de Madame Jehanne dAllebret royne de Navarre, avec madame marguerite de France sœur du roy, la solempnité du quel mariatge ordonnée d'estre faicte à Paris au moys d'aoust dudit an, y vindrent et sy assemblarent lad. royne de Navarre, led. prince son fils, le prince de Condé son cousin, l'admiral de Chastillon, le comte de la Roche-Focaud et presque toutz les plus grands seigneurs gentilhomes et cappitaines delad. religion novelle, de tout le royaulme, avec le plus grand arroy et magniffieque apparat qu'ung chacung avoyt pu pour honorer ceste feste et alliance tans agreable à ung chacung : et en la ville cappitalle du royaulme que lesd. de la relligion pieça n'avoient frequenté, attendant le jour de la quelle feste, lad. royne de Navarre surprinse de malladie trespassa de ce monde et deslors led. seigneur prince feust nommé roy, les nopces en apprés solempnement et en sorte royale faictes envron la my aoust sdsd. Ung vendredy vingt deuxiesme dud. mois, led. seigneur de Chastillon admiral de France, venant du Lovre de chez le roy et allant à son lotgis près Saint Germain de lAuxerrois, feust blessé d'ung coup d'arquebuse et porté à son lotgis : et le dimanche ensuyvant vingt quatriesme dudit aoust jour Sainct Barthelemy heure de matines feust excité ung tel tumulte à Paris que led. admiral, le comte de Roche-Focaud et tant d'autres qu'on peust trouver delad. relligion feurent mis à mort, et non les estrangiers seullement, mays des principaulx de la ville une infinité, si que ne feust perdonné que aud. roy de Navarre [162], ou prince de Condé, et quelques autres comme le seigneur d'Accier expeciallement saulvés. Le trentiesme dud. moys, feust la novelle de cest accident sceue à Montpellier, et incontinent les armes prinses par les catholiques craignantz d'être avancés par les huguenotz, les quels au contraire ez lieux où ils se trouvarent les plus fortz, comme à Nismes, Uzes, Somieres et ez Sevenes, en firent aultant, ce tenants sur leur garde : et ainsi commenca en ce royaulme la quatriesme guerre civille, pour le faict de la quelle sur la fin du moys d'octobre suyvant, monsieur le mareschal de Dampville feust par le roy envoyé en ce pays, et s'arresta en la ville de Beaucayre jusques aulx festes de Noel, que fist assembler les estats du pays audit Montpellier pour provoir en ceste guerre.

L'an mil cinq cens septante troys, feurent consuls:

Messire Loys de Bucelly baron de la Mousson chevalier de l'ordre du roy,

Monsieur Me Michel de Bonnefoux docteur ez loix,

Sire Estienne Plantade merchant,

Anthoine Aoust merchant,

Jehan de lHostal jardinier,

Gillibert Carbonnier laboureur.

Au commencement de ceste année monseigneur le duc d'Anjou feust envoyé par le roy avec grosse armée pour assieger la Rochelle, et la remectre à l'hobeyssance du roy, estant lad. ville occuppée par ceulx de lad. relligion. Au moys de febvrier aud. an nasquist au roy Charles neufviesme son premier enfant, que feust une fille nommée Marie, en la ville de Paris. En Languedoc, monsieur de Dampville dressa camp et assiega Somieres ville et chateau trés fort occuppé par les huguenots, ou ayant demeuré devant plus de six sepmaynes et donné deux assaultz soubstenus par les assiegés, enfin sur le commencement d'apvril luy feust lad. ville randue vies et bagues saulves, après y avoir perdus des catholicques envyron sept à huict cens hommes et plusieurs grands personnaiges, comme le comte de Candalle capitaine de cinquante hommes d'armes beaufrere dudit seigneur mareschal, le seigneur de Villeneufve chevallier de l'ordre du roy lieutenant de la compaignie de gensdarmes de monsieur de Joyeuse, et autres beaucoup: recouvré Somieres, led. seigneur rompist son camp dispousant les garnisons par le pays: les huguenots au contraire surprindrent Montlaur-lez-Montpellier et la cité de Lodeve, y faisant grand butin. Au moys de jung monseigneur d'Anjou estant devant la Rochelle sans le pouvoir forcer, finablement fist paix avec eulx, tant pour eulx que toutz leurs adherantz du royaulme, et s'en retorna led. seigneur en court et en la ville de Paris ou vint une grand et magnifficque ambassade du royaulme de Poloigne, trés opullant et grands entre toutz les septemtrionals, apportans audit seigneur duc d'Anjou l'election faicte de sa personne pour leur roy, luy presentant la couronne qu'il accepta, avec grand solempnité et alegresse publicque, et deslhors feust dict roy de Poloigne.

En Languedoc monsieur le mareschal accorda la tresve et suspencion d'armes à ceulx de la relligion, publiée à Montpellier le sixiesme aoust: cependant qu'ils envoyarent devers le roy pour luy remonstrer aulcungs pointz sur led. edict de la Rochelle qu'ils ne voulloient accepter simplement, d'aultant que par icelluy n'estoit permis l'exercice de lad. relligion publicquement quen trois villes du royaulme, la Rochelle, Montauban et Nismes, et quant aulx officiers estants de ladicte relligion ceux desd. trois villes estoient reservés, tous les autres du royaulme privés, et plusieurs autres poinctz y avoyt aud. edict partie conformes aux precedens edicts, partie de noveau, non au gré desd. de lad. relligion, par quoy leur feust octroyé de pouvoir aller devers sa majesté: cependant ledict edict feust publié à Montpellier le treitziesme dud. moys de septembre, et finy led. temps de lad. tresve icelle prorogée plusieurs foys.

Et l'autone dudit an partit de France le roy de Poloigne pour aller prendre possession de son royaulme passant par les Allemaignes, et durant ses jours feust à Montpellier une trahison pendant la tresve, entreprinse par ceulx de lad. relligion fuytifs, par le moien d'aulcungs des leurs habitans en la ville, la quelle trahison, monsieur le mareschal estant dans lad. ville, descouverte par la grace de Dieu, feurent aulcungs des entrepreneurs saisis et punys à mort.

En ce temps et pour la feste de Notre Dame de décembre feust par messieurs les consuls acquise une grosse cloche et mise au clochier Notre Dame ou despuys les seconds troubles n'en avoyt eu.

L'an mil cinq cens septante quatre, les estats du pays feurent tenus a Montpellier soubs monsieur le mareschal envyron la my janvier et aprés approchant le premier jour de mars questoit accoustumé eslire et créer les consuls nouveaulx: led. seigneur voyant la disete d'hommes d'honneur quen ce temps calamiteux voulcissent accepter ladite charge, y voulust, attendu la misere du temps, provoir par son auctorité, et de faict esleust et créa sans préjudice desd. estatutz et consequences à l'advenir, savoir est:

Messire Jehan des Urcieres dict de Gaudeti seigneur de Castelnau chevalier de l'ordre du roy,

Me Jehan Perdrier licencié ez loix procureur du roy au gouvernement de Montpellier,

Sire Bernardin de Venero borgeois,

Jehan Vidal merchant,

Guillaume Potion,

Jehan Galet laboureur.

Le dimanche quatorziesme dud. moys par commandement dud. seigneur feust faicte monstre generalle en armes des habitans de la ville, à raison de laquelle et auparavant icelle monstre feust grand differant entre messieurs les consuls vieulx encores estantz en charge jusques au vingt cinquiesme dud. moys, et Me Guillaume de la Coste général en la court des aydes, durant ses troubles esleu par les consuls et conseilh de la ville pour sur-intendant aulx six sixains et quartiers de la ville oultre les six cappitaines y estantz, se voullant préthandre le dict sur intendant comme colonel de la ville non cognoyssant les consuls ains les debvoir précéder en ce faict, combien il eust esté creé par eulx et qu'ils feussent les vrays naturels cappitaines du peuple apprés les chiefs y établis par le roy comme avoyt esté tousjours observé en lad. ville à l'instar des autres telles de ce royaulme : sur quoy auparavant lad. monstre et le treiziesme dud. moys, assemblé, par promission dudit seigneur, conseilh général feust conclud que led. Sr mareschal seroict supplié garder lesd. consuls et ville en leurs antiens droits, c'est que houstee telle usurpation d'auctorité prethandue par led. de la Coste, la sur intendance du peuple feust remise à l'antieneté assavoir des quatre depputés prins des meilheurs maysons de la ville de la noblesse, soubs la charge toutes foys et sur intendance du seigneur gouverneur pour le roy estably en la ville et desd. consuls, dont advenant led. jour de la monstre et revue generalle par ordonnance dud. seigneur mareschal led. de la Coste ne cy trouva, ains feurent lesd. six sixains assemblés et toutz meslés conduictz en teste par le seigneur de Laverune chevalier de l'ordre du roy lieutenant d'une compaignie de gensdarmes du seigneur de Carces gouverneur pour la guerre et lhors commandant pour le roy en lad. ville, marchant avec luy le seigneur baron de la Mousson chevallier de l'ordre du roy et premier consul et viguier, ayant son chapperon au coul de velours cremoysin rouge, suyvant les autres cinq apprés chacung leur chapperon consulaire au coul, et apprés eulx les six cappitaines desd. sixains armés, et au millieu de la troppe qu'estoit belle et grande, accompaignée de plusieurs fifres et tambours, les six enseignes toutz dung ranc qui ce assemblarent à la place du Palays et apprés marchantz en batailhe passarent devant la mayson d'habitation de monsieur le général Viart à la Pierre, lotgis dud. seigneur mareschal y present avec plusieurs seigneurs estrangiers, chivalliers de l'ordre, gentis hommes et antiens noutables personnes, et de la sen revindrent devant la mayson de la ville ou estantz ce cepararent, et appres ledit seigneur gouverneur et consuls vindrent fere la reverence aud. seigneur mareschal, le quel se contenta merveulheusement de l'hobeyssance et bonne voulanté qu'il a treuvé ez hommes pour le service de sa majesté en la quelle il les a exortés continuer.

L'an mil cinq cens soixante quatorze et le dimanche dernier jour du moys de febvrier, nous Jehan Torilhon docteur ez droitz et lieutenant principal au gouvernement et siege presidial de Montpellier, commissaire depputé par monseigneur le mareschal de Dampville gouverneur et lieutenant général au présent pays de Languedoc, sommes allés à la maison de la ville dudit Montpellier en la quelle, heure de deux heures aprés midy, avons trouvé messire Loys de Bucelly chevalier de l'ordre du roy seigneur de la Mausson et Me Michel Bonnefoux docteur et advocat, premier et segond consuls de lad. ville, aux quels avons exhibé et monstré les lettres de nostre dite commission données audit Montpellier le vingt septiesme jour dud. moys signées et scellées du nom et scel dud. seigneur mareschal, et leur siniffié la nomination de six consuls nouveaulx pour l'année présente, esleus et nommés par mon dict seigneur le mareschal, sy leur avons faict inhibitions et deffances, et en leurs personnes aux autres consuls de lad. ville, de proceder à aulcune election ne nomination d'autres consuls nouveaulx quels quils soyent, ains leur commandé recepvoir aux jours qu'ils ont accoustumé les denommés en icelle commission de teneur:

Henry de Montmorency seigneur de Dampville mareschal de France gouverneur et lieutenant général pour le roy au pays de Languedoc et commandant generallement pour le service de sa magesté ez provinces de Lionnoys, Daulphiné et Provence, à tous ceulx quy ces présentes verront salut.

Sçavoir faisons qu'en prevoyans le temps pernicieux continuer sa saison en ce royaulme, par le moyen des seditions et rebellions de plusieurs contre sad. magesté soubz pretexte de la relligion prethendue refformée, mesme en ce pays de Languedoc ou ils se sont saisis et emparés de plusieurs villes, chateaux et fortaresses, et tachent journellement d'y en saysir et surprandre davantaige par l'intelligence qu'ils ont en icelle, quelques foys par la conivance et nonchallance des principaulx habitans mestres du faict publique, desirant y pourvoir et remedier et aussy à ce que pour la necessité des affaires que se pouront offrir les charges publiques soyent comises a personnes d'honneur, d'authorité, d'integrité et de faculté telle qu'en puissent respondre et sur les quels nous en puissions reposer ez choses concernans le service de sad. magesté et le debvoir de nostre charge, nous auryons ce faict mys en delliberation au conseil de sad. magesté estably prés de nous, par l'advis du quel et pour aulcunes considerations tres importantes aud. service de sa magesté nostre resolution auroyt esté de nommer a l'effet que dessus, et instituer en aulcunes des plus importantes villes capitalles de nostred. gouvernement specialement en ceste cy de Montpellier de nouveaulx consuls, sortant ceulx quy en sont maintenant de charge, de la qualité susd. et pour ce aurions mandé venir vers nous les ecclesiastiques et clergé, les sieurs généraux des aides, de la chambre des comptes, du siége presidial, les sieurs consuls estantz de présent en ceste ville, et les principaulx bourgeois d'icelle, les quels estants assavoir : pour le clergé et dellegués par icelluy, Me Guillaume de Pellet prebtre prevost, Pierre de Ratte chantre, Francois de Lauzellergue et Pierre Trial official et chanoines de l'esglize cathédrale dud. Montpellier : pour lad. court des aydes, messieurs Francoys de Chefdebien et Raimond Viart generaulx des finances, Simond de Beauxhostes et Jehan Philipy segond et tiers présidens, Guillaume de la Coste et Estienne Rate generaulx des aydes : pour la chambre des comptes, maitres Pierre de la Volhe premier président, Nicolas du Boys, Arnaud de Rignac et Charles Figon conseillers du roy et maitres des comptes en icelle chambre : pour lad. court présidial, Mre Jehan Torilhon lieutenant principal, Jehan Fabry lieutenant particulier, Anthoine Uzillis, Francoys Dupuys, Jean Leclair, Aymes de Ratte conseillers, et Jehan Perdrier procureur du roy aud. siege : Loys de Bucelly chevalier de l'ordre du roy premier consul, Michel Bonnefous second consul, Estienne Plantade tiers consul, et autres leurs compaignions consuls à présent de cested. ville : pour lesd. bourgeois, Pierre Pons, Anthoine Bourgues, Guillaume du Tour, Neffre, Mascaron, Laurens Andrieu et autres, nous leur aurions remonstré les choses susd. quant et quant dict et declairé que nous nous serions informés de ceulx qui sont de telle intégrité et quallité en lad. ville que telles charges peuvent requerir et meriter, entre les quels on nous auroyt nommé pour l'estat et ranc de premier consul lesd. de la Volhe premier président des comptes et Philipy tiers president des generaulx et les Srs de la Vaulciere et de Castelnau freres, chevaliers de l'ordre du roy, pour le second ranc led. Me Jehan Perdrier procureur du roy en lad. court, Me Jehan de Trinquayre docteur et advocat et Jean Dandrea ; pour le troisiesme ranc Me Mermet Martin greffier en la court des aydes, Bernardin de Venero, Guillaume Tuffany et Laurens Raynard ; pour le quatriesme ranc Jehan Vidal, Guillaume Esperonnat et Pierre Pons ; pour le cinquiesme Guillaume Potion, Jehan Chavard et Barthelemy Jacquiro dict Chambery, et pour le sixiesme ranc Jehan Galet viel et Anthoines Salgues, les ayant exortés chacun d'eulx de nous déclairer en leurs consciences sy en aulcungs d'iceulx ils sauroyent ny cognoissent aulcun vice ou indignité de telles charges affin d'en choisir par nous ung d'ung chacun ranc sur l'advis qu'ils nous en donneront : sur quoy led. sieur de la Mausson premier consul tant pour luy que pour ses compaignions et aussi led. Bonnefoux segond consul nous auroyent remonstré qu'ils ne pouvoyent ny ne debvoyent y consentir pour ne prejudicier à leur auctorité et teneur de leurs privillieges et de la ville, toutes foys que ils ne voudroyent contrevenir à notre intention, prouveu qu'en les privant de leur election nous les indempnisions de la callumpnie que lon leur pourroyt mettre sus de navoir bien versse en leurs charges et que pour raison de ce on ne pensat qu'ils heussent esté privés delad. election, et ce par telles declairations et provisions que besoing seroyt, nous declairans ne voulloir assister audit advis bien que aprés avoir entendu les noms et surnoums des susd. ils ayent dict ne recoignoistre en eulx que toute integrité et fidelité au service du roy et du publiq, et au mesme instant se seroient despartis de l'assemblée, la quelle ce non obstant unanimement nous auroyt respondu que tous les susnommés estoyent et sont personnes d'honneur, bons catholiques resseus et solvables, integres et cappables non tant seulement de charge consulaire mais de plus grandes et graves quant ils y seront employés, et que ce seroyt ung bien inextimable a lad. ville que par nous en feussent esleus et choisis ceulx que bon nous sembleroyt, et pour y estre institués et tout incontinent, d'aultant que lesd. presidens à cause de leurs charges nous auroyent proposé plusieurs excuses légitimes, nous aurions esleus et nommés pour la charge de premier consul le sieur de Castelnau chevalier de l'ordre du roy, pour segond ledit Mre Jehan Perdrier le vieulx son procureur aud. siége présidial, pour tiers led. Sr Bernardin de Venero, pour quart Jehan Vidal marchant, pour cinquiesme Guillaume Potion, pour sixiesme Jehan Gallet le vieulx, les quels lad. assemblée nous auroyt declairé avoyr très agreables pour estre tels que de leurs vertus Dieu, le roy et le publiq en demeurcront loués et servis: ce faict aurions faict rappeller lesd. sieurs de la Mausson et autres ses compaignions aux quels en aurions faict semblable nommination, quy nous auroyent respondu comme dessus, qu'ils estoyent gens de bien et sans reproche mays quils ne consentoyent poinct en tant que cella pourroyt préjudicier à leursd. privilleges, ce non obstant nous aurions avec l'advis de la susd. assemblée dict et ordonné disons et ordonnons que lesd. sieurs de Castelnau, Perdrier, de Venero, Vidal, Potion et Gallet demeurcront et seront consuls l'année présente de cested. ville de Montpellier, comme soubz le bon plaisir de sad. magesté nous les avons nommés et nommons et sustituons en lad. charge et chacung deulx au ranc que dessus est dict, le tout sans consequence ne préjudice aux privileges, franchises, libertés et immunités de lad. ville pour l'advenir, ny à l'honneur, repputation et bonne renommée desd. sieurs de la Mausson, Bonnefoux et autres consuls de présent, leur faisant neantmoings et à tous autres qu'il appartiendra trés expresses inhibitions et deffenses de proceder à autre election d'aultres consuls pour cested. année et enjoinct à tous les mannantz et habitans de lad. ville de quelque quallité et condition qu'ils soyent ou puissent estre de recognoistre et obeir les susd. par nous nommés en icelles charges, leur circonstance et dependance. Sy donnons en mandement au gouverneur de Montpellier ou son lieutenant, que prins et receu par luy le serment comme en tel cas il est requis, que iceulx il mette et institue en la possession et pleine jouissance desd. charges consulleres, ensemble des honneurs, prérogatives, préhéminanses, franchises, libertés, droicts et debvoirs a icelles appartenant, constraigniant lesd. consuls de présent de les recepvoir, leur assister jusques à la fin de leurs charges sellon qu'il est accoustumé en lad. ville, par toutes voyes deues et raisonnables, executant au surplus le contenu en ces dites presentes selon leur forme et teneur, nonobstant oppositions ou appellations à ce contraires pour les quelles et sans préjudice d'icelles ne voullons estre differé.

Donné à Montpellier le vingt septiesme jour du moys de febvrier l'an mil cinq cens soixante quatorze, H. de Montmorency par mond. seigneur le mareschal gouverneur et lieutenant général pour le roy au pais de Languedoc, Charretier ainsy signé et scellées du grand scel dud. seigneur à double queue.

Ledict Bonnefoux avoir veu lad. commission a demandé coppie d'icelle pour estre communiquée à ses autres compaignions consuls et dellay à respondre.

Nousdict lieutenant avons ordonné coppie de lad. commission estre bailhée audit Bonnefoux consul, et pour cest effect avons bailhé l'original à Me Nohel Planque leur greffier, pour en fere une coppie et le nous rendre demain au matin à six heures, à la quelle heure avons assigné lesd. consuls à comparoir devant nous pour dire et desduire ce que bon leur semblera ; presens Me Jehan Auzemar docteur et advocat, Laurens Andrieu et Simond Gailhiard merchans dud. Montpellier.

Et le lundy suyvant premier jour du moys de mars, heure de six heures du matin, sommes retournez dans ladicte maison de la ville à Montpellier et estantz dans la chappelle.

Se sont présentés lesd. de la Mausson et Carbonnier premier et dernier consuls delad. ville quy nous ont dict et affermi les autres quatre consuls n'estre encores venus et qu'ils ne nous pouvoyent faire aulcune responce sy ce n'est que quant à eulx ils ne voulloyent ny entendoyent contrevenir à la vollunté et ordonnance de mond. seigneur le mareschal, ains y voulloyr obeyr avec les protestations contenues en lad. commission et que ce feust sans consequence, et nous ont faict rendre nosd. lettres de commission par led. Planque leur greffier qui en a retenu coppie.

Quoy entendu avons ordonné que les autres consuls seroyent appellés pardevant nous et commandé auxd. de Bucelly et Carbonnier les envoyer querir, et les ayant attendus environ une heure et demye et que les serviteurs delad. maison consullere ont rapporté ne les avoyr peu trouver, avons enjoinct auxd. de Bucelly et Carbonnier les fere venir precisement à une heure après mydy dud. jour, à la quelle heure entendions leur présenter les consuls nouveaulx pour la présente année pour vacquer avec eulx ensemblement jusques au jour de la feste Nostre Dame de Mars prochain, vennant auquel jour en leur présence et dans l'esglize Notre Dame de Tables ysseue de la grand messe leur bailler le serement en tel cas requis accoustumé.

Lesdicts de la Mausson et Carbonnier ont dict qu'ils n'estoyent cause du dillayement et ne voulloyent desplaire en aulcune chose à mond. seigneur le mareschal, et qu'ils advertiroyent leurs compaignions et les feroyent venir à lad. heure; presens Me Philipe de Bossuges, Francoys du Jardin, André Merle et Jehan Gailhiard habitans dud. Montpellier.

Dudict jour heure d'une heure après mydy dans lad. maison consullere.

Avons faict venir messire Jehan des Ursieres chevalier de l'ordre du roy seigneur de Castelnau nommé premier consul pour la presente année, Me Bernardin de Venero pour tiers, Guillaume Potion pour cinquiesme et Jean Gallet vieulx pour sixiesme, et envoyé querir Me Jehan Perdrier procureur du roy au siege presidial nommé pour segon consul et Jehan Vidal pour quart consul, lequel Vidal nous a declairé ne voulloir accepter lad. charge, et estat de quart consul sans au prealable avoir parlé à mond. seigneur le mareschal, qui seroict allé à cheval hors la ville, et semblable response nous a faict Me Barthelemy Perdier fils dud. Me Jehan, esleu segond consul, pour et au nom de sond. pere, disant voulloir attendre le retour dud. seigneur mareschal, et ce en presence desdits de la Mausson, Bonnefoux, Plantade, Aoust, de Lhostal et Carbonier consuls vieulx qui nont dict ne respondre aulcune chose, et toutz lesquels consuls tant vieulx que nouveaulx avons assigné à demain mardy une heure après midy au présent lieu pour estre procédé à l'entière execution de nostred. commission.

Et advenue lad. heure de une heure après mydy dans lad. maison consullere et dans lad. chappelle,

Nousd. lieutenant avons faict commandement auxd. de la Mausson premier consul, Me Michel Bonnefoux segond, Estienne Plantade tiers, Jehan de Lhostal cinquiesme et Jehan Carbonnier sixiesme, recepvoir avec eulx pour consuls de la présente année advenir lesd. des Ursieres sieur de Castelnau pour premier consul, Me Jehan Perdrier procureur du roy pour segond, Bernardin de Venero pour troisiesme, Jehan Vidal pour quatriesme, Guillaume Potion pour cinquiesme et Jean Gallet vieulx pour sixiesme.

Lesdicts consuls vieulx ont respondu que d'autant qu'en prennant la charge de consul ils ont juré sollempnellement pardevant monsieur le gouverneur de ceste ville ou son lieutenant de garder et observer les statuts et privilleges d'icelle et suyvans led. serment ils auroyent remonstré à monseigneur le mareschal ne pouvoir assister à la nomination qu'on luy auroyt faicte des consuls de l'année présente, ce que monseigneur le mareschal leur auroyct accordé et permis auxd. consuls de s'absenter. A ceste cause supplient très humblement mond. seigneur le mareschal ne les vouloir contraindre à la contrevention de leurd. serement ains y prouvoir à ce que soyt faict selon son bon plaisir et sain jugement comme il a accoustumé fere en toutes autres choses, affin que à l'advenir lesd. consuls ne puissent avoir repproches du peuple et reserches pour la contrevention desd. statuts et inhibitions de la cour de parlement.

Et davantaige led. Me Michel Bonnefoux second consul a dict que à la requeste de monsieur le procureur général du roy en la souveraine cour de parlement de Tholose et par auctorité d'icelle a esté inhibé et deffendu auxd. consuls de n'eslire ou nommer aulcungs consuls nouveaulx que soyent de la nouvelle oppinhon ou qu'ayent leurs femmes et domestiques que en soyent, que jaçoyt que le seigneur de Castelnau nommé premier consul soyt catholique sy est que le commun bruit est que sa femme est de la nouvelle oppinhon, faisant foy d'une coppie desd. inhibitions.

Nousd. lieutenant avons interrogé led. de la Mausson premier consul s'il scait que la femme dud. seigneur de Castelnau soyt delad. oppinhon, lequel moyennant serment a dict avoir ouy dire à plusieurs qu'elle a ouy messe despuis ces troubles.

Ledict Bonnafoux dict n'en scavoir autre chose sinon qu'il a ouy dire quelle est delad. oppinhon, lesd. Plantade et de Lhostal consul ont aussy affermé moyennant serment qu'ils ont ouy dire quelle estoit delad. nouvelle oppinhon, led. Carbonnier sixiesme consul a dict ne savoir sy elle est catholique ou de la nouvelle oppinhon.

Et ledict sieur de Castelnau a dict qu'il estoyt chevalier de l'ordre du roy et M[e] d'hostel de monseigneur le duc frere du roy, et pour raison de sesd. estats il est excusable delad. charge, toutes foys sans prejudice de sesd. charges pour le service du roy et pour obeyr à mond. seigneur le mareschal, il accepte la charge et quant à sa femme dict qu'elle n'est delad. nouvelle oppinhon.

Me Jehan Perdrier procureur du roy dict que par edict du roy faict à Fontanebleau au moys d'octobre mil cinq cens quarante sept, il est deffendu à tous officiers de sa majesté des courts souveraines, juridictions ordinaires tant des prevostés, bailliages que des seneschaussées et des courts extraordinaires et aussy à tous advocats et procureurs desd. jurisdictions d'acepter telles charges sur peyne auxd. officiers de privation de leurs estats et offices royaulx et de cent escus d'or auxd. advocats et procureurs du roy et pareilhement que l'acceptant il pourroyt estre repris de contrevention par lad. court de parlement pour raison de la femme dud. des Ursières premier consul, mesmes attendu qu'il a faict faire lesd. inhibitions auxdits consuls des quelles led. Me Bonnefoux a faict mention comme subst. dud. sieur procureur general, suppliant très humblement monseigneur le mareschal l'en voulloir descharger, car n'est il aussy en son vray ordre et ranc quy est le premier lieu et ranc.

Ledict de Venero dict sans ambition que son ranc est d'estre au segond lieu, toutes foys considéré la quallité desd. sieurs de Castelnau et procureur du roy, il acepte la charge au troisiesme lieu pour le desir qu'il a de faire service au roy et obeyr à mond. seigneur le mareschal.

Ledict Jehan Vidal esleu pour quart consul dict qu'il a esté par cy devant esleu au segond rulle et ranc en icelluy, suppliant mondit seigneur le mareschal l'exempter delad. charge attendu qu'il n'est en ranc.

Ledict Potion a dict qu'il a charge de cappitaine d'un sixain de la present ville en laquelle il est occuppé et que pareilhement autre foys il a esté esleu au quatriesme ranc, suppliant très humblement mondit seigneur le mareschal de le voulloir descharger.

Ledict Gallet a dict qu'il remercie très humblement mond. seigneur le mareschal de l'honneur quil luy a faict et a accepté lad. charge.

Nousd. lieutenant attendu la response desd. consuls vieulx et excuses desd. consuls nouveaulx avons ordonné que se retireront par devant mond. seigneur le mareschal pour par sa grandeur estre sur ce proveu sellon son bon plaisir, presens Gaillardet, Verchaut, Jacques Cassaignies, Laurens Andrieu merchant dud. Montpellier et plusieurs autres, Torilhon lieutenant et commissaire, moy escripvant Le Roy pour le greffier.

Et le lundy huictiesme jour du moys de mars an susd., dans la chappelle delad. maison consullere dud. Montpellier a nousd. lieutenant.

Lesdicts consuls nouveaulx nous ont présenté autre commission dud. S[r] mareschal de Dampville du sixiesme jour du présent moys signée scellée du seing et armoiries dud. sieur, par laquelle déclaire avoir ordonné que toutes choses desduictes et mises en advant tant par lesd. consuls vieulx que nouveaulx, la nomination et ellection desd. consuls nouveaulx, tiendra et sortira son plain et entier effet selon sa forme et teneur, et autrement comme est contenu en sa presente ordonnance du vingt septiesme jour de febvrier dernier contenant nostre premiere commission estans de teneur.

Henry de Montmorency seigneur de Dampville, marechal de France, gouverneur et lieutenant general pour le roy au pais de Languedoc et commandant generallement pour le service de sa majesté ez provinces de Lyonnoys, Daulphiné et Provence à Mᵉ Jehan Torilhon docteur ez droictz, lieutenant principal au gouvernement de Montpellier, commissaire par nous depputé à la reception et introdution des consuls par nous nouvellement esleus et nommés pour la presente année en la ville de Montpellier, et pour l'exécution des circonstances et deppendances de ce faict, salut, veu par nous vostre procès verbail dressé sur l'execution de vostre commission cy attachée soubs nostre cachet et vostre renvoy des parties y dénommées pardevant nous pour nous veoir ordonner des fins par eux requises et en ycelles désignées et ayant sur ce ouys lesd. parties en personne quy auroyent dict et allegué ce que bon leur auroyet semblé pour la solution de leur droict, excepté toutes foys Mᵉ Michel Bonnefoux quy n'auroyt comparu ny personne pour luy et heu sur le tout meure delliberation du conseil du roy estably près de nous, par l'advis d'ycelluy aurions dict, déclairé et ordonné, comme nous disons, déclairons et ordonnons que nonobstant toutes choses desduites opposées et mises en advant par ycelles parties nostre nomination et election desd. consuls tiendra et sourtira son plain et entier effet selon la forme et teneur de nostre ordonnance sur ce dressée contenant vostre commission, sans consequence comme dict est en icelle ny préjudicier à l'advenir au rang que de chacun de ceulx que nous avons esleus et nommés pourroyent prethendre de leurs charges consulleres, leur enjoignant de promptement et toutes difficultés cessans de prester le serement en tel cas requis pardevant vous et de exercer lesd. charges selon la coustume et le debvoir dicelle et aux consuls qui sont encores en charge de leur assister sellon lad. costume jusques au XXV de mars prochain a peine de respondre respectivement de tous dommaiges et interets que pourroyent intervenir par leur negligence, connivence ou dissimulation au service du roy et afin que les droits et prerogatives appartenant à tous nouveaulx consuls entrans en charge en lad. ville soyent inviolablement gardées sera par lesd. nouveaulx nommés et par nous esleus procedé entre eulx à l'election de leur assesseur et autres officiers le plus dilligemment que faire se pourra sans qu'il soyt loysible a personne en ce leur donner aulcung empechement le tout soubz le bon plaisir du roy. A ces causes nous vous mandons et ordonnons que incontinent vous actés de proceder promptement en l'entière et realle execution de nostre d. commission et de contenu en nostre presente ordonnance a la quelle mandons et commandons auxd. consuls vieulx et nouveaulx et à tous autres d'obeyr et satisfaire et a ce que par vous au faict de vostre dicte commission leur sera ordonné et enjoinct sur les peynes que dessus, vous ayant de ce faire donné et donnons plain pouvoir, auctorité, commission et mandement special par cesd. presentes. Donné à Montpellier le sixiesme jour du moys de mars mil cinq cens soixante quatorze. De Montmorency. Par mond. seigneur, Seigneuret.

Laquelle commission veue et leue en la presence desd. consuls vieux que leur avons faict des commandemens et enjonctions pourtées par icelle et y obeyr et satisfaire sus peine d'en respondre et de touts dommaiges et interets qu'en pourroyent advenir entre lesquels consuls nouveaulx maistre Jehan Perdrier procureur du roy au siege presidial proteste comme par cy devant a protesté ensemble lesd. sieurs consuls vieulx en ce que pourroyt estre contre leurs privileges toutes foys ont offert obeyr aux ordonnances et commandemens dud. seigneur marechal, lesd. protestations sauvées, presens Laurens Coste, Guillaume Esperronat, Francoys Sallamon et Fran. Du jardin tous habitans dud. Montpellier, Torilhon lieutenant ainsi signé, et plus bas par mandement dud. sieur, Le Roy pour le greffier ainsi signé à l'original.

Mémoire soit à perpetuité que le huictiesme de mars mil V^{c} IIII^{xx}, le capitaine Labenardiere, Jean Durane et les siens à la poincte du jour après que les sentinelles eurent quicté la muraille se saysirent par une faulce et desloyale trahison des murailles et de toute la ville de Montpellier et en chasserent une bonne partie des bons habitans dicelle soubs pretexte (faulcement par eux inventé) de quelque ligue acordée en la ville de Nismes par aulcungs de la religion, et a raison du grand effray qu'ils donarent aux pouvres habitans qui y estoyent pour lhors en la dicte ville (a cause du danger de peste qui pour lhors estoit dans ladicte qui sembloit quasi amortie) et pour le grant meslucge qu'ils firent fere durant leur regne, qui ne dura guieres, ladicte maladie si eschauffa si fort en apres qu'il moreust beaucoup de peuple dans peu de jours, mais Dieu par sa bonté donna le cœur à aulcungs des bons habitans qui estoyent restés dans la dicte ville, les quels cognoissans tres bien que le desir dudit Labenardière, Duranc et des siens n'estoit autre que den sortir tous les vrays habitans pour dicelle ville en faire une espellongue de larrons et voleurs, le xvie dudit mois, se saisirent d'une partie des corps de garde de ladicte ville, avec resolution de les en sortir : a quoi notre Dieu qui ne laisse jamais ses enfans leur assista si bien, que ledit Labenardière, Duranc et les siens furent contraincts de rendre la ville à leur grand regret et se retirer à la grange du Puy avec leurs troupes : et devant que sortir de la dicte ville, Duranc ung de ceulx qui estoit avecques ledict Labenardière alla encloer l'artilherie qui estoit dans le temple de Saincte Foy, ne se pouvant venger de rien plus.

L'an mil cinq cens quatre vingt et ung et le premier jour du moys de fevrier, comme dix heures du soir eurent frappé et le rabat de lorloge ayant frappé deux ou trois coups, le clocher et esguille du temple de Tables de la present ville de Montpellier tumba par terre et s'enfondra tant dedans le temple dud. Tables que sur la grand rue vis a vis de la maison consulere et endoumaigea grandement la maison de l'orgerie de lad. ville et la maison de monsieur le president Chefdebien estant vis a vis dud. clocher ou miraculeusement feust preservé Sr Jehan Gallard marchant delad. ville avec sa famille qui habitoit dans icelle. Dans le dit clocher y avoyt deux sentinelles qui sy tenoient jour et nuit pour la garde de la ville qui y furent accables, et dans une petite bouticque tout joignant led. temple y feust accablé aussi par la ruyne dudit clocher ung orfevre nomme Me Jehan Gibal, avec ung sien serviteur et ung aprentis dicelluy : et ayant le lendemain matin faict lever les ruynes qu'estoyent tombées sur lad. bouticque, ledit Gibal et son serviteur furent trouvés morts, et ledit apprentis encores en vye pour s'estre caché dessoubz ung petit banc de boys toutes fois fort blessé et brisé et lequel despuys est mort quelques huict jours après. *Signé* FESQUET, greffier.

Lan mil six cens et quatre et le dix huitiesme jour du mois de juillet par la déliberation du conseil des vingt quatre, president en icelluy monsieur Me David de Falgayroles lieutenant particulier au gouvernement de Montpellier a esté arresté et conclu, que pour raison des rebellions et irreverances commises contre messieurs les consuls par Jehan Benezech pezeur de foin et de boys ez années précédentes, que ledit Benezech ne pourra plus dorenavant estre employé en aulcune charge de la dite ville, et ordonné que par moy greffier la presente deliberation seroit registrée dans ce present livre, comme tout incontinent apres la tenue dudit conseil a esté fait. L'an et jour susdit, FESQUET greffier signé.

FIN.

NOTES.

NOTES SUR LES COUTUMES.

Depuis la publication de l'introduction aux Coutumes, l'auteur a retrouvé chez M. de Lunaret, conseiller en la cour de Montpellier et membre de la Société Archéologique, le premier volume manuscrit du commentaire de Gautheron sur les Coutumes de Montpellier. Ce volume, format in-folio, très-bien conservé, et d'une fort belle écriture, est sans nom d'auteur. Mais la préface et le commentaire de l'art. 52 étant les mêmes que la préface et le commentaire copiés en 1773 par le président Bouhier, sur les manuscrits originaux de Gautheron lui-même (*voir l'Introduction*, *p.* XII), il est tout-à-fait hors de doute que le volume possédé par M. de Lunaret est bien la première partie de l'ouvrage de Gautheron. Malheureusement le second volume n'a pu être retrouvé, malgré tous les soins qu'a pris pour y parvenir le bibliophile éclairé à qui le premier appartient déjà depuis long-temps.

D'un autre côté, la Société Archéologique a acquis, en 1838, un manuscrit du XVIIIe siècle, qui a fait autrefois partie de la bibliothèque de M. Cambon, évêque de Mirepoix, et où l'on trouve, entre autres pièces, le texte de chacun des articles des Coutumes de 1204, successivement reproduit en roman, en latin et en français. Les textes roman et latin sont très à peu près ceux que nous avons publiés; le texte français est tiré de la traduction qui fut annexée à l'ordonnance du mois d'août 1613, par laquelle Louis XIII, et pour lui la reine régente, déclarèrent « confirmer, ratifier « et approuver les privilèges, libertés, immunités..... statuts et ordonnances faits « pour le bien public de la ville de Montpellier et administration d'icelle. » Cette traduction, dont la Société possède une copie manuscrite, renferme, outre les coutumes rédigées en 1204, 1205, 1212, 1221 et 1223, divers établissements et ordonnances, dont quelques-uns ont été publiés, dans leur texte primitif, parmi les pièces qui composent la seconde partie du Thalamus. Par une singularité remarquable, à la suite de ces traductions, sans interruption, et sous la même attestation notariale, le manuscrit dont il s'agit reproduit, comme étant aussi expressément approuvé et confirmé par l'ordonnance royale, l'établissement du 13 janvier 1445, en roman, tel qu'il a été inséré dans notre collection, pag. 186.

La philologie, l'histoire et la jurisprudence fourniraient aisément sur les Coutumes de Montpellier un gros volume de notes. On s'est borné à celles qui étaient absolument nécessaires pour l'intelligence des textes, et pour l'indication des sources d'où avaient été tirés ceux qui n'appartiennent pas au manuscrit des archives de la commune.

COUTUMES PUBLIÉES EN 1204. — Art. 1er. *Latas*, Lates (*Latera*), village à une lieue environ à l'est de Montpellier. Situé au bord de l'étang qui longe la côte et communique avec la mer, Lates a long-temps servi de port à Montpellier. — *Castelnou*, village situé sur la rive gauche du Lez, à un quart de lieue au N. E. de Montpellier.

Art. VI. Le Thalamus ne renfermant pas le serment du bayle, que l'on rencontre dans tous les titres écrits en latin, et dans les deux autres manuscrits romans, on a suivi le texte du manuscrit Bouhier. On a également corrigé ou complété, d'après ce manuscrit, les art. 3, 20, 23, 83 et autres, tout-à-fait insuffisants ou défectueux dans le Thalamus. Les titres des art. 34, 36, 110, 112, 116, 123 ont aussi été pris dans le manuscrit Bouhier, comme plus clairs que ceux du Thalamus.

Art. VIII. *Si lur domini, oc.* Cette locution énergique, qu'explique le texte latin, se retrouve dans le manuscrit Joubert, à l'art. 72. La traduction française de 1613 dit: « En sa cour les légistes ne maintiennent les causes, sinon les leurs propres. »

Plagdomini, lisez *plag domini*.

Art. XVI. *Fanom*. Le ms. Bouhier décompose ainsi cette synalèphe : *fa ne hom*.

Art. XVII. *Quasi quartam partem*. 20 sur 60, c'est-à-dire le tiers, mais le tiers au plus.

Art. XVIII. *Au*. Cette orthographe, peu usitée, est conforme à la prononciation encore en usage en certaines localités. Partout ailleurs les manuscrits disent *o* ou *ho*.

Art. XXXII. *Malefacha*, lisez *malafacha*.

Art. XXXIV. *Melguer*, aujourd'hui *Mauguio*, l'ancienne résidence des comtes de Substantion et de Melgueil, suzerains pour partie de la seigneurie de Montpellier.

Art. XXXVIII. *Subtus tegulas.*—*Sotz teules.* Les titres anciens sont tous d'accord sur ce passage, qui rend cependant une partie de l'article incompréhensible ou déraisonnable. La traduction française officielle dit elle-même : « que ne nul ne puisse faire fenêtres « en la paroy *soubz* les tuiles, et si aucune y avoit été faite soit fermée, si force de « pact n'y est exprès. » Mais E. Serres rapporte que le présidial, déclarant qu'il y avait eu erreur de rédaction, avait interprété ce passage en ce sens, qu'il était défendu d'ouvrir aucune fenêtre donnant *sur* les toits du voisin. Le tribunal de Montpellier, sur la plaidoirie de Me Reynaud, aujourd'hui conseiller en la cour, a jugé dans le même sens.

Art. XLV. Le titre en est emprunté au manuscrit Joubert.

Art. XLVIII. *Decem solidos*, — XXV *libras*. Cette différence dans les deux textes ne suffirait-elle pas pour prouver qu'ils ont été rédigés à des époques différentes ?

Art. LXXII. Le manuscrit Joubert reproduit ici la locution dont il a été parlé dans la note sur l'art. VIII : *Al condemnatz*, dit-il, *alongui de* IV *mezes non sia autreiatz ; si per lalbiri del iutge, hoc.*

Art. LXXIV. *La pistola Dividrian.* Le manuscrit Bouhier dit *de Dividrian;* le manuscrit Joubert *de Adrian.* Voir aux *Institutes* III, 21, 5, au *Digeste* et au Code *de fidejussoribus.*

Art. LXXVII. *Lege municipali.* Ces deux mots, que rien ne rappelle dans le texte roman, prouvent, comme il a été dit dans l'introduction, qu'avant la publication de la charte de 1204, il existait déjà des lois ou réglements émanés du conseil de la commune. La traduction officielle dit : *Sentence définitive par loy municipale vault jaçoit que sans écrit soit recitée.* La mention de la loi municipale dans la traduction prouve qu'elle a été faite sur le texte latin, considéré comme ayant seul autorité.

Art. XCV. *Las escalas.* Comme dans plusieurs villes du midi, les habitants de Montpellier étaient, selon leur profession ou leur quartier, répartis en sept catégories appelées échelles (*escalas*). Les élections publiques et le service militaire se faisaient par Echelle. (Voir le premier acte des Etablissements.)

Art. C. *Lo deuteyre non pot,* lisez : *lo deteneyre non pot.*

A la suite de l'art. CXX, le Petit Thalamus rapporte une ordonnance sans date de Jacques Ier, roi d'Arragon, qui fixe à quatre années le temps pendant lequel le bayle sortant ne pourra rentrer en charge. Le texte latin de cette ordonnance est au Grand Thalamus, sous la date du 6 des kalendes de novembre 1268.

A la fin de la charte de 1204, de même qu'à la fin des actes de 1205 et 1212, les deux textes rapportent les noms d'un grand nombre de témoins, que l'on a retranchés comme ne présentant aucun intérêt.

Coutumes publiées en 1205. — Art. X. *Las vials*, lisez : *las vias.*

A la suite de l'acte de 1205, les manuscrits romans rapportent deux réglements consulaires qui trouveront leur place dans la publication des Etablissements. Le premier étend la disposition pénale de l'art. 86 de la charte de 1204, aux femmes qui épouseraient des hommes âgés de moins de vingt-cinq ans, sans l'aveu des parents de ces mineurs. Le second veut que les débiteurs insolvables demeurent en prison, d'ordre de la cour, durant deux mois, au pain et à l'eau; que cependant on vende leurs biens, et qu'ensuite, nonobstant toute cession de biens, les créanciers puissent les retenir en prison au pain et à l'eau, aussi long-temps qu'ils le voudront.

Coutumes rédigées en 1223. — Art. Ier, au dernier alinéa, *de primis quatuor* — *dels premiers* VIII. Cette différence entre les deux textes, trop constante dans tous les manuscrits pour être une erreur de l'un des deux, ne peut avoir eu pour cause qu'une variation dans les usages de la cour du bayle pendant l'intervalle du temps qui sépara la rédaction des deux textes.

Art. IV. Cet article n'existe point dans le Thalamus. Le manuscrit Bouhier en donne le commencement, mais le folio où était la suite a disparu. Le texte roman que l'on a donné est tiré du manuscrit Joubert ; on y a toutefois ajouté les mots *sera avutz* de la deuxième ligne du deuxième alinéa, sans lesquels la phrase serait incomplète.

Art. V. Page 10, lignes 19 et 20, *intra*, lisez: *in terrâ*.

Les formules de publication des actes de 1221 et 1223, et même leurs dates, manquent dans les trois manuscrits romans.

Après l'article sur les marchands qui meurent en voyage, les trois manuscrits romans rapportent des fragments de statuts consulaires, portant: que les notaires ou greffiers de la cour seront changés tous les ans; qu'ils pourront procéder seuls aux enquêtes; que nul, après avoir été juge de la cour, ne pourra être l'année suivante juge d'appel; qu'enfin les juges d'appel seront tenus, à leur entrée en fonctions, de prêter, entre les mains des consuls, le même serment que les juges de la cour; de plus, les manuscrits Joubert et Bouhier contiennent divers articles d'un réglement de 1225 sur les notaires et les légistes. Ces fragments, mal à propos placés à la suite des Coutumes, ont été insérés parmi les Etablissements.

A la suite de ces réglements, les trois manuscrits romans rapportent la traduction en roman d'une charte, du 4 des ides de décembre 1258, par laquelle Jacques Ier, roi d'Arragon, approuva de nouveau les coutumes de 1204 et 1205, article par article, en rappelant les premiers et les derniers mots de chacun d'eux. On a cru devoir supprimer cette pièce, d'abord comme fastidieuse et inutile, ensuite parce que, soit avant, soit après cette charte de 1258, et notamment en 1218, en 1274, en 1311, en 1349, en 1372 et depuis, la commune obtint de ses divers seigneurs des confirmations de ses priviléges et coutumes, qui furent expressément étendues, non pas seulement aux coutumes de 1204 et 1205, mais encore à beaucoup d'autres réglements d'origine consulaire ou royale, fait, comme dit l'ordonnance de 1613, « pour « le bien public de la ville de Montpellier et administration d'icelle. » On trouve au Grand Thalamus près de quarante de ces actes confirmatifs, et la collection n'en est pas complète.

NOTES SUR LES ÉTABLISSEMENTS.

Après ce qui a été dit dans l'introduction, il reste bien peu de choses à dire sur les Etablissements. Sous le rapport philologique, ils n'ont d'intérêt que parce qu'ils présentent une série d'exemples de toutes les dégradations successives que dut éprouver la langue des troubadours pour arriver à n'être plus qu'un patois. Des Coutumes aux Etablissements, un très-petit nombre excepté parmi les plus anciens, la décadence est extrêmement marquée. On peut en suivre les progrès dans le recueil des Etablissements, en les étudiant selon leur ordre chronologique. De jour en jour la langue romane y perd sa dignité, son originalité surtout, par suite de son mélange avec la langue française proprement dite. Par la même raison, elle y devient pour nous de jour en jour plus facile à comprendre, et parmi les rares difficultés que présente la lecture des Etablissements, il en est bien peu qui puissent être attribuées à d'autres causes qu'à des erreurs du traducteur ou du copiste, quelquefois si lourdes qu'elles ont été irréparables.

Sous le rapport historique, les Etablissements présentent un grand intérêt pour ce qui concerne l'histoire locale; mais, sur ce point, l'introduction a dit tout ce qu'il y avait à dire : l'histoire générale n'aura que bien peu de chose à leur demander. Quant à la jurisprudence, elle n'aura à consulter qu'un très-petit nombre d'Etablissements : celui du 13 avril 1253, qui constate et confirme l'usage d'admettre le père à prendre la défense de son fils, sans bail préalable de caution (*pag.* 124), les Etablissements sur les *comandas*, la contrainte par corps, les partages de biens indivis entre majeurs et mineurs en certains cas, les aliénations de biens de mineurs, les comptes de tutelle, les dénonciations de nouvel œuvre, les prêts faits par les juifs, le privilége du propriétaire sur les meubles de ses locataires (*pag.* 132-139), et deux ou trois autres.

Les notes sur les Etablissements seront donc peu nombreuses.

Nous ferons remarquer d'abord que parmi les diverses pièces qui composent le recueil des Etablissements, quelques-unes ne sont que des dispositions isolées, des fragments pris dans des Etablissements, dont toutes les autres parties étaient tombées en désuétude, ou avaient été jugées sans importance par les auteurs de la collection qui forme le Petit Thalamus. D'autres paraissent n'être que des résumés d'un ou plusieurs Etablissements successivement promulgués sur un même objet; résumés qui n'avaient peut-être aucune autorité légale, comme n'ayant jamais été ni délibérés, ni confirmés, ni promulgués par le conseil de la commune, mais qui étaient si parfaitement conformes à la pratique, qu'ils étaient considérés comme plus utiles à consulter que les divers documents officiels auxquels ils dispensaient de recourir.

Le premier document inséré parmi les Etablissements, l'ordonnance des sept Echelles pour la garde des portes de la ville appartient probablement à la dernière catégorie dont il vient d'être parlé. L'absence de toute formule impérative, celle d'un préambule et d'une promulgation solennelle, quand il s'agissait d'une matière aussi importante que celle de la composition des Echelles, laissent à peine quelque doute à cet égard. On ne peut douter non plus de l'ancienneté de ce document. Les trois manuscrits dont il a été parlé dans l'introduction le rapportent d'une manière à très-peu près identique. On doit tenir pour certain que sa rédaction est du XIIIe siècle. Plus de précision serait téméraire.

Les additions qui ont été mises en notes n'existent que sur le ms. de la commune, et sont d'une écriture qu'on ne peut rapporter qu'aux XVe ou XVIe siècles.

Il en est de même des additions mises en notes à l'Etablissement de 1252, *p.* 98.

Le document non daté qui suit celui-là, *p.* 100, et qui est intitulé: *Establimen com se deuon elegir cossols*, pourrait bien n'être aussi qu'un résumé des usages et des lois en vigueur sur les élections des consuls au moment de sa rédaction, laquelle doit, par les mêmes raisons qui ont été déduites en parlant de l'ordonnance des sept Echelles, être rapportée au XIIIe siècle.

Le document non daté intitulé: *Establimen que officiers de la baylia devont estre nastz en Montpeylier, p.* 105, paraît n'être qu'un extrait d'un ou plusieurs Etablissements antérieurs. Les art. 2 et 3 sont identiques avec les art. 1 et 2 de l'Etablissement des kalendes d'août 1223, dont la cinquième partie des Coutumes formait les cinq derniers articles.

Les documents qui suivent jusqu'à la page 154, remontent tous au XIIIe siècle. On aurait pu donner pour quelques-uns des dates précises; mais leur détermination exacte n'a pas paru présenter assez d'intérêt pour entrer ici dans les discussions très-étendues auxquelles on se serait vu entraîné.

L'ordonnance seigneuriale du mois d'août 1196 (*p.* 127), intitulée: *Lo poder que son donasts ad aquell que pezon lo pan*, est assurément un des documents économiques les plus précieux que nous ait laissés le moyen-âge. Mais le texte que l'on a dû copier sur les manuscrits est parfois très-obscur et contient des erreurs de calcul ou de copie. Nous croyons donc faire une chose utile en résumant ici cette ordonnance, et en indiquant les chiffres qui doivent être tenus pour vrais.

On voulait régler le prix du pain sur celui du blé. En conséquence, et pour arriver à fixer les bases de ce réglement, on acheta, au cours de l'époque, un setier de touzelle et deux setiers de froment de qualités différentes. Au moment où ils furent portés au moulin, ces trois setiers pesaient chacun 112 petites livres (*libras sotils*), c'est-à-dire 112 livres de 12 onces, ainsi que cela résulte uniformément de toutes les parties du réglement de 1196. Après la mouture chaque setier ne rendit plus que 109 livres et demie.

En 1821 les mêmes expériences ont été faites à Montpellier, par ordre de l'autorité municipale, et dans le même but qu'en 1196. D'après les calculs auxquels M. Aurès, ingénieur des ponts et chaussées et membre de la Société Archéologique, a bien voulu se livrer, il est résulté de la comparaison de ces deux expériences, qu'en 1821 on a perdu pendant la mouture 1 p. °/₀ de moins qu'en 1196; ce qui s'explique naturellement, selon lui, par une perfection plus grande dans le mécanisme des moulins.

Après la mouture on procéda au blutage, qui, pour chaque setier, donna, selon le texte, 83 livres ½ de farine, 18 livres de petit son (*ressel*) et 8 livres de gros son (*bren*). Les 8 livres de gros son furent vendues en nature. Des 18 livres de petit son on fit deux pains que l'on vendit aussi, et des 83 livres de farine blutée on fit 70 *tortilhons* de 17 onces chacun, soit 99 livres en tout. La quantité de petit son que donna le blutage, l'emploi qui fut fait de cette entière quantité, et le prix auquel les pains qui en provenaient furent vendus (1), disent assez que la pâte des *tortilhons* était très-fine; et l'on ne peut dès-lors s'étonner de la quantité de résidus que donna le blutage fait en 1196, savoir 18 livres de petit son et 8 livres de gros son, en tout 26 livres sur 109 ½, soit 25 pour °/₀.

Tous les chiffres contenus à la pag. 128, au paragraphe intitulé: *Lesproamen del pes del pan*, doivent donc être tenus pour vrais.

Il n'en est pas de même de ceux du paragraphe suivant intitulé: *Del sestier del pan moflet*. De la farine d'un setier de froment on fit deux pains de petit son qui durent peser 22 livres environ, d'après le prix qu'on en obtient (2); on eut de plus 8 livres de gros son, et de la farine pour faire dix-huit pains, qui ensemble pesèrent, d'après la dernière ligne du paragraphe dont il s'agit, 113 livres 9 onces (3). De ces 18 pains, 17 appelés *cazernals* étaient égaux, le 18ᵉ portait le nom de *doblenc*, et ne pouvait être qu'un double ou un demi *cazernal*. En aucun cas donc, le *cazernal* de pain *moflet*

---

(1) 18 livres à 8 deniers sont 27 onces pour un denier. Or, pour 1 denier on avait 16 onces de *tortilhons* quand le blé coûtait, tous frais faits, 6 deniers le setier; et les 3 setiers achetés pour l'expérience avaient coûté, tous frais faits, 6 deniers environ. Quand on avait pour un denier 16 onces de pain de fleur de farine, pour que 27 onces de pain de petit son coûtassent 1 denier, il fallait que le petit son contînt encore beaucoup de farine.

(2) Dix deniers. Or 8 : 18 :: 10 : 22,5.

(3) 113 livres 9 onces et les 20 livres du pain de petit son donnent 134 livres. L'expérience faite sur l'autre setier avait donné 117 livres en tout, soit en moyenne 125 livres de pain de toute qualité par setier de blé, ou 114,61 pour 100 parties rapportées du moulin; ce qui s'accorde avec les expériences de 1821 à 0,02 près, et qui, par conséquent, doit être tenu pour vrai.

ne pouvait peser, comme le dit le texte, 12 livres ½. Il y a évidemment ici erreur matérielle. En supposant que le *doblenc* était la moitié du cazernal, on trouve que, 17 *cazernals* ½ pesant 113 livres 9 onces, chaque cazernal devait peser 6 livres 6 onces. L'erreur du copiste se borne donc à avoir écrit 12 ½ au lieu de 6 ½; ce qui est d'autant plus probable que 17 fois 6 livres 6 onces font 110 livres 6 onces, lesquelles avec un doblenc de 3 livres 3 onces font juste 113 livres 9 onces.

Le paragraphe intitulé : *Del sestier del pan gros,* contient aussi nécessairement une erreur. Il y est dit que d'un setier moitié orge et moitié froment, on fit 13 *cazernals* ½, lesquels pesèrent ensemble 107 livres ½. Chacun de ces 13 cazernals ne pouvait donc peser que 8 livres environ, et non 18 livres 3 onces comme le dit le texte. L'addition erronée de 3 onces est seule difficile à comprendre ; mais il est évident que le copiste, en transcrivant la dernière ligne de ce paragraphe, à mis un V pour un X, et mal à propos écrit C. e VII. au lieu de C. e XII. Cela résulte de l'ensemble de tout le paragraphe qui est à la page 130 sous le titre : *Aysso es lo pes del pan gros.* On voit, en effet, par de simples règles de proportions, que de tous les calculs consignés dans ce paragraphe (1) il résulte uniformément que pour un setier de froment on doit avoir 112 livres ½ de *pan gros.* Or, si l'on admet que les 13 cazernals ½ pesèrent en effet 112 livres ½ et non 107, on trouve que chaque cazernal entier devait peser environ 8 livres 3 onces.

En résumé, il résulta de l'expérience rapportée par l'établissement de 1196, ainsi qu'on peut encore le vérifier, pour chaque espèce de pain, par des calculs semblables à ceux que nous venons de faire pour le *pan gros* d'près les tarifs détaillés des pages 129-131, que pour un setier de froment on devait donner 99 livres de *tortilhons* ou 113 livres 9 onces de *pan moflet,* le petit et le gros son demeurant au boulanger ; que pour un setier d'orge et de froment mêlés on devait donner 112 livres ½ de *pan gros*, le gros son étant seul réservé, et le petit son servant à la panification ; enfin, que pour un setier d'orge on devait donner 100 livres de pain cuit.

C'est d'après ces bases que les tableaux qui suivent (*p.* 129-131) règlent le prix des quatre espèces de pain selon le taux du prix du blé. De nombreuses erreurs sont contenues dans ces tableaux ; mais comme les premiers alinéas de chaque paragraphe contiennent tous des calculs parfaitement justes, les erreurs qui suivent sont si faciles à corriger qu'il nous semble inutile de le faire ici.

L'Etablissement de 1196 fournit de précieux renseignements sur le prix du blé à la fin du XIIe siècle. On voit, par les tableaux des pages 129 et 130, qu'à cette époque 3 sols et 12 sols étaient les prix extrêmes auxquels on pensait que pouvait descendre

---

(1) Notamment du premier de ces calculs ; en effet, puisque, le setier de blé coûtant tous frais faits 2 sols 6 deniers, on doit avoir pour 1 denier 3 livres 9 onces de pain gros, on en devra avoir pour 30 deniers, prix du setier. 112 livres et demie ; 1 : 3,75 :: 30 : 112,50.

ou s'élever le setier de froment de première qualité; 2 sols ½ et 10 sols celui de 2ᵉ qualité; 20 deniers et 8 sols le setier d'orge. On y voit de plus qu'en 1196, année qui n'est signalée ni comme année de disette, ni comme année d'abondance extraordinaire, un setier de touzelle coûta 6 sols, et deux setiers de froment, l'un 4 sols 10 deniers et l'autre 4 sols 8 deniers. On notera aussi comme prix de main-d'œuvre : 1 denier pour le port de 3 setiers de blé, 1 ½ pour passer au crible, 6 pour les moudre, 3 pour les bluter, 6 pour les pétrir, et 6 pour les cuire, en tout 23 deniers ½, valeur de plus d'un tiers de setier.

Mais quels étaient les rapports du setier et du sol de ce temps avec nos mesures et monnaies modernes? L'Etablissement de 1196 dit qu'un setier de froment porté au moulin pesa 112 *libras sotils* ou livres de 12 onces. Si l'on admet que la livre de 12 onces devait équivaloir à Montpellier, comme cela paraît établi pour Barcelonne et Marseille, à un peu plus de 300 grammes, poids de l'ancienne mine euboïque répandue par les Grecs sur toutes les côtes de la Méditerranée, c'est de 33 à 35 kilogrammes que pesait le setier de blé; ce qui suppose qu'il contenait de 40 à 45 litres, un peu moins que le setier actuel de Montpellier, qui est à peu de chose près le demi-hectolitre. L'hectolitre de blé de première qualité valait donc à Montpellier, à la fin du XIIᵉ siècle, environ 12 des *sols* dont il est parlé dans l'Etablissement de 1196. Or, ces sols étaient évidemment des sols Melgoriens, la seule monnaie alors usitée dans nos contrées, et très-répandue non-seulement dans tout le midi, mais encore dans le nord. Le rapport de cette monnaie à la nôtre est malheureusement un peu incertain.

Un acte du 9 juin 1097 dit que la bonne monnaie de Melgueil doit être de 34 sols à la livre; le sol devait donc peser 9 grammes d'argent fin, et représenter à peu près 2 francs.

Mais un autre acte du 18 mai 1131 dit que les bons sols Melgoriens doivent être de 65 à la livre (52 au marc), et quatre autres de 1150, 1155, 1156 et 1204 (1) disent que l'on devait tailler, le premier 47 sols ½, le 2ᵉ et le 3ᵉ 48, et le 4ᵉ 50 sols Melgoriens au marc; ce qui donne, en moyenne et par à peu près, à chaque sol le poids de 45 grammes et la valeur d'un franc.

Tout porte à croire que le sol Melgorien, dont il est parlé dans le règlement de 1196, est le même que celui des actes de 1150, 1155, 1156 et 1204. Il résulterait donc de l'ordonnance de Guillaume, qu'en 1196 l'hectolitre de blé valait à Montpellier environ 12 francs de notre monnaie, et que 6 fr. et 24 fr. étaient considérés comme les prix extrêmes auxquels on pût atteindre, hors le cas d'événements tout-à-fait extraordinaires.

---

(1) Tous ces actes sont énoncés ou rapportés dans l'*Histoire du Languedoc* de Dom Vaissette, tom. 1ᵉʳ, pag. 243, 409, 467, 596, et pr. 555.

Le document qui est à la page 154, sous le titre : *Aysso son lo convinens que lavesque non escumergue los curials del rey*, ne porte pas la date ; mais il est dit en la première ligne, que la convention est passée entre l'évêque d'une part, le roi et l'*infan* de l'autre. Or, la seule époque à laquelle un acte ainsi intitulé puisse se rapporter, est celle où l'infant d'Aragon, qui fut ensuite Jacques II, était lieutenant de son père, le roi Jacques Ier, en sa seigneurie de Montpellier, titre que le jeune infant garda depuis le 21 juin 1274, jour où il fut conféré, jusqu'au 27 juillet 1276, jour où la mort de son père l'investit de la seigneurie elle-même.

Le règlement somptuaire qui est à la page 161, sous la date du 1er avril 1365, fut expressément approuvé par une ordonnance du roi Charles V, donnée à Paris le 17 octobre 1767, laquelle reproduit en latin toutes les dispositions de l'Etablissement consulaire dont nous avons donné le texte roman.

Le document qui est à la page 191, sous le titre : *Ses se la forma que se deu observar*, etc....., est certainement un de ces résumés dont nous avons parlé plus haut, qui, sans avoir l'autorité des Etablissements, étaient le plus souvent consultés pour la pratique des affaires.

On a oublié de mettre en marge de l'Etablissement qui est à la page 196, la date du 20 mars 1478, qu'il porte en ses dernières lignes.

Les dates des règlements sur les professions de *cirurgien et barbier* (pag. 204) et des *mestres couteliers tenant bouticque*, n'ont pu être déterminées d'une manière précise. Ils sont certainement du XVIe siècle.

Les leudaires romans remontent, ainsi que le dit leur texte, à une haute antiquité ; on ne peut douter que la rédaction que nous avons publiée ne soit de la première moitié du XIIIe siècle.

NOTES SUR LES SERMENTS.

Pag. 250, lign. 2. *Ques fara*, lisez *que se fara* ou *que s' fara*. Les aphérèses ou apocopes de ce genre sont extrêmement communs dans cette partie comme dans tout le reste du manuscrit. Il suffira d'en citer quelques exemples : *contral* pour *contra el; nols* pour *no'els; nils* pour *ni els; veiayrem sera* pour *veiayre me sera; nim* pour *ni me*, etc.

Pag. 253, lign. 14. *O arescostz o a pales; o a rescostz* ou *en cachette* (en languedocien *à rescounduda*); *o a pales*, du latin *ad palam* ouvertement. *Arescostz*, avec la même signification, n'aurait-il pas la même étymologie que l'adverbe italien *di nascosto?*

Pag. 254, lign. 6. *Que lavia* pour *que l'aovia* (que je l'entende).

Ibid., ibid. *La cloca del son mejan*, aliàs *sen major* (le gros saint, le bourdon de la cathédrale N.-D.) Le livre des métiers de Paris emploie la même expression pour rendre la même idée. Exemple : *Li vallet ont leur vesprées........ que cil lessent sitôst comme ils oient les* SAINS *soner*. Des foulons, *Livre des métiers d'Et. Boileau*, édition Depping, tit. 53.

Ibid., lign. 15. *Lalberc* lisez *alberc*, maison : de l'italien *albergo*, logement.

Pag. 256, lign. 4. *Fizentat*, lisez *fizeutat*.

Ibid. lign. 17. *Savals* lisez *sivals*, du moins.

Pag. 257, lign. 1. *Sostz pauzaray*, lisez *sostzpauzaray*.

Ibid. lign. 15. *Cadauna*, lisez *cada una*, chacune.

Pag. 262 en titre. TENG DE LA GRANA. La *grana* n'est autre chose que le *kermès*, cet insecte qui se développe spontanément sur une sorte de chêne familier aux provinces du midi (*Quercus Coccifera* L.). Jusqu'à la découverte de la cochenille, il fut exclusivement employé pour la teinture *écarlate*. Cette teinture n'était guère connue qu'à Montpellier. L'auteur de ces notes donnera de plus longs développements au récit de cette industrie, et généralement de toutes celles qui étaient alors pratiquées à Montpellier, dans un travail qu'il espère offrir au public après l'avoir fait agréer par la Société dont il fait partie.

Pag. 264, lign. 17. 1 *ternal*. Le *ternal*, cette valeur métallique dont la dénomination s'est conservée jusqu'à un temps peu éloigné de nous dans la pratique de nos ateliers, équivaut à 1 gros d'aujourd'hui, soit le huitième de l'once ou la 64e partie du marc.

Pag. 264, en titre. SENHAL DEL PONCHOR, la marque du poinçonneur.

Ibid., lign. 29. *Enap*, en langue d'oil, *hanap*, coupe, vase.

Pag. 264, lign. 21. *Partia*, lisez *partira*.

Pag. 265, en titre. GARDAS DELS AVERS. L'expression générique *avers* avait une signification plus étendue que le mot *marchandises;* elle s'entendait de tout objet quelconque soumis à un droit d'entrée en ville ou de péage. C'est dans ce sens qu'au registre des *leudaires* ou *tarifs*, suprà pag. 239, le *juif* est soumis au péage à l'égal des bêtes de somme à côté desquelles il est tariffé.

Pag. 266, en titre. CORREIARIA. La *correjaria* ou *corregaria* était le métier de l'épuration et de la préparation de la soie, ou comme on disait par imitation de l'industrie des corroyeurs, du *corroi* de la soie; CORREG, CORREGARIA, dont on a dû faire par corruption le mot *corrasserie*, nom de la rue où se tenaient les ateliers de ces fabricants de soie.

Pag. 267, ligne 9. *Leza*, lisez *lez a*.

Pag. 268, en titre. CANABASSARIA. C'était le métier des colporteurs trafiquants de la grosse toilerie, sorte de canevas.

Ibid., pag. 15. *Gazang*, récompense. Ce mot n'aurait-il pas une étymologie commune avec l'italien *guadagno*, gain?

Pag. 268, lig. 2. *Non celarem ab ans*, lisez *non celarem ab, ans: ans* de l'Italien *anzi*, au contraire.

Ibid. lign. 26. *Sen res*, lisez *cenres*, cendres.

Pag. 269, lign. 3. *Ab patu et ab convinen*, par pacte et accord. *Patu*, dérivé sans doute du latin *pactum*.

Pag. 269, lign. 7. *Iasi*, lisez *jasi*, quoique.

Ibid., lign. 17. *Cela*, lisez *tela*, telle que.

Pag. 270, en titre. LI ESPECIADORS, les espéciadors. C'était plus particulièrement des apothicaires ou préparateurs de drogues médicinales.

Pag. 270, ligne 3. *Jutgrava*, lisez *jutgava*.

Pag. 271, lign. 3. *Antrostaris*. Cette expression dont je n'ai pu découvrir la racine étymologique, s'applique forcément à l'idée de *formulaire* ou *manuel*. C'était le guide le plus ordinaire des apothicaires.

Ibid., lign. 5. *Maistres de phezica*, maîtres en *physique*, médecins : *physique*, tel fut jusqu'au XVIe siècle le nom de la science médicale, d'où les adeptes avaient eux-mêmes reçu le nom de *physiciens*.

Ibid., lign. 13. *Gingibrat*, *mirobolans*, le gingembrat, les mirobolans. Le gingembrat était le fruit du *gingembre* préparé d'une certaine façon. Les *mirobolans* étaient employés en médecine comme purgatifs. La préparation et la vente de ces fruits se faisaient chez les apothicaires qui les tiraient des Indes-Orientales.

Pag. 272, lign. 10. *Lesgaramen*, lisez *l'esgardamen*, la vue, la connaissance.

Pag. 274, lign. 11 et 14. *Veychel*, *tina*, *semals*, *banhadoyras*, *dogas*, *arcus*, *tinas*, *escrius*, *barras*, *timons*, noms divers des objets fabriqués par les artisans qui s'occupaient de travailler ce qu'on appelait *la fusta*, le bois propre à la tonnellerie ou la futaille. Voici la signification de ceux de ces noms qui nous sont connus : *tinas*, cuves, ces grands vaisseaux où se foule la vendange; *semals*, en languedocien *semaoü*, cornue; *banhadoyras*, baignoires (des tonneliers construisant des baignoires ! cela ne donne pas une grande idée du luxe et de la délicatesse de nos aïeux dans l'usage de leurs bains); *dogas*, douves.

Pag. 279, lign. 6. *Mal engen. Engen*, fraude, de l'italien *inganno*, tromperie.

Pag. 280, ligne 29. *Vendes*, lisez *vende*.

Pag. 282, lign. 5. *En Les o en Amanson*. Le Lez et la Mosson, deux rivières dont la seconde est un affluent de l'autre : leurs eaux servaient alors et servent encore à la mouture de nos grains.

Ibid., lign. 22. *Tremuega*, la trémie, auge en bois d'où le grain arrive sur la meule qui doit le triturer.

Pag. 282, lign. 11. *En mendar*, lisez *enmendar*, amender.

Pag. 284, en titre. Mestier de la blanquaria, le métier du blanchiment et de la teinture des peaux ou de la mégisserie. On employait à ce métier des plantes naturelles, dont un préposé particulier devait contrôler la qualité. C'était particulièrement le *sumac* (*Rhus coriaria*, L.), et le *rodor*, en languedocien *redou* (*Coriaria myrtifolia*, L.).

Pag. 284, lign. 18. *Os complanhera*, lisez *o se complanhera*.

Pag. 285, en titre. Las flessadas, en languedocien *flassada*, couverture de laine.

Ibid., lign. 16. *Pel de cabrit et pel de Turquia*. Il faut entendre par ces expressions les mélanges hétérogènes que la mauvaise foi introduisait quelquefois dans les tissus laineux destinés à la fabrication des couvertures. Le mot *pel*, employé au lieu du mot *lana*, indique assez qu'il ne s'agit ici que de mélanges impurs, signalés aux fabricants afin qu'ils eussent à s'en abstenir : car la *laine* de Turquie ou du Levant était au contraire fort estimée, et il s'en faisait un grand usage dans nos ateliers.

Pag. 287, en titre. Mazel, mazelhers : la boucherie, les bouchers.

Pag. 288, *in fine*. *Escarpas*, *raiadas*, *bestinas*, *canhostz* : la carpe, la raie, la pastenague, le milandre. La chair de ces poissons se conserve difficilement saine en été, et est réputée malfaisante; aussi la mise en vente à la halle était-elle interdite durant cette saison.

Pag. 290. *Non las giquiray*, je ne les laisserai pas, du verbe *giquir*, laisser, abandonner.

Pag. 291, lign. 10. *Elegs. Examinadoyras*, lisez *elegs*, *examinadoyras*.

Ibid., ligne 21. *Corida*, lisez *cosida*, cousue.

Pag. 293, lign. 5. *Falseras*, lisez *falsezas*.

Pag. 294, en titre. Li rauziers. Ces industriels faisaient le commerce du tartre que l'on détache des parois des tonneaux, et qui est employé en médecine, dans les arts et pour plusieurs usages domestiques.

Ibid., lign. 22. *Fegalada dengles ni dautres homes*. Le statut défend aux commerçants du tartre d'acheter des *mélanges de lie* (fegalada) *dengles*, ni d'autres hommes. Il est évident que ce mot souligné ne peut s'appliquer qu'à un nom de nation. Mais quelle était cette nation qui livrait au commerce des tartres, des produits impurs que la sagesse de nos statuts tenait tant à en écarter? Peut-être étaient-ce les Anglais qui avaient la réputation d'être de grands buveurs, et par suite de grands consommateurs de la liqueur qui donne le tartre.

Pag. 295, lign. 2. Ce mot *frucha*, que notre langue vulgaire a conservé, s'entend de la vendange destinée à être mise en vin.

Ibid., lign. 26. *Baros*, loco *baronum*. Cette expression a la signification de la liberté et de la force.

Est baro fortis, baroque monstrat idem.

Ebrardus Bethuniensis in græcismo, c. 8. *Du Cange gloss.*

Pag. 296, en titre. Las botas dels pozandiers. Les tonneaux des puiseurs. Il n'existait pas encore à Montpellier de fontaines publiques. Les porteurs d'eau alimentaient leurs tonneaux aux puits publics, et allaient distribuant cette eau dans les divers quartiers de la ville.

Pag. 296, lign. 2. *Delas*, lisez *de las*.

Pag. 297, lign. 25. *Nauleyaray*. Expression à laquelle répond celle de *noliser*; noliser un vaisseau. Mais tandis qu'en français l'étymologie est tout-à-fait défigurée, dans la langue romane elle est rigoureusement juste pour l'oreille et les yeux. *Nauleyaray*, mot à mot : *je louerai un vaisseau*, *une nef*. Il y a pléonasme dans la langue française à dire : *noliser* (*no* corruption de *nau* ou *nef*), *noliser un vaisseau*.

Pag. 299, lign. 21. *Borilh* est *le bouton d'essai* ou *prise* que les orfévres laissent déborder en dehors des pièces fabriquées par eux et sur lequel se font les opérations d'essai.

Ibid., lign. 22. *Brostia* ou *broustia* : boîte, cassette : rigoureusement cette expression se dit de boîtes de sapin faites de lames minces de sapin refendu.

Pag. 302, lign. 8. *Campanhia*, lisez *companhia*.

Pag. 304, lign. 7. *Fazendas*, de l'italien *faccende*, affaires.

Ibid., en titre, lign. 20. Lo legador de ceu, le marché au suif, ou comme on finit par dire plus tard *le légassieu*. Cette expression se trouve souvent dans nos auteurs.

NOTES SUR LA CHRONIQUE ROMANE.

[1] Bien que par respect pour le texte nous ayons inséré ce premier paragraphe dans le corps de la Chronique, il semble cependant qu'il devrait en être détaché : c'est, ainsi que nous l'avons dit dans notre Introduction, un souvenir qu'avant de commencer son ouvrage, avant même de dire qu'il l'entreprenait en 1088 sous Raymond IV comte de Saint-Giles, l'auteur a cru devoir donner à Charlemagne : seulement il est à regretter que sa mémoire l'ait mal servi et qu'il ait fixé la mort de Charles à l'année 809 et non à l'année 814.

[2] *Variante :* En lan de M C LXXXVIII pres lAlmassor Barsalona.

[3] *Var.* Lan M LXXXVIII preseron Crestians Jerusalem. *Autre var.* Lan M LXXXIX preseron los Franceses Jerusalem, pueis perderon lo lan M C IIII. — L'erreur des copistes est évidente : Jérusalem fut pris par les Croisés le 15 juillet et selon d'autres le 12 juillet 1099, et cédé par capitulation à Saladin le 3 octobre 1187. *Vid.* Chr. ann. 1189.

[4] La date de 1101 est fautive : Raymond IV mourut à Mont-Pélerin près Tripoli, le 28 février 1105.

[5] *Var.* Lan M C XIII, lo rei dAragon en Jacme pres Malhorca.

[6] Dans les différents Thalamus, le nom de Montpellier est presque toujours mis par abréviation : nous l'avons écrit tel que l'usage l'a depuis long-temps fixé, mais on sait que le premier nom de la ville fut Monpestler, d'où l'on fit Monpeslier, Montpeylier, Montpelier, Montpellier.

[7] Il n'est pas sans intérêt de remarquer qu'en copiant après coup cet article de la Chronique sur le Thalamus de la mairie, devenu déjà en quelque sorte un document *officiel*, on a omis les détails de la *révolte* de 1141, et que l'on s'est borné à énoncer cette circonstance que durant cette année il y avait eu une disette à Montpellier : En lan M C XLI, valian en Montpellier X favas I d.

[8] *Var.* Lan M C XLVIII, lo coms de Proensa pres Almaria.

[9] *Var.* Lan M C XLVIIII, lo dich comte pres Tortosa de Sarrasis.

[10] *Var.* Lan M C LVI, lo dich comte mori en Proensa. — Aucun de ces deux textes n'est exact : le comte de Barcelonne mourut en l'année 1162, et le comte de Provence en 1166.

[11] *Var.* Lan M C LXXXII, à XIII setembre, fo eclipsi del solelh de jorns. — *Autre var.* En lan de M C LXXXXII, en setembre la vigilia de la Cros, mori lo solelh et aparegron las estellas. — Il y a nécessairement erreur dans l'indication des dates : les calculs astronomiques démontrent qu'aucune des éclipses de soleil des années 1157, 1182 et 1192, n'eut lieu le 13 septembre; elles se rapportent au 11 avril, 4 novembre, 2 juillet, 11 juin et 6 décembre.

[12] Le manuscrit de la Faculté de médecine fixe la mort de Richard Cœur-de-Lion au mois de mai 1199; le Thalamus des archives de la mairie et celui de Paris la font remonter au mois de mars 1189 : le roi Richard mourut le 6 avril 1199.

[13] La prise du château de Trinquetaille eut lieu en l'année 1162.

[14] Dans le Thalamus de la Faculté de médecine, trois paragraphes sont inscrits sous la rubrique de l'année 1204 ; tous les trois font mention du mariage de Pierre d'Aragon avec Marie de Montpellier, et l'un d'eux substitue à la date du mois de juillet celle du mois de mai. Nous avons réuni ces différents articles en un seul, en adoptant la date qui se rapproche le plus de la vérité : le mariage du roi d'Aragon fut célébré le 17 des kalendes de juillet.

[15] *Var.* En aquest an, lo jorn de Sancta Magdalena, lo duc de Borgonha, lo comte de Nivers, el comte de Sant Paul prezeron Bezes et auciron tota li gent. — *Autre var.* Lan M CC VIIII, fon destruts Bezers, et y moriron li homes e las femenas e li enfans.

[16] *Var.* Lan M CC XII, el mes de jull, lo jorn de la festa de San Jacme, fon la batalha desbaratat lo Moramolin en Espanha. — *Autre var.* Et en aquest an, lo primier jorn de julh, fo preza Calatrava et Beda.

[17] Il y a nécessairement erreur dans cette mention historique : le comte Raymond ne put en 1113 prendre la ville de Toulouse, qu'il défendit au contraire bientôt après avec le comte de Foix contre Simon de Montfort.

[18] *Var.* . . . . . . e pendet motz del pobol. — « Il y a apparence que ce fut Amaury de Montfort fils de Simon qui ordonna ces exécutions. » (*Note de Dom Pacotte.*)

[19] Les Thalamus de la Faculté et de la mairie, et même celui de Paris, dans un article autre que celui que nous avons inséré dans notre texte, mettent la mort du comte de Montfort aux mois de juin ou juillet 1213 : ils font erreur en cela; Simon trouva la mort en assiégeant Toulouse le 25 juin 1218.

[20] *Var.* . . . . . . e deroquet la ribieyra del Les.

[21] *Var.* E lo comte Almaric pres Servian et auci la gent am bastos.

[22] *Var.* . . . . Boisseron. — *Autre var.* Fuit captum castrum de Boisazone XVI kal. junii.

[23] *Var.* **Aquest an, a xv novembre, fo terra tremol a Montpellier, que duret per III Pater noster, egal hora nona.**

[24] *Var.* Aquest an, a XIII febrier, egal mieja nueg, fo eclipsi de la luna. — Ce n'est point le 4 ou le 14 février, mais bien le 24 de ce mois, qu'une éclipse de lune fut vue à Montpellier.

[25] Les mots *en aquel cossolat* s'expliquent par cette circonstance que la Chronique et le Consulat sont confondus dans le Thalamus de la mairie. *Voy.* notre Introduction.

[26] *Var.* Fuerunt illos IIII furnos, scilicet furnum qui est extra portale Petroni, et illum qui est in Costa frigida, et illum qui est prope portale Blancarie, et illum qui est subtus Fustariam.

[27] *Var.* Dominus rex Jacobus et Domina regina ejus uxor fuerunt in Montempessulanum, et fuit natus Jacobus......

[28] Lisez *Sevilia.*

[29] *Var.* Passet lo rey de Fransa otre mar M. sant Loys.

[30] *Var.* Aquest an, en genoyer, mori a Paris madona Blanca de Castela regina mayre de M. sant Loys de Fransa. — La reine Blanche mourut à Paris dans l'abbaye de Maubuisson, le 1er décembre 1252.

[31] *Var.*...... las mezallas de Latas.

[32] *Var.* Ludovicus Dei gratia rex illustris Francorum venit in portu Aquarum mortuarum de partibus transmarinis. — *Autre var.* Aquel an, venc Lodoyc rei de Fransa, e venc del plan dYeyras dotra mar. — Le président Philippy, qui rapporte cette version, ajoute que par le mot *Yeyras* le scribe a entendu Chypre.

[33] *Var.*...... VII jorns dins febrier.

[34] *Var.*...... las mezallas. — *Autre var.* Fecit pacem dominus Jacobus rex Aragonorum cum consulibus et tota universitate Montispessulani.

[35] *Var.*...... a III jorns fon la gran neu.

[36] La révolte de Marseille eut lieu en l'année 1257.

[37] *Var.* En aquel an, fon discordia entrel comte de Proensa, els homes de Masselha, et adoncs lo coms los desbaratet al gra de Magalona, et apres feron pas ab el.

[38] Le mot *fon* a été oublié par le copiste.

[39] *Var.* En aquel an, fon sagrada la glieya de San Fermin, lendeman de la sagra de Nostra Dona de Taulas.

[40] *Var.*...... passet a Tunis lo rei de Fransa, e mori lo rei de Fransa en sa ost.

[41] *Var.*...... fon apostoli Gregori decen.

[42] Le petit Thalamus de la mairie se borne à dire : Aquest an, lo rey de Malhorca reconog Montpellier al rey de Fransa, e fo fach laccordi am lo senescalc de Belcayre per la sobereynetat.

[43] *Var.* En aquest an, en abril, M. P. rey dAragon pres Perpignhan : el rey de Malhorca e la reyna, els enfants.

[44] *Var.* Et en aquel mes (abril), lo rey de Fransa passet en Cathaluonha am sas

hostz, et assetjet Enna e Girona : e mori lo dig senhor rey en son host a III doctobre : e puyos, entorn Totz Sans, mori lo dich M. P.

45 *Var.* . . . . . . de Foyehac.

46 *Var.* . . . . . . vigron.

47 *Var.* Aquest an, a XXI de junh, mori M. Alfons rey dAragon. — Alfonse III mourut à Barcelonne le 18 juin 1291.

48 *Var.* En aquel an, prezeron Sarrasis per lo Soldan-Acre, el mes de mai, et y anava v^c LXXX personas. — *Autre var.* . . . . . . et y auciron be LXXX^m personas.

49 Le manuscrit ajoute : e pres possession per lo rey, M. Alfons de Roveirac senescalc de Belcayre. Nous avons supprimé cette mention, par le motif que la prise de possession de Montpellier au nom du roi de France eut lieu et est racontée à l'année suivante. « La part de lay estoit un quartier de la ville de Montpellier depuis la « porte de Lates jusques à celle du Pila-Saint-Gely avec quelques villages qui en « dependoyent, et est appelée la part de lay parce que les consuls se tenoyent à l'autre « quartier de la ville qui estoit au roi de Malhorca et qui est aussi appelée par celui « qui escrit le Thalamus la part de say. » (*Note du président Philippy.*)

50 *Var.* En aquest an, en abril, lo senescal de Belcayre pres possession de la part de lay, e fes curials novels, e publiquet a Frayres Menors la composition.

— Pag. 341, lign. 19, au lieu de *fo visita*, lisez *fo vista* (fut vue).

51 La date de 1299 est fautive : c'est en 1297 que le pape Boniface déposa les cardinaux de la Colonne.

52 La bataille de Furnes eut lieu dans le mois de juillet et non dans le mois d'avril 1302.

53 Le pape Boniface fut pris à Anagni.

54 Aux mots *comte de Dina*, le président Philippy veut que l'on substitue les mots *comte d'Haynaud.*

55 Ce fut Benoît XI qui succéda à Boniface VIII.

56 Mons-en-Puelle.

57 Le texte fait erreur en mettant à l'an 1307 la prise de Rhodes ; les chevaliers de Saint-Jean-de-Jérusalem se rendirent maîtres de cette ville le jour de l'Assomption de l'année 1310.

58 Le pape Clément V mourut à Roquemaure le 18 avril 1314.

59 Le président Philippy dit, d'après Duhaillan, que « c'estoit la fille de Henry de Luxembourg empereur, dont le fils Jean estoit roi de Bohesme. » L'opinion de Duhaillan est celle de tous les historiens ; notre chroniqueur s'est trompé en employant le mot *fille* pour celui de *sœur*.

60 Le scribe a commis une autre erreur que relève aussi le président Philippy : après la répudiation de sa première femme et la mort de la deuxième, Charles-le-Bel épousa, le 3 juillet 1324, Jeanne fille de Louis de France comte d'Evreux, lequel était son oncle et non point son cousin germain.

61 La mort de Dom Sanche roi de Majorque se rapporte non au 28 août, mais au 4 septembre 1324.

62 Cet article est demeuré inachevé sur le manuscrit; il faut suppléer le mot *Formiguera.*

63 Le Thalamus fixe la mort de Charles IV au 5 janvier 1328: il se trompe en ce point; Charles-le-Bel mourut à Vincennes le 1er février de cette même année.

64 Nous ne savons sur quel fondement le président Philippy veut que par le mot *Agulhon* l'auteur ait entendu désigner Angoulême: il est certain que Jean duc de Normandie, après avoir pris Angoulême, mit, en 1346, le siége devant Aiguillon.

— Pag. 348, supprimez la ligne 19 et remplacez la 20e par ces mots: L'AN DE LA MORTAUDAT. *En l'an de la Encarnation de nostre senhor Dieus Jeshu Crist que*

65 Ce passage du Thalamus a pour but de faire connaître les prises de possession successives par les officiers du roi de France et du roi de Majorque, à suite de la vente de Montpellier faite par Jacques III à Philippe de Valois; nous en avons extrait ce qui avait rapport à la Chronique, en laissant de côté les noms des officiers. *Voy.* notre Introduction.

— Pag. 349, lign. 8, au lieu de *toto sa ost*, lisez *tota sa ost* (tout son camp).

66 La mort du pape Clément V est généralement fixée au 6 décembre 1352.

67 Le texte présente trois lignes effacées qu'il nous a été impossible de suppléer.

— Pag. 354, lig. 8, après le mot *Paris*, ajoutez *et anet a Meus ont la gent de Paris* (et il alla à Meaux où les gens de Paris)

68 *Var......* al mitan doctobre. — La ville qui fut pillée dans le mois d'octobre 1358 par le seigneur de Pinquinhi (Pecquigny) est nommée Aurias, mais c'est probablement Amias (Amiens) que l'auteur a voulu dire: Dom Pacotte a lu Aunes.

69 Cet article, qui fait connaître jusqu'à quel point les communes du midi, et celle de Montpellier particulièrement, s'intéressaient à la captivité du roi Jean, est placé à la suite du calendrier; nous l'avons intercalé à sa date. Le Thalamus des archives du roi, qui est le seul qui en fit mention à l'année 1359, se bornait à dire: Aquest an, a VIII de mars, los cossols de Montpellier receupperon una letra clausa de nostre senhor lo rey de Fransa toccant sa delivranca, e fouguet tengut conselh davant M. lo comte de Peytiers filh e loctenent del dich senhor lo rey en lo Langua doc.

70 Par les raisons qui sont indiquées dans notre Introduction, nous avons laissé de côté les noms des consuls.

71 Le mot *se* manque sur le manuscrit.

72 Le texte présente quelques mots en blanc. — Par le traité de Brétigny, qui eut lieu le 6 mai 1360, le Poitou, le fief de Thouars, la terre de Belleville, la Xaintonge tant en deçà qu'au-delà de la Charente, La Rochelle, l'Agenois, le Limousin, le Quercy, le Rouergue, le pays de Tarbes, l'Angoumois et les comtés de Bigorre et de Grave furent cédés au roi d'Angleterre, avec tous les hommages des seigneurs dont les terres étaient contenues dans tous ces pays; on lui céda aussi les comtés de

Ponthieu et de Guines, la ville de Montreuil et ses dépendances, Calais, Mark, Sangate, Cologne, Homeswale et Oyes avec leurs dépendances : le roi donna pour son rachat particulier 3,000,000 écus d'or.

Autre 72 *Var.*.... lo Baudran de Unoysa (Jean de la Heuse dit le Baudrand).

74 *Var.*...... de las vielas companhas.

— Pag 365, supprimez la note (A) et reportez-la à la page 383, en substituant à la date de 1364 celle de 1368.

75 *Var.* Item, a decembre, Loys Robaut faguet fayre escorridas.

76 La date a été laissée en blanc dans le texte.

— Pag. 372, lign. 15, au lieu de *fo mort a glary,* lisez *fo mort a glavy* (il fut tué d'un coup d'epée).

77 Cet article est demeuré inachevé ; la phrase ainsi suspendue n'offre aucun sens.

— Pag. 374, lign. 11, au lieu de *y fo la bulla de la Pinhota,* lisez *y fo la bulla e la pinhota* (il y donna une bulle et y fit l'aumône accoutumée).

78, 79 *Voy.* note 70 ci-dessus.

80 Le nom est demeuré en blanc sur le manuscrit, et il ne nous a pas été possible de réparer cet oubli de l'auteur.

81 Presque tous les historiens mettent la mort du roi Pierre Ier au 18 janvier 1368 ; le poète Guillaume de Machaut la place au 16 janvier de l'année précédente.

82 Ce dernier membre de phrase a été ajoute après coup sur le manuscrit.

83 Même observation qu'à la note précédente.

84 *Var.*........ tres quintals.

85 Même observation qu'à la note 82 ci-dessus.

86 *Voy.* fac-simile.

87, 88 *Voy.* note 70 ci-dessus.

89 *Voy.* note 70 ci-dessus.

90 Même observation qu'à la note 82 ci-dessus.

91 *Voy.* note 70 ci-dessus.

— Pag. 405, lign. 30, au lieu de *monestieu nou de prolhan,* lisez *monestier nou de Prolhan* (monastère neuf des Prouillanes).

92 Le jour et le nom du mois ont été laissés en blanc dans le manuscrit ; c'est le 10 janvier 1382 que Charles VI rentra à Paris.

93 Cet article est demeuré incomplet sur l'original : Louis II dit de Marle comte de Flandres mourut à Saint-Omer le 6 janvier 1384, assassiné, disent quelques historiens, par Louis duc de Berry et comte de Boulogne ; selon d'autres auteurs, et notamment d'après Froissard, sa mort ne fut point violente.

94, 95 Même observation qu'à la note 82 ci-dessus.

96 Ce dernier membre de phrase a été mis par renvoi : quelqu'un qui n'approuvait apparemment pas cette dépense faite par la ville, a ajouté à suite de la note : *et mole* (et ce fut mal à propos).

97 Manque le mot *per*.

98 }
99 }
100 } *Voy.* note 70 ci-dessus.
101 }

102 Le nom de Richard II et la date de son mariage avec la fille de Charles VI sont restés en blanc sur le manuscrit : ce mariage fut célébré le 3 novembre 1396.

Autre 102 Le prénom est demeuré en blanc. Le prince de Tarente s'appelait Charles.

104 Le chiffre n'est pas indiqué dans le Thalamus.

105 Même observation pour le nom de la source dont les eaux firent tant de ravages à Majorque.

— Pag. 438, lign. 32, au lieu de *mar*, lisez *mas* (mais).

— Pag. 441, lign. 32, et pag. 462, lign. 2, au lieu de *Sobeirana porta*, lisez *sobeirana porta* (porte principale).

106 Le mot *per* a été omis.

107 L'auteur ne s'est pas souvenu du texte qu'avait pris pour son sermon le R. P. Roby.

108 Les noms du prédicateur et de l'officiant ne sont pas indiqués.

109 Le pape Jean XXIII fut élu le 17 mai 1410.

110 Un blanc qu'il nous a été impossible de remplir existe après le nom du docteur Bernart : nous n'avons pu non plus donner le nom de cet autre docteur dans l'école duquel professa Bernart.

— Pag. 352, lign. 16, au lieu de *las colas*, lisez *las scolas* (les écoles).

111 *Voy.* note 108 ci-dessus.

Autre 111 *Var.* . . . . lo fozel tombet sus lo cloquier de Nostra Dona de Taulas, en esta vila.

113 }
114 }
115 } A l'époque où nous sommes arrivés, le Thalamus s'occupe beaucoup
116 } d'offices religieux, et il les raconte tous à peu près dans les mêmes termes :
117 } nous avons pensé qu'il était convenable de ne rapporter que ceux qui présen-
118 } taient un caractère particulier, et qu'il suffisait, quant aux autres, d'indiquer
119 } que ces cérémonies avaient eu lieu.
120 }
121 }

122 La date de lettres-patentes du roi est laissée en blanc.

123 }
124 } *Voy.* note 113 ci-dessus.

— Pag. 462, lign. 27, au lieu de *e luy lo avia passar*, lisez *e luy la avia passar* (et il le lui avait accordé).

125 Le lieu jusqu'où les consuls accompagnèrent à cheval l'empereur Sigismond n'est pas indiqué.

126, 127, 128 } *Voy.* note 113 ci-dessus.

129 Un blanc a été laissé après le nom de Catherine Sauve; il faut suppléer *de Thon*.

130 Il ne nous a pas été possible de remplir le blanc qui existe sur le manuscrit après le nom du théologien.

131, 132 } *Voy.* note 113 ci-dessus.

133 Le nom du dernier commissaire du roi a été omis.

134 *Voy.* note 113 ci-dessus.

135 Ce mot n'est pas achevé, lisez: *acostumas*.

136 Le roi d'Angleterre mourut à Vincennes le 31 août 1422.

137 L'auteur a laissé en blanc le nom de Jean Stuart comte de Douglas.

138 La date de l'ordonnance du comte de Foix n'est pas indiquée.

139 La phrase n'est pas complète, il manque le nom des moulins.

NOTES SUR LA CHRONIQUE FRANÇAISE.

140 Ce prince était Philippe d'Autriche, fils de Maximilien Ier, empereur d'Allemagne, et de Marie de Bourgogne, dès-lors héritier du chef de sa mère des dix-sept provinces des Pays-Bas, et qui, par sa femme Jeanne-la-Folle, fille de Ferdinand et d'Isabelle, devint plus tard roi d'Espagne. Il fut le père de Charles-Quint, qui joignit à ses vastes possessions les états héréditaires de la maison d'Autriche et l'empire d'Allemagne, en 1519, après le décès de son grand-père.

Il n'est pas surprenant que le roi de France ait ordonné un si gracieux accueil pour Philippe, qui faisait profession de la plus haute estime pour Louis XII, à tel point qu'il lui confia la tutelle de ses deux fils de préférence à l'empereur son père.

141 Au dire des historiens les plus accrédités, le comte de Petiliane était le général en chef de l'armée vénitienne, et d'Alviane, son collègue, sous le titre de son lieutenant-général.

142 On remarque avec surprise que ce titre, du reste peint avec soin sur le manuscrit, ne mentionne pas les évêques, et semble les comprendre dans la dénomination générale de *clergés* des archevêques dont ils sont les suffragants.

143 L'évêché désigné au manuscrit sous le nom de Conselans est celui de *Couserans* ou *Couserans*, diocèse situé en Gascogne, dont l'évêque résidait à Saint-Lizier depuis la destruction de la ville de Couserans par Bernard de Comminges.

144 On ne trouve pas qu'il ait existé de ville épiscopale de ce nom en France : c'est probablement Luçon que le chroniqueur a voulu dire.

145 Même observation : c'est Lombez qu'il faut lire, d'après la copie du Thalamus qui se trouve dans la bibliothèque de Nîmes.

146 Même observation : c'est de Riez-en-Provence qu'il s'agit.

147 Cette note, dont le chiffre a, par erreur, été mis après le mot *Saint-Flor*, se rapporte au mot *Come* placé au dessus, et a pour objet de faire remarquer qu'aucune ville épiscopale de ce nom n'existant en France, cette désignation ne peut s'appliquer qu'à l'évêque de *Come en Italie*, dont le diocèse faisait partie du duché de Milan; elle indique que ce prélat aurait, par sa présence au concile de Tours, reconnu les droits de Louis XII sur le pays dans lequel était enclavé son diocèse.

148 Ce statut est celui en vertu duquel fut changée l'époque de l'élection des ouvriers du consulat. *Vid. suprà* Etablissements, pag. 213.

149 Les noms sont restés en blanc au manuscrit.

150 Il existe ici dans le manuscrit trois feuillets de parchemin en blanc, destinés, sans doute, à recevoir une relation de la cérémonie. Des circonstances qu'on ignore empêchèrent apparemment de l'y coucher.

151 Même observation que ci-dessus.

152 Le manuscrit attentivement exploré, il a été impossible d'y lire autre chose que ce mot *Ayne*. Pourtant le duc de Savoie alors régnant était Charles III.

153 *La route*, c'est-à-dire *la rotta*, la rupture, aujourd'hui la déroute.

154 *Accresoles*. C'est Cérisolles que le chroniqueur désigne ainsi.

155 Ce Guitard Domergue était le second consul de l'année.

156 La prise de la ville de Calais paraît avoir eu un grand retentissement à cette époque; elle est mentionnée, comme on le voit, deux fois dans le Thalamus, et célébrée par des réjouissances publiques. L'autre mention de ce fait, à laquelle fait allusion le passage annoté, se trouve à la pag. 526.

157 Quelques mots effacés au manuscrit nous ont forcé à laisser ici cette lacune.

158 Les quatre derniers mots de cette ligne ont été soigneusement collationnés sur le manuscrit et sont fidèlement reproduits. Le sens nous en paraît être : « et de nouveau par eux déjà. » — *Tornere*, de *torna*, derechef, de nouveau.

159 Il est à remarquer que la première inscription, telle qu'elle est rapportée dans le Petit Thalamus, diffère quelque peu de la leçon adoptée par Degrefeuille. *Vid.* son ouvrage, pag. 292, édition de 1737.

160 *Peragre, lè pays*, lisez : *peragre le pays de Lyonois*.

161 *Vid. suprà* pag. 366 de la présente édition.

162 *Au roi de Navarre*, depuis Henri IV, *ou prince de Condé*. *Ou* est ici, comme en beaucoup d'autres endroits du manuscrit, pour *au*.

[163] Philippe II, fils de Charles-Quint, ne monta sur le trône d'Espagne qu'en 1555; on a donc lieu d'être surpris en voyant notre Chronique l'appeler en 1548 *le roi Philippe dEspaigne.*

Vainement nous sommes-nous livré à d'actives recherches pour découvrir la cause d'une pareille inexactitude, nous n'avons pu parvenir à l'expliquer d'une manière satisfaisante. Nous nous sommes convaincu, en consultant les historiens espagnols et particulièrement Mariana, que Philippe avait réellement, en cette année, fait le voyage dont parle notre Chronique; mais il est partout appelé le prince D. Philippe, et nulle part le titre de roi ne lui est donné avant l'abdication de son père.

Le lui aurait-on accordé par anticipation comme héritier présomptif? Cette supposition, que repousse le caractère connu de Charles-Quint, n'est autorisée ni par les historiens consultés, ni par la vraisemblance, ni enfin par aucune des tables chronologiques que nous avons eues sous les yeux.

Nous inclinerions à penser que notre chroniqueur a pu être induit en erreur par cette circonstance, que Philippe était, antérieurement à 1548 et depuis plusieurs années, régent pour son père de ses pays d'Espagne.

Ne pourrait-on pas, enfin, soupçonner que cette partie du manuscrit que nous avons publiée peut être une copie fautive d'un original perdu? Les doubles chroniques que l'on trouve dans cette partie du Thalamus, les différences d'écriture que l'on y remarque si souvent, autorisent cette conjecture, qui expliquerait la faute que nous avons cru devoir signaler.

N. B. On a dit ailleurs les raisons pour lesquelles nous avons cru devoir supprimer dans la publication la nomenclature des consuls, et nous devons expliquer que si on la voit reparaître à dater de l'année 1560, c'est qu'à dater de cette époque, l'élection de ces magistrats, suivant l'opinion religieuse à laquelle ils appartiennent, a une signification historique, en ce qu'elle indique les prédominances alternatives de chacun des deux partis dans la cité.

— Quelques-unes des erreurs typographiques qui se sont glissées dans l'impression de l'ouvrage nous ayant paru être de nature à altérer ou à obscurcir le sens du texte, nous avons cru devoir les relever et les indiquer ici.

Pag. 344, lign. 15, au lieu de *nostra*, lisez *mostra*.

Pag. 481, lign. 14, au lieu de *à sa personne: et à son entrée*, lisez *à sa personne et à son entrée*.

Pag. 486, lign. 26, au lieu de *et avoir esté*, lisez *et avait esté*.

Pag. 506, lign. 24, au lieu de *les derniers lors octoyés*, lisez *les denniers lors octoyés*.

Pag. 513, lign. 20, après les mots: *L'an mil* ajoutez *cinq*.

Pag. 517, lign. 3, au lieu de *lez ventes*, lisz *loz, ventes*, etc.

Même page, ligne 14, au lieu de *le XXIIIe*, lisez *le XXIIIIe*

Pag. 518, lign. 10, au lieu de *à ce depputé. Le cinquiesme*, lisez *à ce depputé le cinquiesme*.

Pag. 520, lign. 8, au lieu de *mémoire de conservation*, lisez *mémoire et conservation*.

Pag. 588, lign. 12, *au lieu de* 1189, *lisez* 1187.

FIN DES NOTES.

TABLES

DU PETIT THALAMUS.

TABLE ANALYTIQUE

DES COUTUMES ET DES ÉTABLISSEMENTS.

La lettre C renvoie aux Coutumes, dont les diverses parties sont indiquées par les chiffres romains, et les articles par les chiffres arabes qui suivent.

La lettre E renvoie aux Etablissements, et les chiffres qui suivent aux pages du volume.

FIN DE LA TABLE ANALYTIQUE DES COUTUMES ET DES ÉTABLISSEMENTS.

TABLE ALPHABÉTIQUE

DES MATIÈRES

CONTENUES DANS LE PETIT THALAMUS DE MONTPELLIER.

nier par le comte de Foix, an 1362, 362. — Passage à Montpellier du comte d'Armagnac, an 1384, 409. — Mort du comte d'Armagnac, an 1384, *ibid.* — Défaite et mort du comte d'Armagnac, an 1391, 419.

ARMÉNIE. Passage à Montpellier du roi d'Arménie, an 1382, 406. — Passage à Montpellier du roi d'Arménie, an 1384, 409.

ARMES DU ROI apposées sur les principaux *pourteaulx* de la ville, 480.

ARPENTEURS DES TERRES institués en titre d'office; leur serment, 291.

ARRIES (réglement des), 46.

ARTEVELLE (mort de Philippe d'), capitaine des Flamands, an 1382, 406.

ARTIGUES (Aménière d'), chef d'une compagnie. Voy. *Compagnie.* — Il est noyé par ordre du duc d'Anjou, an 1369, 383.

ARTOIS. Mort de Robert comte d'Artois, an 1250, 334. — Le comte d'Artois est mis en déroute par le roi d'Aragon, an 1287, 339.

ASILES. De la procédure contre ceux qui se sont réfugiés dans des asiles, 76.

ASSESSEUR ou juge de la cour. Durée de ses fonctions, 101. — Son salaire, 103. — Incompatibilités, 201-202. — Conditions de domicile ou de stage à Montpellier pour être admis, 105.

ASSESSEUR DES CONSULS. Est une charge donnée à l'élection; procure le droit de conseil dans le sein du consulat; l'assesseur élu prête serment avant d'entrer en charge; texte de ce serment, 252.

AUDITEURS ET IMPUGNATEURS, chargés d'écouter la reddition des comptes du clavaire; leurs devoirs écrits dans leur serment; texte dudit, 310. Voy. *Clavaire.*

AUGUSTINS. Antoine Brunenc est chassé des Augustins, an 1375, 393. — Un juif condamné prend l'habit des Augustins, an 1391, 417. — Chapitre général des Augustins à Montpellier, an 1397, 429. — Voy. *Religieux.*

AURORE BORÉALE à Montpellier, an 1372, 388. Voy. *Météores.*

AUSSE est pris et rançonné par une compagnie, an 1364, 367.

AUTRICHE. Le duc d'Autriche épouse la fille du roi d'Aragon, an 1314, 344. — Il est proclamé empereur des Romains, an 1314, *ibid.* — Voy. *Allemagne.*

AVEZORGUES (Jean), chef d'une compagnie. Voy. *Compagnie.*

AVIGNON est assiégé et pris par le roi de France, an 1226, 333. — La cour d'Avignon est changée à Rome, an 1425, 472. — Voy. *France*, *Papes.*

AVIGNONET est pillé par les Anglais, an 1355, 351.

AVOCATS. Ne doivent point être admis devant la cour si les parties n'y consentent, 6. — Ne peuvent retarder les jugements par leur absence, 38. — Leur serment, 54. — Lettres royaulx les concernant, 504.

AYDES. Voy. *Cour des aydes.*

AYMERIC (Jean), chef d'une compagnie. Voy. *Compagnie.*

B.

BADAFOL (Seguin et Tonet de), chefs de compagnies. Voy. *Compagnie.* — Mort de Seguin de Badafol, an 1365, 370.

BAILLE, BAILLIE. Voy. *Bayle*, *Baylie.*

BALCIEIA. Le château de Balcieia (Malcicia, Malzieu) est pris et rançonné par des compagnies, an 1365, 363.

BANNISSEMENT de quelques habitants de

teinture des peaux ou de la mégisserie. La Blanquerie est le marché aux herbes pour la mégisserie. Ces herbes sont surtout le redont, le sumac, etc. Des préposés ont la garde de ce marché; leur serment fait connaître la police qui y règne, 284 et 585 à la note.

Blé. Abondance de blé, an 1577, 395. Voy. *Boulangers, Disette, Fours, Moulins.*

Bois. Voy. *Valène.*

Boisseron (prise du château de) par les hommes de Montpellier, an 1222, 332.

Borra (Perrin), chef d'une compagnie. Voy. *Compagnie.*

Boten (G.), chef d'une compagnie. Voy. *Compagnie.*

Boucherie ou Mazel (de la) et des Mazeliers. Serment commun aux gardes de la boucherie et aux bouchers eux-mêmes, 287. — Manière de tailler le mouton, *ib.* — Peine contre ceux qui mettent en vente de la viande non saine, 288. — Viandes dont la vente est interdite, et peines, 46. — Voy. *Bouchers.*

Bouchers ou Mazeliers. Réglement pour la vente, 120-167. — Impôts auxquels ils sont soumis, 120. — Gardes particuliers de leur métier, outre les gardes ordinaires, 167. — Défense de vendre aux Juifs ailleurs qu'au lieu assigné par les consuls, 167. — Accord fait avec eux, par lequel ils s'obligent à souffler dorénavant le mouton avec des soufflets et non plus avec la bouche pour cause d'insalubrité de cette pratique, an 1556, 520.

Boucompan (la tour de) est prise par une compagnie, an 1381, 403.

Boucouyran. Une compagnie s'empare de Boucouyran, an 1381, 403. Voy. *Compagnie.*

Boulangers. Peine en cas de contravention au poids du pain, 125. — Nomination de deux peseurs et vérificateurs du pain, 126. — Leur renouvellement par année, *ibid.* — Nécessité d'inspecter les boulangers au moins deux fois par mois, *ibid.* — Salaire des vérificateurs, *ibid.* — Fixation du poids de chaque qualité du pain et manière de l'éprouver, 127-128-129-130. — Défense pour les boulangers de s'approvisionner de farine ou de blé au-delà d'une certaine quantité, 131. — Voy. *Fours, Moulins.*

Boulhonet de Pau, chef d'une compagnie. Voy. *Compagnie.* — Il est écartelé par ordre du duc d'Anjou, an 1369, 383.

Boulogne. Passage à Montpellier de Jeanne, fille du comte de Boulogne, an 1389, 414.

Boulogne (la ville de) est prise par les Anglais, an 1546, 514; — rendue à la France, an 1549, 515.

Bourbon. Passage à Montpellier du duc de Bourbon, an 1387, 411-412. — Le duc de Bourbon est fait prisonnier par les Anglais, an 1415, 463. — Le duc de Bourbon assiège et prend Béziers, an 1421, 469. — Voy. *France, Montpellier.*

Bourgogne. Le duc de Bourgogne prend et saccage Béziers, an 1209, 331. — Mariage du duc de Bourgogne avec la fille du comte de Flandre, an 1369, 384. — Le duc de Bourgogne est fait prisonnier par Amurat, an 1396, 429. — Le duc de Bourgogne combat les Liégeois, an 1408, 446. — Paix entre le duc de Bourgogne et le dauphin, an 1419, 468. — Les Français sont battus au siége de Crevant par les Anglais et les Bourguignons, an 1423, 472. — Combat devant Ebry, entre les Français, les Anglais et les Bourguignons, an 1424, 473. — Voy. *France, Montpellier.*

Guerre civile engagée à l'occasion des dissidences religieuses, an 1562, 533.— D'Accier la dirige en Languedoc; les calvinistes dominent dans plusieurs villes, *ibid.* — Ils font ligue, tiennent *estats du pays, nomment consuls, imposent deniers*, etc., *ibid.* — Succès du duc de Joyeuse contre eux, 534. — Il les assiège dans Montpellier; ils font lever le siége. Ruine des faubourgs de Montpellier à l'occasion de ce siége; dénombrement des édifices ruinés, *ibid.* et 535. — Ils ont quelques engagements en Languedoc avec les catholiques; ils sont défaits à Dreux, 536. —L'édit d'Amboise est publié à Montpellier, an 1563, *ibid.*—Nouveau pillage des édifices religieux à cette occasion: les cloches sont brisées, *ibid.* — Les calvinistes tiennent les états à Montpellier; ils vivent en paix avec les catholiques, 537. — La messe est rétablie à Montpellier; les consuls protestants ne sont néanmoins pas changés, 538.— 2ᵉ guerre civile. Les calvinistes reprennent les armes; chassent le clergé de Montpellier; assiègent Sᵗ-Pierre. Le duc de Joyeuse tente de leur en faire lever le siége; il est obligé de se retirer, an 1566, 541.— Ils s'emparent de Saint-Pierre, tuent quelques-unes des personnes qui s'y étaient retirées, rançonnent les autres, pillent ce qui s'y trouve, 543. — Ils abattent une des tours, clochers et partie de l'église, 544. — Ils pillent et saccagent pour la troisième fois tout ce qui reste d'édifices religieux dans la ville, an 1568, 545. — Paix de courte durée.— 3ᵉ guerre civile. Ils reprennent les armes; démonstrations hostiles non suivies d'effet. Ils se retirent en grand nombre vers les Cévennes; l'exercice de leur religion cesse à Montpellier, 546. — Ils occasionnent de nouveaux troubles dans le royaume; l'exercice de leur religion est prohibé par édit, 547.— Ils sont défaits à Jarnac; procession à Montpellier en réjouissance de ce succès des catholiques. Les calvinistes s'emparent de Melgueil et le fortifient; ils sont défaits à Moncontour; ils s'emparent de Nîmes par surprise, en tuent le gouverneur et font *grandes courses* sur ce pays, an 1569, 548. — Leur armée venant de Guyenne traverse le Languedoc, y commet de grands dégâts, passe en vue des remparts de Montpellier. Escarmouches; nouvelle ruine des faubourgs et jardins, an 1570, 549. — Ils assiègent Lunel; l'abandonnent; leur armée se retire en Vivarais. Nouvel édit qui autorise l'exercice de leur religion en divers lieux marqués; ils rentrent à Montpellier, 550. — Ils vont au prêche à St.-Jean-de-Védas, 551. — Les principaux des leurs se rendent à Paris; ils sont massacrés le jour de la Saint-Barthélemy, an 1572, 553. — Leurs co-religionnaires prennent les armes à Montpellier; 4ᵉ guerre civile, *ibid.* — Ils sont assiégés dans La Rochelle; *id.* dans Sommières, ils capitulent. Ils surprennent Montlaur et Lodève; ils obtiennent trève et envoient des commissaires au roi. Ils tentent une trahison; plusieurs sont punis de mort, an 1573, 554-555.

Canavasserie, marché où les colporteurs étrangers mettent en vente les toiles. Des gardes du marché veillent à ce qu'il ne s'en fasse pas de trafic au-dehors dudit marché, dans les hôtelleries ou ailleurs; font la police des ateliers de blanchisserie, prêtent serment: texte de ce serment, 263.

Candie (destruction de la ville de), an 1304, 342.

chandelles de suif sont sous la surveillance d'un gardien appelé *gardien des chandeliers de suif*; serment de ce dernier contenant la mention des règles de la fabrication, 304.

CHANGEURS DE MONNAIE. Voy. *Monnaie*.

CHANOINES DE MAGUELONE. Les chanoines de Maguelone sont exempts des droits de coupe et de leude, 26. Voy. *Maguelone*.

CHAPELIERS. Leur serment, 286. — Ils déclarent qu'à Montpellier les chapeaux se font de laine d'agneau, sans mélange d'aucune autre laine, *ibid.*

CHAPELLE DU CONSULAT. Voy. *Confrérie*.

CHARGES PUBLIQUES. Voy. *Emplois publics*.

CHARITÉ. Œuvre de la Charité, an 1338, 348. — Nombre de pains que donnent au consulat, à titre de charité, les sœurs de Prolhan, an 1310, 119. — Impôt sur les bouchers pour la Charité, 120.

CHARLES, duc d'Orléans, fils puîné de François Ier. Sa mort, an 1545, 514.

CHARLES IX, roi de France. — Son passage à Montpellier, an 1564; sa réception; présents qui lui sont faits, 539-540. — Son mariage avec Elisabeth d'Autriche, an 1570, 551.

CHARLES-QUINT envahit la Provence, an 1536, 510; — visite François Ier à Aigues-Mortes, an 1538 : détails, 511. — Son passage à travers la France et sa réception à Paris, an 1539, 512. — Il échoue dans son expédition contre Alger, an 1541, *ibid.* — Il envahit la Champagne, an 1544, 513. — Son abdication, sa mort, an 1558, 527.

CHASTILLON (De), amiral de France, plus connu sous le nom de Coligny, est un de ceux qui se mettent à la tête du parti protestant, an 1562, 533. — Il est blessé d'un coup d'arquebuse en se rendant du Louvre à son logis, un vendredi, 22 août 1572, avant-veille de *la Saint-Barthélemy*, 553.

CHATEAUNEUF DE RANDON est pris par des compagnies, an 1380, 400. — Siége de Châteauneuf par le duc de Berry et le connétable Duguesclin, an 1380, *ibid.*

CHEMIN DE LATTES. Va de la porte d'Obilion au château de Lattes. Voy. *Lattes*, *Ouvriers du chemin de Lattes*.

CHEMINS. Voy. *Ouvriers des chemins*.

CHIRURGIENS ET BARBIERS. Statuts sur leur profession, 204 et suiv. — Fêtes qu'ils doivent observer, 204-205. — Somme à payer par les apprentis, 205; — pour ouvrir boutique, 206. — Serment à prêter dans ce cas, 206-207. — Nomination de quatre maîtres-jurés, 206-209. — Liste nominative des autres chirurgiens et barbiers, 206. — Examen à subir pour pouvoir ouvrir boutique, 207. — Conditions pour que le compagnon puisse passer maître, 208. — Droit et dîner à payer par le récipiendaire, *ibid.* — Conditions pour pouvoir recevoir un aide (*varlet*), 209. — De la veuve d'un chirurgien et barbier, *ibid.* — Défense de s'enlever les malades, 210. — Des maladies incurables, *ibid.* — Défense de prêter ses instruments et rasoirs, *ibid.* — Obligation pour les confrères d'assister aux obsèques d'un barbier, de sa veuve ou de ses enfants, *ibid.* — Institution et pouvoirs d'un maître-juré majeur, *ibid.* — Sa nomination, 211. — Liberté d'exercer dans tout le royaume pour tout chirurgien reçu à Montpellier, *ibid.* — Obligation pour les maîtres chirurgiens et barbiers d'assister à la procession du Saint-Sacrement, *ibid.* — Défense à tous opérateurs empiriques ou arracheurs de

de quelque vice ; leur serment, 293.

Courtières, chargées du même office ; leur serment, 293.

Courtiers pour les transports par bêtes de somme. Leur salaire, leur serment, leurs devoirs, 294.

Couteliers. Antique réputation de la ville pour la fabrication des ouvrages de coutellerie, 217. — Réglement sur les couteliers, *ibid.* et suiv. — Réception, serment et devoirs du maître coutelier, 220. — Nécessité de prendre un diplôme de maître avant d'ouvrir boutique, *ibid.* — Nomination de deux maîtres syndics, *ibid.* — Leurs fonctions, *ibid.* — Création de deux gardes jurés du métier et forme de leur élection, 219.

Coutumes. Le roi Jacques d'Aragon confirme les coutumes de Montpellier, an 1258, 335. — Le roi de Mayorque confirme les coutumes de Montpellier, an 1258, 337. — Le roi de Navarre confirme les coutumes de Montpellier, an 1372, *ibid.* — Des divers manuscrits relatifs aux coutumes, 573, aux notes.

Couvents. Les religieuses de N.-D. de la Rive sont réunies solennellement à celles de N.-D. de St-Gilles de Montpellier, an 1365, 368. — Pose de la première pierre du réfectoire du couvent neuf des Prolhanes, à Montpellier, an 1382, 405. — Les religieuses de Prolhan changent de monastère, an 1387, 411. — Les religieuses repenties de Sainte-Cathérine se réunissent aux religieuses repenties de Sainte-Magdeleine, an 1387, 414. — Voyez *Eglises*, *France*, *Montpellier*, *Papes*, *Prolhan*, *Religieux*.

Couvertures de laine. Sous le nom de cette industrie est comprise autant la fabrication des couvertures de laine que celle des draps communs, 285. — Serment des fabricants, *ibid.*

Crème de tartre. Objet de l'industrie des individus appelés *Rauziers*, 294. — Leur serment, leurs devoirs, *ibid.* — Voy. *Teinture.*

Créneaux. Nombre des créneaux de Montpellier, an 1411, 475, à la note.

Crevant. Les Français sont battus par les Anglais et les Bourguignons au siége de Crevant, an 1422, 472.

Cri du vin et de la vendange. Voy. *Vin.*

Crieurs d'effets a vendre (*Encantadors*). Quels objets ils crient ; combien de jours par semaine ; dans quels lieux ; serment relatif à ces objets, 291. — Ecrivains des encans ; leur serment, leurs devoirs, 292.

Cuiraterie. Voy. *Corroyeurs*, *Gardes de la Cuiraterie.*

Curiales, Curiaux, 4-26-34-52-68. — Les curiaux de Montpellier prêtent serment au roi de Navarre, an 1365, 371. — Protestation des consuls contre la nomination des curiaux faite par le sénéchal de Beaucaire, an 1367, 376. — Incident relatif à l'élection des curiaux, an 1383, 407.

D.

Damiette (prise de) par Louis IX, an 1250, 334. — Reddition de Damiette, an 1250, *ibid.* — Voy. *Louis* IX.

Dampville (le maréchal de), gouverneur et lieutenant pour le roi en Languedoc, vient en cette province, an 1563, 537. — Son entrée à Montpellier, *ibid.* — Il autorise les exercices des huguenots, an 1563, 538. — Une médaille est frappée en son honneur, *ibid.* — Il quitte Montpellier, an 1563, *ibid.* — Il y repasse pour aller à Narbonne, an 1363, *ibid.* — Il revient en Languedoc à cause de la quatrième guerre civile, an 1372, 553. — Voy. *Consuls*, *Montpellier*.

Débiteurs. Modes de les poursuivre et de les exécuter en leurs personnes et en leurs biens, 12-20-46-70-76-80. Voy. *Contrainte par corps*, *Caution*.

Débiteurs insolvables. Peines contre eux, 132. — Emprisonnement; vente de leurs biens par leurs créanciers, 132-133.—Voy. *Contrainte par corps*.

Déclaration de ses valeurs mobilières (ce qui s'appelle aussi *se livrer au commun*); serment relatif à cette déclaration, 277.

Délais en justice, probibitions et réglements, 36-38. Voy. *Appels*.

Délivrance de la ville. Fête et procession instituée sous ce titre à l'occasion de l'émigration des calvinistes, an 1568, 546. Voy. *Cérémonies religieuses*.

Députés des consuls. Devoirs des députés envoyés par les consuls devers le roi, 306. — Leur serment, *ibid.* — Voy. *Consuls*.

Derrier (le frère), chef d'une compagnie. Voy. *Compagnie*.

Desur (Jo.), chevalier, met à mort le roi de Chypre, an 1368, 383. V. *Chypre*.

Disette. Disette générale, an 1283, 339; —an 1333, 347.—Disette à Montpellier: les consuls font venir du blé étranger, an 1362, 362; — an 1363, 353.— Disette d'œufs, an 1367, 381.— Disette à Montpellier et dans le midi: les consuls font venir du blé étranger, an 1374, 392. — *Idem* à Montpellier: les consuls y pourvoient, an 1556, 518-521. — *Idem* an 1570: désordres qu'elle occasionna à la moisson suivante, 550. — *Idem* an 1571; prix du setier de blé; prévoyance des consuls, 551-552. — Valeur du setier de blé d'alors, 579, à la note. — Voy. *Abondance*.

Doctorat. Réception du premier docteur en droit (le sieur de Saint-Amans) à l'école de Montpellier, an 1293, 341. Voy. *Gradués en droit*, *Philippy*, *Placentin*, *Ranchin*, *Rebuffi*.

Dominicains. Voy. *Frères prêcheurs*.

Donations, entre-vifs, valables sans formalités, 36.

Dots. Des stipulations sur les dots et les donations à cause de mariage, 44. — Usufruit de la dot immobilière au mari survivant, 52.—De l'aliénation du fonds dotal, 68. Voy. *Mariages*.

Douglas (mort de Jean Stuart comte de), connétable de France, an 1424, 473.

Draps. Voy. *Teinture*.

Driant (Henri de), chef d'une compagnie. Voy. *Compagnie*.

Droit. Voy. *Gradués en droit*, *Université de droit*.

Droit d'entrer en armes au conseil. Personnes auxquelles il appartient; leurs devoirs, leur serment, 277.

Droit romain, maintenu comme droit commun, 6-54. — Mentions diverses, 24-30-36-38-68.

Duel et épreuves judiciaires. Cas où ils sont autorisés par les coutumes, 32.

Du Pont (Thibaut), chef d'une compagnie. Voy. *Compagnie*.

Duras (Robert de) prend le château de Barris, an 1355, 358.

Ebry. Combat devant Ebry entre les Français, les Anglais et les Bourguignons, an 1424, 473.

Echelles. Etablissement de 7 échelles, ou répartition des corps de métiers suivant les 7 jours de la semaine, pour

Pose de la troisième cloche de N. D. des Tables, an 1371, 385.— Pose de la cloche moyenne de N. D. des Tables, an 1371, *ibid.* — La foudre abat la flèche du clocher de Saint-Firmin, an 1372, 388. — Reconstruction de cette flèche, an 1388, *ibid.* — Pose de la cloche de l'église des Frères-Mineurs, an 1372, *ibid.* — Consécration de l'église St.-Benoît, an 1373, 390. — Pose de deux cloches à N. D. des Tables, an 1375, 393. — Le général des Prédicateurs donne des reliques à la chapelle du consulat, an 1377, 395. — Pose d'une cloche à N. D. des Tables, an 1380, 399.— Le pape envoie des reliques à l'église Saint-Benoît, an 1383, 407. — Pose du retable d'argent au grand autel de N. D. des Tables, an 1388, 413. — Pose de la première pierre de l'église des Sœurs de Sainte-Cathérine, an 1388, 414. — Baptême d'une cloche de N. D. des Tables, an 1392, 423. — Pose de la première pierre de l'église des Carmes, an 1395, 428.—Pose de la cloche de l'horloge de N. D. des Tables, an 1398, 431. — Le cardinal de Venise donne des reliques à l'église Saint-Côme de Montpellier, an 1400, 433. — Le clocher de l'église de Narbonne est frappé de la foudre, an 1404, 438. — Le clocher de N. D. des Tables est frappé de la foudre, an 1411, 457. — Discussion pour la place des consuls à l'église, an 1557, 522. — Eglises et édifices religieux de Montpellier pillés et ruinés, ans 1561 à 1564, 532-535-537-543-544-545. — Eglises ruinées lors de l'édit d'Amboise, an 1563, 536-537. — *Idem.* à l'occasion du nouvel édit de pacification, an 1568, 544-545. — Leur description et dénombrement à ces diverses époques, *ibid.* — Voy. *Calvinistes, Gardes, Montpellier, N. D. des Tables, Pape, Saint-Pierre.*

Egouts. Voy. *Aquéducs.*

Electeurs. Voy. *Consuls.*

Electeurs d'ouvriers. Leur serment, 260. Voy. *Ouvriers de la commune clôture.*

Elections. Voy. *Consuls, Gradués en droit.*

Elèves et Disciples. Droits des maîtres sur les élèves, 34. Voy. *Maîtres d'école.*

Emancipation. L'émancipation a lieu par le mariage, 28. Voy. *Mineurs.*

Empereur. Entrée à Montpellier de l'empereur roi de Hongrie, an 1415, 461. —*Idem.*, an 1418, 462.

Empereur des Romains. Mort de Frédéric, empereur des Romains, an 1249, 334.—Mort de Colrat, son fils, an 1254, 335. — Le duc d'Autriche est proclamé empereur des Romains, an 1314, 344. — Le duc de Bavière se fait reconnaître par les Pisans empereur des Romains, an 1327, 346. — Il est déclaré hérétique par le pape, an 1327, *ibid.* — Charles IV, empereur des Romains et roi de Bohême, se rend à Avignon, an 1365, 368.

Emplois publics. Ne peuvent être refusés, 68. — Exclusion de tout emploi public prononcée contre ceux qui refusent de payer leurs tailles, qui plaident avec la communauté et les consuls, 157-158 ; — ou avec les consuls de mer, la baylie, 168.—Défense d'être réintégré après avoir été destitué, *ibid.* — Voy. *Ambassadeurs de la communauté, Arpenteur, Assesseur du bayle et des consuls, Auditeurs et Impugnateurs, Clavaire, Contrôleur, Conseils du seigneur, Conseillers du Consulat, Consuls, Consuls des marchands qui vont sur mer, Consuls de mer, Consuls de métiers, Consuls des ouvriers, Consuls de Lattes,*

F.

serment de fidélité du roi d'Angleterre pour le duché de Guyenne, an 1330, 347. — Reddition au duc d'Anjou du duché de Guyenne, an 1368, 383. — Voy. *Anjou, France, Guerres civiles et religieuses.*

H.

Halle-Neuve. Construite au-devant de l'église Notre-Dame-des-Tables, an 1493, 480.

Henri II. Son avénement à la couronne, an 1547, 514. — Son voyage en Savoie et Piémont, an 1548, 515. — Sa mort, an 1559, 527.

Henri de Navarre, qui fut depuis Henri IV. Son mariage avec Marguerite de France; fêtes à cette occasion, an 1572, 552.

Hérétiques. V. *Florentins, Juifs, Sauve, Calvinistes.*

Héricourt. Mort du seigneur d'Héricourt, an 1424, 473.

Heudin. Engueran de Heudin, sénéchal de Beaucaire, fait supplicier 20 hommes qu'il rencontre sur la route de Lattes à Béziers, an 1381, 404. — Engueran de Heudin s'empare de Vezenobres, an 1383, 407. — Voy. *France, Montpellier, Navarre.*

Hommes armés. Les hommes armés de Montpellier recouvrent les péages de Lattes, an 1252, 335. — Revue des hommes armés, an 1313, 344.

Homicide. Peine, 14.

Hôpital de Saint-Jean-de-Jérusalem. Les consuls doivent garder les clefs des caisses de cet hôpital, où étaient déposées les coutumes et autres archives du consulat, 116.

Hôpital des pauvres pestiférés. Fondé au jardin du Milanais, acquis à ces fins par les consuls, an 1531, 508. Voy. *Peste.*

Hôpitaux. V. *Edifices religieux, Eglises.*

Hôtel-de-ville. Achat de l'hôtel-de-ville de Montpellier, an 1361, 359.

Hôtel des Consuls. Voy. *Gardes.*

Hôteliers. Voy. *Logeurs.*

Huguenots. Voy. *Calvinistes.*

I.

Ile (le Bâtard de l'), chef d'une compagnie. Voy. *Compagnie.*

Illuminé. Passage à Montpellier d'un illuminé, an 1388, 413.

Impôts. Abolition par le roi Charles VI, dans tout le royaume, des impôts établis depuis Philippe de Valois, an 1380, 401. — Procession à Montpellier à cette occasion, *ibid.* — Le même prince rétablit les impôts, an 1382, 406. — Abolition par le même des impôts établis par les communautés, an 1389, 416. — Des commissaires royaux viennent à Montpellier pour régler les impôts, an 1418, 466. — Ils autorisent certaines exemptions, sauf celle de la gabelle du sel. — Voy. *Répartiteurs des tailles.*

Impôt du sel. Voy. *Impôts.*

Impôt du vin. Voy. *Impôts, Vin.*

Impugnateurs. Voy. *Auditeurs.*

Incendie, Incendiaires. Peines prononcées par les coutumes, 86.

Industrie. Réglements industriels, 16. Voy. *Métiers.*

Injures. Distinctions et peines établies par les coutumes, 14.

Inondations. Inondations à Montpellier : an 1220, 332; — an 1309, 344; — an 1330, 347; — an 1334, 350; — an 1374, 393; — an 1378, 396; — an 1393, 424;

J.

L.

les deniers de la ville ; à défaut de fonds dans la caisse du consulat de mer, 509. — Péages de Lattes réclamés par le roi d'Aragon, an 1252, 335. — Accord à ce sujet entre le roi d'Aragon et les habitants de Montpellier, an 1258, *ibid.* — Les galères des habitants de Marseille, poursuivies par le comte de Provence, se réfugient à Lattes, an 1262, 336. — Confirmation du droit des consuls sur les péages de Lattes, an 1264, 336. — Voy. *Chemin de Lattes*, *Consuls de Lattes*, *Montpellier*, *Mealhiers*, *Ouvriers du chemin de Lattes.*

Lebret (Bérard ou Bertugat de), chef d'une compagnie. Voy. *Compagnie.* — Bertugat de Lebret prend et rançonne Figeac, an 1370, 386. — Mort du seigneur de Lebret, connétable de France, an 1415, 463.

Legassieu. Etablissement public où se fond le suif. — Entrepreneur sous le titre de *legador de ceu*, chargé de cette opération ; son serment, 304.

Légionnaires établis en Languedoc, an 1534, 510.

Légistes. Voy. *Gradués en droit.*

Lépreux. Les lépreux sont mis à mort par les vachers, an 1320, 345. — Tous les lépreux du royaume sont pris et brûlés, an 1321, *ibid.* — Voy. *Epidémie*, *Peste*, *Pestiférés.*

Lescot (Robert), chef d'une compagnie. Voy. *Compagnie.*

Lésion. De la rescision pour cause de lésion, 24.

Lesparre. Le seigneur de Lesparre passe devant Montpellier, se rendant en Savoie au secours du comte, contre le marquis de Montferrat, an 1363, 363.

Lettres de franchise de Montpellier. Procurent la dispense de tous droits sur la terre de la seigneurie, mais sont personnelles et ne peuvent couvrir la marchandise d'autrui : serment de l'impétrant, 279.

Lettres royaulx, portant inhibition aux avocats, praticiens et notaires de troubler les consuls aux *rulles* (élections) par *eulx* accoustumées de faire, 504. Voy. *Avocats.*

Leudaire et Tarifs, 224. Voy. *Péages.*

Leudes, grandes et menues, perçues sur toutes marchandises par le seigneur et la communauté ; nomenclature et tarif, 225-226 et suivantes. — Des droits de lods, leudes, leudimium, selon les coutumes, 10-24-26-32-34. — Sentence du gouvernement en faveur de la ville contre le sieur de Montagut, au sujet de la leude que celui-ci prend à Montpellier, 494. — Voy. *Péage.*

Lez. Voy. *Rivière.*

Liégeois. Combat entre les Liégeois et le duc de Bourgogne, an 1408, 446.

Lieutenant (ou délégué) du Roi. — Son serment à l'occasion de l'élection du bayle : concourt pour cette élection avec les consuls ; de quelle manière, 256. — Voy. *Bayle.*

Lignan. Le château de Lignan est pris et rançonné par Louis Robaut, an 1362, 363.

Ligue de Cambrai, an 1509, 492.

Limoges. Prise et destruction de Limoges par le prince de Galles, an 1370, 385.

Le Limouzin, chef d'une compagnie. Voy. *Compagnie.* — Le Limouzin prête des soldats à la ville de Montpellier pour garder les vendanges, an 1367, 381. — Voy. *Compagnie.*

Locataires. Voy. *Loyers.*

Q.

R.

S.

U.

V.

Y.

FIN DE LA TABLE DES MATIÈRES.

TABLE

DES DIVERSES PARTIES DE L'OUVRAGE.

FIN.